# ロンドン歴史図鑑

**前のページ**
知られているうちで最古の印刷されたロンドンのイメージ。ウィリアム・キャクストンの『イングランド年代記』1497年版に掲載された木版画。

**次のページ**
カナリー・ワーフ、1991年、カール・ロービン作。
建設中の現代のドッグランドの象徴的建物が細部まで丁寧に描かれている。

# ロンドン歴史図鑑

キャシー・ロス＋ジョン・クラーク❖著

樺山紘一❖日本版解説

大間知 知子❖訳

原書房

目次

- 序文……007

## 序章　再発見されたロンドン　……010

## 第1章　先史時代　012

- テムズ川流域……014
- 初期の狩猟民……016
- 狩猟・採集の暮らしをする現生人類……018
- 新世界の創造……020
- 畑と農場……022
- 流域から遠くへ……024

## 第2章　ローマ時代のロンドン　026

- ロンディニウム──誕生と初期の破壊……028
- 最盛期のロンディニウム……030
- ローマ時代のグレーター・ロンドン……032
- 公共建築……034
- 港、商業、労働……036
- ローマ時代のロンドンの人々……038
- 住宅と日常生活……040
- 公衆浴場や円形闘技場と娯楽……042
- ローマ時代の宗教……044
- ロンディニウムの防衛……046
- ローマ時代のロンドンの終焉……048

## 第3章　中世前期のロンドン　050

- アングロ・サクソン人の定住……052
- サクソン人の都市とヴァイキングの襲来……054
- アルフレッド大王の新都市とデーン人の支配……056
- ウェストミンスターの発展……058
- サクソン時代とノルマン朝時代の教会……060
- 中世のユダヤ人社会……062
- ロンドンの城と防衛……064

## 第4章　中世後期のロンドン　066

- 統治と流行の中心地……068
- 富と誇り高い市民……070
- ロンドンの教会……072
- 貧困、疫病、死……074
- 移民の町……076
- 中世ロンドンの港……078
- 交易と産業の中心地……080
- 中世とテューダー朝初期のグレーター・ロンドン……082

## 第5章　テューダー朝とステュアート朝初期のロンドン　084

- 修道院解散と宗教改革……086
- 国王と宮殿……088
- テューダー朝とステュアート朝のロンドンの商工業……090
- テューダー朝とステュアート朝のロンドンの学校……092
- 印刷業者と書店……094
- 貧富の差……096
- テューダー朝の劇場……098
- 「娯楽と歓喜の町」……102
- 「軒を連ねる旅籠と食堂」……104
- 歴史的建築 中世とテューダー朝……106

## 第6章　ステュアート朝後期のロンドン　107

- 内乱から王政復古まで……108
- 大疫病……110
- 「都市を包む大火」……112
- 再建計画──理想と現実……114
- ロンドンの再建……116

新しい広場、大邸宅、宿屋……118
ロンドンの海軍……120
医学、科学、自然哲学……122

## 第7章　124
# ジョージ王朝時代のロンドン

タウンハウスと田舎の邸宅……126
株と投機……128
拡大する都市……130
ロンドンの製造業……132
新参者と外国人……134
ロンドン、砂糖と奴隷労働……136
川と港……138
市場と食物……140
遊園とその他の娯楽……142
印刷と出版……144
劇場とオペラハウス……146
ジョージ王朝時代の芸術と芸術家……148
信仰と非国教派……150
犯罪と監獄……152
男娼館としゃれ者……154
街娼と売春婦……156
ジン横丁と救貧院 158
病院と医療……160
急進派と暴動……162

## 第8章　164
# 摂政時代のロンドン

首都改造1……166
テムズ川の交通……168
商業と製造業……170
変化する銀行……172
摂政時代のショッピング……174
新しいドック……176
ロンドンの娯楽……178
警察と刑務所……180
急進主義と改革……182
ジョージ王朝と摂政時代の建築物……184

## 第9章　186
# ヴィクトリア朝初期のロンドン

議会と選挙……188
万国博覧会……190
水路と疫病……192
首都改造2……194
呼売り商人とロンドン訛り……196
首都の周辺……198
鉄道の登場……200
ペニー・ポストと電報……202

## 第10章　204
# ヴィクトリア朝後期のロンドン

政府庁舎と王家の記念式典……206
ヴィクトリア朝の郊外の発達……208
チャールズ・ブースのロンドン――生活、労働、貧困……210
鉄道、馬車鉄道、地下鉄……212
過酷な労働と労働争議……214
パブとミュージック・ホール……216
オスカー・ワイルドのロンドン……218
ヴィクトリア朝の芸術……220
イースト・エンドのユダヤ人社会……222
学務委員会と教育の普及……224
見捨てられた暗黒のロンドン……226
信仰と救世軍……228
ヴィクトリア朝の建築物……230

## 第11章　232
# エドワード朝のロンドン

帝国の首都……234
田園住宅と初期のアパート……236
ロンドンの電化……238
フリート・ストリートの隆盛……240
娯楽とウェスト・エンド……242
「のたうちまわる絵の具」――現代美術……244
婦人参政権運動……246

戦時下のロンドン……248

# 第12章　250
# 戦間期のロンドン

再評価される帝国――大英帝国博覧会、1924年……252
メトロランド――郊外の広がり……254
ウェスト・エンドの改造……256
新しい製造業と会社……258
自動車と飛行機……260
ドックとロンドン港務庁……262
戦間期のロンドンの政治……264
戦間期の芸術と芸術家……266
スポーツと娯楽……268
ロンドンの新しい難民たち……270

# 第13章　272
# 第2次世界大戦と終戦後のロンドン

大空襲とV型兵器……274
戦時下の日常生活……276
ロンドンの再建――アバクランビー・プラン……278
ロンドンにおける福祉国家……280
英国祭……282
ビート・ジェネレーションのロンドン……284
孤独なロンドン市民……286
20世紀初期の建築……288

# 第14章　290
# 1960年代と70年代のロンドン

グレーター・ロンドンの成立……292
貧民窟の一掃と住宅……294
工場からオフィス街へ……296
スウィンギング・ロンドン――ファブからパンクへ……298
多文化ロンドンの誕生……300
スポーツの変化……302
ギャングと犯罪……304

ストライキ、抗議、デモ……306

# 第15章　308
# 現代のロンドン

ドックからドックランドへ……310
ロンドンの国際金融……312
交通――M25環状高速道路、飛行場、英仏海峡……314
ロンドン・ブランド……316
ロンドンの新しいランドマーク……318
ロンドンの多文化の中心地……320
新しい住宅開発……322
ショッピング・センター……324
ロンドン万歳! 首都の芸術と文化……326
芸術とロンドン……328
テロと安全……330
インナー・シティの変貌……332
東に広がるロンドン……334

❖ 解説……336
❖ 参考文献……338
❖ 索引……341
❖ 図版クレジット……354

# 序 文

　この本をみなさんに誇りをもってお届けできることをうれしく思う。

　博物館での私たちの仕事は、ロンドンに住む人々に、ロンドンの姿を見せることだ。私たちの博物館には300万点以上の遺物、絵画、記録が保存されている。それ自体は膨大なものだが、何世紀にもわたってロンドンを形成し、またロンドンによって形成されてきた無数の人々の経験を反映する資料としてはささやかなものにすぎない。私たちの仕事は永遠に完成することはないが、同時に、底知れない魅力を持っている。

　本書は、同じように難しい仕事に挑戦している。ロンドンの歴史を、詳細と概観のバランスをとり、現代と古代の両方に平等に目配りしながら、300ページあまりに抽出するのは容易な仕事ではなかったが、実に楽しい作業でもあった。本書が刺激となって、ロンドンが織りなす魅惑的な物語を読者のみなさんが進んで探究していけるように願っている。本書はロンドンの歴史を時系列的にたどると同時に、テーマ別の視点も取り入れており、読者はロンドンの芸術、商業、犯罪、移民、そして書籍の歴史や、その他の多数の分野の歴史を、何世紀も前にさかのぼって探究することができる。こうして編まれた歴史には、私たちの博物館の所蔵品から珍しい絵や品物、復元図などのほか、本書の企画のために特別に作成された新しい地図が多数添付されている。

　ペンギン・ブックスとのコラボレーション企画のアイデアが生まれたのは、ロンドン博物館にとって実にいいタイミングだった。当博物館は1976年に開館し、多くの歴史ある文化施設がそうであるように、新しい風を入れる必要を感じていた。私たちはここで語られるロンドンの歴史を見直し、21世紀に求められるロンドン博物館の姿を模索してきた。私たちはウェブサイト（www.museumoflondon.org.uk）を拡充し、イースト・ロンドンに別館（ロンドン博物館ドックランド館）をオープンし、本館のロンドン・ウォール館の改修も進めている。本書は、こうしたプロセスの一環として誕生したものである。

　1976年に設立以来、当博物館で実施された改革の中で最新、最大のものは、ロンドン大火から現在までの歴史を探究するまったく新しい展示室である。これは私たちにとって非常に心躍る企画で、本書を読んだみなさんにはぜひこの新しい展示室を訪れて、その目で確かめていただきたいと願っている。

　本書は多くの方々の協力があってはじめて世に送り出すことができた。当博物館の関係者以外では、特にプロジェクト・マネジメントを担当してくれたサイモン・ホールに感謝したい。ペンギン・ブックスのジョージーナ・レイコック（そして前任者のナイジェル・ウィルコックソン）はつねに惜しみない援助を与えてくれた。

　博物館の関係者では、キャシー・ロスとジョン・クラークが率いるふたつの研究部門に所属する執筆者のチームの努力を称えたいと思う。チームのメンバーの多くが、このプロジェクトのはじめから終わりまで「ペンギンの仕事」に携わり、資料を集めたり、専門分野の記事を書いたりした。中にはその後、博物館の仕事を離れた者もいる。各項目の著者は、記事の最後にイニシャルで示されている。ロンドン大学ロイヤル・ホロウェイ・カレッジのキャロライン・ジュビーとダニエル・シュレーヴには先史時代の記事でお世話になった。

　多大な貢献をしてくれたふたりに特に感謝の意を表したい。7章から15章までは、写真の管理と図版の収集にアンナ・スハームの協力が欠かせなかった。それより前の章ではショーン・ウォーターマンが図版の提供に見事な手腕を発揮してくれた。写真や遺物はこの上なく雄弁な語り手であり、ロンドン博物館は、過去を理解するためにそれらが果たす役割を何よりも大切にしている。

　読者のみなさんが本書を楽しんでいただければ幸いである。

ロンドン博物館館長
**ジャック・ローマン教授**

2008年6月

# 執筆者一覧

| | | | |
|---|---|---|---|
| AD | アネット・デイ | JC | ジョン・クラーク |
| AG | エイドリアン・グリーン | JFC | ジョナサン・コットン |
| AL | アンナ・ロベンバーグ | JH | ジュリア・ホフブランド |
| AS | アンナ・スハーム | JMNH | ジェニー・ホール |
| AW | アレックス・ワーナー | JK | ジャッキー・ケイリー |
| BC | ビヴァリー・クック | JL | ジェニー・リスター |
| CJ | キャロライン・ジュビー、ロイヤル・ホロウェイ・カレッジ | JS | ジョン・スコーフィールド |
| CR | キャシー・ロス | KF | カレン・フィールダー |
| DS | ダニエル・シュレーヴ、ロイヤル・ホロウェイ・カレッジ | MB | マーク・ビルズ |
| EE | エドウィーナ・アーマン | MJ | メリエル・ジーター |
| ES | エマ・シュプリー | MoL | ロンドン博物館（複数の著者） |
| FG | フランシス・グルー | OC | オリオール・カレン |
| FM | フランシス・マーシャル | SG | サラ・ガドジン |
| HF | ヘイゼル・フォーシス | TW | トム・ウェアハム |
| HS | ヘドレー・スワイン | | |

すべての執筆者は、特に記載のない限り、ロンドン博物館の館員もしくは執筆当時の館員である。

## ❖プロジェクト・エディターの言葉

　ペンギン・ブックスのナイジェル・ウィルコックソンから新しいイラスト入りのロンドン歴史地図の作成を依頼されたとき、私は困惑を禁じえなかった。私が大人になってから人生のほとんどをすごしてきたこの豊かで複雑で多様な国際都市の、果てしない魅惑的な物語を1冊の本の中で正しく伝えられるとはとうてい思えなかったからだ。

　このとき、私はこのプロジェクトのパートナーを務めるロンドン博物館の館員のみなさんの知識や忍耐、熱意を見過ごしていた。キャシー・ロスとジョン・クラーク（そして前任者のヘドレー・スワイン）は、時間を見つけてチームを組織し、士気を高め、詳細と概観を把握し、博物館の膨大な資料をひとつの筋の通った物語にまとめ上げた。

　製本側では、ダレン・ベネットが彼のトレードマークでもある洗練された柔軟なデザインと細心のDTP作業の腕を振るった。リチャード・ワッツは美しい地図を、ロジャー・ハッチンスは見事な図版を作成した。フィオナ・ブロウマンとアントニア・カニンガムは、複雑なプロジェクトがひき起こす編集者の怒りを冷静になだめ、ロニー・ハンナはすばやく知的な校正によって私たちを支えてくれた。また、ジェラルド・ヒルはすぐれたインデックスを作成した。ヴェネッタ・ブーリンとプレローナ・プラサドは、ロンドン博物館のアンナとショーンに協力し、図版探しにプロの技を加えた。ジョン・ヘイウッドは要所要所で地図作成作業に活を入れ、発行者のジョージーナ・レイコックは援助を惜しまなかった。

　こうして、ロンドンの真の歴史が多様な人々の言葉、テーマ、図版、地図、そしてアイデアの中から浮かび上がる多面的な本が誕生した。ロンドン市民の日常生活の歴史を伝える本書は、ロンドン博物館の果たす仕事に匹敵する価値があるといっても過言ではない。

サイモン・ホール
2008年6月

サザークから見たロンドン、1630年頃(部分)
ロンドン大火以前のロンドンが描かれたわずか4枚の絵のうちの1枚。作者不詳のこの作品は、17世紀初期のロンドンのやや様式的ではあるが、驚くほど詳細な姿を示している。シェークスピアもこのような風景を見ていたに違いない。

序章

# 再発見されたロンドン

ロンドン市民はつねにこの都市の歴史の古さを感じていたが、
組織的な調査が始まったのは17世紀になってからで、
本格的な考古学的調査が行なわれたのは20世紀半ばのことだった。

### ステュークリーによるロンドンの地図
［1724年］
好古家のウィリアム・ステュークリーの地図は古典的な著作の内容に基づき、かなり推測を含んでいる。しかし、これはローマ時代のロンドン地図を作製する最初の真剣な試みだった。

　紀元5世紀にはローマ時代の都市ロンディニウムは廃墟と化し、新たに侵入したアングロ・サクソン人は周辺の田舎で農耕を行なった。彼らは都市を必要とせず、石造りの建物も作らなかった。眼前に広がる風景の中に点々とある廃墟を彼らはどう思っただろうか？　後世の詩人はロマンチックに、それらを「巨人のなせるわざ」と表現した。しかしサクソン人の新しい都市ルンデンウィックがローマ人の作った都市の西に成長し、キリスト教徒のヨーロッパと、イングランドに残されたローマ帝国時代の遺跡との関係が明らかになるにつれて、ロマンチックな物語の陰に隠された歴史に多くの人が気づきはじめた。9世紀にアングロ・サクソン人の司教が残した記録には、ロンドンは「古代ローマ人の技術によって建てられた」と書かれている。886年にサクソン人のルンデンウィックも見捨てられ、ロンドンに住む人々は、まだ堂々とした姿で残っていたロンディニウムの石造りの市壁の内側に戻って暮らしはじめた。そこでは失われた文明の遺跡に毎日のように接する機会があった。穴を掘れば建造物の遺構や道路、謎の遺物が発掘された。新たに石造りの教会を建てるときは、ローマ時代の建造物から取って来た石材やタイルを利用した。

　しかし、ローマ時代の過去は伝説の中で忘れられた。1136年頃、アングロ・サクソンが侵入する以前のブリテンの正史と称する本が出版され、人々を驚かせた。ジェフリー・オブ・モンマスが書いた『ブリタニア列王史』(瀬谷幸男訳、南雲堂フェニックス、2007年)の内容はほぼフィクションだが、400年もの間、歴史家によって真実の記録と受け止められてきた。ジェフリーはトロイア人難民の一団が最初にブリテン島に移住し、彼らの指導者ブルータスの名前にちなんでその島が命名されたと語った。ブルータスはテムズ川沿いに都市を建設し、トロイア・ノヴァ、つまり新トロイと名づけた。この都市はのちにルッド王(やはり伝説上の人物)によって再建され、カールルッドと名を改め、最後にロンドンと呼ばれるようになった。

　したがって中世ロンドンの住民は、自分たちの住む都市を新トロイとみなしていた。ブルータスはウィリアム征服王の時代より2000年前にロンドン塔を建設したと伝えられていた。コーンヒルの聖ペテロ教会は、もうひとりの伝説の王ルキウスが紀元179年に建設した教会堂の跡地に建てられたという理由で、ロンドン最古の教会だと主張していた。教区民はたぶん、その土地の下に教会堂を思わせるローマ時代のバシリカ(公会堂)の巨大な遺構が埋まっていることを知っていたのだろう。

## 好古趣味から考古学へ

　16世紀終わりまでに、ジョン・ストーやウィリアム・カムデンといった歴史家は、ジェフリー・オブ・モンマスの『ブリタニア列王史』の信憑性に疑いを持ちはじめていた。彼らはローマ時代のブリテンの知識を古典的な著作から得て、最初はいわゆる考古学的な証拠を考慮しなかった。セント・ポール大聖堂は月の女神ディアナに捧げられたローマ時代の寺院があった場所に建っているとウィリアム・カムデンは(非常にあやふやな根拠で)主張し、この主張は17世紀を通じて繰り返し唱えられた。

　1666年の大火は昔のシティの大部分とともにセント・ポール大聖堂を焼き尽くした。再建工事の間、特に大聖堂が建っていた土地の周辺で奇妙な物体や構造物が掘り出された。新しく登場した好古家がこれらの発見を記録し収集し

### ローマ時代の家と浴場
この廃墟となったローマ時代の家と浴場は、1848年にローワーテムズ・ストリートでの建築作業中に発掘された。この発見は大衆の興味をおおいにかきたてた。

た。中世のロンドン市民が自分たちの都市を新トロイだと考えていたように、古典的教養を持った17世紀の紳士たちは、これらの発見を彼らが知っているローマ世界とユリウス・カエサルの言う野蛮な「古代ブリトン人」の観点から解釈した。薬剤師のジョン・コンヤーズは「ロンドン初の考古学者」と評された人物で、大聖堂の跡地で見つかったローマ時代の陶芸窯と一緒に出土した陶器をスケッチしている。また、彼は旧石器時代のフリント製打製斧形石器と思われるものをバトルブリッジ（現キングス・クロス）で発見した。その石器はゾウ（おそらく絶滅したゾウのパレオロクソドン）の骨の近くで見つかったので、紀元43年にローマ帝国のクラウディウス帝が行なったブリタニア遠征でローマ軍とともに侵入したゾウを攻撃するためにケルト人の戦士が使ったものだとコンヤーズは考えた。有史以前のブリテン島の絶滅した動物相についての知識がなかったため、このめずらしいゾウがロンドンにいた理由を説明できる唯一の歴史的記録は、それがクラウディウス帝の連れてきたゾウだということだけだった。

1724年に有名な好古家のウィリアム・ステュークリーが、ローマ時代のロンドンの都市計画を再現する最初の試みと思われる出版物を刊行した（左頁）。この図では都市の北と東にローマ時代の墓地が発見された地域が記されているが、だいたいは推測の域を出ない。カムデンの言う月の女神ディアナに捧げられた神殿が目立つように描かれている。

18世紀後半にはロンドンの歴史について新しいことは何も発見されなかったが、19世紀になると新しい公共事業や会社、倉庫、公共の建物などの大規模な建築計画のために深い基礎工事が必要となり、ローマ時代の遺跡が多数発見（そして破壊）され、その一方で中世の建築物は跡かたもなく取り壊された。チャールズ・ローチ・スミスのような好古家は遺跡の破壊に抗議しながら、発見されたものをできる限り記録し、収集した。報告書を出版し、一般の関心を高めるために考古学協会が創立され、1874年にベイシングホール・ストリートの新しい建物の中にギルドホール博物館がオープンした。展示されたのは建築作業中に発見された遺物で、たとえばバックラーズベリーで発掘されたローマ時代のモザイクは今もロンドン博物館で見ることができる。ギルドホール博物館の学芸員はときどき建築現場を訪れて発見したものの記録を取り、のちにギルドホールのライバルになったロンドン博物館は、建設作業員から考古学的な発見物を直接手に入れてコレクションに加えるために代理人を雇った。

1928年になってようやく、ロンドンの建築作業中に発見されたものを観察し、記録するために専門の考古学者が考古協会によって任命された。第2次世界大戦による激しい破壊のあと、1946年になってやっと設立されたばかりのローマ・中世ロンドン発掘委員会によって、最初の科学的な発掘が実施された。1970年代にはサザークをはじめとする各地でギルドホール博物館所属の専門の考古学部門が作られ、考古学的に重要な場所で建築作業をする前には必ず考古学的調査を行なうという、今では一般的となった手続きが実現しはじめた。しかし、ストランドに建設されたサクソン人の町ルンデンウィックを考古学者が再発見したのはようやく1985年になってからで、ルンデンウィックの住民がローマ時代のロンディニウムの遺跡に首をかしげていた時代から長い時がたっていた。

［JC］

**ローマ時代の川の神**
**［紀元2世紀］**
この彫像は1899年にウィルブルックで建築作業員によって発見された。おそらくミトラ神殿のものと思われる。ミトラ神殿は1954年にロンドン博物館のW・F・グライムズによってようやく発見された。

**バックラーズベリーのモザイク**
この細かいモザイクの床は3世紀のローマ時代の家のもので、1869年にクイーン・ビクトリア・ストリートに建築中の市長公邸の近くで発見された。大きさは6×3.6メートル。19世紀の建築作業によって、ローマ時代や中世ロンドンの遺物の数々が発掘された。

| 序章

011

# 第1章
# 先史時代

今や世界最大の都市のひとつになったロンドン。だが、ロンドンが建設されたのは、ほんの2000年前にすぎない。それより少なくとも50万年前から、テムズ川流域には移動型の狩猟採集民が生活し、その後に牧畜・農耕生活を送る定住型の共同体が発達した。

初期の人類の生活を物語る直接的な証拠はほとんどなく、この地域に人が住んでいたのは一時的なもので、しかも人数は少なかったと考えられている。しかし、その人々が使ったフリント製の道具や動物の骨がロンドンのいたるところで見つかっている。

解剖学的に見て現代人と同じ種に属する人類がこの地域に現れたのは4万年前で、変動する気候が新たな相を迎えた時期と一致している。

新しい道具は新しい狩猟方法の誕生を示唆し、最後の氷期だった2万年前前後にブリテン島と周辺の島々から完全に人類が姿を消したあと、ロンドン周辺には次第にふたたび人類が住みつきはじめた。

およそ1万年前に氷河が最終的に後退したあと、温暖化した気候が森林の成長を促し、人々は定住型の生活様式を採用しはじめた。彼らはテムズ川沿いの森林に空き地を作り、最初は狩猟のために、続いて作物の栽培と家畜、特に牛の飼育のために利用した。空き地には土と木材で作った記念碑が建てられた場所もあった。

紀元前2000年を過ぎると、川の水位が上昇し、テムズ川流域の大半は水に覆われた。昔からの牧草地への行き来を可能にするため、湿地に木造の道路が敷かれた。川から離れた場所では柵をめぐらした農地の中に堂々とした家のある農場が作られた。もっとも良い土地は誰もが欲しがり、余剰作物で財産を築くか、鉱物を取引していた有力な人物が所有している場合が多かった。

しかし紀元前1000年頃には長い間続いた商業的結びつきは途絶え、かつては重要だった囲い地は見捨てられた。しだいに人々は丸型の家が集まった垣根のない集落で暮らすようになった。そうした集落の中には鉱業に専従するものや、布を織る仕事を専門にしているところもあった。ローマ人が侵入する1世紀ほど前には、新しい囲い地が市場や農場、信仰の場を守っていた。ヨーロッパからの貴重な輸入品はたいていロンドンを通ってエセックスやハートフォードシャーの貴族の貯蔵庫に届けられた。

ローマ帝国による征服がロンドンの人々に与えた影響は、今も単純には評価できない。ある者にとっては、部族民の地主がローマの徴税所に取って代わった程度の意味しかなかったかもしれない。しかし新しいロンディニウムがひとたび築かれると、この都市は周辺地域に根本的な影響を与えただけでなく、その影響は現在まで受け継がれている。

### 紀元前2000年を過ぎた頃の
### ロンドン中心部から南西を望む

テムズ川は現在よりはるかに幅が広くて浅く、流域には大きな干潟が広がっていた。おそらくヴォクソールのあたりまで潮流が流れ込んだと思われる。現代のバーモンジーや北サザーク(中央)、そしてウェストミンスター(中央右)がある地域は干潟の上に隆起した砂礫質の島で、フリート川(右下)のように現在では失われた多数の支流がはっきり見える。ここに描かれた当時の土地のほとんどは農地の区画制度によって分けられ、余剰農産物を生みだして地元住民に食料を提供していた。

# テムズ川流域

テムズ川の起源ははるか昔にさかのぼる。
50万年近く前、テムズ川が現代のテムズ川流域を流れるようになって以来、
気候や海水面の変動によって動物や初期の人類が現れては姿を消した。

更新世初期（180万年前～78万年前）の間、ブリタニアの気候は温暖で、総じて安定していた。この時期のテムズ川は主として細かい砂やシルト（沈泥）を運んできた。海だった場所に特有の地層と貝やアザラシ、クジラ、魚の骨が発見されることから、現代のノーフォーク、サフォーク、エセックスの一部は浅い海に覆われていたことがわかる（地図1参照）。ブリタニアはヨーロッパと陸橋でつながり、多数の動物の種が大陸から渡ってきた。その中にはマストドンやバク、レッサーパンダ、絶滅した馬、そして初期のマンモスが含まれる。

## 初期のテムズ川

時がたつにつれて寒い時期が長く続くようになり、川の流れは勢いを増して、浸食作用が強くなり、砂や砂利をかなり遠くまで運ぶようになった。たとえばテムズ川の源流は、当時は現在よりもはるかに北を流れ、ウェールズ北部まで延びて、その地域の火成岩や変成岩を北海まで運んでいた。しかし、当時のテムズ川は今では姿を消したバイサム川の支流にすぎず、ブリタニア史上最大のバイサム川はイングランド中部地方からノーフォーク北部を通って北海に注いでいた。

80万年前から48万年前にかけて、ヨーロッパ北部の河川の活発な活動が続き、多数の大きな水路が発達した（地図2）。気候は寒冷な氷期（ときには大きな氷床がブリタニアを覆った）と温暖な間氷期の間で劇的に変動しはじめた。ブリタニアはあいかわらずヨーロッパ大陸と陸続きだったが、氷期には海水面が100メートルも下がった。この時期にはライン、テムズ、ムーズ川など、ヨーロッパの主要な川が「チャンネル川」に合流し、大西洋に注いでいた。「チャンネル川」はおよそ800キロメートルで、現在のテムズ川の3倍の長さがあった。

この時期に初期の人類（おそらくホモ・ハイデルベルゲンシス）が、大陸とつながる陸橋を通ってブリタニアにやってくるようになった。イースト・アングリアの海岸で発見された石器は70万年前までさかのぼり、一緒に発見された動物の骨や昆虫の化石は、気候が温暖な地中海性気候だったことを示している。

## 巨大な氷河の影響

48万年前に始まったアングリア氷期はブリタニアの先史時代の中でもっとも氷河が拡大した時期で、現代のロンドン北部のフィンチリーあたりまで氷が南下していた。現在北海に注いでいる川は氷河にせきとめられ、巨大な氷河せきとめ湖を作っていた（地図3）。氷床はセント・オールバンズ谷と現代のコルチェスターの間でテムズ川本来の流路を妨げ、現代のテムズ川流域まで南下させ、同時にバイサム川を破壊し、イースト・アングリアの低地のフェンズと呼ばれる沼沢地を浸食した。最終的に氷河せきとめ湖の壊滅的な決壊によってブリタニアと大陸を結んでいた陸橋が洗い流され、ドーヴァー海峡が誕生し、ブリタニアは、はじめてヨーロッパから孤立した。

## 気候の変動

アングリア氷期から13万年前までは、寒冷な氷期と温暖な間氷期が繰り返し現れた。氷の移動によって地形が変わる氷河作用（地図4）は続いたが、その規模はアングリア氷期ほどではなかった。繰り返す氷期の間、海水面が下がってブリタニアと大陸がふたたび陸続きになり、初期のネアンデルタール人（ホモ・ハイデルベルゲンシスの子孫）や動物がまた渡ってこられるようになった。初期の人類に加えて、温暖な間氷期にはライオンやパレオロクソドン、絶滅したサイ、オオツノシカ、オーロクス（古代の野牛）の姿もブリタニアで見られた。氷期になると、これらの種の代わりに寒冷な気候を好むトナカイや、体中が毛でおおわれたケナガマンモスやケブカサイの群れが住むようになった。同じ理由で、人類は継続的

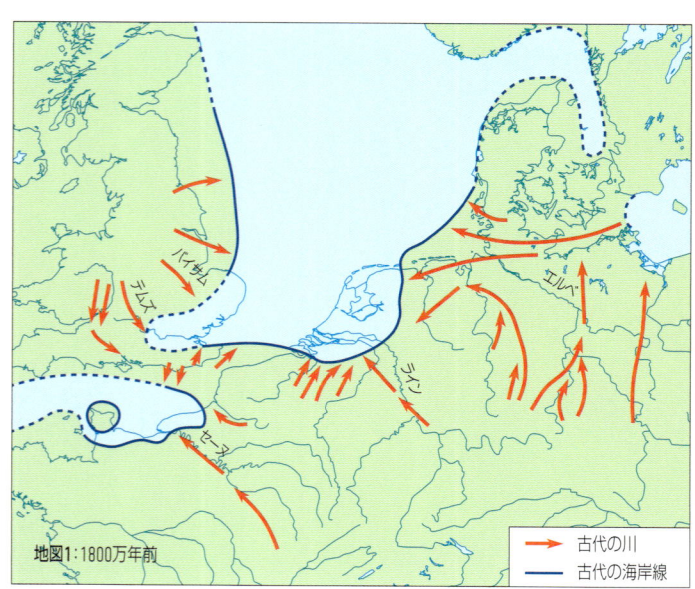

地図1：1800万年前

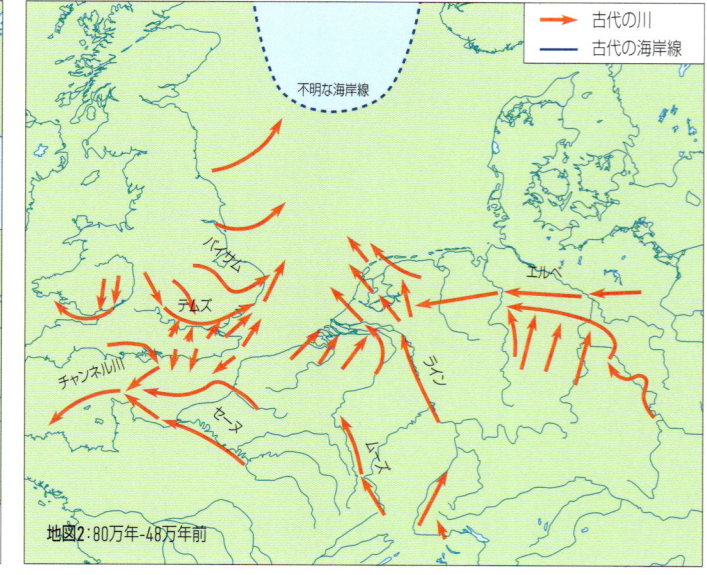

地図2：80万年前-48万年前

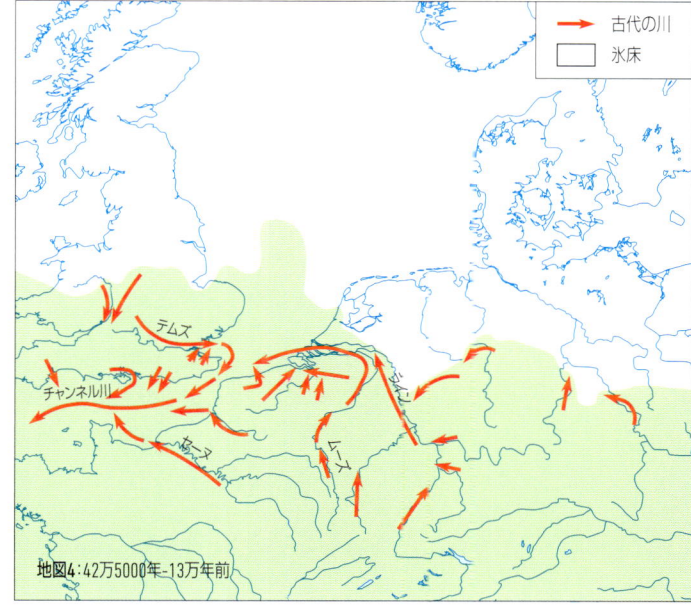
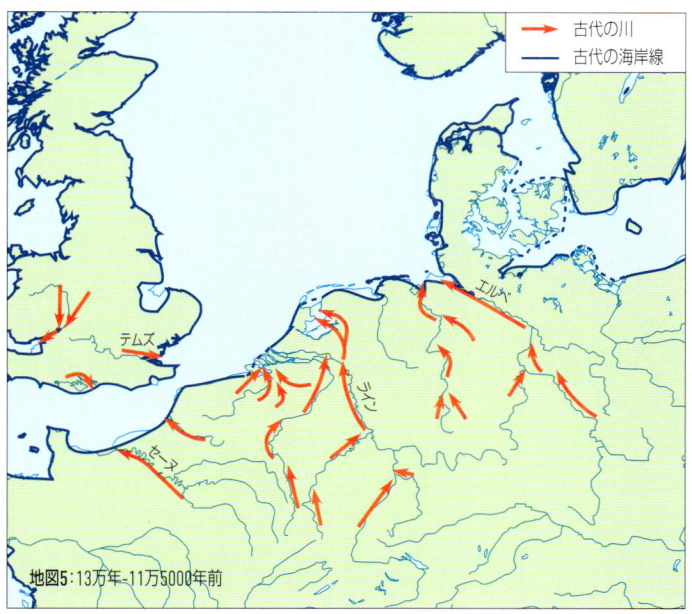
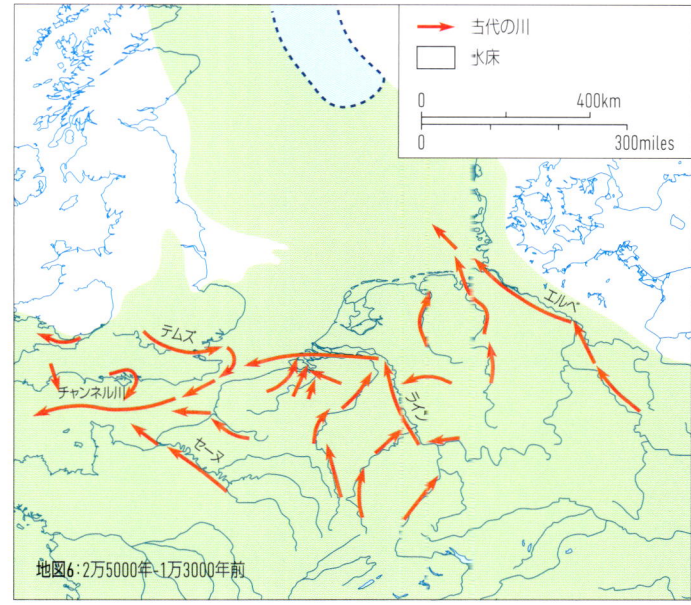

に住みついていたわけではなく、気候が極端に寒い時期にはブリタニアから長期的に人類がいなくなった。

13万年前から11万5000年前まで続いたイプスウィッチ間氷期はかなり気温が高く、海面は上昇した。ブリタニアで発見されたカブトムシの化石は、平均気温が現在より2、3℃高かったことを示している。パレオロクソドン、ブチハイエナ、ダマジカ、鼻の細いサイ、カバなどの動物がこの時期に増えた。特にカバの化石はロンドンではトラファルガー・スクエアやブレントフォードの地下の古代のテムズ川の砂利から見つかったほか、北はティーサイドやノース・ヨーク・ムーアズ国立公園でも発見されている。適度な気候にもかかわらず、この時期に初期の人類の姿はまったく見られない。おそらく海水面が高かったことが原因で、ヨーロッパから渡ってこられなかったと思われる。実際、ブリタニアの海岸線は6万年にわたって現在の海岸線に近かったようだ（地図5）。

## 最終氷期

11万5000年前から1万3000年前まで続いたディヴェンシア氷期は、完新世（現代を含む温暖な時期）に入る前の最後の氷期である。この時期の半ばにはふたたび海面が120メートルも下がり、ブリタニアはまた大陸と陸続きになった。しかし気候はつねに一定だったわけではなかった。500年から2000年の間で気候が変動し、平均気温が7℃近く変化したため、植物相も動物相も大打撃を受け、多数の種が絶滅した。7月の気温がほとんど10℃を上回らなかったのに対し、ブリタニアの低地では冬の気温がマイナス25℃前後だったことがカブトムシの化石からわかる。寒冷な気候を好むケナガマンモスやバイソンなどの動物の化石がロンドン周辺のこの時期の地層から発見されている。ディヴェンシア氷期の中でもっとも寒気が厳しかったのはおよそ2万年前で、スコットランド、ウェールズ、イングランド北部までが氷床におおわれた（地図6）。ブリタニアは荒涼として住みにくい場所となり、人類はいなくなった。

[DS/CJ]

**変わる地形**

これらの地図は気候と海面が更新世のヨーロッパ北西部の川と地形に与えた影響を示している。

# 初期の狩猟民

およそ40万年前から、現在のロンドン周辺には
数種類の異なる人類が交替で現れては去り、
多種多様な動物と共存していた。

イースト・アングリアには70万年前に初期の人類が生活していた証拠があるが、テムズ川流域には40万年前まで人類は暮らしていなかったようだ。この時期のブリタニアは温暖な気候で、テムズ川流域にはパレオロクソドンやウマ、オーロクスの大きな群れが生活し、川岸で草を食べていた。ライオンやホラアナグマ、オオカミなどの肉食獣と獲物を争う生活の中で、人類はすでに狩猟技術を発達させ、居住可能な地域の北西の限界でも数を増やすことができた。その後の気候変化によって、ブリタニアには氷期（寒冷）と間氷期（温暖）の条件に適応した動物が現れた（下の地図）。

彼らの用いた石器は豊富に見つかっているが、これらの初期の人類の骨はほとんど確認されていない。しかし、1935年、1936年、1955年に、ケントのスワンズコムで同じ女性の頭骨の破片が3点発見された。最近までこの女性はブリタニアで知られる最古の人類と考えられていたが、1990年代にウェスト・サセックスのボクスグローヴで発見された人類の化石は50万年前のものだと信じられている。ボクスグローヴで発見されたのはすねの骨（脛骨）と歯で、ハイデルベルク人（ホモ・ハイデルベルゲンシス）のものと推定され、身長がおよそ2メートルもあるたくましい人物だったことをうかがわせる。スワンズコムの頭骨はそれより10万年ほどあとのもので、ホモ・ハイデルベルゲンシスから初期のネアンデルタール人（ホモ・ネアンデルターレンシス）に進化する過程の人類のように見える。

## フリント製の石器

人類の頭骨の破片や多数の動物の骨とともに、スワンズコムでは数千点の初期のフリント製の石器が見つかっている。同様の石器は古代のテムズ川とその支流に沿って、ロンドン周辺のいたるところで発見された。多くは硬い岩石のフリントを使って注意深く形作られた手斧（下の写真）で、その用途の広さから、現代のスイス・アーミー・ナイフにたとえられる。しかし、ほとんどは動物の皮を剥ぎ、解体するために使用された。こうした手斧が作成され、使用されたことから、これらの初期の人類が素材に関して詳しい知識があり、それを使いやすい道具に変える方法もよく知っていたことがわかる。

フリント製の石器はしばしば使用後に捨てられ、のちに鉄砲水によって川に流されて、ときにはかなり下流まで運ばれた。しかし、捨てられた場所で、解体された動物の骨や化石と一緒に見つかったものもある。ときには動物の骨に石器で傷つけられた跡が残っている場合もあり、動物の体がどのようにして皮を剥がれ、解体されたのかを知る手がかりが得られる。

## ネアンデルタール人

25万年前までに、完全な形に進化したネアンデルタール人が登場した。ホモ・ハイデルベルゲンシスに比べ、ネアンデルタール人は背が低くずんぐりしていたが、上半身の力が非常に強かった。骨や歯の化学的分析によって、彼らはすぐれた捕食者で、肉を大量に消費していたことがわかっている。もっとも、「接近戦」による狩猟スタイルのせいで、現代のロデオの選手に見られるような傷や骨折はネアンデルタール人にとって日常茶飯事だった。彼らは狩場として開けた草地を好み、動物をしとめるために湿地や崖の上に追いこんだ。ネアンデルタール人の顔は、眉の部分が張り出し、鼻が幅広く、下あごの先の出っ張りがないのが特徴である。今日では、彼らは寒冷な気候条件に特に適応していたと考える人が多いが、現代のように（ときにはそれ以上に）暖

**フリント製の手斧**
発見されたのはセント・ポール大聖堂の近くで、およそ40万年前のもの。

人類の居住の証拠
- 50万年-30万年前（ハイデルベルク人）
- 30万年-12万5000年前（ネアンデルタール人）
- 5万年-3万年前（ネアンデルタール人）
- 1万3000年前-8000年前（現生人類）
- テムズ川流域　50万年前-30万年前頃

0　　　8km
0　　　6miles

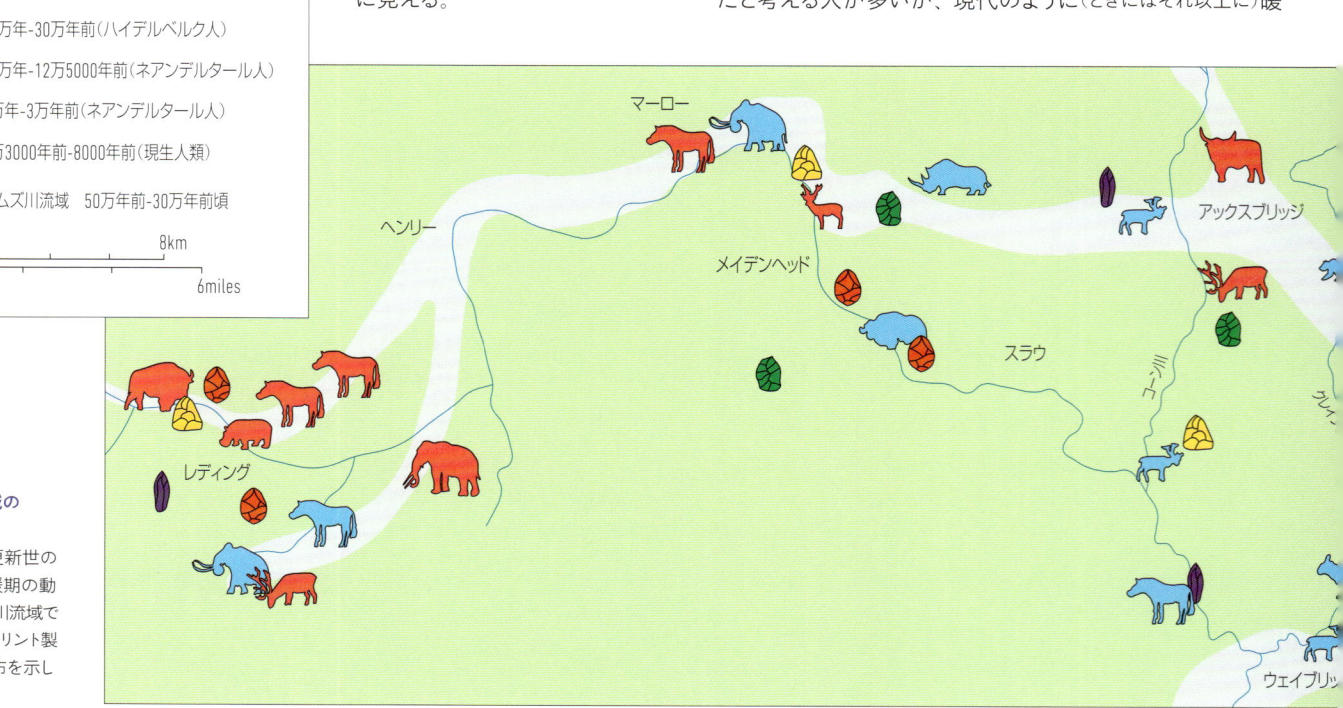

**テムズ川流域の動物相**
この地図は更新世の寒冷期と温暖期の動物相とテムズ川流域で発見されたフリント製の石器の分布を示している。

かい環境でも同様に環境に適応していたことを示す証拠が見つかっている。

手斧はあいかわらず作られていたが、ネアンデルタール人は木製の槍に取りつけられるさまざまな鋭い決まった形の剝片石器(右下の写真)を作る方法を発達させた。この技術が使われていた証拠がケントのベーカーズ・ホールと呼ばれる考古学的遺跡で見つかっており、そこでは良質なフリントの塊から作られた剝片石器が、石灰岩の崖の底部で発見された。しかし、骨が発見された動物がすべて初期の人類の狩人の手で殺されたわけではない。イルフォードで化石や骨が発見された動物の多くは、およそ20万年前の大洪水で溺れたもののようだ。その中にはステップマンモス(ケナガマンモスの子孫、右上の写真)やアカシカ、ウマ、オーロックやライオンなど、温暖で豊かな草原によく見られるあらゆる動物が数多く含まれていた。エイブリーで発見された1頭の若いパレオロクソドンは、沼地のような水路を渡ろうとして抜けだせなくなり、飢死したように見える。その少しあとに、ケナガマンモスも同じ場所で同じ運命をたどった。

### 人類の退去と再登場

氷期だったおよそ16万年前から、ネアンデルタール人は10万年近くブリタニアから姿を消した。彼らは厳しい寒さを避けてヨーロッパの奥まで後退したため、イプスウィッチ間氷期になって海面が上昇し、ブリタニアがふたたび大陸と切り離される前に戻ってくることができなかったと考えられている。ディヴェンシア氷期になって海面が再び下がり、復活した陸橋を渡ってネアンデルタール人の一団がブリタニアに戻ってきたのは、およそ6万年前のことだった。この頃のネアンデルタール人は三角形の手斧を使用し、それがテムズ川流域で数多く見つかっている。

ディヴェンシア氷期の環境は樹木のないツンドラで、そこではケナガマンモスやトナカイやウマの大きな群れが暮らしていたが、冬の気温は－10℃前後で、ネアンデルタール人は短い夏の間だけ滞在していたのかもしれない。ノーフォークのリンフォードではネアンデルタール人がマンモスを湿地の近くで殺したあと、その死体を解体したとみられる証拠が残されている。テムズ川流域でもネアンデルタール人が好みの狩猟場を定期的に訪れて、同様の活動が行なわれていたのは疑いがない。　[DS/CJ/AG]

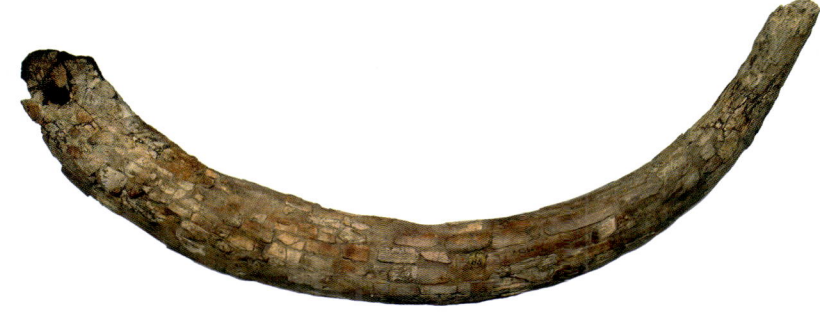

**マンモスの牙**
イルフォードで発見されたこの牙は、20万年前に大洪水で死んだマンモスのもの。

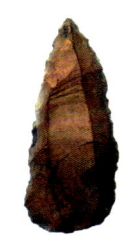

**フリント製の矢じり**
25万年前に初期のネアンデルタール人が作っていたタイプの矢じり。

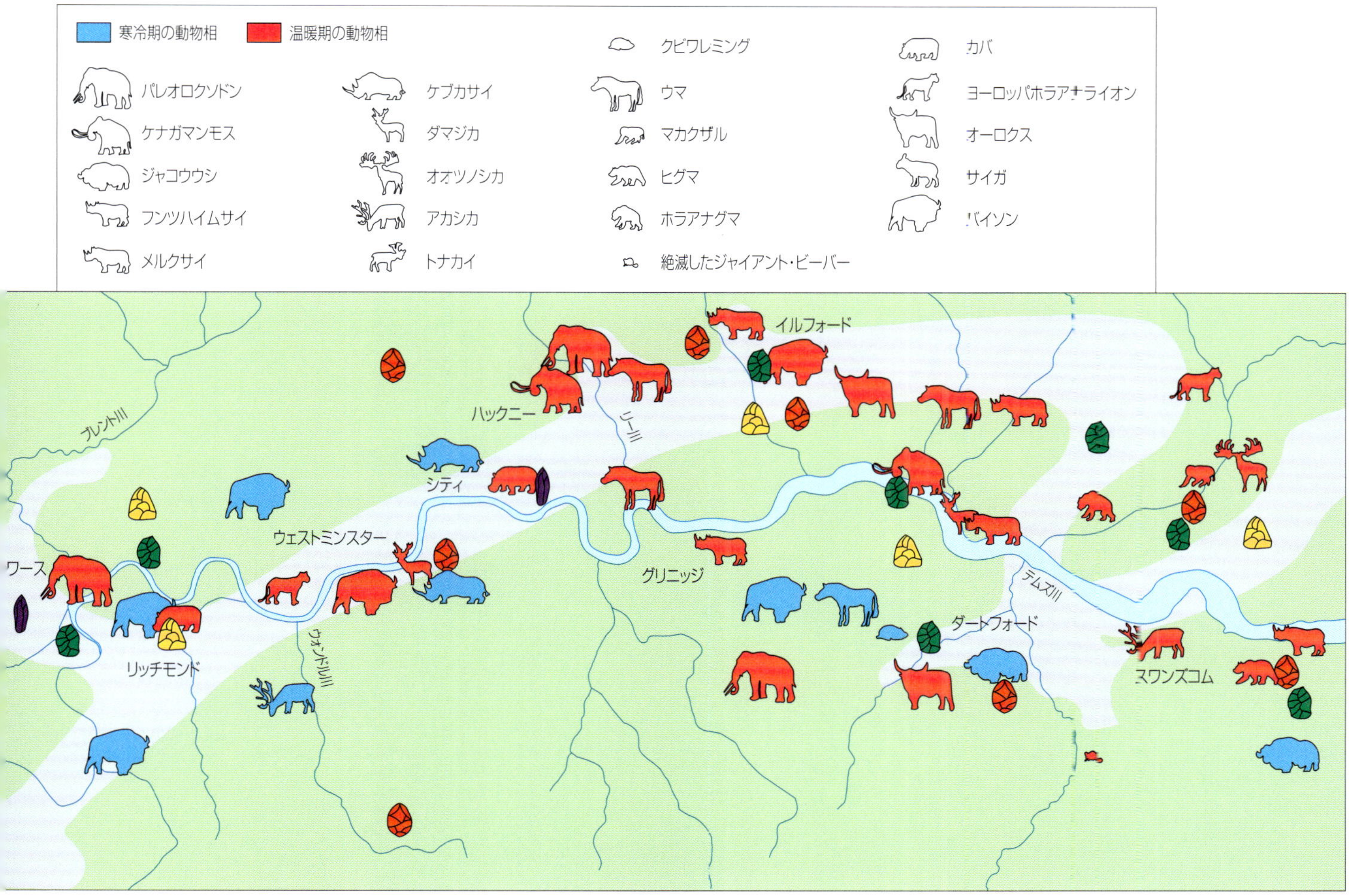

寒冷期の動物相
温暖期の動物相
クビワレミング
カバ
パレオロクソドン
ケブカサイ
ウマ
ヨーロッパホラアナライオン
ケナガマンモス
ダマジカ
マカクザル
オーロクス
ジャコウウシ
オオツノシカ
ヒグマ
サイガ
フンツハイムサイ
アカシカ
ホラアナグマ
バイソン
メルクサイ
トナカイ
絶滅したジャイアント・ビーバー
イルフォード
ブレント川
ハックニー
リー川
シティ
ウェストミンスター
グリニッジ
テムズ川
ダートフォード
リッチモンド
ウォンドル川
スワンズコム

# 狩猟・採集の暮らしをする現生人類

現代人と同じ種に属する人類がテムズ川流域にはじめて登場したのは前4万年頃で、前1万3000年頃にはだいたい定住していたようだ。住居は川や湖に近いところに作られた。

現生人類（ホモ・サピエンス）は10万年以上前にアフリカで進化した。その中からいくつかのグループがアフリカを出て世界各地で生活しはじめ、最終的にその土地ですでに暮らしていた初期の人類に取って代わった。北西ヨーロッパでは彼らに特有の技術や文化がおよそ4万年前に存在した証拠が見つかっており、彼らはネアンデルタール人に取って代わったようだ。その原因ははっきりわかっていないが、新しく登場した人類の数がネアンデルタール人を上回り、単に激しい気候変動にうまく対処できただけなのかもしれない。いずれにしろ、ネアンデルタール人はおよそ3万年前に、考古学的な痕跡を消してしまった。

およそ2万6000年前から1万3000年前までの間、氷床はヨーロッパ北部の大半を覆い、ブリタニアではカーディフまで南下してきていた。この「最終氷期最盛期」の間、ロンドン一帯は寒冷で乾燥した極地砂漠で、年間の気温は現在よりも16-17℃低かった。また、海面もおよそ100メートル低くなっていた。この時期にブリタニアに人類がいた形跡はほとんどない。この時期のはじめにロンドン地域に人類が来訪した証拠が残っている数少ない場所のひとつがヒースローで、狩猟民のバンド（小集団）が置き去りにしたフリント製の石器は、東ヨーロッパで発見された同時期のものと驚くほ

どよく似ている。

およそ2万年前に気温はもっとも低くなった。およそ1万3000年前から気候はゆっくりと温暖化しはじめ、樹木の育たないツンドラ（マンモス・ステップと呼ばれる乾燥した大草原）は次第に低木のカバノキやマツ林、そして最後に広葉落葉樹の天然林に覆われた。人類や動物はヨーロッパにつながる陸橋を渡ってブリタニアに戻ってきた。

## 定住のはじまり

ロンドン周辺に残されたいくつかのキャンプ跡を調べれば、ブリタニアで暮らしはじめた狩猟採集民の集団がどのような生活をしていたのかを知る手がかりが得られる。ほとんどは川の近くを選んで暮らしたが、湖のほとりも好まれた。人々は暖かさと安全を与えてくれる炉を中心に生活していた。同時期にブリテン島の他の場所では、家屋や風よけとなる構造物を作っていた例が知られているが、ロンドン周辺ではそのような事実を示す十分な証拠はまだ見つかっていない。

小規模で一時的なキャンプは、アックスブリッジ周辺のコーン川渓谷の底部に点在していたように見える（下の地図）。ほとんどは洪水が達しない位置にある低く隆起した砂礫質の土地に作られ、冬の終わりから初春にかけて住んでいたようだ。もっとも古いキャンプは1万2000年前頃にマンモス・ステップが広がる土地に作られ、そこで小さな狩猟民の集団が短期間暮らしていた。狩人は近くの川床で集めたフリントの原石を打ち欠いて丈夫なフリント製の長いナイフを作り、それを巧みに操った。そのナイフは数頭のトナカイやウマを解体するのに使われた。獲物の肉を食べ、傷のついた道具を修理すると、狩猟民の集団はさらに獲物を求めて川に沿って移動した（次ページ上の絵）。

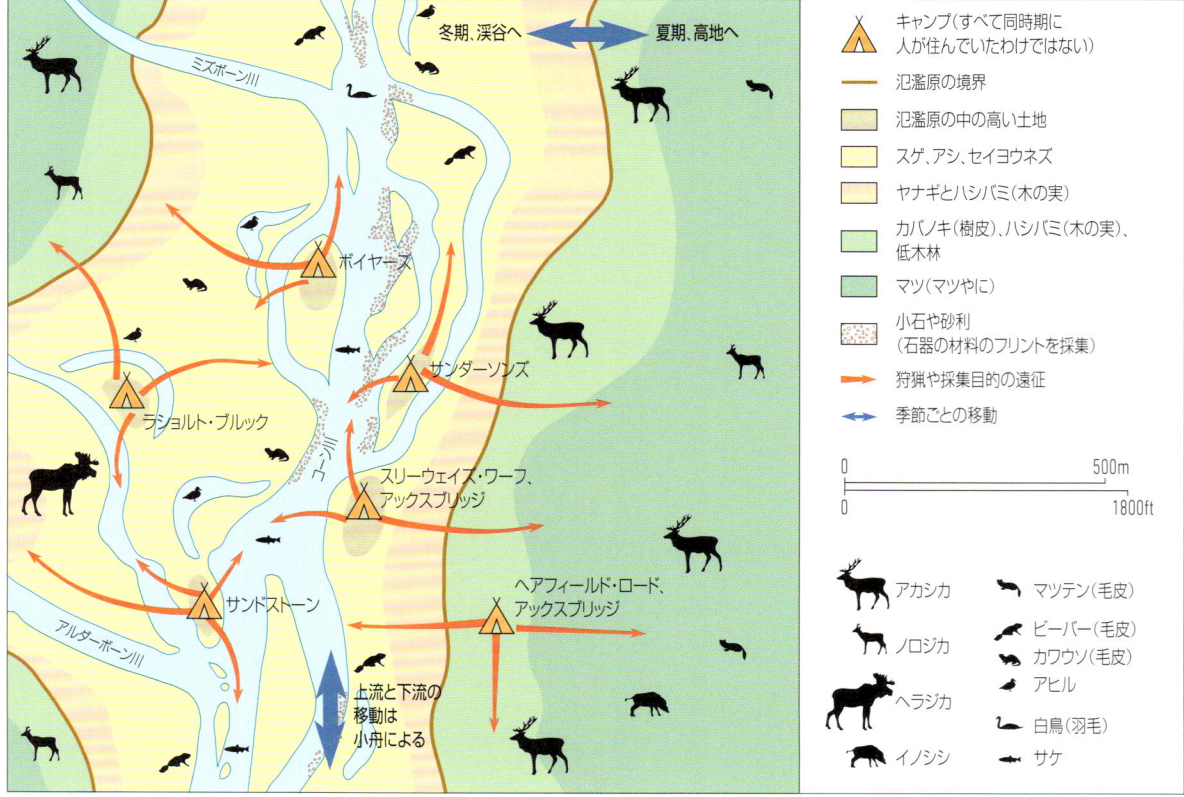

**コーン渓谷の資源**
谷の底部と斜面には、移動生活をする狩猟採集民が利用できる豊かな資源があった。アックスブリッジ付近のコーン渓谷の底部の多くの居住地は、冬の終わりか初春に利用されていたようだ。夏期はおそらく渓谷内の標高の高い土地にある天然林で獲物を探して過ごしたのだろう。

それからほぼ1000年後、同じ場所をもっと大きな集団が再び訪れた。その頃には気候が十分温暖化して、渓谷の斜面にはマツ林が茂り、渓谷の底部はカバノキやハシバミに覆われて、何本もの川が網目のように交差する場所ではヤナギやスゲが育っていた。およそ20人程度の人々が、秋に狩ったアカシカやノロジカの骨から骨髄や獣脂を抽出するために炉を囲んで座った（下図参照）。フリント石器の摩耗状態を見ると、これらの人々はその場所でシカの枝角や動物の皮を細工していたことがわかる。そしてハクチョウやカワウソ、ビーバー、マツテンの骨は、この集団が地元で取れる幅広い資源の利用に習熟していたことを示している。

およそ8500年前に、海面が上昇してブリタニアはいくつかの島の集まりになった。ロンドン周辺では川の水位が上がり、テムズ川とその支流沿いの低地に作られた居住地は浸水した。人類は谷の斜面の高い位置に移動せざるを得なかった。火を使った証拠が広い範囲に残っていることから、彼らがうっそうと茂った落葉樹の天然林の中に空き地を作り、草木を焼いて空き地を維持していたことがうかがえる。焼け跡に生える新鮮な若芽を食べに空き地にやってくる動物は、経験を積んだ狩人にとって格好の獲物になった。

[AG/JFC]

**アックスブリッジのキャンプ**
アックスブリッジ地域の最古のキャンプは、この絵のように季節によって渓谷を移動するアカシカと狩人の小集団が出あえるように、注意深く場所を選んで作られた。

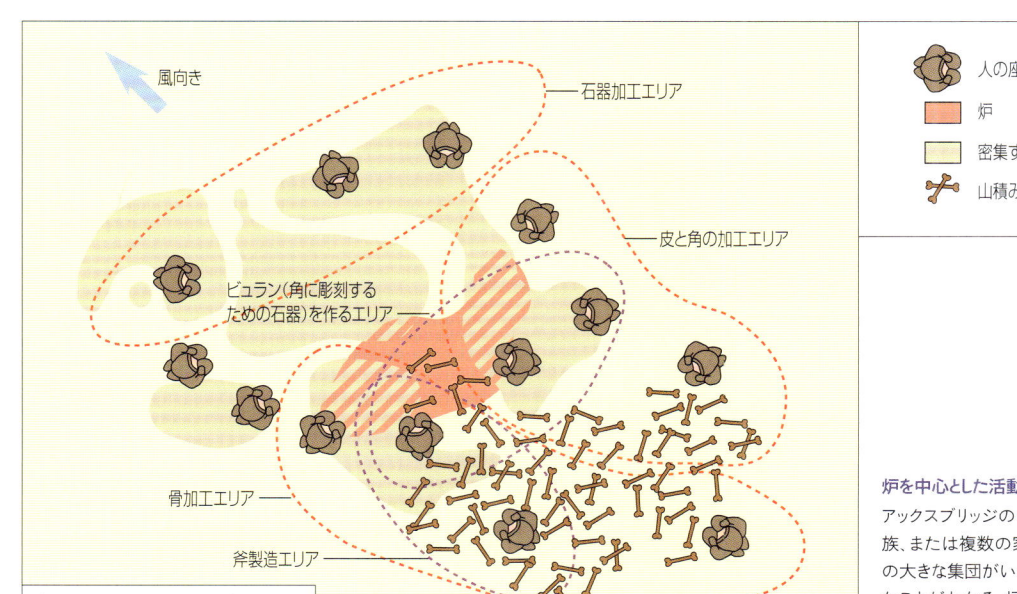

**炉を中心とした活動、前8500年-8000年頃**
アックスブリッジのキャンプ跡からは、一家族、または複数の家族からなる狩猟採集民の大きな集団がいくつかの作業を営んでいたことがわかる。炉は暖かさと安全をもたらすだけでなく、おしゃべりや昔話を楽しむための団らんの中心となっていたようだ。

第1章——先史時代　019

# 新世界の創造

栽培植物や家畜、土器や新しい石器は、テムズ川流域に定住生活が始まったことを示している。しかし、前4000年以降の2000年間を代表するのは、土と木材で作られた記念碑的建造物である。

**ヨーヴニー・ロッジ**
ステインズのヨーヴニー・ロッジに作られた土塁で囲った大きな広場は、ばらばらに暮らすいくつかの集団の集会所として建設され、利用されていたのかもしれない。

前4000年を過ぎた頃までさかのぼる人類の活動の痕跡は、テムズ川の氾濫原とその支流の渓谷の低地に沿って発見されている。その多くは、一時的な、おそらく季節ごとの利用にとどまっていた。しかしときには大がかりな建築が行われた証拠が残っている。テムズ河岸のラニミード・ブリッジ付近で、前3900年から前3500年の間に少なくとも一軒の大きな長方形の木造家屋が建てられた。家屋の周辺には壊れた土器や捨てられたフリント石器、そしてウシの骨が散乱していた。その他にも一軒だけぽつんと建てられた家がステインズの近くやハーリントンに近いクランフォードレーンで発見されている。それぞれの建物はおそらく大家族の家だったようだ。

これらの集団は半移動生活で牧畜をしながら、狩猟と採集で足りない分を補っていた。しかし、前3900年から前3300年の間のものと思われる焼けた小麦が貯蔵されているのがカニング・タウン付近で発見されたことから、少なくともひとつの集団は作物を栽培していたことがわかる。そこからあまり遠くないブラックウォールのヤブズリー・ストリートで若い女性の遺体が見つかった。この女性は左半身を下にして、胎児のように膝を抱えた姿で、鉢やフリント製のナイフとともに埋葬されていた。紀元前およそ4000年かそれよりも少しあとに生きていたこの女性は、いわば最古のロンドン市民である。

## 巨大遺跡の時代

前3000年代の半ばから終わりまでの時代のきわだった特徴のひとつに、テムズ川流域の各地で森林を切り開いて作った空き地に土や木材を使って建てられたいくつもの巨大遺跡がある。たとえばステインズのヨーヴニー・ロッジにある巨大な環状の土塁で囲まれた広場（左）や、ホートン、アッシュフォード、ステインズ・ロード・ファームの小規模な環状や馬蹄形の囲い地、スタンウェルの盛り土をして作ったカーサスと呼ばれる長い直線状の「道」などがある。これらの遺跡の多くはロンドン西部のヒースロー地域に位置している（右頁地図参照）。日の出と日没の方角に合わせた入口が作られているものもあれば、遠くからも見えるように注意深く設置されたものもある。ヨーヴニー・ロッジの遺跡はその地域に離れて住む人々の集会の場として作られた可能性があり、その他の遺跡は特別な出来事を記念したり、土地の特定の部分の所有権を示したりする目的があったのかもしれない。また、これらの巨大な遺跡を作るには多数の異なる集団の共同作業が必要だっただろう。たとえばスタンウェルの全長3.6キロメートルの道を建設するには、96人で16〜18週間の労働が必要だったと推定されているが、実際にはいくつかの季節ごとに短期間ずつ働いて完成したようである。

これらの遺跡の濠から発見された遺物は、遺跡の用途や重要性を探る手がかりとなる。ステインズ・ロード・ファーム（左図）では、シカの角やオオカミの頭蓋骨が、ウシの骨、フリント製の矢じり、いくつかの上向きに置かれた土器の椀とともに環状の濠の底に注意深く並べられていた。濠の北側には2か所で人間が埋葬された場所もあった。ひとつの場所では男性の胴体が、もう1か所では30代の女性がうずくまるような姿勢で埋まっていた（右頁上の写真）。女性の歯を科学的に分析したところ、この女性は彼女が埋葬されたテムズ川流域よりも北の地方で育っ

**ステインズ・ロード・ファーム**
ステインズ・ロード・ファームの遺跡は、おそらくひとつの集団が利用するために作られたもので、それほど大きくはない。この場所は人々の記憶に受け継がれ、長い年月が過ぎてからも集会の中心地として役立っていたことが、炉や炊事場、ため池によって示されている。

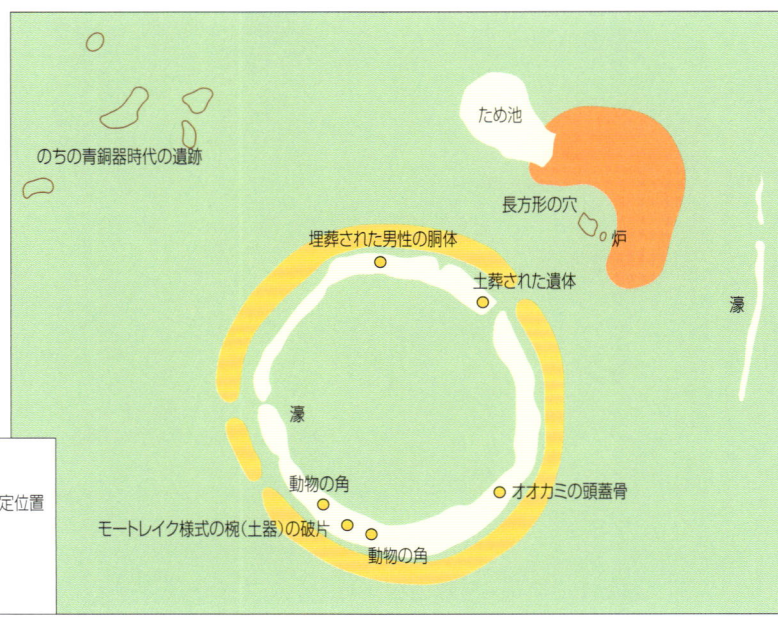

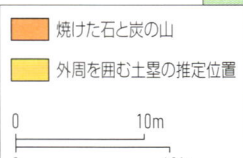

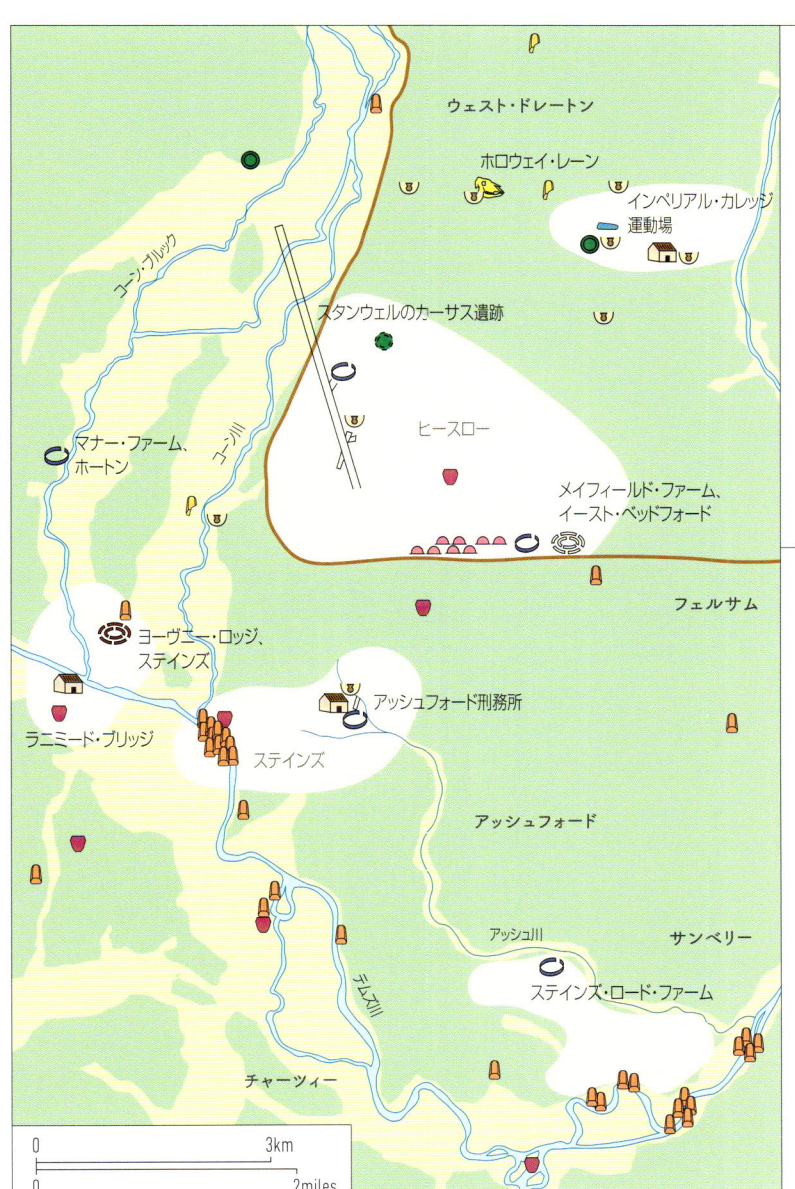

**ロンドン西部の遺跡**
ロンドン西部にある遺跡の多さは、この地域にかなりの人口が存在したことを示している。

**若い女性**
ステインズ・ロード・ファームに埋葬されていた頭蓋骨から復元したもの。この女性は亡くなったとき30代だった。

**カバノキの棍棒**
これはチェルシーを流れるテムズ川の中から見つかった5000年前のもので、危険な武器だったと考えられる。

**青銅の短剣**
テディントンのサンディ・レーンにある塚の下に、火葬された持ち主の灰とともに埋葬されていた初期の青銅の短剣。

---

たことが判明した。ステインズ・ロード・ファームの濠で囲まれた空き地は、食事と音楽とダンスで集会を楽しんだ場所だったように見える。この遺跡はその地域に住む人々の記憶に長くとどまっていたに違いない。なぜなら、ほとんど1000年後にもこの場所は深いため池のそばに作られた小さな炉と長方形の炊事用の穴を中心に、料理と宴会の場となったからだ。

しかし、この時期の暮らしはけっして牧歌的で平穏なものではなかった。土地と資源をめぐる争いはひんぱんに起こっていた。たとえばフリント製の矢じりは狩猟だけでなく人間に対しても使われたようであり、おそらく鈍器で強打されたのが致命傷になったと思われる頭蓋骨もいくつか発見されている。チェルシーでテムズ川の中から発見された前3500年頃のものと思われる重いカバノキの棍棒は、まさにそうした傷を負わせるために使われた武器のように見える（右側中段の写真）。

## 聖なる川

テムズ川はさまざまな天然資源をもたらすばかりでなく、主要な交通手段であり、実質的にも心理的にも境界線の役割を果たしていた。テムズ川はインドのガンジス川のように、ますます神聖な川とみなされるようになった。

テムズ川に捧げられたものの中には、人間の遺体や鉢、骨や角を細工する道具、そして数百点のフリント製の斧や石斧があった。これらの斧の多くは湖水地方やアイルランド、コーンウォール、そしてヨーロッパ大陸など、遠方の土地からもたらされたもので、地元の住民の目から見ればおおいに価値があったのだろう。もっとも大きく精巧に作られた斧は、川の神々への捧げものとして選び抜かれたもののように見える。

## 社会的変革のきざし

テムズ川流域には1000年近く新しい巨大遺跡は作られなかった。しかしテムズ川への捧げものは続き、昔の遺跡からいくらか離れた場所に掘られた小さな穴に捧げものが埋められることも多かった。これらの穴に埋められたものの中には、土器やフリント石器の他に酸味の強い野生のリンゴやスローという濃い紫色の果実、ハシバミの実が含まれていた。ある大きな穴には若いオーロックやヤギュウの解体された胴体が6個のフリント製の矢じりとともに埋められていた。

この時期に起きた葬送の習慣の変化は、社会に大きな変化が生じていることを表わしている。かつて、死者は記念碑的な遺跡の濠に無名のまま埋葬されるか、テムズ川に流されていた。しかし前2000年代の半ばから終わり、そして前1000年代のはじめまでに、土を積み上げた塚の下に、鉢や弓の道具、そして初期の金属器や武器（写真右下）などの副葬品とともに葬られる個人が現れた。これらの人々は遠方の青銅や錫の生産者と早くから交流を結んで利益を得ていたのだろう。こうした交易は時がたつにつれてますます重要性を増していった。

[JFC]

# 畑と農場

前1000年代のはじめから、牧畜よりも耕作が盛んになるにつれて劇的な変化が起こった。巨大な建造物の造営に使われていた土地は、この頃になると計画的に開墾され、柵で囲った畑に変わった。

前1000年代のはじめにロンドン地域一帯に起こった土地使用の変化は、おそらく銅と錫の交易が盛んになるにつれて生じた社会の広範囲の発達を反映している。初期の交易で利益を得た人々は、しばしばテムズ川の近くか、川を遠望できる目立つ場所に作られた円形の盛り土の塚の下に葬られた（下の地図参照）。これらの塚は、その土地に住む集団が風習と伝統の尊重を示すために過去の建造物を意図的に真似て作ったものかもしれない。この時期には人口が増加するにつれて、土地や資源をめぐる争いが激しくなった。

気候変動は重要な要因になった。テムズ川が流れる盆地の底部では、川の水位の上昇によって森林が浸水し、住民が昔からの狩場や牧草地への道を確保するために小枝を敷きつめた道路を作った。土地が不足していたため、氾濫原にある低地も耕作に使われた（右頁下）。たとえばサザークの北側では、前1520年から前1220年の間のものと思われる鋤の跡が発見されている。樹木の育つ川岸と同様に、これらの耕された土地も最終的にテムズ川の水位の上昇によって浸水した。

テムズ川の水位が上がるにつれて、つねに変化する潮汐限界点（満潮時に潮が達する限界点）は地域住民にとって特に重要な意味があっただろう。たとえばヴォクソールのナイン・エルムズにあった木造の「橋」あるいは桟橋は、前1000年代の半ばに潮汐限界点の近くに建設された（右頁地図）。人々はそれを使って川の中にある島や、水深の深いところへ行き、神々をなだめるための供えものを川に捧げることができた。

## 所有権と境界線

川から遠い地域では、広い範囲で耕地制度が敷かれていた（下の地図）。はじめのうち古い遺跡は大切にされていたが、時がたつにつれて、土地の不足に悩む農民たちは遺跡を無視するようになった。ヒースロー近くのペリー・オークスでは、少なくとも7か所の個人的な所有地があったことが確認されている。それぞれの耕地は平行に走る踏み分け道によって区切られ、それぞれがさらに生垣で囲まれた畑に分けられ、その中には家畜のためのため池があるところもあった。紡錘車や織り機の重りなど、毛織物用の道具の存在も、そこでヒツジが飼育されていたことを示している。ため池で発見された種子の痕跡からオオムギ、コムギ、アマが栽培されていたのは確かで、ブラックベリー、スローベリー、ハシバミの実は生垣で収穫できた。

それらの所有地はおそらくひとつの家族か親戚一族に所属し、彼らは耕作地の中に柵や垣で囲ったいくつかの小屋を作って住んだ。それらの小屋はたいてい主要な踏み分け道のそばに建てられ、家族が暮らす内側の母屋と、外側の

**重要な居住地**
重要な集落や墓地、金属器が発見された遺跡の多くはテムズ川を見晴らす場所にあるか、大規模な耕地と結びついている。

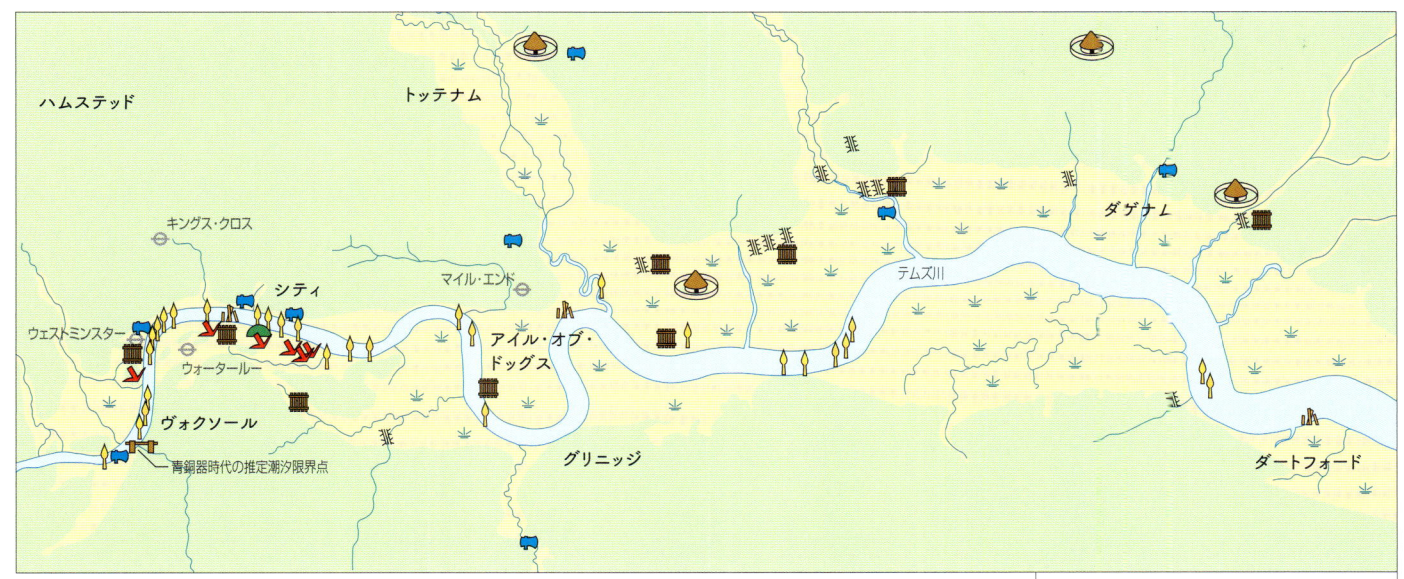

| | |
|---|---|
| ![] | 鋤の跡 |
| ![] | 環状の濠(塚) |
| ![] | テムズ川または氾濫原から出土した金属器 |
| ![] | 木造の橋または桟橋 |
| ![] | 木造建築物 |
| ![] | 木造の道 |
| ![] | 浸水した森林 |
| ![] | 居住地 |
| ![] | 埋蔵された金属細工 |
| ![] | 湿地 |

畜舎に分かれている場合が多かった。ここで暮らす人々は死者を火葬にし、遺骨を骨壺に納めて居住区から離れた小さな墓地に埋めた。このような墓地がロンドン西部にはいくつも見つかっており、ほとんどの場合、最高で30体の遺骨が葬られている。アッシュフォード・コモンやヘイズにはより大きな墓地も発見された。これらの墓地は、近隣のいくつかの集落の住人が利用したものと見られている。

### 権威を重んじる社会

前1100年頃には、農業の成功や、遠方との銅や錫の取引で利益を得た有力な個人がますます強大な存在感を示すようになった。これらの人々は腕のいい金属細工師をお抱えにし、高級な品物を所有したり捧げたりして富を誇示した。地位と権威に対する関心を物語る新しい集落が作られた。テムズ川の潮汐限界点よりも上流のウォリングフォード、ラニミード・ブリッジ、そしておそらくソニーパーク付近では、川の中の島が宴会や取引の場となり、金属細工など、社会的地位の高い生産行為が行なわれていた。薄い土器の壺、椀、鉢は、食べものを披露し、客にふるまうことの重要性を示している。これらの器は金属器に似せて作られたもので、青銅板で作られた桶や大釜は特に珍重された。

同様の活動は、テムズ川から離れた場所に作られた環状の囲い地でも行なわれたようだ。そこに住む人々は、おそらく塩や石臼、金属細工などの製品を、テムズ川流域や、さらに遠方の土地と取引していた。カーショールトンのクイーン・メアリ・ホスピタル付近の遺跡からは、大量の金属細工が埋まっていたノース・ダウンズを上回る金属細工が発見されている。こうした発見は相当な富の存在を示すもので、農業の生産性の高い地域で発見されたのは決して偶然ではない。

### 奉納の儀式

祭儀は日常生活のあらゆる側面を占めるようになった。火葬にした人の遺灰が日の出の方向と一直線になるように家の入口部分に埋葬され、食べ物や飲み物を入れた壺がため池の中に置かれ、青銅の武器が川に捧げられ、青銅器は地中に埋められた。これらの埋蔵物のうち、あるものは土地と資源の所有権を主張する目的があり、あるものは人や家畜の多産を祈るためのものだったかもしれない。また、葬儀の一部として捧げられた可能性もある。

青銅器時代の社会はつねに遠隔地からの銅と錫の供給に依存していたが、それらが紀元前およそ800年頃に絶えてしまうと、注意深く維持されてきた協力関係の制度全体が崩壊した。これが社会に与えた影響は広範囲に及んだが、その中でも特筆すべきなのは地元の鉄鉱石を利用した鉄器の生産の開始である。

[JFC]

**テムズ川の氾濫原**
川の水位が上昇し、牧草地や耕作地が広い範囲で水没したため、木造の道を建設する必要が生じた。

**バーモンジーの耕作**
土地が不足したため、低地の島も耕された。

| 第1章——先史時代　　023

# 流域から遠くへ

ローマ人による征服の数世紀前は、
部族間のたえまない戦闘の時代とみなされることが多い。
しかし、ほとんどの集落は農場であり、大半の人々は戦士ではなく農民だった。

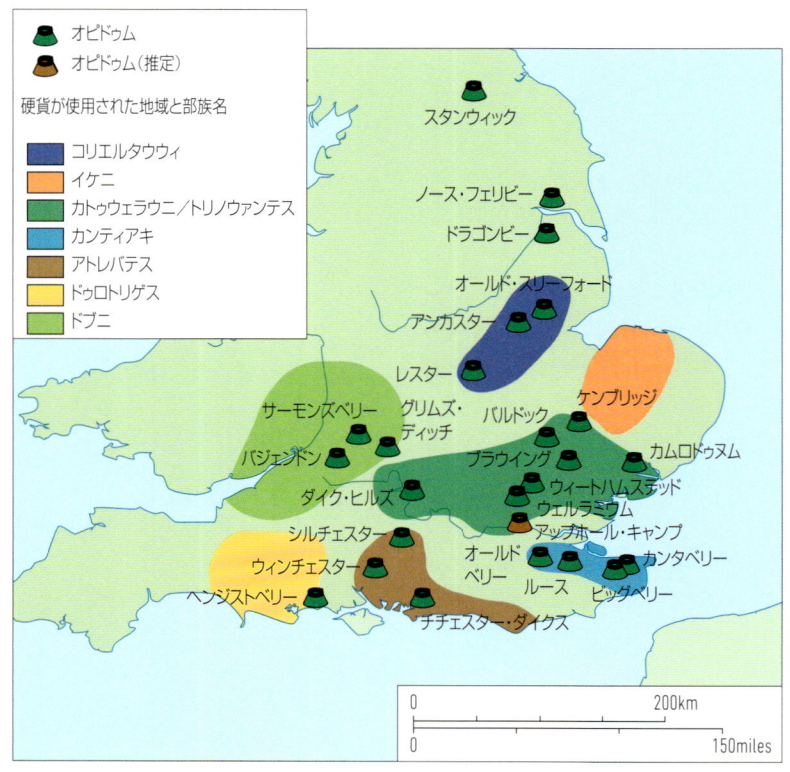

**オピドゥムと硬貨を使用する部族**
硬貨を使用する「部族」集団の勢力範囲とオピドゥムの場所を重ねて示したもの。イルフォードのアップホール・キャンプはちょうどカトゥウェラウニ／トリノウァンテスの範囲内にある。

**木製のタンカード**
テムズ川のキュー付近で発見されたタンカードと呼ばれる取っ手つきの大きなコップ。木製で表面は青銅で覆われ、およそ2リットルの容量がある。前2-1世紀のもの。

長期間続いた青銅取引のネットワークが衰退したことによって、前1000年を過ぎた頃からテムズ川流域の人々は地元で産出する資源に頼らざるを得なくなった。古い環状の囲い地は放棄されたが、畑の利用は続き、ときおり新しい畑が開墾された。テムズ川や、穴、ため池に貴重な品々を奉納する古代の伝統は保たれていたが、規模は昔より縮小された（右の地図）。人々ははっきりと過去を意識し、過去とのつながりを強調しようと努めた。ウェイブリッジ付近の居住地では溶解炉や鍛冶炉がいくつも発見され、製鉄が始まっていたことを示す証拠となっている。

## 季節ごとの移住

前500年頃になるころには、ロンドン地域には短期的に、ときには季節ごとの単位で住み着く小さな居住地が目立つようになった。これらの居住地には一家族か、親族が集まって暮らしていた。以前と同じように家の入口はたいてい日の出の方向を向いていた。ヒースローに近いダウリーに見られるいくつかの円形の小屋とその周囲に納屋を持つ農場は、その典型的なものである。この農場は前500年頃から前330年頃の間に、少なくとも2度にわたって数世代が暮らしていたようだ。もうひとつの、やや規模の大きいペリー・オークスの農場は、昔の畑の区画に挟まれた共有地に作られている。これらの住民のほとんどは耕作と牧畜をあわせて行ない、糸をつむいで布を織るほかに、小規模な製鉄も行なっていた。

## 広い世界

河川と河川の間にまたがる広い世界との交流がふたたび結ばれた。ガリア人が鋳造したスタテル金貨が前2世紀から流通しはじめ、それより少し遅れて、もっとも古いイギリスの硬貨（北部ケントの錫青銅製の「ポタン」）が登場した。大体この時期に硬貨を利用する部族の有力者がブリタニア南部に現れはじめ、「オピドゥム」を造営したと考えられる（左の地図）。オピドゥムは土塁をめぐらした巨大な囲い地で、その内部では冶金やガラス器の生産など、価値の高い手工業が営まれていた。

ローディング川沿いのイルフォード近くにあるアップホール・キャンプの遺跡は、ロンドン地域にもっとも近い場所に作られたオピドゥムである。この巨大な囲い地は、明らかにローディング川下流域の支配の中心地として戦略的に有利な場所を選んで建設された。囲い地の中には多数の頑丈な円形の小屋が建てられ、その周辺に長方形の納屋と思われる離れ家があり、ポタン硬貨とともに金属加工や織物が行われていたことを示す確かな証拠が発見されている。大量の焼けた穀物は、広い地域から取り寄せた穀類がここで貯蔵されていたことを示している。

## 新しいアイデンティティの誕生

前55年と54年のカエサルのブリタニア遠征後、ブリタニア南東部には「ローマ人」という新しいアイデンティティを受けいれた人々もいたように見える。彼らはローマ風の服装や

食生活を積極的に取り入れ、ラテン語の会話を、そしておそらく文字までも習い、特に野心的な貴族の中には子息をローマに送ってローマの正式な教育を受けさせるものもいた。

ブリタニア南東部では、南部海岸やエセックスの港町との交易関係を通じてローマの影響が伝わった。こうした交易関係は前20年頃を境に増加している。(当時のイギリスからの輸出入品の記録を、ローマの文筆家ストラボンが残している。)取引された品物の中でも、アンフォラと呼ばれるワイン用の陶器の壺や銀製のコップはロンドン北部や東部にある貴族の墓に副葬品として埋葬された。前50年から紀元後50年頃のロンドンでは、いくつもの小さな囲い地や、柵をめぐらせない居住地が作られ、その一部はローマ時代まで利用されつづけた。ベディントンやケストンのようにウィラになったものもあ

る。ペリー・オークスなど、他の場所では古くからある畑が再編成された。

### 神聖な場所

テムズ川は巡礼と奉納の場所でありつづけたが、この時代にはさまざまな遠方の部族集団の勢力範囲がぶつかりあう場所でもあった。川に捧げものをする習慣は減ったとはいえ、キューで見つかったタンカード(左頁)やバタシーの盾(右下の写真)など、個々の品物の価値の高さが示すとおり、格式はいっそう高まっていた。

川から離れた場所では、宗教施設としてヒースローのシーザーズ・キャンプに「神殿」(左の写真)が作られ、レインハムやオーセット、ガン・ヒル、ティルベリーには長方形の囲い地があった。これらは形の上ではヨーロッパ大陸の宗教施設に似ており、ドルイド教の聖職者のような宗教的専門家の所有地だったかもしれない。

ローマ人による征服がロンドンにどのような影響を与えたかを判断するのは難しい。ローマ時代のロンディニウムには、部族の活動の中心となる場所はなかったように見える。実際、この時代のロンドン地域に政治的重要性になかったようだ。ローマ人がロンドンをその場所に築いたのは、まさにそこに強い力を持つ既存の集団がいなかったからかもしれない。

[JFC]

**シーザーズ・キャンプ**
ヒースローのシーザーズ・キャンプに作られた長方形の小規模な「神殿」。土塁をめぐらした巨大な囲い地の中にある。

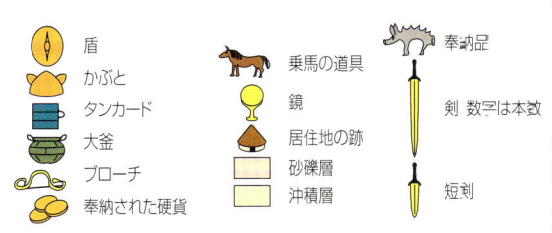

**テムズ川の奉納品**
武器や個人の装飾品、宴会用の器など、価値のある品物をテムズ川に奉納する習慣は続いたが、以前ほど盛んではなくなった。

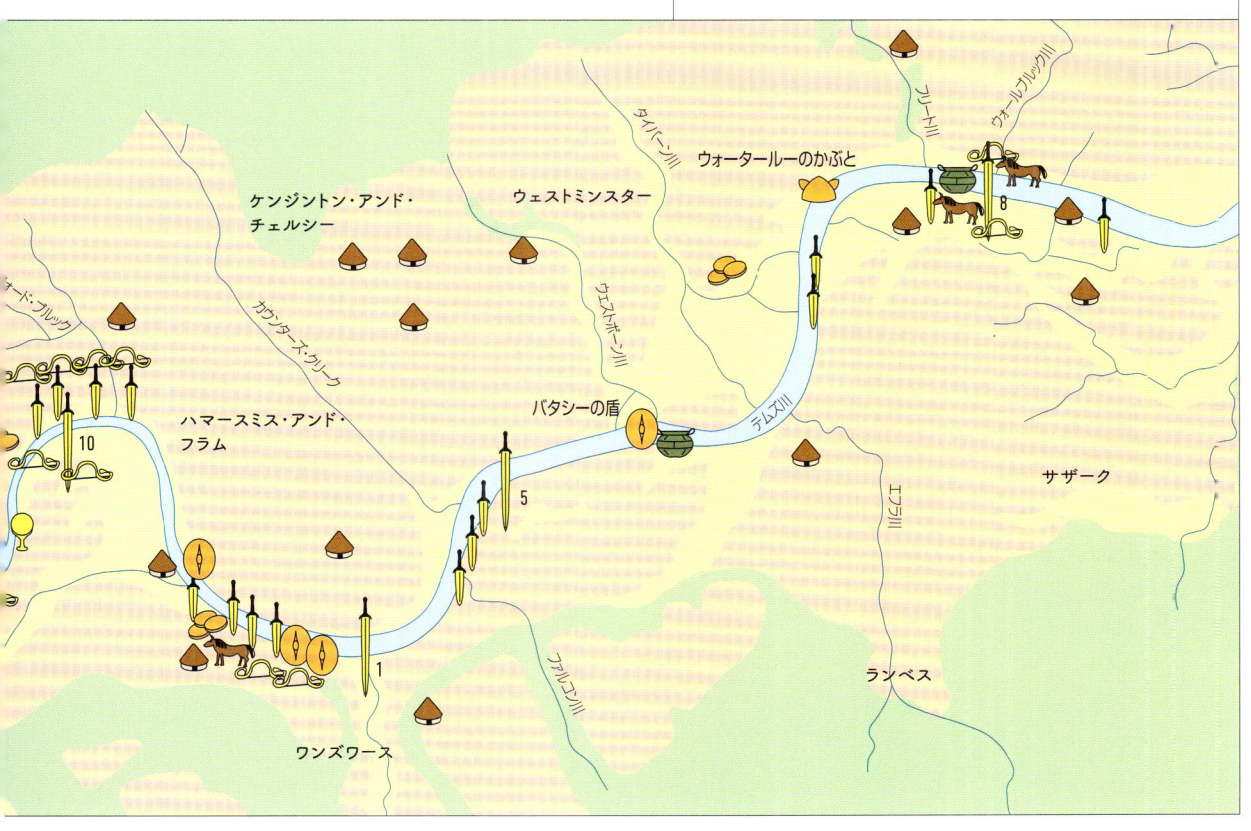

**バタシーの盾**
バタシーの盾は装飾品として使われていたもの。前300年-前100年の間に作られた。

| 第1章——先史時代　025

# 第2章
# ローマ時代のロンドン

ローマ人はロンドンを作った。およそ400年間、地中海全体を抱合するローマ帝国の北の植民地であり属州となったブリタニアの中で、ロンドンは最大の都市だった。この広大な帝国は、法と言語、そして発達する官僚制度によってひとつにまとめられていた。ローマの市民は遠方に旅し、商品に負けず劣らず思想も交換した。しかし、帝国は決して均質ではなかった。土着の習慣は根強く残り、土着の民衆は自治を認められ、彼らの町は多種多様な建築様式からインスピレーションを得て建てられた。

ロンディニウムは、テムズ川の川幅が橋をかけられるほど狭く、しかも海からの潮流が達する地点を選んで建設された。海上交通はロンドンと帝国の他の地域を結び、一方ロンドンから放射状に延びる道路はブリタニアの他の主要都市につながっていた。ロンドンは木造の建物が並ぶ辺境の居住地として誕生したが、2世紀の半ばにはテムズ川北岸に2キロメートルにわたって広がり、北岸だけでおよそ120ヘクタールの面積を占めていた。

まもなくロンドンは属州ブリタニア全体を管理するための中心都市となった。バシリカ［公会堂や法廷］やフォルム［市場や集会所を兼ねた広場］は行政や司法、商業の場として機能し、公衆浴場や円形闘技場は娯楽を提供した。川の両岸には広い神殿と優美な公邸が建てられた。大都市となった北岸のロンドンは、3世紀はじめから高い石壁をめぐらして守りを固めた。

ロンドンから延びる主要道路に沿って居住地は広がった。主要な川の渡河地点に作られた居住地もあった。また、小規模な自作農や生産者の集団が、明らかな中心地を持たずに散らばって暮らしている場合もあった。田舎は耕地化が進んだが、ロンドン北部の森林におおわれた粘土層の土地は例外だった。ノース・ダウンズの斜面には、富裕層のための快適な石造りの住居であるウィラと浴場があった。

ブリタニアは5世紀にローマの支配から脱し、ローマ風の生活様式は一世代のうちに消滅した。イングランド南東部は、文化や法律、言語の面でローマの直接的な遺産は一切受け取らなかった。しかし、ローマ時代の市壁に囲まれたロンドンは、中世都市ロンドンとなり、今日に至るまでロンドンの商業の中心地としての役割を果たしている。

**ロンディニウム、120年頃**
ロンディニウムはこの時期に最大となり、2万5000人が生活していたと推定されている。

# ロンディニウム――誕生と初期の破壊

ロンドンは43年のローマ人による侵入のすぐ後に建設された。
この都市は急速に成長し、世界各地から人々が集まってきた。
この繁栄した居住地は、60年にボアディケアの反乱によって破壊された。

43年の夏、4万人の兵からなるローマ軍がブリタニアに上陸した。彼らの表向きの目的は、部族間の闘争で王国を追放されたブリトン人の部族長がローマの盟友だったため、この部族長の王位を取り戻すというものだった。しかし彼らの実際の目的は、ローマ皇帝クラウディウスのために遠方の土地で華々しい勝利を収めることだった。歴代皇帝の中で、もっとも軍事的な名声と縁が薄かったクラウディウス帝は、自身の薄弱な権力基盤を強化するために、軍事遠征によって威信を獲得する必要があった。

ローマ軍は1世紀近く前にシーザーがブリタニアを目指したときよりも、目的地に対するはるかに豊富な知識をたずさえてブーローニュを出発した。彼らはブリタニアの地理も政治的な勢力関係も、定期的にそこで取引をしている商人からの報告を読み、ときにはローマの宮廷に仕えていたブリタニア貴族から聞き出して知っていただろう。ローマ軍のうち、少なくとも主力部隊は、できる限り速やかに海峡を渡ってケントのリッチバラに上陸した。上陸地点にローマ人が築いた要塞が考古学者によって発見されている。不意を突かれたブリトン人は上陸に抵抗しなかった。ようやく態勢を整えたブリトン人は、おそらくメドウェイ川のそばで最初の戦いを挑み、次にテムズ川の、満潮時に冠水する湿地のある場所で戦闘を行なった。その場所は将来ロンドンとなる場所からそう遠く離れていなかったと思われる。どちらの戦闘も最初はブリトン人に有利に進んだが、最終的には攻撃のために川を泳ぎわたってきたローマ軍に徹底的に打ち負かされた。

ついにクラウディウス帝がみずから指揮を執るために到着した。皇帝は、ブリタニア南部のイギリス海峡に面した港から上陸して陸路を行くのではなく、将来の何百万という来訪者がそうするように、船で直接ロンドン地域に入ったかもしれない。クラウディウス帝は北上してブリタニアでもっとも有力な部族の王の本拠地カムロドゥヌム（コルチェスター）を陥落させ、多くの部族を服属させた。秋のはじめにはブリタニア南東部の大半はローマの支配下に入った。

## ロンドンの位置

ローマの戦略によって、将来ロンドンとなる土地に、以前はなかった重要性が生まれた。北東に100キロメートル離れた場所には最初は軍事的要塞、のちには引退した兵士の居住地となったコルチェスターがある。32キロメートル北西にはウェルラミウム（セント・オールバンズ）、80キロメートル南東にはカンタベリーがある。どちらも重要な部族の中心地で、ローマに服属してローマの都市となった。それらの都市を結ぶ主要道路はテムズ川を渡らなければならなかったが、ロンドンの位置なら橋をかけられるほど川幅が狭く、しかも進入路の建設に利用できる十分に高い土地が、特に南岸の沼地に確保できたのである。また、テムズ川はロンドンが作られるこの地点まで満潮時に潮流が達し、イギリス海峡を渡る大型船が川をさかのぼることができた。それによって船はケントの港に入らずに、必要とされる場所に品物を直接届けることができた。

ローマ人は最初、渡河地点としてさらに1キロメートルあまり西の土地を選んでいたのかもしれない。なぜなら、ウェルラミウムとカンタベリーを結ぶ道路はランベスとウェストミンスターを結ぶ線に沿って走っているからだ（32 - 33ページ参照）。しかし、この地点には橋や波止場が建てられた形跡はなく、その計画はすぐに撤回されたのかもしれない。ローマ人の侵入からわずか5年後の48年までに、ロンディニウムの東西の軸となるはずの道路の建設が始まり、テムズ川の南岸ではロンディニウムに向かって延びる道路が、現在のロンドン橋付近で川を渡るように進路を変更された。

## 都市生活

初期のロンディニウムの中心地は、テムズ川北岸のウォールブルック川の

**60年に破壊される以前のロンディニウム**
家と商店はウォールブルック川の東の丘陵と主要道路沿いに密集している。

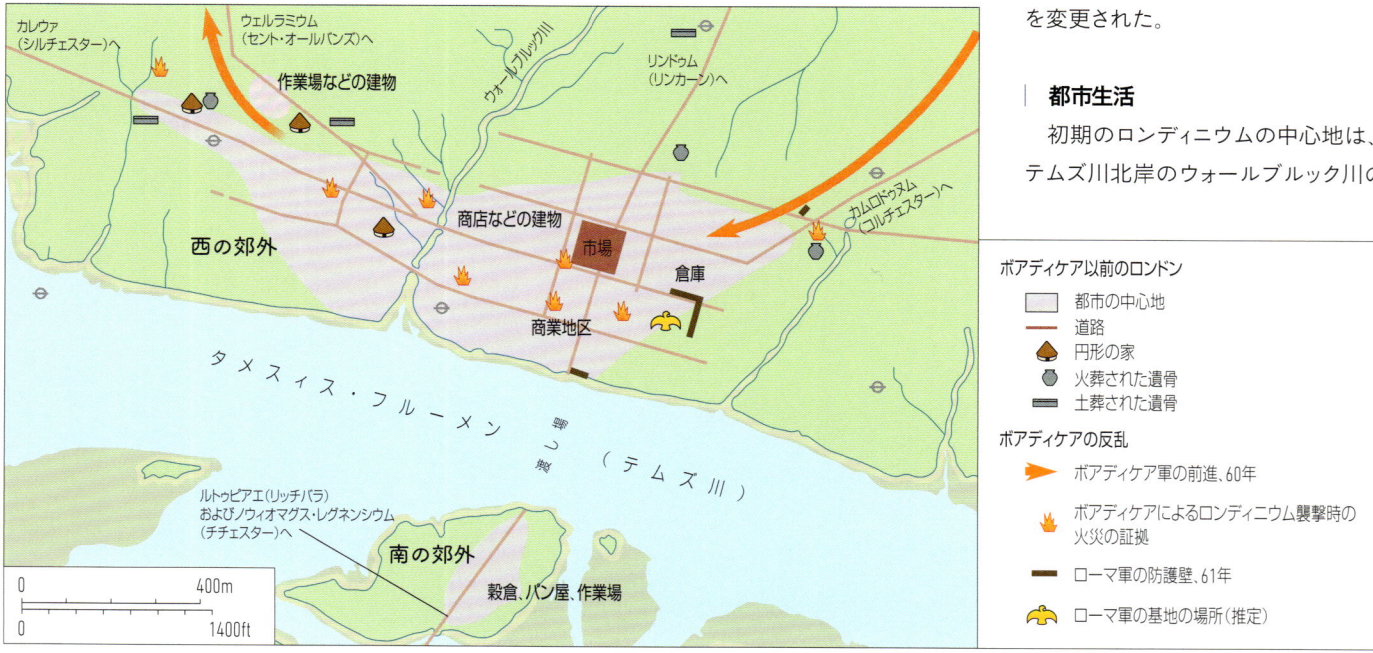

**ボアディケアの襲撃前夜のロンディニウム**
北西部からウォールブルック川東岸の主要な居住地を遠望する。ピーター・フロステ作。

東にあった。テムズ川の渡河地点を見下ろす低い丘陵の頂上に位置するこの場所に、砂利を敷き詰めた広い公共広場が作られた。その場所は軍需品の市場や、そこを通る大勢の兵士の集会所として役立ったことだろう。

この頃、ローマの歴史家タキトゥスは、ロンドンは「商人と商品であふれている」と述べている。厚板と横木で作られた岸壁が52年に着工された。粘土と木材でできた横長の長方形の「長屋」が主要道路に沿って建ち並び、世界各地から集まったおそらく1万人に達する人口を支えていた。これらの建物は表側に商店や作業場があり、裏側が住居になっていた。考古学者はパン屋や陶器店、そしてトルコから輸入された穀物を貯蔵した倉庫を発見している。アンフォラと呼ばれる取っ手付きの陶器の壺に入れたワインやオリーブオイル、そしてガラス器や陶器が地中海から出荷された。移民の手工業者が西部の郊外でローマ風の陶器を生産する一方で、移民の宝石職人は渡河地点の近くで認印つき指輪にセットするための宝石を商っていた。町の外では、ハイゲートや、セント・オールバンズへの途上に製造業の中心地ができ、繁栄を続ける新しい市場のために台所用の陶器の生産を始めていた。

ウォールブルック川の西側には、ローマ人による征服以前からブリタニアで何世紀も見慣れた円形の家に住む人々もいた。この人々は東側に住む隣人たちに比べて地中海からの輸入品をあまり使わず、ひとつの作業場では壊れたローマ製のガラス器を伝統的なブリタニア風のビーズに作り変えていた。彼らは新しく誕生したロンディニウムのために半熟練労働者として強制的に定住させられたのだろうか？それとも新しい仕事の機会を求めて、あるいは農作物を売るために、自発的にやってきたのだろうか？

### 女王ボアディケアによる破壊

60年の夏、繁栄していた初期のロンドンは灰燼に帰した。この壊滅的な破壊は、50キロメートル以上北東に離れた土地での争いに端を発したものだった。ローマ人はこの土地を征服していなかったが、プラスタグス王と協定を結んでいた。この取り決めによってローマ人は兵力を他の地域に向けることができた。これは戦術的には賢いやり方だったが、戦略的に危険をはらんでいた。プラスタグス王の死後、イケニ族はローマの庇護を受けた王としての地位が自動的に王の後継者であるボアディケア女王に受け継がれるものと信じていた。ローマ人は、庇護民の地位は一時的なものだと考えていた。兵士はボアディケアの宮殿に乱入して制圧し、女王と娘たちに乱暴を働いた。イケニ族は南部の近隣の部族トリノヴァンテス族の助けを借りて、反乱を起こした。

ボアディケアの戦士たちは南に向かい、コルチェスターを破壊し、ロンドンを目指した。商人と移民が明らかに地中海風の生活様式で暮らすロンドンは、ローマの帝国主義の象徴だった。ローマ軍は他の地方に遠征中だったため、ブリタニアで皇帝のために財務を担当する代官(プロクラトル)の地位にあったカトゥス・ディシアヌスには頼れる軍隊がなかった。彼はロンディニウムから撤退し、町は焼き尽くされた。この時代のほとんどあらゆる遺跡から、炭化し、溶けてガラス化した物質が1メートルの厚さで堆積しているのが発見される。渡河地点までの道路脇に店や家屋が建ち並んでいた対岸でさえ状況は同じだった。西部の郊外に建っていたブリタニア風の円形の家だけは破壊を免れた。

ボアディケアは北西に軍を進め、ウェルラミウムを破壊したが、初秋になってウェールズ遠征から帰還したローマ軍に倒された。ロンドンでは兵士が町の支配を回復し、砂利を敷いた公共広場と川の間に防備を固めた住宅群を建設した。防衛のための濠と城壁には、町が焦土と化したときに焼け焦げた数十本もの大きな材木が使われた。63年までにはヨーロッパからふたたび安全に必需品を輸入するのに必要な新しい波止場の建設が始まった。　[FG]

**等身大の青銅の彫像の腕**
この青銅の腕はウォールブルック川付近の湿地に70年頃に埋まったもの。ボアディケアの反乱がもたらした悲劇によって悪名高い皇帝ネロの威信が傷つけられたとき、皇帝の記念碑からもぎ取られたものなのだろうか？

| 第2章──ローマ時代のロンドン

# 最盛期の
# ロンディニウム

ボアディケアの反乱から50年後には、ロンドンはブリタニアで比べるものもない最大の都市になった。行政、商業、軍事上の機能を持つ地区が、中心となる壮大な建物の周囲に発達した。

**ハドリアヌス帝の胸像**
テムズ川で発見された胸像のレプリカ。ハドリアヌス帝は122年にブリタニアを訪れた。

ローマ時代のロンドンの再建が本格的に始まったのは、ボアディケアの襲撃から10年以上たってからだった。最初の町がほとんど原形をとどめないまでに破壊されたばかりでなく、68-70年にかけてローマでは皇位をめぐる内戦が起き、ブリタニアのような新しい属州の開発は後回しになったからである。75年頃、属州のどんな都市でも一番重要な公共建築物であるフォルム・バシリカ複合体の建設が始まった。ロンディニウムのフォルム・バシリカは、屋根のない広大な広場（ピアッツァ）を店や役所のある建物が囲み、北辺には現代の多くの教区教会よりも大きい50メートルにも及ぶバシリカが配置された。

テムズ川に向かって傾斜する急な丘の斜面を平らにして建築用の台地が作られ、木材やコンクリート擁壁で補強された。フォルムの南西にも同じような台地がふたつ築かれ、そこは大きな公会堂と観賞用の池の敷地になった。そこはおそらく公衆浴場か、官邸の一部だったと思われる。ウォールブルック川の西に築かれた台地には大衆の娯楽や宗教的儀式に使われる堂々とした建物があった。そのひとつが非常に大きな公衆浴場と、それに隣接する神殿である。その北側には個人の住宅には不向きな水はけの悪い土地に円形闘技場が建っていた。100年までにロンドンはブリタニアのどの都市よりも群を抜いて大きく成長し、ローマ人はこの都市をさらに大規模に再建することに決めた。ウォールブルック川の西側の公衆浴場は増築され、円形闘技場はレンガで改装された。しかし、これらの建築計画の中でもっとも大がかりなものは、新しいフォルムの建設だった。フォルムの北側のバシリカは中世イギリスのほとんどの大聖堂よりも横幅が長かった。町はずれには石壁をめぐらした砦が築かれた。その砦は、儀式や行政に関わる任務につくためにブリタニア政府に派遣された兵士が少なくとも1000人は駐留できるほど大きかった。ロンドンの一般住民の家、商店、作業場はいたるところに増えつづけていた。中央の庭園を囲むように作られた大きな邸宅が登場し、表通りに面していない土地には質素な「長屋」が広がり、ときにはモザイクタイルで装飾されているものさえあった。しかし、今回はおそらく失火によるものだが、120年にロンドンはふたたび大火に襲われ、都市の発展はいったん振り出しに戻ることになった。

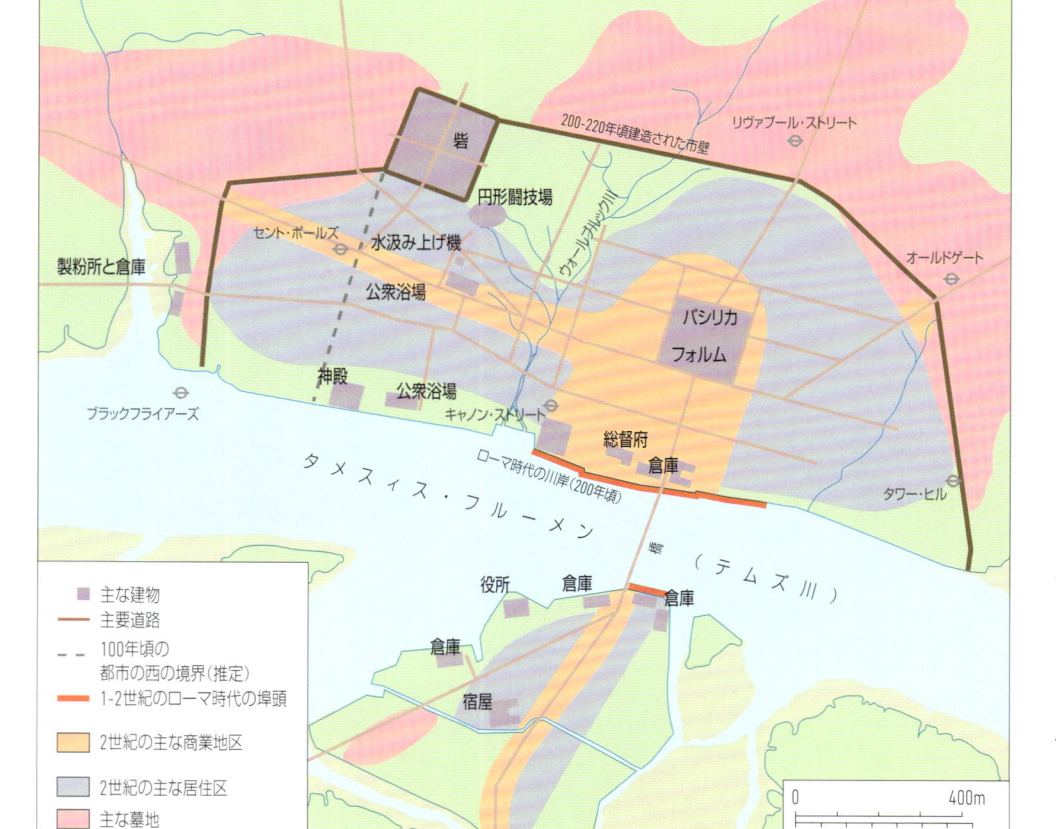

**最大に広がったときのロンディニウム**
商業地区と居住区、主要な公共建築の位置が示されている。

## 水の上の都市

テムズ川流域ほどロンドンの成長と繁栄がはっきりと目に見える場所はない。しばしば樹齢200年近い木から切り出された太いオーク材を使って、満潮時にも水面から1メートルの高さにある埠頭が建設された。埠頭に面して積荷を収める倉庫があった。こうした波止場の工事はウォールブルック川の河口から始まり、東に0.5キロの長さで続いていた。ローマ時代の橋の痕跡は今ではほとんど残っていないが、道路の位置や河床で発見される大量の硬貨によって、橋があった場所を知ることができる。橋を渡る旅行者がそれほど頻繁に硬貨を落としたのは、わざとだったのか、それとも偶然だろうか？ 川に貴重な金属製品を奉納するローマ時代以前の長い伝統が、ここに脈々と受け継がれていると考えるのはうがちすぎだろうか。

**120年頃の
ロンディニウム**
南東からの眺め。遠くに砦と円形闘技場が見える。ピーター・フロステ作。

　ロンドンの西にはフリート川があり、その広い河口はおそらく主にテムズ川上流で作業をする小さな船の停泊地になっていた。少なくとも一軒の倉庫がこの場所で発見されている。ウォールブルック川は水上交通に利用するには狭すぎ、この川から延びる多数の水路はロンドン北部を洪水の危険にさらしていた。悪臭のする革なめし業のように、不快で、しかも水を必要とする産業はこの地域に集まった。ウォールブルック川は整備と護岸工事が行なわれ、水力は製粉所に利用されたが、しだいに沈泥でふさがり、ときには人工的に埋められた。

　飲み水や生活用水は陶器か木製の管を通じて供給されたが、ロンドンに水道があったという確かな証拠はない。その代わりに、バケツを鎖状につなげた精巧な水汲み上げ機が井戸から水を汲み上げていた。その最大のものが円形闘技場の南にあり、1時間に7000リットルの水を供給していたが、その水汲み上げ機がローマ時代を通じてずっと使われていたかどうかは疑わしい。ロンドン住民の多くは地下水面が高いウォールブルック川流域の小さな井戸から、生活に必要な水を汲んでいた。

### 南岸の居住地

　ロンドンは最初からテムズ川にまたがる都市として誕生した。南岸の居住地はテムズ川から延びる水路よりも高く隆起したふたつの島に限られていたが、それでもローマ時代のシルチェスター全体の面積に勝るとも劣らない32ヘクタールの広さがあった。木製の護岸によって高潮時にも土地は浸水を免れ、島の間を流れる水路は次第に埋めたてられた。干潟に丸太を水平に並べて作った基礎の上に砂と砂利で盛土が作られ、主要道路が通された。

　橋に続く道は主要な商業路だった。70年代には、間口の狭い木造の建物がこの道路沿いにどこまでも建ち並ぶ光景が見られた。それらの建物の中には鍛冶屋があった。道路の西側には、おそらく宿屋だと思われる大きなレンガ造りの建物があった。その建物の中庭は道路に面して開いていたが、残りの三方は回廊といくつもの部屋で囲まれていた。さらに西側の、テムズ川に向かって延びている2本の道路のうちの狭い方のそばには製造業が集まった地区があり、青銅鋳造や蹄鉄工の作業場があった。

　2世紀はじめには大幅な都市の改良が行なわれた。浴室と、イタリア風に彩色されたアーチ天井のある広間を備え豪華な居室が並んだ建物がテムズ川を見下ろす位置に建てられた。この建物は位の高い軍人の住まいだったかもしれない。商業路の北の端では、開けた市場の周囲の防備を固めるために、建物がレンガ造りに改装されたり建てかえられたりした。対照的に、テムズ川に面した倉庫はオーク材だけで作られ、一部が地面に沈み込んでおり、一時的な構築物にすぎなかった。152年から翌年にかけて建てられたその倉庫は10年足らずしか持たなかった。一方、居住地の南の端では、古い建物が取り壊されて、少なくともふたつの神殿のある神域になった。その向こうは墓地で、その中に建てられた壮大な記念碑は、ロンディニウムのこの地域の繁栄を見届けてきた。　　　　　　　　　　　　　　[FG]

**水汲み上げ機**
これはグレシャム・ストリートで発見された証拠に基づいて、現代になって作られた実際に動かせる実物大の複製で、バケツを鎖状につないだ水汲み上げ機の中で最大のもの。

第2章——ローマ時代のロンドン

# ローマ時代の
# グレーター・ロンドン

ロンディニウムは放射状に延びる道路網でまとめられた広大な後背地の中心にあった。周辺の小さな町がロンディニウムの市場の役割を果たす一方で、田舎には農場とウィラが発達した。

**ローマ時代のグレーター・ロンドン**
ロンドンから放射状に延びる主要道路沿いには小さな居住地が発達し、南東部の肥沃な農地にはウィラを中心にした農園ができた。

言語研究者は「ロンドン」という名称がふたつの古代ブリタニアの単語に起源があると考えている。ひとつは船、水泳、洪水に関係のあるplowoで、もうひとつは「川」を意味するnidaである。タメスィス（テムズ川を意味する古代の英語名）がテムズ川全体を指すとすれば、Plowonidaは船でなければ渡れない広くて潮流のある川という意味になるだろう。50年頃にロンディニウムの基礎が築かれたとき、その場所は当時の潮汐限界点のウェストミンスターから十分下流の方向にあった。その後、川の水位が急激に下がって潮汐限界点が東に移動し、ロンディニウムの埠頭は海との間を行き来する船にとって不便になった。ローマ時代を通じて、テムズ川は川の北部と南部を隔て、数少ない橋や渡し船や浅瀬に往来を集中させて、交通の手段となると同時に妨げにもなっていた。

## ロンディニウムの後背地

ロンディニウムの道路網は、鉄器時代に作られた踏み分け道から発達したものではなく、ある地点から別の地点まで引いた直線と自然の地形を結びつけたローマ人測量技師の驚くべき技術によって作り上げられたものだった。この時代に作られた直線状の道路の多くは、今日に至るまで利用されつづけている。たとえばロンドンからリンカーンまでのアーミン街道のように、いくつかの道路は川の流域を通り抜けている。一方、カンタベリーとシルチェスターを結ぶ道路はテムズ川沿いを通っているが、川から十分距離を取って氾濫原を避けている。また、セント・オールバンズ道路に代表されるように、完全に丘陵地帯を避けることができなかったため、いくつかの部分に分けて測量された道路もある。たとえばブロックリー・ヒルでは、道路は急勾配で丘を登り、頂上で方向を変えている。

ポンテス（イタリア語で「橋」）は、ブレントフォード、オールド・フォード、ノイウォマグスなどと同様に、道路と川が交差する地点にできた町のひとつである。それらの町では地元の産物を売る市場が開かれ、旅行者に物資を提供していたのは間違いない。エブスフリート川に面したスプリングヘッドは、ブリタニアでもっとも重要な聖地になった。12もの神殿が自然の湧水をたたえる泉の周囲に建ち並んでいた。

ロンディニウム西部のクレイン川とコーン川に近い水はけのよい砂礫段丘では、耕地化が進んだ。広い農牧地は主要道路と踏み分け道で結ばれた。森林の多いロンドン北部の高地では、薪と粘土はいくらでも手に入ったので、陶器とタイル製造には理想的だった。ブロックリー・ヒルやハイゲートの窯を運営していたのは渡り職人だったのかもしれない。ロンドン西部に住む農民と同様に、彼らはきわめて簡素な小屋で暮らしていたらしく、考古学的な証拠は何も残っていない。立派な石造りのウィラのある田園の領地は、ロンドン南東部のノース・ダウンズの斜面やクレイ川とダレント川の流域に限られていた。その多くが浴場を備えていたが、主屋の周囲に配置された納屋や農業施設を見れば、この土地が大邸宅であると同時に農園として機能していたことがわかる。

[FG]

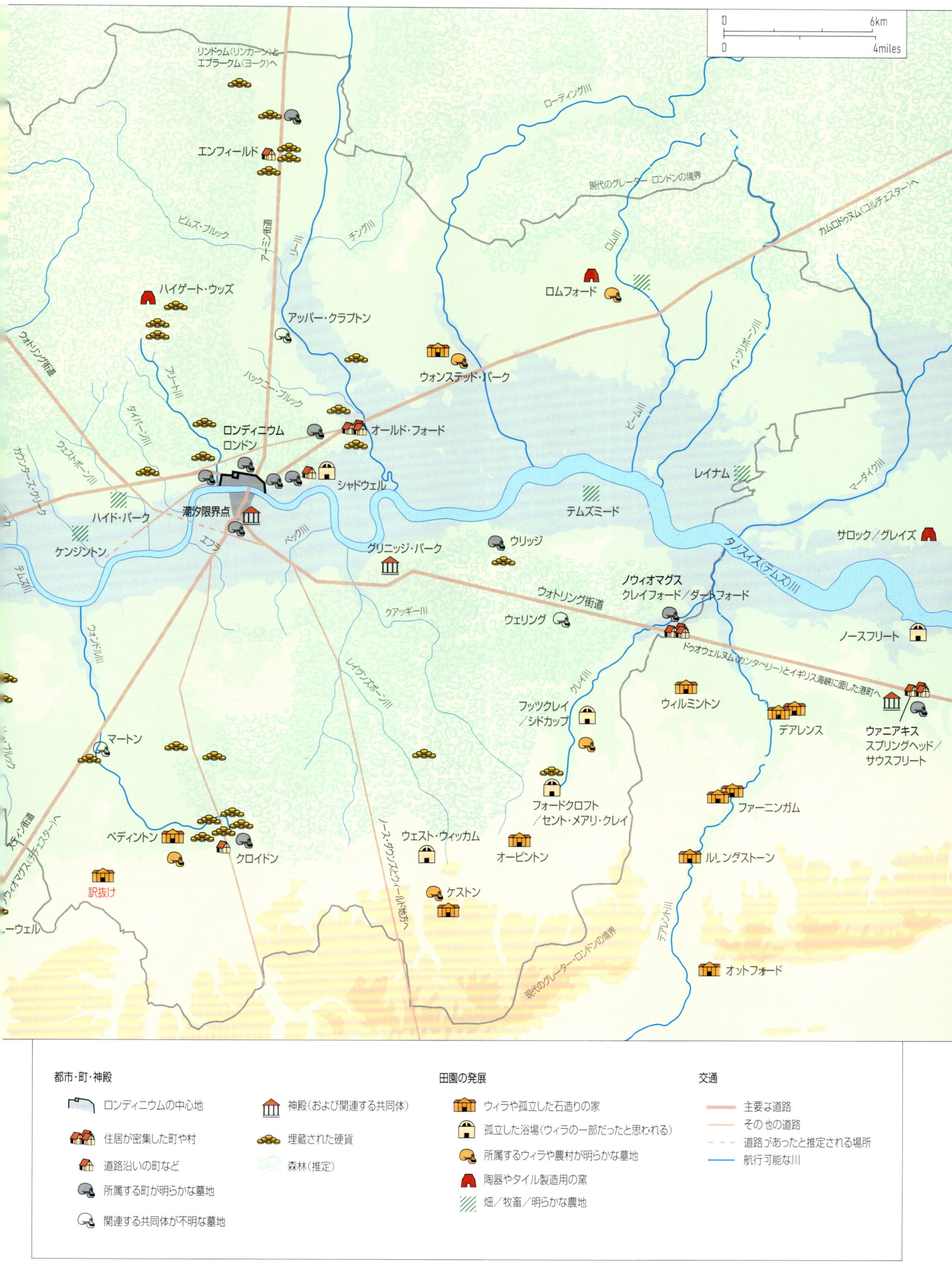

第2章——ローマ時代のロンドン

# 公共建築

主要な建物はもっとも目立つ場所に建てられた。フォーラムとバシリカは丘の上に、公衆浴場は川岸に。彫刻された石材を見れば、これらの建物にどれほど凝った装飾がされていたかがわかる。

**ハギン・ヒルの公衆浴場**
この模型は120年頃の様子を再現したもので、いくつかの部屋を持つ建物が増築されている。床暖房が備えつけられた部屋もある。

**フォルム・バシリカ**
この模型は2世紀半ばの状態を示している。南から見ると、まず記念碑的な入口があり（最前面）、広場に露店が並び（中央）、バシリカがある（一番奥）。全体として、これはアルプス以北に作られたローマ時代最大の建築物だった。

ローマ時代に作られたほとんどすべての町に見られるもっとも明らかな特徴は、格子状に張り巡らされた直線の道路である。しかしロンディニウムの都市計画(30頁)には、格子状の道路とともに、視線と記念碑的な建物の位置への配慮と、その土地の地形に対する柔軟な対応が表れている。この点で、ロンドンはローマ帝国の壮麗きわまりない都市の数々と肩を並べる資格がある。それらの都市では皇帝や個人のパトロンが、数ブロックにも広がる規模を持つ、ときには何もなかった場所に新たに都市を作り上げる壮大な建築計画を立てさせたのである。ロンディニウムもそのようなプロジェクトで作られたのかもしれない。しかし、今のところそうした記録は見つかっていないので、はっきりしたことはわからない。

テムズ川北岸の居住地の配置は2本の道路が中心になっており、おそらくその2本の道路を建設するための測量は最初の仕事だっただろう。ニューゲートに向かって西に延びるおよそ1.6キロの道路と、渡河点に向かって南下する短い道路。この2本の道路はフォルムの門の場所で直角に交わり、東西に延びる道路はウォールブルック川の両岸の丘陵を見下ろしていた。東岸には、どれくらいの広がりを持っていたかは不明だが、格子状の直線の道路で区画された地域があった。一方、西岸にはそのような格子状の道路網はなかった。西岸にはもう1本の東西道路があり、第1の東西道路とほぼ並行に、丘の頂上から2メートル下がった等高線をたどって、フリート川に向かって目が回るような急勾配で下っていた。その付近には公衆浴場と神殿があり、船で到着した旅行者はその威風堂々とした姿を目の当たりにすることができた。神殿は南西から北東の方向に、フォルム・バシリカの方をまっすぐ向いて建てられ、ウォールブルック川東岸の丘の頂上に建つフォルム・バシリカからは、神殿がよく見えたに違いない。

## 公共建築

旅行者がテムズ川を南側から渡ってロンディニウムに入ると、2世紀に建てられたフォルム・バシリカが目の前にそびえたち、さぞかし印象的な眺めだったことだろう。ブリタニアで建造された同様の建物の中でも群を抜いて大きいこのフォルム・バシリカは、急激に成長するこの都市の意気込みを象徴していた。しかし、その都市計画は伝統に従ったものだった。フォルム・バシリカは、イタリアでは広場の周囲に神殿と評議会を置く大まかな配置として誕生したが、ガリア地方［現在のフランス、ベルギー、オランダ南部、スイス、ライン川以西のドイツを含む地域］を経てブリタニアまで都市の概念が伝わる頃には、フォルム・バシリカはひとつの建造物になった。フォルム・バシリカには長方形の中庭と大ホール、中庭の3面を囲む柱廊、そして商店や事務所からなる実用的な設計プランがあった。

南西地区にあったロンドン最大の公衆浴場は、ローマ時代のブリタニアの平均的な町にあったものと比べて決して大きくはなかった。フォルム・バシリカに匹敵するとてつもなく大きな公衆浴場が、これから発見されるかもしれない。テムズ河岸の傾斜地に70年に建設されたハギン・ヒル公衆浴場は、4室か5室が連なったささやかな作りで、東側の暖房のない待合室が西側の床暖房で温められた部屋につながっていた。50年後、さらに豪華な暖房の部屋が東側に増築され、明らかに独立した区域が作られた。ローマ人の倫理観、そしてローマ法が男女混浴を禁じていた点を考えると、ふたつに分かれた公衆浴場がローマ帝国では一般的ではなく、むしろ珍しかったのは不思議だ。おそらく、ロンドンでは男女別の入浴施設があったのだろう。

ミトラを祀る神殿は別として、これまでに完全な形で発掘された神殿はないが、記念碑のようなアーチ門の一部だった石灰岩の石材を見ると、ロンディニウムの宗教的建造物

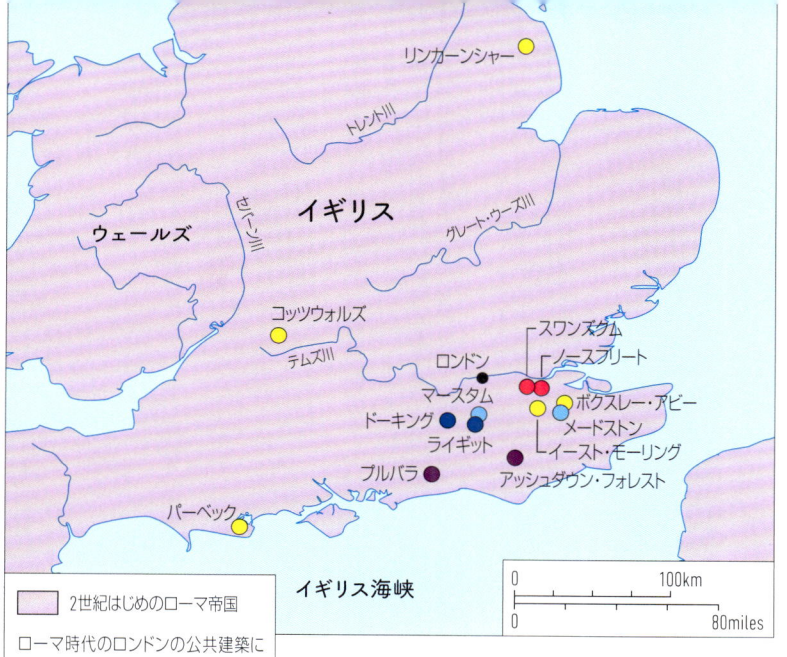

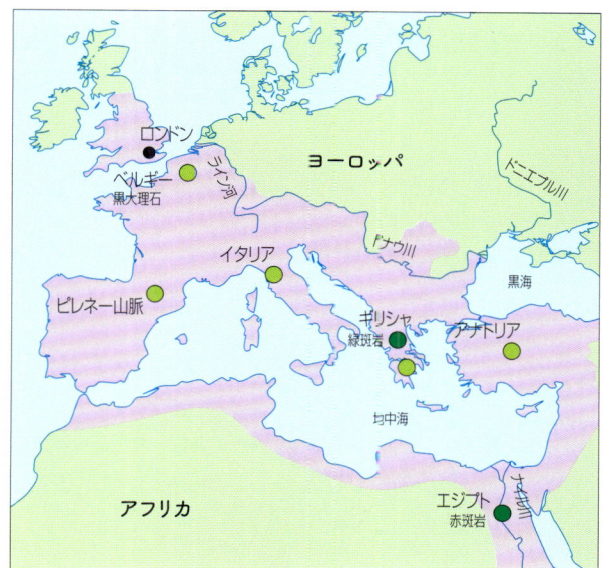

の壮麗さがうかがえる。ヘラクレスやミネルヴァといった神々に対するローマ人の伝統的な解釈は、ブリタニアの人々の大衆的な自然信仰と結びついて、ロンディニウムを守り、繁栄をもたらす力を呼んだ。

様式的には、このアーチ門はイタリアよりもドイツもしくはガリアとの結びつきが強く、それは「ローマ＝ケルト風」の独特な神殿の様式にも当てはまる。屋根と壁のある回廊（廊下）や側面に壁のない柱廊に方形の塔が囲まれている設計は、中央に祀られた偶像の周囲を行列する土着の儀式の影響を受けているのかもしれない。そのような神殿がふたつ、南岸の居住地のはずれのカンタベリー街道沿いに立っていた。それらの神殿の塔は、イギリス海峡に面した港からロンディニウムを目指す旅人を歓迎したことだろう。

## 建築産業

ロンディニウムでは非熟練労働者から熟練した石工や建具屋まで、数百人の労働者が雇われ、大量の建築資材が消費された。建築に使用された主な材木はオーク材だった。1世紀に埠頭の建設に使われたのと同様の角材は、しばしば1辺が18.5センチもあり、ローマ人による征服の前から自然の森に生えていた非常に古い木を切り出して使っていた。しかし、2世紀までにオークは柱や板材として利用する目的で栽培されるようになった。

もっとも近い建築用の石材の採石場は48キロ離れたメードストンの付近にあった。ケント産の割石は丈夫だが、なめらかな仕上げには不向きで、あまり加工されずに主柱や出入口の枠に使われた。装飾的な部分にはリンカーンシャーの石灰岩かバースの石が使われることが多く、壁はケント産の割石を積んだ層と、タイルを水平に積んだ層を交互に重ねて建てられた。そうしてできた壁は表面を漆喰で覆って彩色され、優美な石壁に仕上げるか、もっとも豪華な建物の場合には、壁の表面に大理石を張って仕上げた。大理石は採石場から直接ではなく卸売業者を通して入手された。そのため、帝国の他の場所で生まれた流行によって、ロンドンで手に入る大理石の種類も影響を受けた。ギリシャ産やエジプト産の緑や赤の斑岩に比べて白大理石は手に入りやすく、はじめは主にイタリアのトスカーナで産出するカララ大理石が、のちにはトルコのプロコネッサス［現在のマルマラ島］の白い大理石が、しばしば彩色されて利用された。

屋根をふくための数千個のテグラ（長方形で両端が盛り上がった平らな瓦）とインブリクス（円筒を半分に切った形の瓦）をはじめとして、ロンディニウムで用いられた陶器製の建築素材の大半は地元の粘土で作られた。エッジウェア付近で窯が発見され、レンガやタイルの中には代官の印が押されたものもあった。属州における皇帝の財務長官の立場にあった代官は、1世紀と2世紀には公共建築計画の資金調達に尽力していたのかもしれない。

[FG]

### 建築用石材の採石場

建築資材の多くはブリタニア南部で手に入れることができ（左の地図）、船でロンドンまで輸送された。最高級の建築用大理石板は遠く離れた地中海世界から輸入された（右の地図）。

### 壮麗なアーチ門

この記念碑のようなアーチ門の実物は、ブラックフライアーズ付近の神域から出土した。かつてロンドンの繁栄を象徴していたアーチ門の残骸の大きな石灰岩のブロックが30個以上残存している。ひとつのブロック（左の写真）には戦と農耕の神マルスが浮き彫りされ、肩だけが見えるもうひとりの神は、金袋が添えられているところから、商人と旅人の守護神マーキュリーだと考えられている。

第2章──ローマ時代のロンドン　035

# 港、商業、労働

ローマ時代のロンドンは、属州の発展に重要な役割を果たした。港の大きさや、繁栄した都市で必要とされる多種多様な物や人材の流入を見れば、ロンドンの商業的な成功は明らかだった。

**ローマ時代の
ロンドンの港**
テムズ川岸の南北の埠頭は、現在のロンドン橋からほんのわずか離れた所にあった橋でつながっていた。

ローマ帝国の商人はつねに新しい市場に関心を抱いていた。ロンドンはすぐに急成長する属州の巨大な中心地となり、帝国の各地から商品や食品を輸入した。木造の擁壁がテムズ川に向かって突き出すように作られ、埠頭に面して倉庫が建ち並んで、この都市のウォーターフロントは急激に拡大した。増加しつづける住民の需要に応えるために、新しい手工業と職人が必要とされ、ロンドン各地にさまざまな専門的手工業や産業の中心地ができた。

現代のアッパーテムズ・ストリートとロウワーテムズ・ストリートは、52年にウォーターフロント建設が始まったときのローマ時代の埠頭の位置を示している。最初は簡単な擁壁だったものが、すぐにがっしりしたオークの角材を使った頑丈な埠頭に変わった。その埠頭と擁壁は現代のキャノン・ストリート駅から旧税関の東側まで、650メートルを超えて延びていた。しかし時間がたつにつれて、上がりつづけていた川の水位が下がって埠頭は沈泥に埋まり、現在より100メートルも広くて浅かった川の中心に向かって突き出すように新しい埠頭が建設された。1世紀半ばから、北岸の埠頭は南岸の居住地と橋で結ばれた。テムズ川の泥に埋まって保存された2艘の船が出土している。そのひとつで、1912年にカウンティ・ホール［テムズ川南岸にある旧グレーター・ロンドン議会庁舎］建設中に発見されたものは、竜骨から上甲板までの高さが高く、外洋を航海できる地中海風の船だった。1965年にブラックフライアーズで発見された船はもっと平たい構造で、おそらく地元の交通に利用されていたと考えられる。この船は3世紀に積荷を積んだまま沈んだ。積荷は主に公共建築に使用されていたケント産の割石で、メドウェイ地域から運ばれてきたものだった。

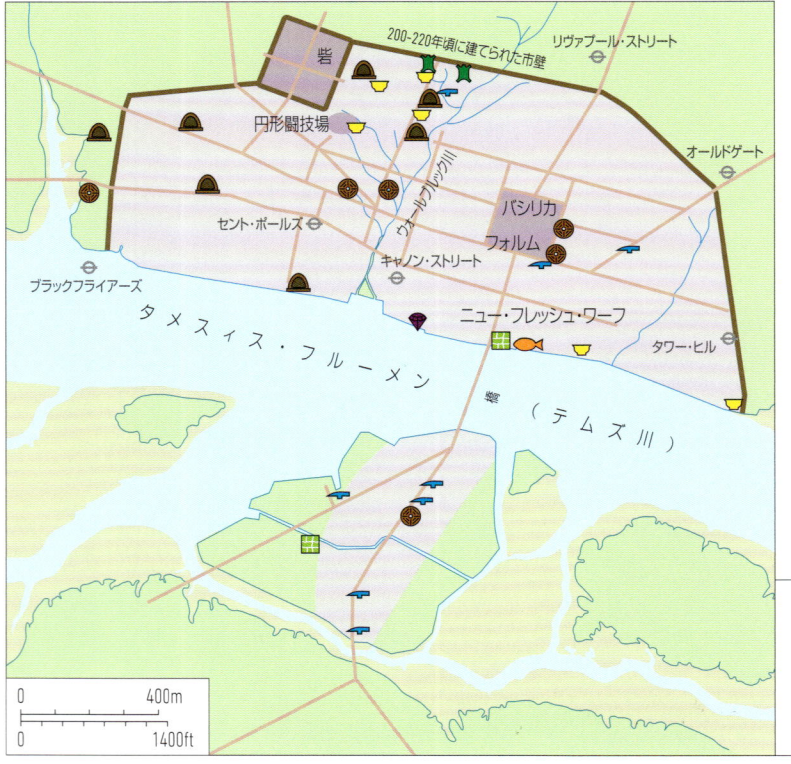

## 輸出入品

川岸に軒を連ねる石造りの倉庫は、前面に壁がなく木製の鎧戸がついていて、輸送される品物が保管できるようになっていた。ロンディニウムの多様な住民の需要を満たすために、帝国の各地から輸入品が流れこんできた。陶器やガラス器、青銅器の食器類がローマ帝国西部の属州から運ばれた。ギリシャ、トルコ、エジプト産の珍しい建築用大理石。ドイツワインの入った木の樽や大きなコンテナ。コンテナの中にはイタリア、スペイン、南フランス産のオリーブオイル（料理と照明用）や魚醬、ワインを詰めた陶製の容器が収められていた。輸入が輸出を大きく上回っていたのは間違いないが、ブリタニアは奴隷、狩猟犬、牡蠣のほかに、特に政府直轄のメンディップの鉱山で産出する銅を中心とした鋳塊を輸出した。

品物の引き渡しには税関の検査が必要で、積荷はコンテナ表面に記載された目録と相違がないかどうか確認された。ブリタニアに入ってくる品物には、税関の役人や商人によって小さな鉛封印がつけられた。書類の記入は厳密に行なわれた。薄く蜜蠟をかぶせた木の板に、品物の明細が書き込

**商業と製造業**
環境を汚染するような製造業は必然的に居住に適さない地域で仕事をしたが、食品産業はつねに町の中心にあった。

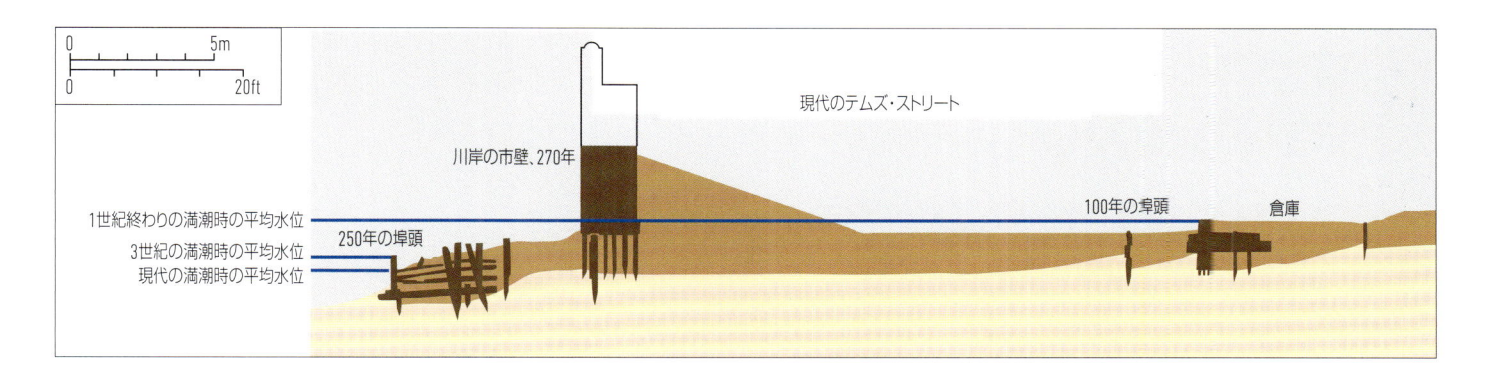

## 北側のウォーターフロント

1世紀から3世紀にかけて潮流の高さが変化するにつれて、川に向かって進出するようにウォーターフロントの建築が行われた。（上図）

---

まれたものが残されている。現存する板には品物の売買の記録が記入され、その中に奴隷も含まれていたことが示されている。

それから品物は荷車か小さな船に積み込まれ、属州の各地に輸送された。ロンディニウムにとどまる品物もあった。高級品はテムズ河岸の丘陵を登って、商業と金融の中心地であるフォルム周辺の最新流行の店に届けられた。間口の狭い地中海風の建物が主要道路に沿って建ち並び、道路に面した所は店や仕事場になっていた。ローマ時代のロンドン市民はこれらの店ですぐ使えるように石臼でひかれた小麦粉を買うことができ、家で粉をひく必要はなかった。食料品店、パン屋、手軽に食べられる軽食を売る店が、市民の食欲を満たしていた。

### 人材の流入

ロンディニウムが建設されたときから、新しくできた都市の住民の生活を支えるために、多種多様な職人が必要になった。木造の家を建てる大工、靴を作る革職人、金属細工師、工具製作者、そして小売店主、食料雑貨商、パン職人。仕事場やゴミの山——木片や革の切れ端、製作者の名前が刻印してある工具、そしてガラス職人がもう一度溶かして利用する予定のガラスの山——は、これらの職人の存在を示唆している。ある手工業は水の流れを必要とし、ウォールブルック川の近くに集った。悪臭がする皮なめし業は特に、主な居住区から離れて都市の北西に陣取った。

ローマ時代のロンドン市民の大半は職人、小売店主、そして都市を建設し、修繕する土木業者といった労働者階級だったが、この都市に富をもたらす商人階級もいて、一財産作りたいと考えている起業家を誘い込み、新しい市場に目をつけた外国の商人をおびき寄せたに違いない。ブリタニアではまだあまり知られていない技術を持つ職人、たとえば他の職人より高い手数料を要求するモザイク製作者や壁画家が、おそらく新しい公共建築物の装飾のために大陸から招かれ、そのうちに地元の職人が経験を積んで、ブリタニア風の様式とローマ生まれの技術を合体させた仕事をするようになっただろう。

[JMNH]

## 交易ルート

ローマ帝国のすぐれた体制によって、地中海周辺にすでに確立していた貿易ルートを通って珍しい品物がロンドンに入ってくるようになった。

---

### ✣ 魚醬

食品の実物が残っていることはめったにないが、このローマ時代の壺には魚から作った調味料（魚醬）の痕跡である魚の骨が入っていた。さらに、壺の首の部分には「ルキウス・テティウス・アフリカヌスがお届けするアンティーブ（南仏の地名）産の最高級の魚醬」と書かれている。魚醬は甘くて風味のあるローマ料理に欠かせない調味料で、地中海風の食生活に慣れたローマ時代のロンドン市民にはなくてはならないものだった。

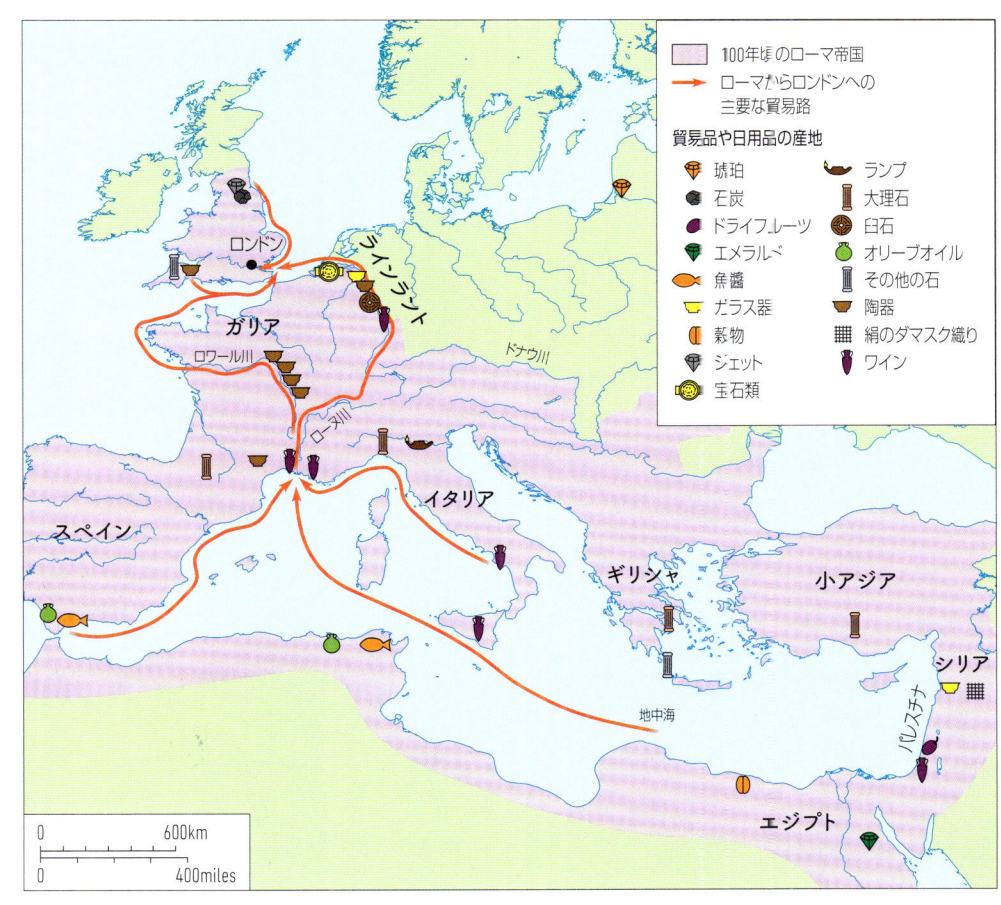

---

第2章——ローマ時代のロンドン

# ローマ時代のロンドンの人々

ローマ時代のロンドンの住民はつねに、絶えず変化するさまざまな民族の寄せ集めであり、男女、貧富、そして自由市民と奴隷を区別する厳格な社会的区分によって隔てられて暮らしていた。

### ✥ 市民と奴隷

奴隷は帝国の円滑な運営にとって重要な存在だった。クラウディア・マルティナというロンディニウム市民の女性に捧げられた墓標が復元され、この女性がアナンクレトゥスという名の属州の奴隷の若い妻だったことがわかった。女性市民が奴隷の男性と結婚しても不名誉のそしりを浴びなかったのだから、このアナンクレトゥスという奴隷は政府の役人としてかなり高い地位にあったのだろう。ポルトリー[ロンドンのシティと呼ばれる地域にある短い通り]周辺を発掘中に発見された黒い蠟を塗った木製の書字板には、ヴェゲトゥスという有能な皇帝の奴隷が中央政府で副財務長官の要職となり、北ガリア出身の女性奴隷を高額で買ったという記録が残っている。フォルトゥナータというその奴隷は「健康で逃亡の恐れがない」という保証つきだった。

**ローマ人の夫婦**
この復元図はローマ東部の墓地で発掘されたふたつの墓から得られた遺品に基づいている。墓からはこの絵の女性が身につけている宝石類や装身具が発見され、この夫婦がドイツ出身だった可能性を示している。復元図はデレク・ルーカス作。

建設当初から、ロンディニウムは帝国の他の地域との結びつきを絶やさなかった。したがって、土着のブリトン人も含めて、ロンディニウムは文化的にも民族的にも国際都市であり、あらゆる社会的階層の人々が暮らしていた。はじめのうち、ローマ市民権はローマの有力な家庭に生まれたものだけに与えられたが、帝国が拡大するにつれて、歴代の皇帝はしだいにこの特権を拡大し、3世紀はじめには帝国内の全自由民に市民権が与えられた。男性市民はラテン風の3つの名前を持つことでその地位を誇らしげに表し、その名前はしばしば3つのイニシャルで表記された。一方、女性と解放奴隷はふたつの名前を持ち、奴隷はひとつしか持たなかった。ローマ時代のロンドンの住民の名前がいくつか、石に刻まれた刻銘や持ち物の上に引っ掻くようにして書いた落書きの形で残っている。奴隷解放（儀式的な解放）は珍しいものではなく、解放された奴隷がその後も元の主人のために働く例も多かった。

## 軍人と市民

ロンドンの支配階級にいた人々の出身地は、いくつかの証拠から明らかになっている。たとえば皇帝ネロの時代にブリタニアの代官となったクラッシキアヌスの墓碑銘には、彼がドイツ出身だったことが記され、3世紀の上ブリタニア総督マルクス・マルティアニウス・プルケルに捧げられた祭壇からは、姓がマルティアニウスであり、ケルト系の出身だったことがわかる。現存する墓碑から、ロンドンに駐留していた軍人のさまざまな階級（百人隊長、軍団兵、憲兵）も知ることができる。彼らはブリタニアに駐留する軍団兵の基地から転属させられてロンドンに勤務していたのだが、兵士の中から地元の反乱に加担するものが出ないようにするため、軍団兵自身もブリタニアの外から招集されるのがローマ帝国の慣例だった。

しかし、ロンドン住民の大半は軍隊とは無縁の人々だった。古代の墓地の跡から、この都市がバランスの取れた社会の断面図を示していたことが明らかになっている。埋葬された人々の遺骨から、ローマ時代のロンドン住民の平均的な体つきも判明している。それによると、男性の平均身長は1.69メートルで、女性の平均身長は1.58メートルだった。骨の状態から、ローマ時代のロンドン住民はがっしりした体格で、果物と野菜をたっぷり食べ、甘味料として蜂蜜を使ったバランスの取れた健康的な食生活をしていたことがわかる。頭蓋骨と顔の骨の形から判断すると、ローマ時代のロンドンに暮らしていた人々の大半は土着のブリトン人だったようだ。

## 文化のるつぼ

ローマ時代のロンドン住民の大半は、小売店主、職人、非熟練労働者だった。その中には帝国の別

**革のパンツ**
この変わった形の革のパンツは10代の軽業師の衣装だったようだ。

の場所から移住してきた人々もいた。たとえば疫病を避けるために神の加護のある鉛のお守りを身につけていたデメトリウスはギリシャ人で、おそらく商人のアウルス・アルフィディウス・オルッサはアテネ出身だった。大商人のティベリニウス・セルリアヌスや、眼の軟膏を商っていた旅商人のガイウス・シルウィウス・テトリクスは両方ともガリア出身で、女奴隷のフォルトゥナータもそうだった。名前から出身が判断できるだけでなく、発掘された遺骨に外国人が含まれている点も、ロンドンに移住者が暮らしていたことを証明している。遺骨のDNA分析と同位体分析によって、現代の考古学者はある個人の遺伝的な起源を調べることができ、ロンディニウムが多様な民族の集まる国際都市だったことが確かめられている。

丈夫なくるぶし丈の革靴と革製の華奢なサンダルが見つかった以外に、ローマ時代のロンドン住民の服装がわかる遺物はほとんど残っていない。布は長期間埋まった状態で残っている例はめったにないが、革は湿地や水分の多い土に埋まっていればそのままの形で残り、考古学者が調査することができる。靴に加えて、革でできた女性用のパンツが何点かロンドンで出土している。ひとつはおそらく若い軽業師の衣装だったと思われ、他のものは女性の下着の一種だったようだ。ローマ風のファッションは、地元のブリタニア風の服装と競い合っていた。チュニックの下にレギンスをはき、ウールのマントをまとうブリタニア風の服装は、おそらく上流階級が特別な機会にしか身につけなかったローマ市民の象徴のトガ［一枚の布を巻きつけて着る上着］よりブリタニアの気候に合っていただろう。女性は丈の長いチュニックを着て、装飾的なブローチで服のサイズを調節していた。女性の長い髪はたくさんのヘアピンを使って結いあげられ、時間とお金に余裕のある女性はさまざまな化粧用のクリームや顔料を購入することができた。

小さな容器やガラス瓶には目や顔に塗る顔料や香油が入っていた。香油はオリーブオイルに花やいい香りのするスパイスで香りをつけたものが多かった。風変わりな錫の容器に入ったフェイスクリームが発見されている。おそらく広く普及した品物だったのだろうが、現在まで残っているものはほとんどない。いまだに柔らかさを保っているクリームを分析したところ、獣脂、デンプン、酸化スズなど、現代のクリームとそれほど違わない成分でできていることが明らかになった。このような女性用の美容品はすべて、ローマ風の容貌を保つ目的で使われていた。

［JMNH］

**革靴**
男性も女性も革靴をはいた。飾り気のないシンプルな靴もあれば、凝った装飾用の穴をあけ、かかとに鋲を打ったブーツもあった。

**マニキュアセット**
爪を清潔にしてきれいに整え、顔のうぶ毛の手入れをするのは身だしなみの一部だった。この青銅のマニキュアセットは、元は鮮やかな赤いエナメルで塗られていたもので、日常的に使うために腰のベルトにぶら下げていたのだろう。

## ✥ローマ時代の女性

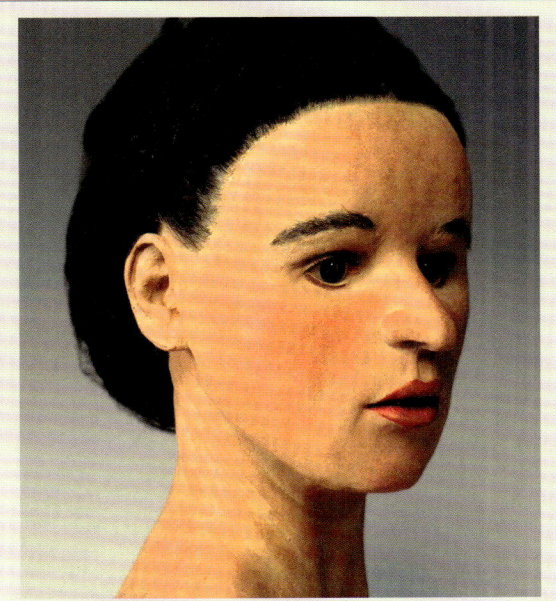

スピタルフィールズ地区で発見されたローマ時代のロンドン住民の遺骨によって、この都市の多民族的な性質について興味深い事実が明らかになった。20代のはじめに亡くなったこの女性は、ローマ時代のロンディニウムで暮らすために子どもの頃に来た第一世代の移住者だった。DNAと同位体の分析により、彼女はイタリアかスペイン、あるいは南フランスの出身だったことがわかっている。

棺から発見された頭骨に基づいて復元された頭部は、この女性の容貌について現代の科学捜査と同じくらい正確な印象を与えてくれる。

珍しいことに、市松模様で金糸の刺繡が施された絹のダマスク織りの切れ端が遺骨とともに棺の中から発見された。中国産の絹糸は、ローマ帝国東部の属州シリアでダマスク織りになり、衣服に仕立てられて、帝国の西の端にあるロンディニウムで着用された。

ローマ時代の若い女性の復元された頭部

第2章──ローマ時代のロンドン

# 住宅と日常生活

ロンディニウムが都市として成長するにしたがって、主要な道路の両脇に住宅や商店が建ち並んだ。ロンドン周辺の数々のウィラは、富裕層が騒がしい都会を離れて田舎の邸宅に移り住んだことを示している。

**裕福な家庭の居間**
3世紀に行なわれた都市内部の再開発で、モザイク画の描かれた床と床下暖房を備えた石造りの広い家が建設された。

ロンディニウムの人口の大半は、東西に延びる主要な道路脇に小さな長方形の木造の建物が並ぶ都市の中心に集まっていた。こうした簡素な住居では労働者階級が暮らしていた。細長い建物で、間取りや様式、建築方法は地中海の建物と似ており、側面に廊下があって家の前から後ろまで並んだ部屋をつないでいるか、中央に廊下があって、その両脇に部屋があった。これらの家のほとんどは1階建てで、軒下に収納場所があるものもあった。

これらの家は、どこか別の場所で前もって部品が作られていたことが研究で明らかになっている。地面が整地されてから、主な木枠が建築現場に据えつけられた。基礎工事のようなものはなく、壁は小枝を編んだものか粘土、あるいは粘土と泥で作ったレンガだった。それから家の外にも中にも壁に漆喰を塗り、屋根は藁ぶきにするか、板を張った。壁に下から水分がしみ込んでくるのはつねに悩みの種だったはずで、10年か15年に1度は引っ越す必要があった。家の内部は簡素で、床は土間で、床に掘った穴を粘土で覆って炉を据えつけるか、壁にレンガで炉が作られた。こうした炉は調理用と暖房の両方を兼ねていた。夜になると部屋に寝具を出したのだろう。

ロンディニウムが発展を始めた初期の頃や、後期には町はずれの場所に、土着の円形の小屋がまだ残っていたことが発掘によって明らかになっている。こうした円形の小屋は生活の場や仕事場として使われていたもので、ロンディニウムには新しい暮らしよりも古い習慣を好む人々がいたことがわかる。たとえば、円形小屋の集落のひとつに住んでいた住民たちは、ローマ風のガラス器の破片を使ってローマ時代以前の様式のビーズを作っていた。

**貧しい暮らし**
都市の中の生活――ほとんどの家は簡素で、部屋はさまざまな目的に使われた。料理は床に掘った穴に炉を置いて行なった。

## 富裕層の邸宅

ローマ時代のロンドンの普通の人々の暮らしは厳しく、主要な道路沿いの暮らしは騒がしく、不潔で、湿っぽかった。都市の中央の家々はきゅうくつで、狭い路地で隔てられた家の裏に小さな庭があり、そこでしばしば家畜が飼われ、あらゆるゴミが捨てられた。屋内にトイレの設備がないので、壺やバケツにためた汚物も裏庭に捨てられた。家庭用の井戸のすぐそばにゴミが捨てられる場合も多く、水が汚染されて健康を害する原因になった。

したがって、裕福な人々の家が騒がしい大通りを離れて静かな地域に建てられるようになったのは驚くにあたらないが、それらの地域にも商店や作業場がないわけではなかった。1-2世紀の富裕層の住宅は、貧しい人々の家の建て方と変わらなかった。木造の1階建てか数階建ての建物だったが、浅い基礎工事もして、屋内は土間ではなく床張りだった。床は砕いたタイルを混ぜた厚く丈夫なモルタルの層で、特に豪華な部屋ではシンプルなモザイク模様の床の上に装飾的なモザイク画の板が敷かれていた。内側の壁は装飾的な板を張って模様が描かれ、家の所有者がお客を感心させたいと思っていたことがうかがえる。初期の頃の流行は、壁の下部を板張りにし、それより上の壁板に色鮮やかな絵を描いたもので、壁の下の方には大理石風の模様が描かれた。床暖房が導入される前は、床に置いた金属製の火鉢に火を焚いて暖を取っていた。ロンディニウムではこのような大きな邸宅が、共同住宅として貸し出されている場合もあった。

## 都市の再生

2世紀から3世紀にかけて、ロンディニウムの中心を占めるいくつかの区画の建物が取り壊され、もっと頑丈な石壁と瓦葺の家が建てられた。同時に、初期の頃に建てられた木造の家の裏に、石造りの部分が増築される場合もあった。これらの新しい家の多くは床暖房を備え、主な部屋の床は

**裕福な家庭の台所**
この復元図は裕福な家庭の台所を描いたもの。現代のバーベキューのように、料理は炭火の上に焼き網を置いて行なった。

美しいモザイク画で飾られていた。この時期に建てられた家には私的な浴場を設けているところもあった。裕福な家の所有者は、もう公衆浴場に行って庶民と触れ合う気にならなかったのである。

地元の職人たちの技術が向上して、こうした邸宅の壁に物語の場面を描けるようになった。人気があったのは神話の情景で、題材はたいてい注意深く選ばれた。酒神バッカスが取り巻きと宴を開いている場面は、たぶん食堂によく描かれ、海の生き物の絵は浴室に描かれることが多かった。ガラス製造の技術が向上し、大きな窓が作られるようになると、さらに明るく細部まで描いた壁画が好まれるようになった。

[JMNH]

## ✥ ポルトリーの発展

シティ・オブ・ロンドンのポルトリーという名の通りとその周辺が発掘され、ローマ帝国による350年間の征服時代に建てられた70を超す建物の痕跡が見つかった。この地域はローマ時代のロンドンの中心地にあたり、異なる時期のロンドン市内の生活の密集ぶりが明らかになった。初期の建物は都市を東西に横切る大通り（ウィア・デクマーナ）に面して建てられ、60年か61年にボアディケアが引き起こした大火で町が破壊されたあと、1世紀終わりに以前の建物の痕跡をなぞるようにして再建された。しかし、3世紀になって都市の再開発が行われ、より大きく高級な建物が建てられて、この地区の雰囲気は変わった。交差点の南側に神殿が建てられていたと推測されている。

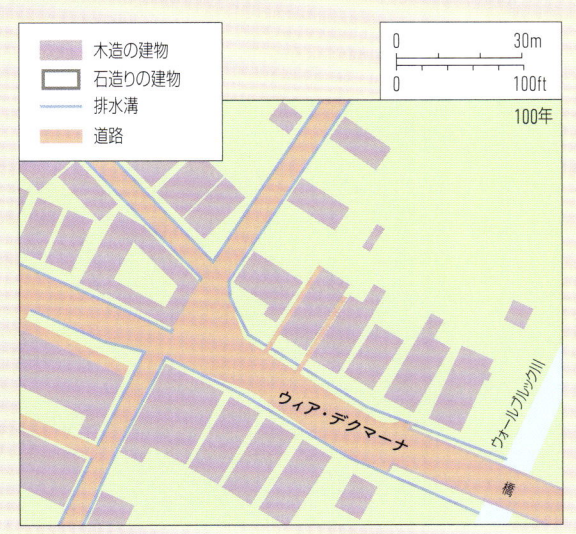

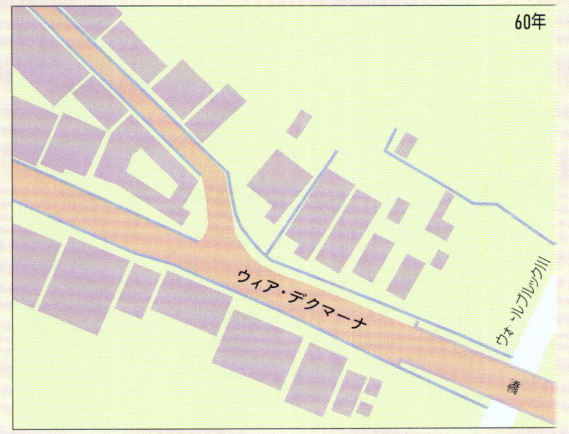

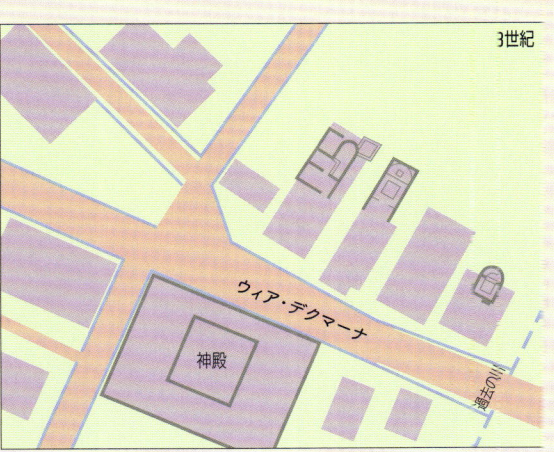

凡例：
- 木造の建物
- 石造りの建物
- 排水溝
- 道路

**都市中心部の発展**
ロンドンの主要道路（ウィア・デクマーナ）の変遷再開発によって都市の中心部の光景は変化した。

第2章——ローマ時代のロンドン

# 公衆浴場や円形闘技場と娯楽

公衆浴場はローマ時代のロンドンの一日の楽しみの中心で、体を清潔に保つだけでなく、くつろぎと社交の場でもあった。公共の娯楽は洗練された円形闘技場が提供していた。

ローマの歴史家タキトゥスは、ブリタニアを文明化したのは78-84年にブリタニア総督を務めた義父のグナエウス・ユリウス・アグリコラの功績だと述べている。文明化の過程で重要な役割を果たしたのは、文明化したローマ人の生活には入浴が欠かせないというアグリコラの考えだった。浴場通いは健康と清潔のためであると同時に、友人に会い、運動し、食事をするための社交行事でもあった。

ローマ式の入浴は現代のサウナやトルコ式の風呂のように、いくつかの部屋を移動していく方式を取っていた。次の部屋に行くほど温度が高く、最後の部屋は湯気が充満した暑い部屋で、入浴客はそこで汗を流して一日の労働の疲れを取った。汗と垢、そして前日のオイルは、湾曲した金属製の器具（肌かき器）を使ってこすり落とした。それからまず水風呂の冷たい水を肌にかけて毛穴を閉じてから、新しい香油を塗った。

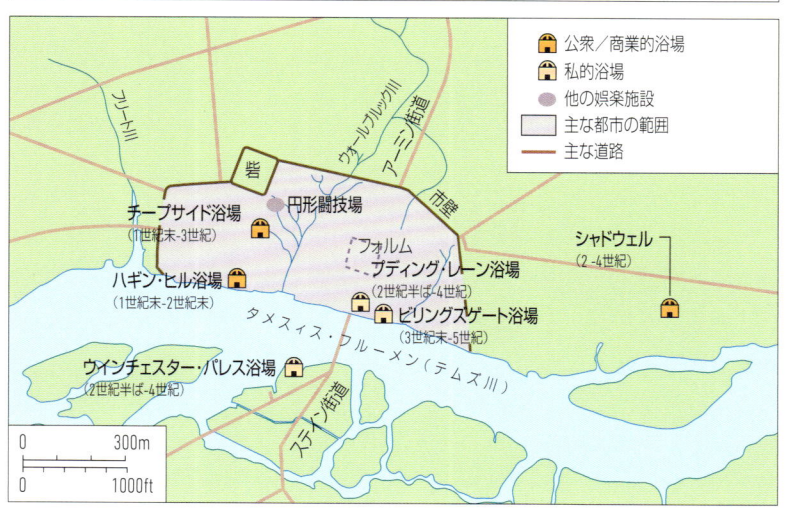

### 入浴用の肌かき器とガラス瓶
肌からオイルや汗をこすり落とす肌かき器と新しい香油を入れたガラス瓶は、浴場通いの必需品だった。

テムズ川沿いの大きな公衆浴場は、1世紀終わりのロンディニウムでの建築ブームの中で建てられたもののひとつだった。浴場は2世紀終わりに拡張されたが、建物を維持するのに手がかかり過ぎるという理由で100年足らずのうちに取り壊された。代わりの公衆浴場がロンドンの庶民や特定の階級の人々の入浴場所になったかもしれないが、裕福な人々はしだいに自宅に浴場を設けるようになった。ロンドンから東に1キロあまり離れたシャドウェルで最近発見された新しい大きな公衆浴場は、都市の外に富裕層限定の入浴施設が作られていたことを示している。

## 公共の娯楽

ロンディニウムで最大の娯楽といえば、円形闘技場に出かけることだった。主要な居住地の北西部に位置する円形闘技場は、70年頃にはじめて建てられたときは木造だった。地面を掘って作った中央の試合場の周囲を楕円形の土手が囲み、そこに何列もの木製の椅子が据えつけられ、7000人の観客が収容できたと推定されている。地面より低いところにある試合場は浸水しやすかったため、オーク材の排水溝が埋め込まれた。ふたのついた排水溝は、円形闘技場が使われなくなるまでよく手入れされた。

建設からおよそ30年後、円形闘技場の一部が改修された。試合場の壁と主要入場口が石造りに建て替えられ、色鮮やかな漆喰とエジプト産の大理石の象嵌細工で装飾されたが、その他の部分は木造のまま残った。主要入場口（試合場の東西に位置する）を通るのは競技の参加者だけだった。観客席への入り口は円形闘技場の外壁に設けられた階段のそばにあった。

4世紀初頭にはローマ時代のブリタニアのその他の円形闘技場と同様に、ロンディニウムの円形闘技場も使われなくなった。排水溝の手入れがされなくなり、試合場はぬかるんで沼地のようになった。ローマ時代の後期には試合場は食肉処理場か、都市のゴミ集積場として使われた可能性がある。円形闘技場の出し物は裕福なパトロンの資金に頼っていたに違いない。円形闘技場がすたれたのは、そうしたパトロンが減ったことが原因だったかもしれない。

ロンディニウムの円形闘技場で行なわれた出し物の直接的な証拠はごくわずかしかないが、ふたつの小さな控え室の一方に落とし戸がついていた

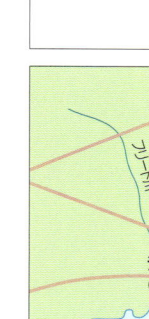

### ハギン・ヒルの公衆浴場
主な浴室は汚れた水を捨てるのに便利なようにテムズ川沿いに作られ、1世紀終わりに大きく拡張された。

凡例：
- 最初の浴場、75年頃
- 後の時代の増築部分
- ①-⑤ の順で部屋を移動する

（浴場平面図：風呂釜、水風呂、暑い部屋⑤、温かい部屋④、冷たい部屋③、更衣室②、ロビー①、正面玄関、トイレ、水盤、浮き桟橋、タメスィス・フルーメン（テムズ川））

（地図凡例）
- 公衆／商業的浴場
- 私的浴場
- 他の娯楽施設
- 主な都市の範囲
- 主な道路

地図に記載：チープサイド浴場（1世紀末-3世紀）、ハギン・ヒル浴場（1世紀末-2世紀末）、ウインチェスター・パレス浴場（2世紀半ば-4世紀）、円形闘技場、フォルム、プディング・レーン浴場（2世紀半ば-4世紀）、ビリングズゲート浴場（3世紀末-5世紀）、シャドウェル（2-4世紀）、砦、市壁、ウォールブルック川、アーミニア街道、フリート川、ステイン街道、タメスィス・フルーメン（テムズ川）

### 公衆浴場
初期の大きな浴場は公共の資源と資金を使っていたが、しだいに富裕層の邸宅や小さな商業施設に私的な浴場が併設されるようになった。

### ✤ ローマ時代のボードゲーム

骨、ガラス、あるいは粘土で作られた駒を使ったボードゲームは、バックギャモンのように人気のあるローマ時代の遊びだった。ローマ時代のサイコロは、現代のものと同様に、向かい合ったふたつの面の目を合計すると7になる。サイコロを使ったゲームは高額な賭けの対象になり、ハドリアヌス帝によって禁止されるほどだった。ひとつひとつの面に言葉（数字の代わりに1文字から6文字までの単語）が書かれているサイコロを使ったゲームも楽しまれていたに違いない。そのゲームは言葉遊びの一種だったと推測されているが、はっきりしたことはわかっていない。

ローマ時代のロンドンで使われていたサイコロを振るためのカップとサイコロ。サイコロのひとつには数字ではなく文字が書かれている。

---

形跡があり、その戸を引き上げると、閉じ込められて興奮している動物が闘技場に放たれる仕組みになっていたようだ。その動物はローマのコロセウムに運ばれたような異国の動物ではなく、雄牛や熊、狼といったブリタニア土着の動物だったと考えられる。剣闘士の闘いはめったに見られない人気の見世物で、職業的な剣闘士の一団が帝国を巡業していた。剣闘士はしばしば地元の勇者を相手に闘ったが、素人に勝ち目はなかった。試合場は罪人の公開処刑のほかに、ボクシングや運動競技や音楽、そしてときには宗教的行事の場にさえなった。

円形闘技場は大人数の娯楽を提供したが、ローマ時代のブリタニアの他の都市がそうだったように、ロンディニウムにはおそらく違う種類の見せ物もあった。二頭立ての二輪戦車の競争を見せるサーカスがあり、ローマと同様に、円形闘技場やサーカスで大金を賭ける催しがあったと考えられる。さらに、劇が上演できる半円形の舞台もあったかもしれないが、確かな証拠はまだ見つかっていない。ローマ時代の娯楽には音楽が重要な役割を果たしており、管楽器も弦楽器も使われていたことが知られている。職業音楽家が音楽会や、葬式の行列で演奏するために雇われることもあった。一方、音楽は家庭や地元の居酒屋でも楽しまれた。

[JMN-]

---

**円形闘技場**

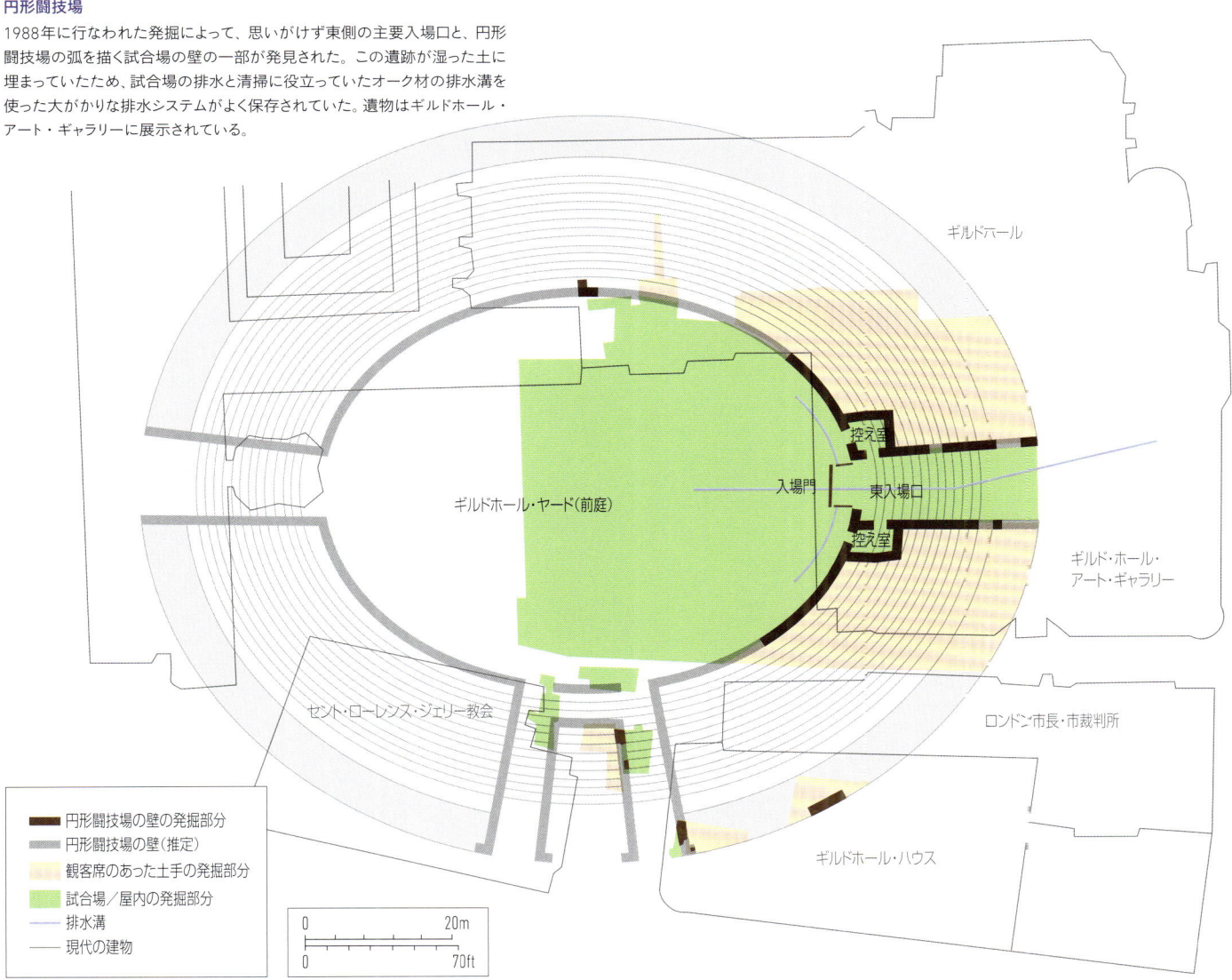

1988年に行なわれた発掘によって、思いがけず東側の主要入場口と、円形闘技場の弧を描く試合場の壁の一部が発見された。この遺跡が湿った土に埋まっていたため、試合場の排水と清掃に役立っていたオーク材の排水溝を使った大がかりな排水システムがよく保存されていた。遺物はギルドホール・アート・ギャラリーに展示されている。

凡例：
- 円形闘技場の壁の発掘部分
- 円形闘技場の壁（推定）
- 観客席のあった土手の発掘部分
- 試合場／屋内の発掘部分
- 排水溝
- 現代の建物

第2章──ローマ時代のロンドン

# ローマ時代の宗教

宗教的儀式はローマ時代のロンドンの生活の中心だったが、その信仰はじつにさまざまだった。都市のいたるところに神殿や社(やしろ)が建てられ、その多くが帝国の東部地域の神々を祀っていた。

**母なる神**
土着の神とローマの宗教が融合した信仰には、たいてい3人の神々が登場した。右のレリーフでは4人目に描かれているのは神格化された皇后かもしれない。

**ウェヌス像**
このような安価な大量生産の像は地元の社に奉納するために使われた。

　信仰は、神殿に参拝する公式なものも、日常のあらゆる行ないに神々の承認を求める形式ばらないものも含めて、ローマ時代の生活全般を支配していた。ローマ帝国は征服した領土を属州として吸収するにあたって、地元の宗教が人々の心をつなぎとめる力になるのを理解していた。ロンドンには古代ローマの神々に奉納された公式な神殿が数多く点在していたが、新参の移住者によって持ち込まれた東部の神々や、土着の習慣として伝えられてきたケルトの神々への信仰を示す建築物もまた存在した。それらの神々は、ドルイドを除いてすべてローマ人の信仰の中に受け入れられた。

　ユピテル神をはじめとするローマの神々はローマ風の神殿で崇拝されたと考えられるが、ミトラやイシス、バックスなど、東方の神々にささげられた神殿もあった。その一方で、土着の神々はケルト風の神殿で崇拝された。帝国の東部地域に起源を持つ神々への信仰がロンディニウムに伝わっていたことを示す証拠はたくさんある。それらの神々はブリタニアに駐留する軍隊や、仕事の上で東部地域と関わる機会の多い商人たちによって持ち込まれたのかもしれない。

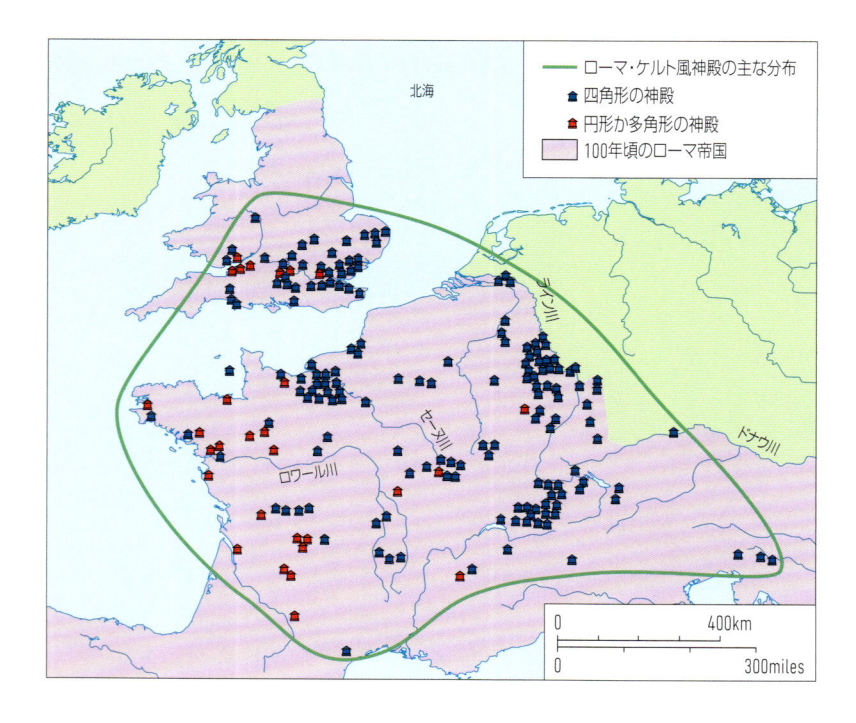

## 東西の融合

　1954年に発掘されたミトラ神殿はウォールブルック川のほとりにあった。イランに起源を持つミトラは天光の神であり、ミトラ信仰は東方からほぼ帝国全体に広まった。ローマの知識階級はミトラ教の高邁な思想を崇拝した。ローマ文化との接触を通じて形を変えたこの神秘的な宗教は、1世紀末に勢いを得て、軍隊とともにたちまち帝国の西の端まで広まった。信者に正直、清廉、勇気を要求するミトラ教は、帝国が権威を維持しようと苦心していた時代にふさわしかった。ミトラ教は男性中心の宗教であり、秘密結社として組織された。

　ウォールブルック川沿いの神殿は240年頃に建設され、洞窟で生まれたとされるミトラの誕生伝説を反映して窪地に建てられるミトラ神殿の典型的な建物だった。この神殿は100年間ミトラ神殿として使われたが、構造上の問題と、おそらく信者数が減少したのが原因で、伝統的なギリシャ-ローマの神であるバックスを祀る神殿へと転換した(次ページの見取り図を参照)。

## 土着の宗教

　サザークのタバード・スクエアで、かつてふたつのローマ・ケルト風の神殿があり、広場に2体の神々の像が立っていた遺跡が発掘された。これらの神殿の建築様式はローマ帝国の北西部の属州によく見られるもので、中央の部屋を回廊が取り囲む形になっていた。この複合建築物には訪れる参拝客のために宿泊施設も備わっていた。ひとつの神殿には、ローマの軍神マルスとガリア北部(フランス)の土着の神カムルスが融合したマルス・カムルスが祀られていた。

　ロンドンの内部、特にウォールブルック川の河床から、多数の頭蓋骨が発見されている。これらの頭蓋骨は変色しており、死後しばらくの間外部にさらされていたことを示している。これらは奉納の儀式のひとつとして、死者の頭部を聖なる川に捧げる土着のブリトン人の習慣を裏づける根拠になるだろう。この習慣はおそらく、別々に奉納するために体から切り離された頭蓋骨そのものを崇拝していた鉄器時代の葬礼の儀式に起源があるのだろう。

　公的な機会に神殿に参拝するのに加えて、ローマ時代の宗教には現代では迷信とみなされるような信仰に結びついた多数の私的な習慣があった。ローマ時代のロンドンの住民は事あるごとに神々の祝福を求めて、神殿や小さな社に奉納をした。ウォールブルック川沿いには多数の神殿があったらしい。鉄器時代にもローマ時代にも、川は儀式の重要な一部だった。川は生命の偉大な源とみなされ、神々の住まいでもあった。

**土着の神殿**
ローマ帝国北部の属州に集中しているローマ・ケルト風の神殿は、帝国北部の宗教が広範囲に与えた影響を反映している。

凡例:
- ローマ・ケルト風神殿の主な分布
- 四角形の神殿
- 円形か多角形の神殿
- 100年頃のローマ帝国

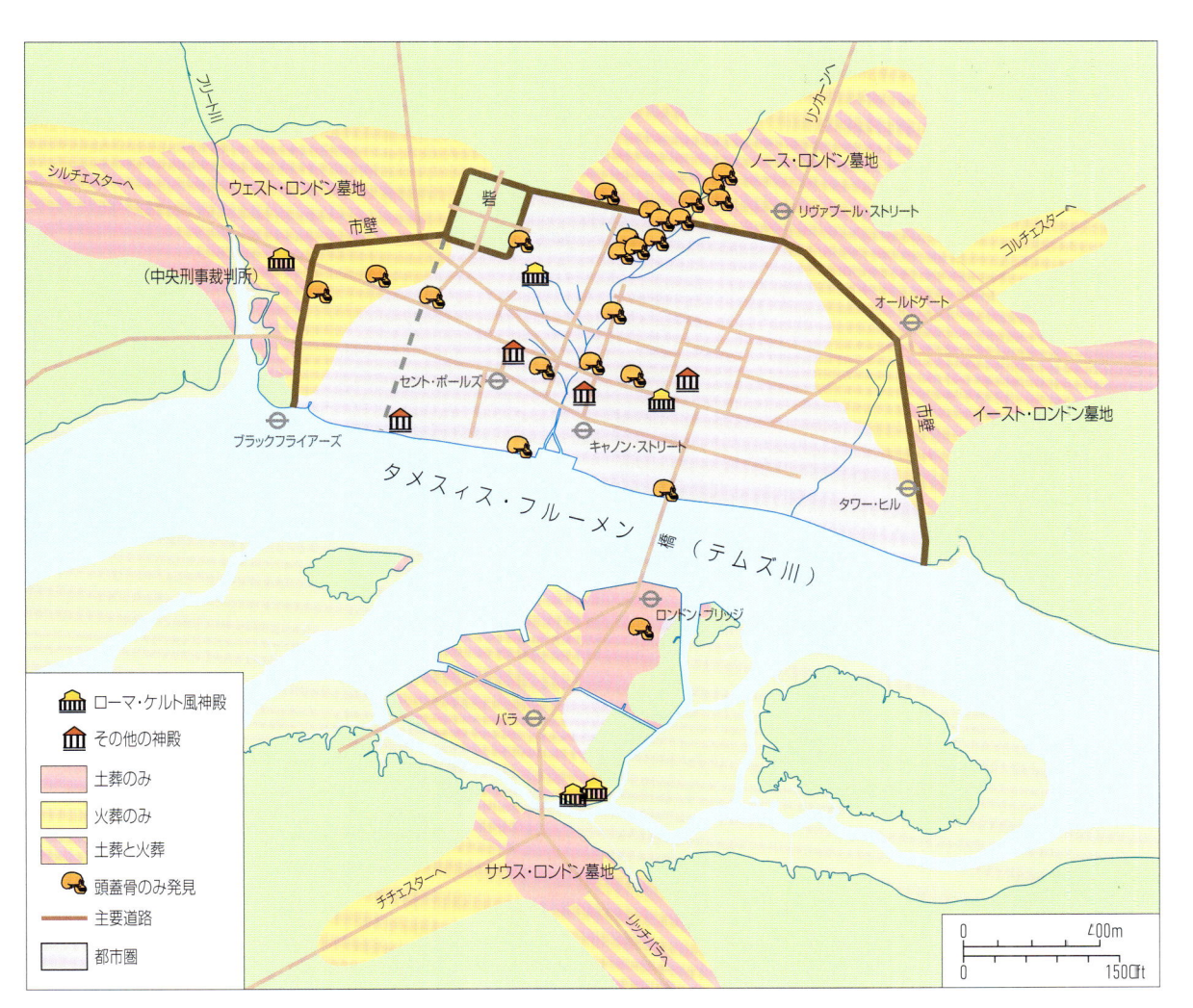

## ロンドンの宗教的建造物

ロンドンにはいたるところに多数の神殿や社があったが、墓地は町の外に作ることが法律によって決められていた。墓地の地域の変化は居住地の成長や衰退を反映している。

## ミトラ神

このイタリア製の大理石の頭部は、ミトラ神の等身大像の一部。聖牛をいけにえに捧げたというミトラの伝説は、ミトラ教の教義の中心になっている。

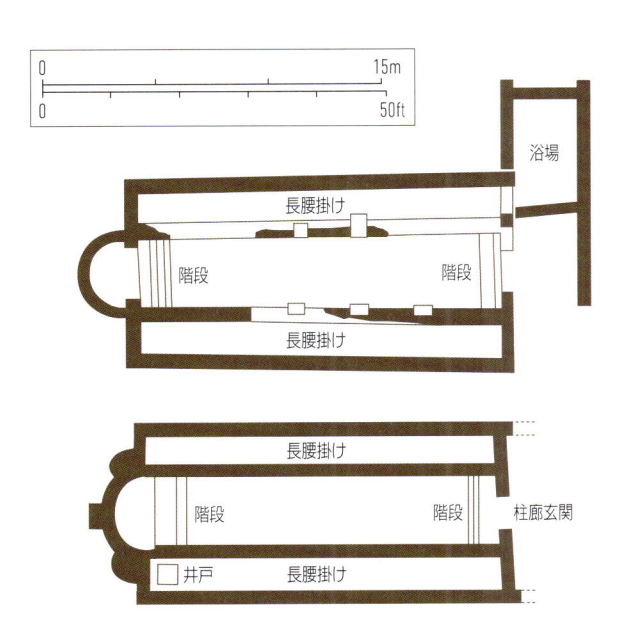

## 東方風の神殿の改修

ウォールブルック川沿いのミトラ神殿（左上の見取り図）には重大な構造上の欠陥があり、後世に大々的に改修されて、バックスの神殿（左下の見取り図）になった。

## 通過儀礼

　ローマ時代のロンドンでは、死者は都市の法的な境界線の外に埋葬された。都市の外に延びるすべての主要道路の周辺に墓地が次々に作られた。特別な場所、たとえば限られた家族だけの区域や壁に囲まれた墓地に埋葬される人々もいたが、普通は公共墓地の中に大勢に交じって埋葬された。墓の大半は墓石か木の墓標を目印にしたが、金持ちや権力者は道路沿いに石造りの霊廟を建ててそこに埋葬された。サザークのグレート・ドーヴァー・ストリート沿いには壁で囲まれた墓地が、サザークやイースト・ロンドン墓地にはいくつか発見されている。イースト・ロンドンの墓地では、ある地域がいくつかの特別な区画に分けられているように見える。それらの区画は、当時のロンドンの裕福な住民が死後の葬儀と墓の面倒を見てもらうために会費を払って加入していた葬儀組合に関係があるのかもしれない。

　ロンディニウムの歴史の最初の200年間は、死者を葬る方法として火葬がもっとも一般的だった。遺体を墓地の埋葬用の穴で火葬にすると、遺骨を集める儀式が行なわれ、骨は洗って、特別な骨壺か、日常使いの台所用の甕などの入れ物に納められた。社会の風潮が変わると、遺体はしだいに土葬されるようになり、死者を弔う人々の予算に応じて、土の中に直接埋められるか、木製や鉛製の棺や、ときには石棺に納められた。

　葬儀には行列と儀式的な習慣がつきものだった。埋葬が行なわれるのはたいてい夜で、たいまつを燃やして香を焚き、葬礼の晩餐がふるまわれた。黄泉の国に旅立つ死者のために、食べ物や飲み物が墓の中にも納められた。ときにはそこに硬貨が加わることもあった。それはローマ人がこの世とあの世を隔てる川だと信じていたステュクス川を渡る船に乗るために、死者が渡し守に船賃を支払うためだった。価値があるかどうかではなく、故人にとって意味のある副葬品が供えられる場合もあったが、個人的な持ち物は一切納められない場合もあった。

[JMNH]

第2章——ローマ時代のロンドン　045

# ロンディニウムの防衛

ローマ時代のロンドンの主な砦は、主要な居住区から北西方向にあった。外敵からの脅威が強まってくると市壁が建設され、それから1500年にわたってこの都市を防衛すると同時に、都市の境界を決定してきた。

### ローマ時代のニューゲート
市壁にある4つの城門のひとつ。シルチェスターとブリタニア西部に向かう主要道路への出口だった。

ローマの軍団は正式にロンドンに駐屯していたわけではないが、ロンドンにいる兵士は正規軍（ローマ市民）と補助隊（非ローマ市民）の混成部隊で、ブリタニアの他の都市に本営を置く軍団から転属させられて来ていた。彼らは属州を統治するために、文官や憲兵として勤務した。しかし、60-61年にかけてボアディケアの反乱が起きたときは、ロンディニウムを防衛できる十分な数の兵士がいなかった。反乱が治まるとすぐに、ふたたび反乱が起きるのを防ぎ、都市再建中の秩序を保つために、現代のフェンチャーチ・ストリートがある地域に一時的な駐屯基地が建設された。平行な濠と草に覆われた土塁が野営地の一部を構成し、南部の川沿いの地域に作られた市壁の一部や、もっと北の方で発見された同時期の濠ともつながっていたのかもしれない。

およそ120年頃、1000人もの兵士の兵舎として、主な居住地から離れた場所に石造りの砦が作られた。これはおそらく兵士が市民の間で暮らすのを認めなかったハドリアヌス帝の命によるものだと思われる。長方形の砦の面積は5ヘクタールを占め、四方の城壁に門があった。城壁は厚さ1.2メートル、高さが4.5メートルあり、4つの角に見張り用の塔があって、塔と塔の間にある小さな正方形の小塔から城壁の上の歩哨道に登れるようになっていた。兵舎の建物は司令部の建物と倉庫の周囲に並んでいた。

砦の建設からおよそ80年後、のちにロンドン塔が建てられる場所からブラックフライアーズまで、3キロ以上にわたって市壁が拡張され、砦のふたつの側面が市壁の内側に入ってしまったため、砦は使われなくなった。ほぼ1500年間、市壁はシティ・オブ・ロンドンが外に向かって拡大する妨げとなった。

### 都市の防衛

200年頃、市壁の建設にはメドウェイから運ばれるケント産の割石8万6000トンを必要とし、建設に20-30年かかる大事業だったに違いない。市壁は四角形に切り出した割石を順番に積み、間に砕いた割石とモルタルを挟んで建設された。赤い粘土で作られた平たいレンガの層が間隔をあけて挟まれ、壁の強度と安定性を高めていた。城壁は地上部の厚さが2.7メートル、高さは少なくとも6メートルはあり、一番上は狭間胸壁になっていた。市壁の外側は壁そのものから4メートル離れたところに作られた濠で防御され、掘った土で壁の内側に土手が作られて、さらに壁の強度を高めた。城門は主要道路がロンディニウムから外に出る地点のビショップスゲート、ニューゲート、ラドゲートに作られ、ロンドンとカムロドゥヌム（コルチェスター）を結ぶ道路沿いにすでに存在したオールドゲートも市壁に組み込まれた。

### 軍団の兵士のヘルメット
青銅のヘルメットのレプリカ。おそらくクラウディウス帝がブリタニアに侵入したときに、テムズ川を渡る途中で正規軍の兵士が落としたものと思われる。

### カラウシウスの反乱
286年にローマは北ガリアとブリタニアをカラウシウスとその後継者のアレクトゥスに奪われた。ローマの副帝コンスタンティウス1世クロルスが艦隊を率いてようやくロンドンを取り戻したとき、ロンドンは反逆者に味方した報いを受けたかもしれない。一方、増加するサクソン人の来襲に備えて、東南海岸の防衛の強化は急務だった。

- ローマ帝国、286年
- カラウシウスによる支配地、286-293年
- アレクトゥスによる支配地、293-296年
- カラウシウスの貨幣鋳造所
- 再征服のためのコンスタンティウスの遠征
- 後期のローマの砦
- 「ブリタニア艦隊」の刻印が押されたタイルの生産地

## ✤ 兵士の生活と死

ローマの兵士は葬式と墓碑にかかる費用を支払うため、会費を払って葬儀組合に加わった。そのため、現在残っている墓石のほとんどは軍人のものだ。第2軍団アウグスタの百人隊長だったウィウス・マルシアヌスは、おそらく管理職の地位で総督の首脳部の一員として転属させられていたようだ。商人などの民間人が軍団に随行するのは軍務の一部として認められていたが、兵士の妻の存在が軍団内で合法的に認められたのは、197年になって皇帝セプティミウス・セウェルスが兵士の結婚を許可してからだった。マルシアヌスの妻ヤウアリナ・マルティナの名が、マルシアヌスの墓碑に一緒に刻まれているという事実は、妻としての地位の合法性を示している。しかし、ほとんどの兵士の家族は、夫や父が軍務を退くまで、砦の外に発達した居住地で暮らした。

ウィウス・マルシアヌスの墓碑

テムズ川南岸の居住地には市壁は築かれなかった。この地域にはつねに軍隊がいたからかもしれない。3世紀に大きな公共建築物が軍隊によって建造され、以後はそこが分遣隊の兵舎となっていたため、おそらく防御は十分だと考えられたのだろう。

3世紀終わりから4世紀にかけて、北海からのサクソン人の襲撃の脅威が高まり、カラウシウスの反乱のような混乱も生じた。ローマの将校だったカラウシウスは帝国に反旗を翻してブリタニアの皇帝を名乗り(左頁の地図)、ロンディニウムは数年にわたってカラウシウスとその後を継いだアレクトゥスの本拠地となった。こうした情勢の中で、ロンディニウムは北方に対する防衛に加えてテムズ川に面した土地にも市壁を建設して、都市を壁でぐるりと囲み、さらに市壁の東部の陸側の部分に半円形の塔を少なくとも20基建設した。新しいオールドゲートの城門も建設され、突きだした半円の塔が2本の道路を守っていた。

川岸の市壁は陸側の市壁に比べれば雑な作りだった。何か所かは明らかに工事を急いだらしく、大きな割石の塊を粘土の土台に押し込んだり、近隣の宗教施設から取ってきた彫刻を施された石が使われたりしている。

市壁の東側に追加された半円形の塔はおそらく8-9メートルの高さがあり、重い投石機を高い操作台で使用できるように、近くの墓地から取ってきた墓石を利用して、頑丈な石材で作られた。

[MNH]

**市壁と砦**
市壁はテムズ川北岸の居住地を完全に取り囲み、のちに東側の壁に追加された塔によってさらに防御を固めた。

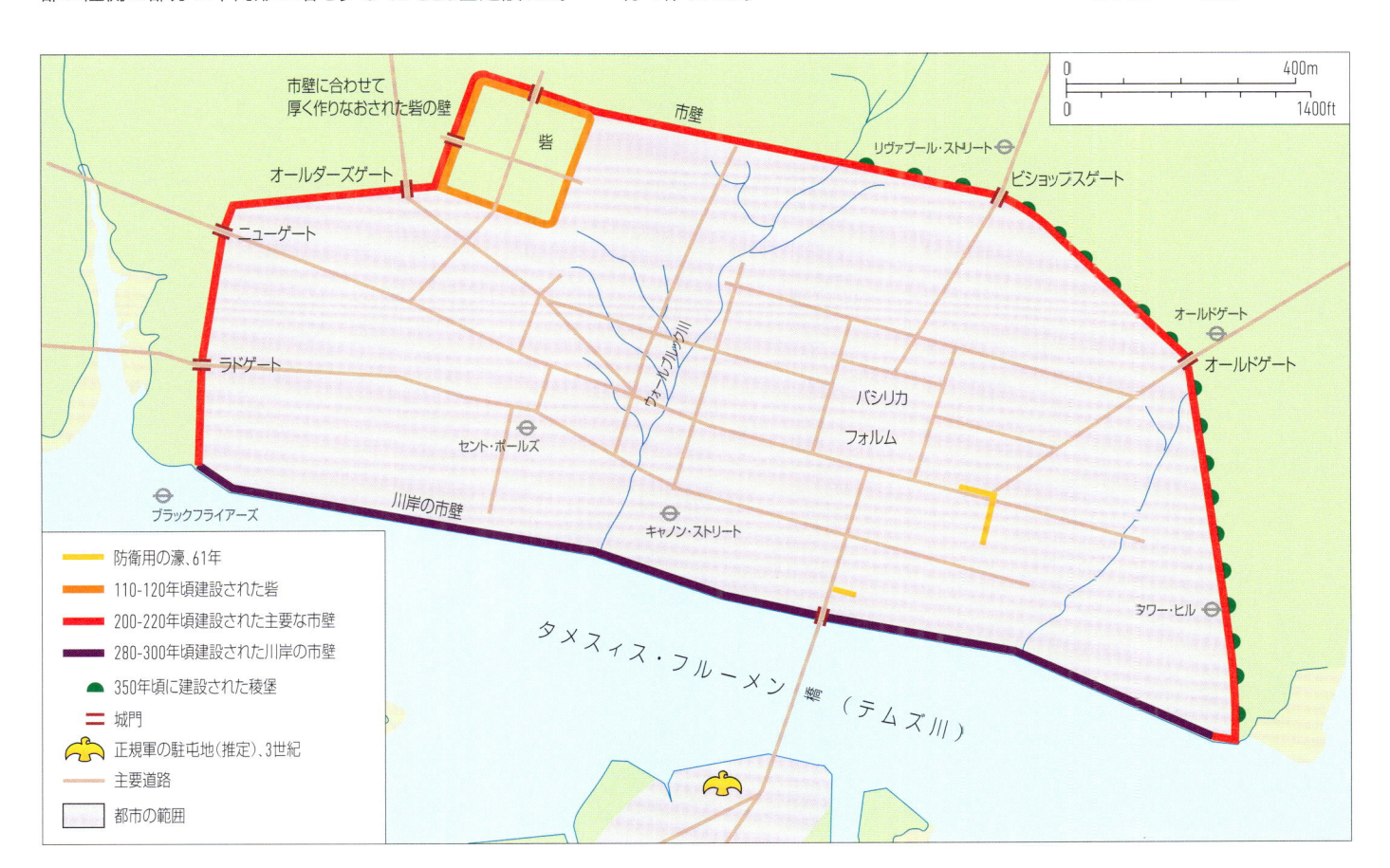

第2章――ローマ時代のロンドン

# ローマ時代の
# ロンドンの終焉

後期ローマ時代のロンドンは商業と行政の中心としての地位を失いつつあった。
人口は減少し、住居の数は減ったが、ひとつひとつはより豪華になった。
ローマの支配が終わると、ロンドンは見捨てられた。

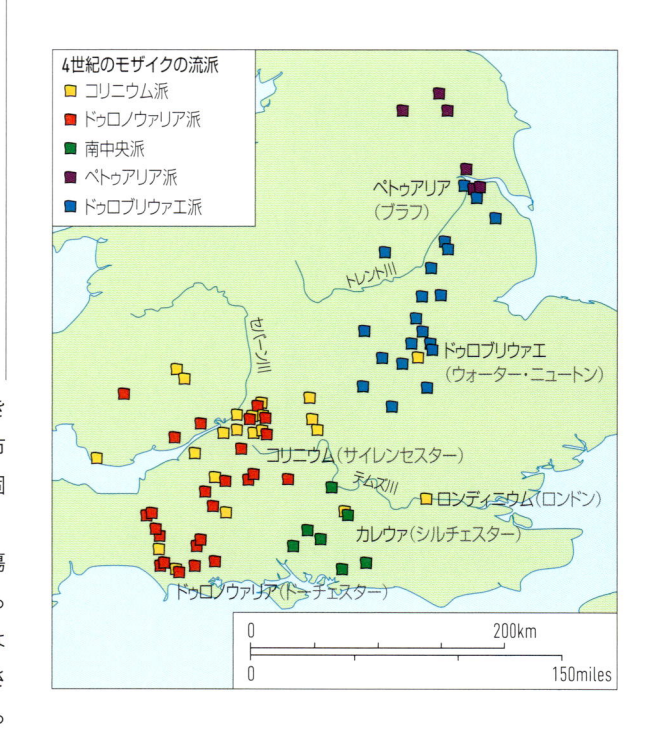

**4世紀のモザイク**
上質のモザイクは様式によっていくつかの工房の作品に分類され、イングランド西部と中部地方で発見されている。4世紀にはこれらの地方がもっとも繁栄していた。

**マグヌス・マクシムスの鋳造した金貨、383-388年（複製）**
鋳造場所を示す刻印の「AVG」は4世紀のロンドンの名称である「アウグスタ」の略称。

建設されてから最初の100年間は、ロンディニウムは大きな公共建築物と、狭くて安っぽい家屋や商店が並ぶ都市だった。次の200年間になると公共建築物は老朽化し、個人の邸宅は大きくて設備の整ったものになった。フォルム・バシリカの内部では、火事や地盤沈下によって生じた損傷は修繕されたが、主な部屋は長い間放置されたままになっていた。200年までにチープサイドの小さな公衆浴場と、はるかに大きいハギン・ヒルの公衆浴場は両方とも取り壊され、砦は使用されなくなった。砦の北と西の壁はあとになって都市の防備に組み入れられたが、それ以外の場所では砦の濠は埋まってしまった。

私的な面では事情が異なっていた。テムズ川南岸の金属加工業が盛んな地区では、作業場は定期的に建てなおされた。ウォールブルック川の渡河地点では、商店や住居が改装され、浴場や暖房つきの部屋のある石造りの拡張部分がつけ加えられた。3-4世紀になると、これらの家は精巧なモザイク画で装飾された。それがロンドンの職人の仕事であるのはほぼ間違いないだろう。他の場所、たとえばビリングスゲートの橋のそばでは、中庭を取り囲むさらに大きな石造りの家が建てられた。しかし多くの地域では、庭は豊かな人々の邸宅の周囲にしかなかった。

田舎の邸宅、特に都市の南東部のノース・ダウンズの丘陵地に建つ邸宅では、小さく古い家屋を拡張し、丁寧な内装を施すようになった。ケストンでは木造の家に代わって、家屋の前面に回廊がついた石造りの家が建てられるようになった。また、堂々とした霊廟に死者を埋葬する習慣も広まった。オールド・フォードのような小さな町のいくつかは拡大したが、大きな公衆浴場が建てられたシャッドウェルのように洗練された都市になった場所は数少なかった。

こうした変化は、200年を過ぎてすぐにブリタニアがふたつの属州に分割され、行政の中心としてのロンドンの重要性が減少したところに一因がある。商業活動の減少もまた、こうした変化の原因になっている。テムズ川は満潮時の水位が下がり、埠頭をさらに川の中心に向かって突きださなくてはならなかった。また、その頃になると軍隊はほとんどハド

**後期ローマ時代のロンドン**
1-2世紀の巨大な公共建築物は壊され、ロンドンはウォールブルック川東岸の丘陵に位置する小さな囲い地になっていた。

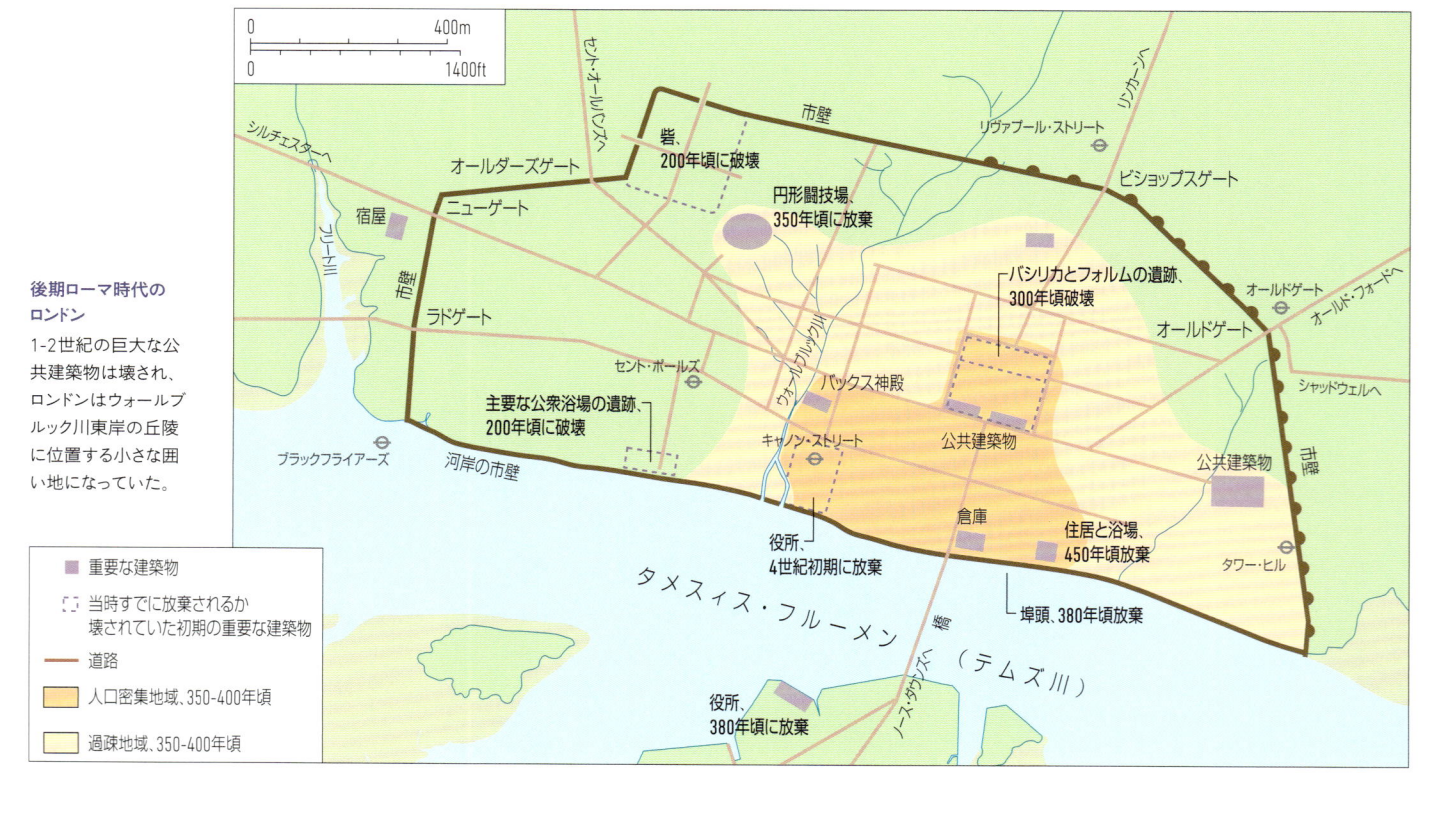

- 重要な建築物
- 当時すでに放棄されるか壊されていた初期の重要な建築物
- 道路
- 人口密集地域、350-400年頃
- 過疎地域、350-400年頃

048

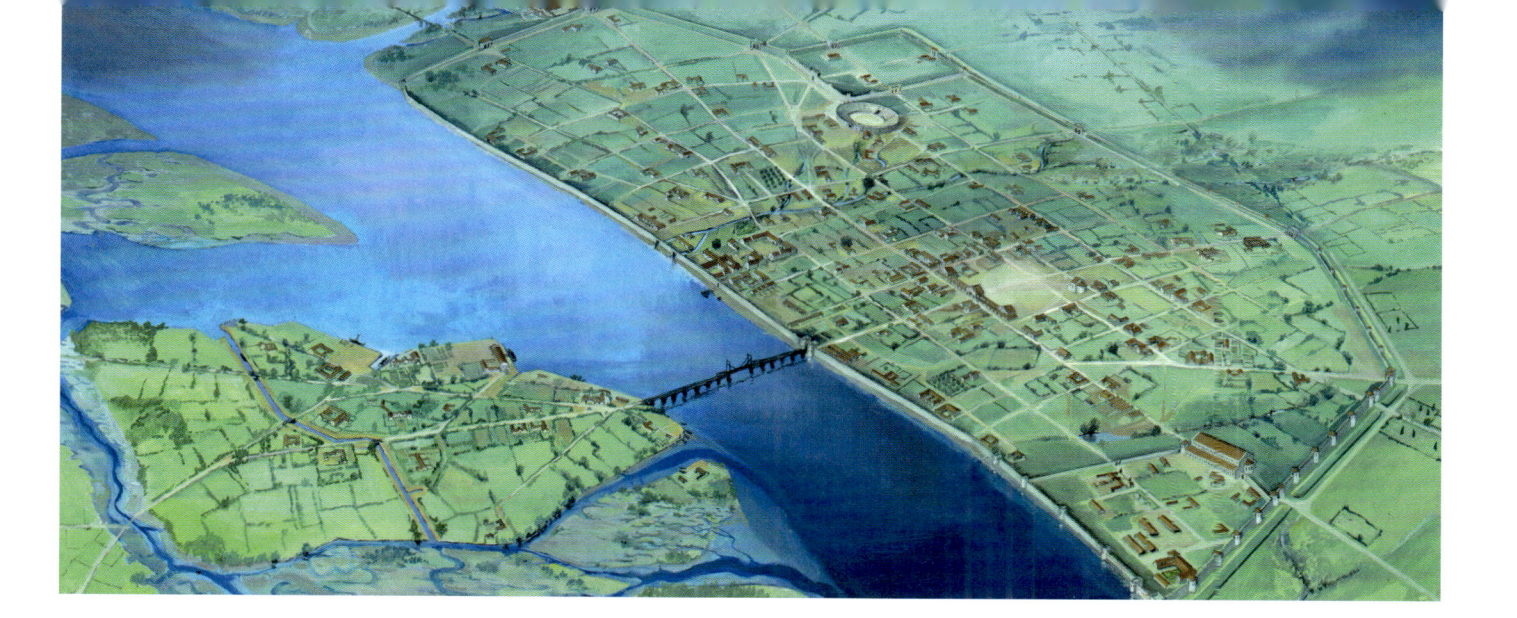

### 4世紀の
### ロンディニウムの
### 復元図

南東からの眺め。フォルム・バシリカの跡が空き地になっている（中央右）。この時期にはウォールブルック川の西岸にはほとんど人が住んでいない。

リアヌスの長城〔ハドリアヌス帝が123年に完成させたブリタニア北部の防壁〕周辺に集中していたため、軍事的な物資はますます北部の港から輸入されるようになった。皇帝が乱立し、ローマ帝国が危機に陥った3世紀の間に、豊かな市民は公共建築物ではなく、田舎でも都市でも個人の邸宅にお金をかけた。人々の関心は防衛に向かい、3世紀最大の公共建築計画として、市壁が建設された。

## 再生と崩壊

最初期のロンドンの図が296年に作られた金のメダルに描かれている（右の写真）。公式な政治宣伝の目的で作られたこのメダルには、ひとりの市民が城門の外で跪き、簒奪者アレクトゥスを討伐したばかりのコンスタンティウス1世クロルスを迎えている姿が表現されている。アレクトゥスとその前任者のカラウシウスはロンドンで硬貨を鋳造した。彼らの本拠地はかつての公共浴場近くだったと考えられ、残された記念碑のような建物の基礎部分は、木材の年輪の測定によって294-295年にかけて建設されたことがわかっている。コンスタンティウス1世とその後を引き継いだ皇帝たちは安定をとりもどし、ブリタニアの大半にかつてない繁栄が訪れたが、ロンドンはかつての栄光を取り戻すことはなかった。田舎のウィラのいくつかは縮小され、フォルム・バシリカはほぼ崩れ落ちていた。テムズ川の南岸では、かつて居住地だったところに死者が埋葬されていた。よく手入れされた墓地は、ロンドンにまだ裕福な市民がいたことを示しているが、ブリタニアが今度は4つの属州に分割されると、その地位はさらに低下した。

しかし、その後ロンディニウムは「アウグスタ」（帝都）の名を授けられた。これはこの都市の過去とのきっぱりした決別と、新しい役割を示していた。4世紀終わりの皇帝たちは反乱や異民族の侵入に悩まされ、ローマに落ちついていることはめったになく、廷臣を引きつれて都市から都市を巡っていた。ウァレンティニアヌス帝の代理として将軍テオドシウスが367-368年にアウグスタを訪れた。役人の手引書には財務担当の上級役人がこの都市に常駐していたことが示されている。考古学者は、下級役人が役職の印である豪華なベルトとともに墓に埋葬されているのを発見している。

アウグスタはウォールブルック川の東の丘陵に位置する小さな囲い地だったが、新しい壮麗な建築物も建てられた。川に面した地域の古い住居に暖房設備のある部屋が増築され、古いフォルムの北にはこれまでに発見された中で最大の8メートル四方のモザイクが敷かれていた。別の場所には、少なくとも以前のものと同じくらい大きい堂々としたバシリカが建設された。当時はキリスト教が国教と定められていたので、この新しいバシリカはロンドン司教のための大聖堂だったのかもしれない。一方田舎では、裕福なキリスト教徒がルリングストーンのウィラに教会を建て、信徒が立って祈りを捧げている姿を壁に描かせた。

410年には、軍隊はすでに大陸に引き上げてしまい、ブリタニアはもはやローマの属州ではなくなった。公共サービスは停止し、建物は安全でなくなって、都市は一世代のうちに放棄された。しかし、田舎の邸宅では生活は続いていた。クロイドン周辺やノース・ダウンズ、そしてトラファルガー・スクエア近辺の墓所には、サクソン人が到来した形跡が残っている。サクソン人はローマ化したブリトン人と短期間で混ざり合い、ロンドンの新しい住民となった。重要なことは、この都市の名前として残ったのはローマによって新たに授けられた「アウグスタ」ではなく、古代ブリタニアの「ロンドン」だということだ。　　　　　　　　　　[F6]

### トリール（独）で鋳造され、アラス（仏）で発見された
### 金貨（複製）

馬上のコンスタンティウス1世クロルスを迎え入れるロンドン。兵士は艦隊で到着した。

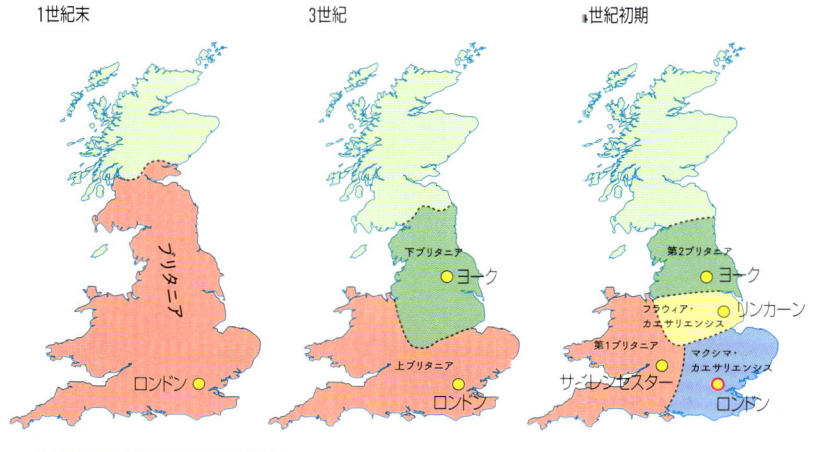

### 属州の州都ロンドン

ブリタニアははじめひとつの属州だった（左）。200年頃に2つに分割され（中央）、300年頃には4つに分けられた（右）。

○ 教区の首都
● 属州の首都

第2章──ローマ時代のロンドン

# 第3章
# 中世前期のロンドン

　5世紀から13世紀にかけて、ロンドンはイングランド統一王国の首都であり主要な港、そして最大の都市へと発展した。しかし、中世の「ルンドゥン」はローマ時代のロンディニウムから直接誕生したわけではなかった。この間には、ロンドンが大体において放棄され、歴史と考古学上の記録がほとんど見つからない200年間の空白の時代がある。

　6世紀には、ブリテン島東部にはアングロ・サクソン人の小国が覇権を競っていた。597年にキリスト教の宣教師の一団がローマから訪れたとき、イースト・サクソン王国にはローマ時代のロンドンの遺跡が残されていた。ロンドンがふたたび都市として再生したのはこの時期になってからだった。

　ローマ時代のロンドンよりも西のテムズ川沿い、現在のストランド、オールドウィッチ、コヴェント・ガーデン地区のあたりに、手工業者や農民、商人の住む新しい集落ができた。この居住地は20世紀終わりになって発見されたばかりで、考古学者はロンドンを表わす古英語の名前から、ここをルンデンウィックと命名した。

　9世紀にロンドンは新たな脅威にさらされた。スカンジナビアからヴァイキングが来襲して町を略奪した。彼らの軍隊はイングランド中に広がり、スカンジナビア人の定住者は東部や北部を占領した。ストランドの町は放棄され、ローマ時代の市壁の中に新しい道路が敷かれた。『アングロ・サクソン年代記』には886年に「アルフレッド王がルンデンブルグを建設した」という記録があるが、建設には非常に長い時間がかかったに違いない。

　10世紀から11世紀初期には、ロンドンはヴァイキングとの戦いの最後の砦となり、この戦いはついにデンマーク王カヌートがイングランドの王位に就いたところで終結したのである。しかし、ウェストミンスターに大修道院を建造し、そのそばに新宮殿を建てたのは、新たに王位についたアングロ・サクソン人エドワード懺悔王であり、この宮殿はしだいに王権の中心となっていった。国王の統治の中心であるウェストミンスターと、商業や産業の中核であるシティ［ローマ時代のロンドンに相当する地域］との明確な区別はますます大きくなり、それは現在もロンドンの地理に反映されている。

　ノルマン・コンクエストによって、ロンドンはこれまでにない方面から影響を受けるようになった。フランス北部の商業都市からは大勢のユダヤ人を含む人々がやって来て、住居や店舗を構えた。聖職者はヨーロッパの教会と強いつながりを維持していた。ロンドンの通りや埠頭はヨーロッパ北部のさまざまな国から来る商人や船員で

にぎわい、いろいろな国の言葉が飛びかっていた。
　ロンドンの人口は増え、面積も広がった。宮殿が東西からロンドンを監視していた。新しい修道院や教会、慈善院[老人や孤児、病人の救済施設]が設立された。1087年の大火災をきっかけにセント・ポール大聖堂が建て替えられ、1666年のロンドン大火で焼失するまで、ひときわ堂々とした姿を見せていた。テムズ川の新しい石造りの橋の工事が1176年に始まり、ロンドンは現在私たちが知っている姿を取りはじめた。

**新しい大修道院**
1066年1月、未完成のウェストミンスター寺院(中央)に向かうエドワード懺悔王の葬列(右)。バイユー・タピストリーのこの図は、ロンドンの大修道院を描いた絵の中では最初に発見されたものでこれはレディング美術館に収納されている複製。

# アングロ・サクソン人の定住

ロンドン周辺に定住した初期のアングロ・サクソン人は、たいていローマ時代の都市の廃墟を避けて暮らした。しかし、604年に司教座聖堂が建立された事実は、すでにロンドンがイースト・サクソン王国の統治の中心地であったことを示している。

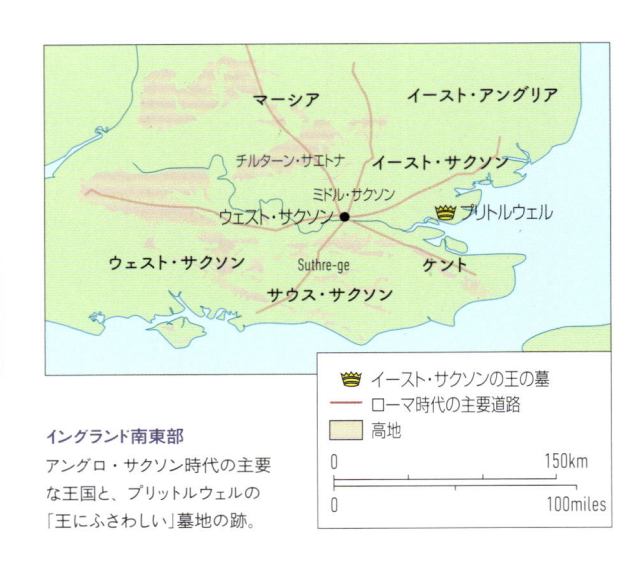

**イングランド南東部**
アングロ・サクソン時代の主要な王国と、プリットルウェルの「王にふさわしい」墓地の跡。

5世紀の初めまでに、ローマ時代のブリタニア全体で都市生活は崩壊し、海外貿易、中央集権、属州の行政といったローマ時代のロンドンの主要な機能も失われた。何年にも及ぶシティ・オブ・ロンドンの徹底的な考古学的調査にもかかわらず、この時期のローマ時代の市壁の内側に長期的に人が住んでいた形跡は見つかっていない。5世紀になると、ドイツ北部からアングル人とサクソン人が来てブリテン島東部に定住した。そこに住んでいたローマ化したブリトン人がどうなったのか、確かなことはわからない。土地を奪われ、別の場所に移動したのかもしれないし、アングロ・サクソン人を新たな領主として受け入れたのかもしれない。あるいは、新しく来た民族と混血が進んだ可能性もある。新たに発達した文化は本質的にアングロ・サクソン人のもので、彼らは自分たちが話すゲルマン語派の言葉を「アングリスク」すなわち英語(イングリッシュ)と呼んだ。

新しく来た人々は農民で、たいていはローマ時代の都市の草に覆われた廃墟からかなり離れた場所に居住地を作った。古いローマ時代の道路はまだ使われていたが、初期のアングロ・サクソン人の居住地の多くはテムズ河岸か支流のコーン川やウォンドル川のほとりに作られた。そして彼らは川を交通手段として使っただけでなく、取った魚を食料にした。これらの居住地の大半は単一の農家か、血縁関係のある複数の家族からなる小さな集落で、彼らは穴を掘って地面よりも低い位置に床のある丸太造りの「広間」や、それよりは小さい一部屋だけの建物が建ち並ぶ中で暮らした。ミドルセックス州西部の発掘で、これらの農家の周囲に新しい耕地制度ができているのが発見されている。それらの多くは先史時代に敷かれた最初の境界線をなぞるように作られていた。

**青いガラスの器、7世紀**
おそらくケント産のこのふたつのカップは、2003年にサウスエンドのプリットルウェルで発見された墓地の豪華な副葬品のひとつ。おそらくイースト・サクソンの支配者のものだと考えられている。

## 不安定な生活

他の場所と同様に、ロンドン地域でも、アングロ・サクソン人の生活を知るには墓地と、彼らが死者とともに埋葬した武器や装飾品などの副葬品が最大の手がかりになる。ほとんどの墓地はテムズ川南岸とクロイドンのサリーヒルズで見つかっているが、これらの墓地を利用していた居住地の確かな痕跡はほとんど見つかっていない。これらの墓地で発見された武器やブローチ、装飾品は大体において地元で作られたもので、その様式や装飾はテムズ川流域の他の集団と交流があったことをうかがわせる。ときおり、ヨーロッパ産のガラス器のように外国とつながりのある貴重な品物が発見される。しかし一般的に、ロンドン地域に住んでいた人々は近隣のケントの住民に比べれば質素な生活だったようだ。ケントでは、墓地ははるかに入念に作られている。

この時代の生活は不安定で、男性はたいてい武器とともに埋葬されている。テムズ川の中から発見された武器は、近隣の集団との闘争を示すものかもしれない。特にブレントフォード周辺の地域では、神々への捧げものとして40個を超える槍の先が見つかった。地名には、その土地で暮らしている「部族」があったこと示すものがある。たとえばイーリングの古い地名であるギリンガス(Gillingas)は、個人の名前であるGillaに「〜の一族」という意味の古英語の語尾「インガス(-ingas)」がついたものだ。同様に、バーキングはベレキンガス、ステインズはスタエニンガスと呼ばれていた。また、現代のハーローの語源であるGumeninga hearghはグメニンガスと呼ばれた一族の「聖なる場所」を意味していた(右頁の地図)。

## アングロ・サクソン人の王国

6世紀には、ブリテン島東部に多数のアングロ・サクソン人の王国が成立した。たとえばケントは、当時「ケントの人々の土地」を意味するカンタワレナという名で呼ばれ、ヨーロッパ大陸に近いため、キリスト教化されたフランク族とますますつながりを深めた。

テムズ川沿いに作られた初期のアングロ・サクソンの集落に住んでいた人々は、川を交通と地元の商業手段として利用していた。考古学的な調査では、テムズ川の南岸と北岸の人々に明確な違いは見出されていない。しかし、領土を中心に各王国の発展を考えると、テムズ川は自然の国境線となった。テムズ川はケントとイースト・セクセナ、すなわち現在はエセックスと呼ばれるイースト・サクソンの人々の土地を分断した。イースト・サクソン人の王国は西に向かってコーン川まで広がり、ロンドン地域と、のちのミドルセックス州、そしてのちのハートフォードシャーの一部が含まれていた。8世紀までに、この地域は北西部に位置する隣国のマーシア王国の強力な王に征服され、エセックス王の支配

から脱した。この地域の人々はミドル・サクソン人と呼ばれるようになった。

テムズ川の南は、7世紀に「南の土地」を意味するススレ＝ゲという名で知られていた。現在のサリーだが、この地域についてはわからないことが多い。一時期イースト・サクソン王の支配下にあったかもしれないが、670年までにマーシア王国の王ウルフヘレと同盟を結んだ「下王」によって支配された。

これらの初期の王国の起源や歴史、たえず変化していた国境、そしてロンドン地域に対する支配権については、何ひとつ明らかになっていない。ダートフォードに近いクレイ川の東に築かれたフェーステン・ディックや、ミドルセックスのグリムズ・ダイクなど、多数の巨大な土塁と濠が、おそらく国境線を明確にする目的でこの時期に築かれたと思われる。

## 王の領地

アングロ・サクソン人の王は単一の首都に定住して統治するのではなく、王国中に点在する領地を巡回し、どこでも都合のいい場所で議会を招集する習慣があった（このやり方は中世になってからもしばらく続いた）。ヴィルと呼ばれるこうした王の統治の拠点が確認できるようになったのは、文字による記録が始まった7世紀以後のことである。イースト・サクソンの諸王は、ほぼ確実に王国東部にそのような拠点を所有していた。それがおそらくプリトルウェル（サウスエンド）で、2003年に考古学者はここで7世紀の豪華な墓地を発見している（左頁地図）。凝った作りの墓石と、死者とともに埋葬された品物の質と数から考えて、この墓地がイースト・サクソンの王家の一員のものであるのは疑いようがない。イースト・サクソンの王は国の西側、ロンドン内部か近郊にも領地を持っていただろう。

604年、イースト・サクソンはケント王エゼルベルフト王の甥にあたるサベルト王によって支配されていた。エゼルベルフト王の助言に従ってサベルト王がキリスト教に改宗したとき、司教座聖堂がロンドンに建設された。また、最初の司教メリタスが着任したのもロンドンだった。これは前例に倣ったものだ。ケント王国では、司教座聖堂がカンタベリーとコチェスターというふたつの古いローマ時代の都市に建てられたからである。しかし、ロンドンでの司教座聖堂の建設は、その近くに王家のヴィル（領地）があったことも示唆している。ローマ時代のロンドンの西、特にのちにセント・マーティン・イン・ザ・フィールズ教会が建てられた場所でいくつかの考古学的発見があり、アングロ・サクソン人の居住地は5世紀からこの場所にあったことがわかった。イースト・サクソン王国の王家の領地が、7-8世紀に発達したサクソン人の町ルンデンウィックの中核をなしていた可能性はある。

[JC]

**銀のブローチ**
6世紀の銀めっきを施したブローチ。ロンドン南部のミッチャムで発見されたアングロ・サクソン人の墓地に埋葬された女性の墓から出土したもの。

**初期のアングロ・サクソン時代のグレーター・ロンドン**
ユーウェルとクロイドンの間に作られた多くの墓地は、この地域に広い田舎の居住地があったことを示しているが、まだ発見されていない。

| | |
|---|---|
| イースト・セクセナ | アングロ・サクソン人の王国または臣従王国 |
| ミマス | アングロ・サクソン人／部族 |
| | 居住地 |
| | 墓地 |
| | 異教徒の神殿 |
| | 川で発見された槍 |
| | 1個 |
| | 複数個 |
| | ローマ時代の道路 |
| | アングロ・サクソン人の土塁 |
| | 高地 |

| 第3章——中世前期のロンドン

# サクソン人の都市と
# ヴァイキングの襲来

ルンデンウィックの名で知られる商業都市は、ローマ時代のロンディニウムの廃墟の西に発達した。その豊かさはヴァイキング戦士を引きつけ、9世紀終わりにはルンデンウィックもまた放棄された。

**8世紀の調理用の壺**
この優美な白い陶器の壺はフランス北部の製品で、ルンデンウィックで出土した。

2005年と2007年に、トラファルガー・スクエアの東に面したセント・マーティン・イン・ザ・フィールズ教会周辺で発掘が行なわれ、後期ローマ時代の墓地と、ローマ時代の末期に属する建物跡が発見された。500年頃のサクソン人の陶器や650年頃の立派なサクソン人の墓地も同じ場所で発見されていることから、東の方ではローマ時代のロンディニウムが放棄されたままになっている一方で、郊外にあたるこの地域には人が住みつづけていたことがわかる。

イースト・サクソンの王がキリスト教に改宗したのを機に、604年に聖パウロの司教座聖堂がロンディニウムの市壁の内側に建立されたが、新しい町が発展したのはこの司教座聖堂があるロンディニウムの西側地域だった。アングロ・サクソン人の歴史家ベーダ（673-735年頃）は730年頃に、ロンドンは「イースト・サクソンの首都」、そして「陸路や海路で到着する多くの民族のエンポリウム（市場）」であると書いている。考古学者はベーダが描写したロンドンの場所を発見した。それは現代のコヴェント・ガーデンあたりで、西はトラファルガー・スクエアまで、南はテムズ川まで広がっていた（下の地図参照）。当時の記録では、この町はルンデンウィックと呼ばれているが、語尾の「ウィック」は港町か市場が開催される町を指している。

名前に「ウィック」がつく町は、ルンデンウィックだけではなかった。現在も使われている地名にイプスウィッチなどがあり、サクソン人が移り住んだ現在のサウサンプトンは「ハムウィック」、アングル人の町だったヨークは「エオフォルウィック」と呼ばれていた。こうした「ウィック」あるいは（ベーダのラテン語を借りれば）「エンポリア」は、同じような性質の都市によるネットワークの一部を形成し、そのネットワークの中では地元だけでなく国際的な取引が実施され、王はその取引から潤沢な税を徴収することができた。ルンデンウィックから出航する船は、貨物と旅行者を乗せてフランスのエタープルに近いカントヴィックや、ライン川河口に面したドレスタット、デンマークのヘーゼビューを目指した。イングランドで鋳造された銀貨（その一部はロンドンでも鋳造された）がヨーロッパ大

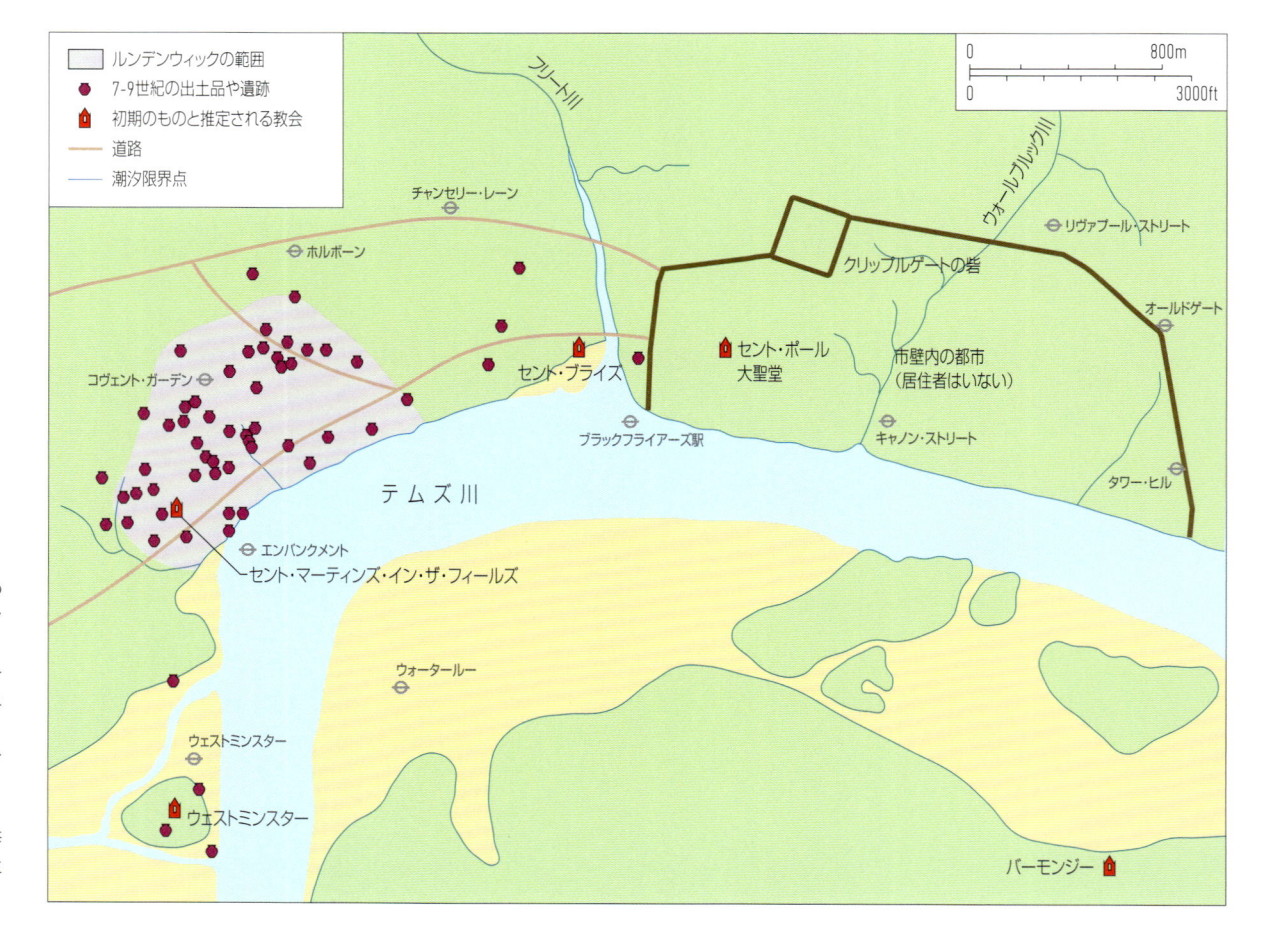

**ルンデンウィックの遺跡**
1980年代以降の発掘調査とサクソン人の出土品によって、サクソン人の新しい商業都市が7世紀にフリート川の西で発達したことが明らかになった。8世紀にはウェストミンスターに大聖堂が建設された可能性がある。バーモンジー小修道院も同じ時期に誕生したと考えられる。

054

陸で発見され、外国の硬貨がイングランドで見つかるのは、こうした取引を反映するものだ。イギリス産の羊毛や毛織物はすでに重要な輸出品だった。フランス北部やラインラント産の陶器、ガラス器、金属細工、ドイツ産の臼石、そしてバルト諸国の琥珀が、すべてルンデンウィックで発見されている。テムズ川からライン川に至る安全な海上ルートと、そのルートに乗って運ばれる重要な取引の玄関口となるのがロンドンだった。イングランド中央部にあったマーシア王国の諸王が、8世紀に南に向かって勢力を広げ、イースト・サクソン王国からロンドンの支配権を奪い取った理由もそこにあるといってほぼ間違いないだろう。

しかし、ベーダの言う「イースト・サクソンの首都」に「陸路や海路で到着する多くの民族」の中には、海を越えてくる人々だけでなく、イングランドの他のアングロ・サクソン王国の人々も含まれていた。7世紀のケントの法律では、ロンドンで取引をするケントの住民は、ロンドンにいるケント王の代理人に取引の内容を申告しなければならないと定められていた。イプスウィッチ産の陶器やノーサンブリアで鋳造された硬貨がルンデンウィックで見つかっている。一方で、グリニッジやウリッジといった近隣の小規模な「ウィック」は、テムズ川沿いで地元の取引を扱っていた。

## ルンデンウィックの町

商業都市としてのルンデンウィックの利点は、ローマ時代から使われつづけていた道路が当時もこの都市を起点に各地に広がっていたところにあるが、その他の商業の中心地と同様に、この都市の最大の利点は、潮の満ち引きがあるテムズ川から容易に海に出られるという点にあった。ローマ時代のロンディニウムの河岸の土地が、壊れた木造の埠頭や崩れた石壁で荒れ果てているのに比べれば、フリート川の西で緩やかに傾斜するテムズ河岸は、サクソン時代の平底船にとっては良い停泊地になった。それは現在のストランド(「岸」という意味)と呼ばれる道路が通っている地域にあたっている。ストランドの西の端にあたるチャリング・クロス駅付近の発掘で、サクソン人が築いた堤防があったことがわかった。堤防は木材で強化され、船はそこに荷揚げのために安全に乗り上げることができた。

ルンデンウィックは最大で55-60ヘクタールの面積があり、おそらくローマ時代のロンディニウムの半分程度の大きさだったと思われる。ルンデンウィックの発掘によって、特にコヴェント・ガーデン地区にあるロイヤル・オペラ・ハウス周辺は、人口が多く、にぎやかで、しかも整然とした場所だったことがわかった。おそらくストランドから北に向かう砂利を敷き詰めた主要道路が走り、大まかな格子状に設計された町だったのだろう。1本の通りは北に向かって、現在のオックスフォード・ストリートに沿って通っていたローマ時代の道路と合流したかもしれない。主要道路の両脇には家や作業場が建ち並んでいた。それらの建物は木材で枠組みを作り、編み枝細工の上から漆喰などを塗った壁か、板壁で仕上げ、建物と建物の間には路地や庭があった。織物、骨細工、金属細工などの工業が存在した証拠があり、出土した数多くの輸入品は、北海に面した他の港町とルンデンウィックの間で交易があったことを示している。一方では、家畜が飼育され、都市のいろいろな場所で農業生産が行なわれていた可能性がある。

墓地も発見されているが、公共建築物や教会の遺構は見つかっていない。ストランドにある現在のセント・マーティン・イン・ザ・フィールズ教会やセント・メアリ・ル・ストランド教会、セント・クレメント・デーンズ教会の場所に、サクソン人の教会が先に建っていた可能性はある。

## ヴァイキングの襲来

8世紀の終わりに、ヴァイキングと呼ばれる海賊がデンマークやノルウェーからブリテン島やヨーロッパの北部海岸を襲いはじめた。北海の交易ルートは徹底的に荒らされ、この交易に依存していた商業の中心地(エンポリア)は衰退せざるを得なかった。ルンデンウィックは842年と851年にヴァイキングの攻撃にさらされた。はじめのうち、襲撃者は夏の間だけ母国の港から船で渡って来たのだが、やがて彼らはイングランドに越冬のための拠点を築いた。865年、デーン人のヴァイキングの「大軍勢」がイースト・アングリアに集結し、毎年のように侵略を繰り返して、ノーサンブリア、イースト・アングリア、そしてマーシアの大半を荒らしまわって、イングランド東部と北部全体を征服した。デーン人の軍隊は871-872年にかけてロンドンで越冬したが、彼らの基地がどこに置かれたのか、そして彼らが恒久的な駐屯部隊をルンデンウィックに残したのかどうかは、確かな証拠がないのでわからない。ロイヤル・オペラ・ハウス付近の発掘によって発見された町中を横切る9世紀の防衛用の濠は、この時期に築かれたのかもしれない。また、埋蔵されていたノーサンブリアの硬貨は、持ち主がデーン人から逃れるときに埋めて、二度と帰ってこられなかったのかもしれない。ルンデンウィックはまもなく、だいたいにおいて放棄されたように見える。

877年には、アングロ・サクソン人の王国の中でデーン人の支配を免れているのはアルフレッド大王をいただくウェスト・サクソン(ウェセックス)だけになっていた。アルフレッドはデーン人に対して勝利を続け、彼らとの間に不安定ながらも和平を確立して、ロンドンの歴史に新しい局面を開いた。ルンデンウィックと呼ばれたロンドンが250年間あった場所には、「オールドウィッチ」、すなわち「昔のウィック」を意味する名前だけが残された。

[HS/JC]

**鉄製の柄頭**
銀の板で奇妙な蛇の図を表わした柄頭はチズウィックで出土した。ヴァイキングがイングランドに襲来した時代のもので、800年頃より後に作られた。

**貴族のブローチ**
金線細工と磨いたガーネットのモザイクで飾られたこのブローチは7世紀半ばのもので、コヴェント・ガーデンのフローラル・ストリートで女性の墓から発見された。このようなブローチは、特にケントでアングロ・サクソン人の貴族の女性の間で流行していた。埋葬されていた女性は王家の一員だった可能性もある。

**7世紀の黄金のペンダント**
黄金にガラスをセットしたこのペンダントは、セント・マーティン・イン・ザ・フィールズ教会の境内にあった女性の墓から出土した。

| 第3章——中世前期のロンドン    055

# アルフレッド大王の新都市とデーン人の支配

880年代にルンデンウィックは放棄され、ローマ時代の市壁の内側にふたたび人が住みはじめた。新しく建設された埠頭によって交易が活発になったが、デーン人の侵略を受けて、デーン人の王カヌートがイングランドの王位についた。

アルフレッド大王時代に編纂された『アングロ・サクソン年代記』によれば、アルフレッドはデーン人の侵入者との戦いののち、886年にロンドンにブルフ（城砦都市）を築いたか、あるいはブルフへの移住を奨励した。同時に、アルフレッドはデーン人に征服されたイングランド東部地域との間に境界線を定め、デーン人に奪われた地域はデーンローと呼ばれた。この境界線はテムズ川からリー川まで、ロンドンの数キロ東を走っており、ロンドンは戦略上の要衝となった。したがってロンドンの守備を強化することは、アングロ・サクソン人のイングランドを防衛するためにどうしても必要だった。

サクソン人の商業都市ルンデンウィックはローマ時代の市壁の内側ではなく、その西側に位置するのに対し、10世紀の考古学的出土品は、市壁の外側ではなく内部で発見されていることが1980年代に明らかになった。この事実は『アングロ・サクソン年代記』の興味深い記述の意味を説明する鍵になった。アルフレッドは当時残っていたローマ時代の市壁の内側に新しい町を建設することにした。しかし、ロンドンがまだマーシア王ブルグレッドの支配下にあった850年代にはすでに、市壁の内側に定住しようとする動きがあったという証拠が見つかっている。また、アルフレッドが880年頃に特別に発行した銀貨にはLVDONIAという組合わせ文字が刻まれ、ロンドンに対する王の強い関心が表れている（右頁の写真）。

## ロンドンの再建

市壁の内側への再定住は遅々として進まなかった。898年になってようやくアルフレッドはチェルシーの領地で会議を開き、「ロンドンの再建」について話し合った。しかし、アルフレッドの「ロンドン再建計画」の主要な点は明らかだった。彼はロンドンの管理権を娘婿でマーシア王国の王族だったエセルレッドに託した。聖ポール大聖堂の東、テムズ川と現在のチープサイドに挟まれた地域に新しい道路が敷かれた。崩れかけたローマ時代の河岸の市壁の南側、特にエセルレッドハイズ（現在のクイーンハイズ）として知られるようになった地域では、川岸に交易船が停泊できるような堤防が築かれた。エセルレッドハイズの名は、マーシアのエセルレッドにちなんで名づけられたと思われる。テムズ川沿いの交易と海上貿易をふたたび盛んにするため、アルフレッドはウース

**サクソン時代後期のロンドン**
サクソン時代後期に、ルンデンウィックのあった場所は原野となり、現在ではオールドウィッチ（古い町）という地名が残るのみである。

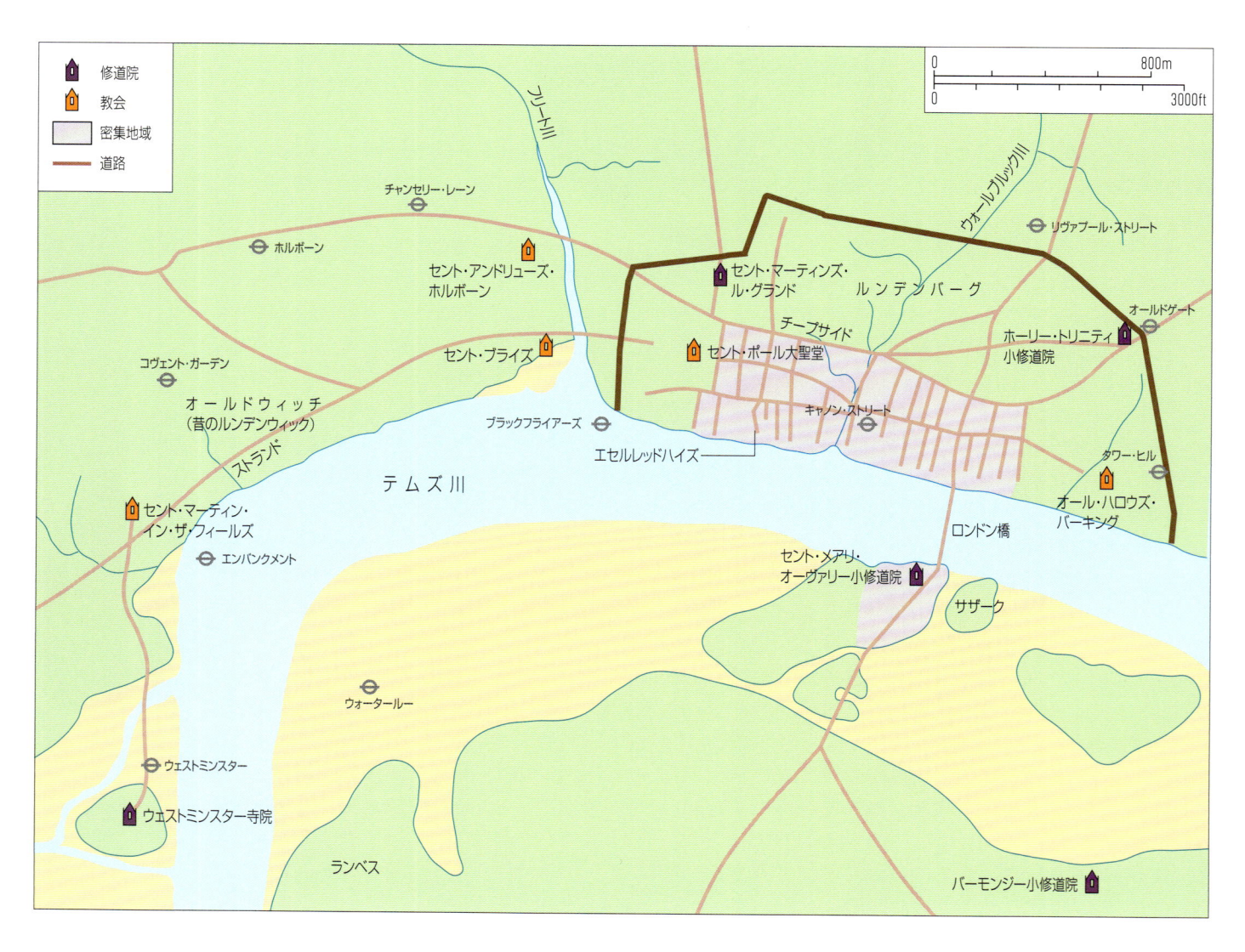

**アルフレッドのペニー銀貨**
880年頃にアルフレッド王によって発行されたペニー銀貨。裏側には中世ラテン語でロンドンを意味するLVNDONIAの組合わせ文字が刻まれている。

ター司教のウェアファースやカンタベリー大司教プレグムンドなど、宮廷の有力者にロンドンでの交易上の特権を与えた。計画道路が途切れた先には広い空き地が広がっていた。そこもまだ市壁の内側で、市場を開き、家畜を飼育し、小さな畑を作り、兵士を配備するためにもちょうどよかった。なぜなら「ロンドン市民」からなる軍隊は、連続する戦闘で重要な役割を果たすことになるからである。

考古学的な証拠によれば、ロンドンの東半分の、ロンドン橋の終点あたりにも、おそらく10世紀の終わり頃に格子状の道路が建設された。テムズ川南岸のサザークがはじめて文献に登場するのは915年頃で、当時はSuthringa geweoroche(サリーの人々が作った堡塁)と呼ばれ、デーン人の来襲からイングランド南部を防衛するための防砦または要塞のひとつだった。ロンドンとサザークの協力によって、重要な水上交通路であるテムズ川はヴァイキングの艦隊から守られた。アルフレッドと同時代の西フランク王国のシャルル2世禿頭王が要塞化した橋を建設し、敵の船を足止めするために川の両岸の要塞を結びつけたという前例に倣ったとすれば、アルフレッドがロンドンとサザークを結ぶそのような橋を計画した可能性は高いだろう。しかし、大きな木造のロンドン橋が、1000年頃よりも前に建設されたという証拠はまったくない。

## 戦争の再開

この頃になるとロンドンはふたたび戦争の中心になり、スカンジナビア人の支配者が古いデーンローの住民の支持を得て、アングロ・サクソン人の王からイングランドの支配権を奪おうと襲いかかってきた。『アングロ・サクソン年代記』によれば、994年に「オラフ(トリグヴァソン、ノルウェー王)とスヴェン(双叉髭王、デンマーク王)が94隻の艦隊とともにロンドンに現れた。彼らはこの都市に絶えまない攻撃をしかけ、火をかけた。しかし彼らは、どんな都市の守備隊と戦ったとしても考えられないような激しい敗北を喫した」。続く戦闘で、オラフ・ハロルドソン(のちのノルウェー王)はロンドン橋の破壊をくわだてた。1016年にスヴェン双叉髭王の息子のカヌートはロンドン橋の防御が堅いのを知り、テムズ川の南岸に濠を掘って、橋を迂回して艦隊を橋の向こう側に導かざるを得なかった。

ところが1016年の終わりまでに、アングロ・サクソン人の王エセルレッドとその息子のエドマンドがふたりとも死亡した。そこで、すでにロンドン住民と個別に和平を結んでいたカヌートが、全イングランドの王として認められた。戦争中、アングロ・サクソン人の王国はしばしば国民から徴収した税によってデーンゲルドと呼ばれる立ち退き料を侵略者に支払った。新しいデーン人の支配者にも、常備軍と艦隊の費用がイングランドから税金の名目で徴収され、支払われた。ロンドンの豊かさは、1018年にこの都市が銀貨で1万500ポンドという大金を税金として徴収されたことに示されている。ロンドンを除くイングランド王国全体では7万2000ポンドを支払っており、ロンドンがこの王国で疑いもなく最大の都市だったという事実を示している。

建物が密集した地域は次第に広がって、エセルレッドハイズ周辺のアルフレッド王が作り上げた町の中心部から徐々にチープサイド北部に向かって拡大した。チープサイドの東の端では家畜市場が生まれていた。小さな教会はたくさんあり、11世紀半ばまでにふたつの大きな修道院、オールドゲート付近のホーリー・トリニティ小修道院とセント・ポール大聖堂の北側のセント・マーティンズ・ル・グランド修道院が建設された。昔のローマ時代の円形闘技場の内側に、牛小屋とともに家が建てられた。ローマ時代の市壁の内側には、牧草地として使われつづけている地区もあった。鉄、青銅、白目[錫と鉛などの合金]を使った金属細工、骨、鹿などの角、織物、革、石を材料とした細工物など、数多くの産業があったという証拠が見つかっている。イングランド産の羊毛や毛織物がロンドンの港からふたたび輸出されるようになり、輸入品はスカンジナビア世界とのつながりを示している。デーン人の王をいただくイングランドは、スカンジナビア世界の重要な一部になったのである。 [JC]

**デーン人の墓石**
11世紀初期の墓石(1852年にセント・ポール大聖堂の南側で出土)。おそらくデーン人の王カヌートの支持者の墓に置かれていたもの。蛇と戦うライオンがスカンジナビア風に描かれている。左端には古ノルド語で、スカンジナビア・ルーン文字を用いて「ギンナとトキがこの石を据えた」と書かれている。

**デーン人との戦いで使われた剣**
この剣は11世紀初期のもので、パトニ付近のテムズ川で発見された。刀身についた傷は、この剣がこの時代のデーン人との激しい戦闘で使われたことを示している。

第3章——中世前期のロンドン

# ウェストミンスターの発展

11世紀になると、ウェストミンスターはすでに建っていた修道院や新しく建てられた宮殿を中心にして発展しはじめた。ウェストミンスターは国王の権力の中心地になったが、その栄枯盛衰はつねにロンドンと一体だった。

### シティの紋章
13世紀に用いられたシティの紋章には、シティのふたりの守護聖人のうち、カンタベリーの聖トマスが描かれている（もうひとりは聖パウロ）。シティは王権からの独立を主張しつづけていたが、多くの点で国王とは強い結びつきがあった。

### ウェストミンスター宮殿
ウェストミンスター宮殿を描いた初期の作品のひとつ。ウェンスロース・ホラーによる1650年代の作品。テムズ川に突きだした桟橋は、現在ではウェストミンスター・ブリッジになった。セント・スティーブンズ教会（現在の「国会議事堂」）、ウェストミンスター・ホール、そしてウェストミンスター修道院が、すべて中世の姿で描かれている。

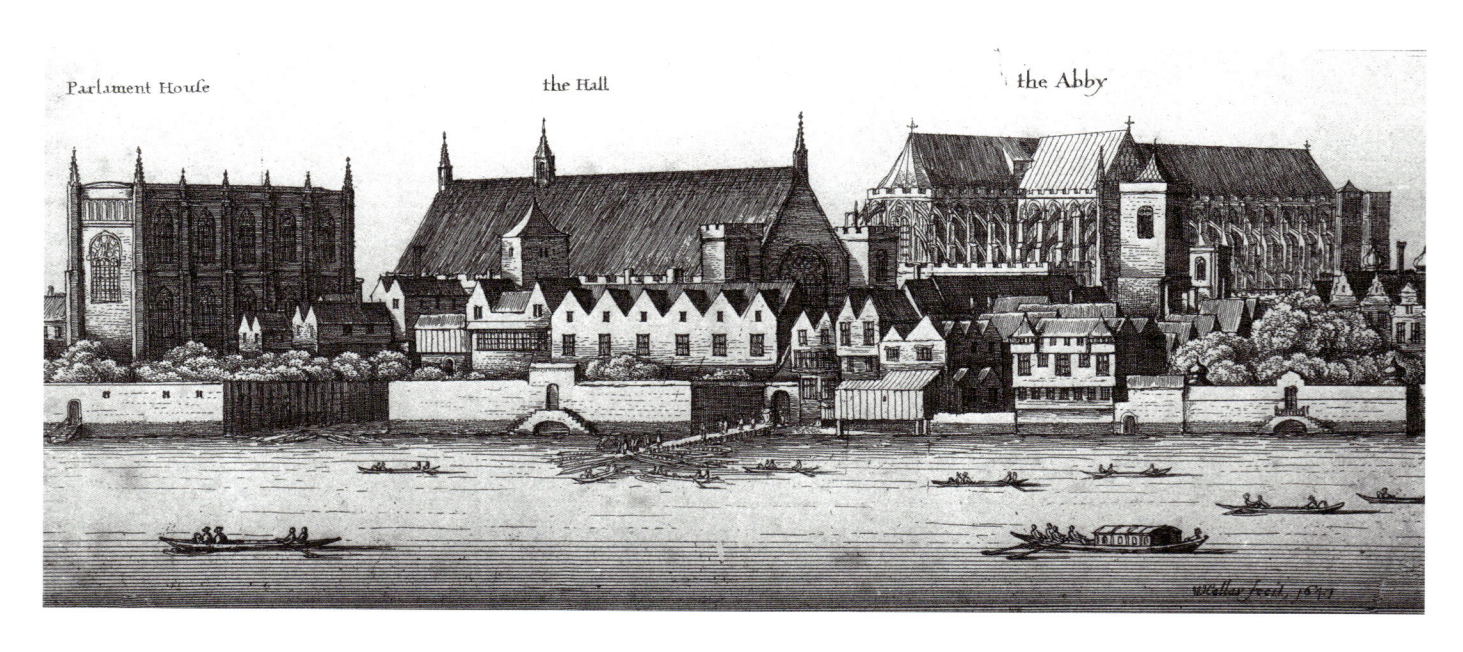

8世紀にはすでに、ルンデンウィックの南の端の、タイバーン川がテムズ川に合流する地点の島にウェストミンスター寺院があった。おそらくウェストミンスターに居を構えた最初の王はカヌートで、1035年のことだった。言い伝えによれば、カヌートが王の命令によってテムズ川に満ちる潮流は止められないことを従者に示し、王権の限界を明らかにしたのはこの場所だったという。

11世紀以降、この寺院は宮殿とともに複合建築物になり、中世のウェストミンスター宮殿となった。建設が始まったのは1052年頃、エドワード懺悔王の治世で、エドワードは寺院の再建にも着手した。バイユー・タピストリーには中央の塔と翼廊のある修道院付属の教会が描かれている。この教会の跡が現在のウェストミンスター寺院の床下で見つかっている。教会はエドワードの死の直前の1065年12月に完成し、王は主祭壇の前に埋葬された。ウィリアム征服王以降のイングランドの王や女王がウェストミンスター寺院で戴冠式を行なう伝統は、エドワードがここに埋葬されたことに端を発している。

最初、ウェストミンスターはウィンチェスターやグロースターなどと並んで、イングランドにいくつかある宮殿のひとつにすぎなかった。しかし12世紀から13世紀にかけて、ウェストミンスターは政府と、発達しはじめたばかりの官僚組織を有する恒久的な統治機関になっていった。

ウェストミンスター・ホールは（1097-99年にウィリアム2世によって創建され、1394年に再建されたときも）堂々たるたたずまいだったが、王家の好みをもっとも反映していたのは、フランス国王が代々戴冠式を行なうランスや、フランス国王が埋葬されているパリ近郊のサン・ドニにあるフランス風の教会に対抗してヘンリー3世が再建した修道院付属の教会だった。また、ヘンリーの宮殿には庭園と大きな噴水、そして飼鳥園があった。

ウェストミンスター宮殿の建築によって、芸術家が取り立てられ、文化的な交流が生まれた。商人や手工業者が、宮殿に必要なものを提供するために重要な役割を果たした。廷臣や聖職者は宮殿の近くに住宅が必要になり、タウンハウス［貴族の田舎の邸宅に対し、都会にいるときのための住宅で、何軒かつながった構造になっている］（あるいは「宿屋」）が建てられた。特にロンドンから延びている幹線道路のストランド沿いには建物が集中して建てられた。中には宮殿と同じくらい凝った作りで、庭園や、重要な交通路であるテムズ川に面して個人の桟橋がある建物もあった。ウェストミンスターと現在のシティとの間の土地は耕地になっていたが、テンプル騎士団が1185年にテムズ川のほとりに大きな宿舎と円形の教会（「ニュー・テンプル」という名称で呼ばれた）を建設したのをはじめとして、次第に建物が立て込みはじめた。13世紀半ばには、テンプルと呼ばれるこの地域は法曹教育の拠点として発達しはじめた。

中世のウェストミンスターは主に寺院と宮殿のためにある町で、チャリング・クロスから現在のパーラメント・スクエアに隣り合わせに建っていた宮殿と寺院の門、は通り一本しか隔たっていなかった。ウェストミンスターにはたくさんの居酒屋（ウェストミンスター・ホールの北の端にあった3軒の居酒屋は、おそらくそのうち2軒が監獄跡に建てられたために、「天国」、「地獄」、「煉獄」の名で呼ばれていた）、金細工師の作業場、仕立屋、そしてのちには書店が開かれた。ウィリアム・カクストンは修道院の境内に店を持ち、1476年にイングランド初の印刷機を導入した。ウェストミンスターにはセント・マーガレット教会とセント・マーティン・イン・ザ・フィールズ教会というふたつの教区教会があり、どちらも現在まで存続しているが、

セント・マーティン・イン・ザ・フィールズ教会は1728年に再建されたものである。

ウェストミンスターの南側の、現在のベルグラヴィアとピムリコの2地区に相当する場所には原野が広がっていた。ウェストミンスター・ブリッジは存在しなかったが、宮殿近くからカンタベリー大司教のロンドンでの公邸であるランベス宮殿まで、渡し船が出ていた。ウェストミンスターのはずれにも宗教関係の建物がいくつか建っていた。西側にはハンセン病患者の女性のためのセント・ジェームズ・ホスピタルがあったことが12世紀半ばの文献に記録されている。1530年代にヘンリー8世が宗教改革の一環として修道院解散を行なったあと、ホスピタルのあった土地にセント・ジェームズ宮殿が建てられた。ウェストミンスターの北側のチャリング・クロス付近には1231年より少し前にセント・メアリ・ロウンシヴァル・ホスピタルが建てられた。現在ではその遺構がノーサンバーランド・ストリートの地下に埋まっている。

中世の宮殿で現在も残っているのは、ウェストミンスター・ホールやセント・スティーブンズ教会の丸天井のある地下室、そしてジュエル・タワー［ウェストミンスター宮殿の一部で、王室の財宝の保管場所だった］など、ごくわずかしかない。中世のウェストミンスター寺院は現存する部分がもっと多く、1160年頃に作られた修道院付属の診療所の廃墟や、ヘンリー3世以降の何人かの国王の霊廟なども残っている。

同様の規模を持つもっとも近い大陸の都市であるパリと比べて、ロンドン（ウェストミンスターを含む）は何よりもまず、大陸と多くのつながりを持つ商業都市であり、王都としての機能は2次的なものだった。ウェストミンスターに宮殿が作られたのは、シティとの近さが大きな理由だった。　　　［J5］

**1500年頃のウェストミンスターとストランド通り**
ロンドンとウェストミンスターを結ぶ道路の脇には石造りの豪壮な邸宅が建ち並び、その多くがテムズ河岸に向かって門を設けていた。

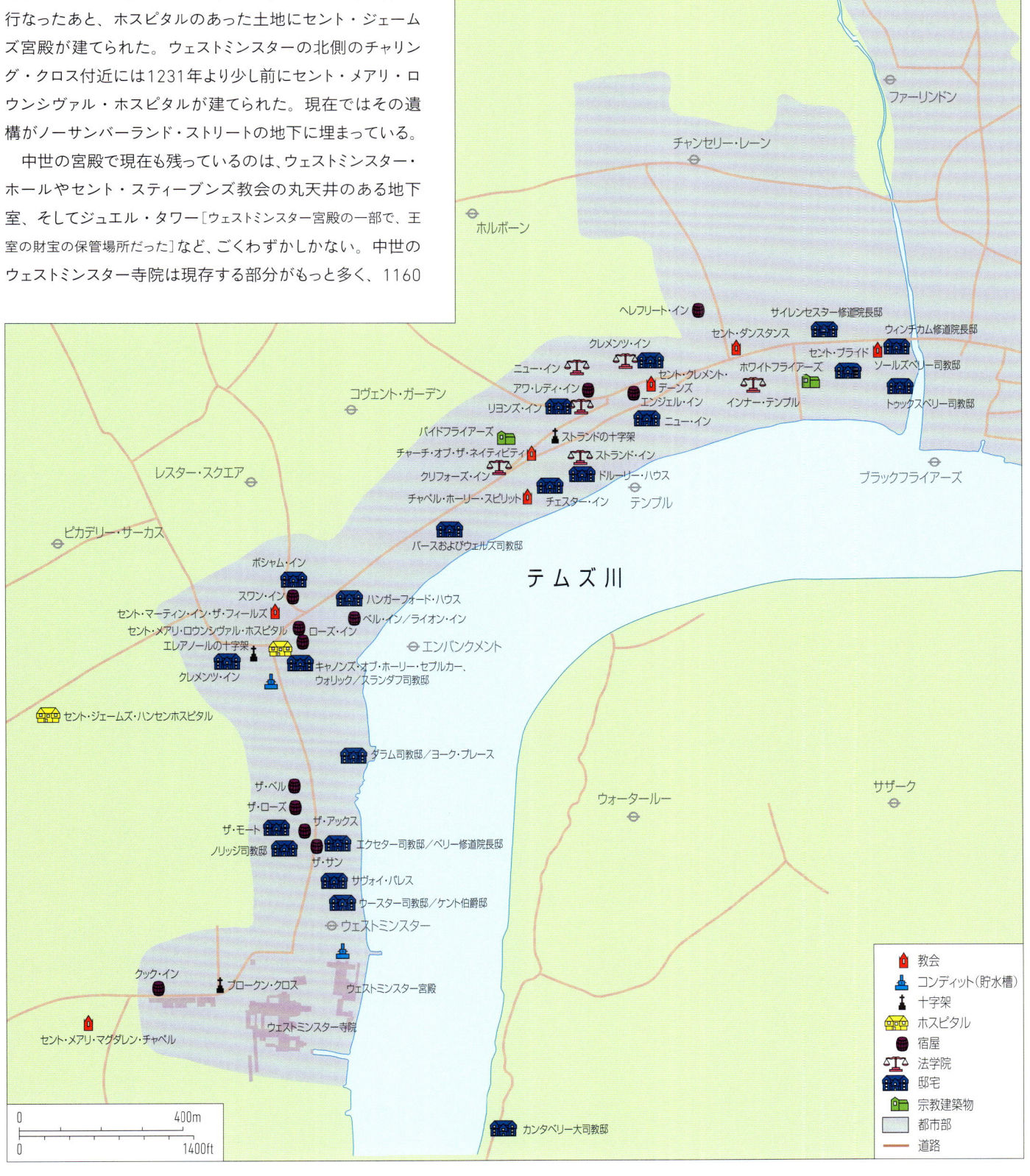

| 第3章——中世前期のロンドン　　059

# サクソン時代とノルマン朝時代の教会

1200年までに、シティの110の教会と教区がほぼでき上がっていた。シティを東西に横切ると、16の教区を通り抜けることになった。

**セント・バーソロミュー・ザ・グレート教会の内陣**
スミスフィールドにあるこの教会は1123年に建設されたもので、聖アウグスティヌス修道会の修道院だった。

セント・ポール大聖堂は1087年の大火災のあとで再建されたが、そのあまりの規模の大きさに、いつまでも完成しないのではないかと思われるほどだった。建て替え工事は100年後に終了し、身廊の部分は1666年の大火で焼失するまでそびえ立っていた。しかし、聖アーカンウォルド（7世紀の精力的なロンドン司教）の聖遺物を納めた内陣は、跡形もなく失われた。

1100年以降、セント・ポール大聖堂の代々の司教は周辺の土地や道路を手に入れ、西側の巨大な濠を埋めて、主任司祭や司教の公邸や大聖堂の参事会員の住宅が建ち並ぶ区域を作った。リンカーンやウェルズの大聖堂では、現在でもそのような区域が大聖堂の周辺に見られる。そうした区域は周囲を壁で囲まれ、いくつかある門は夜になると閉ざされた。セント・ポール大聖堂の境内の北にはパーテルノステル通りが通っている（この通りの名称は、ロザリオの珠を作る細工師にちなんでつけられた）。

**ロンドンの教会**
イングランドの中でロンドンほど教会の多い都市はなかった。教区は一定地域にある複数の教会を管轄するための単位で、地域をまとめる強力な結びつきを作った。

セント・ポール大聖堂の北東には、大きくて豊かなセント・マーティンズ・ル・グランド教会の建物があったが、現在では道路に名前だけが残っている。セント・マーティンズ・ル・グランド教会はおそらくノルマン征服より以前に創建され、この地域にあった昔のサクソン時代の王宮とのつながりを反映していた可能性がある。

さらに北に行くと、スミスフィールド地域に面してセント・バーソロミュー・ザ・グレート教会が建てられた。この教会の内陣は再建されたものだが、1130-60年の間にロンドンで建てられたロマネスク様式による建築の代表作である。セント・バーソロミューザ・グレート教会はいくつかの歴史映画に使われた。ロンドン塔を除いて、ロンドンに現在も残る12世紀の建築物は、セント・ジョン・クラーケンウェル修道院付属教会の聖堂地下室や、テンプル教会、そしてサザーク大聖堂の修道院のごく一部など、教会かその一部に限られている。ロンドン広域では、ハーリントン、ハーモンズワース、イースト・ハムにロマネスク様式の村の教会の一部が現存している。

### 教区教会

1200年までに、ロンドンには100を超える教区教会が存在し、その数はヨーロッパのどの主要都市よりも多かった。ロンドンの教区教会の4分の1以上は、1000年には完成していた。裕福な地主や団体は私的な教会を建設した。12世紀には、各教会の所有権がセント・ポール大聖堂やウェストミンスター寺院、あるいは海外に本拠地のあるものも含めて、しばしばどこかの教団に移された。こうして小さな教会が大きな組織に所有されたことで、1536年の宗教改革［この年にイングランドでは小修道院解散法が制定された］まで、ロンドンでは非常に多くの小さな教会が存続していた。ロンドンの教会の石造り建築の中で現存する最古のものは、オール・ハロウズ・バイ・ザ・タワー教会（11世紀の建築で、オール・ハロウズ・バーキングとも呼ばれる）で、この教会ではローマ時代の角石で作られたアーチを見ることができる。

これらの教会がどの聖人に献納されたかを見れば、当時のロンドン市民に好まれていた聖人を知ることができる。サクソン時代の聖人では聖エセルブルガや聖ミルドレッド、聖ダンスタン、そしてヴァイキングやノルマン人の影響下にあった11世紀の聖人では聖アルファージ、聖マーティン、聖マグナス、聖オラフの人気が高かった。聖ジャイルズ、聖ディオニシウス、聖セパルカー、エーコンの聖トマスへの献納は、フランスや十字軍とのより深い結びつきを示しているのかもしれない。

### 学校

12世紀のロンドンは重要な教育の中心地で、この時代はあらゆる公教育が教会によって運営されていた。主要な学校はセント・ポール大聖堂やセント・メアリ・ル・ボウ教会、セント・マーティンズ・ル・グランド教会、ホーリー・トリニティ小修道院にあった。ロンドンは交易だけでなく、知識の面でもヨーロッパ大陸との強い結びつきがあった。カンタベリー大司教のトマス・ベケットは、1127年頃セント・ポール大聖堂の学校で学んでから、パリの大学に進んだ。セント・ポール大聖堂やその修道院には図書室があり、そこから著名な学者が巣立った。しかし学校生活はラテン語での討論や、厳しい勉学だけではなかった。告解の火曜日（断食期間である四旬節の始まる前日の祝日）の朝は闘鶏を楽しみ、日中はシティの北西部の市壁の外にあるスミスフィールドの空き地で、おそらくラグビーなどの球技に興じた。　［JS］

**セント・ポール大聖堂**
この推定上の再現図は、ノルマン朝時代の大聖堂と、1666年のロンドン大火後にクリストファー・レンが再建した現在の大聖堂を対比している。周辺には大聖堂に仕える聖職者の住居が並んでいる。

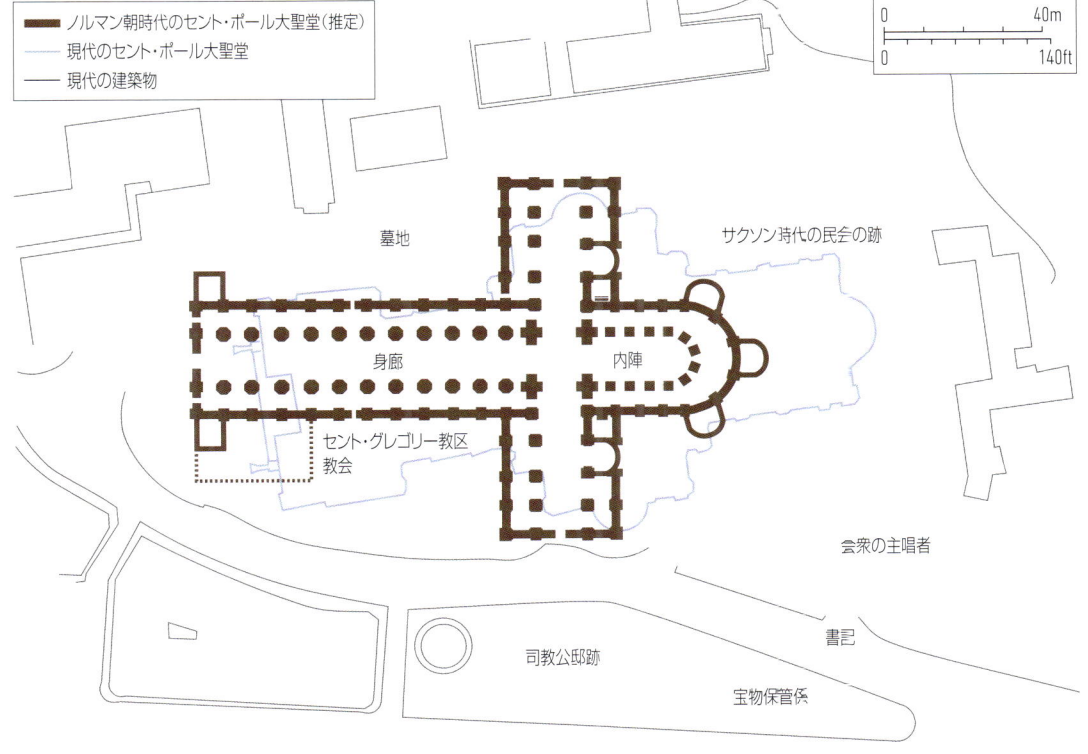

第3章——中世前期のロンドン

# 中世のユダヤ人社会

1200年代のロンドンの金融市場を動かしていたのはユダヤ人だった。彼らは資産を築いたが、差別を受け、ときには殺害されることもあった。中世ロンドンの住民でユダヤ人の文化を尊重する人はほとんどいなかった。

## ❖ユダヤ人とキリスト教徒の肉の問題

中世ロンドンのユダヤ人がどこで食肉用の家畜を処理していたのかは不明だが、宗教上の理由から、特別の場所で行なわれていたのは間違いない。それでも食肉処理は微妙な問題を引き起こした。1274年、ロンドンの州長官(シェリフ)はウェストミンスターにある国王諮問会にひとつの問題を持ちこんで裁定を求めた(当時ロンドン市長は国王とともに国外にいた)。その問題とは、「ユダヤ人は食肉用の家畜や家禽をすべて自分で処理することで知られているが、彼らはある家畜は彼らの律法にかない、ある家畜は律法にかなわないと考えている。彼らは律法にかなう家畜の肉は食べ、それ以外の肉は食べない。すると、律法にかなわない家畜の肉をユダヤ人はどうするのだろうか。キリスト教徒がそれを買って食べるのは戒律に反しないだろうか」というものだった。

市民を代表する市参事会員は、キリスト教徒がそのような肉をユダヤ人から買えば、ただちに破門されると宣言した。今後キリスト教徒がそのような罪を犯したと証明された場合、その肉はハンセン病患者や犬に与えられ、違反者はシェリフから重い罰金処分を受けると述べた。これに対して国王諮問会は、国王不在時に、国王の財産であるユダヤ人に関する問題についてキリスト教徒にそれ以上厳しい罰を科するように助言することはないが、ロンドン市民は指示された行動に従うように強く求めた。

---

中世イングランドの大都市、特にロンドンのきわだった特徴は、ユダヤ人の存在だった。ユダヤ人は11世紀にウィリアム征服王とともに移住してきて、1140年まではロンドンだけで暮らしていたようだ。その後はヨークやリンカーン、カンタベリーなどの都市にも広がった。ユダヤ人の数はつねに少なく、イングランドではおそらく一時期に5000人を超えたことはなかったと思われる。

キリスト教世界の観点から見ると、ユダヤ人は中世の社会で国王以下のすべての人々にとって非常に有用な役割を果たしていた。彼らは金貸しだった(キリスト教徒は宗教的な理由で金貸しを禁じられていた)。担保や抵当としてユダヤ人は動産を受け取ることができ、彼らはロンドンでしばしば家屋やシティ内の土地を獲得した。金貸し以外の職に就くことを法律で禁じられていたため、ユダヤ人は必然的に富を蓄え、それが反感を買う原因になった。

公式にはユダヤ人は国王の所有財産であり、国王には彼らを保護する義務があった。しかし、暴力的な反ユダヤ感情がときおり高まるのを防ぐことはできず、1189年にはリチャード1世の戴冠式に際して、ロンドンのユダヤ人の住居が焼かれるという暴動が起きた。同時に、ヨークやキングズ・リンでもユダヤ人が虐殺された。1264年には国王と対立していた貴族のシモン・ド・モンフォールの支持者が、ロンドンで数十名のユダヤ人を虐殺し、多くのユダヤ人指導者が命を落とす事件が起こった。ユダヤ人に対するこうした攻撃は、キリスト教徒(多くは騎士階級)がユダヤ人への借金の返済に行き詰ってひき起こす場合が多かった。暴動に加わった人々は、自分の借用書を探し出して破棄したのである。

ユダヤ人は専用の墓地を作ったが、イングランドでは最初はロンドンのクリプルゲートの外側に1か所あるだけだった。ユダヤ人の遺体はイングランド各地から埋葬のためにロンドンまで運ばれなければならなかった。1177年になると、ヨークなどではユダヤ人が都市の外に埋葬地を設けることが許された。

## ユダヤ人の居住地

イングランドには組織されたユダヤ人地区はなかったが、ユダヤ人はユダヤ人街(ジュアリー)と呼ばれる地区に集まって住む傾向があった。オールド・ジュリー・ストリートという現代の通りの名前は、シティの中に主要なユダヤ人居住区があったことを示している。12世紀にこの地区は西のミルク・ストリート周辺まで移動し、北はキャット・ストリート(現在のグレシャム・ストリート)、南はチープサイドまで広がった。ユダヤ人街は9教区にまたがり、そのうち4教区はユダヤ人街を意味するジュリーと呼ばれる場合もあった(たとえばセント・ローレンス・ジュリーはそのひとつで、この教会は1666年の大火のあとでクリストファー・レンが再建し、現在もその場所に建っている)。

ユダヤ人は商売に便利な都市の中央で暮らしていた。13世紀初期にはチープサイド地区の中でも一等地の、アイアンモンガー・レーンの角にユダヤ人の家が少なくとも1軒あった。1246年にはアイアンモンガー・レーンでユダヤ人の7家族が、道路にはみ出すようなひさし(窓やドアの上部に張り出した小屋根)を作ったという理由で非難されている。他の都市でもそうだが、ロンドンのユダヤ人街は壁や柵で分離されていたわけではなく、キリスト教

---

**ロンドンのユダヤ人居住区**

ロンドンのユダヤ人街はチープサイド(ウェストチープ)通りの北にある特定の地区である。しかし、この地区にはユダヤ人以外も暮らしていたし、壁に囲まれていたわけでもなかった。おそらく重要なのは、ユダヤ人街が主要な商業通りと、市庁舎として世俗の権威と権力の中心であったギルドホールの間にあったことだ。

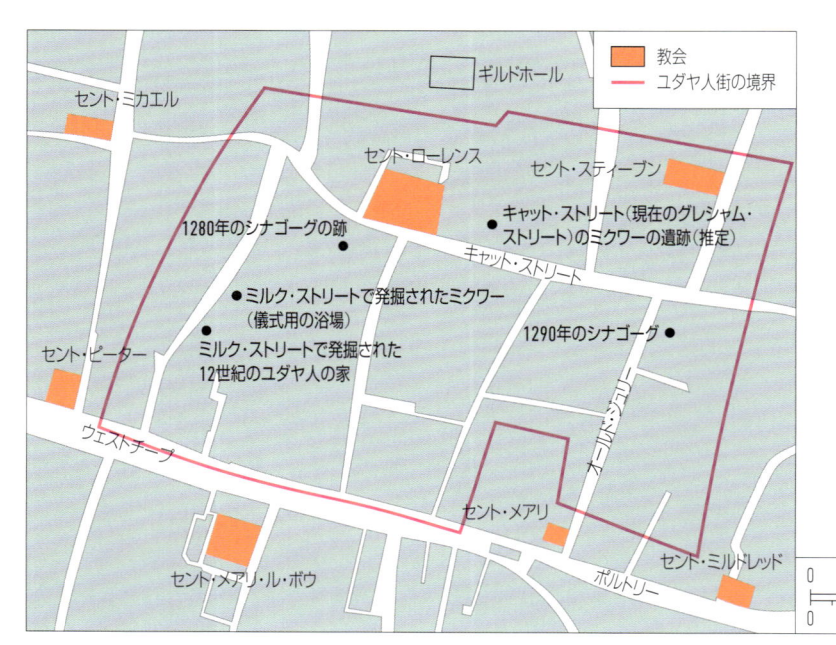

徒もユダヤ人街で暮らしていた。しかし、ユダヤ人街の区域は定められており、キリスト教徒が夜間にそこにいるのを見つかった場合は罰金を課せられた。

## シナゴーグ

ロンドンにあった主要なシナゴーグ[ユダヤ教の会堂]の位置は正確にわかっていないが、文献によれば、1212-13年に「立派なシナゴーグ」がチープサイドの北、オールド・ジュリーの東にあったようだ。1264年の暴動でひとつのシナゴーグが焼け落ちているが、このシナゴーグがその場所にあったものかもしれない。最近の研究によれば、1280年にセント・ローレンス・ジュリーの向かい側にあったユダヤ人の家がシナゴーグに改装された。1290年にユダヤ人がイングランドから追放されたあと、一時的にカトリック修道士が利用していたコールマン・ストリートのシナゴーグは貴族のロバート・フィッツウォルターの邸宅に変えられた。

ユダヤ人街の考古学的な遺跡の大半は現代の開発によって破壊されたが、地下の貯蔵室のような遺構がユダヤ人街の2か所で発見されている。そのうちグレシャム・ストリートのものは石造りの穴蔵で、普通の家にある貴重品を保管する場所のように見える。ミルク・ストリートにあったもう一方の遺跡は、弧を描く壁があることから、おそらくミクワー（宗教儀礼に用いられる浴場）だったと思われるが、刻まれた銘などは残っていないので、確かなことはわからない。

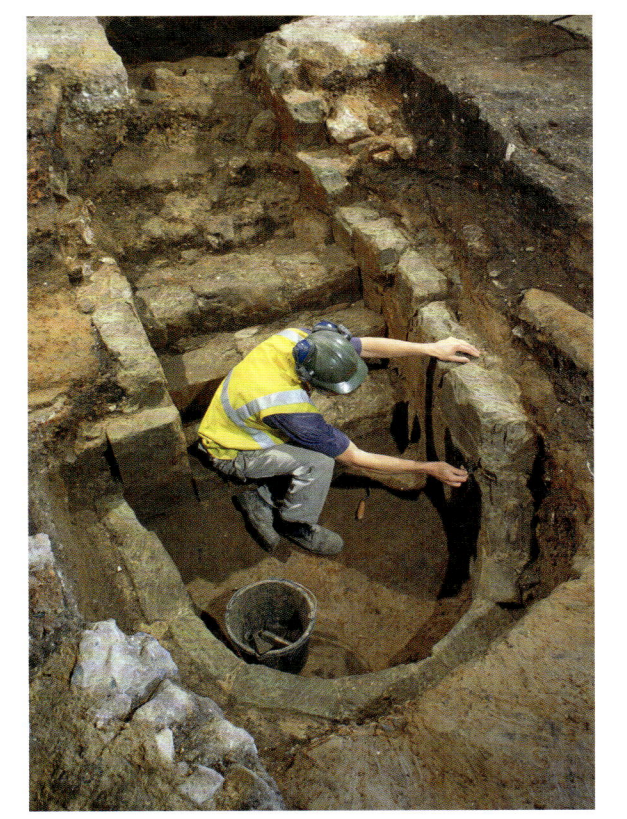

## ユダヤ人の追放

13世紀のエドワード1世の長い治世の間に、ユダヤ人社会に対する財政的な規制などの迫害は最高潮に達した。1278-79年に、ロンドンで280人を超えるユダヤ人が硬貨の縁を削ったという告発を受けて絞首刑になった。当時は硬貨が金や銀で作られていたので、硬貨から削り取った金銀を集めて溶かせば、あとで売ることができたのである。1290年に国王の命令によってすべてのユダヤ人がイングランドから追放されたときには、国内におよそ2000人のユダヤ人しか残っていなかった。1290年10月10日、ロンドンの貧しいユダヤ人はユダヤ教の経典を抱え、大陸に向かって出発した。裕福な家族の中にはテムズ川を船で下ったが、船長にテムズ川河口の砂州に置き去りにされて溺れ死んでしまった人たちもいた。なんとかフランスにたどり着けた人たちも、海岸に放置されて途方にくれた。結局、ほとんどのユダヤ人がフランス、イタリア、スペインのユダヤ人社会を頼って落ち着き先を見つけた。ロンドン中心部のユダヤ人の資産は、すぐに他のロンドン住民のものになった。たとえばチープサイド付近にあったラビのモーセとその息子のハギンの住んでいた家は、リンカーン伯ヘンリー・デ・レイシーの倉庫として、「洋服だんす」と呼ばれるようになった。この家は、現在のアイアンモンガー・レーンが北の端でグレシャム・ストリートに合流する地点にあった。1290年以降、ロンドンにごく少数のユダヤ人がいたという記録はあるが、イングランドにユダヤ人が本格的に戻ってくるのは1655年になってからだった。　[JS]

### 安息日のランプ
このランプはセント・マーティンズ・ル・グランド教会で発見された。キリスト教徒が使用していたようだが、おそらく本来はユダヤ人家族の持ち物で、安息日前の夕方に点灯する特別なランプだったと思われる。

### ユダヤ人の儀式用の浴場
考古学者はミルク・ストリートでミクワーと呼ばれるユダヤ人の儀式用の浴場跡を発掘した。シティの考古学調査でユダヤ人の建築物が出土するのは珍しい。このミクワーの遺構は保存のために現地から別の場所に移築されている。

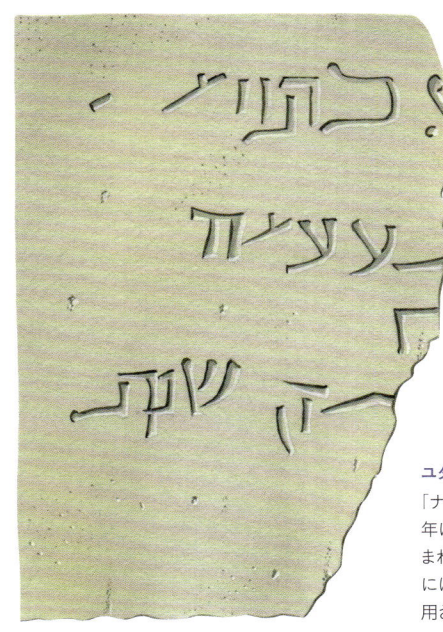

### ユダヤ人の墓石の破片
「ナフム」という人物を記念したこの墓石は、1753年に中世ロンドンの市壁を修復するために埋め込まれた状態で発見された。昔のロンドンの年代記には、銘が刻まれた石がしばしばこのように再利用された例が記録されている。

第3章——中世前期のロンドン

# ロンドンの城と防衛

中世のロンドンには、独立心旺盛なロンドン市民を支配するためにノルマン朝時代の国王が建設した3つの城があった。ローマ時代の市壁もまた、1270年代にドミニコ会修道院の周辺まで拡張され、都市の防衛に役立っていた。

**ロンドン橋**
ロンドン橋にはふたつの門と跳ね橋があり、跳ね橋は1475年までクイーンハイズに向かう船を通すために上げられていた。この図(1540年頃)に描かれた南側の門は、ヨーロッパの他の多くの都市の城門と同様に、彫像が飾られ、シティの紋章が描かれている。

城が支配の中心になったイングランドの多くの都市と同様に、ウィリアム征服王はロンドン塔を建設した。ロンドン塔はテムズ河岸に面した土地の海に近い場所にあって、海に出ようとする船を監視し、外敵の侵入を防いだ。当時ロチェスター司教に任ぜられていた優秀な建築家のグンドルフが責任者に任命され、建設が始まったのは1070年より少しあとだった。年輪年代測定法によれば、ホワイト・タワーと呼ばれたこの砦の建物が最初にできたのは1100年よりもあとだったと見られている。

この塔はヘンリー3世(在位1216-72年)とエドワード1世(在位1272-1307年)の治世に、ほぼ現在と同じ巨大な要塞に発展した。1300年までに、この複合建築物全体はウェールズにあるエドワードの宮殿を大きくしたような形になった。ロンドン塔は宮殿と監獄であっただけでなく、鋳造所も備え、一時は王立動物園さえ作られた。しかし、16世紀になるまでロンドン塔周辺の開発には力が注がれなかったので、全体としてみればロンドン塔は中世ロンドンの成長に大きな影響を及ぼさなかった。

ノルマン朝時代に作られたあとふたつの城、ベイナード城(1087年までに確実に建設)とモンフィシェ城(1136年までに建設)はロンドンの西側にあったが、その場所は推測の域を出ない。このふたつの城はセント・ポール大聖堂の南西にあり、明らかに要塞の役割を担っていた。これらは国王ではなく、有力な貴族の城だった。ベイナード城は、城主のロバート・フィッツウォーターが反乱に加担したあと、ジョン王によって1213年に破壊され、1276年に、おそらくモンフィシェ城の塔も含めて、この場所は黒衣修道士(ドミニコ会修道士)に、新しい信仰の地として与えられた。テムズ川に面したこの地域は、今でもブラックフライアーズの名で呼ばれている。

その西の、市壁のすぐ外側にあるオールド・ベイリーという通りの名は、国王の要塞がもうひとつここにあった可能性を示唆しているが、他に証拠は何もない。その隣には、フリート川に向かって下る斜面に王立のフリート監獄があった。この監獄は12世紀に、フリート川の中に浮かぶ島の上に建てられた城のような複合建築物だった。

## 市壁

ノルマン朝時代には、城が国王や貴族の住宅としてだけ

---

### ❖ ロンドン塔の改装

ヘンリー3世は宮殿の好みがうるさく、城に滞在中に内装にあれこれと注文をつけた。1240年に、ヘンリー3世はロンドン塔でこのような命令を出した。「王妃の部屋の内装は壁を羽目板張りにして全体に水漆喰を塗り、そこに新たにバラを描かせること。部屋と便所の間には羽目板張りの仕切り壁を作り、壁の外側はタイル張りにすること。大広間は壁を水漆喰で塗って絵を描かせ、鎧戸はすべて新しい木材と蝶つがいを使って作り直し、そこに紋章を描かせ、新しく鉄で格子を取りつけること。また、セント・ジョン・ザ・バプティスト礼拝堂のすべてのガラス窓と、大広間のテムズ川に面した窓は修復すべきこと。大広間の角に円形の塔を取りつけ、その塔の最下層の部屋はテムズ川の水面下に届いていること……」。現在では、ヘンリー3世時代の建物はほとんど残っていないため、華やかに彩られたこれらの部屋と装飾は想像で思い描くしかないが、セント・ジョン礼拝堂は現在もロンドン塔の考古学的な至宝のひとつである。

でなく、支配と防衛の手段として活用されたとはいえ、昔からあるロンドンの市壁が朽ちるままで放置されていたわけではなかった。ロンドンの市壁は、1066年にウィリアム1世が長期の包囲攻撃をあきらめたほど難攻不落だった。不穏なジョン王（在位1199-1216年）の治世にはロンドンの防衛意識が高まり、ユダヤ人の家から運び出した石材で、壁に沿って一定の間隔で作られた塔が修復された。特にローマ時代には塔が半分しか完成していなかった都市の西側で、修復が盛んに行なわれた。しかし、テムズ河岸のローマ時代の市壁は長い間手入れされずに朽ち果て、破片が川に落ちていた。1200年までにこの市壁の地上部分は完全に取り除かれ、古い壁の南側の土地を埋め立てて川岸の土地を南に向かって広げ、そこに石造りの住宅を建て、昔の市壁の基礎部分はこれらの住宅の正面の壁に使用した。こうしてはじめてブラックフライアーズからロンドン塔まで続くテムズ・ストリートが作られ、クイーンハイズやビリングズゲートの主要な市場とロンドン橋を結びつけた。こうして川岸の市壁は姿を消したが、それ以外の場所では、市壁は建物が密集した地域が外に向かって拡大するのを妨げる最大の障害となった。

中世の間に、ロンドンの市壁は2か所で大きく変更された。南東の角では13世紀にロンドン塔が拡張されたために市壁の一部が消滅し、1278年には黒衣修道士の新しい修道院を市壁の内側に入れるため、ラドゲートの南で市壁がフリート川沿いまで広げられた。

市壁には7か所の城門があり、ひとつを除いてすべてローマ時代の城門の跡地に作られた。城門は18世紀に取り除かれたが、それらの名前は、城門が立っていた場所を通る通りの名前として現在も残されている。西から東に、ラドゲート、ニューゲート、オールダーズゲート、クリップルゲート（現在は複合商業・居住施設のバービカン・センターがある）、ムーアゲート（1415年に建設された中世で唯一の新しい城門）、ビショップスゲート、そしてオールドゲートの順で並んでいた。テムズ川南岸に通じる主要道路であるロンドン橋にも2か所の城門と跳ね橋があった。

ローマ時代のロンドンの城門には、たいてい同じ大きさのふたつのアーチがあったが、13世紀までにそれらは荷車が通行するためのアーチがひとつと、歩行者が通る小さいアーチに作りなおされた。城門の上には貸し間があって、公務員に貸し出された。オールドゲートの貸し間は1374年に廷臣で作家のジェフリー・チョーサーが、危機的な状況が迫ったときは部屋を明け渡すという条件で借りた。シティの役人もまた、たとえばハンセン病患者が市内に入るのを防ぐなど、人の出入りを監視するために城門を利用した。

## 田舎の要塞

中世の大都市であるロンドンは、防衛のために市壁と城門を必要としたが、実際に深刻な攻撃を受けたことはなかった。ロンドン地域の小さな町の大半には市壁がなく、すぐ近くに城はほとんどなかった。ライスリップやチッピング・オンガーなど、現在はロンドンの郊外にあたる小さな町では、ノルマン朝時代の城の輪郭が今でも残っているし、さらに遠くのギルドフォード、ロチェスター、カンタベリー、コルチェスターには大きな城がある。建設された当初、国王や信頼の厚い近臣が所有するこれらの要塞は、ノルマン人による征服が覆されることは決してないという明確な威嚇の意味を持っていた。昔のローマ時代の砦と同様に、それらは植民地支配のための建物で、のちに大英帝国の本拠地となる異国の土地に置かれた要塞だった。

[JS]

### ロンドンの防衛
この地図は中世ロンドンの防衛を表わしている。城（ロンドン塔などの城はすでに完成している）、王立フリート監獄、市壁と城門の場所のほかに、現在地上部分を見ることができる市壁の位置が示されている。

### 市壁の塔
現在のバービカン・センターがある場所の近くに残された市壁の塔。石造りの部分はほとんどが中世のもので、レンガ造りの部分はビクトリア朝時代になって、塔が倉庫の土台として使われたときに作られたが、第2次世界大戦のロンドン大空襲によって破壊された。中世の塔の背後には、ローマ時代のロンディニウムで最初に作られた市壁が地下に埋もれている。

第3章——中世前期のロンドン　065

# 第4章
# 中世後期のロンドン

　テムズ川北岸の市壁に囲まれた都市、サザークやストランド通り沿いの郊外地域、都市の周辺に散らばる修道院やホスピタルなど、13世紀までにロンドンの全体的な景観はほぼ完成した。端から端まで歩いても20分程度の狭い地域に、ロンドンは1300年までに8万人の人口を擁し、北ヨーロッパ最大の都市のひとつに成長した。

　ロンドンでは12世紀末から市長が選出されるようになった。それから200年間で、市の統治体制はますます複雑になった。地域の行政と裁判は有力な市参事会員の手に委ねられていた。市の問題について広範囲な議論が必要な場合は、市民議会で話し合われた。商工業に関する規制はギルドに託され、ギルドの影響力は高まった。ギルドと市の役人、あるいはギルド同士がたえず衝突しあっている関係はロンドンの政治の特徴であり、ギルドと宮廷との関係もつねに良好とは言い難かった。

　都市には都市の問題があった。初代市長ヘンリー・フィッツエールウィンの最初の布告のひとつは、火災を防止するための建築物に関する規制だった。市場も統制されていた。主要な食品の品質と価格は検査され

**14世紀末のロンドン**
この復元図では、手前に描かれたロンドン塔とロンドン橋、そして高くそびえるセント・ポール大聖堂の尖塔が堂々とした姿を見せている。市壁の向こうには北に向かって原野が広がっている。(アミディー・フォレスティエ作、1912年頃)

た。ゴミは定期的に清掃された。飲み水は市の西にある泉から水道管を通って送られてきた。

　14世紀、ロンドンを「災厄」が襲った。1315年以降、北ヨーロッパ中に広がった飢饉は貧しい者や弱い者の命を奪い、フランスとの戦争で兵士の命とお金が大量に失われた。1348年から翌年にかけて猛威をふるった黒死病は、ロンドンの人口を半分に減らしたと思われる。市民による騒乱が生じ、1381年には農民一揆がロンドンを襲った。

　しかし、黒死病が多大な犠牲者を出したことには思いがけない影響もあった。人口が激減したにもかかわらず、ロンドンは短期間のうちに繁栄を取り戻した。富が少数の手に集中し、商工業はふたたび勢いを取り戻した。ロンドンの活力は堂々とした公共建築物や教会、立派な公邸に反映されていた。ロンドンの富と影響力は建物が混みあった地域の先にも及び、ロンドンは食べものと日用品の供給を広い地域に頼っていた。中世後期までに、ヨーロッパのどの国にも例がないほど首都ロンドンはイングランドの中で飛びぬけた繁栄を謳歌していた。

# 統治と流行の中心地

中世イングランドで最大の、しかももっとも豊かな都市ロンドンは、
中央集権化を進める統治の中心ウェストミンスターを有し、
流行と繁栄の中心地でもあった。

**市長の紋章、1381年**
この紋章は、それまでの「シティの栄光を表わすには(中略)小さすぎ、不格好で古臭い」と考えられたものに代わって1381年に採用された。

**14世紀のイングランドとウェールズ**
ロンドンは飛びぬけて大きく豊かな都市で、主要道路網の中心でもあった。

「国王のもとへ行き——彼はまだ若い——私たちの窮状を伝えよう。(中略)国王が私たちに会い、話を聞けば、必ずや悪を正してくださるだろう」。一揆を起こした農民たちはこの言葉に勇気づけられ、1381年の夏にロンドンに向かった。しかし、農民たちの信頼は裏切られ、彼らの指導者であるワット・タイラーはスミスフィールドでリチャード2世の側近に殺害されてしまった。宮廷のあるウェストミンスターを擁するロンドンは、この頃にはイングランド王国の統治の中心地になっていた。そしてロンドンの富と権力は、野心を持つ人間を磁石のように引きつけた。「首都」という概念は近代になって作られたものだが、修道士であり歴史家のマシュー・パリスは、ロンドンが近代的な意味で首都となるはるか前の1250年頃に、ロンドンは「主要都市」(すなわち、イングランドで最大にしてもっとも豊かな、そしてもっとも有名な都市)だと述べた。

ロンドンはアングロ・サクソン時代の末期にはすでにイングランドでもっとも人口の多い都市だった。14世紀はじめにピークを迎えたとき、ロンドンの人口は8万人を超え、競争相手となるヨークなどの近隣都市のおそらく4倍以上に達していた。消費力の差はそれ以上に大きかった。1334年、ロンドンの課税対象となる資産は1万1000ポンドだったと推定されている。このとき2番目に裕福な都市だったブリストルの資産は2200ポンドだった。ロンドンの資産だけで、ブリストルとそれに続く8都市の資産の合計を上回っていた。

この富の一部は宮廷の存在によって生み出されたものだった。エドワード懺悔王はウェストミンスターに宮殿を建設したが、彼とその後継者となったノルマン朝の国王は王国を巡回し、どこでも都合のいい場所で宮廷を招集した。昔のウィンチェスターがそうだったように、ウェストミンスターは最初はこれらの宮殿のひとつにすぎなかった。しかし、裕福で影響力があり、独立心旺盛なシティが目と鼻の先にあるという環境によって、ウェストミンスターは国王とその宮廷の本拠地としてますますふさわしい場所になった。

「シモン・ド・モンフォールの議会」と称される1265年の諸侯大会議と、エドワード1世が1295年に開いたいわゆる「模範議会」と呼ばれるパーラメントは、両方ともウェストミンスターで開催されたが、その後も中世のパーラメントはヨークなど、ロンドン以外の都市で開かれることもあった。1339年から1377年まで、パーラメントはつねにウェストミンスターで招集されたが、スチュアート朝が開かれるまで、パーラメントが他都市で開かれることはままあった。14世紀に、ウェストミンスターは増加する政府の部門の恒久的な本拠地となった。以前は王国を巡回する国王とともに移動していた国王裁判所はウェストミンスターに置かれることになった。人民間訴訟裁判所は1350年代からウェストミンスター・ホールで開かれるようになった。1365年以降は、王座裁判所もしだいにウェストミンスターで開かれることが増えた。おそらくもっとも重要なのは、以前は国内を巡回し、エドワード1世のスコットランドとの戦争後はヨークを本拠地としていた財務府(国王の財務部門)が、エド

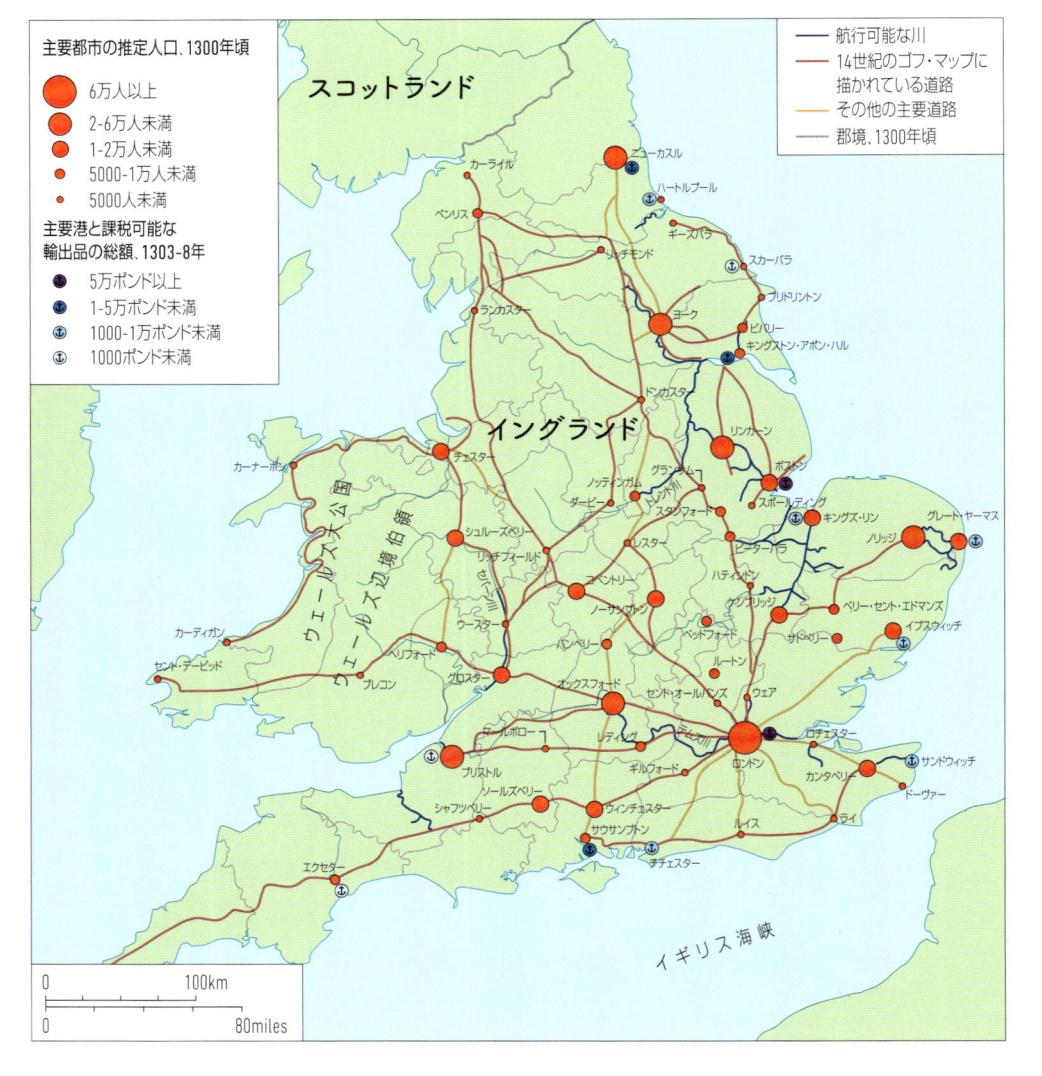

ワード3世の治世の1339年にウェストミンスターに最終的に居場所を定めたことだ。

## 栄華と光輝

イングランドの政府高官と聖職者はロンドン内か市壁の外のストランド通り沿いの立派な住宅を手に入れて、宮廷に出仕するときはそこで生活した。それ以外のときは、田舎の領地に必要なものをロンドンの商人や職人、供給業者から購入するために、彼らの代理人がその住宅を使用した。ロンドンは他のどこよりもぜいたく品が手に入りやすい場所だった。宮廷に商品を納入するのはもうけの多い仕事だった。リチャード・ウィッティントンのような商人は輸入品の布などのぜいたく品を国王に売って富を得た。国王リチャード2世が1399年に廃位させられたとき、ウィッティントンは国王に1000ポンド貸し付けていた。1361年からセント・ポール大聖堂の近くに「国王の衣装部屋」と呼ばれる倉庫があり、王家の求めに応じてロンドン住民が提供した品物や、ロンドンの港を通じて輸入された品々がぎっしり収められていた。ときには王家の家族もそれぞれの倉庫を持った。たとえば1331年に、キャノン・ストリート近くのカレッジ・ヒルにある「ラ・リオル」と呼ばれる家屋が王妃の衣装部屋としてエドワード3世によって購入された。

王家や貴族はロンドンに目に見える栄華と光輝を与えた。ウェストミンスターやロンドン塔への行き帰りにチープサイドを通る貴族の行列は、いつも見物人を引きつけた。ジェフリー・チョーサーの『カンタベリー物語』に登場する怠け者の徒弟パーキン・レヴェラーは、「チープで馬に乗っている」人間がいれば即座に仕事を放り出して駆けつけるのがつねだった。

貴族が着る高価な衣装そのものが身分の象徴だった。ぜいたくな衣装の着用を法律で規制し、階級別に男女が身につけてよい織物や毛皮の種類を定め、金銀の装飾品の使用を制限さえする努力が行なわれた。それにもかかわらず、ロンドンの住民はできる限り宮廷風の流行を追うのをやめなかったようだ。安価な仕立ての衣装や、真鍮やしろめ〔錫と鉛の合金〕で金銀の装飾品を模して作った装身具は、当世風の流行を取り入れていた。14世紀後期に流行した「プーレーヌ」というつま先のとがった異国風の非実用的な靴（下の写真）は、イングランドでは他のどこよりもロンドンの考古学的遺跡からよく出土している。この靴は100年後に、5センチ以上の長さの「くちばし、つまりとがったつま先の靴や長靴」を禁止し、違反した者には「聖職者による破門と20シリングの罰金」を課すという法令が1465年に出されたにもかかわらず、ふたたび流行した。

## 交通の中心地

オックスフォードのボドリアン図書館に保管されている14世紀イングランドの地図「ゴフ・マップ」には、ロンドンから四方に広がって、この都市と他の主要都市を結びつける道路網が赤で示されている。中世の道路は交通量が多かったが、特に冬の間は路面の状態は最悪だった。たとえば1294年の冬、王家の宝物を積んだ荷車の隊列がウェストミンスターから185キロ離れたノリッジに到着するのに9日間かかった。通常の状態なら荷車で3、4日の距離で、ノリッジからセント・ローレンス・レーンのロサメズ・インまで週に1回やってくる運送業者はその程度の日数で到着していた。そうした定期的な輸送業を担うのは3頭か4頭の馬が引く二輪の荷車で、彼らは商品、荷物、郵便、そしてときには乗客まで乗せて運んだ。長距離を専門とする輸送業者もあった。たとえば1484年、ウィリアム・ネイナウという61歳の男は、ロンドン-エクセター間を35年以上行き来してきたと自慢げに語った。

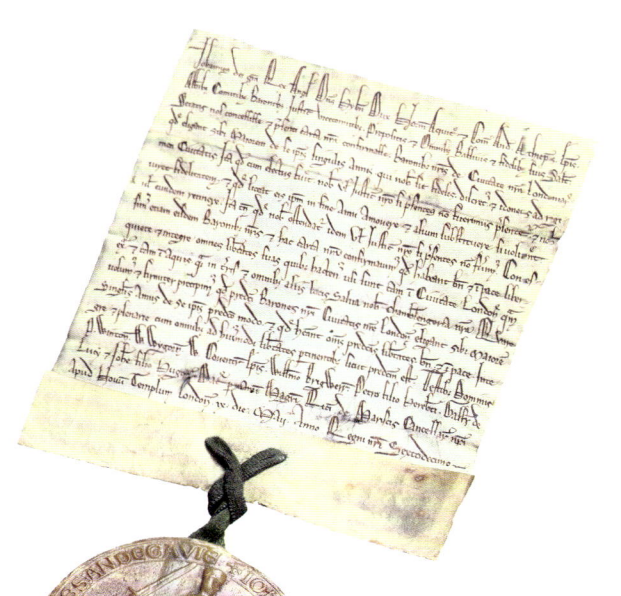

馬に乗れば、旅にかかる時間ははるかに短縮できた。たとえばロンドンからヨークへは4日半で行くことができた。ロンドンからドーヴァーのイギリス海峡に面した港までの道は、カンタベリーを目指す巡礼者もたどる道だが、サザークや街道沿いの町に馬を貸し出すハックニーマンという業者がいた。1396年には1頭の馬を借りるのに、ロンドンからロチェスターまでは12ペンス、カンタベリーまでが12ペンス、カンタベリーからドーヴァーまでの短い距離なら6ペンス請求された。ロンドン住民の中にそれだけの費用を払える者はほとんどいなかった。旅をする人々の大半は徒歩だった。

[JC]

**ジョン王の憲章、1215年**
マグナ・カルタの数週間前に発布されたこの憲章で、ロンドン市民は毎年自分たちで市長を選ぶ権利を認められた。

**革靴、14世紀末**
つま先の長い流行の「プーレーヌ」は、つま先を硬くするために苔を詰めていた。

第4章——中世後期のロンドン　069

# 富と誇り高い市民

13世紀にロンドンの経済的、文化的な地位が高まるにつれて、
ロンドンにはヨーロッパのどんな都市よりも早く、
ギルドホールのような市の建物や堂々とした邸宅、そして水道が作られた。

1300年までに、ロンドンは人口の上でも豊かさにおいてもイングランド最大の都市になった。1340年に、エドワード3世がフランスとの戦争を遂行するため、ロンドン市民は5000ポンドの貸し付けを要求された。貸付資金を提供した232名のロンドン市民の名前が記録に残っている。ほとんどは5ポンドか10ポンドの融資だった。この記録によれば、1340年にもっとも裕福だったのは織物商のウィリアム・ド・カウストンで、400ポンドを提供した。これは現代のお金に換算すれば数十万ポンドに相当する金額である。

ロンドンは大きさだけでなく、性質の点でも他の都市とは違っていた。ロンドンは人々がお金を稼ぐ場所で、引退すれば田舎に帰った。しかし、シティには伝統あるコミュニティや自治組織もあった。ロンドン市民の強い誇りはシティの組織や、生活、衛生、そして建築物の水準の高さに表れていた。ロンドン市民の発達した生活様式は、都市の環境や住宅、そして公共設備を見れば明らかだった。

1300年までに、ロンドンの道路には種類の異なるさまざまな家屋が建ち並んでいた。裕福な商人や貴族、宗教指導者は、大きな中庭つきの邸宅を手に入れることができた。その邸宅は、現在でも地方に行けばまだ見かけるような、庭園と家畜小屋のある荘園の邸宅(マナーハウス)を思わせるものだった。こうした大邸宅に挟まれて、あるいは道路と道路の間の奥まったところに、各階に一部屋か二部屋しかなく、上の階に張り出し屋根(ひさし)がついている小さな家があった。家屋の大半は木で枠を作って建てられたものだったが、アーチ型天井のある石造りの地下室を備えた家もあった(1375年頃に建築されたもののひとつが、現在もスレッドニードル・ストリートにあるマーチャント・テイラーズ・ホールに残っている)。商業地区やチープサイド(74-75頁参照)の北のユダヤ人街では、すべて石造りの高い建物も建てられていたと思われる。

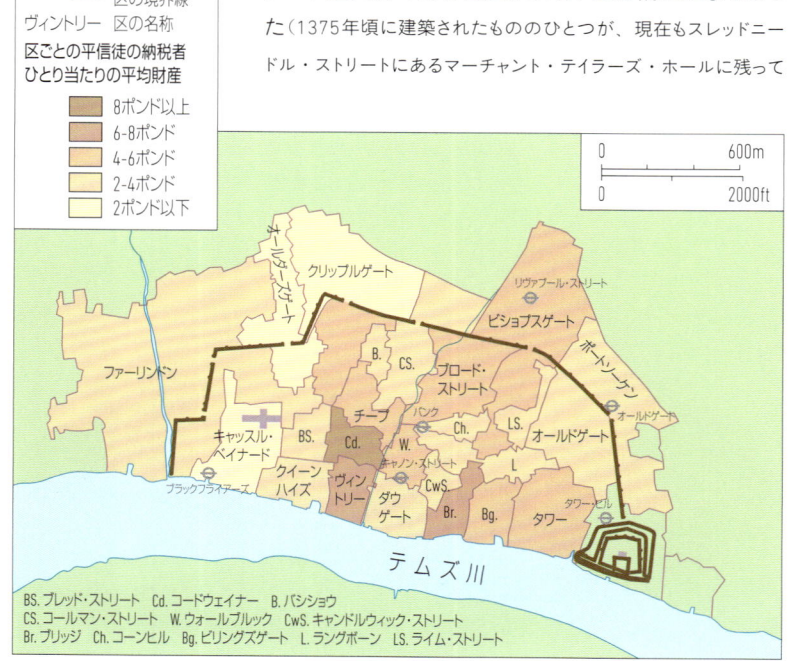

ロンドンの住宅は、おそらくどんな都市と比べても高い水準にあったと思われる。屋外トイレや井戸のある家も多く、暖房を備えた部屋がある家の割合も(少なくとも1500年までには)高まった。川岸の建築物の考古学的調査によって、建築技術は13世紀の間に進歩し、高層の家も建てられるようになったため、より多くの人々が貸し間や住宅を得られるようになったことがわかっている。ロンドンの人口はこの時期に急に増加し、建物のサイズは水平方向だけでなく垂直にも広がった。

## 活気ある市民の暮らし

ロンドンには市庁舎(ギルドホール)や、市場が開かれる特別な建物、そして川岸にはふたつの主要な埠頭など、さまざまな公共建築物があった。北ヨーロッパの都市では、最初の市庁舎が12世紀に建てられたが、ロンドンの市庁舎もおそらくそのひとつだったと考えられる。ロンドンのギルドホールが最初に記録に登場するのは1100年を過ぎた直後で、1200年までには市民の指導者が集う石造りの建物が存在していたようだ。ギルドホールは崩れ落ちて忘れられた円形闘技場の盛り土の上に建てられたが、これはおそらく偶然だろう。現在のギルドホールは大体1411年から1430年の間に石工のジョン・クロックストンによって建てられた。その大きさと壮麗さは、当時再建されたばかりのウェストミンスター・ホールにも匹敵した。張り出し玄関には市民の美徳を表わす彫像が並んでいた。現在はそのうち4体をロンドン博物館で見ることができる。1440年に、クロックストンはコーンヒルにあったレドンホールという複合建築物の改築にも取り組んだ。これは大きな広場を囲む屋根付き歩廊の上の階に商店が並ぶ建物で、教会や学校が隣接していた。この建物は部分的に19世紀まで健在で(壁の一部は1984年まで残っていた)、現在この場所にはビクトリア様式のレドンホール・マーケットが建てられている。他にも中世の市場は道路沿いやクイーンハイズとビリングズゲートの主要な荷揚げ用の桟橋の近くでも開かれた。魚屋などの商人が利用するス

**ゴールドスミスズ・ロウ**
美しい住宅や商店が並ぶゴールドスミスズ・ロウはチープサイドの一画にあり、1491年に建設された。この絵では1547年にエドワード6世の戴冠式の行列のために飾りつけられている。

**ロンドンの富**
1332年の聖職者以外の市民に対する課税の状況を見ると、地区ごとのシティの富の分布が明らかになる。もっとも豊かな地区は都市の中心にあり、貧しい地区は周辺部にある。

── 区の境界線
ヴィントリー 区の名称
区ごとの平信徒の納税者ひとり当たりの平均財産
- 8ポンド以上
- 6-8ポンド
- 4-6ポンド
- 2-4ポンド
- 2ポンド以下

BS. ブレッド・ストリート　Cd. コードウェイナー　B. バシショウ
CS. コールマン・ストリート　W. ウォールブルック　CwS. キャンドルウィック・ストリート
Br. ブリッジ　Ch. コーンヒル　Bg. ビリングズゲート　L. ラングボーン　LS. ライム・ストリート

トック・マーケットという石造りの建物がチープサイドのはずれにあった。現在その場所にはロンドン市長公邸がある（ストック・マーケットの名を記したブルー・プラーク［歴史的な場所を記念するための青い銘板］が付近に設置されている）。

## 公共部門

公共サービスの発達は、高まりつつある市民の責任感を示すひとつの指標である。1236年にロンドン政府は現在のボンド・ストリート駅に近いタイバーン川のほとりの泉の使用権を獲得し、東におよそ5キロ離れたロンドンへ飲料水を届けるために鉛の送水管を設置する工事を始めた。送水管が完成するまでに25年間の月日を要したと思われる。1440年代に、水の供給はさらに遠いベイズウォーターの水源からも補われるようになった。この給水設備はヨーロッパの中世都市ではもっとも早い時期に完成したもののひとつである。送水管によって運ばれてきた水は市内の数カ所の貯水槽にためられ、貯水槽の上に揚水ポンプを備えたコンディット・ヘッドと呼ばれる小さな建物が建てられた。主要なコンディット・ヘッドは「スタンダード」と呼ばれ、建築学的な重要性がある。コンディット・ヘッドは1378年を過ぎてまもなくコーンヒルに、1381年にチープサイドに、そして1471年にフリート・ストリートに作られた。多くの住宅に井戸があったが、これらのコンディットやテムズ川から直接くみ上げた水も使われた。男や女の水運搬人が大きな容器を背負い、コンディットから汲んだ水を家から家へ売り歩いた。

1212年までに、ロンドンには火災が広がるのを防ぐために建築を規制する法律が作られた。木造の建物が立ち並ぶ都市は、つねに火事の危険と隣合わせだった。市街清掃人や役人は、ごみや商店から出る廃棄物（特に食肉処理業者が捨てる動物の頭や内臓）が街路にあふれ、家畜がうろつきまわるのを防ごうと努めた。この都市を誇るに足る衛生的な場所に保とうとする意欲は十分にあった。他に類を見ない人口と交易、そして富の集中によって、ロンドンは近代的な都市の生活水準の好例となった。

同時に、家屋についての不満も絶えなかった。木材とヘな土［砂と粘土が混ざった柔らかい土］でできた壁は水がしみこみやすく、側溝や縦樋による排水はまだ発達していなかった。プライバシーは用心深く守られ、地上や高さ4.8メートル以下の場所にある隣人の住居が見下ろせる位置に窓を作ってはいけないと定められていた。屋外便所の汚水はしばしばあふれ、薪が壁際に積み上げられて道をふさいだ。古い建物は傾いて、隣に新しい建物を建てることができなくなった。石壁が通行人にとって危険な状態になっている場合もあった。道路は国王の財産だったので、階段やひさし（商店の建物に見られるような、窓やドアの上に張り出した屋根）、炉のような構造物が道路にはみ出すことは、市の役人か王立裁判所によって規制されていた。しかし、罰金を払えば見逃されることも多かったため、長い間に道路は不規則な形になった。いくつかの教会が境内を合併するために、地元の反対を押し切って既存の小道をふさいでしまう場合もあった。こうして、オックスフォードのカレッジでもそうだったように、昔家が立っていた場所にこれらの教会の庭園が作られた。

［JS］

**コンディットと井戸**
1450年までに、ロンドンにはコンディットと公共の井戸が商業地区と横道の両方に備えられていた（図は現在わかっている場所だけを示しているが、おそらくもっと多かったと思われる）。

**ギルドホール**
15世紀後期に中世のギルドホールが再建された。他の都市と違って、市民の行政と司法の中心であるこの建物は主要な商業道路ではなく、チープサイドより北の静かな地域にあった。

第4章——中世後期のロンドン

# ロンドンの教会

中世のロンドンでは、修道院や学校、ホスピタル、
托鉢修道院が大きな区画を占めていた。
都市の中央には中世のセント・ポール大聖堂が鎮座していた。

**ほほえむ尼僧**
窓や戸口の上に取りつけられた雨押さえ石のアーチの接合部分の飾り。おそらくロンドンの教会のもの。

ロンドンは最新流行の建築様式の見本市のようだったに違いない。12世紀と13世紀の間に、数多くの修道院、ホスピタル、托鉢修道院がシティ内やその周辺、そしてサザークに建設された。市壁の内側に居を定めたものは数少なく、大半は居住区の周辺や、その向こうの原野に建てられた。それらは最初は簡素な木枠造りの建物だったが、すぐに資金を集めて大きな石造りの複合建築物に姿を変えた。それぞれに教会や食事、睡眠、会合、貯蔵のための建物が付属し、最新の配管を備えていた。中世末期までに、ロンドン（ウェストミンスターとサザークを含む）には少なくとも12軒のホスピタルがあり、そのうち6軒は病人のため、残りの6軒は貧民のための慈善院だった。

もっとも古い修道院の中に、アウグスティヌス会の修道院がいくつかあった。そのうちひとつ（ホーリー・トリニティ・オールドゲート小修道院、1108年）は市壁の内側にあり、それ以外は市壁の外、特に北西と北東に、セント・バーソロミュー・スミスフィールド小修道院（ホスピタルとの複合建築物、1123年）、クラークンウェルのセント・ジョン・オブ・エルサレム小修道院（1145年頃）、セント・メアリ・ホスピタル（1197年）、1403年までに精神病院になったセント・メアリ・オブ・ベツレヘム・ホスピタル（1274年）があった。サザークには1106年に小修道院（現在のサザーク大聖堂）が設立され、続いて1213年にセント・トマス・ホスピタルが作られた。さらに南東には、当時はまったくの田舎だった地域に1100年に創立された広いバーモンジー修道院があった。その他の郊外にはクリュニー修道会が創立した3軒のホスピタルがあり、らい病患者の療養所が主要道路からかなり離れた場所にあった。1200年までに、ロンドンの郊外にはイングランドの他のどの都市よりも多くの修道院とホスピタルがあり、王国内でもっとも重要な都市としての役割を一層ゆるぎないものにしていた。

**宗教施設の境内**
中世ロンドンにはさまざまな宗教施設があった。それらの施設は都市や郊外の広い面積を占め、その境内はすべて壁や門で外界から仕切られていた。

## 托鉢修道会

1220年頃から、托鉢修道会（フライアーズ）と呼ばれる新しい修道会が続けて誕生した。托鉢修道会の修道士は町や田舎の修道院に財産を蓄えるのではなく、町の人々のために直接働くことで得られる施しで暮らしていた。14世紀末までに、ロンドンにはブラックフライアーズと呼ばれるドミニコ会（1221年にロンドンに入り、1275年に最初の場所から移転した）、グレイフライアーズのフランシスコ会（1222年）、ホワイトフライアーズのカルメル会（1247年にフリート・ストリートの南に設立）、アウグスティヌス修道会（1253年）、十字架修道（1269年以前）の5つの托鉢修道会が存在した。これらの修道会の名前はすべて、現在は道路の名前となって残っている。その他にいくつかの小規模な修道会（フランシスコ女子修道会など）があり、1371年にはロンドンの北西部に大きなカルトジオ会修道院（チャーターハウス）が設立され、現在は歴史的価値のある複合建築物として姿をとどめている。その他の托鉢修道院の中世の建築物はすべて消滅

してしまったが、現代のオフィス・ビルの内部にその遺跡の一部が残存しているものもある。

## 別世界

　1100-1350年のロンドンでは、修道院やホスピタル、托鉢修道会は、かなりの広さを持つ壁に囲まれた閉鎖的な空間を作っていた。聖なる瞑想の場として作られたこれらの修道院は、一般に世俗の人々の立ち入りを禁じ、まばゆいほど壮麗な建築の中で清々しい生活が送れる別世界を中世都市の中に作っていた。現在では、ウェストミンスター寺院の修道院の建物の古くから残る部分を見ることで、昔の姿を思い描くことができる。現在のチャプターハウスや回廊は13-14世紀のもので、一部はヘンリー・イェーベルのような王室建築家の作品である。現在見られるものの中には、大修道院長の邸宅や修道士の寄宿舎（現在は博物館）のアーチ形天井、修道院付属診療所の遺跡（現在は庭園）などがある。

　修道院は排他的な性質を持つ一方で、市民と各修道院の間にはしばしば強い結びつきができた。商人や貿易商の子弟の中には修道士や修道尼になるものもいた。ロンドンではチャーターハウスを活動の拠点とするカルトジオ会が特に尊敬されていた。多くの商人が修道院に埋葬されたいと望み、彼らが選んだ修道院に寄付をした。一般的に、社会的地位が高く人気のある修道会に所属する修道院は権力者や金持ちと密接な関係を結び、王侯貴族や政府高官の庇護を求めた。托鉢修道会は原則として、中世ヨーロッパの典型的な都市の貧しい地域に作られ、托鉢修道士は中流階級かそれよりも貧しい人々と交わった。彼らの教会は厳格な規律を重んじた。しかしロンドンでは、托鉢修道院もまた、王侯貴族の埋葬場所として人気があった。

　11世紀末に始まり、ヨーロッパ中に広がった十字軍の情熱は、さらに別の修道会を誕生させた。ロンドンでは聖ヨハネ騎士団とテンプル騎士団が代表的なものだ（左頁の地図参照）。これらの騎士団はおそらく12世紀にもっとも華々しく活動し、テンプル騎士団の影響力は、最終的にヨーロッパの一部の支配者にとって目障りなほど強くなった。テンプル騎士団は1314年に壊滅させられた。聖ヨハネ騎士団は生き残った。

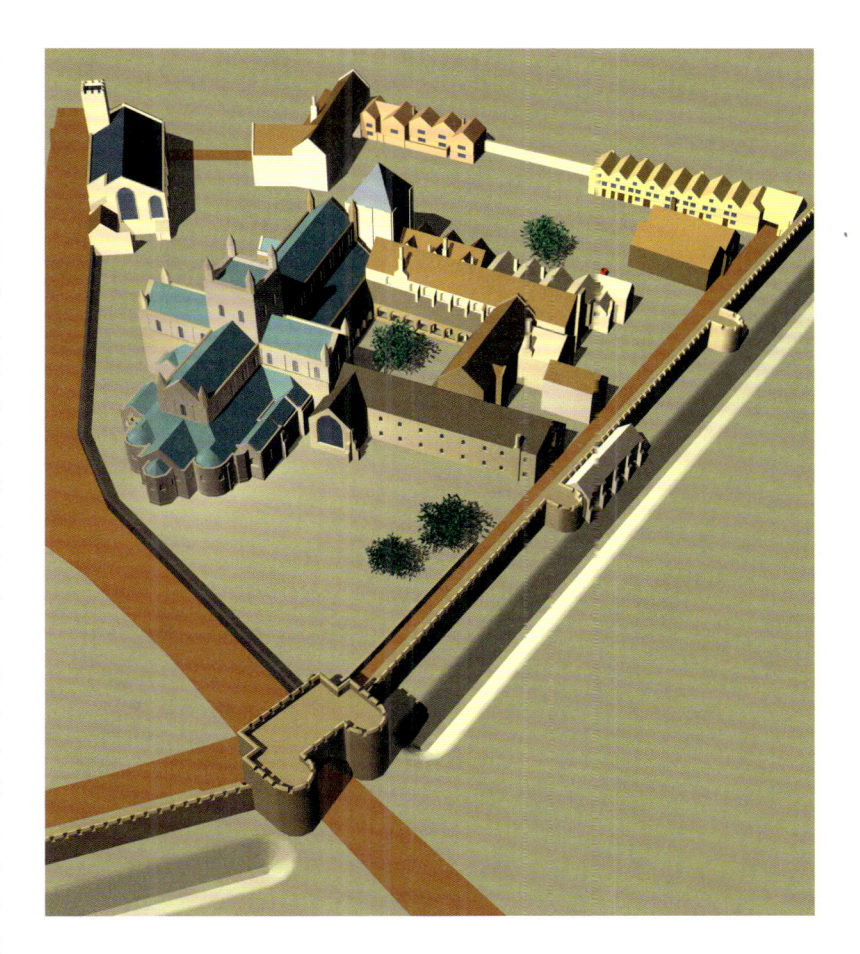

## セント・ポール大聖堂の修復

　中世ロンドン最大の教会であるセント・ポール大聖堂は、1250-1314年に大々的な修復（「ニューワーク」）がなされた。1190年頃に作られた身廊は1666年のロンドン大火災まで現存し、中央の塔には1240年頃に高い木造の尖塔が追加された。ニューワークでは、同時期のイーリーやリンカーンにあったのと同じような長方形の内陣の再建と拡張が行なわれた。他の大規模な教会と同様に、こうした増改築の目的は地元の聖人にふさわしい威厳のある場を設けることで、ロンドンの場合はイースト・サクソン人をキリスト教に改宗させたと言われる7世紀の司教、聖アーケンワルドを称えるためだった。建築様式は国際色豊かだった。東の切妻部分に見られるバラ窓はブリテン島最大の大きさがあり、おそらくパリのノートル・ダム大聖堂の南の翼廊にあるバラ窓を意識的に模したものと思われる。このバラ窓はニューワークでもっとも野心的な部分であり、ロンドンの世俗の中心地であるチープサイドを向いていた。ロンドン中から眺めることのできる堂々とした大聖堂の姿は、現在のヨーク・ミンスターやリンカーン大聖堂と同じ感銘を見る者に与えたに違いない。

**ホーリー・トリニティ小修道院、1500年頃**
この復元図はオールダーズゲート（手前）付近の市壁の内側に設立されたロンドン最大の宗教施設のひとつを示している。1500年までに、この小修道院には多数の立派な石造りの建物が作られた。

**セント・ポール大聖堂の「ニューワーク」**
増築されたセント・ポール大聖堂の東部分の様子は、最盛期からかなり後の1657年にウェンスロース・ホラーが描いた銅版画でしか見ることができない。

第4章——中世後期のロンドン　073

# 貧困、疫病、死

貧しい人々に施しを与え、病人の世話をするのは中世のキリスト教徒の義務だった。しかし、ロンドンの医者は、14世紀半ばのヨーロッパを蹂躙した「大疫病」を癒やすことはできなかった。

**セント・メアリ・ホスピタル**
中世ロンドン最大のホスピタルの復元図。このホスピタルはビショップスゲートからロンドンの外に出る道路沿いにあった。

**ガラス製のしびん**
患者の尿をこのような瓶にため、医者はそれを光にかざして尿の状態を見て診断していた。

名高いロンドンの富を享受する少数の人々がいる一方で、悲惨な貧困にあえぐ人々もいた。1300年までにロンドンの人口は8万人を超えていたが、その多くは貧しい食生活と劣悪な住環境で暮らしていた。中世のセント・メアリ・ホスピタル（上図）の墓地を発掘すると多数の埋葬穴が発見され、それぞれに40人近い遺体が埋められていたことがわかった。これらの穴の多くは1250年代のもので、この時代は異常気象が続いて飢饉になり、大量の餓死者が出て疫病が蔓延したことが現代の資料からわかっている。ある記録には、「ロンドンだけで1万5000人の貧しい人々が犠牲になり、イングランドや他の地域では数千人が亡くなった」と書かれている。その後、1315-1322年の間に、寒くて雨の多い天気が原因で不作が続き、ブリテン島と北部ヨーロッパ全体に飢饉が広がった。ロンドンでは穀物の価格と、それに伴ってパンの価格も、突如として前年の最悪の時期の2倍に高騰した。同時に牛に疫病が流行し、事態はいっそう深刻になった。ヨーロッパ全体では、8年間の間に飢えと病気で10人にひとりが死亡した。ロンドンの年代記作家のひとりは、「貧しい人々は猫や馬、猟犬まで食べ（中略）子どもをさらってそれも食べた」と書いている。

1322年7月3日の夜明け、市民篤志家のヘンリー・ド・フィングリーの遺言によって施し物が配られることになり、貧しい人々が大群衆となってブラックフライアーズ（ドミニコ会）の修道院の門前に詰めかけた。門が開かれたとき、なだれ込んだ群衆の勢いに巻き込まれて50人を超える人々が亡くなった。死者の身元はほとんどわからなかった。貧困は避けがたい現実のように見えた。1339年にチープサイドでジョン・ル・ストレルが水運搬人の荷車にひかれたとき、検死官はこの人物を「貧民の物乞い」と記載した。まだ7歳の少年だった。

貧しい者に施しをするのはキリスト教徒の義務であり、多数の裕福なロンドン市民が、ヘンリー・ド・フィングリーのように遺言で財産を寄贈した。生前に、あるいは遺言によって救貧院やホスピタルを設立する者もいた。1329年、ウィリアム・ド・エルシングは目の不自由な人々のためのホスピタルを市壁の近くに設立し、そのホスピタルはのちにエルシング・ホスピタルと呼ばれるようになった。100年後、リチャード・ウィッティントンの遺言執行人は、13名の貧民が収容できる「ウィッティントン・カレッジ」と呼ばれる救貧院を創設した。こうした救貧院やホスピタルは病人のために作られたものではなく、治療を施すわけではなかった。創立者の魂のために礼拝で祈りを捧げる司祭の存在が、寄進者の暗黙の意図を表わしている。

## ホスピタルと医療

11世紀にふたりの司教がハンセン病で亡くなった。ハンセン病の患者は（ハンセン病と誤診されたさまざまな皮膚病患者も含めて）社会から追放され、物乞いをして生きるしかなかった。1276年に「ハンセン病患者が市内で暮らすこと、市内に入ってくること、昼夜を問わず市内にとどまることを禁止する」命令が出された。すでにハンセン病患者を収容するために多数のハンセン・ホスピタル（ハンセン病患者の守護聖人が聖ラザロだったことから「ラザロ・ハウス」と呼ばれた）が市壁の外に設立されていた。そのうちもっとも古いものは、1117年頃にマティルダ王妃（ヘンリー1世の妃）によってセント・ジャイルズ・イン・ザ・フィールズに設立された。こうした施設は典型的に、都市を追放されたハンセン病患者が通る可能性のある主要道路に沿った田舎の土地に作られた。たとえばセント・メアリ・アンド・セント・レナード・ホスピタル（ハンセン病患者の皮膚を包んだ布を「ロック」と呼んだことから「ロック・ホスピタル」と呼ばれた）はサザーク郊外のドーヴァー街道沿いにあり、セント・ジェームズ・ホスピタルは、現在セント・ジェームズ宮殿がある場所に建てられた。

個人篤志家が支援したホスピタルは他にもあり、そのうち市内のセント・バーソロミュー・ホスピタルとサザークのセント・トマス・ホスピタルは現在も高い評判を得ている。特定の症例を扱うことで有名になったホスピタルもある。セント・メアリ・ベツレヘム・ホスピタル（ベドラム精神病院）は、現在リヴァプール・ストリート駅がある場所で「正気を失くした」人たちの面倒を見ていた。

セント・メアリ・ウィズアウト・ビショップスゲート・ホスピタル（セント・メアリ・ホスピタル）は1197年に著名なロンドン市民のウォルター・ブルヌスと妻のロイジアの寄進によって設立された。このホスピタルは、最初は病床数が60床だったが、のちに90床に増え（混雑時にはひとつのベッドに数人の患者がいることもあった）、中世ロンドン最大の、そしてイングランドでは最大のもののひとつになった。アウグスティヌス会の修道士が運営するこのホスピタルは、巡礼や旅人、貧しい人や病人を受けいれた。妊婦の世話をし、母親が死ねば、その子どもの面倒を見た。

1982年から1991年にかけて行なわれた発掘で、明らかに数人がまとまって埋葬されたと思われる墓地がいくつか発見された。13世紀のホスピタルの建物の西に、おそらく当時の入院患者の主要墓地があった。埋葬されていたのはほとんどが30歳以下で死亡した男性だった。骨の状態から、子供の頃に病気にかかったこと、小さいうちから激しい肉体労働に従事していたことが明らかになった。おそらくロンドンに職を求めてきた貧しい移住者もいただろう。対照的に、ホスピタルに付属する教会に埋葬された聖職者や豊かな後援者は、もっと長命で健康状態や栄養状態がよかったことをうかがわせた。

### 黒死病

　セント・メアリ・ホスピタルでさえ、貧しい人々はほとんど治療を受けられなかった。裕福な人々は医者の手当てと看護を家庭で受けた。金持ちも貧乏人も、救いを求めるために祈りと聖人の仲介を必要としている点では同じだった。しかし、アジアで発生し、数千人の死者を出した恐ろしい疫病の噂が1346年にイングランドに届きはじめたときは、医者も聖人もなすすべがなかったようだ。その病気の原因も、感染経路もまったくわからなかった。今日では黒死病として知られるその病気は、当時は単純に「大疫病」と呼ばれていた。

　黒死病は腺ペストだという従来の考えは最近になって疑問が持たれているが、その正体が何であれ、またたく間にヨーロッパ中に広まり、途方もない数の死者を出した。黒死病は1348年の終わり頃にロンドンに達した。それから18カ月の間に、おそらくロンドン市民の半数が死亡した。ウェストミンスター寺院では修道院長とともに、修道院の半分の26人の修道士が亡くなった。墓地は埋葬された死者で一杯になり、教会所属地以外の場所に緊急の共同墓地が2か所に作られた。ロンドン塔に近いイースト・スミスフィールドで、そのうちひとつの発掘が1986年から88年にかけて行なわれた。多くの遺体は個別の墓に埋葬されていたが、3つの巨大な埋葬坑も発見され、そのひとつは幅が125メートル以上もあった。遺体は多いところで5人が積み重なるように埋められていたが、棺に入っている遺体もあり、すべてがていねいに並べられていた。悲惨な状況にあっても、責任者は死者が適切に葬られるように心がけたのだった。

　1350年末までに最悪の事態は過ぎた。生き残った人々を待ち受けていたのは、変わり果てた経済と社会の状況だった。聖職者は道徳の衰退と、信仰や法律に対する崇拝の念が薄れたのを嘆いた。若者は奇抜な服装にうつつを抜かし、年長者や教会の助言に耳を貸さなくなった。熟練労働者は不足し、政府の規制にもかかわらず、物価と賃金は上昇した。ロンドンの人口が14世紀はじめに到達した水準まで戻るには150年かかった。しかし、人口が減少したロンドンでは、誰もが食べものにありつくことができた。貧困層は依然として存在したが、1315年のような大量餓死者は出なかった。1437年から1440年にかけて不作が続いたが、ロンドンの穀類供給は注意深く管理され、パンの価格は適切に抑えられた。ロンドンの年代記のひとつは「貧民は大麦やインゲン豆、エンドウ豆、カラスノエンドウを混ぜたパンを作らざるを得なかった」と記録しているが、今回は人々が猫や犬、子どもまで食べているという報告はなかった。14世紀に、ロンドンとその市民は自然が与えるもっとも過酷な試練を乗り越えた。突然訪れる恐ろしい死がつねに身近に潜んでいるという感覚は、中世後期を通じて社会、文化、そして芸術に傷痕を残すことになった。　　　　　　[JC]

**ホスピタルと黒死病の犠牲者の墓地**
中世の「ホスピタル」にはセント・バーソロミュー・ホスピタルのように貧しい病人の世話をする施設と、ウィッティントン・カレッジのような老人の療養所の両方が含まれていた。都市の郊外からさらに遠くにハンセン・ホスピタルがあった。

**疫病の犠牲者**
イースト・スミスフィールドの発掘で、黒死病の死者の遺骨が発見された。死者は共同の埋葬坑に横たえられていたが、埋葬責任者がいつ病に倒れるかもわからない緊迫した状況にもかかわらず、遺体がていねいに敬意を持って埋葬されたことは明らかだった。

第4章——中世後期のロンドン　075

# 移民の町

中世ロンドンの市民は外国人に対してきわめて排他的な態度を取っていたが、12世紀以降、ヨーロッパからの移民が不安定ながらも市内に移民の社会を作りはじめた。

1300年には、ロンドンとその郊外（ウェストミンスターを除く）の人口はおよそ8万人に達し、ロンドンはパリやミラノよりは小さいが、ケルンや北海の対岸のどの都市よりも大きな都市になった。しかし、中世全体を通じて、ロンドンにおける死亡率はたいてい出生率を上回り、新しい移民はつねに必要とされていた。ロンドンはイングランドで比肩するものもない最大都市だったが、もっとも近い都市でさえ60キロ離れたところにあり、かなり孤立した位置にあった。しかし、ロンドンは地方と海外から移住者を引きよせて存続し、成長を続けた。現在もそうであるように、都市で新しい生活を築きたいと考える人びとは後を絶たなかったのである。

13世紀ロンドンの有力な家系のいくつかは2、3世代にわたってたどることができるが、他にはこの都市で長期間支配者となった家系はなかった。ロンドンで指導的な立場に立った人の多くは、若い頃に田舎から来た人々だった。ロンドン市長になったリチャード・ウィッティントンはグロスターシャー出身で、1440年代にレドンホール・マーケットを建設したサイモン・エアはサフォークの出だった。出身地と関係がありそうな名字を研究した結果、ロンドンで働くギルドの徒弟たちは、1300年代初期にロンドン周辺諸州やイースト・ミッドランズ（ケンブリッジシャーからサフォークまで含む）から来たか、15世紀にヨークシャーから来たことが明らかになった。もっと最近のロンドンの地方出身者の社会もそうであるように、新しい移住者の多くはロンドンの中でも出身地に近い場所に住みついた。そこがロンドンではじめて足を踏み入れる場所であるばかりでなく、故郷の親類にもっとも近い場所だからだ。また、短期滞在者も数多くいた。とりわけ商人、輸送業者、屠畜業者は、都市と田舎の間を定期的に行き来していた。特に15世紀にはどの港よりもロンドンに輸出品が集中したため、織物業に従事する多数の人々、たとえばヨークシャー出身者は、ロンドンでの取引に知識があり、おそらく実際にロンドンで交易を行なっていたに違いない。

## 在留異邦人

外国人は固まって暮らす傾向があった。外国人商人の集団はテムズ川に面した土地に独自の商館を作った。そのうちいくつかは、ノルマン人によるイングランド征服以前からダウゲートにあった可能性がある。1304年には、この地域の周辺に住む「異邦人」の中に、ガスコーニュ出身のワイン商や、スペインやピカデリー（北フランス）から来た商人も加わった。しかし、外国人の居留地の中でもっとも目を引いたのは、テムズ・ストリートに作られ、1304年にはおよそ30人のドイツ商人が居住していたスティールヤードだった。

外国出身の商人の中にはロンドン市民になるものもいたが、外国人がロンドンの住民との対立や外国人に対する偏見に苦しめられた時期もあった。13世紀にはロンドンで暮らすイタリアや中央フランス（とくにカオール）出身の商人やユダヤ人に対する襲撃が断続的に発生した。イタリア人のコミュニティは14世紀に国王と財政上の問題で衝突したが、ロンドン北東部のアウグスティヌス会修道院の周辺にはイタリア出身のおよそ50人の男性と数人の女性が暮らしていた。1381年に起こった農民一揆では外国人コミュニティに対する襲撃も行なわれ、100人を超えるフランドル人やロンバルディア人［北イタリア出身の商人や金融業者］が暴徒に殺された。ベルギー人は、おそらく当時の彼らの居住区に近かったふたつの教会、セント・メアリ・ヴィントリー（テムズ河岸）とアウグスティヌス会修道院付属教会（ずっと後の1550年にできたオランダ人信徒団

**スティールヤード**
ウェンセスラス・ホラーが描いた1647年のスティールヤードは、1475年頃に再建された当時の様子とほとんど変わっていない。スティールヤードはケルンやリューベックから来たハンザ商人のロンドンにおける拠点で、中世ロンドンでもっとも重要な外国人の居留地だった。

が現在も礼拝を行なっている)に避難した。

## サザークとオランダ人

1400年を過ぎると、フランドル、オランダ、ゼーラントが、ロンドンに流入する外国人の出身地としてもっとも多くなった。彼らは世間では「オランダ人」としてひとくくりにされていた。彼らの多くはサザークに、そして一部はウェストミンスターに定住し、そこでビール(新しい材料のホップが使われるようになって、ビールが腐敗しにくく、したがって長距離の輸送に耐えられるようになった)、真鍮製品、レンガの製造や、革細工で成功した。1440年にはサザークに445人のオランダ人納税者が暮らし、40種類の異なる職業についていた。彼らのうち50世帯は召使を雇っていた。彼らは結束力の強い集団で、トゥーリー・ストリートのセント・オラフ教会の教区にまとまって暮らしていた。彼らはロンドンで生活するために英語を学んだが、母国語も話しつづけ、地元の裁判所から特別な税金を課され、差別を受けていた。ある歴史家が述べたとおり、「彼らは貧しく、数が多く、外国人だった。つまり、差別の格好の標的だった」。16世紀までに、サザークは主にオランダ人移住者が占める産業地区となり、彼らはそこで織物、ビール、陶器、ガラスを製造した。また、染色家、革細工師、建築家、建具屋、靴修理職人や靴屋として働く者もいた。

サザークはつねに貧困層と富裕層の対照が目立つ場所だった。12世紀には、ロンドン橋のたもとを中心に広がる小さな集落の中に、ウィンチェスター司教の邸宅(14世紀の建物の広間の切妻壁が記念碑として残されている)やサセックスのバトル修道院の修道院長の邸宅があった。1320年代には、テムズ川を挟んでロンドン塔と反対側のサザークの川岸にエドワード2世がロザリーと呼ばれる館を所有していたが、その短い治世の間にエドワード2世がこの館でくつろいだ時間は短かった。サザークに邸宅を持つのが世俗の王侯貴族の間で流行したのは、ロザリーの前例に倣ったのかもしれない。それ以前には、有力なウォーレン一族の所有する邸宅が少なくとも1軒あった。1830年代に、ロンドン・ブリッジ駅の建設中にその場所で立派な石造りの建物の遺構が見つかった。ロザリーの建設から1世紀後、名高い戦士のジョン・ファストルフがその隣に宮殿のような家を建てている。

ロンドン橋の上の城門は毎日夕刻になると閉ざされたので、旅行者は市壁の外の宿屋に滞在するのが普通だった。1381年までに、サザークの主要道路には少なくとも22軒の宿屋が並んでいた。チョーサーの『カンタベリー物語』に登場する1380年代の巡礼は、そのうち1軒の「タバード(陣羽織亭)」という宿屋からカンタベリー大聖堂を目指して巡礼の旅に出る(現在ではタバード・ストリートという名前だけが宿屋の場所を記憶にとどめている)。大きな宿屋には四方八方の道路から荷馬車が到着しては出発し、現在の町はずれのバス乗り場のような役割を果たしていたに違いない。 [JS]

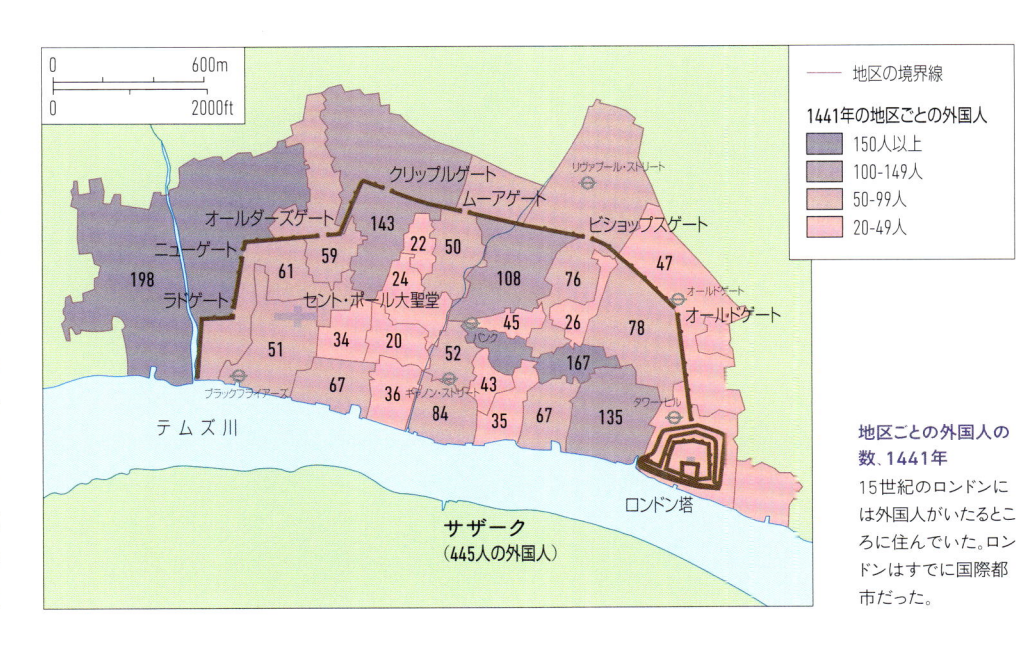

**地区ごとの外国人の数、1441年**
15世紀のロンドンには外国人がいたるところに住んでいた。ロンドンはすでに国際都市だった。

### ✣ 1483年のロンドンの移民

1483-84年に外国人に課された税金を調べると、ロンドンにはさまざまな国籍を持つ人々が暮らしていたことがわかる。彼らは主にフランドルやドイツ出身で、ハールレム、ハウダ、ドルドレヒト[以上3つはオランダの都市]、ブリュージュ[ベルギーの都市]から来た一団(数人の納税者)もいた。下記の名前は当時ロンドンにいた外国人の一部で、国籍が書かれていない者はすべて「ドイツ人」と考えられる。

| 名前 | 職業 |
| --- | --- |
| アンソニー・ケレ | 輸出入を行なう商人 |
| エイドリアン・ウォーター | ロバート・テート(市長1438-9年)の使用人 |
| コーネリウス・ジョンソン | かご職人 |
| ジョン・ゲイル | 織工 |
| サイモン・ハーマン | ビール醸造家 |
| サースタン・グライズリー | ウィリアム・ヘリエット(市長1481-2年)の使用人 アイスランド人 |
| ジョン・エヴィンガー | ビール醸造家。7名の「ドイツ人」の使用人や労働者を雇っていた。 |
| ジェラード・ゴドフレイ | レンガ職人 |
| ジョン・スウェル | 「ドイツ人」の武具職人ヴィンセント・トートラーの使用人 フランス人 |
| ジェームズ・ダントン | 鍛冶屋のロバート・ウェストウッドの使用人 |
| アレクサンダー・モア | 運搬人 スコットランド人 |
| ジェームズ・ラマゼイ | 外科医 スコットランド人 |
| ルイス・ハンサン | 楽器職人 |
| ヘンリー・ハンダーパウンド | 金細工師 |
| ジョン・レトウ | 印刷業者 リトアニア人 |
| ウィリアム・レーベンズウォルド | 印刷業者 |
| ベネディクト・カルマン | 不明 インド人 |
| オーガスティン・ボワイン | 鍵職人 |
| ジョン・ネレ | 水夫 |
| ジョン・ライト | 大工 スコットランド人 |

第4章──中世後期のロンドン

# 中世ロンドンの港

中世ロンドンの川岸は、ほとんどが埠頭と倉庫に埋め尽くされ、
地元と外国との交易で賑わっていた。
ロンドン橋は交通の要だったが、テムズ川を航行する船の運航を妨げていた。

**護岸工事**
正面が補強されたこのオーク材の構造物は1220ころ建設され、2.3メートルの高さがある。1982年に発掘された。

アルフレッド大王がヴァイキングの襲来で見捨てられたロンドンをルンデンバーグとして再建し、エセルレッドハイズ（現クイーンハイズ）に荷役のための埠頭を築くため、テムズ川の築堤を行なって以来、中世ロンドンの川岸の土地は、河川交通とそれがもたらす交易に頼るこの都市の性質を反映してきた。10世紀から15世紀にかけて、テムズ・ストリートより南側の土地は新しい埠頭や倉庫の建設のために次第に川に向かって突きだすように広げられ、クイーンハイズからロンドン橋までの中心地に、およそ100メートルにわたって埠頭や倉庫が連なった。

最初の築堤は、小枝を束ねたものの上に粘土や砂利を敷き、丸太や板、編み枝細工を用いた護岸工事で表面を補強した。サクソン時代後期とノルマン朝の喫水の浅い船の場合は、開けた前浜に船を引き揚げて両側面から荷物の積み込みと荷降ろしができた。丸太で道を作って船の引き上げを容易にした場所もあった。次第に、造船と港の建設はお互いの進歩に合わせて発達した。航海用の船が大きく、側面が高くなるにつれて、川岸の設備も高く、より丈夫になり、ますます工夫を凝らした土台の上に作られるようになった。

1970年代から90年代にかけて行なわれたシティの川岸の土地の発掘によって、こうした発達が時系列的に明らかになった。年輪年代学によって、使用された丸太の年代がかなり正確に突きとめられ、丸太を使った構造物がどれほど短期間に傷むかも明らかになった。1日2回潮流にさらされた部分の丸太はすぐに腐り、30年程度で取り換える必要だった。腐った丸太を個別に取り換えるより、古い堤防の表面にまったく新しいものを作り、隙間を土や瓦礫で埋める方がはるかに楽だった。こうして新しい堤防を築くことによって得られる土地は、たった2メートルにすぎない場合もあったから、土地を広げる目的で堤防の再建に着手する例はほとんどなかった。

しかし、そのような目的も確かに存在した。1244年、ロンドン政府は「埠頭を長くし、川に向かって拡張する工事を容認する」と宣言し、それによって土地が「昼と夜の海水の干満から保護されるからである」と説明している。1345年、セント・ポール大聖堂の首席司祭であったギルバード・ド・ラ・ブリュワーは、大聖堂の南のウッドワーフ付近の「kaium」（中期英語で「埠頭」の意味）を「所有地の拡大と改良を目的に」拡張しはじめた。新しい埠頭は隣人のエリザベス・ド・モンタキュートの邸宅の壁に接するように建設されたため、この隣人は憤慨して地元の市参事会員に訴えた。

エセルレッドハイズ（クイーンハイズ）の最初の築堤工事は、おそらくアルフレッド王のロンドン再建計画の一部として、勅命により、公共の資金を使って実施されたのだろう。クイーンハイズはその後も公共の埠頭として残った。西のクイーンハイズに対し、東のビリングズゲートでは、入港する船や降ろされる積荷に対して課せられる国王に支払われる賦課金の記録が、11世紀の文書に残されている。賦課金は外国からの商品だけでなく、魚、家禽と卵はひと籠ずつ、そしてバターやチーズにも課せられた。しかし、クイーンハイズとビリングズゲートの周囲は、次第に個人所有の埠頭で埋めつくされた。たとえば所有者の名前を取ったアセリンズワーフや、扱う商品にちなんだウッドワーフなどがあった。これらの埠頭の間には川岸に通じる公共の道路があって、船に乗ったり、水くみや洗濯をしたりする人々が川に出られるようになっていたが、1343年の調査によれば、これらの道路は両側から進出してくる建物によって頻繁にふさがれたり、幅が狭くなったりしていたことがわかっている。

川岸の土地の一部は特定の目的で使用された（左の地図参照）。ワインワーフやヴィントリーはワイン貿易の中心となった。ここではロンドンではじめて足踏み回転車クレーン［人が足踏み回転車の中を歩くことでロープが巻き上げられ、荷揚げができる仕組み。］が波止場に設置され、船倉からワインの樽を持ちあげるために使われた。その光景はテムズ河岸を描いたもっとも初期の絵に再現されている。ダウゲートの側にあるスティールヤードは、ドイツのハンザ同盟都市から来た有力な商人の本拠地だった。さらに東には少なくとも14世紀初期からウール・キーに面してカスタム・ハウスがあり、そこで羊毛が計量され、その輸出に対して国王に支払う税金が課せられた。

## ロンドン橋と新しい埠頭

ロンドンの港を見下ろすロンドン橋は、1176年に建設が始まり、1206年に完成した石造りの

**中世のテムズ河岸**
公共の、あるいは個人所有の波止場や埠頭がロンドン橋の東から西まで広がっていた。

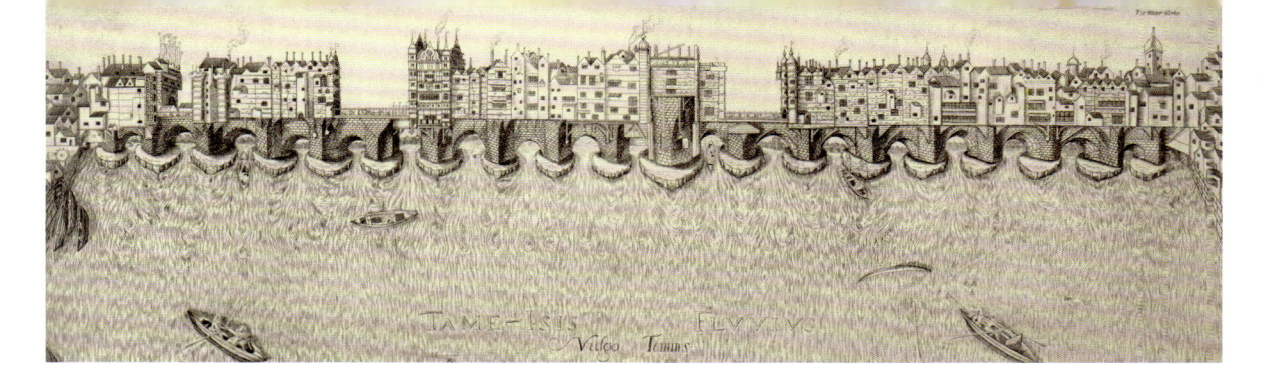

**ロンドン橋**
下流から眺めた1600年頃のロンドン橋。小型船は狭いアーチの間を通り抜けようとする。手前右側に転覆した船が見える。

橋だった。270メートルを超える長さがあり、トマス・ベケットを記念する聖堂や住宅、商店、堅固な城門を載せた橋は、外国からの訪問者にとっては驚嘆すべき光景だった。上流のクイーンハイズやヴィントリーに向かう大型船はロンドン橋の跳ね橋を通行した。1381-82年の記録によれば、毎日平均7隻の船が跳ね橋を通過し、もっとも交通量の多い6月にはその数は25隻にのぼったと書かれている。しかし、航行は困難だった。橋を支えるアーチの間隔が狭いため、川の流れが阻害され、アーチの脚の間に激しく危険な流れが生まれた。船が大型化するにつれて、跳ね橋でさえ船を上流に通すには狭くなった。15世紀末までに跳ね橋は使われなくなり、大きな船は橋の東側の、のちに「プール・オブ・ロンドン」と呼ばれるようになる地域にとどまるようになった。

橋の維持管理は公共の義務だった。橋を管理する役所は通行料や橋の上の住宅の賃貸料、個人の寄贈などの収入から、橋をいい状態で維持するための常駐の労働者を雇った。

橋と違って、川岸の新しい建物の建設は個人の土地所有者の計画次第で統一性がなかった。埠頭はばらばらの時期に建てられたり拡張されたりした。隣あった敷地でも、建築技術や木組みのできばえはさまざまで、優秀な職人や材料を用いているところもあれば、古い木材や船の外板を再利用して急ごしらえで作ったものもあった。しかし、多くの建築物はすぐれた職人技の大工仕事で仕上げられた。12世紀以降、丸太だった材木は角材になり、より複雑な接合の仕方ができるようになった。垂直の護岸は、まず川の流れる側から、表面に対角線に支柱を張ることによって補強された（左頁の写真）。

14世紀に開発された新しい技術で、護岸はその内側で土や荒石をしっかり留める筋交いを入れることで保持できるようになり、表面に余計なものがないので船を係留するにいっそう便利になった。

1384年にリチャード・ウィリドンと妻のアナイスは、ビリングズゲート付近で埠頭のついた地所の借地権を手に入れた。借地契約の条件として、夫妻は10年以内に埠頭を1.2メートル「テムズ川に向かって拡張し」、「メードストン産の石」を使った護岸堤防を作るよう求められた。そうした石造りの堤防は、15世紀には当たり前になっていた。建築には多額の費用がかかったが、維持にかかる手間が減り、昔の木造のものに比べればはるかに長持ちするため、石造りの護岸堤防は投資に値した。

ロンドンの川岸の土地は、次々と木造の新しい護岸が作られた時代ほどには急速にテムズ川に向かって拡大することはもうなくなった。1666年のロンドン大火の後の何か所かの再建工事と、1960年代のブラックフライアーズ地下道の建設のために新しい石造りの護岸堤防が築かれたのを除いて、ブラックフライアーズからロンドン塔までの現代の川岸の地形は、中世末期に作られた輪郭とほぼ同じである。

[JC]

### ✦ 珍しい積荷

ここに書かれているのは、1481年6月にロンドンに寄港したヴェネツィアのガレー船ベルナルド・ボンディマー号の船倉に積まれていた品物を港の役人が記録したものだ。これらはイタリア商人の名前で登録され、ロンドンで受け取られた。

| | |
|---|---|
| アレジオ・スンマ | 石鹸1樽 |
| ダミアン・パストロヴィーチョ | 油2樽、絨毯12枚 |
| ジョルジョ・ド・カムサ | 小さなサンゴのロザリオ3組、海綿の入った大袋1袋、油1樽、絨毯5枚 |
| ジョン・ド・ボンダ | 猿2匹 |
| レオナルド・プルヴェウール | コリント産の干しブドウ1ファーキン（小さい樽） |
| ラフル・ド・サンクト | 糖蜜1樽 |
| ジョルジョ・ニコラス・ディド | 乳香1樽、ブラジルウッド（赤い染料の材料として）荷車1台分、キャムレット（ラクダか山羊の毛で織られた粗い布）20枚を入れた収納箱1箱、黒と緑の繻子、にお玉（感染を防止するための香りのいいハーブを玉にしたもの）4個、 |
| コズマ・スペネッリ | ムーア人の蜜蝋9梱 |
| ジェロニモ・テオプル［ティポロ］ | ホウ砂（冶金に使用）1箱、粉砂糖1箱、メッシーナ産の砂糖28箱、メース［香辛料］1樽、グリーンジンジャー6樽、絹4梱 |
| ペテル・パストロヴィーチョ | ボカル（ガラス製の瓶や水差し）300個 |
| パウル・フスタリーノ | 絨毯60枚 |
| ステファン・ド・サンクト・ニコロ | 刈り込み鋏1袋、ガラスビーズと刈り込み鋏1袋、石鹸1袋、ガラス製の壺5個、グリフィンの卵（実際はハゲワシの卵で、おそらく珍しい酒杯の材料に使う）1個 |

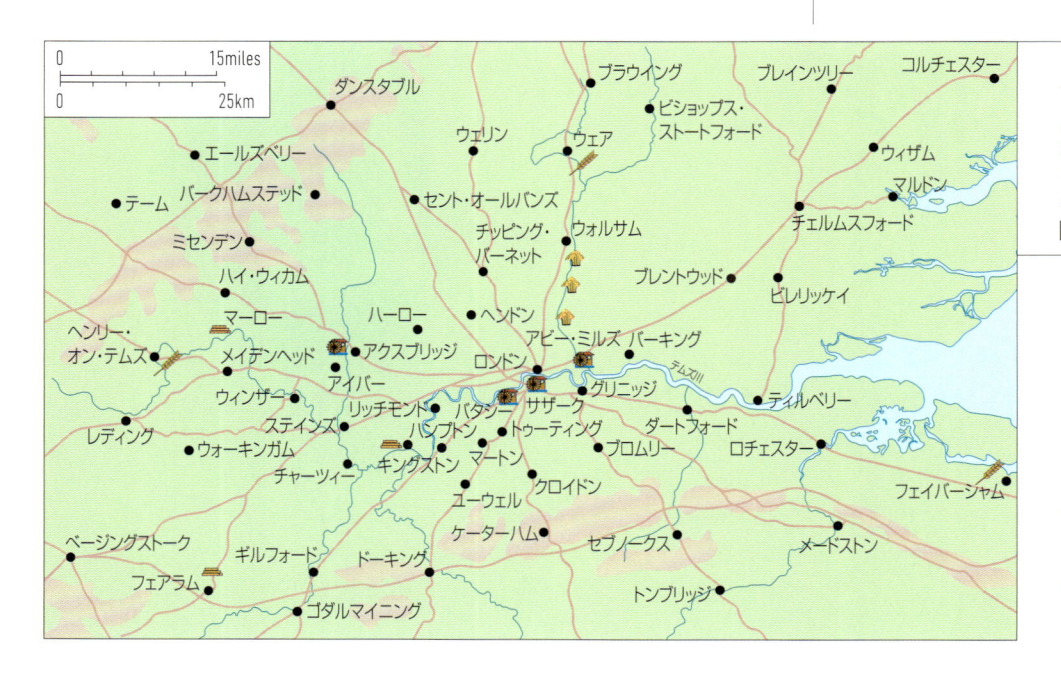

# 交易と産業の中心地

中世を通じて、ロンドン市民は土地からではなく
商業を通じて本物の富を蓄積した。
ロンドンの勢力と影響力は、国の内外での貿易とともに発展した。

物がロンドンから地中海や中東へ輸出されるようになった。

1300年までに、ロンドンは輸入と輸出の両方でイングランド最大の港となった。ワイン、スパイス、染料、上質な織物や毛皮が輸入され、主要な輸出品はイングランド産の織物のほかに、羊毛や畜産物、錫、しろめ、石炭などの未加工品だった。14世紀にハンザ同盟が北海全体に実質的な経済圏を形成すると、北海沿岸の低地帯諸国で生産された商品がロンドンに大量に流れ込むようになった。港の記録によれば、1480年代までにロンドンにはバルト海周辺やオランダとフランスの沿岸、スペイン北部やポルトガルから船が訪れるようになった。イタリアとの貿易は衰えたが、1481年にヴェネツィアのガレー船がスパイス、ワイン、石鹸、高級な織物、絨毯のほか、非常に高価なぜいたく品を積んでロンドンに入港した。

## ロンドンの経済的後背地

中世ロンドンの交易による富は、ロンドンの経済圏内にある市場の中心地としての都市を基盤に築かれた。それらの都市は巨大な消費地であると同時に、ロンドンに必要なものを供給する場所でもあった。

イングランドの他の都市との交易は、中世ロンドンの国際貿易の基盤を作った。ロンドンはブリテン島東海岸の港と、ますます拡大するイングランド南東部の後背地のための主要な交易の中心地だった。この後背地はロンドンに穀物や肉、農産物、燃料用の薪を供給するだけでなく、ロンドンで生産される商品や、ロンドンの商人が輸入する品物の大きく豊かな市場だった。この消費者基盤は、人口が増加した12世紀と13世紀に新しい都市が築かれるにつれて拡大した。新しい道路が建設され、古くからある道路も、橋が新たに作られたり再建されたりして整備された。

1000年以降、ヴァイキングとの戦争による混乱が収まったあとで、ロンドンの外国貿易はふたたび発展しはじめ、フランス、ドイツ、そして北海沿岸の低地帯諸国［ベルギー、オランダ、ルクセンブルクが占める地域］から商人が交易のためにロンドンに来たという記録が残っている。国際的な取引は、市場やビリングズゲートのワーフのような入口で監督されていたため、管理がしやすく、市や国王には税金が納められた。外国人は川岸に住むように制限され、ドイツ商人は12世紀までにダウゲート付近に独自の商館を所有していた。ワイン貿易は特に重要で、ガスコーニュなどから来ていたワイン商人（「ヴィントナー」と呼ばれていた）は、テムズ河岸の彼らの交易の中心地にヴィントリーという名を残した。イングランドの羊毛生産者と、彼らのもっとも重要な顧客であるフランドルの織物商人との間に起こった主要な商業紛争ののち、1270年代にはイタリア人商人が参入してロンドンをイングランド産の羊毛の主要な輸出地とした。のちに、完成品の織

## ロンドンの鐘

これは1340年頃の教会の鐘で、「ピーター・ド・ウェストンが私を作った」という銘が刻まれている。ピーター・ド・ウェストンはロンドンを代表する釣鐘鋳造師で、オールドゲートのすぐ外に鋳造所を持っていた。

## 工業の中心地

ロンドンはイングランド王国最大の工業の中心地でもあった。1332年の納税記録には100を超える異なる職業が記載されているが、労働力の80パーセントは記録されずじまいなため、今では彼らの仕事を知ることはできない。主要な産業は食品と飲み物で、パン職人やワイン商人、エール（ホップを使用しないビール）を醸造して売る人々がいた。イングランドや大陸の他の都市と同様に、ある土地での生産条件の向き不向きや規模の経済［生産規模が拡大するとコストが減少すること］によって、1300年頃にロンドン市内の地域ごとに特定の産業が集中するという現象が起こった。もっとも、産業ごとの明確な区分けがあったわけではなく、消費者や、買い物客に好まれる通りは時とともに市内を移動した。金属加工業者は、広い作業場で大量の煙と騒音を出すため、住宅が密集した場所から離れた郊外に集まる傾向があった。北側の市壁のすぐ内側ではセント・マーガレット・ロスベリー教会の近くに金属細工師が集まり（鋳物師の同業者組合ファウンダーズがあったので、現在もファウンダーズ・コートの名が残っている）、14世紀に

はオールドゲート周辺で、特に市壁の外側に釣鐘鋳造師が集まった。同業者が集まった地域に、同業者組合の会館が建てられることもあった。

中世ロンドンのもっとも重要な工業地域は、ロンドンの法の規制が及ばないサザークにあった。織物や帽子の生産と仕立て業は特に広範囲に広がっていた。フランドル出身の手工業者は革を加工して靴や鞍を作り、テムズ川に注ぎこむ干満のある川は、皮なめし業に利用できた。皮なめし業者はロンドン橋を渡ってロンドンに肉を供給している食肉処理業者から素材の皮を入手した。

ロンドンを取り巻く広い地域では、ロンドンの市場向けの穀物と材木の生産が盛んに行なわれていた。製粉所は1086年までにバタシー付近のテムズ川に、そして12世紀までにサザークに作られた。上流のキングストンは13世紀までに材木と陶器の供給地になり、ロンドンで使用される食器と食糧貯蔵用の陶器の大半を生産した。ヨーロッパや現代のアメリカの主要な河川がそうであるように、テムズ川は商業上の交通の要だった。

過去30年の間に、シティとその周辺の考古学的遺跡から数千点もの人工遺物が出土しているが、個人の一軒の家からまとまって見つかったものはまだひとつもない。中世の間に、全体的な生活水準が向上したのは確かだ。消費文明、そして大量生産される日用品や家庭用品の本格的な市場など、通常はもっと後の18世紀に位置づけられる経済的な革命の萌芽が、ロンドンにはすでにあった可能性さえ考えうる。

［JS］

### 市場と生産者
ロンドンの市場は時代とともに移り変わったが、チープサイドはもっとも重要な商業の中心でありつづけた。中世のロンドンでは、手工業者や製造業者は都市の特定の地域に集団を作った。

### ✣ 1374-1486年の製造業と商業
ロンドンの教会裁判所で1374-1486年の間に作成された4516通の遺言書に記載された職業によって、この時期のロンドンで営まれていた製造業や商業の種類や比率をうかがい知ることができる。

| 職業 | 労働者に占める割合 |
|---|---|
| 食料品 | 22% |
| 商人 | 14% |
| 金属細工 | 13% |
| 被服 | 12% |
| 革 | 11% |
| 建設 | 6% |
| 織物 | 5% |
| 木材 | 3% |
| 運輸 | 2% |
| 雑貨 | 2% |
| 武具 | 1% |
| その他 | 9% |

食料品の供給（ワイン商、パン屋、食肉処理業など）は、多くの労働者が従事する職業だった。商人（乾物商や小間物商）や金属細工師（金細工師を含む）、被服商がそれについで多かった。

### ヴェネツィア・ガラスのコップ
この装飾されたイタリア製のコップはタワー・ストリートに住んでいた人のもので、1989年に発掘された。ガラス器は中世のロンドンでは製作されていなかった。このようなコップがロンドンで出土するのは、ぜいたく品の国際貿易が行なわれていた印である。

# 中世とテューダー朝初期のグレーター・ロンドン

中世ロンドンの影響力はイングランド南部と中部地方の大半に広がった。
しかし、ロンドンがもっとも強い影響を与えたのは、
その周囲を取り囲む、現在グレーター・ロンドンと呼ばれる地域だった。

| | |
|---|---|
| ロンドン都市部 | 大きな町 |
| 市壁 | 毎週市が立つ町や村 |
| 主要道路 | 修道院 |
| 橋 | 宮殿 |
| 航行可能な川 | 司教邸宅 |
| 中世のシャイア(州)の境界 | |

今日グレーター・ロンドンと呼ばれる地域は中世ロンドンから馬に乗ってどこでも半日で行ける範囲内にあり、荷車や徒歩でもそれほど時間はかからなかった。ロンドンを中心にした道路網は地元だけでなく遠距離の交通も可能にし、その大半は現在でも主要道路として残っている。

道路の維持は地元の土地所有者に任され、管理状態は悪かった。ロンドンを出てエセックスに向かう道路は、湿地を通り、リー渓谷の南の端でリー川を渡るあたりで特に通行が困難だった。1110年から1118年の間に、ヘンリー1世の妃のマティルダ王妃は主要な水路を横断する堤道と橋の建設を命じた。この新しい道路がリー川と交差する地点には、現在もオールド・フォードという地名が残っている。

テムズ川には、ロンドン橋だけでなく、上流のキングストン(1219年までに)、チャーツィー(1300年以降)、そしてステインズ(1222年までに)に橋がかけられた。それ以外にも大きな支流には橋がかけられ、その他の場所では渡し船で渡るか、浅瀬を歩いて十分渡ることができた。

平底の荷船がハートフォードシャーの農地からストラトフォードの製粉所までリー川を下って穀物を運び、ロンドンに食料を供給した。15世紀にはこの水路にいくつかの改良が加えられ、1577年にはふたつのゲートに挟まれた閉鎖区域で水位を調整するパウンド水門がウォルサムではじめて設置された。ウォンドル川など、その他のテムズ川の支流のほとんどは水車や魚を捕るための簗が障害物となって、河川交通には適さなかった。

## ロンドンの影響力

ロンドンの社会的・経済的影響力は、近隣の都市が独自の発達をとげるのを妨げた。ミドルセックスは完全に首都ロンドンの支配下にあった。この地域には大きな町はアクスブリッジしかなかった。コーン川にかけられた橋の近くに位置するアクスブリッジは、ロンドンからオックスフォード、グロスター、そして中西部地方に向かう道路上にある最初の中継地で、旅行者が休息できるたくさんの宿屋があった。この町では週に2回市が立ち、農畜産物の品評会が年に2回開かれた。また、川に沿って製粉業が営まれていた。ミドルセックスの他の場所では、週に1回市が開けるような集落さえほとんどなかった。テムズ川の南側でも状況はほとんど同じで、例外はキングストン・アポン・テムズだけだった。この町は1208年にジョン王によって都市の権利を付与したはじめての勅許状を授与され、1481年にエドワード4世に自治都市の地位を認められた。現代のロンドンの地図で名前を見慣れた集落は、中世にすでに存在していたが、その多くは農場が点在する小村にすぎなかった。　[JS]

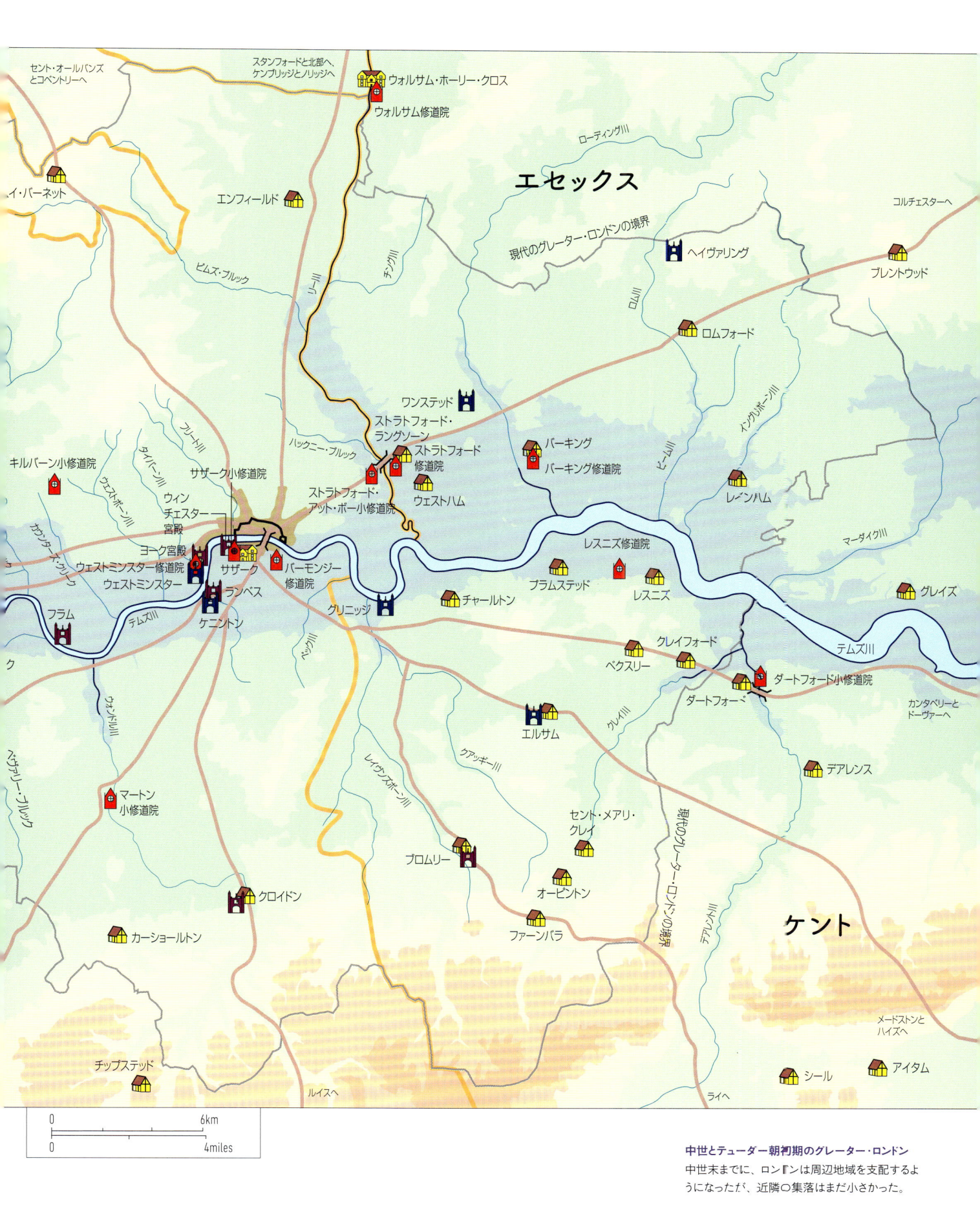

**中世とテューダー朝初期のグレーター・ロンドン**
中世末までに、ロンドンは周辺地域を支配するようになったが、近隣の集落はまだ小さかった。

| 第4章──中世後期のロンドン | 083

# 第5章
# テューダー朝とステュアート朝初期のロンドン

　ロンドン市民にとって、テューダー朝とステュアート朝初期は政治的混乱と内乱、大規模な富の再分配、そしてロンドンが規模と影響力の点で、国内はもちろん、国外でもますます頭角を現した時代だった。修道院解散（1535-40年）は、まず1532年に試験的にロンドンで実施され、ロンドンの性格と外見を大きく変えた。多くの人々にとって、それは解放の時だったに違いない。都市の中心部にある修道院領と、郊外に数多く存在した聖職者の邸宅は分割され、細かく切り分けられて、数千人とは言わないまでも、数百人の新しい土地所有者に下げ渡された。

　同時にロンドンはブリテン島の各地と国外からも移住者を引きつけ、1580年に15万人だった人口（シティと郊外およびウェストミンスターにおいて）は、1660年には50万人に膨れあがった。

　人口過密は不衛生な都市環境の原因となり、たまに起きる食物の不足と疫病が死亡率を引きあげた。1563年と1603年の疫病は多数の死者を出し、1603年にロンドンは人口の5分の1を失ったが、犠牲者は市壁の外の郊外に集中していた。

　人々は住宅と食料を必要とし、シティ周辺の原野には短期間で道路と、多くは安普請の住宅街が誕生した。犯罪と物乞いが増加した。ロンドンでは富裕層は西のコヴェント・ガーデンやウェストミンスターに移り住んだ。国際貿易が増加し、シティのテムズ川下流の地域では、川の南北で河岸地区が発展し、そこで船大工が仕事をし、水夫が宿をとった。富裕層と貧困層の住む場所は、ますますはっきり分かれるようになった。

　増え続ける活動的な人口が刺激を求めるロンドンだからこそ、エリザベス女王とジェームズ1世の治世に演劇が花開いた。ロンドン市民はシェークスピアやマーロー、ウェブスターといった劇作家の喜劇や悲劇を観賞して、彼らの前に開けた新しい都市や海の向こうの世界を理解しようとしたのである。1630年代までに、ロンドンと結びつき、一攫千金のチャンスをもたらす世界は拡大して、アメリカ大陸やカリブ海までが視野に入っていた。

**銅板彫刻の地図（部分）、1559年頃**
銅板に刻まれたこのロンドンの鳥瞰図（この写真では文字が正しく読めるように反転してある）には、ビショップスゲート（右下）と市壁の外の郊外の情景が描かれている。野原では女性たちが乾燥や漂白のために衣類を広げている。北には風車がある。本来は全部で15枚組の地図だったが、発見されているのはそのうち3枚しかない。

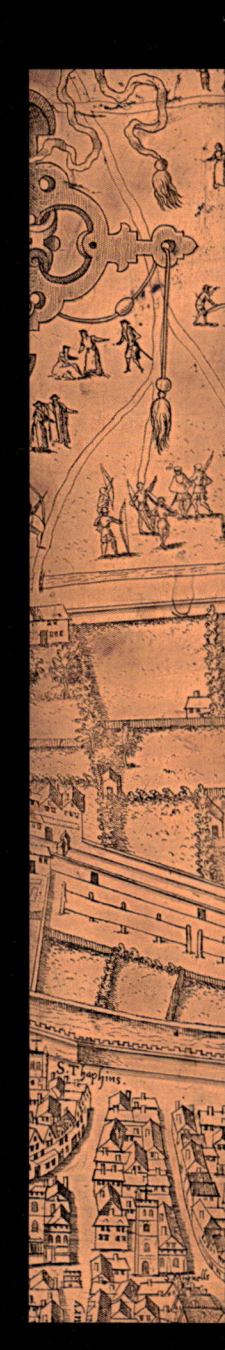

SHORD

S. M* Spittl

THE SPITEL

Busshoppes gate Strete

Courte

Dogghows

Bedlame

Bedlam Gate

Blak hows

MOOR FIELD

Giardin di Pietro

S Buttolfs

MOOR GATE

All holyes in the Wall

BVSSHOPPES GATE

PAPYE

NSDICHE

# 修道院解散と宗教改革

修道院解散は、おそらくロンドンの経済史上最大の変動をもたらした。修道院の地所の新しい個人所有者が急速に発展し、拡大する都市をリードした。

1530年から1570年にかけて行なわれた修道院解散とイングランドの宗教改革は、ロンドンの宗教的、社会的な歴史を変える出来事だった。中世ロンドンの修道院の地所は世俗の用途に利用され、教区教会は新しいプロテスタントの礼拝の方法に合わせて徹底的に改革された。ロンドンが数千人の移住者をイングランド各地と国外の両方から受け入れるのと並行して、大量の土地が不動産市場に出回った。

1530年から1588年にかけてロンドンを揺り動かした宗教改革には、ふたつのまったく異なる原因があった。ひとつはヘンリー8世の財政と結婚問題であり、もうひとつは新しい印刷技術によってヨーロッパ大陸の町から伝わったプロテスタントの宗教改革だった。すでにロンドンは宗教的改革主義と論争の中心としての役割を十分に果たしていた。新聞が発行される数世紀も前から、人々は教区教会に集まって、ニュースと、信仰について話し合ってきた。彼らは国外で起きている出来事から宗教的な不満と変化への渇望を感じ取り、自分たちの周りにある宗教建築物を新たな目で見るようになった。

修道院解散は中央の都市部（20を超える修道院と修道院付きのホスピタルがあった）とその周辺の郊外の両方で、ロンドンの広範囲の町並みを一変させた。セント・バーソロミュー・スミスフィールドやセント・ヘレン・ビショップスゲート、グレイフライアーズ（フランチェスコ修道会）教会は教区教会として再出発した（他にふたつの宗教建築物が移民の共同体に利用された）が、修道院の地所の大半は国王に近い廷臣に売られるか、譲渡され、最初は彼らが都市に滞在するための邸宅が作られた。次に修道院の所領は宮廷の軍事品や行列の装飾品を保管する倉庫になった。ロンドン塔の東のセント・メアリ・グレース修道院は、その付近の川岸の土地が船の建造と修理の場所として発達すると、海軍に食料を提供する菜園になった。

没収された修道院領の跡に作られた邸宅は、今も残る斬新なエリザベス朝のカントリーハウスの都会版であり、今では失われてしまったロンドンのこれらの邸宅の、大きなガラス窓や古典的なデザインなどの特色や建築様式は、イングランド各地で邸宅のモデルになっていたかもしれない。しかし、1570年代までに大邸宅の時代は短期間で終わり、かつての修道院領の大半は、もっと小さな住宅や産業用の施設に分割されはじめた。社交界と宮廷はウェストミンスター宮殿を中心に形作られ、1630年代からはコヴェント・ガーデンやクイーン・ストリート（現代のキングスウェイの西で、ホルボーンの南にあたる）に中心が移った。

修道院の地所の大半は世俗の手に渡り、土地を売って利益を上げた人は多かったが、ロンドンの指導者はこの社会的変化を利用して、慈善施設や学校も建設した。1600年までに、ロンドンには昔の修道院領に市が運営する3つのホスピタルと孤児院が作られた。同業組合の会社の有力者や、ときには信心深く財力のある個人が養老院を建てることもあった。小さな中庭を取り囲むように引退した老人のための住居が建てられた養老院は、建物が立て込んだ地域のはずれや、しだいにイズリントン、ホクストン、アクトン、グリニッジなど、周辺の村にも建てられるようになった。

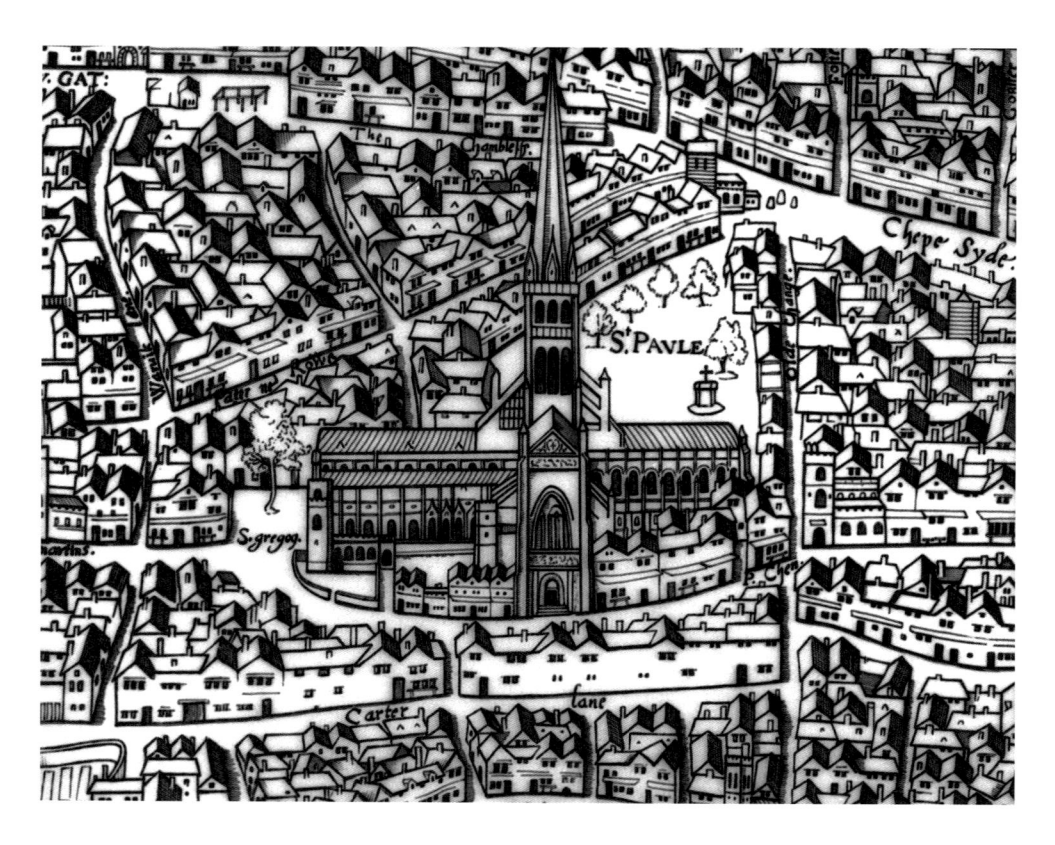

## セント・ポール大聖堂

セント・ポール大聖堂はロンドンの中心部で生き残っていたが、朽ちて荒れ果てた姿をさらしていた。尖塔は1561年に落雷に打たれたあとで取り外され、修復されないままだった。大聖堂の記念碑的建築物、たとえば聖アーケンウォルドの廟などは、偶像崇拝の禁止を唱える狂信者によって破壊された。洞察力のある聖職者は、印刷技術の発明が伝統的な教会の衰退をもたらすだろうと予見していた。なぜなら教会は、もう聖書の解釈を独占できなくなるからだ。そして、その予見は現実になった。1550年までに、セント・ポール大聖堂の境内は書籍販売の中心地となった。1633年から1642年にかけて、チャールズ1世の資金援助によって宮廷建築家のイニゴー・ジョーンズが設計した古典的な列柱式正面玄関が大聖堂の西の端に増築さ

**1559年のセント・ポール大聖堂**
この銅版画の地図に見られるセント・ポール大聖堂の尖塔は、ヨーロッパでもっとも高い建造物のひとつだったが、1561年の落雷で破壊された。

れた。1996年に発掘が行なわれ、この柱の破片にはじめて光が当てられた。柱の破片はクリストファー・レンが現在の大聖堂の南西の塔を立てる際に、荒石として基礎工事に再利用された。大聖堂は1642年にヘンリー8世の宰相クロムウェルの命令で閉鎖され、兵士の厩舎として利用されることになった。朽ちかけた南側の翼廊の屋根を支える建築用足場が売り払われ、取り除かれたため、屋根は崩れ落ちていた。大聖堂の境内にあった聖パウロの説教壇は、ウルジー枢機卿がルターの著作を焼いた場所だが、それもまた撤去された。

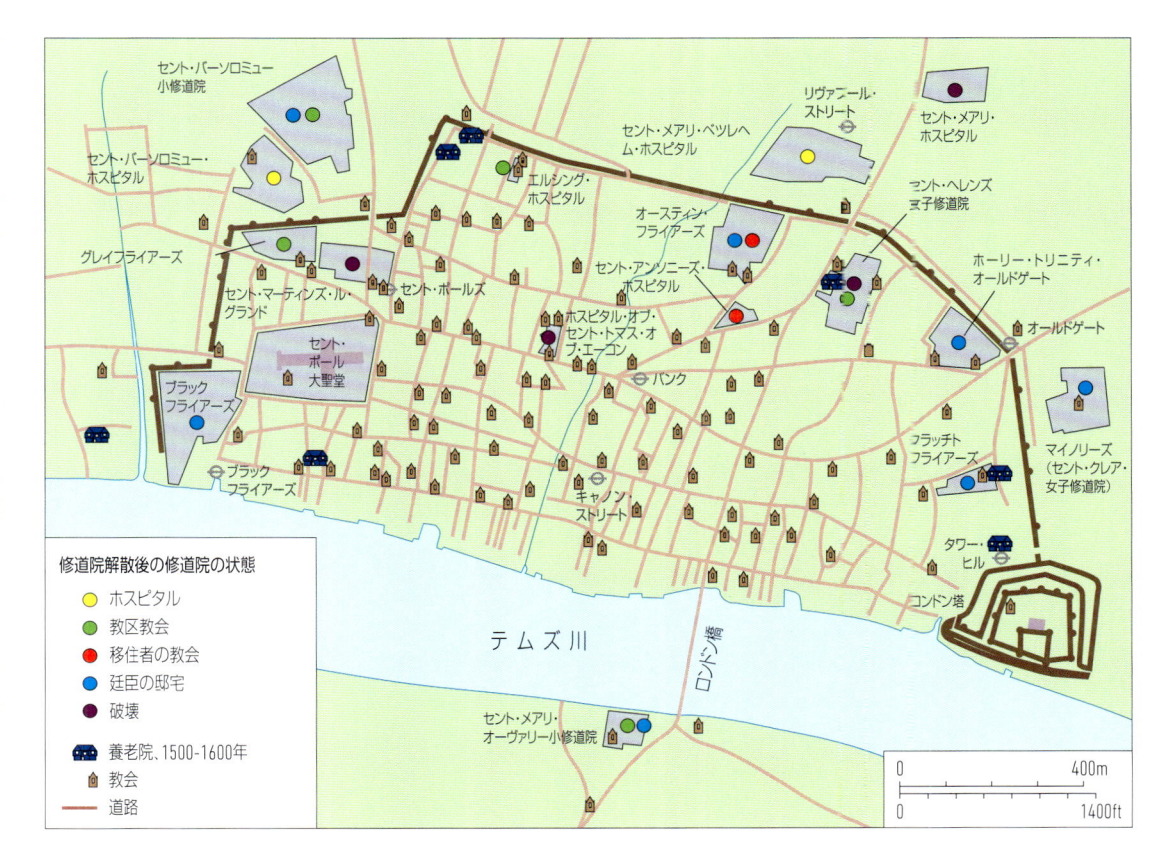

1660年に王政復古が実現すると、風向きが変わった。1666年のロンドン大火の4か月前、クリストファー・レンは若き科学者としてセント・ポール大聖堂の修復計画を論じる委員会に加わっていた。レンは既存の中央の塔にドームを建設したいと考えていた。一方、友人で科学者のロバート・フックは、ロンドンで一番高い建物であるこの古い塔を実験に利用し、危険を冒して朽ちかけた横木の間をくぐって大気圧を計測した。

## 移住者

1540年代から、ロンドンには礼拝の場所を求める難民や少数派の人々が流れこんできた。1550年に、オランダ人の信徒団がブロード・ストリートの旧アウグスティヌス会修道院の身廊の使用を許された（現在はダッチ教会がそこに残っている）。フランス人のプロテスタントはスレッドニードル・ストリートのセント・アンソニー・ホスピタルで生活を始めた。18世紀半ばまでに、ロンドンは非国教徒の活動の主要な拠点にもなった。クエーカー教徒は1661年に、シティの北のバンヒル・フィールズに彼らだけの墓地を獲得した。1655年、オリヴァー・クロムウェル［清教徒革命で議会派を率いて国王を倒し、イングランド共和国の指導者となった。］はユダヤ人がふたたびイングランドに移住するのを許可した。彼らはオールドゲート周辺に根を下ろし、シナゴーグを建て、ユダヤ人とロンドンのイースト・エンドとの永続的な結びつきがこのときに誕生した。　　　　　　　　　　　　　　　　　　　　［JS］

### 宗教改革以後のロンドン

ロンドン市内と周辺の修道院の大半は破壊されるか、廷臣の邸宅に作りかえられた。ごく一部だけが教区教会として再利用された。

### 小修道院地所の開発

スミスフィールドのセント・バーソロミュー小修道院の地所は1560年以降に開発が進み、修道院の石造りの建物を分割して数人の廷臣の大邸宅（右図の番号1-6）が作られた。その東には、現在も残っている数本の道路が修道院の庭の上に敷かれた。ベン・ジョンソンが同名の戯曲で描いた農産物の見本市バーソロミュー・フェアがここで開かれた。小修道院付属の大きな教会は半分に縮小され、内陣は現在セント・バーソロミュー・ザ・グレート教区教会として残っている。

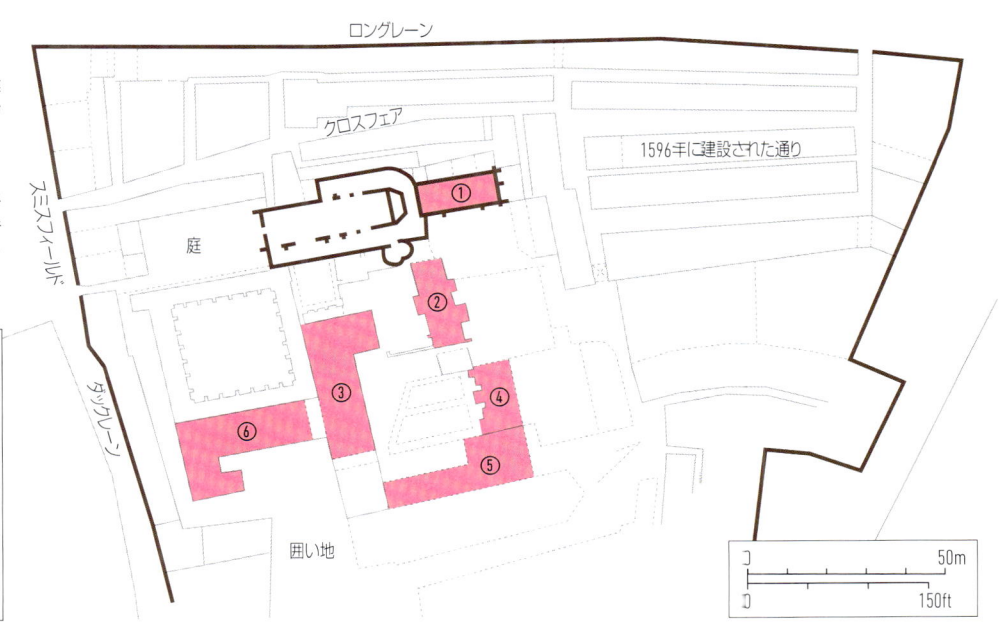

第5章──テューダー朝とステュアート朝初期のロンドン　087

# 国王と宮殿

ヘンリー8世はイングランドの王室史上もっとも多くの宮殿を建てた国王となった。新しい宮殿、改築した宮殿、新たに獲得した宮殿のうち、重要なものの多くがロンドンかその近郊にあった。

ロンドンはつねに王室と宮廷の中心だった。テューダー朝、特にヘンリー8世（在位1509-47年）の治世では、王宮は国王の権力と権威の究極の表現のひとつだった。ハンプトン・コートやセント・ジェームズ宮殿、エルサム宮殿を除けば、ヘンリー8世の建築熱の名残はほとんど残っていないが、これらの偉大な建築物の中に、ヘンリー8世が建築と壮麗さの表現に傾けた情熱を垣間見ることができる。

すでに所有している宮殿を拡張し、手を入れるだけでなく、ヘンリー8世はその治世の間に、修道院解散を通じて、あるいは不承不承の廷臣たちから取り上げて、新しい地所を獲得した。1547年に死ぬまでに、ヘンリー8世は後にも先にも歴代の王の中で最多の50を超える宮殿を所有し、そのうち21はロンドン地域にあった。それらの宮殿は数々の主要な政治的出来事の舞台となり、国王のお気に入りの貴族の社交場にもなった。ヘンリー8世が建築にかけた費用は莫大なものだったが、死後、宮殿の多くは彼の子どもたちやその後の国王によって売却されるか譲渡された。

ヘンリー8世の建築への情熱に火をつけたのは、父王だったかもしれない。ヘンリー7世（在位1486-1509年）は王位につくと、手に入れた中世の宮殿のいくつかを再建し、2万ポンドを費やしてシーン（リッチモンドと改名）に優美な宮殿を作り出した。そのデザインはフランス亡命中に滞在していた大きな城の影響を受けたものだった。また、ヘンリー7世はグリニッジ宮殿の大部分を改築し、テムズ川に面した宮殿の正面に堂々とした建物を建てた。この宮殿はヘンリー8世とその娘のエリザベス1世の住居として愛用された。

## ブライドウェル

ヘンリー8世の治世が始まったばかりの頃、ウェストミンスター宮殿は王権の本拠地だった。しかし、1512年に火災で国王の居住する部分の大半が焼けてしまい、ヘンリー8世はロンドンでの住居を失った。その後すぐに、ヘンリー8世はシティの内側のフリート川の近くのブライドウェルで宮殿の建設に着手した。宮殿は1522年に完成し、神聖ローマ皇帝カール5世を迎えるのに間に合った。カール5世の随行員はブライドウェルに滞在したが、カール5世自身は隣のブラックフライアーズに宿泊した。カール5世のロンドン滞在中、このふたつの建物はフリート川を越える回廊で結ばれていた。

ブライドウェルは1528年にヘンリー8世が王妃のキャサリン・オブ・アラゴンとの離婚を画策しはじめた場所でもあった。しかし、特に近くで疫病が発生してからは、ヘンリー8世はブライドウェルをあまり好まなくなった。結局ヘンリー8世の息子のエドワード6世は1533年にブライドウェルを救貧院としてシティに譲渡した。

## ホワイトホール

ヘンリー8世が手中にした建造物のうち、最大のものは1529年に失脚した宰相のウルジー枢機卿から強引に手に入れたヨーク・プレイスとハンプトン・コートだった。ヨー

**リッチモンド宮殿**
アントニス・ヴァン・デン・ウィンガエルデによって1558-62年頃に描かれたこの光景は、ヘンリー7世のリッチモンド宮殿をテムズ川対岸から眺めている。当時の建物は城門以外ほとんど残っていない。ヘンリー8世の娘のエリザベス1世は1603年にこの宮殿で亡くなった。宮殿のほとんどは清教徒革命の際にオリヴァー・クロムウェルによって破壊された。

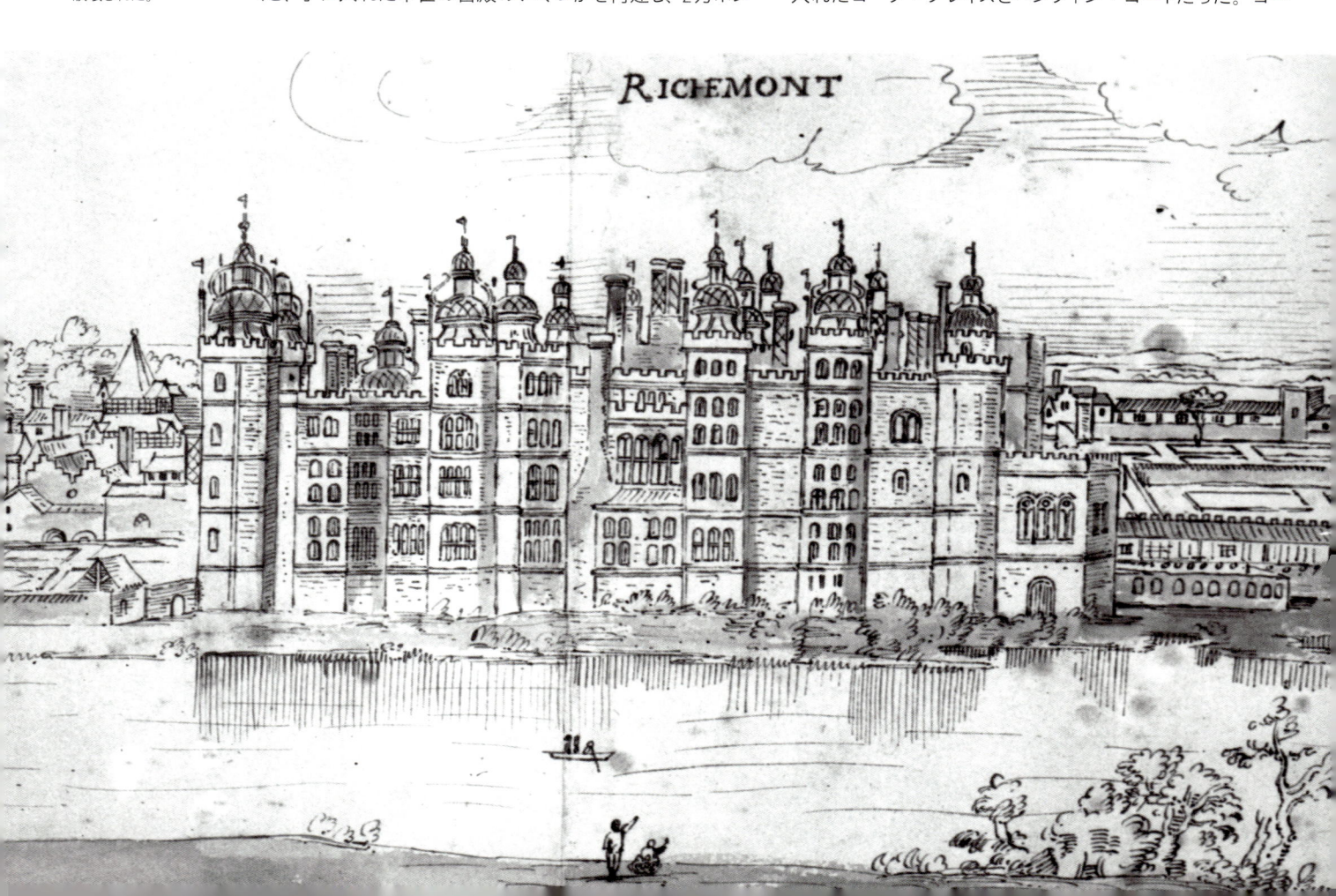

ク・プレイスはウェストミンスター宮殿の側にあり、伝統的にヨーク大司教のロンドン公邸だった。ヨーク大司教を務めていたウルジー枢機卿は、ヨーク・プレイスで5年間生活する間に、この公邸をロンドンでもっとも豪華な建物に作りかえた。ヘンリー8世はこれを手に入れてさらに拡張して自分の主要な居城とし、名前をホワイトホール宮殿とあらためた。

ホワイトホールの一見乱雑な建物の配置からは、内部の壮麗さは予想できない。宮殿の敷地はチャリング・クロスからウェストミンスターにいたるキングス・ストリートによって二分されて不便だったが、この道路にはふたつの橋が架けられた。国王の主要な住まいはテムズ川に近い側にあり、大変なスポーツ愛好家だったヘンリー8世は、道路の北側にテニスコート、ローンボウリング場、闘鶏場、騎馬槍試合場を備えた広大な娯楽施設群を作った。宮殿の内部は甲冑、タペストリー、見事な絵画や金箔を張った天井などで豪華に装飾されていた。

### ノンサッチ

ヘンリー8世のもうひとつの趣味は狩猟で、彼は多くの宮殿の周辺の土地を囲って狩猟園にした。ハンプトン・コートのような大宮殿の周りには、狩猟に出かけたときに一時的に利用する小さな別荘が作られた。ヘンリー8世はこれらの別荘を建てなおしたり拡張したりするために数千ポンドを支出した。

狩猟用の別荘の中でもっとも壮麗なのは、サリーに作られたノンサッチである。1538年に着工し、「他に類がない」という意味で「ノンサッチ」と名づけられた。建設工事のためにカディントンの村全体が取り壊され、付近にあったマートン小修道院は破壊されて、荷車3648台分の瓦礫がノンサッチの基礎工事に使われた。ノンサッチにはふたつの宮殿があった。北の宮殿は伝統的なテューダー朝のレンガと石造りの仕上げだったが、南の宮殿はまったく異なっていた。上の2階は木枠造りで、イングランドでそれまでに建てられた中では最大の木枠造りの建造物だった。型を取って作った化粧漆喰の板は古典的な人物像を描き出し、木枠の上には彫刻と金箔が施され、薔薇とルネサンス風の模様で装飾された石板が張られた。

この目を見張るような宮殿を建設するには莫大な人数の労働者が必要とされ、その多くはイングランド各地から無理やり連れてこられた人々だった。その他に外国人もいた。この場所の考古学的発掘で、裏にフランス語で指示が書かれたスレートの破片が出土している。スレート細工を監督した職人は北イタリアのモデナ出身のニコラス・ベリンで、ヘンリー8世の宿命のライバルのひとり、フランス国王フランソワ1世のもとで働いたこともあった。

膨大な費用(2万4000ポンド以上)をかけたにもかかわらず、ヘンリー8世の子孫はこの壮麗な宮殿をめったに訪れなかった。1556年、メアリ1世はこの宮殿をアランデル伯に与え、伯爵一家は1580年に宮殿をエリザベス1世に返還するまでそこで暮らした。最終的に宮殿はステュアート家のものになった。1669年、チャールズ2世はこの宮殿を愛人のクリーブランド公爵夫人に与えた。公爵夫人は1682年に宮殿を取り壊し、あらゆるものを売り払った。1959年にこの場所が考古学者によって発掘されるまで、この宮殿の記録として残されたのは当時描かれた数枚の絵だけだった。

### ヘンリー8世の遺産

ヘンリー8世のその他の宮殿も同じ運命をたどった。多くは譲渡されるか、荒れるにまかされた。ヘンリー8世の後継者の気分次第で、栄華を誇った宮殿もあった。エリザベス1世(在位1558-1603年)はグリニッジ、ホワイトホール、ハンプトン・コート宮殿を愛好したが、新しい宮殿は建てなかった。エリザベス1世は気にいった臣下たちを引きつれて宿泊しながら王国を有名な行列で巡行するのを好み、その費用を彼らに負わせた。それは名誉ではあったが、不運な当事者は破産寸前に追い込まれることもあった。

[M_]

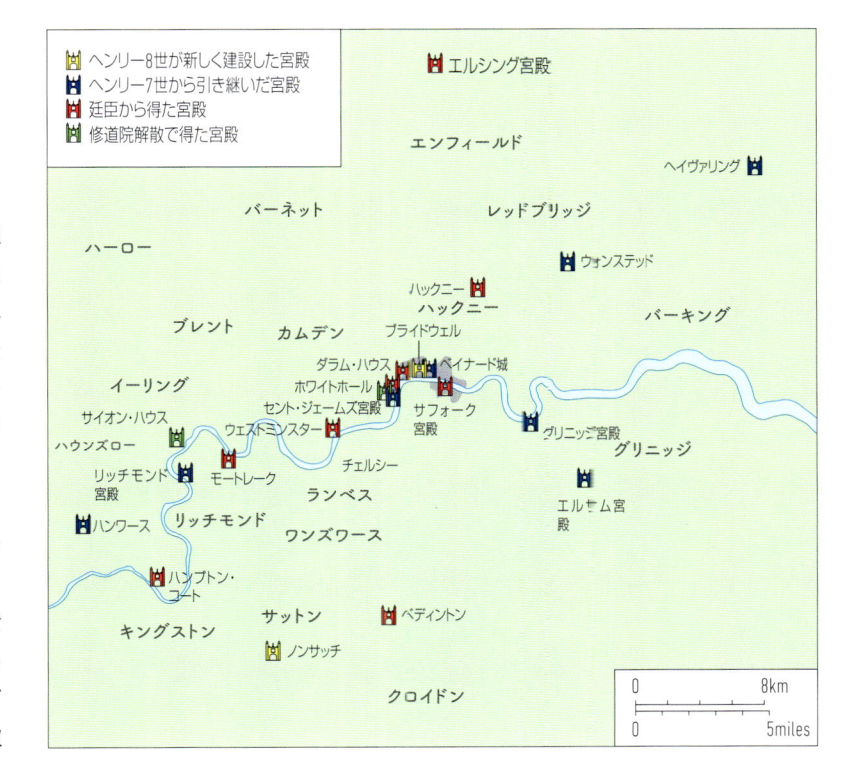

**ノンサッチ宮殿**
地図製作者のジョン・スピードが1610年に作成したグレート・ブリテン島の地図「シアター・オブ・ザ・エンパイア・オブ・グレート・ブリテン」の銅版画。ノンサッチの南の宮殿に、見事な漆喰細工でヘラクレスのような神話の登場人物やローマ皇帝の姿が描かれている。

**ヘンリー8世の宮殿**
ヘンリー8世はロンドンの内部とその周辺に21の宮殿を所有し、その多くはテムズ川の河岸に集中していた。

# テューダー朝とステュアート朝のロンドンの商工業

**16世紀半ばから、工業生産品の需要の高まりによって、ロンドンに新しい産業が発達した。また、ロンドンの商人はますます遠くの市場を求めるようになった。**

### 錫釉薬を用いた陶器の皿、1600年
おそらくオールドゲートで作られたこの皿は、年号の入ったイングランド産のデルフト陶器としては最古のもの。中央に描かれているのはシティ、あるいはロンドン塔の光景だと一般に考えられている。

### ヴェネツィアン・グラス
鋳型を使って成型され、縄状の青いガラスを巻きつけて装飾された鉢。ヴェネツィアから輸入されたこのようなガラス器は身分の高い人が持つ高級品だった。

毛織物は17世紀に入ってもロンドンの主要な輸出品でありつづけた。1503年から1609年にかけて、97人のロンドン市長のうち72人までが織物で財をなした人物だった。しかし、毛織物貿易の性質には変化が生じていた。貿易の重心は、北部と東部ヨーロッパに輸出されていた重い毛織物から、南部ヨーロッパ向けの軽い毛織物に移った。ロンドンはあいかわらず貿易の中心地だった。田舎の毛織物商人は、商品をコッツウォルズ、サマーセット、イースト・アングリア、ヨークシャーからロンドンのベーシングホール・ストリートにあるブラックウェルホールに運んで検査を受け、それからロンドンの毛織物業者が輸出のために商品を買いつけるのを待った。16世紀半ばまで、イングランドにとってもっとも重要なヨーロッパの港はアントワープで、輸出される毛織物のほとんどはアントワープを中継して売られた。貿易船は亜麻布や絹、ワイン、スパイス、砂糖、染料、鉄を積んで帰国した。1496年から冒険商人組合がイングランドのアントワープ貿易を実質的に独占した。この組合は1407年に創設され、1546年にふたたび国王の特許状を得た。組合の運営は主に織物商人が握り、多くの豊かなロンドン商人が加わっていた。冒険商人組合は1598年にロンドンからハンザ同盟が追放されると勢いを増したが、17世紀半ばにレヴァント会社が発展するとともに衰えた。

16世紀半ばから、戦争や北部ヨーロッパの織物市場の不振、そして海外市場との取引ルートが増えたことから、ロンドンの貿易の中心に変化が生じた。新しい貿易会社が設立されてロンドン商人が外国の貿易商人と直接取引できるようになり、ヨーロッパの仲介業者を必要としなくなった。また、これらの貿易会社は生まれたばかりのイングランドの植民地に資金を提供する手段となり、設立時に国王の勅許状によって特定の国や地域での独占権を認められた。これらの会社は株式会社の株を購入した個人投資家によって資本金を集めた。冒険商人組合のあと、国王の勅許状を得た最初の貿易会社は1553年のモスクワ（ロシア）会社で、ついでスペイン会社（1577年）、レヴァント会社（1581年）、東インド会社（1600年）、ヴァージニア会社（1606年）、フランス会社（1611年）、プロビデンス島会社（1629年）などが設立された。もっとも成功したのは東インド会社で、イングランドと極東の貿易を200年間独占した。東インド会社の本社はロンドンの中で何回か移転した。最初はフィポット・レーン、次にビショップスゲートに移り、それからレドンホール・ストリートのクレーヴン伯爵の館を借りて、そこを本社にして東インド館と呼ぶようになった。新しい造船所と湿ドックが東インド会社のためにブラックウォールに建設され、1609年に新しい王立取引所がストランドに開かれたときは、国王の家族にインドと中国から取り寄せた品物が献上された。

## 新しい交易網

17世紀半ばまでに、ロンドンの交易網と市場の性質は大幅に変化した。スペイン領西インド諸島産のタバコはヴァージニア植民地産のタバコに代わり、ポルトガルを通じてブラジル産の砂糖を輸入する代わりに、イギリス領西インド諸島産の砂糖が入ってくるようになった。コショウは長い間ヨーロッパを経由してインドから輸入していたが、この頃には東インド会社によってロンドンに直接運ばれてくるようになり、それとともに藍やチリ硝石、そして17世紀末までに安価な布地も入ってきた。1700年までに、イングランドの全輸入品の3分の1はアジアとアメリカ産の商品になった。こうした商品の多くはヨーロッパ大陸に再輸出された。しかし、同時にイングランド南部と西部に新しい市場が開かれたことによって、イングランドの貿易に占めるロンドンの完全な支配的立場は次第に終わりに向かうことになった。

16世紀と17世紀には、ロンドンへの海からの入港を容易にする改革も行なわれた。1517年にヘンリー8世はトリニティ・ハウスを創設し、海岸沿いやテムズ川を航行中の船を案内する水先案内人を派遣した。地図製作の進歩によって、17世紀末までにこれらの水域にはより正確な海図が作られた。貿易の増加により、当時のロンドンにはさばききれないほどの数と種類の船が停泊し、しばしば関税の徴収を困難にしていた。関税の問題と密輸の心配を解消するため、1558年に20か所の「公認波止場」が設立された。これらはすべて、テムズ川北岸のロンドン橋からロンドン塔までの間に位置していた。商品はこれらの波止場で船から降ろされ、検査を受け、関税が徴収された。この制度ができてから関税収入は倍に増えた。また、17世紀にはブラックウォールの水深の深い港やドックに近いロンドン東部の郊外が発展した。地図製作や造船などの職業がここで発達し、ワッピン

**錫釉薬で彩色された
タイル、
1570-1650年頃**

これらは北海沿岸の低地帯諸国から直接輸入されたか、ロンドンの窯で生産されたタイルの典型的な例である。

グやライムハウス、ラトクリフなどの昔からある居住地が発展し、シャドウェルなどの新しい居住地が誕生した。

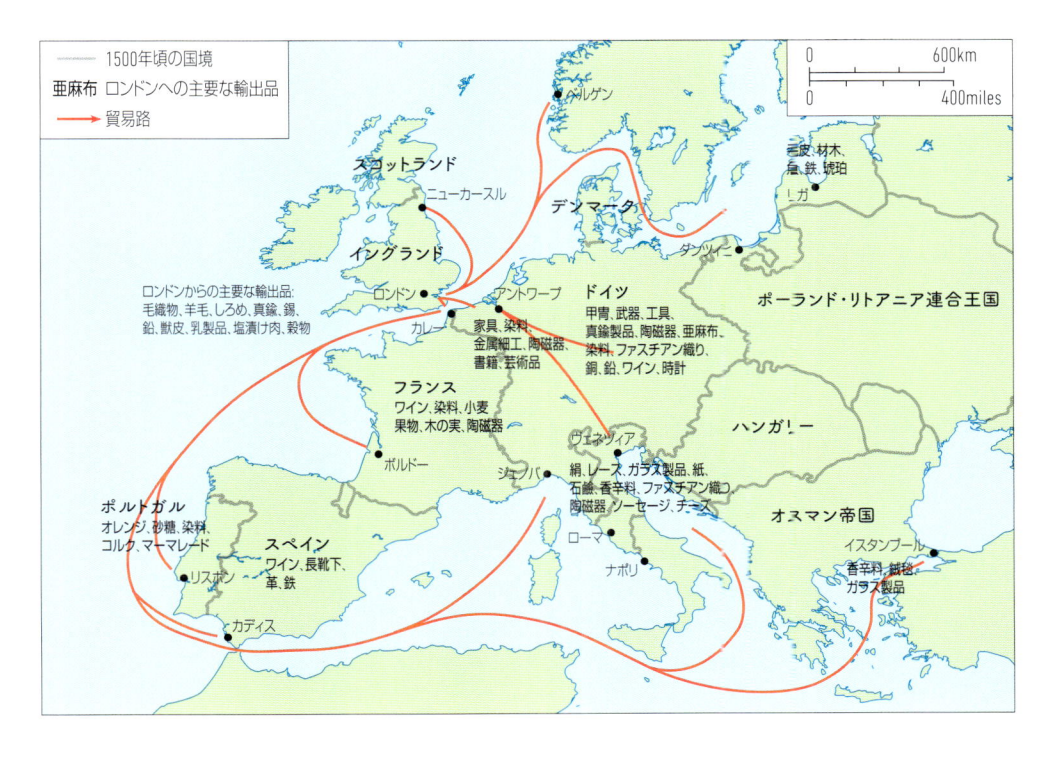

## 輸入業の発達

国内の交易も以前と同じように続いていた。バター、チーズ、穀物、家畜などの食品は主に周辺の州から買っていたが、もっと遠い地域からも届けられた。16世紀から市場向け野菜栽培がますます一般的になり、地元の農産物がオランダやフランス産の輸入品に取って代わった。燃料用の薪も地元で調達され、ロンドンで使用される陶器の大半も地元産だったが、石炭は以前と同じようにイングランド北東部のニューカースルから運ばれてきた。

1600年頃から、数々の新しい手工業や産業がロンドンで栄えた。イングランドで最初の特許証は1552年に発行され、エリザベス1世とジェームズ1世の治世には、数多くの外国人に、地元の労働者に技術を伝授することを条件に特許証が与えられた。ヨーロッパ大陸での宗教的対立に不安を感じた多くの手工業者がイングランドに身を寄せた。1550年から85年にかけて、4万から5万人のユグノー［フランスの新教徒］がオランダ南部からイングランドに来たと推定されている。ヘンリー8世は1515年に熟練したイタリア人武器製造者を呼び寄せ、サザークに王立武器製造所を設立した。この製造所は1520年にグリニッジに移転し、そこでは北ドイツ出身の武器製造者が雇われた。1630年代にはドイツ人の刀鍛冶の一団が来てハウンズローに製造所を設立し、軍隊や個人の顧客のために刀剣を制作した。上質なガラス器は、以前はヴェネツィアから輸入されていたが、フランス生まれのジャン・カレが1567年にロンドン塔近くの旧クラッチトフライアーズ小修道院でガラス工房を設立し、1572年にヴェネツィア人のヤコボ・ヴェルゼリーニがそれを引き継いだ。1580年代にはギード・アンドリースとヤコブ・ヤンセンが、オールドゲートのホーリー・トリニティ小修道院の建物でロンドン最初の錫釉薬を使用したデルフト陶器の製作を始め、1612年までに錫釉薬を用いた陶器はサザークやランベスの窯でも生産されるようになった。17世紀末までに、ロンドンにはシティだけで721種類の異なる職業があった。　［JK］

**ロンドンの貿易、
1450-1500年頃**

ロンドンの貿易網（上）は、北のスカンジナビアから南東のトルコまで広がっていた。

**ロンドンの貿易、
1660年頃**

この頃になるとロンドンの貿易網は世界中に広がり、南北アメリカ大陸、西アフリカ、インド、東インド諸島との結びつきで栄えていた。

第5章——テューダー朝とステュアート朝初期のロンドン　091

# テューダー朝とステュアート朝のロンドンの学校

テューダー朝とステュアート朝のロンドンに住む人々は、イングランドで最高の教育を受けることができた。その結果、ロンドン市民は高い識字率を誇っていた。

**ギリシャ語の文法書**
このギリシャ語の文法書はウェストミンスター・スクールの校長ウィリアム・カムデンが編集し、1598年に出版された。

テューダー朝の初期には、多くの学校が無料だったにもかかわらず、学校教育を受けられるのは大体において上流と中流階級の男子に限られていた。女子の大半は正式な教育を全く受けていないのが普通だった。しかし17世紀末までに、教育は大幅に改善され、さまざまな教科が教えられるようになり、識字率は男女ともに劇的に向上した。

1179年に教皇アレクサンデル3世は大聖堂と修道院が学校を運営することを義務づけた。16世紀初期にはまだロンドンのほとんどの学校が教会によって運営されていたが、個人や同業者組合が設立した学校もわずかだが存在した。修道院解散によって教育の存続が危ぶまれたが、結果的には多くの学校がシティの同業者組合や国王によって再開された。ウェストミンスターのセント・ピーターズ・スクールは、1543年にあらためて「キングス・グラマースクール・アット・ウェストミンスター」として創設された。ホスピタル・オブ・セント・トマス・オブ・エーコンの修道院学校は、マーサーズ・チャペル・グラマースクールになった。古い修道院も新たに学校に作り変えられた。ヘンリー8世はニューゲート近くのグレイフライアーズ修道院をシティに譲渡し、1552年、シティはその場所にクライスツ・ホスピタルと呼ばれる孤児院を開いた。その孤児院は男児と女児の両方を養育するとともに教育を受けさせ、その学校はすぐに高い評判を得た。

## さまざまな学校

「プチ・スクール」は子どもたちに文字と主の祈りを教える学校だったが、書くことは教えなかった。この学校は生徒と教師の非公式な取り決めによって成り立っているにすぎず、教えるための免許は簡単に手に入れることができた。当時の教育の手引きは、仕立屋、織工、商店主であっても、その手引きを使えば仕事の合間に「プチ・スクール」で教えることができるとうたっている。初等教育はしばしば生活扶助の手段として病人や貧乏人に委ねられた。

男子のためのグラマースクールは数多くあった。1509年にセント・ポールズ・スクール(右頁)を創設したジョン・コレットなど、グラマースクールの創設者や教師が設定したカリキュラムは、ほぼそのままヴィクトリア朝まで受け継がれた。「グラマー」とはラテン語、ギリシャ語、そして場合によってはヘブライ語を学ぶことで、英語の学習ではなかった。ロンドンのグラマースクールのほとんどは無料で、建前上は教区に住む貧しい家庭の男子のために提供されたものだった。しかし、すべてのグラマースクールが実際にはなんらかの料金を請求したため、本当に貧しい家庭は子どもを通わせることができなかった。バンクサイドにあったセント・セイ

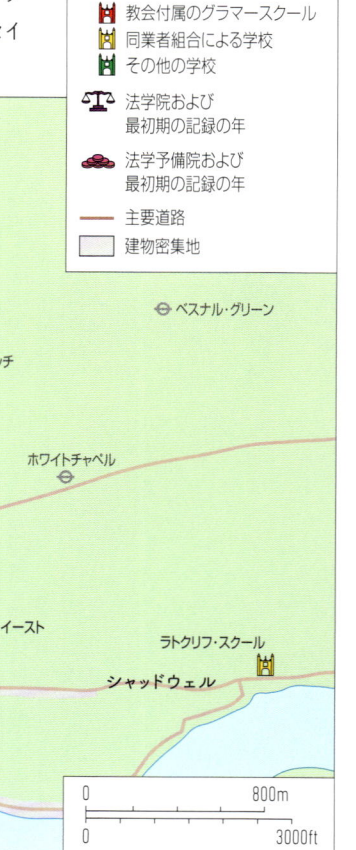

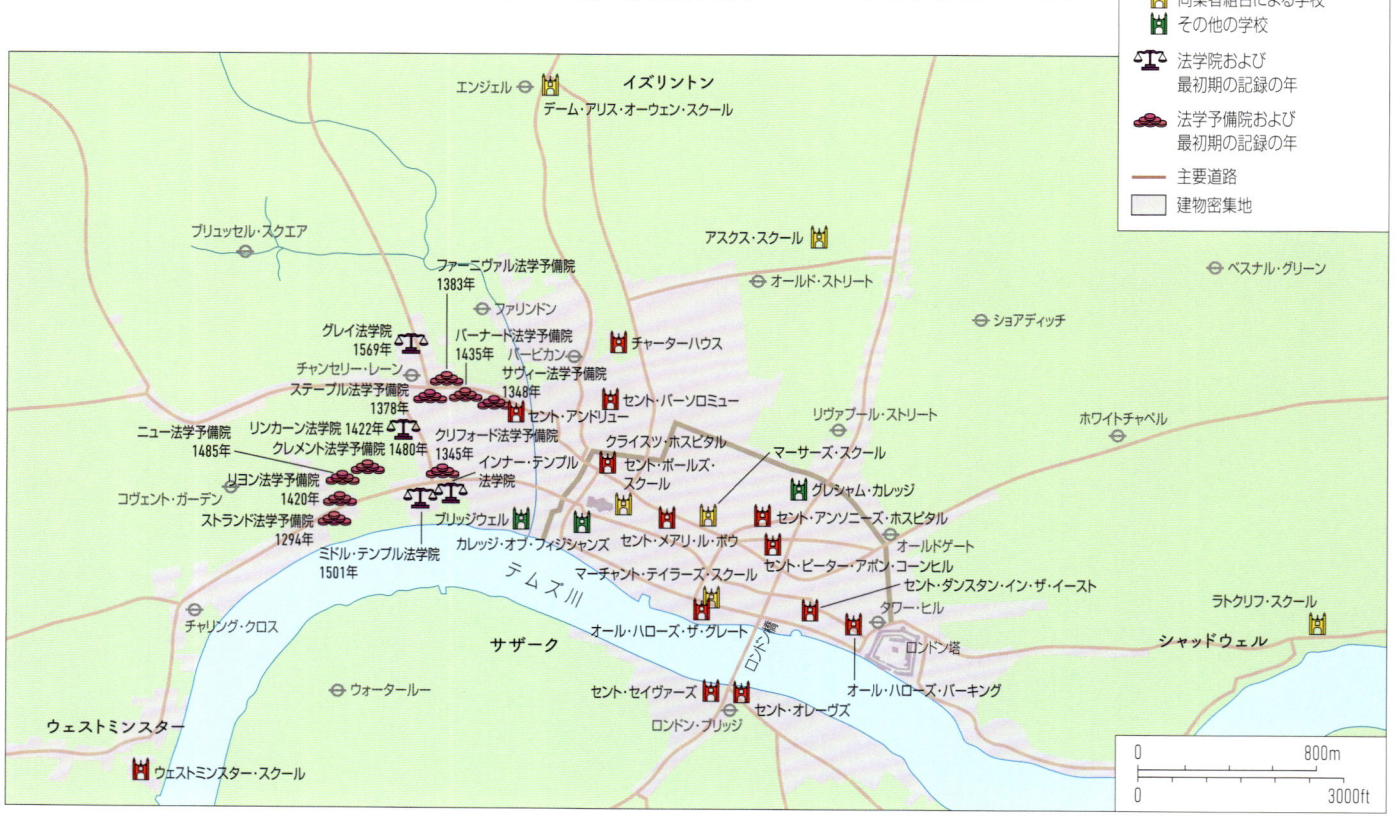

**ロンドンの学校**
法学予備院と法学院を含む16世紀と17世紀のロンドンの学校。

凡例：
- 教会付属のグラマースクール
- 同業者組合による学校
- その他の学校
- 法学院および最初期の記録の年
- 法学予備院および最初期の記録の年
- 主要道路
- 建物密集地

ヴァーズ・グラマースクールでは、生徒は2シリング6ペンスの入学金を一度だけ支払い、四半期に一度「ほうき代」として2ペンス払うことになっていた。また、毎年冬にはロウソクを1ポンド［約500グラム］提出しなければならなかった。マーチャント・テイラーズ・スクールでは、250人の少年が無料で授業を受け、50人は四半期ごとに2シリング2ペンス、そして100人が四半期ごとに5シリング支払うことになっていた。特別な場合に限って、教師はすべての生徒からお金を集め、祝宴や賞金をそれでまかなった。

シティの同業者組合はいくつかのグラマースクールを開設した。セント・ポールズ・スクールとチープサイドのマーサーズ・スクールは織物商組合によって運営され、仕立て商人組合はサフォーク・レーンで学校を運営し、桶類製造業者組合はラトクリフのスクールハウス・レーンで1540年から学校を運営していた。小間物商組合の会員のロバート・アスクは1690年にホクストンで学校を創設した。醸造業者組合は1613年にイズリントンでオーウェンズ・スクールを、服地商組合は1685年に現在のグリニッジ・ハイ・ロードでグリーンコート・スクールを開いた。

### 職業教育

グラマースクールはほとんど完全に「古典」に基づく教育を行なったが、実用的な教育をする学校もあった。サザークのオーウェンズ・スクールとセント・オラフズ・スクールでは、男子生徒が「掛け売り金の計算」を学んだ。それは将来徒弟になるときに役立つ技術だった。また、ブラックフライアーズ付近のヘンリー8世の昔の宮殿内にあったブリッジウェルという救貧院に通って、商売や紡績、織物、つづれ織りを学ぶ子どもたちもいた。1673年にチャールズ2世がクライスツ・ホスピタルに創設した王立数学校では、40人の男子生徒が海軍や商船に見習として入る前に航海術や数学を学んだ。その他の専門的教育としては、大人はトマス・グレシャムが1575年に創設したグレシャム・カレッジで講義を聞くことができた。1596年以降、このカレッジはビショップスゲート・ストリートのグレシャム邸に移転した。このカレッジは無料の市民講座のようなもので、神学、天文学、音楽、幾何学、法律、物理学、修辞学の講義があり、費用は王立取引所の収入でまかなわれた。

法律を学ぶ学生はまず法学予備院（インズ・オブ・チャンセリー）で学んでから、法学院（インズ・オブ・コート）でさらに知識を深めた。1600年までに法学予備院の役割はすたれ、学生は直接法学院に入学するようになり、そこで7年から8年の教育を受けた。学生は法学院で古参の弁護士の講義を聞くほか、歴史、音楽、ダンスを学び、彼らが法律家として資格を得たあかつきに加わることになる社交界に出る準備をした。

テューダー朝とステュアート朝を通じて、女子が教育を受ける機会は増加したが、多くの場合授業料は高かった。16世紀末以降、ヨーロッパの宗教弾圧を逃れてきた外国の女性がロンドンで小規模な学校を開設した。アネス・ディージャーは1618年にサザークのテンター・アリーでフランス語教師として働き、アントワープ出身のメアリ・ルマリーは1578年から1618年にかけてサザークのグレアン・アリーに学校を開いた。17世紀には良家の子女は郊外にある私立学校に通って、年間およそ20ポンドを払って、読み書きと音楽、ダンス、家事を学んだ。1690年までに、読み書きのできるロンドンの女性は1500年度末の16パーセントから48パーセントまで増加した。1698年から、キリスト教知識普及協会が女子生徒も受け入れる無料の慈善学校を設立し、1705年までにロンドンにはルイシャム、スピタルフィールズ、ホワイトチャペル、ウィンブルドンなどに、そうした学校が56校開校していた。

イギリス各地で教育の機会が増加する中で、ロンドンはその最先端にあった。17世紀末までに、ロンドンの多数の教区には男子生徒のための無料のグラマースクールがあり、組織に属さない教師がたくさんいた。しかし、貧民層も教育の機会を得られるようになったのは、慈善学校が設立されてからだった。この時代にはまだ子どもたちに社会的立場に応じた教育しか受けられなかった。貧しい家庭の子どもたちは短い学校教育を終えると、徒弟となって仕事についた。富裕層の子息は大学に進学し、その姉妹たちは郊外の学校で結婚に備えて「花嫁修業」をした。テューダー朝とステュアート朝のイングランドでは、国民全員が基礎的な学校教育を受けるという考え方は受け入れられなかった。

［MJ］

**1670年頃のセント・ポールズ・スクールの正面図**
1666年のロンドン大火で、セント・ポールズ・スクールはセント・ポール大聖堂とともに灰燼に帰した。スクールは1670年に再建された。

**クライスツ・ホスピタルの浮彫**
クライスツ・ホスピタルの数学校で学ぶ3人の生徒を浮き彫りにした装飾。1673年の制作。

第5章――テューダー朝とステュアート朝初期のロンドン

# 印刷業者と書店

**ロンドンはイングランドの書籍販売の中心地だった。**
**ロンドンの人口ひとり当たりの書店の数は、王国全体のどの都市よりも多かった。**

### 書籍販売の中心地
セント・ポール大聖堂の北側の翼廊では、控壁の間に書店が並んでいた。ジョン・ギプキン作。1616年。

テューダー朝のロンドンで識字率が上がったことが、1599年にセント・ポール大聖堂の境内で「公衆便所」の撤去という思いがけない結果をもたらした。そこに新しい本屋を作るためだった。15世紀半ばに移動式の印刷機の発明によって、本はより買いやすい値段で多くの読者の手に届けられるようになったが、識字率と教育の向上には時間がかかった。ウィリアム・カクストン(1422-91年頃)が1476年にウェストミンスターでロンドン初の印刷会社をレッド・ペイルという看板を掲げて設立したとき、競争相手はほとんどいなかった。数年後にもう一軒の印刷会社がダウゲート(現代のキャノン・ストリート駅付近)に設立され、カクストンの死後はロンドンに数軒の印刷会社が経営されていた。そのほとんどはフリーゲートと、セント・ダンスタン・イン・ザ・ウェスト教区内の数か所にあった。1500年までに、印刷業者はロンドンで本の制作と販売に携わるおよそ300人の手工業者の共同体の一部になり、ロンドンはイングランドの書籍販売の中心地になった。

セント・ポール大聖堂の境内とその周辺は長い間書籍販売の中心で、教会の庭や隣接する路地にある数多くの小屋や売店や商店は文房具屋、書籍販売商、製本業者によって占められていた。この場所は書籍販売には明らかに都合がよかった。セント・ポールズ・スクールやセント・マーティン・ル・グラン、セント・マーティン・ル・ボウのグラマースクールなど、ロンドンの学問と教育の場の多くが付近に集まっていたからだ。セント・ポール大聖堂の境内には民事訴訟を担当する弁護士の「簡易宿泊所」となるドクターズ・コモンズがあり、そこから少し離れたところに司法書士のいるホルボーンや、チャンセリー・レーン、そして法学院があった。書籍販売に関わるさまざまな専門業者が一か所に集中しているのは、本の買い手にとっても便利だった。お客はその地域をぶらぶら歩けば、数多くの言語で書かれた多種多様な専門書の中から選んで買うことができた。

### 英語の地位の向上

カクストンが母国語の英語で本を出版しようと決めたおかげで英語の標準化が進み、次第に印刷業界でも英語が選ばれるようになった。ルネッサンスの人文主義と宗教改革の広がりも英語の本に対する需要を高め、次第に人々の間にも「教育は普遍的すぎるということは決してなく、普遍的であればある程よい」というモンテーニュの考えが浸透していった。しかしラテン語は従来通り学問、科学、そして哲学の国際的言語でありつづけたので、1550年にウィリアム・ソールズベリがセント・ポール大聖堂周辺の書店を訪れて、英語で書かれた天体と宇宙の本を探したが、1冊も見つけられなかった。大聖堂境内の何軒もの書店を回って、ソールズベリは「同じ道をもう一度たどりさえして、(中略)ラテン語で書かれた同様の書籍を見せてほしいと頼んだところ、異なる著者の本を3、4冊見せられた」。エリザベス1世の治

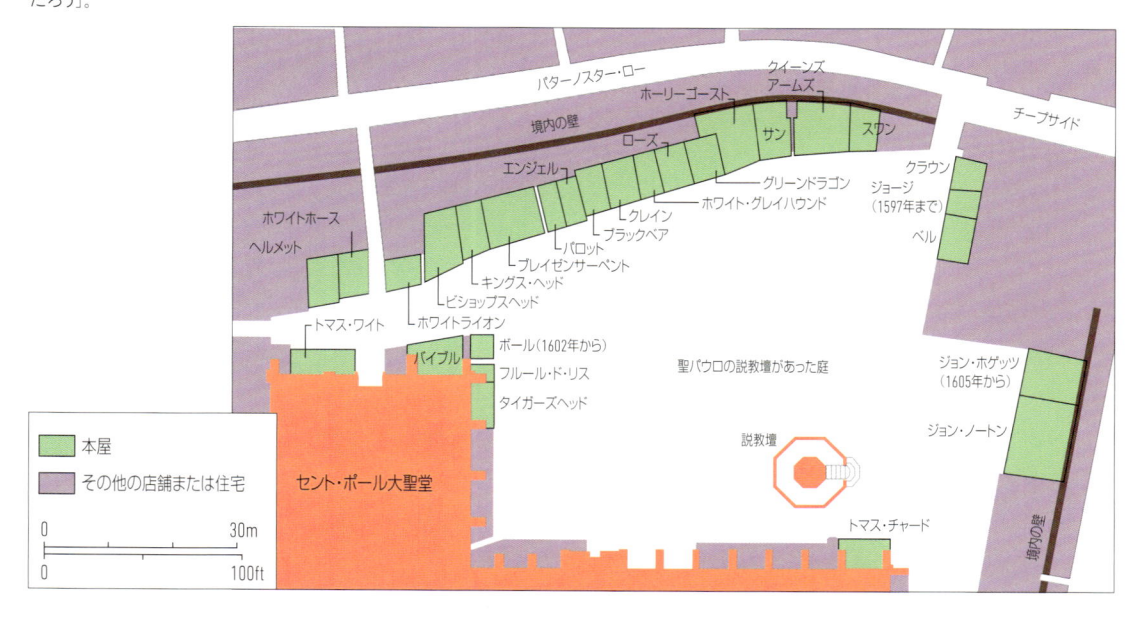

### 1600年のセント・ポール大聖堂の境内
書店の密集ぶりを示す図。「教会の周囲には書籍販売業者や製本業者が群れをなし、あらゆる質の高い本がそこで売られていただろう」。

**アーノルドの年代記 1503年**

この年代記を編纂したリチャード・アーノルドは北海沿岸の低地帯諸国と貿易をしていたロンドンの商人で、本書には1189-1502年の市長とシェリフの一覧と、簡単な歴史的記述、イングランドとフランドルの貨幣鋳造の違い、さまざまな料理の作り方や、「栗色の髪の乙女」という物語が収録されている。この本はエイドリアン・ファン・ベルゲンによってロンドンの読者向けにアントワープで印刷された。

**古い祈祷書**

信仰に関する本はテューダー朝のロンドンの初期の書籍販売のかなりの部分を占めていた。しかし歴史やロマンス、そして実用書も人気があった。

世には、母国語の豊かさに対する誇りがますます高まって、1586年に最初の英語の文法書が出版され、外国の本の英語訳への需要も増加した。

1600年までに、ロンドンの書籍販売業者はセント・ポール大聖堂の境内を離れてホルボーンやストランドに、また、特にシティの中心の王立取引所の周辺地域に移転しはじめた。そこでは商人社会や国際貿易に携わる人々の必要を満たすために、専門書やパンフレットが販売された。暦、旅行記、旅行案内、地図、情報やニュースは、居酒屋や、1652年以降はコーヒーハウスの常連の貿易商人や実業家の間で人気が高かった。これらの書店から出版され、読者の間に広まった作品の中でより重要なものは、シェークスピアの1598年の戯曲『恋の骨折り損』と、ジョン・ストーが同年に発表したはじめてのロンドンの実際的な案内書『ロンドン地誌』である。

[HF]

## ✠ ベストセラー・リスト

**イングランド年代記、1497年**

最初にウィリアム・カクストンによって1480年に編纂されたこの年代記には、「姉妹とともにこの島を訪れたアルバイン」[ブリテン島の古名アルビオンの由来となった伝説上の人物]の伝説からエドワード4世の戴冠までのイングランド史が書かれている。この年代記はつねに人気があり、繰り返し再販された。写真の本は1497年にカクストンの後継者であるウィンキン・ドゥ・ウォードによって印刷された。

ウィンキン・ドゥ・ウォードはテューダー朝のロンドンでもっとも多数の本を印刷・出版した人物として知られている。アルザス・ロレーヌ地方のワース(ウォードという名字の起源)出身のドゥ・ウォードは、1476年にウェストミンスターにあった「レッド・ペイル」の看板のウィリアム・カクストンの印刷会社で働くためにロンドンに来た。1491年にカクストンが亡くなると、ドゥ・ウォードは事業を引き継ぎ、経営を拡大して近所の地所を買い取った。その後の数年間、ドゥ・ウォードはカクストンが作った版を使って、キリスト教の聖人伝説集『黄金伝説』や『イングランド年代記』を何部も再版しつづけた。

しかし、ドゥ・ウォードは市場の隙間に気づいて、すぐにロマンスや宗教書、教科書、手引書、家政管理と家事、児童書、結婚生活の手引きや医学書を発行するようになった。シティの近くに移転した方がもっと幅広い読者を獲得できると考えて、ドゥ・ウォードはフリート・ストリートに移り、1500年か1501年にセント・ブライズ教会の教区でザ・サンの看板を掲げて新しい店を開いた。1509年までに、ドゥ・ウォードはロンドンの書籍販売業の中心地であるセント・ポール大聖堂の庭にアワ・レイディ・オブ・ピティの看板で新しい店舗を開き、そこで競争相手をじっくり観察して、さまざまな教育書や、ロンドンの信心深い家庭を対象に宗教書を出版しはじめた。ウィンキン・ドゥ・ウォードは1534年か35年に亡くなった。企業家として尊敬され、国際的な書籍販売業の第一人者であり、800冊以上の本を残した。

# 貧富の差

1600年のロンドンでは、富裕層と貧困層が著しい対照を見せていた。昔の聖職者の邸宅や転用された修道院と並んで、工場などの建物があった。その光景はパリやローマのようなルネッサンス都市とは明らかに違っていた。

**間取り図**
1. パンクラス・レーン（図には含まれていないが、右側にある）に出られる舗装された通路。
2. 中庭（屋根がない）。広間の下の地下室への入口がある。
3. 広間。暖炉ともっとも大きな窓がある。
4. 上階への主要な階段。
5. 応接室。庭園を見渡せる窓がある。

テューダー朝とステュアート朝初期のロンドンでは、裕福な者と貧しい者が隣り合って暮らしていた。富裕層が貧困層を避けて郊外に移転する動きは、当時はまだなかった（それが始まるのは1630年以降である）。住宅は木材とレンガで建てられ、ところどころに昔から残っている石壁が地所の境界として使われていた。多くの家に庭があったが、狭かった。主要な道路に面した家は5、6階建てで、平らな屋根は鉛板で葺かれ、めまいがするような高さのテラスでは、その家に住む人々が隣人とおしゃべりに興じたり音楽を奏でたりした。1600年を過ぎた頃から、ロンドンに住む裕福な家庭の内部は、私たちがフェルメールやピーテル・デ・ホーホといった17世紀オランダ絵画を代表する画家たちの絵で見慣れたものに近づいてきた。水の供給はあいかわらず大問題だった。大きな邸宅には雨水をためる鉛製の貯水槽があり、大邸宅も小さな家も隣近所と井戸を共有していた。井戸は中庭にあるか、地所と地所を区分する壁の途中に作られている場合もあった。

地所を細分化して人に貸すことはよく行なわれていたが、各階ごとにひとりの賃借人や一家族が暮らす形式のアパートは、法学院の弁護士の部屋を除いて当時のロンドンでは一般的ではなかった。1階の正面玄関から直接外の通りに出られる家は人気があったが、玄関が主要道路ではなく路地や中庭に面している家もあった。

復元図に見られるように、大邸宅では空間が計画的に分けられ、通路に近い方に仕事場があり（図の右側）、私室は家の後方にあった。そしてもっとも道路から遠い奥まった場所に庭が作られた。このような邸宅では、家は家族と召使の暮らす共同体であり、さまざまな用途を持った建物だった。大商人の邸宅では、男性と女性の召使

**トレスウェルの地図**
ラルフ・トレスウェルによる古い木枠造りの家屋の測量図の原図。トレスウェル（1540-1616/17年）は家屋や地所の測量家として有名で、クライスツ・ホスピタルの依頼（下図はその例）や、織物商組合、革製品販売組合などの依頼も受けた。

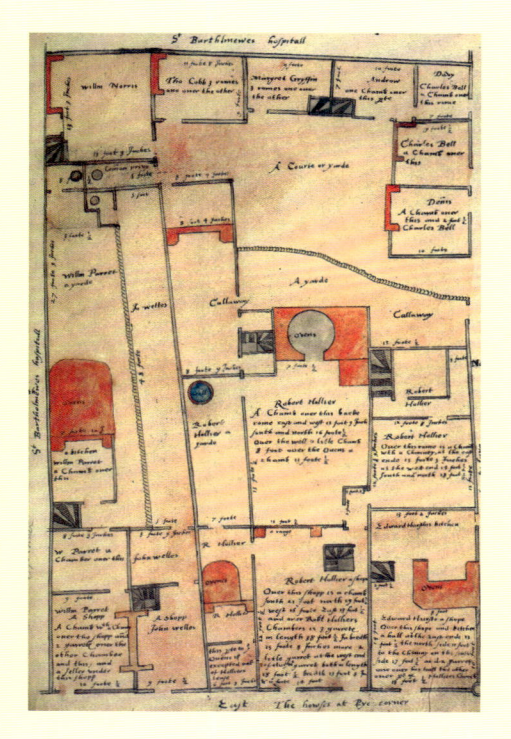

096

6. 庭園。少し前に大きな地所を分割したため、縮小されている。
7. 台所と食料貯蔵室。
8. 上階への階段。
9. 倉庫。
10. 第2倉庫。
11. 広間で使用する飲み物や、飲み物を入れる器の貯蔵室。

は別々の側で寝起きしたが、それぞれに寝室がひとつずつしかない場合もあった。1600年までに、これらの邸宅の中には2階に食事をするための特別な部屋を持つものも出はじめ、食事室に通じる堂々とした装飾的な階段がしつらえられた。

　商人の家はもっと小さくこぢんまりしていて、各階に2部屋あり、1階は全体が商店になっていた。貧しい人々は各階に1部屋しかない家に住んでいたが、その多くは4階建てだった。最貧層は1部屋か2部屋で暮らし、ひどい場合に地下室で生活した。郊外の中でも特に東側に広がる地域では、もっとも貧しい人々が住むあばら家が密集していた。

[JS]

## パンクラス・レーンの邸宅

この図はチープサイドの南のパンクラス・レーンにあった家屋を、所有者のクライスツ・ホスピタルの依頼で1610年にラルフ・トレスウェルが測量した図面に基づいて1階部分を復元したもの。借主のエドワード・バーバーは服地商だった。建物は3階建てで、1階の上に少なくともさらに15部屋あり、ふたつの階段で上り下りできた。1階の間取りはよく配慮され、倉庫と商業スペース（右側の道路に近い側）、広間、応接室、隣接する庭園からなる接待用の部屋、そして台所と貯蔵室からなる作業用の部屋が一方にあった。

# テューダー朝の劇場

ロンドンでは日曜日を除く毎日、6軒以上の
常設の劇場で演劇が上演され、上流社会だけでなく
一般大衆にも新しい形式の娯楽が提供され、人気を博した。

16世紀末はイングランドの演劇の発展期で、専用の劇場がはじめて建設され、そこで職業的な俳優が利潤目的で一般の観客のために新しい戯曲を上演した。戯曲はこれらの劇場のために特別に書き下ろされ、劇場の構造によって上演の仕方や解釈に違いが生まれた。この短い期間に、戯曲はイギリス文学の最高の形式になった。

劇場の発達はロンドンならではの現象だった。首都ロンドンでなければ宮廷の保護を受けることはできず、職業的な劇場を支えられるだけの観客を集めることはできなかった。ウィリアム・シェークスピア（1564-1616年）はロンドン演劇界の中心人物だった。もっとも多かったのは中庭を取り囲む形の屋根のない芝居小屋で、8つが建設された。これらの芝居小屋の規模や形、性質は、長い間現代の論争の的だった。現在ではそのうち3つの場所が考古学的発掘によって明らかになり、そのひとつであるローズ座では、ほとんど完全な平面図が判明している。バンクサイドの元の場所の近くに再建された現在のグローブ座を見れば、シェークスピア時代のこの劇場の姿がこれまで以上によく理解できる。

## 職業的な劇場の起源

ロンドンの劇場には複雑な起源がある。中世では宗教を題材にした神秘劇や世俗的な出し物が、屋外の一時的に作られた舞台で上演された。貴族や王家の大広間や、ときには回廊のある旅籠の中庭で劇も上演された。これらの場所はのちの専用劇場の模範となった。新しい芝居小屋は、熊いじめや牛いじめ［柵につないだ熊や雄牛に猟犬をけしかけて戦わせる娯楽］に使われた円形や多角形の闘技場を模して作られた。

職業的な劇場は微妙な立場に置かれた。ロンドン政府は、民衆が集まればかならず反乱の温床になりうると考えて、劇場を忌み嫌った。新しい劇は政府を批判する機会だとみなされた。宮廷祝典局長は、劇場の認可と新しい劇の検閲権を握っていた。1574年、シティ内での劇場の建設が法律で禁止されたため、最初の大衆的専用劇場はすべて郊外に建てられた。劇場に対する支援の手は、社会の上層部と下層部から差し出された。劇場は一般のロンドン市民に熱狂的な人気を得たが、国王や宮廷からの贔屓と保護もまた得ることができた。この微妙な風潮の中で、劇場は栄えた。16世紀末から1642年までの間に、ロンドンには少なくとも6軒の劇場と、日曜日とキリスト教の四旬節を除いて、毎日定期公演

**ローズ座**
この復元図は、ローズ座が1587年に初めて建設されたときの想像図。1100人の観客を収容できる桟敷があり、中庭には500人以上が入れる「立見席」があった。

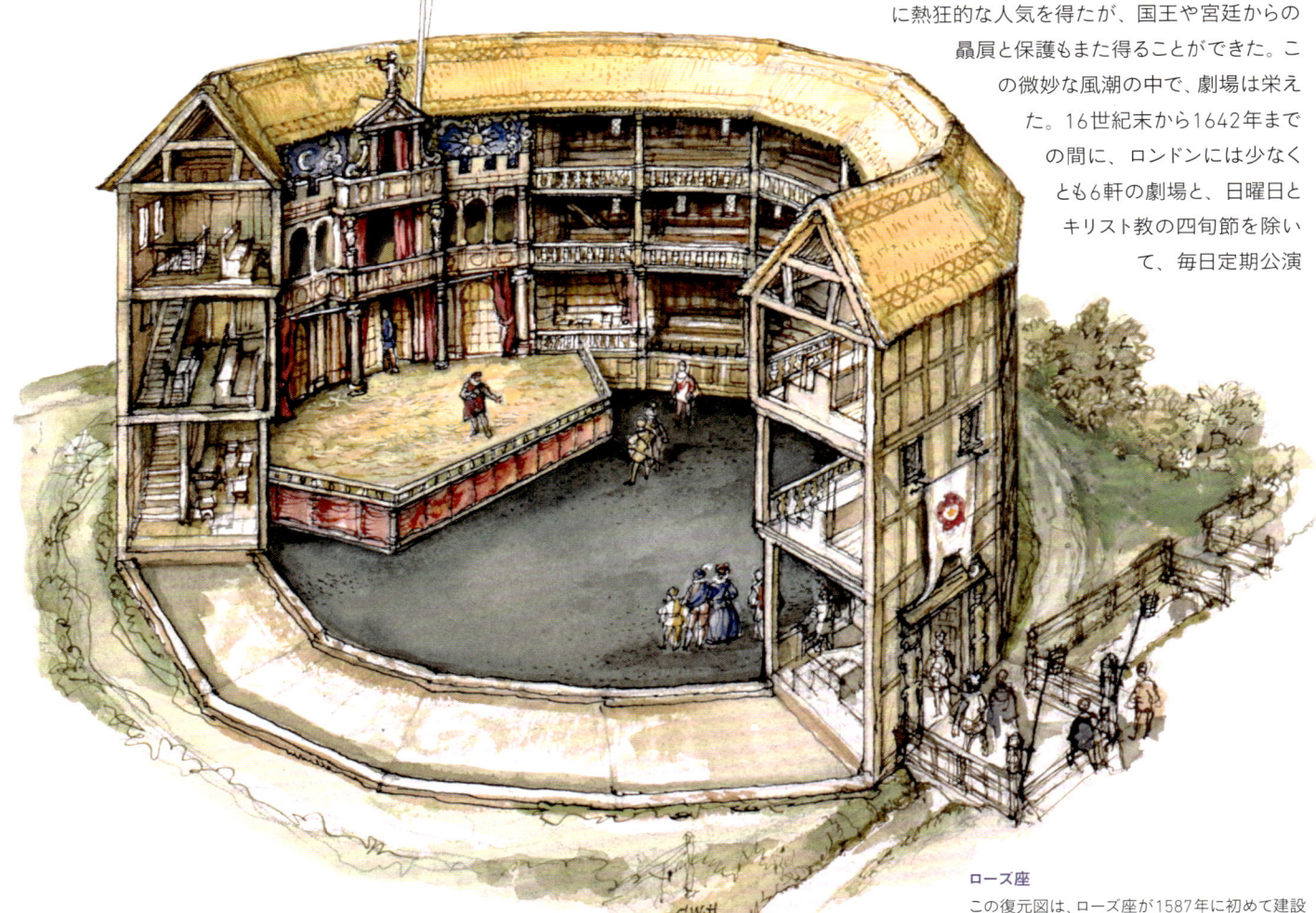

**1630年頃のバンクサイド**

現在知られている中ではもっとも古いロンドンの絵(部分)。テムズ川南岸に劇場が集中しているのがわかる。左から右へスワン座(1595年)、ホープ座(1614年)、ローズ座(1587年)、グローブ座(1599年)。はためく旗はその日に劇が上演されることを示している。

をしている4つの劇団があった。ただし、ペストが最悪の被害をもたらした時期は、公演は一時的に中止された。「円形闘技場」形式の芝居小屋は、あまり長くは続かなかった。一時期、これらの劇場は非常に民主的で、宮廷のためにも一般人のためにも同じ劇を、熊いじめや牛いじめなどの大衆娯楽と同程度の手ごろな料金で上演した。シェークスピアは演劇の流行の中心人物だった。同時代の大学教育を受けた劇作家からは批判されたが、シェークスピアは役者としての経験を生かした劇を書くことができた。しかし17世紀に入ると、芝居小屋と屋内の劇場との間に、次第に階級の差が生じはじめた。

## 歴史と再発見

最初の野外専用劇場は1576年にショアディッチで作られ、ただ劇場(シアター)と呼ばれた。1577年に、シアター座の近くにカーテン座が設立され、続いてサザークのニューイントン・バッツにもうひとつの劇場が作られた。バンクサイドに始めて建設されたのは1587年設立のローズ座(左頁)で、1595年にはスワン座が建てられた。グローブ座は1599年に、取り壊されたシアター座の木材を使って建設された。バンクサイドに最後に作られた劇場は1614年に完成したホープ座で、熊いじめの闘技場を兼ねるように設計されていた。もうひとつの劇場のホープ座は、1600年にクリップルゲートに設立された。

バンクサイドの劇場の具体的な証拠が見つかったのは、1989年にローズ座の場所が発掘されたのが最初だった。その後、同じ年にグローブ座の一部が発見され、2001年にホープ座の基礎部分も発見された。ローズ座が発掘されるまで、これらの劇場の証拠は同時代に描かれた数枚の絵とパノラマ式の地図だけだった。これらの資料によって劇場の全体的な形は知られていたが、ローズ座の発掘によって全体の構造が明らかになった。

ローズ座は多角形の建物だが、正確な辺の数はわかっていない。中央部分は屋根のない吹き抜けになっていた。壁は石灰岩の基礎の上に作られ、木製の角材の横木の上に主要構造が乗っていた。当時の一般的な建物と同様に、建物はハーフティンバー様式で、木造の骨組の間を木摺下地[薄く細長い木片を組んだ塗り壁の下地]や漆喰で埋めて作られていた。

1642年に議会と国王の間で内戦が勃発して集会が禁止され、政権を握った清教徒は大衆娯楽を容認しなかったため、すべての劇場は閉鎖された。王政復古後に禁止が解かれても、芝居小屋は再開されなかった。現代の劇場の基礎を築いたのは、上流階級を中心とした屋内の劇場だった。

[HS/JC]

**ロンドン市内と周辺の初期の劇場**

ローズ座のような芝居小屋はショアディッチやサザークに建設された。それ以外の場所では、劇は旅籠の中庭や私設の屋内劇場で演じられた。

第5章——テューダー朝とステュアート朝初期のロンドン　099

# 「娯楽と歓喜の町」

テューダー朝のロンドンの風景と多種多様な娯楽に引かれて、
遠方の各地からこの都市を訪れる人は後を絶たなかった。
こうした旅行者の便宜を図るために最初の旅行案内書が発行された。

**コーンヒルの王立取引所**
王立取引所の2階に並んだ150軒の小さな店では、旅行みやげ、雑貨、旅行案内書や高級品が売られていた。王立取引所の中庭を描いたこの版画はウェンスロース・ホラーの作品。

16世紀になると、旅行によって得られる文化的な体験は、紳士の教育の重要な一部として認められるようになった。各都市の地図が出版され、旅行者は目にしたものを旅行記や日記に記録するようになった。ヨーロッパでは、ロンドンは見ておくべき場所として旅先の候補のひとつに挙げられた。スイスの学生トマス・プラッターは、「ロンドンを見れば（中略）イングランドが正しく理解できると言っても過言ではない」と述べている。この意見に誰もがうなずいたわけではないとしても、国の内外からの旅行者は首都ロンドンで得られる娯楽の数々に驚嘆した。ロンドンの案内書は1590年代にはじめて登場し、主要な歴史的建造物や娯楽の場に旅行者がひきもきらず訪れた。

テムズ川はロンドンの「見もの」のひとつと考えられ、川を航行するのはロンドンを巡るもっとも楽で速い方法だった。旅行用の小舟には詰め物をした座席と刺繍をほどこしたクッションと日よけが備えつけられ、日中か夕刻のクルーズを楽しむために借りれば、「乗客の気の向くままにあちらこちらへ」勢いよく進んでいった。ロンドン橋の建物と狭いアーチは見逃せない景色で、旅行者は川面に浮かぶ白鳥や王室の御座船が停泊する施設、そしてシティとウェストミンスターの間の北岸に並ぶ宮殿や庭園を眺めて楽しんだ。

旅行者の多くはテムズ川の南岸のバンクサイド（右頁下の図）まで足を延ばした。そこはロンドンの大衆娯楽の中心地で、あらゆる趣味や予算に合った楽しみが見つかった。劇場、公園、闘鶏場、牛いじめや熊いじめの闘技場、居酒屋、パブ、売春宿があり、文化と悪徳と浪費が魅力的に入り混じった場所だった。パリス・ガーデンは大きな灌木や樹木がうっそうと茂った場所で、日中は心地よく過ごせるが、夜になれば「悪事の温床」になると批判された。その近くのベア・ガーデンズでは、雄牛や熊などの動物が犬をけしかけられてなぶりものにされ、毎週日曜日の午後になると大型のイングリッシュ・マスティフ犬が見物客の前で訓練を受けた。牛いじめを見たい旅行者は、立ち見なら2ペンス、席に座るためには4ペンスを支払った。この見世物は非常に人気があって、ときには1000人を超える観客が詰めかけた。1583年1月13日に観客席のひとつが崩壊し、「多くの者がその場で命を落とし、怪我をした者はさらに多く、誰もが茫然自失した」。ベア・ガーデンズは1642年に議会制定法によって禁止されたが、闘鶏は相変わらずの人気を保った。

## 庭園と空き地

ロンドン周辺の「野原と公園」のある空き地は、都市が拡大するにつれて非常に重視されるようになった。シティの北のフィンズベリー・フィールズには庭園や夏の別荘が作られ、バンクサイド、デトフォード、ハックニー、ホロウェイ、チェルシーの半田舎の居酒屋やパブは、春と夏の間は特ににぎわった。中にはランベス・エールやイズリントン・チーズケーキなど、特別な食べものやビールを提供してお客を引

きつける工夫をする店主もいた。ローンボウリング場や、屋外で酒が飲めるベンチのある広い庭園がある店もあった。17世紀初期に一般大衆に開放されたハイド・パークには、散策や荷馬車レース、花火やローンボウリングができる空き地があった。ウェストミンスターのスプリング・ガーデンズもまた17世紀に開放され、アーチェリー場や水浴ができる池、日時計のついた噴水があった。ある旅行者は、日時計に見とれている人を見た庭師が給水栓を開き、「周囲に立っている人たちにたっぷり水を浴びせた」と書いている。

## シティの風景

シティの中でもっとも重要で人気があった観光地はロンドン塔だった。威圧的な建物は「都市の防御と支配のための要塞」であり、「議会と協議、そしてもっとも危険な重罪人を収容するための監獄」として使われる宮殿でもあった。堀で囲まれたロンドン塔には国家の記録、巨大な造兵廠、王家の宝物、王立造幣局、動物園が収容されていた。旅行者は国王衛士や宝物館長の案内で塔内を見学することができた。

もうひとつの観光の目玉は1571年に開設された王立取引所（左頁）だった。旅行者はここで商人が朝な夕なに取引するのを眺め、2階に並ぶ150軒の店を見て回った。それらの店では本や地図、ロンドンの案内書も含めて、ありとあらゆる雑貨や高級品が売られていた。

外国からの旅行者は、特にシティの目抜き通りのチープサイドに感銘を受けた。1617-18年にヴェネツィア大使に随行していた司祭のホレイショー・ブシノは「そこでは言葉に表わせないほど見事な宝物と莫大な金を目にすることだろう」と記録している。この大通りには4つの大きな噴水または水道があり、居酒屋、商館、高級品店が並んでいた。チープサイドの西の端にあった金細工師の店は飛びぬけて豪華で、「金銀の皿や装飾品が目にもまばゆくずらりと並び」、ある旅行者の記録によれば、フィレンツェやパリをしのぐ壮麗さだった。

チープサイドの北には市政の中心であるギルドホールがあり、旅行者はそこで有名な巨人のゴグマゴグとコリネウスの像（のちにこの一対の像はゴグとマゴグの兄弟とみなされた）を見物した。この巨人たちは少なくとも15世紀初頭から、市民の野外劇や行列に登場してよく知られていた。西に目を向ければセント・ポール大聖堂が威風堂々とした姿を見せていた。大聖堂は1561年の落雷でひどい損傷を受けたが、旅行者は屋根の上を歩いてロンドンのすばらしい景色を見はらすことができた。墓や記念碑は驚嘆の的で、旅行者はいわゆる「ポールズ・ウォーク」にも目を見張った。これは1550年から1650年まで公道として使われていた大聖堂内部の中央通路で、そこでは身なりのいい紳士たちが何時間もぶらぶらして過ごし、弁護士は依頼人と会い、あらゆる職業や階層の人々が集まってニュースを交換できる場所だった。

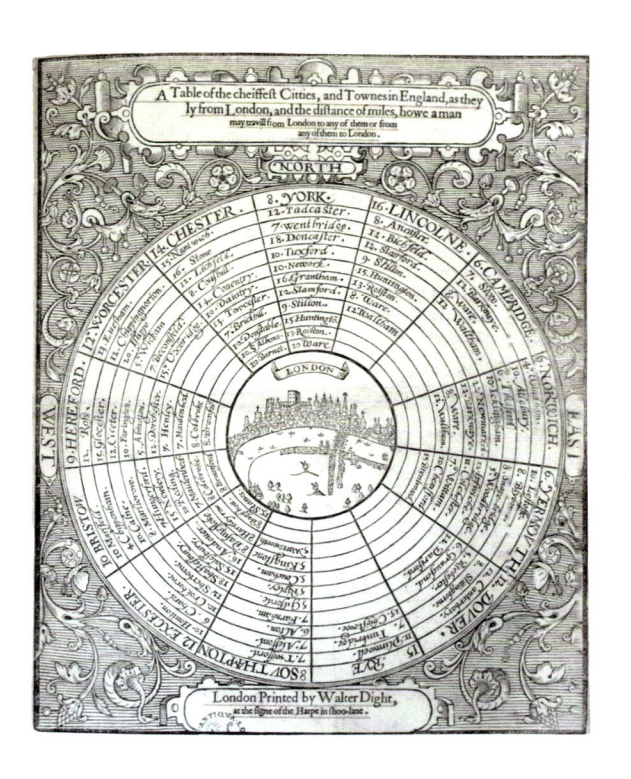

## ウェストミンスターへの旅

ウェストミンスターまで足を延ばさなければ、ロンドン観光は完璧とは言えなかった。1ペニー払えば「われらがイングランド国王と女王に関する雄弁きわまりないうわさ話の数々」を聞くことができ、旅行者はウェストミンスター寺院で「スコットランド王の大理石の玉座」を見るように勧められた。また、ガイドを頼んで寺院の中の「すばらしい記念碑」や彫像まで案内してもらうこともできた。

近くにあったホワイトホール宮殿の美術品展示室、中庭、庭園、そしてみごとな内装も一般に公開されていた。国の内外から訪れる旅行者はみな、牡蠣殻と岩でできた小洞窟から水があふれ出る女王の浴場や、中庭に展示された鯨の肋骨、そして鹿や珍しい動物のいる庭に目を奪われた。

ロンドンには数え切れないほどの楽しみがあったので1657年に歴史家のジェームズ・ハウエルが著書『コンディノポリス』の中で、「健康によい身体的娯楽と罪のない余暇の過ごし方という点で、ロンドンは他のどの場所と比べても友きんでいる」と述べたのは不思議ではなかった。 [HF]

**距離表**
ロンドンはすべての道路が集まるイングランド王国の結節点だと言われる。1600年にロンドンで印刷された左の表やその類似品は、荷車の御者や運送業者、商人やロンドンを訪れようとする旅人の必需品だった。

**1550年から90年のバンクサイド**
ラルフ・アガスの作品とされる地図の部分。牛いじめや熊いじめの競技場が描かれている。

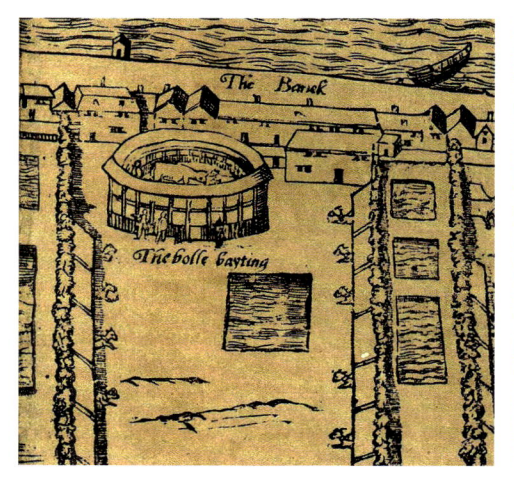

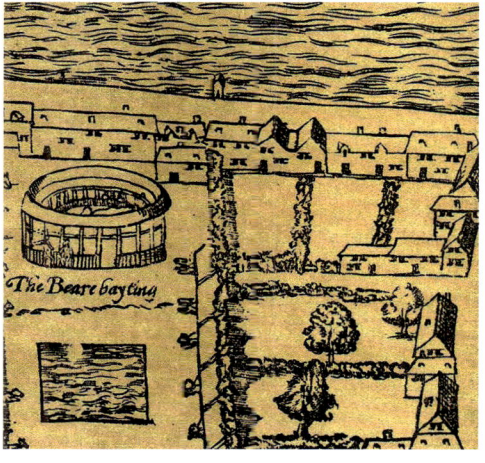

第5章――テューダー朝とステュアート朝初期のロンドン

101

# 「軒を連ねる旅籠と食堂」

ロンドンには多種多様な仕出し屋が店を出し、人々にイングランドで最高の選りすぐった料理と幅広い味覚の体験を提供していた。いくつかの地域では、5軒の建物のうち1軒の割合で、ビールやワインを売る許可を得た店があった。

**フィリップ・レーンのサルとリンゴ亭の看板**
居酒屋の店主の中には商売を繁盛させ、財産とその地域での格の高さを誇示するために、30-40ポンドも使って「豪勢な」看板を作るものもいた。

1621年にロバート・バートンは『憂鬱の解剖』を出版し、その中で「不適切な飲酒」が気分の落ち込みの主要な原因であると主張し、ロンドン市民は「飲食以外に生まれてきた目的がないかのように、居酒屋に」群れをなしていると苦々しげに述べた。議会はロンドン内で酒類の販売許可を得た店の数を制限しようと努めたが、1618年までに、ロンドン市民は多数の「いい建物」がワイン商人に買われて「居酒屋に」作りかえられるのは、「近隣住民にとってはなはだ不便で落ち着かない」と苦情を述べている。それから数年後には、シティだけで400軒の居酒屋と1000軒のエールハウスがあった。しかし、郊外ではさらにひどい状態だった。サザークのケント・ストリートでは228軒のエールハウスがひしめきあっていた。1660年代までに、ロンドンのいくつかの地域では5軒に1軒もの割合で、政府から酒の販売許可を受けた店が存在した。

ロンドン市民の中には「酒場」の数が増えれば社会の安定が脅かされるという意見もあったが、多くの人にとって、そのような店は気軽で、しかもたいてい居心地のいい環境で食べものや飲み物を提供する社交生活になくてはならない場所だった。エールハウスはロンドン中いたるところにあったが、居酒屋はワインを売る許可を得たかなり高級な店で、主要な大通りに面したところにあり、特にホワイトホール付近やシティの商業地区に集中していた。

これらの店舗の大きさはさまざまで、地下や小売店の上の1室だけのものから、かなり広い敷地に複数の部屋のある建物と中庭、別棟、庭園とローンボウリング場を備えた店まであった。キング・ストリート、コヴェント・ガーデン、チープサイド、コーンヒルの最新流行の居酒屋は特に大きく、食事ができる個室があり、居心地のいいさまざまな部屋を借りることができた。同じように目を引く建物は主要な幹線道路に面した旅籠で、王国の各地から到着する運送業者や旅人に宿泊を提供した（右頁地図）。1637年に「地道な作業を積み重ねて」完成した一覧表によれば、運送業者は帰路の途中にある旅籠を選んでいる。そのため、毎週金曜日の夜になると、セント・オールバンズから来た運送業者はオールダーズゲート・ストリートの孔雀亭（ピーコック）に宿を取り、アイルズベリーから来た者はホルボーン橋に近いジョージ亭やストランドの白鳥亭（スワン）、セント・クレメンツ教会の裏のエンジェル亭、ホルボーンのベル亭に泊まった。

## ガストロパブの先がけ

17世紀初頭から、エールハウスや居酒屋はお客に上質な料理や飲み物を出すようになり、料理の味やメニューの豊富さが評判になる店も出てきた。オールドフィッシュ・ストリートの居酒屋の船亭（シップ）は金曜日の夕食が、レドンホール・ストリートの王冠亭（クラウン）はパイが、イズリントンのサラセン人の頭亭（サラセンズ・ヘッド）はクリームとチーズケーキが有名になった。しかし、量が少なくまずい料理を高い値段で出して悪評が立った店もあった。チャリング・クロスのロケット亭は「10ペンスの価値の肉に20シリングのソースをかける」[1シリング＝12ペンス]ことで悪名高かった。いくつかの居酒屋は、普通のメニューの他に定価の食事、つまり「定食」を、おそらく特定のテーブルに限って提供した。しかし「定食」という言葉は、種類の異なる食堂、たとえばフランス料理とワインを専門に出すアブチャーチ・レーンのポンタックス亭などでも使われた。店によって値段の差は大きく、ホルボーンの黒鷲亭（ブラック・イーグル）では「さえない学士やつましい弁護士のために」6ペンスで定食を食べさせたが、チャリング・クロスのシェーヴァー亭ではひとり当たり6シリングもする高い定食が出された。

## 惣菜屋とファストフード

ロンドンの専門的な食堂には、他に惣菜屋があった。惣菜屋は手早く調理された温かい料理を、調理する設備や時間がない人や、自分で料理する習慣のない人に提供して、ロンドン市民の食生活に重要な役割を果たした。惣菜屋は

**サザークの旅籠のタバード亭**
タバード亭はのちにタルボット亭と呼ばれるようになるが、ジェフリー・チョーサーの時代の旅行者にはすでに有名な旅籠だった。この絵は1637年に取り壊される直前の姿を描いている。

### 1550年頃のサザークの旅籠と居酒屋

この地図はロンドンに到着するか、ロンドンを出発する旅行者のために、南に向かう道路沿いにたくさんの宿や居酒屋、エールハウスが並んでいた様子を示している。現在まで残っているのは旅籠のジョージ亭だけだが、現在の建物は1676年に再建されたもので、一部は1899年に取り壊された。

### ビール用の大ジョッキ

ロンドン市民はしろめ製のジョッキでビールを飲むのを好んだ。このジョッキには居酒屋の主人の名前と住所が刻まれている。「ウォルター・バーデン。ザ・ホール・イン　ザ・ウォール亭。ウォッピング地区キング・ストリートに近いパール・ストリート」。そして「盗むな」と書かれている。

### 行商人

洋なしを煮た「ホット・ベイクド・ウォーデン」は冬の間は特によく売れた。上の版画はマルセラス・ロウロンによる『クライズ・オブ・ロンドン』シリーズの中の一枚(1687年頃)。

---

ローストした肉やパイの他にも半調理品や持ちかえってすぐに食べられる便利な料理を売っていた。こうした店は大変な人気で、ロンドン中に見られたが、特にウェストミンスター・ゲート付近やヴィントリーのクックス・ロー、イーストチープ、ブレッド・ストリート、そしてスミスフィールド周辺に集中していた。パイ・コーナー、ギルツプール・ストリート、コック・レーンの惣菜屋は、商人や、年に1度の農産物の見本市であるバーソロミュー・フェアを訪れた人々に重宝された。一方、チック・レーンの惣菜屋は「質の悪い豚肉や牛の首肉」をニンジンやマリーゴールドの葉でごまかして売ったが、それでも運送業者や家畜商人は「口の端から油をしたたらせながら」大喜びでたいらげた。惣菜屋は人気があったが、一方ではかなり好ましくない評判も立てられ、当時の多くの人々は惣菜屋の料理の質や衛生状態とサービスの悪さを批判していた。

食事を提供する主要な店の他に、テューダー朝やステュアート朝のロンドン市民は、短期間だけ開かれる店や行商人から貝、木の実、新鮮な果物、安価な温かい軽食を買うことができた。特定の食べ物を専門的に扱う地域もあった。ランベスはアップルタルトで知られていた。ハイド・パークのロッジ亭はシラバブ[牛乳にワインなどを混ぜ、砂糖を加えて泡立てた飲料]、砂糖菓子、チーズケーキ、新鮮な牛乳が評判で、イズリントン、ハックニー、ホロウェイ、デトフォードはすべてチーズケーキで有名だった。ロンドン市民は日曜の午後になるとプディング・パイや温かいパイを食べにピムリコの小さな村に出かけた。フリート橋の上の屋台では、ジンジャーブレッドや木の実が買えた。パンケーキはローズマリー・レーンの名物で、メリルボーン・フィールズのファージング・パイ・ハウスでもパイが売られていた。

[HF]

第5章——テューダー朝とステュアート朝初期のロンドン　103

## 歴史的建築
## 中世とテューダー朝

**ウェストミンスター・ホール、1097-1401年**
ウェストミンスター・ホールは、ウェストミンスター宮殿の中世の建築物の主要な生き残りである。壁面の下の部分は1097-9年に作られたものだが、1394-1401年に再建されている。写真は北側の端で、元は多数の彫像で飾られていた。
地下鉄ウェストミンスター駅

**ホワイトホール宮殿バンケッティング・ハウス、1619-22年**
この建物は、イニゴー・ジョーンズによってロンドン中心部に建てられた最初の建築物である。バンケッティング・ハウスは大きな宮殿の建物の一部になる予定だったが、その建物はついに建設されなかった。チャールズ1世は1649年に処刑されるとき、このバンケッティング・ハウスの窓のひとつから出て処刑台に上った。
地下鉄ウェストミンスター駅またはチャリング・クロス駅

**セント・エセルブルガ教会ビショップスゲート、1400年頃**
この小さな中世の教会は、ロンドン大火にもドイツ軍による空襲にも耐えて生き延びたが、1993年にアイルランド共和軍が仕掛けた爆弾によってひどく損傷した。のちに教会は爆破前の姿に修復され、和解と平和センターとして役立っている。
地下鉄リヴァプール・ストリート駅

**クイーンズ・ハウス、グリニッジ、1617年**
クイーンズ・ハウスはグリニッジ・パーク内にあるイタリア風のウィラで、この建物もイニゴー・ジョーンズの作である。チャールズ1世の王妃ヘンリエッタ・マリアのために1637年に完成した。両側面に延びる柱廊は、1807-16年に作られた。
鉄道グリニッジ駅

**ロンドン塔、1097年頃から**
ロンドン塔は王家の要塞、造兵廠、動物園、監獄、処刑場、戴冠用宝玉の保管庫として長い歴史を持っている。写真は中世とテューダー朝の外壁で、19世紀に改装された。
地下鉄タワー・ヒル駅

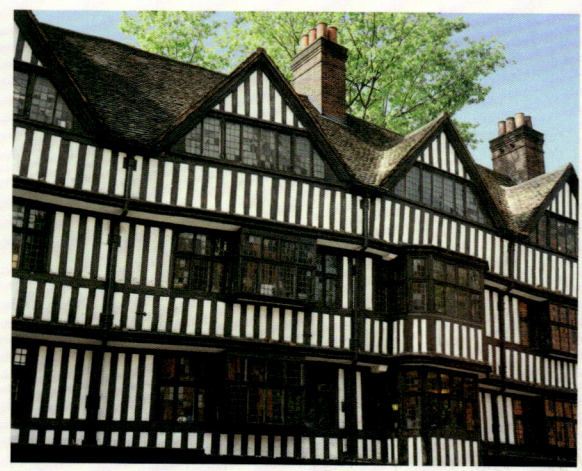

**ステープル法学予備院**
建物のこちら側は1894年に大幅に改装され、いかにもテューダー朝の建物らしく作り変えられた。しかし、この建物はシェークスピアが生きていた時代のロンドンの数多くの建築物の外観を示すよい例である。
地下鉄チャンセリー・レーン駅

### ギルドホール、1410年頃
シティの政治の中心だった中世の建物は張り出し玄関の後ろに見られる。張り出し玄関は、元は建物本体と同時期に作られたが、18世紀にインドの建築様式を模した風変わりなデザインに一新された。
**地下鉄バンク駅**

### プリンス・ヘンリーズ・ルーム、フリート・ストリート、1610年頃
この建物は居酒屋で、王子の鎧(プリンスズ・アームズ)とも呼ばれていた。道路を拡張するために、元の場所から数十センチ奥に移動して再建された。屋根裏部分に取り付けられた道路に面した欄干は、多くのテューダー朝の建物に共通する特徴である。
**地下鉄テンプル駅**

### ウェストミンスター寺院の西正面
入口のアーチは最初に1338-43年に建造され、アーチの上の壁面は16世紀に、そして西の塔が建築家のホークスムアによって1735-45年に建設された。入口を囲む彫像はおそらく16世紀に多くが失われ、1989-98年にアーチの両側に四元徳の像が、上側に各大陸から選ばれた20世紀の殉教者の像が置かれた。
**地下鉄ウェストミンスター駅**

### ランベス宮殿の門、1490年
この建物はカンタベリ大司教のロンドンにおける公邸への門で、ジョン・モートン大司教によって建設された。修復されているが、当時の大邸宅の特徴である赤レンガの中のひし形模様のいくつかは建設当時のまま残っている。
**地下鉄ウェストミンスター駅または**
**ランベス・ノース駅**

### セント・ヘレン・ビショップスゲート教会、1500年頃
この西側正面には珍しくふたつの身廊が見える。左側は女子修道院の教会で、右側は教区教会の身廊になっている。この教会は現在もシティで現役の教区教会で、1992年にアイルランド共和軍がしかけた爆弾によって損傷を受けたあとで修復された。
**地下鉄リヴァプール・ストリート駅**

| 第5章——テューダー朝とステュアート朝初期のロンドン　　　　　105

# 第6章
# ステュアート朝後期のロンドン

　中世以降、代々の国王や女王は王政の存続のためにロンドンを味方につける必要があった。1642年、ロンドン市民はチャールズ1世に敵対する態度を強く示したため、国王はロンドンから逃れた。国王がロンドンにおける王家の財産、ロンドン塔と民兵、お金と物資を敵の手に委ねたのは致命的だった。1642-49年の内戦の間、全体を考慮すればロンドンは経済的に苦しんだが、このときでさえ予期しない利益がなかったわけではない。ロンドンの大気汚染の改善を訴えた初期の運動家のジョン・イーヴリンは、ニューカースルから供給される数千軒の家庭の暖炉用石炭が内戦によって途絶えると、ロンドン中心部の果樹園や庭園で「果物が数え切れないほどたわわに」実ったと書いている。

　1650年までに、イングランドの成人は6人中ひとりの割合で、ロンドンで生まれるか、ロンドンに移住するか、ロンドンで死ぬという形でこの都市での生活を直接経験した。シティの大部分は1666年のロンドン大火で焼失したが、再建後の都市の形は大火以前とほとんど変わらなかった。1700年までに、シティとその周辺を取り巻く地域を合わせたロンドン全体は、巨大な大都市圏の中に人口60万人を擁するヨーロッパ最大の都市になった。シティがお金の集まる場所であり、ますます新しい商業と海を越えた帝国の中核となる一方で、宮廷を中心としたウェストミンスターは、ヘンリー8世の時代にもまして流行と政治の中心だった。チャールズ2世による1660年の王政復古後は特に、ロンドンのウェスト・エンドは礼儀と審美眼の国家的な発信地になった。ウェストミンスター周辺の土地の大半を占めている広大な地所から「広場(スクエア)」が発達した。地所の所有者である貴族や組織によって住宅の建設が制限されたことによって、そこに上流社会の雰囲気が生まれた。

　人々の考えや行動にも変化が生じた。古くから伝わる価値観に代わって、個人的な思想が重視されるようになった。伝統的な社会から、新しい集団が誕生した。大量消費がますます加速し、1700年までに、人々はいよいよ多くの消費者製品に囲まれて暮らすようになった。

ロンドン大火、1666年
無名のオランダ人画家によるこの大火の光景は、9月4日火曜日の夜の様子を描いている。多数の建物が細かい点まで正確に描かれており、画家がこの町をよく知っていたことがわかる。

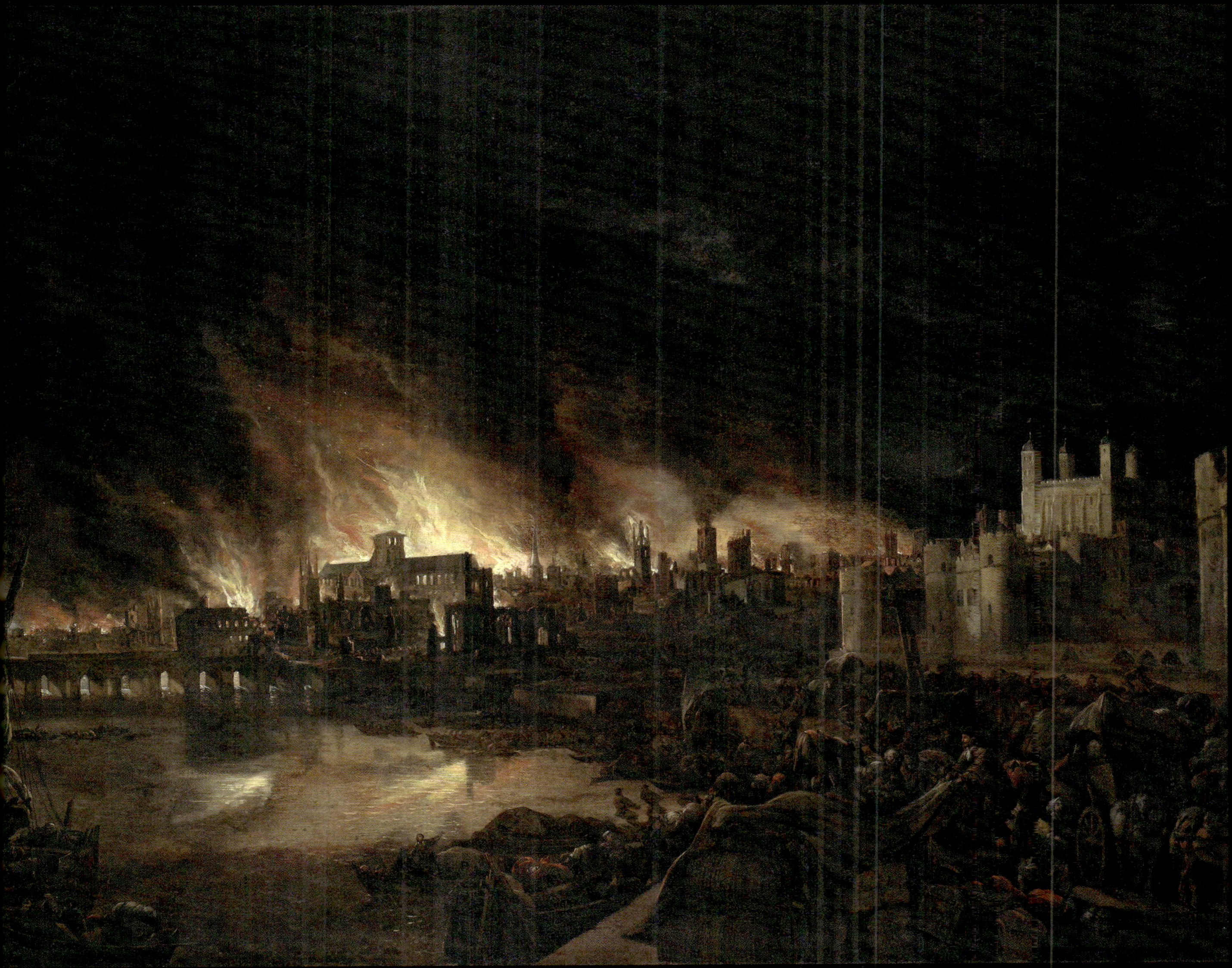

# 内乱から王政復古まで

内乱の間、ロンドンは政治的、宗教的な激しい論争の場であり、国王処刑、共和政、そして新しい国王の戴冠の舞台となった。

## 内乱から王政復古までのロンドン

内乱時の防衛用の囲みは中世の市壁をはるかに越えて、都市全体を防御した。

ロンドンが体験した内乱は奇妙なものだった。この都市は政治上の首都として、そしてその富と人口によって、きわめて大きな重要性を持っていた。議会の要求と、チャールズ1世が早急にホワイトホール宮殿から逃れ、1642年1月に最初はハンプトン・コートへ、それからオックスフォードへ逃れたことによって、内乱はロンドンで始まったと言っても間違いではない。しかし、ロンドンは実際の戦場にはならなかった。ロンドンに戦火がもっとも近づいたのは、1642年11月、ブレントフォードを奪取したばかりの国王軍がターナム・グリーンまで迫って、エセックス伯率いる正規の議会軍とロンドンのトレインド・バンズ（在郷軍人舞台）の混成による大部隊と対峙したときだった。国王軍はハウンズローへ、次いでオックスフォードまで退却し、オックスフォードは王党派の首都となった。この戦いが内乱の転換点となった。議会によるロンドンの統治が脅かされることは二度となく、ロンドンの支持なくして王党派の勝利はあり得なかった。

国王に不満を持つ群衆の「暴動」は、チャールズがロンドンから逃げ出すきっかけとなった。シティの有力者は内乱の前まで国王を支持する態度を取っていたが、国王が親カトリック政策を打ち出すといううわさが広まったために、民衆はほとんどが議会の中の反王党派の味方についた。しかし、徒弟の集団を含めて、大衆が揃って議会派に忠実だったというわけではなく、1643年には和平を求めるデモが兵士に解散させられるという事件が起こった。弱体化した経済、政治的不安定、そして新しい宗教的統制を目指す政策がいっそう混乱を深めた。

ロンドンは議会派への資金提供に重要な役割を果たした。それはただロンドンが大きく豊かな都市だったからだけではない。議会がイングランドの王党派の地域で徴税したり資金を集めたりすることが難しくなったため、ロンドンの資金力がいっそう重要になったからである。ロンドンの金融業者からの融資も重要だった。これらの資金はとりわけニュー・モデル軍の編成に使われた。ロンドン市民の最大の不安は、この都市が軍隊に制圧されることだった。結局、この不安は内乱終了後の1647年と48年に、ニュー・モデル軍がロンドンに守備隊を配備したことで現実になった。もっとも、この軍隊は、二回のロンドン駐屯中は比較的統制のとれた行動をしたようである。

## ロンドンの防衛

内乱がロンドンの地形に与えたもっとも明白で具体的な影響は、1642年秋から1643年の春にかけて建設された防衛用の囲みだった。オランダ出身の専門設計技師の指導とロンドンの各地から集まった男女と子供からなるボランティア労働者の力で、古代ローマ時代以後のイングランドで作られた

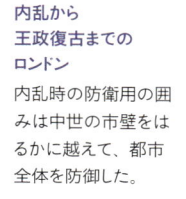

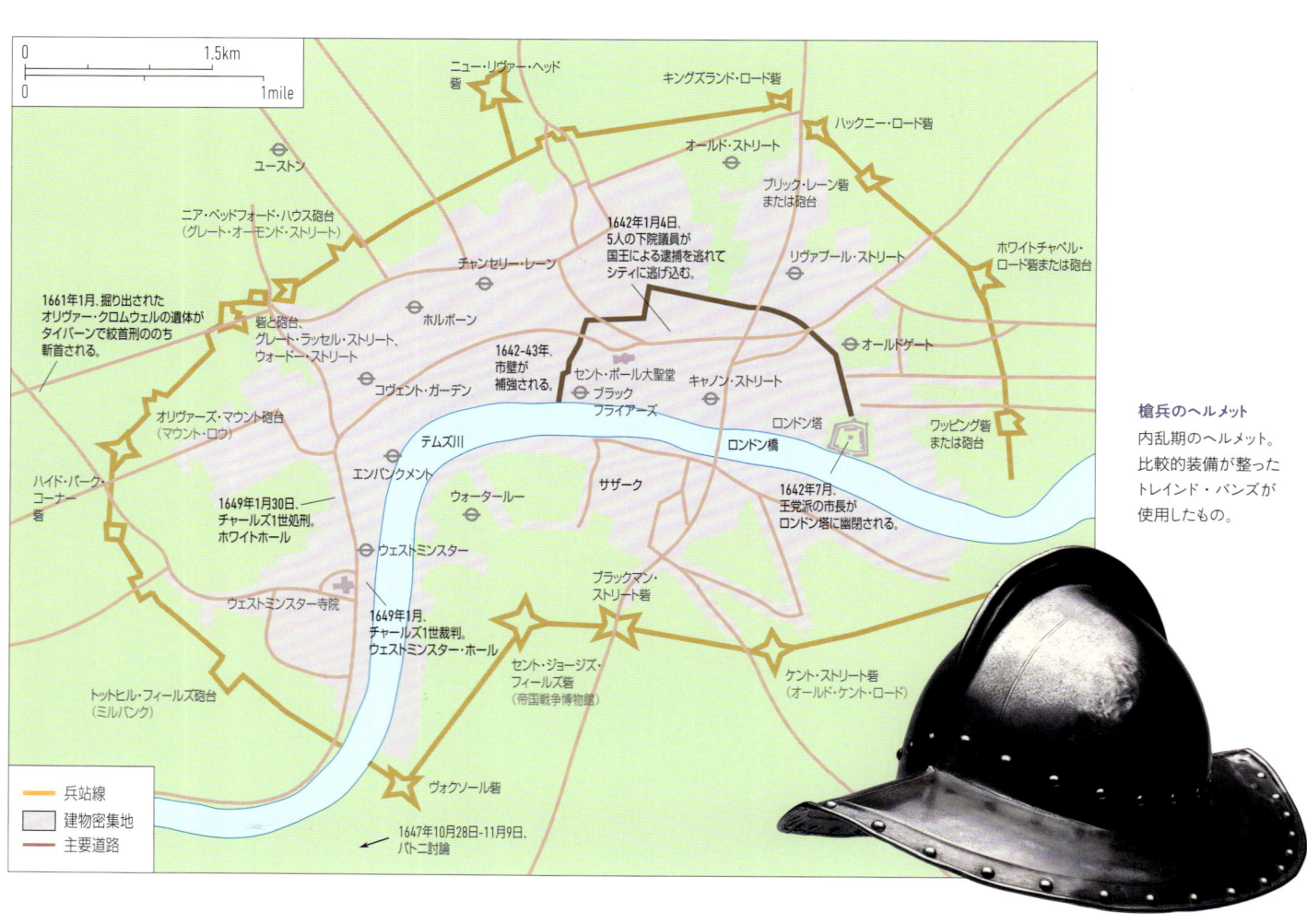

### 槍兵のヘルメット

内乱期のヘルメット。比較的装備が整ったトレインド・バンズが使用したもの。

もっとも長く切れ目のない防衛用の囲みが完成した。その囲みは「兵站線」と呼ばれるおよそ30キロのつながった濠が土塁によって守られ、途中の24か所に砦が配置されていた(地図参照)。その効果が実際に試されることはなかったが、この囲みは難攻不落の障壁となって、ロンドンの役人は都市に出入りする商品と人の流れを統制することができた。囲みの大部分は1647年に取り壊されたが、土塁の一部と砦は18世紀末まで残った。この時代の地図はまったく残っていないが、当時の文章、スケッチ、地名などの記録によって、囲みの構造や範囲がいくらか伝わっている。

## 共和政と護国卿政治

内乱の間、ロンドンには国内各地からの難民が流入し、政治的、宗教的な論争の中心地となった。おびただしい数のパンフレットや小冊子が発行され、激しい意見のぶつかり合いがあった。活動家の中でもっとも急進的だったのは平等派（レヴェラーズ）と呼ばれた人々で、彼らは居酒屋で少人数の会合を持ち、市民からの請願を組織した。レヴェラーズはオリヴァー・クロムウェルが編成したニュー・モデル軍と呼ばれる新型の軍の兵士に強い影響力を持っていた。そのため、1647年10月に完全に民主的な議会を要求する「人民協定(人民の権利と自由に基づく強固で即座の和平のための人民協定)」が出されたのは、「5頭の馬に乗った代表者たちと、それ以前の軍の承認」の力があってのことだった。1647年10月28日から11月9日まで、ニュー・モデル軍の兵士と幹部、そして市民の代表がテムズ川上流のパトニのセント・メアリ教会で、将来のイングランド憲法の制定のために討論会(「パトニ討論」)を開いた。パトニ討論は一般の兵士と市民に意見を述べる機会を与えたが、論争はまとまる兆しを見せなかった。

1647年にいったん身柄を拘束されたチャールズ1世は、1649年にロンドンに連行され、ウェストミンスター・ホールで国家に対する反逆罪で裁判にかけられた。1月30日、チャールズ1世はホワイトホール宮殿のバンケッティング・ハウス前に設けられた処刑台で首をはねられた。

1653年、クロムウェルは議会を解散し、ホワイトホール宮殿を拠点に護国卿として統治を開始した。護国卿は名称を除けばほとんど国王に等しい存在だった。1658年にクロムウェルは死に、ウェストミンスター寺院のヘンリー7世の教会に埋葬された。日記によって当時のロンドンのすぐれた記録を残したジョン・イーヴリンは、クロムウェルの葬儀について、「鳴いているのはせいぜい犬ぐらいのもので、これほど陽気な葬式は見たことがなかった」と書いている。クロムウェルの息子のリチャードが短期間だけ後継者となったが、新しい議会はオランダに亡命中のチャールズ1世の息子との交渉に乗り出し、国王の帰還への道を開いた。

## 王政復古

チャールズ2世は1660年にイングランドに帰還した。5月25日にロンドンに入り、王立取引所で正統な王であることを公に宣言した。父王チャールズ1世の死刑判決文に署名した「国王弒逆者」は逮捕され、反逆罪で裁判にかけられた。そのうち12人が死刑判決を受け、絞首刑になった。1661年1月、オリヴァー・クロムウェルの遺体は掘り出され、首を吊るされたあとで、処刑場のあったタイバーンで首をはねられた。

1661年4月22日、新国王はロンドンで行列を行なった。ロンドン塔からホワイトホール宮殿まで、この日のために建設されたいくつもの凱旋門を通り、翌日ウェストミンスターで戴冠式をとり行なった。この行列を見物したある人物はこう記録している。「国王が通ると、あらゆる場所から数え切れない歓声と歓呼がいつまでもこだまし、国王の前後で騎乗する身分の高い方々の輝かしい姿を見た観衆は、驚きよりもむしろ歓喜を覚えた」。内乱のはじめには強硬に議会を支持したロンドン市民は、国王の帰還をこぞって歓迎したのである。

[HS/JC]

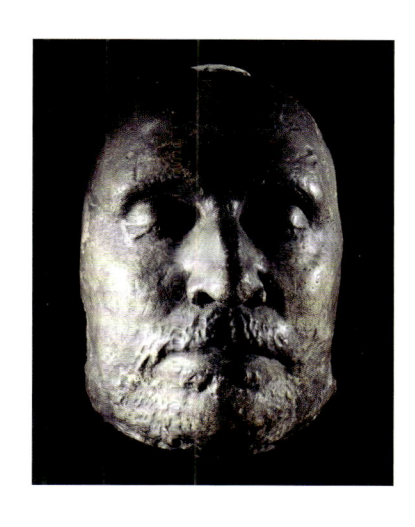

**クロムウェルのデスマスク**
王政復古の後、クロムウェルの遺体は掘り返され、王党派の役人によって絞首刑にされ、さらに首をはねられた。

**オリヴァー・クロムウェルの胸像**
護国卿に就任したクロムウェルの像。追悼のためにエドワード・ピアースが制作した。

**ロンドンに入るチャールズ2世、1661年4月**
戴冠式の前日の1661年4月22日、シティを通る国王の行列は特別に建てられた凱旋門をくぐって練り歩いた。ドリック・ストープ作。

# 大疫病

1665年のペストの大流行は、ロンドンを襲った未曾有の災厄だった。
その年の終わりまでにおよそ10万人の市民が死亡し、
普段の暮らしは失われ、商業は停滞した。

**大疫病**
大判紙に刷られたジョン・ダンストールによるペストの詳細図。1655年の「災厄の凄まじさと伝染病の猛威」を物語っている。
1. 家の中の病人
2. 家に閉じ込められる
3. 船でロンドンから逃れる
4. 陸路でロンドンから逃れる
5. 遺体を運ぶ
6. 荷車で死者を運ぶ
7. 死者を埋葬する
8. 葬送の行列
9. ロンドンへの帰還

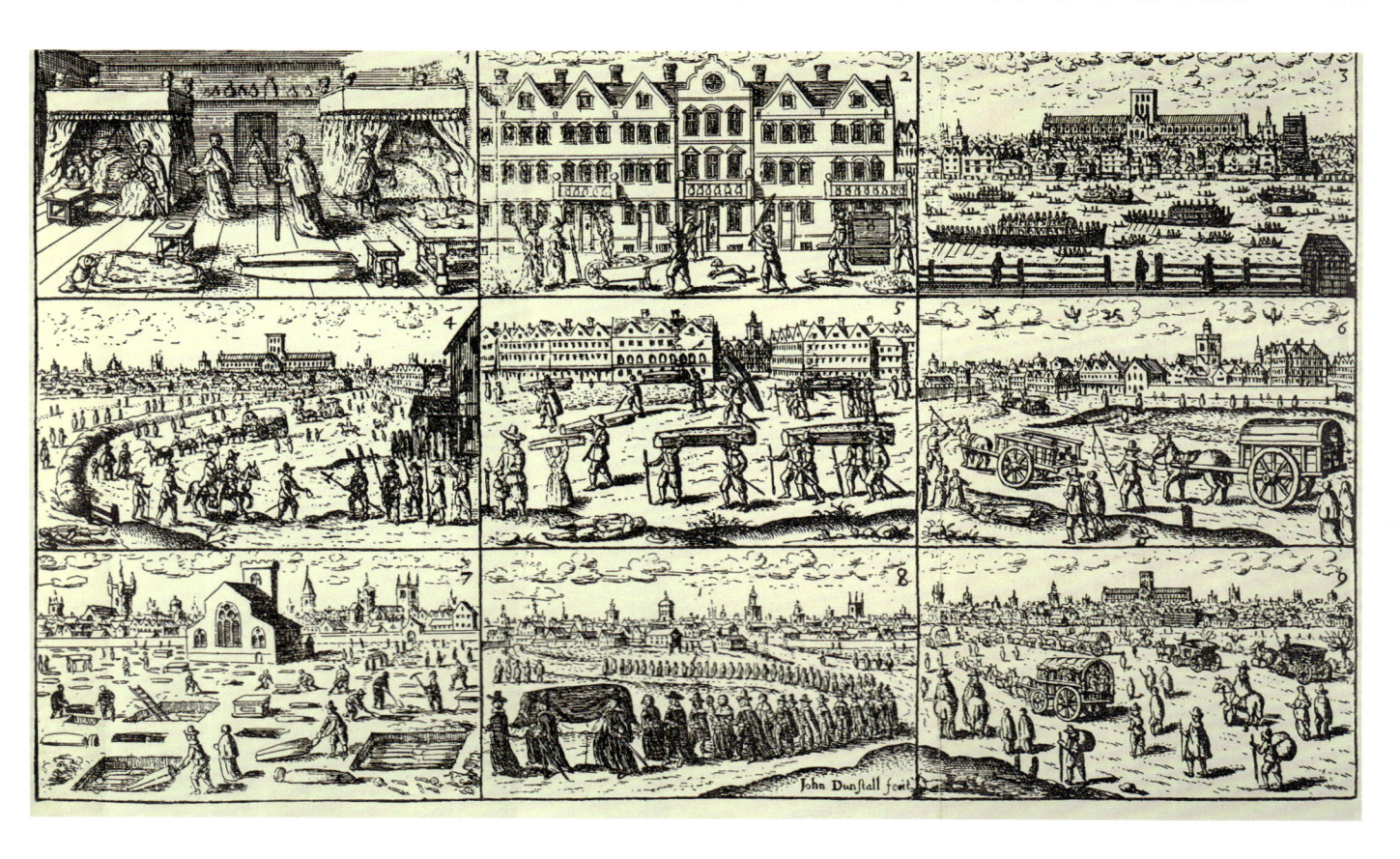

1665年12月末、『ロンドンの惨状、あるいは今年の死亡者報告書全集』と題する小冊子がオールダーズゲートの本屋で発売された。シティの130の教区の毎週の死亡者報告書を集めて合本にしたこの冊子は、ロンドンにおけるペストの最後の主要な大流行と、イングランドにおけるこの病気の最後の蔓延がどのように進行したかを明らかにしている。

活気あふれる都市ロンドンは、7か月の間に「陰鬱な都市」に変わり果てた。ある目撃者は次のように嘆いている。「毎日が安息日のようだった。（中略）店は閉まり、人影はまばらで、出かける場所もないため、ところどころで雑草が生い茂りはじめていた。（中略）音を立てて走る馬車も、意気揚々と歩く馬も、訪れる客も、商品の売り込みもなく、まったくロンドンらしくなかった」。その年の終わりまでに、ロンドンでは人口の5分の1以上が死亡し、ロンドンを中心に半径10マイル［およそ16キロ］以内にある町や村はすべて病魔に襲われた。

ペストは主にクマネズミがかかる病気で、ペスト菌（Yersina pestis）に感染することによって発病する。ネズミの間ではノミが菌を媒介し、人間はノミに噛まれるか、ペスト菌に汚染された物質が直接傷口に付着するか、あるいは（頻度は少ないが）菌を吸い込むという3つの主要な原因によって感染する。2日から6日の潜伏期間を経て、患者はインフルエンザのような症状と、わきの下や鼠径部に痛みを感じる。局部的な炎症を伴う腫れと皮下出血が起こり、高熱を発する。当時の記録によれば、発症してから2日か3日で患者は死に至った。流行が拡大するにつれて菌の毒性が強まり、肺炎のような症状が出る肺ペストが増えてくる。そうなると、患者は他の明らかな症状が出る前に、ほんの数時間で死亡する。

中世や近世のロンドンではペストはつねに身近な脅威ではあったものの、1665年の大流行が予測できた市民は誰もいなかった。ある人物は、「ペストは訪れた場所で無慈悲に命を奪う。（中略）突然に［そして］ときには最初の兆候からほんの数時間で」と書いている。1664年のクリスマス直前、ドルリー・レーンで2人の男性が「紅斑熱」と思われる症状で死亡したときからペストの流行は始まった。それから6週間は新しい患者の報告がなかった。ところが2月末、西部と北部の郊外とサザークでペストによる死者が報告されはじめた。セント・ジャイルズ・イン・ザ・フィールズの医師ウィリアム・ボグハーストは、「ロンドンでもっとも高いところにあり、空気のきれいな」彼の教区でもペストの流行が始まったと伝えている。西部の郊外からペストはホルボーンとストランドに広がり、同時に、シティの中心にあるセント・メアリ・ウルチャーチ教会教区でも感染者が出はじめた。5月半ばまでに、「疫病はかなり増加し、広がっている」と聖職者のトマス・ヴィンセントは述べている。そして翌月になると、市壁内部の多数の教区でペストの犠牲者が現れた。

ペストが広がるにつれて、ロンドンを離れられる者は都市から逃げ出しはじめた。数週間のうちに商業は衰えはじめ、幹線道路は避難する人々でごった返した。ロンドンに残る者は強い香りのある薬草の束を手に持ち、薬用ドロップを舐

め、チンキ剤を飲み、お守りやにおい玉を身につけ、タバコをくゆらして、感染から身を守ろうとした。ペスト患者は自宅に閉じこめられ、扉には赤い十字架と「主よ哀れみたまえ」の言葉が書きつけられた。監視人が見張りに立ち、隣人は「恐怖に満ちた表情」を浮かべて通り過ぎた。6月末までに、市壁の内外のほとんどの教区が犠牲者を出した。ずっと市内にとどまっていたトマス・ヴィンセントは、死神は「青ざめた馬に乗って通りを勝ち誇ったように行進し、住人がいる家にはほとんどかならず押し入ってくる」と述べた。

## 非常時の対応

17世紀のロンドン市民はこの病気に伝染性があることは知っていたが、その原因は沼沢地から発する毒気や地面から立ち上る有害な水蒸気、悪行に対する天罰や、天体の好ましくない配置などにあると考えていた。政府は罹患した人々を原野や空き地に建てたいわゆる「ペスト・ハウス」に隔離して感染を防ごうとした。ウェストミンスターでは、トットヒル・フィールズ（現在のヴィンセント・スクエア）に60人の患者を収容できるペスト・ハウスが建てられた。セント・マーチンズ、セント・クレメンツ、セント・ポールズ・コヴェント・ガーデン、セント・メアリ・サヴォイの各教会の教区のために、ソーホー・フィールズにクレイ・フィールドと呼ばれる2ヘクタールの土地が使われ、マリルボーンのマトン・フィールズに地元の反対を押しきってペスト・ハウスが建てられた。シティのペスト・ハウスはオールド・ストリート（現在のバス・ストリートから少し離れた場所）付近の人里離れた土地にあり、ロンドン東部、タワー・ハムレッツ、ロンドン塔周辺のペスト患者はステップニーのペスト・ハウスに収容された。ペストが広がるにつれて、埋葬場所を増やさなければならなくなった。流行がピークに達した8月半ばから9月半ばまでに1週間で7165人が死亡し、伝統的な埋葬はとうてい不可能になって、教会の境内に共同墓地が掘られた。辺鄙な場所にある教区には広い土地があったため、ペストによる死者のための共有の埋葬地が作られた。埋葬地はシティの北のムアフィールズ、フィンズベリー・フィールズ、ゴスウェル・ストリート、ビショップスゲート、ショアディッチ、そしてステップニーに作られた。シティのペスト・ハウス周辺の土地も使われ、政府が市民からの激しい抗議を受けてようやくトットヒル・フィールズの小屋や墓を防護壁と濠で囲った。

各教区が記録した『死亡者報告書』が死者の数を過小評価していたとしても、その数字は、教区ごとに疫病の広がり具合が異なっていたことを示している。しかし、多くの場合、流行はある決まったパターンをたどった。死者の数はピークに達したあとでいったん減少するが、その後ふたたび上昇に転じ、それからようやく通常のレベルに落ち着いた。感染を免れた人やロンドンに戻ってきた人々は、3、4週間は薬用ドロップを舐め、火を灯したロウソク、香りの強い練り香、ハーブ、松やにや硫黄を焚いて、家を煙で消毒することを奨励された。国王は12月にロンドンに戻ったが、議会は翌年の春まで招集されなかった。

[HF]

**大疫病**
ロンドンの貧困地区では、人々が田舎に逃げ出す余裕がなかったため、ペストによる被害はもっとも深刻だった。

**死亡者報告書**
毎週、シティの各教区は死亡者報告書を印刷するために教区牧師会館に提出した。1665年には、ペストによって死者数が恐ろしいほど増加した。

**ペスト・ベル**
ペストによる死者の遺体を収集していることを知らせるために、このようなベルがならされた。

# 「都市を包む大火」

1666年のロンドン大火では、都市のおよそ176ヘクタールが焼失し、数万人の市民が焼け出された。この大火はロンドン市民の意識に永遠に刻まれる大事件だった。

大火は1666年9月2日、日曜日の未明にプディング・レーンのトマス・ファリナーのパン屋から始まった。朝の7時までに、サミュエル・ピープスの召使はすでに300軒以上の家が焼けたと報告した。炎は4日間猛威を振るいつづけ、9月6日の朝になってようやく鎮火した。セント・ポール大聖堂、ギルドホール、そして52軒の同業者組合会館が焼け落ちた。被害総額は1000万ポンドと推定され、現代の基準で換算すれば、ほとんど想像もつかないほど莫大な金額になる。死者は10人に満たなかったとはいえ、10万人のロンドン市民が家を失い、生活も仕事も灰燼に帰した。

1666年のロンドンは、火事が非常に起きやすい状態にあった。シティの夏はひどく乾燥していた。木造家屋が密集し、狭い道路に家屋の一部が突き出していることも多く、火が出れば燃え移るのは簡単だった。きわめて強い東風が吹き、火は容赦なくあおられた。火元のプディング・レーンはテムズ川に近く、川の北岸に沿って建ち並んだ倉庫には油や樹脂や織物用の麻の繊維など、燃えやすいものがぎっしり詰まっていた。当時は統制のとれた消防隊のようなものはなく、教区がそれぞれに消火設備を持っていた。それは家を取り壊して防火帯を作るための斧や、水を汲むバケツだった。地元住民は一致団結して消火に努めることになっていたが、ほとんどの市民はすでに手遅れだと考えて、できるだけ多くの家財道具を持ちだして逃げることに無我夢中だった。大勢がテムズ川に殺到して船に持ち物を詰めこみ、あるいは城壁からシティの外へ出るために、混雑する道路をわれ先に進んだ。

ロンドン市民の中には、火がシティを舐めつくしていくのを魅入られたように眺めているものもいた。泥棒は混乱に乗じて、見捨てられた家から略奪した。チャールズ2世は馬に乗り、市内を巡回さえして人々に金を与え、踏みとどまって消火活動をするように説得した。最初、市長はなかなか家屋の取り壊しを命じようとはしなかった。所有者から補償を求められるのを恐れたからだが、そのためらいが、おそらく火事の被害をいっそう広げる結果になった。

## 火事の広がり

火は川岸の倉庫をのみこむと、風にあおられてシティの内部へ広がり、通りから通りへ恐ろしい速さで燃え広がった。9月4日の火曜日は、この火災の最悪の日と言われた。火はシティの目抜き通りのチープサイドをほんの数時間で焼き尽くしたあと、ロンドンの象徴であるセント・ポール大聖堂に襲いかかった。大聖堂の修復作業のために取りつけられていた木製の建築用足場が燃え上がった。ジョン・イーヴリンは大聖堂の石材が手榴弾のようにはじけ、屋根の鉛板が溶けて川のように道路に流れたと描写している。火は

**火災による惨状**
大火で焼失したシティの地域を示す版画。ウェンスロース・ホラー（1607-77）作。

そこから西に向かい、市壁を越えてテンプルへ、そして北はクリップルゲートまで広がった。大火の間、人々は家屋を取り壊して防火帯を作り、火が燃え広がるのを食い止めようと懸命な努力を続けた。しかし、市長のトマス・ブラッドワースは、「火の手が速すぎてとても間に合わない」と嘆いた。火は風にあおられて、せっかく作った空き地もやすやすと飛び越えた。家屋を取り壊すには火薬を使って爆破するのが一番手っ取り早かったが、この方法は3日目まで採用されなかった。炎と戦うためにシティの各地でそれぞれ130人の人員を集めた消火隊が配置された。

火曜日の夜に風がおさまり、水曜から木曜にかけてようやく火災は終息した。記録にある最後の出火は木曜日の午前6時にビショップスゲートで発生したが、サミュエル・ピープスが船員や地元の人々を指図して消火を助けた。

| ロンドンの栄光、灰燼に帰す

火災によって、シティの5分の4は黒焦げの廃墟となった。消火から数日たっても、地面は熱くて歩けないほどだった。ピープスもイーヴリンも足にやけどを負ったと日記に書いている。目印となる建築物がなくなって、人々は瓦礫の中で居場所を見失った。火事から大挙して逃げ出したロンドン市民はシティ周辺の野原で持ち出した家財に囲まれて野宿するほかなかった。しだいに人々は住居のあった場所に戻って、仮住まいを建てはじめた。テントの他には凍りつきそうな冬の寒さから身を守るすべもなく、数万人が何カ月も続くつらい耐久生活に直面することになった。

チャールズ2世は何度も布告を出し、困窮するロンドン市民に救援物資を配るように命じた。避難民の食料としてパンが届けられ、他の町は住むところを失った市民を受けいれ、彼らが仕事をするのを許可するように求められた。10月10日水曜日には全国的な断食が行なわれ、1万2000ポンドが救援金として集められたが、被害の大きさに比べれば焼け石に水でしかなかった。市長はこの金をもっとも貧しい人々に配ったが、多くの人には行きわたらなかった。寡婦のエリザベス・ピーコックはその典型的な例だった。この女性は大火の前に800ポンドを費やして家を建てたが、その家は火事で焼けてしまい、援助がなければ再建するのは無理だった。彼女が救援金から受け取れたのはわずか10ポンドだった。

| 犯人探し

国王を含む多くの人々が、大火は神のなせるわざだと信じていた。牧師によって、ロンドン市民の罪を非難する本やパンフレットが出版された。標的にされた罪のひとつが大食だった。大火はプディング・レーンから始まり、パイ・コーナーで終息したからだ（実際には火事はもっと遠くまで広がった）。

大火が起こったとき、イングランドはフランスやオランダと戦争状態にあった。大火の中で、この機に乗じてフランス軍が侵略してくるといううわさがたびたび飛んで、人々の間にパニックが広がった。暴徒と化した民衆は外国人を探して歩き回り、彼らの家で略奪を働いた。

大火はプロテスタントの都市ロンドンを滅ぼそうとするカトリック教徒の陰謀だと感じた人も多かった。大火の後、議会は火事の原因を突き止めるために公式な調査を開始した。報告書には、数人のカトリック教徒がもうすぐ火事が起こるとあからさまにほのめかしていたという数え切れないほどのうわさ話と告発が並んだ。報告書は、火事は事故（「神の手」）によるものだったと結論づけたが、それから何年間も陰謀説はささやかれつづけた。

最初に店から火事を出したパン屋のトマス・ファリナーは何とか非難を免れた。「生け贄の羊」として災害の責任を負わされたのは、運の悪いフランス人のロベール・ユベールだった。ユベールは精神疾患を患っていて、故意に火をつけたと自白したため、放火の罪によって1666年10月に絞首刑になった。しかし、彼の乗った船がロンドンについたのは大火が発生した後だったことが後になって判明した。専門家は近年になって火事の原因を調査し、トマス・ファリナーは否定していたが、火事が発生した前日の夜に、彼がおそらくかまどの火をちゃんと消さなかったのが原因だと結論を出した。予備の燃料と燃えやすい小麦粉を貯蔵したパン屋が、あれほどの災害につながる火元になったのである。

[MJ]

**大火の広がり**
火事は4日間にわたってシティに広がった。燃えた地域が西に広がったのは、おりからの東風が原因だった。

| 第6章——ステュアート朝後期のロンドン

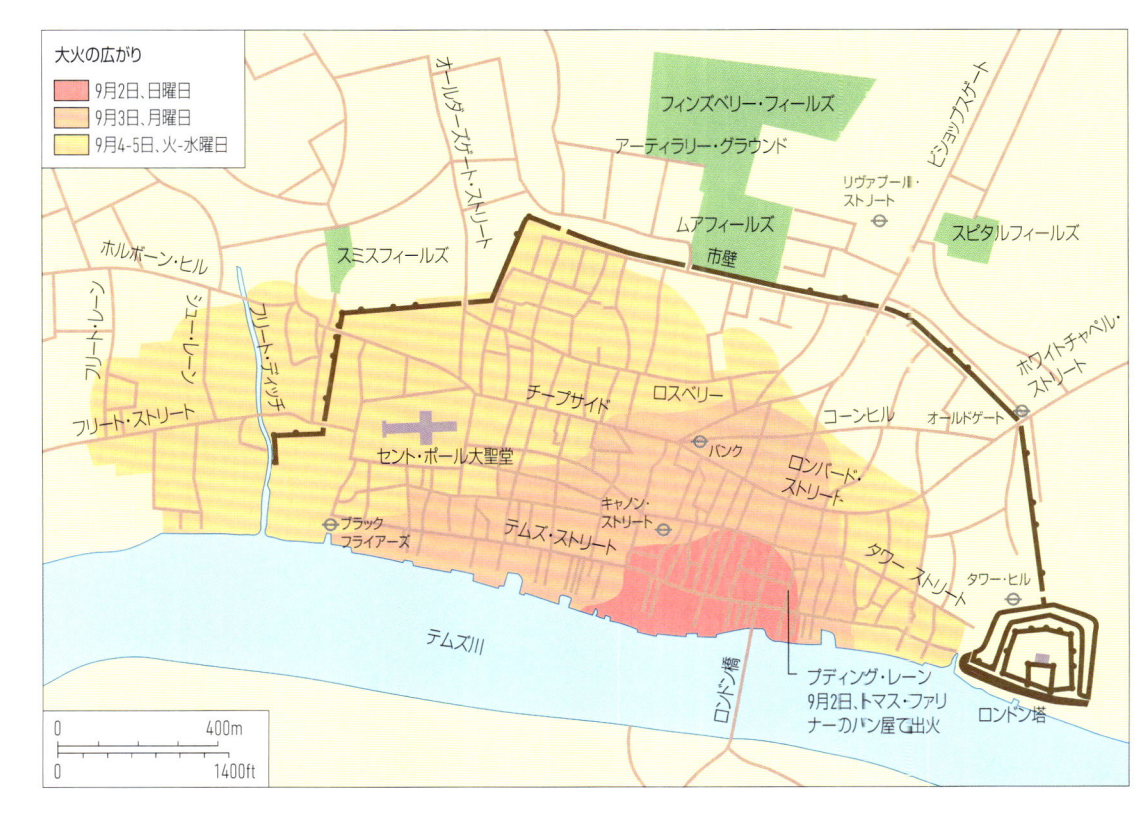

# 再建計画
## ——理想と現実

レンの壮大なバロック風の再建計画は、シティの思惑でつぶされたと多くの人が信じていた。真相はそれほど劇的なものではなかったが、国からの独立を守ろうとするロンドン市民の意志の強さが示された。

大火の後、ただちに数人から都市の破壊された地域の再建計画が提出された。これらの計画にしたがえば、ロンドンの中心部は当時のヨーロッパの他の大都市と肩を並べる都市に再建された可能性があった。国王以下、多くの人々が、狭く危険で不潔な街路、広場や大通りがほとんどなく、水路もない流行遅れの古い雑多な建物の集まりという問題だらけの中世の都市から、新しくよりよい都市に生まれ変わるチャンスを得たと考えた。1667年2月まで、白熱した議論が戦わされた。

最初、チャールズ2世とその助言者は、焼失した地域を完全に新しく作り直す基本計画を立てるのが実際的だと考えた。ロンドン政府は、火災が終息してからわずか3日後の9月8日には早くもこの基本計画を国側に求めている。クリストファー・レン(1632-1723年)は、灰燼に帰したロンドンの地下でまだ煙がくすぶっていた9月11日に、国王に直接再建計画を提出した。ジョン・イーヴリン(1620-1706年)は、アイデアが発展するにしたがって、3種類の計画を考えた。その他にも、ロバート・フック(1635-1703年)、ロンドンの測量官ピーター・ミルズ、地図製作者のリチャード・ニューコート(1610-70年頃)から2点、そして海軍士官ヴァレンタイン・ナイトから再建計画が出された。その中でもっとも興味深いのは、レンとイーヴリンが提出した計画、そしてフックによるものと考えられている(ただし確定ではない)計画である。

レンが提案したのは、ロンドン橋とラドゲート、ニューゲートをシティへの主要な入り口とし、いくつかの長い直線道路を配した都市だった。レンの計画では、新しい道路は円または楕円の広場から放射状に延びるか、規則正しい格子状に並ぶ予定だった。設計図には新しい王立取引所と大聖堂が誇らしげに描かれた。

イーヴリンの計画は、最初はレンのものと似ていたが、時間がたつにつれてロンドン市民の先導ですでに行なわれていた実際の再建工事に歩調を合わせ、大火以前の古い町並みを復活させるような計画に変わった。また、イーヴリンは、壊れてはいたが以前からある教会やクライスツ・ホスピタルの学校をグレイフライアーズの元の修道院の建物の中に合併させた。グレイフライアーズの建物は石造りだったので、大火の後も部分的に残っていた。彼は王立取引所を川岸の土地に移し、元の場所に噴水を作る提案をした。レンと同様に、イーヴリンの計画も、その頃のローマやパリの流行を反映して、直線道路と円形の広場を特徴としていた。

フックの計画は、市の測量官のミルズの計画よりもロンドン政府に気に入られたが、現在まで残っているものはない。しかし、フックの計画と思われるものが、焼け落ちた都市を描いた1670年頃のオランダの版画の中に描かれている。この計画は、レンとフックに建築学に関する著述家として知られていたヴィンチェンツォ・スカモッツィの影響を受けていた。

ヴァレンタイン・ナイトが提出した奇妙な計画は、ビリングスゲートから市内を通ってクリップルゲートを抜けてフリート川に合流する幅9メートルの運河を含んでいた。

これらの計画のうち、実現したものはひとつもなかった。

**ジョン・イーヴリンのロンドン再建計画**
1748年に印刷されたジョン・イーヴリンによる3種類の再建計画のひとつ。広場では市場が開かれ、大通りが対角線状に引かれる予定だった。

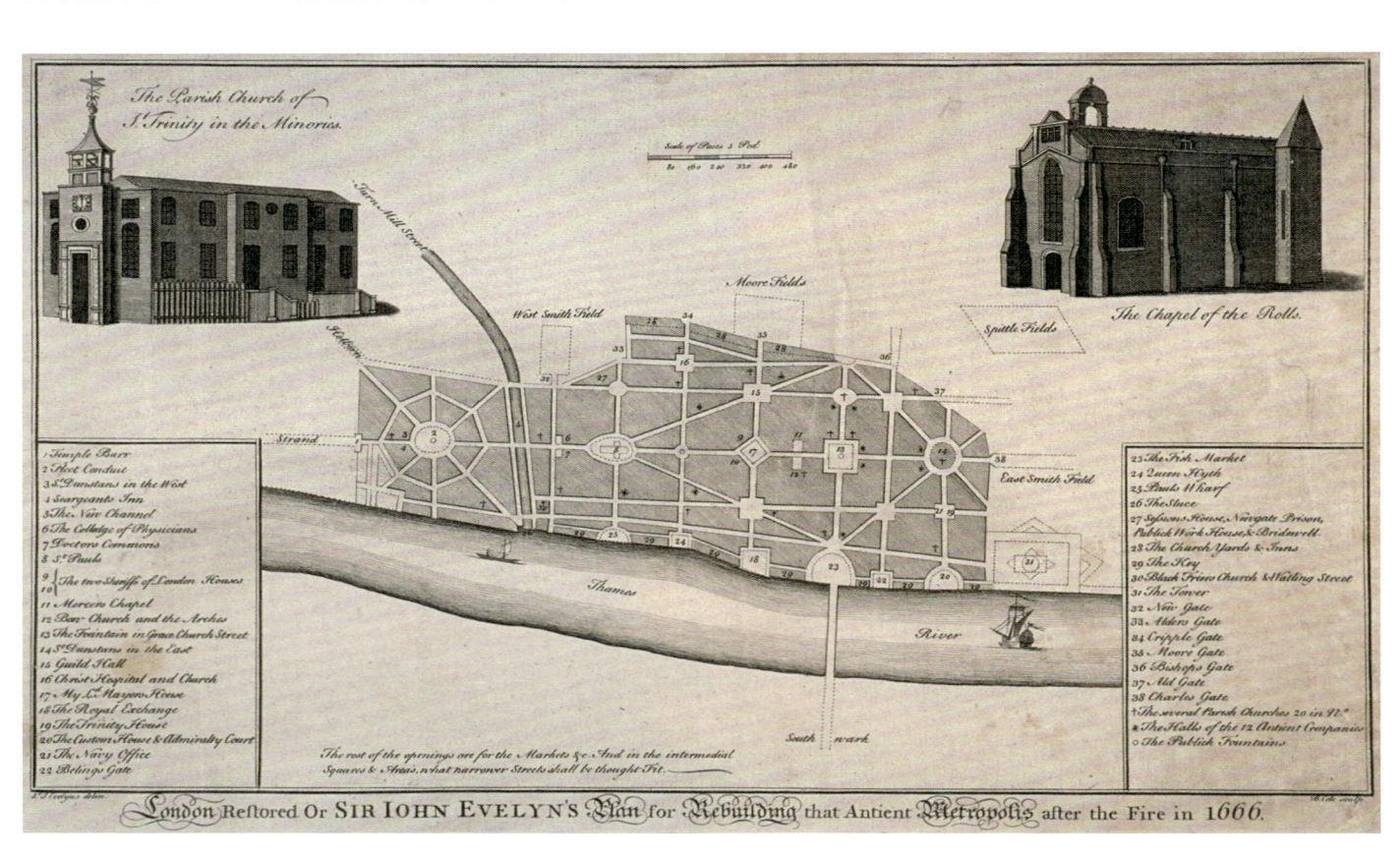

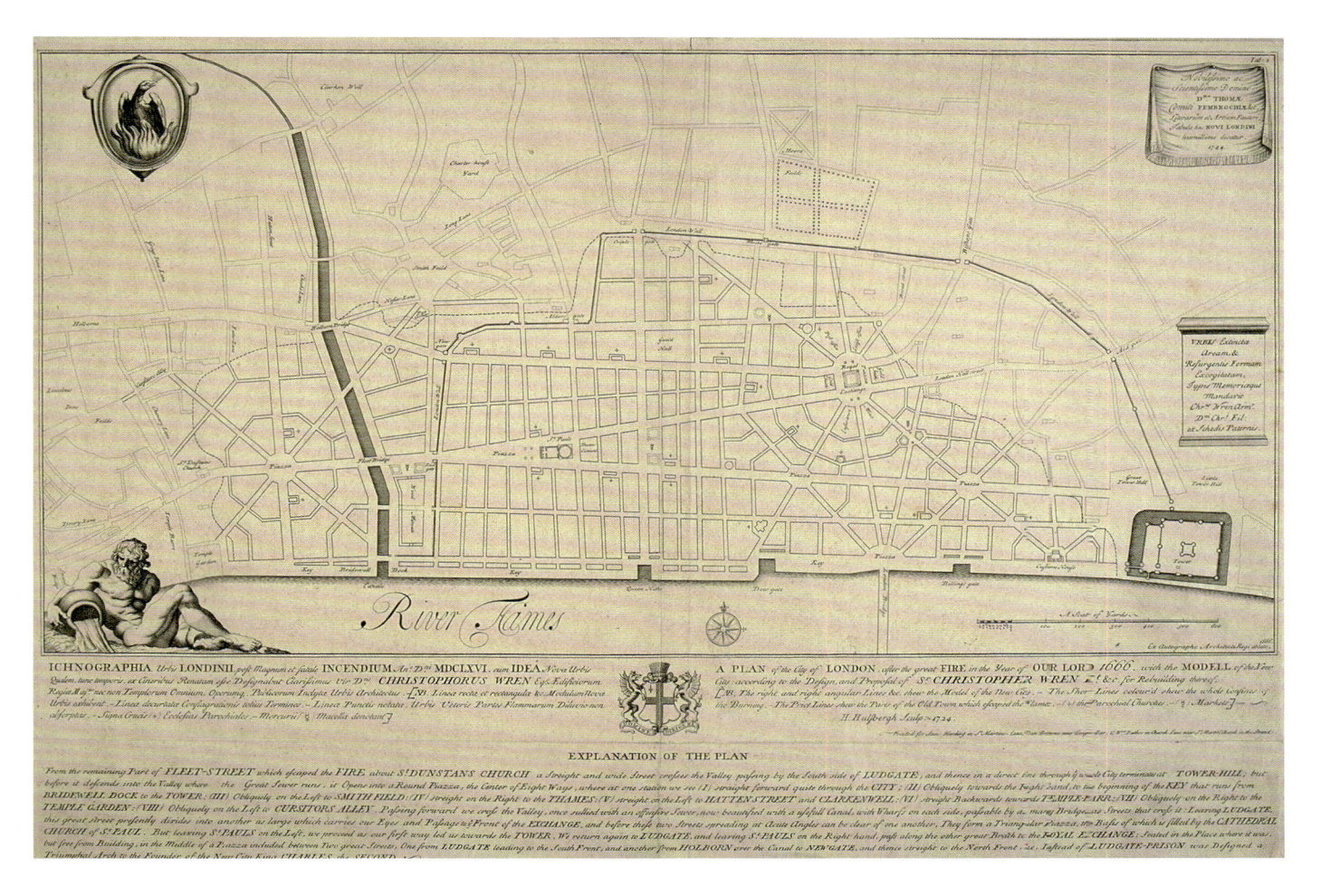

地主や借主全員に補償するのは負担が大きすぎ、元どおりの町並みを再建したいという市側の要求は強かった。いくつもの小さな改善は実現した。道幅が拡張され、築堤工事によってテムズ・ストリートを高くし、ギルドホールから築堤道路になったテムズ・ストリートまで新しい道路が一本通された。しかしこの道路も、大火を記念して現在も立っている記念碑も、レンたちが提出した理想のプランとは違っていた。

## 実現した改革

フリート川とテムズ川の川岸のふたつの改善計画は市によって採用されたが、結果は必ずしも成功とは言えなかった。ホルボーン橋より下流で、フリート川は運河化された。川岸を直線に整え、それに沿って商品保管用の地下貯蔵庫をレンガで建設して川岸を高くした。この地下貯蔵庫は運河に沿った道路の基礎部分になり、短期間で運河の背後にしゃれた建物が建てられた。この計画はレン、フック、ジョン・オリヴァーによって設計されたものだが、商業的には失敗に終わり、ホルボーン橋より下流のフリート川は1766年に暗渠になり、現在のニュー・ブリッジ・ストリートが作られた。

シティ政府はブラックフライアーズからロンドン塔まで、およそ1.6キロにわたるテムズ川北岸の完全に破壊された地域にも同じ計画を立てた。ヨーロッパの一国の首都にふさわしい埠頭を建設するために、川の縁から12メートル以内の土地から余計なものを取り除いて空き地にした。1676年に作成されたオグルビーとモーガンの地図では、この川岸の土地は大部分が空き地になっているが、まだところどころで個人所有の土地の境界線で遮られている。埠頭の所有者は物置やクレーン、倉庫を建てる必要があり、この計画はまもなく放棄された。大火の後、川岸を広げるための新しい埋め立て工事は、実質的にはまったく実施されなかった。

しばらくの間、火事で焼失した地域は第2次世界大戦中に爆撃を受けたイギリスやドイツの都市のようなありさまだった。住人の姿はほとんどなく、家を失ったごく少数のもっとも貧しい人々が、がれきの中にテントを張って生活しているだけだった。日記作家のサミュエル・ピープスは、夜になってから廃墟の中を歩かなければならないときは、用心のために剣を手に持っていると書いている。

古い町並みをそのまま再建するのが一番実際的な解決になるということは、すぐに明らかになった。大勢の土地所有者や借主が、個々の建物を再建する責任について言い争った。シティはこうした論争をすみやかに処理するために、数人の裁判官からなる火事調停裁判所を設置した。裁判官はあらゆる関係者の言い分に耳を傾けたが、もっとも重要なのはシティの一日も早い再建であり、彼らは数百件もの訴訟に素早く判決を下した。火事調停裁判所の迅速さと能率のよさが、ロンドンの再建があれほどすばやく実現した主な理由である。それは非常に多くの建物の大火後の境界線が、中世の、ときにはサクソン時代の前例にしたがって決められたひとつの理由でもあった。数年後には、これまでどおりの機能を持つ都市を再建したいというロンドン市民の決意が、都市計画者の理想を上回った。　　　　　　　　　　　［JS］

クリストファー・レンのロンドン再建計画
1724年に印刷されたレンの新しい都市の建設計画。波線は、大火がそこまで広がったことを示している。北部と東部では古い町並みが残っている。この計画では都市が成長する余地は考慮されなかった。

第6章──ステュアート朝後期のロンドン

# ロンドンの再建

大火がもたらした変化は、実際よりも誇張されてきた。
多くの公共建築物が近代的に建て替えられたが、ロンドン市民の大半は、それから何世代も木造住宅に住みつづけた。

**大火後の王立取引所**
コーンヒルから見た王立取引所。エドワード・ジャーマンが設計し、トマス・カートライトが1668年に完成させた。1838年の火災でふたたび焼失した。

1676年にオグルビーとモーガンが作成したロンドンの詳細な地図によれば、火災によって破壊されたか、損傷を受けたロンドンの地域は、いくつかの教会やその塔を除いてほぼ再建されていた。10年以内にこれほどの再建が達成できたのは驚くべきことだった。多くの道路が少しだけ幅を広げられ、王立取引所や修復されたギルドホール、いくつかの新しい市場など、石造りの公共建築物がロンドンを飾っていた。ロンドン橋より下流には国際貿易船のための埠頭がいっそう集中したが、倉庫の収容能力はかなり拡大された。

新しい公共建築物、同業者組合会館、そして教会は、ロンドンを本拠地とする少人数の建築家や測量家によって設計され、外国人の関与は（知られている限りでは）ほとんどなかった。特に重要なのはロバート・フック、エドワード・ジャーマン、ピーター・ミルズ、そしてとりわけクリストファー・レンの仕事だった。彼らはフランスやオランダ、そして（どちらかと言えばまれだったが）イタリアのバロック建築から様式的なアイデアを取り入れた。

火災で損傷した36軒の教区教会は建てなおされず、それらの教区は他の教区と合併された。しかし、52軒の教会は、レンとその仲間の設計（フックもいくつかを設計したらしい）にしたがって再建された。そのうち39軒が現在まで生きのび、ヨーロッパ全体で見ても歴史的重要性のある建物だと考えられている。大火以前に建っていた教会は、たいてい堅固な石造りの塔が焼け残った。そしてほとんどの場合、新しい教会の設計は元の教会の名残の影響を受けたから、レンの設計する教会の塔は大半が本質的に中世の様式をとどめていた。1580年代以降、ロンドンの教会の多くは回廊を備えていたので、新しく建てられた教会のいくつかに回廊があるのは、とくに目新しいことではなかった。

## 建築規制

これまで歴史家は、ロンドン大火がその後のロンドンとその他のイングランドの都市の道路や建築物の設計、そして

**ロンドン橋近くのフレッシュ・ワーフ**
レンが設計したセント・マグナス・ザ・マーター教会が橋のとなりに建っている。この教会は1759年にこの絵のような形に再建された。手前には1670年代に作られた築堤道路の名残が描かれている。この絵は1762年頃のウィリアム・マーローの作品。

**大火後にレンと
その同僚によって
再建された教会**

いくつかは19世紀に取り壊されたり、第2次世界大戦で破壊されたりした。この地図には、失敗に終わった当時の投機的事業のフリート運河も描かれている。

凡例:
- レンや同僚が建設し、現存する教会
- レンが建設したが、その後破壊されたか、廃墟となっている教会
- 1666年のロンドン大火で焼失した地域
- 道路

地図上の地名: フリート運河、セント・ポール大聖堂、テムズ川

1. オール・ハロウズ・ブレッド・ストリート
2. オール・ハロウズ・グレースチャーチ・ストリート(ロンバード・ストリート)
3. オール・ハロウズ・ザ・グレート
4. クライスト・チャーチ・ニューゲート・ストリート
5. セント・オールバン・ウッド・ストリート
6. セント・アンドリュー・ホルボーン
7. セント・アンドリュー・キャッスル・ベイナード
8. セント・アン・アンド・セント・アグネス
9. セント・アントニン
10. セント・オーガスティン・バイ・セント・ポールズ
11. セント・バーソロミュー
12. セント・ベネット・フィンク
13. セント・ベネット・グレースチャーチ
14. セント・ベネット・ポールズ・ワーフ
15. セント・ブライド
16. セント・クリストファー
17. セント・クレメント・イーストチープ
18. セント・ディオニス・バックチャーチ
19. セント・ダンスタン・イン・ザ・イースト
20. セント・エドマンド
21. セント・ジョージ・ボトルフ・レーン
22. セント・ジェームズ・ガーリックハイズ
23. セント・ローレンス・ジュリー
24. セント・マグナス・ザ・マーター
25. セント・マーガレット・ロスベリー
26. セント・マーガレット・パテンズ
27. セント・マーティン・ラドゲート
28. セント・メアリ・アブチャーチ
29. セント・メアリ・オールダーマンベリー
30. セント・メアリ・オールダーマリー
31. セント・メアリ・ル・ボウ
32. セント・メアリ・アット・ヒル
33. セント・メアリ・サマーセット
34. セント・メアリ・ウールノス(のちにホークスムアが再建した)
35. セント・マシュー・フライデー・ストリート
36. セント・ミカエル・バシショウ
37. セント・ミカエル・コーンヒル
38. セント・ミカエル・クックト・レーン
39. セント・ミカエル・パターノスター
40. セント・ミカエル・クイーンハイズ
41. セント・ミカエル・ウッド・ストリート
42. セント・ミルドレッド・ブレッド・ストリート
43. セント・ミルドレッド・ウォルブルック
44. セント・ニコラス・コルダビー
45. セント・オラフ・ジュリー
46. セント・ピーター・コーンヒル
47. セント・セパルカー
48. セント・ステファン・コールマン・ストリート
49. セント・ステファン・ウォルブルック
50. セント・スイシン
51. セント・ヴェダスト

公共サービスに重要な影響をもたらしたと考えてきた。火災が猛威を振るったのは確かだが、火は当時の都市のおよそ3分の1を破壊したにすぎなかった。火災に直接襲われた地域の内側では、レンガと(ときには)石で作られた新しい都市が誕生したが、その周りでは、大部分の地域で昔ながらの木造建築が何十年も保たれた。これらの家屋の外見的な新しさと、広場を囲んで住宅が並ぶ住宅区(126-127頁)はかなり注目を浴びたが、これらの住宅の設計も、それらの住宅が区画を作って並んでいるさまも、実際には新しいものではなかった。間取りに変化はなく、家屋の形も、高さに関する規制を除いては従来と変わらなかった。これらの住居はおそらく以前より清潔だったし、正面が木造で1階よりも2階部分が突きだした建物を建てるのは禁止された。しかし多くの点で、新しい家屋はエリザベス朝やジェームズ1世朝風の都市の家の表面をレンガで覆ったものにすぎなかった。商店は昔ながらの商店のままで、1666年から数十年間、商店は大火以前と同じように店先に看板を突きだしておくことが許されていた。ウェストミンスター宮殿周辺の、魅力的な西部地域に人口が移動する動きはすでに大火よりかなり前から始まっていたが、シティはいまだに人口過密状態だった。大火後に建設された建物のほとんどは、以前と同じ目的で使用された。

新しい建物が以前より頑丈に建てられたかどうかさえ断言できない。特に、新たに開発されたスクエアと呼ばれる住宅群はせいぜい50年程度しか持たないようなお粗末な造りだった。数千軒も建てられた住宅のうち、現在まで残っているのはほんの一握りにすぎない。それでも、焼失した古い家の代わりに新しい住居を建てることで、シティの住人に再出発の新鮮な気分を与え、洗練された都会生活の意識を多くの人々にもたらしたのは確かだった。シティ内部の再建された地域は、ウェストミンスターや環境のいい郊外に配置された新しい町並みに似ており、昔ながらのシティと郊外の差がますますあいまいになったことを意味していた。

再建工事のほとんどは1670年までに終わった。平常の生活が戻ってきた。道路や公共の場所は新しく舗装された。商業は再開された。ロンドン橋には荷車がひしめきあい、1670年には、おそらくロンドン初の正規の交通警官の任命が必要になった。当時、警官は橋の上の交通の流れを、現在の交通ルールとは反対の側に分けていた。

## セント・ポール大聖堂

現在ロンドンに建っているもっとも重要な建物は、この時代に建てられた。新しいセント・ポール大聖堂はクリストファー・レンが設計し、1675年に着工して1714年にようやく完成を見た。新しい建物は中世の大聖堂があった場所に建てられ、元の大聖堂に使われていた石のほとんどは、レンが建築した建物の下層部の壁の基礎工事に利用された。新しい大聖堂はまもなく国家的な重要人物の墓地となり(ネルソン提督やウェリントン公はここに埋葬されている)、王家の行事や国家の祝賀行事のために使われるようになった。現代のビル街には眺望を遮らないように高さ制限が設けられているおかげで、大聖堂は現在もハイゲート・ヒルやグリニッジなど、ロンドンの遠方の各地から見ることができる。レンの傑作である壮麗な大聖堂は、現代のシティで眺めるよりも、スチュアート朝のシティではいっそう壮大にそびえていたことだろう。

[J5]

第6章──スチュアート朝後期のロンドン 117

# 新しい広場、大邸宅、宿屋

1700年までに、ロンドンはこれまで世界に誕生した中で最大の帝国のひとつの中心になろうとしていた。ロンドンがまぎれもない大都市であることは、新しく発達したウェスト・エンドの壮大な建物や広場を見れば明らかだった。

### ✥ケンジントンの貧富の差

ロンドンの建物密集地の外側には、野原、田園、そして小村があった。死者の財産目録から、その頃の家の中の様子を再現することができる。1670年代の、当時は小さな村だったケンジントンに住んでいたふたりの例を見てみよう。

フィリップ・コルビー（1672年死去）は広間、ふたつの居間、食堂、いくつかの寝室とふたつの女中部屋のある豪邸を所有していた。広間には地図と11枚の絵画があった。他の部屋にもエリザベス女王以後のイングランドの国王と王子の肖像画12枚を含む絵が飾られていた。蔵書には宗教改革者のルターやカルヴァンの著書もあった。主要な部屋と寝室の壁はすべて布か壁掛けで覆われていた。コルビーの食卓用の銀器には、18本の銀のスプーンと3つの銀のワイン用のコップ、そして当時流行しはじめていた小さなフォークが2本あった。コルビーの動産の総額は509ポンド18シリングに上った。

対照的に、アレクサンダー・ビーン（1674年死去）は家と馬小屋を持っていた。家の部屋数は3部屋で、おそらく1階に2部屋、2階に寝室がひとつあった。台所にはテーブルが2台と古い椅子が3脚置かれていた。寝室には暖炉の前に古い革張りの椅子が3脚と、ふたつの背もたれのない腰掛けがあった。財産を評価する査定者は、馬小屋に古い1頭の年老いた馬と、荷車と一対の車輪を見つけた。ビーンの財産総額はコルビーの13分の1の14ポンド2シリングだった。

17世紀になると、シティの市壁を出て西部の優美な郊外に人々が移転する傾向がますます強まった。広場や洗練された住宅、シティとウェストミンスターの間の野原を埋めつくした。ロンドンの人口が劇的に増加するにつれて、郊外はあらゆる方向に広がった。以前にもましてロンドンはブリテン島の中心になり、ロンドンと地方の間を行き来する新たな人の流れから利益を得るために、回廊のある宿屋が急速に増えた。

1700年には、ロンドンは東と西、北と南でまったく対照的な顔を持つ都市に成長していた。ストライプによる1720年のロンドンとウェストミンスターの地図（右頁）には、西はウェストミンスターから東は再建されたシティの東部まで広がるひとつの大都市圏と、南のサザークにおける道路や建物の急速な拡大が示されている。

流行の広場はまず、1630年代にシティの西のコヴェント・ガーデンで、そして1650年代にリンカーンズ・イン・フィールズで開発された。土地を所有する貴族はロンドン郊外にある彼らの土地（多くは修道院解散で手に入れたものだった）の開発に投資して、莫大な利益を得た。また、ロンドンの製造業者や建築業者も投機家として財をなした。

ブルームズベリー・スクエアは1665年、セント・ジェームズ・スクエアは1667年、レスター・スクエアは1671年、ソーホー・スクエア（元の名はキングス・スクエア）は1681年、ゴールデン・スクエアは1688年、グロヴナー・スクエアは1695年、レッド・ライオン・スクエアは1698年に作られた。ブルームズベリーやレスター・スクエアがそうであるように、広場には多くの場合、片側に貴族の大邸宅があって、新しく作られたその地域全体に豪壮な雰囲気をかもしだしていた。

広場と脇道、市場、そしておそらく教会まで備えた完全な区画を開発するというアイデアは、1630年代にコヴェント・ガーデンの南側に大邸宅を建設したベッドフォード伯から始まった。コヴェント・ガーデンのふたつの側面には回廊状の通路の上に美しい家屋が建てられ、4番目の側面には新しい教区教会が置かれた。この教会は宮廷建築士のイニゴー・ジョーンズ（1573-1652年）によって設計された。

ストライプの地図には当時完成したばかりのハノーヴァー・スクエア、そしてオックスフォード・ストリートの北のハーレー＝キャヴェンディッシュの地所に建設中だった最初の建物群が記載されている。この開発によって、1717年までにハーレー・ストリートとキャヴェンディッシュ・スクエアが誕生した。17世紀の住宅開発は、のちの住宅開発事業にも永続的な影響を与えた。1760年以降、広場はオックスフォー

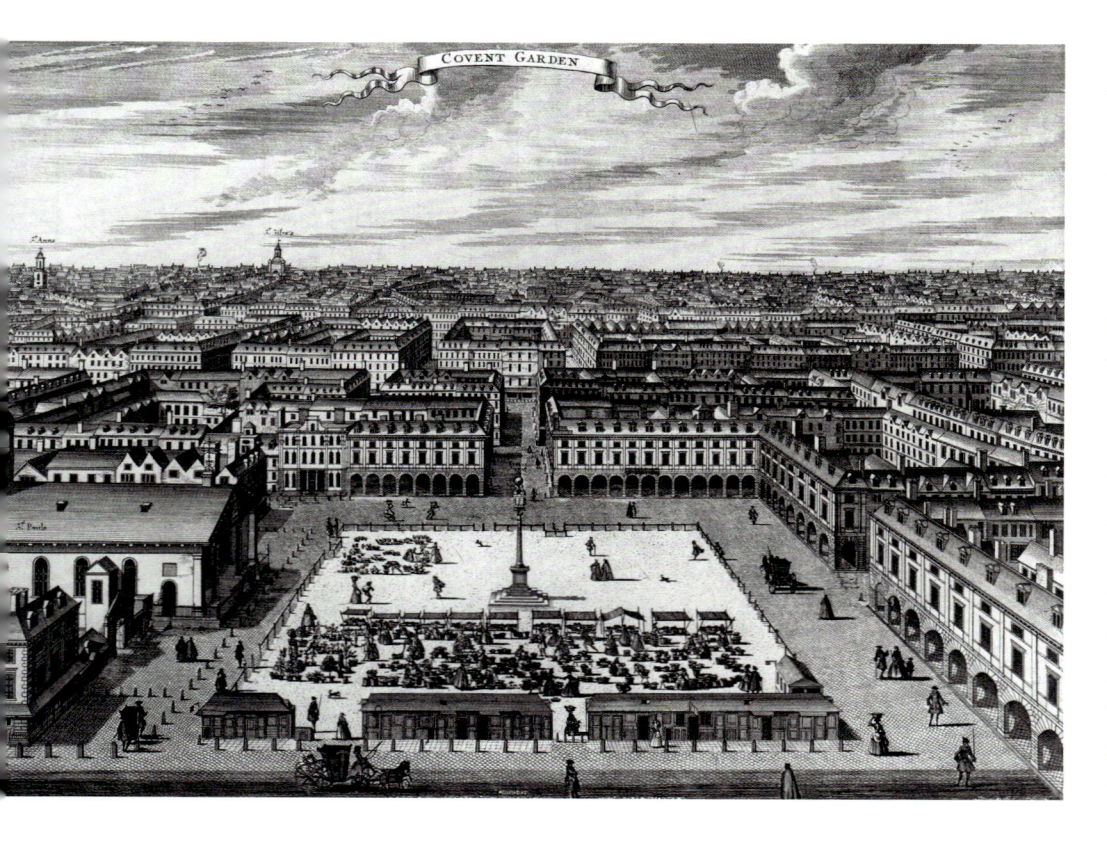

**コヴェント・ガーデン**
コヴェント・ガーデンは1631年にイニゴー・ジョーンズによって、ベッドフォード伯のために設計された。広場の南にベッドフォード伯の邸宅が接する形式は、私的な地所の初期の典型的な例である。

### 1720年のシティと ウェストミンスター

1720年のジョン・ストライプの地図では、中世ロンドンの名残はどこにも見当たらない。南のサザークと西のウェストミンスターでは本格的な発展が始まろうとしていた。

ド・ストリートの北で、西はマーブル・アーチの方まで建設されたが、これらの広場はそれ以前に作られた広場から延びている道路によって、位置や形を制限された。

かつて野原だった広大な土地を所有していた公爵たちは、所有権を持ち続けていたので、地域全体の社会的、建築的、そして経済的な性格を決定することができた。広場は排他的な性質を持っていた。1776年に作られたベッドフォード・スクエアには5つの門があり、門番小屋に門番がいて、羊の群れや荷車、空の辻馬車、運動中の馬や葬式が入り込まないように監視していた。ベッドフォードの地所では、住宅はジェントルマンの私的な住まいにしか使用できず、多くの商業は禁止された。住宅を学校、コンサート・ホール、警察署、病院、商店や売春宿に転用することはできなかった。これが、ロンドンの18世紀の広場としてベッドフォード・スクエアだけが昔のまま残っている理由の一つである。

### 新しい郊外

ロンドンの東部と北東部の、もはや不要になった市壁の外では、新しい郊外が急速に成長した。ユグノーの共同体はスピタルフィールズに定住し、あらゆる種類の海運業者、航海士、船員は、ワッピングなど、ロンドン塔より下流のテムズ川河岸やプール・オブ・ロンドン［シティがテムズ川に接する岸辺］にあったかつての小村で暮らした（エリザベス朝の港は1550年代にロンドン橋の東に創設された。そのため、ロンドンの倉庫の大半は19世紀に入ってからも都市の東半分に集中していた）。ホワイトチャペルより東は野原だったが、1600年を過ぎてからまもなく新しいドックが作られた。

テムズ川の対岸のサザークでは、中世の郊外が製造業の中心として発達しはじめ、特に製陶所や、輸入されたホップを使ったビールの醸造所が数多く作られた。1678年にサザークは広範囲な火事に見舞われたが、その後に建てられた建物はまだ木造だった。サザークにも、チョーサーの時代に繁盛していた陣羽織亭（タバード）の跡を継ぐ多数の馬車宿があり、イングランド南東部に向かって延びる輸送路のロンドン側の終点となった。その役割は現代の鉄道の駅のようなもので、場所も鉄道の駅とほぼ同じところにあった。宿屋は旅商人のための集会所や商品の展示場を兼ね、今日のカフェやバーのような役割を果たしていた。　　　　　　[JS]

### ブルームズベリー・ スクエア

1747年のジョン・ロックのこの地図では、ベッドフォード・スクエアの北側にモンタギュー邸とベッドフォード邸が描かれている。

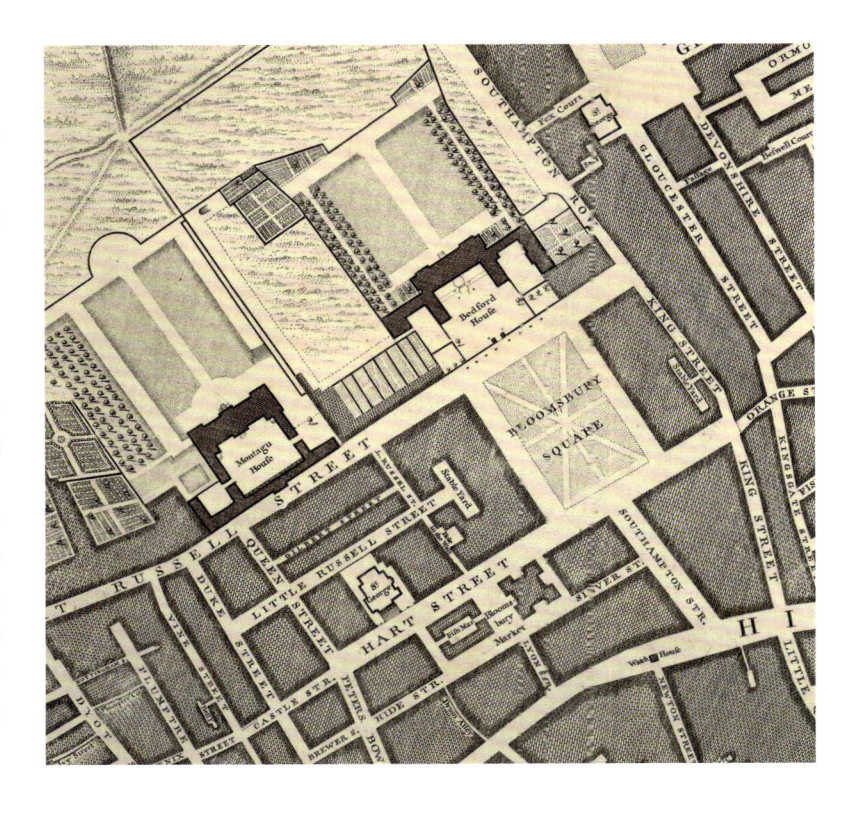

第6章——ステュアート朝後期のロンドン　　119

# ロンドンの海軍

イングランドの王立海軍はロンドンと深いかかわりを持っていた。17世紀には、海軍を統率する海軍本部と、デットフォード、ウリッジ、グリニッジの海軍施設の改革が行なわれた。

17世紀の海軍本部は海事裁判所（司法）と海軍委員会（行政）の2部門からなり、両方ともロンドンに拠点を置いていた。海事裁判所はサザークのセント・マーガレッツ・ヒルに本部があり、のちにシティのセント・ベネッツ・ヒルにあった博士会館（ドクターズ・コモンズ）に移転した。海事裁判所は海運に関する訴訟を担当し、戦時中に獲得した戦利品に関する裁決を行なった。

海軍委員会は造艦と修理、ドックや海員の衣食と賃金の管理を担当した。海軍委員会は1546年にヘンリー8世によって設立され、シージング・レーンに主要な事務局があった。食料局はタワー・ヒルにあり、近くには海軍に食料を供給する倉庫や食肉処理場があった。海軍委員会は陸軍と海軍の軍需品を製造・供給する軍需品局と密接な関係を持っていた。軍需品局の事務局と倉庫はロンドン塔に置かれた。

サミュエル・ピープス（1633-1703年）と海軍とのかかわりは、ピープスが海軍委員会の長官に任命されたときから始まった。生まれながらの政治家だったピープスは、適切な記録作成や財政管理を推進し、造船技術、食糧補給、規律、海員の福利と士官の訓練に関する基準を底上げするために尽力した。1673年にチャールズ2世はピープスを枢密院海軍本部委員会の書記官に任命した。この昇進によって、ピープスはますます改革の主導権を握った。1677年、ピープスは大尉の任官に試験制度を設け、主計官や軍医など、一定の仕事に基準を設定した。また、1677年以降は、主にロンドンの王立造船所で行なわれた新しい32隻の船の建造も監督した。1684年に国王によって海軍本部書記官という要職に任命され、ピープスの職権はますます高まった。

## トリニティ・ハウス

水先案内人協会は航路の維持管理に責任を負う公的機関である。水先案内人や船頭に免許を与える権限も持っていた。海軍委員会は航海長の試験や海員の採用、商船の雇用にもトリニティ・ハウスを利用していた。トリニティ・ハウスの本部はウォーター・レーンにあったが、ふたつの下部組織がデットフォードとトリニティ・レーンにあった。サミュエル・ピープスは協会員であり、1675-76年には会長を務めた。会長在任中、ピープスはトリニティ・ハウスの事務所の記録方式を改革した。また、クライスツ・ホスピタル数学校の生徒の航海術の試験をトリニティ・ハウスが引き受けるように手配した。

トリニティ・ハウスは引退した水夫や家族のための養老院や病院を運営していた。16世紀初期から、トリニティ・ハウスはデットフォードの王立造船所付近に、のちにローズ・コテージと呼ばれる養老院を持っていた。1670年にはデットフォードのチャーチ・ストリートに56軒の老人用の住宅を持

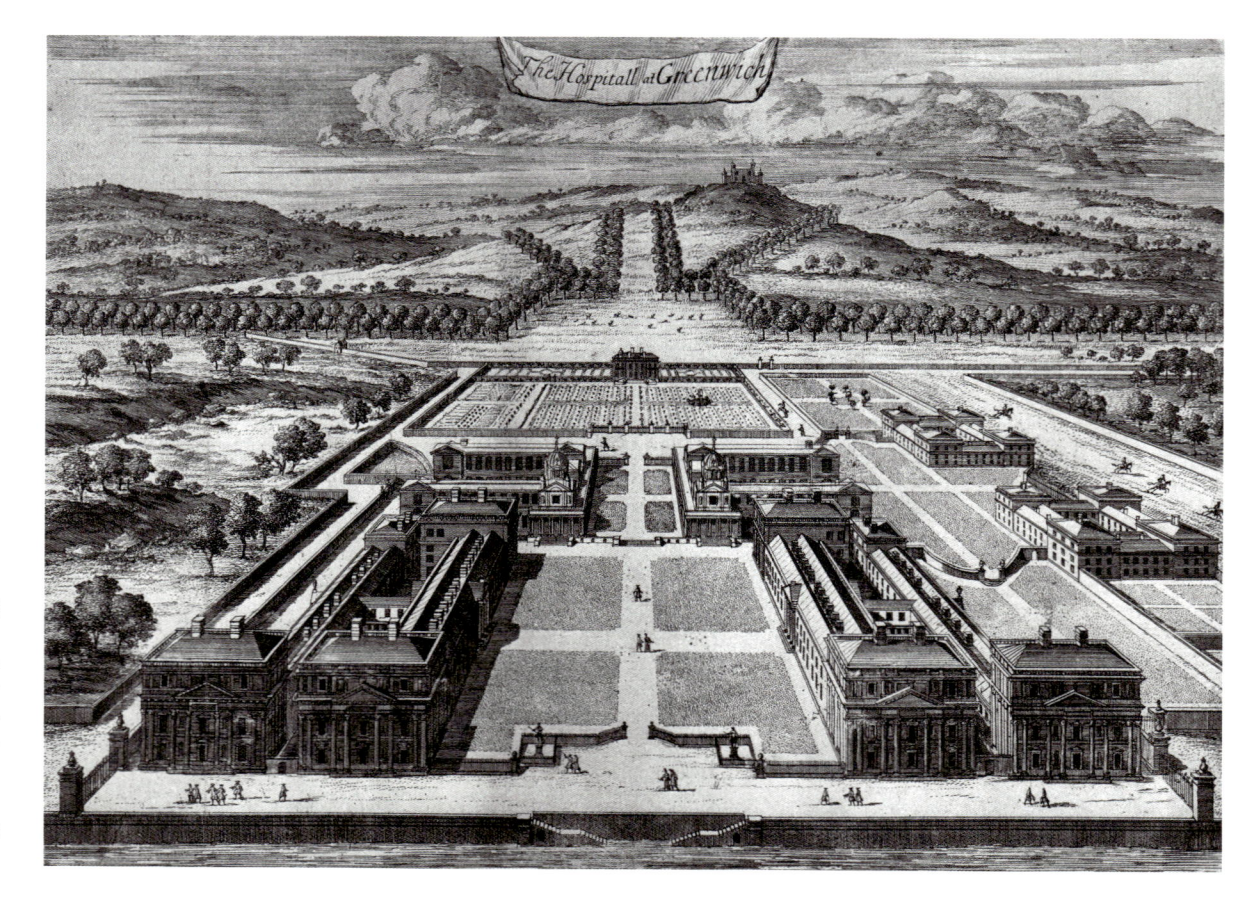

**海員のためのロイヤル・ホスピタル、グリニッジ**
1705年に開かれた海軍病院。建築家のクリストファー・レンとニコラス・ホークスムアによって、クイーンズ・ハウス（中央奥）からテムズ川（手前）までの眺望が損なわれないよう、に分割された設計が提出された。

つトリニティ・ホスピタルが建設された。1695年には引退した会長や司令官に部屋と食事を提供する養老院がイル・エンド・ロードに建てられた。

## 海員の給与と勤務条件

17世紀の海員の給与と勤務条件は非常に厳しかった。勤務期間が終わるまで給与が支払われないことは、特に財政が逼迫している戦時下ではしばしばあった。ときにはタワー・ヒルにある海軍給与事務所でしか商品と引き換えられない金券で支払われる場合もあった。この金券の額面通りの金額に相当する品物が受け取れるかどうかも、そのときの海軍の財政次第だった。

ピープスは海軍内の不正の洗い出しに努めた。主計官（海員の飲食と衣類の配給を担当した士官）が海員の上前をはねるのをやめさせるのは難しかった。その結果、海員は半飢餓状態で生活し、ひんぱんに体を壊した。病気や怪我をした海員の行く末は暗かった。戦時中は、そうした海員は第１次オランダ戦争中の1653年に共和制政府のもとで創設された傷病兵局が面倒を見た。傷病兵局は戦時中だけの一時的な組織だった。傷病兵局は最初、セント・バーソロミュー・ホスピタル付近のリトル・ブリテンに事務所を開いた。海員は上陸した港で治療を受けるのが一般的だったが、宿泊と食事がつねに問題になった。海員は治療のためにロンドンに連れてこられる場合もあり、セント・バーソロミュー、サザークのセント・トマス、ストランドのサヴォイ、イーリー・ハウスの各ホスピタルでは、海員専用の場所が確保されていた。これらのホスピタルに海員専用の部屋が設けられていることは、ロンドン市民の不満の種だった。特に海員には怪我の後遺症として長期的な治療を必要とする患者が多かったからだ。海軍病院の建設は一刻を争う問題だった。

1664年から傷病兵局の局長を務めていたジョン・イーヴリンは、海軍病院の建設のために奔走したが、資金不足に悩んでいた。1690年に傷病兵局は医師のリチャード・ロウワーに相談し、グリニッジに500床の病院を建設するよう進言された。1691年にメアリ2世が旧王宮のあった場所に病院を建築する勅許を与えた。その病院は「王立海軍に所属し（中略）年齢や怪我などの不具合によって将来の任務に耐えられない（中略）海員の安心と扶助（中略）そして死亡するか障害を負った海員の妻の扶養と子供の養育と教育」を目的としていた。病院（左頁）は1705年に開かれた。

## ロンドンの王立造船所

デットフォードとウリッジの造船所は、テムズ川に面した戦略的に重要な位置と設備、そしてロンドンの市場と労働力の供給地に近いという点で、イングランドのもっとも重要な王立造船所に数えられた。この２か所は両方とも1513年にヘンリー8世が設立した造船所である。これらの造船所に海軍委員会の監督を受け、ピープスは抜き打ち検査を実施さえしたが、17世紀までに、造船所にはびこる不正は目を覆うほどになった。事務員や給与の低い労働者は記録を改ざんし、倉庫の備品を横流しし、できる限りのごまかしをした。ピープスは記録の作成とチェックに新しい仕組みを導入して不正と戦ったが、不正の多くは19世紀まで続いた。しかし17世紀最大の船のいくつかはロンドンの王立造船所で建造された。たとえば1500トンのソヴリン・オブ・ザ・シーズは、一流の船大工のフィニアス・ペットと息子のピーターによってデットフォードで建造された軍艦である。私有の造船所もあり、ブラックウォールにあった東インド会社所有の施設ではインドや中国との交易のために「イースト・インディアメン」という名の商船が建造された。

[MJ]

**グリニッジからの眺め**
デットフォードは中央左側、テムズ川の湾曲部分にあり、グリニッジは中央右側の川に面した位置にある。グリニッジの向こうには、ブラックウォールにあった東インド会社の造船所に何隻かの船が停泊しているのが見える。ロンドンは左側の遠方にある。

**サミュエル・ピープス（1633-1703年）**
海軍を改革するためにピープスが断行した粘り強い改革は、海軍を現代まで残るプロフェッショナルな軍隊に変える役割を果たした。

# 医学、科学、自然哲学

17世紀にロンドンでは科学が飛躍的な進歩をとげた。
王立医師会と王立協会のあるロンドンには、
本物の医者からもぐりの医者まで、たくさんの開業医が集まっていた。

**ロバート・フック（1635-1703年）**
フックは王立協会の「実験監督」に就任した。メアリ・ビールによって1674年に描かれたこの絵は、最近になってフックの肖像画であることがわかった。

王立医師会（1518年創立）はウォーウィック・レーンに本部を置き、シティ内の半径10キロ余りの範囲にある医療施設を統制していた。医師会は医者に試験を課して免許を与え、免許や能力がないのに医療行為をする医者を処分する権限があった。医師会の見解の多くは非常に伝統的で、人間の体の仕組みや治療法に関する従来の理論に疑問を持つ「新しい科学者」から批判を受けていた。医者で薬剤師でもあるニコラス・カルペパー（1616-54年）は、スレッドニードル・ストリートでロンドンの貧しい人々を治療していた。1649年に、彼は医師会が出版したラテン語の書籍『ファーマコペイア（Pharmacopeia）』を無断で英語に翻訳・出版して医師会の怒りを買った。それは薬の使い方と作り方を詳しく述べた本だった。続いて1653年に、カルペパーは500種類以上の植物について記述した『イギリスの医師が語った（The English Physician Enlarged）』を執筆した。彼は医者が高額な診察料を請求するのはキリスト教徒らしくない行ないで、本をラテン語でしか出版しないことによって、医師会は一般市民の自由を侵害していると感じていた。この頃から、医学書は英語で書かれるようになった。

## 医療従事者

医者（ドクター）はたいてい弟子として実地訓練を積んでなるものだった。彼らは骨折の手当てをし、怪我を治療し、患者の瀉血をした。内科医（フィジシャン）はそれとは違って、大学で医術の学位を取り、食生活、運動、薬について助言をした。内科医の治療には、患者の体のバランスを取り戻すために下剤を用いて腸内を空にすることや、瀉血、発汗などが含まれていた。それらは高価で、治療代として10-20シリングかかり、実際には多くのロンドン市民の手には届かなかった。多くの内科医はフリート・ストリート周辺で開業し、たとえばリチャード・ロウワー（1631-91年）はソールズベリー・コートで診療していた。ロウワーは1665年に初の輸血を2頭の犬の間で成功させて有名になった。

ほとんどの人々が治療を受けるために日常的に理髪店に通った。散髪し、ひげをそるだけでなく、理髪店は歯を抜くことが認められていた。1540年から1745年まで、外科医と理髪店は理髪外科医同業者組合に所属していた。しかし、彼らの手当には重なる部分が多かったため、このふたつの職業の間には論争が絶えなかった。理髪師が患者の瀉血をする行為は一般的に行なわれていた（瀉血はさまざまな体調不良に対する治療として用いられた）が、厳密に言えば、それは外科医の仕事だった。サミュエル・ピープスの行きつけの理髪店はウェストミンスターのニュー・パレス・ヤードにあるリチャード・ジャーヴィスの店だった。ピープスは散髪とひげそりのためにジャーヴィスの店を訪れたが、瀉血はピープスの膀胱結石をうまく取り除いてくれた外科医のトマス・ホリアーに任せた。ホリアーはサザークのセント・トマスズ・ホスピタルとスミスフィールドのセント・バーソロミューズ・ホスピタルで働いていたが、ピープスを診るときは往診した。

薬は現代の薬剤師にあたる薬屋が売っていた。薬屋はスパイスやハーブ、香水や薬種を売る仕事で、それらはすべて食料雑貨商の商いの一部だったので、薬屋はもともと食料雑貨商組合の会員だった。しかし16世紀半ばまでに、薬屋は医療目的の薬物を作ったり売ったりする専門家になった。1617年に薬剤師名誉協会が設立された。この協会の会館は現在もブラックフライアーズの元の場所に建っている。

薬のほとんどはハーブや薬草、野菜から作られたので、1673年に薬剤師名誉協会はチェルシーに独自の薬草園を開いた。シティのバックラーズベリ地域には薬屋が密集して店を出していた。薬屋は、誰が薬を処方するべきかをめぐって、王立医師会と長期にわたって論争を戦わせた。内科医は、薬屋は自分で判断せず、内科医が出した処方箋にしたがって薬を売るだけにするべきだと考えていた。医師会は公認の薬局を持ち、それらはウェストミンスターのセント・マーティンズ・レーンとコーンヒルのセント・ピーターズ・アリーの2か所で店を開いていた。これらの店は薬を仕入れ値で売っていた。1703年には、このふたつの店は基本的な薬一服につきおよそ1ペニーで、約2万種類の処方薬を作っていた。

## ニセ医者

ロンドンでは多数の「ニセ医者」、つまり無免許の開業医が診療を行ない、あらゆる病気、特に梅毒のように人に知られたくない症状に対して、奇跡の特効薬と称する薬が売

**1680年頃のランプ時計**
この時計はフリート・ストリートのザ・ダイアルの作業場でジョセフ・ニップが制作したもの。ロンドンの手工業者によるこのような技術が、この時代の科学的発達の鍵を握った。

**尿道注入器**
17世紀にはこのような注入器を使って、梅毒の治療のために水銀を塗布した。

られていた。セント・バーソロミューズ・ホスピタルの入口付近はニセ医者がよく出没する場所で、ウィリアム・サーモンはそこでペストに効くという「生命の霊薬」を売っていた。アン・ラブレンストはストランドのはずれのアランデル・ストリートで開業し、梅毒（「フランス病」と呼ばれていた）の治療と女性の膀胱結石の除去を行なった（以前の患者から取り出した結石を全体に貼りつけた赤い布を自宅に掲げて宣伝していた）。

また、ロンドンで次々と開店するコーヒーハウスでもニセ医者の商品が宣伝され、店内の壁は薬の広告で覆われていた。グレースチャーチ・ストリートのニューマンズ・コーヒーハウスでは「フレッチャーの粉薬」が売られていた。これは「死以外のあらゆる病に効く」とうたわれていた。「国王のシロップ」は、消化や胸の不快感に効く薬で、ドルリー・レーンのモランディス・チョコレート・ハウスでひと瓶半クラウンで買うことができた。

### ホスピタル

教会が運営していた中世のホスピタルの大半は修道院解散のときに閉鎖されたが、そのうちいくつかは、ヘンリー8世とその後継者の資金援助によって再開された。当時のホスピタルは、一般の人々が治療を受けに行く場所ではなく、主に貧しい人や身寄りのない人が身を寄せる場所で、「貧者の救済のため」にあるものだった。特別な患者を対象にしたホスピタルもあり、たとえばセント・メアリ・ベツレヘム・ホスピタルは「気のふれた人々」のためのものだった。サザークのセント・トマズ・ホスピタルは「年老いた病人」のために設立された。ここでは、患者は支払い能力があれば療養費を払う必要があったが、貧しい人々は食事と部屋、衣類、そして1日3パイントのビールが与えられた。セント・バーソロミューズ・ホスピタルでは数人の非常に優れた内科医を雇っていた。中でもウィリアム・ハーヴェイは、1628年に血液の循環の正しい性質とポンプとしての心臓の働きを解説した本を出版した。彼の理論は数世紀にわたって信じられてきた医学理論を覆すもので、激しい批判にさらされた。

### 科学者

17世紀ロンドンには多数の偉大な科学者が集まっていた。彼らの発見は物理学、数学、天文学、そして医学の進歩に重要な役割を果たした。天文学者のエドモンド・ハレー（1682年に観測した彗星に名前が残っている）は、ウィンチェスター・ストリートに住んでいた。もうひとりの有名な天文学者ジョン・フラムスティードはグリニッジの王立天文台（1676年設立）に勤務し、天空の詳細な観察を行なって、全天の星図表を作った。ウィリアム・ブラウンカー（王立協会の初代会長）とジョナス・ムーア（ロンドン塔軍需品部の測量監督）は著名な数学者

だった。脳と神経系に関する最初の包括的な本を出版したトマス・ウィリスをはじめ、ロンドンの内科医は重要な研究成果を出版した。アイザック・ニュートンは1695年にケンブリッジからジャーミン・ストリートに転居し、王立造幣局に職を得て、貨幣の鋳造を大幅に改善した。

王立協会は1660年に創設された。会員は毎週グレシャム・カレッジに集まり、自然哲学、医学、数学、物理学について論じ、実験を観察した。チャールズ2世は1662年にこの協会に勅許を与えた。1665年から王立協会は学術論文誌『フィロソフィカル・トランザクションズ』を発行するようになった。1666年のロンドン大火後、グレシャム・カレッジがシティ政府の所有になったので、王立協会はストランドのアランデル・ハウスに移転した。王立協会の会員には、クリストファー・レン、サミュエル・ピープス、ジョン・イーヴリン、ロバート・ボイル、そしてアイザック・ニュートンらが名を連ねた。初代の実験監督には科学者のロバート・フック（左頁）が就任した。フックのもっとも有名な著書『ミクログラフィア』は、ノミのように微細な生物を顕微鏡で観察した驚くほど詳細なイラストを載せて、1665年に出版された。

こうした科学的発達を支えたのは、ロンドンの手工業者だった。フックの研究には、ロンドンの時計師トマス・トンピオンがウォーター・レーンの店で制作した道具が欠かせなかった。ラドゲート・ストリートに住む眼鏡製造業者のジョン・マーシャルとジョン・ヤーウェルは、望遠鏡や顕微鏡のためにレンズを磨いた。ガラス職人は実験器具のために透明で薬品に反応しないガラスを生産した。

17世紀には、科学と医学の分野の新しい思想の大半はロンドンで誕生した。しかし、重要な科学的発達が実現する一方で、一般人が受けられる治療にはあまり進歩がなく、多くのロンドン市民はまだ治療のためにニセ医者にかかっていた。　　　　　　　　　　　　　　[MJ]

**錫釉をかけた薬用の壺**
「C.RVTAE」と書かれたこの17世紀の薬用の壺は、吐剤や毒に対する解毒剤、ペストの治療薬として好まれた薬草の混合物を保存するために使用された。

**測量技師の道具**
これは角度を測定するために用いられた「円周儀」で、1658年にスレッドニードル・ストリートのヘンリー・サットンによって制作された。

第6章——ステュアート朝後期のロンドン

# 第7章
# ジョージ王朝時代のロンドン

18世紀のロンドンはヨーロッパでもっとも驚嘆に値する都市であり、無秩序だが活気あふれる繁栄したこの町は、空前の大きさと社会的多様性を誇っていた。1700年から1800年にかけて、オランダのライバル都市と競い合っていた人口60万人の都市ロンドンは、人口100万人を擁する世界最大の大都市へと成長をとげ、世界全体に広がる商業的、軍事的な利害関係のネットワークにおいて、他のヨーロッパのどの首都よりも大きな存在感を示していた。ロンドンの成長の基礎にはプロテスタントの信仰と資本主義があったが、この都市にエネルギーを与えたのは自由貿易だった。サービス、商品、人々、そして物資は、ほとんど何の規制も受けずに売買することができた。事業家は法の裏表を利用して莫大な利益を上げた。掏りは金時計を売りつけた。船主は西インド諸島産の砂糖の買い取りに加わる投機家を探した。信仰に篤い人々は、特に奴隷貿易の問題が示すとおり、制約のない金儲けはロンドンを人間の欲望と退廃の象徴であるバビロンのような虚栄の町に変えるだろうと考えた。もっと世俗的な考え方をする人々にとっては、ロンドンは自由の新しい形であり、あらゆるものが

**ブラックフライアーズ橋、1798年**
1798年に開通したロンドン最新の橋。旅行者や動物、荷車で混雑している様子が描かれている。テムズ川を航行する船には市長の御座船も含まれている。

「気持ちを揺さぶり、面白がらせ、高揚させる」ために生み出された知的な刺激に満ちた場所だった。作家のジェームズ・ボズウェルは、このイギリスの首都の持つ磁力に引きつけられた大勢のうちのひとりだった。ボズウェルはロンドンの持つ魅力に「喜びで血がたぎるような思い」を味わい、ロンドンを幸福の都市だと考えた。しかし、ロンドンには惨めさの影もあった。人口の多さだけをとっても、都市生活の不快を解消するための中世の古い仕組みではどうにもならないところまで来ていた。通りにいる売春婦や人ごみの中を走りぬける浮浪児の多さは、ヨーロッパ中で悪評高かった。これほど多くの人口がひとつの場所に集中した例はいまだかつてなく、ロンドンはときには崩壊寸前の危険を感じさせた。市民はヨーロッパでも最高級の消費者商品をほしいままに手に入れる一方で、どうしようもない混雑を作り出した。ロンドンは暴徒を生みだすこともできれば、歩兵の一個連隊を捕えることもできた。ロンドンにはあらゆる宗教のためのクラブや団体があった。数百人の店主や商人がいた。数万人の召使と、身を売る街娼がいた。ロンドンは統制が取れなくなっていた。

# タウンハウスと田舎の邸宅

ウェストミンスターの新しい道路と広場は、最新流行の暮らしの理想像だった。投機家貴族たちは、抜け目なくこの金儲けの機会を活用した。

ロンドンの住宅ブームは、「賃借権」という新しい住宅所有制度に支えられていた。1660年代にブルームズベリー・スクエアを開発して先鞭をつけたサウサンプトン伯のように、賃借権制度によって、貴族は財政的リスクをほとんど負わずに地所の開発にいそしむことができた。賃借人は建設業者の場合もあれば、投機家のこともあり、土地所有者は賃借人に数区画の土地の賃借権を与え、各自の費用でそこに家を建てることを許可した。完成した住宅は占有者に貸し出されるか、売却され、占有者は住宅を借家人に又貸しする場合が多かった。この一連の流れに加わったすべての人物が利益を得た。

こうした手法による住宅開発を可能にした貴族の企業家精神は、広場や道路の名前に痕跡を残している。ピカデリーの北のグローヴナー、カーゾン、バークリーの地所は17世紀前半に開発された。オックスフォード・ロード(現在のオックスフォード・ストリート)の北のポートマンとポートランドの地所は、1760年代以降にデヴォンシャー・プレースも含めて新しい道路で小区画に分けられた。オックスフォード・ロードの北のベッドフォード家の地所は、1770年代から開発が進んだ。

これらの新しい住宅地に住んだのはどんな人たちだったのだろうか？ 18世紀の間にロンドンの人口はほぼ2倍に増えて100万人をわずかに下回る程度になり、そのうち20-30パーセントが上流と中流階級の人々だと推測された。この数字は他のヨーロッパ諸国のどの首都と比べても高かった。ロンドンの中流階級を膨らませたのは、政府の役人、内科医、銀行家、株式仲買人、弁護士、陸軍や海軍士官、そして裕福な商店主や職人の親方のような人々だった。彼らはみな、最新流行の地域に住むことで、社会的な利点を得たいと考えていた。新しい道路や広場の間には、貴族のための豪華なタウンハウスとして、デヴォンシャー・ハウス(1734年から)、ノーフォーク・ハウス(1748年)、アプスリー・ハウス(1772年から)が配置された。「都市の環境のいい場所にある住み心地のいい家に住むことが絶対に必要だが、これらの家はとても高い」と作家のボズウェルは嘆いている。「私にちょうどいい家は、どれも2ギニーか1ギニー半以下の家賃料では借りられない」。ボズウェルは結局、ダウニング・ストリートで3部屋の家を年間40ポンドで借りた。

## ロンドンの流行

これらの新しい建物にとって、外見は何よりも重要だった。古典的な建築様式は必須だった。イタリアにいって直接研究する機会がなかった建設業者の親方は、新しく出版された建設業者用のパターンブックを見て、パッラーディオ様式や新古典主義建築の細かい点を再現する方法を学んだ。古典様式の真っ直ぐなラインは建設業者の仕事を楽にしたが、出来栄えは誰もが気にいるとは限らなかった。「しかし、この流行の先端の大都市、首都の中の首都は、想像しうる限りの単調な外見を持っていた」とロバート・サウジーは批判している。「道路は完璧に並行で(中略)病院か武器庫、穀物倉と見間違えそうである」。このような発言があった1807年までには、絵画的な非対称性が流行し、広場の中央に配置された庭園に新たな重要性が加わった。庭園は自然な風

**デヴォンシャー・プレースとウィンポール・ストリート**
ポートランド家の地所に建設されたばかりの建物群をニュー・ロードから南に向かって眺めた1799年の版画。

景に見えるように作られた。キャヴェンディッシュ・スクエアには、都会でありながら田舎の魅力を添えるために、羊の群れさえ放された。

これらのタウンハウスでは、内装も重要だった。上流家庭が1部屋で暮らすということはもうなくなって、会話や音楽といった文化的な余暇を過ごすための装飾された広間があった。ウィリアム・ホガースによる連作絵画『マリッジ・ア・ラ・モード』(1743年)には、時代遅れのシティの商人の狭苦しい粗末な部屋と「スクァンダーフィールド伯」宅の、絵画と漆喰仕上げで飾られた広々とした広間が対照的に描かれている。中流階級の小さな家でさえ、食堂と書斎、読書室は分かれていた。塗料商人のジョン・ミドルトンはセント・マーティンズ・レーンの自分の店の上で暮らしていたが、それでも家の中は美しい調度品で整えられていた(右の家族の肖像を参照)。

## 田舎の空気

こうした家はどれも、シティの狭くて暗い路地や不規則な形の区画から遠く離れた場所にあった。昔からシティの商人は店舗の上で暮らしていたが、この頃にはどこか別の場所にあるもっと快適な自宅から通勤してくるのが当たり前になっていた。典型的なのは株式仲買人のジョン・アンガースタインで、彼は1774年にブラックヒースに自分で建てた新しい瀟洒な邸宅を所有していた。ロンドン市自治体(コーポレーション)は、市長のために新しい流行の様式のタウンハウスを建設した。しかし、マンション・ハウス(1739-53年)と呼ばれるこの邸宅は、近代的な住宅というよりは公邸だった。ウェストミンスター近辺で行なわれたような投機目的の住宅開発はシティの辺縁で実施され、特に元セント・クレア女子修道院があった沼沢地では、測量技師のジョージ・ダーンスがロンドン初の曲線道路と連続住宅を2か所で設計し、それぞれ「サーカス」と「クレッセント」という簡潔な名前で呼ばれた。曲線道路の目新しさはすぐに評判となり、1800年までにロンドン市街地図にはさらにいくつかの丸みを帯びた道路が登場した。

シティからさらに遠く離れると、かつて孤立していた周辺のいくつかの村とシティを結びつける主要道路沿いに、しゃれたジョージ王朝風の住宅がまとまって建てられはじめた。たとえばケンジントン、チェルシー、ピムリコ、ナイツブリッジなどの村々は、ひとつにまとまりはじめた。ハックニー、フィンズベリー、そしてウォルサムストウまで広がる村はすべて、新しい連続住宅と邸宅の建設によって大きく姿を変えた。これらの郊外の地所では、田舎の雰囲気を醸し出すために羊を連れてくる必要はなかった。

おそらく、ロンドンのジョージ王朝時代の住宅開発ブームにおける最大の失敗例は、絵画のような田舎の風景を一切取り入れなかった住宅地だろう。それはロバート(1728-92年)と

ジェームズ・アダム(1730-94)が兄弟で開発した、アデルフィと呼ばれる住宅地だった。この兄弟は最新流行のカントリーハウスの建築家で、マンスフィールド伯のためにケンウッド・ハウスやハムステッド・ハウスを建築した実績があった。それらのカントリーハウスに対して、アデルフィはまったく都会的な外観だった。ストランドとテムズ川に挟まれた荒地と川岸に堆積した泥の上にアデルフィを建設する際、アダム兄弟は実際に使われている埠頭と倉庫を見下ろす位置に11軒の驚くほど豪華な建物を建て、そこに堂々としたテラスを作って、そのテラスを中心に何本もの道路を建設した。場所が悪かったのと、商業地に少し近すぎたせいでアデルフィの評判は悪く、アダムズ兄弟は破産寸前まで追い込まれ、受け取れたのはただ皮肉を込めた次のような批評だけだった。1794年のあるガイドブックはアデルフィについて、「建築の点では、アデルフィはどんな批判も甘んじて受け入れるべきだろう。これに感心するのは外国人くらいのものだ」と述べている。

[CR]

**ミドルトン一家、1796-97年頃**
快適な暮らしを楽しむ商人の姿が、流行のスタイルに整えられた自宅でくつろぐ近代的な感性の持ち主として描かれている。調度品として、長方形のピアノと風景画が見える。風景画はおそらく塗料商の主人が絵具や顔料を納めている画家の作品だろう。

**町を出るロンドン、あるいはレンガとモルタルの行進**
風刺画家のジョージ・クルックシャンクが描いたこの挿絵は、住宅建設ブームに対する辛辣な意見を示している。

LONDON going out of Town — or — The March of Bricks & Mortar!

| 第7章──ジョージ王朝時代のロンドン    127

# 株と投機

17世紀末までに、ロンドンは金融と株式取引の中心地になった。
その舞台となったのはイングランド銀行と王立取引所、
そしてコーヒーハウスで作られるネットワークだった。

**エクスチェンジ・アリー**
この地図にはエクスチェンジ・アリーを中心に集まっているシティの重要なコーヒーハウスと居酒屋がすべて記入されている。地図の空欄は火事で焼けた地域を示している。火事は1748年3月25日金曜日の未明、かつら製造業者のエルブリッジ氏の作業場で、かつらに粉を振りかける部屋から燃え広がった。

イングランド銀行は1694年に議会制定法によって設立された。対フランス戦争(1688-97年)の戦費の支払いにあてる資金が早急に必要になり、スコットランド人のウィリアム・パターソン(1658-1719年)の提案でイングランド銀行が設立された。120万ポンドの資本金は公募で裕福なシティの資本家や商人から集められた。イングランド銀行はこの資金を政府に年8パーセントの利息で融資した。同行はプリンシズ・ストリートのグローサーズ・ホールに本店があった。

一時期、バーチン・レーンにあった刀剣商組合がイングランド銀行の権力や影響力を脅かした。この会社は1692年に勅許を得て、地所を獲得し、株式を発行する権利を認められ、不動産業と銀行業、そして株の取引を急速に拡大させた。しかし1697年にイングランド銀行の勅許が更新され、さらに1708年の議会制定法によって銀行業務は共同経営者が最大6人までの会社に制限することが定められた。これによって主要な競争相手はすべて脱落した。

1711年に南海会社が設立されて、株式投資の新しい機会が生じた。この会社は政府の戦費調達のために短期国債を引き受ける見返りとして、南アメリカ大陸のスペイン植民地との貿易を独占した。南海会社の貿易活動はあまり盛んではなかったが、1719年と1720年にさらに国債を引き受けた。同社の財務には疑わしい部分があり、政府内の主要な支持者の中には賄賂を受け取っているものもいた。しかし、南海会社の株価が上昇すると、熱狂的な株式購入ブームが起こった。南海会社の株価は上がる一方で、ますます多くの投資家が群がった。バブルがはじけたとき、多くの破産者が生まれた。市場を鎮静化するためにイングランド銀行が介入しなければならなかった。

1734年にイングランド銀行はスレッドニードル・ストリートの王立取引所の向かいの大きくて新しいビルに移転した。新築のその建物は、専用の目的のために建てられたロンドン初の建築物で、国債の単独引受銀行としての役割にふさわしかった。50年後、政府発行証券や年金、宝くじの取り扱い業務が拡大するにつれて、従業員の人数は350人を超えた。大勢の事務員が帳簿をつけ、株式申し込みを引き受け、利息を払う仕事をこなした。

## 王立取引所

イングランド銀行の向かい側では、王立取引所が実業家たちの主要な公共の会合場所になっていた。大火後はすみやかに再建され、1669年に再開した。古い建物の設計が

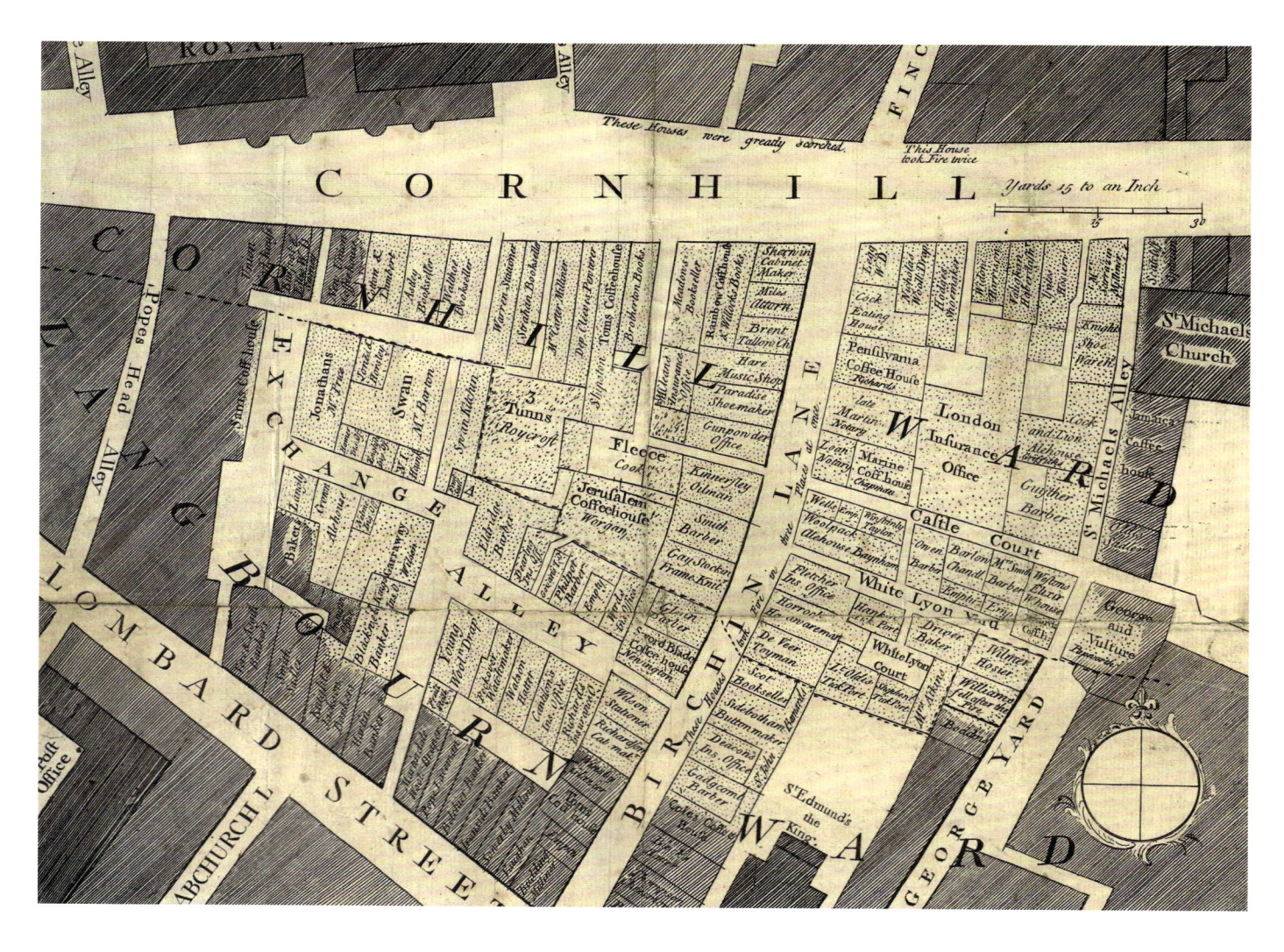

**王立取引所の内部、1788年**
コーンヒルに移転した王立取引所は1699年に開設され、1838年に火事で焼失するまで169年間利用されつづけた。

そのまま踏襲され、天井のない中庭の四方を屋根のある回廊が囲み、店舗は2階にあった。1階の壁のくぼみに王家の人々の彫像が中庭を向いて立っていた。道路から見た建物の正面はさらに印象的で、入口の両脇に一対の大きなコリント式の円柱が立ち、半円の切妻風の装飾を支えていた。そして3重の塔の上にはグレシャム家の家紋のバッタが載っていた。

王立取引所は1週間に6日間開いたが、営業は1日2回、午前11時から正午までと夕方5時から6時までに限られ、夏期は1時間遅くなった。王立取引所のフロアは、いくつかの「ウォーク」と呼ばれる区画に分かれ、特定の国籍の人や、商人、船主、金融業者、株式仲買人が頻繁に訪れる区画が決まっていた。たとえば南東の角はユダヤ人の商人が集まる場所だった。南西の角はニュー・イングランド、カロライナ、ヴァージニアの各植民地の間で分けられていた。壁や柱には最近破産した業者の名前や船の到着と出発、毎日の株価と商品価格が掲示された。中庭は屋根がなかったが、雨が降ったときは屋根つきの回廊で雨宿りできた。しかし、ロンドンで人々が出あって取引のできる場所は王立取引所だけではなかった。

### 多数のコーヒーハウス

王立取引所の主要入口の正面はエクスチェンジ・アリーで、そこからバーチン・レーンやロンバード・ストリートの周りの迷路のような通路や路地に出ることができた。そこにはシティの商人がたびたび訪れるコーヒーハウスや居酒屋があった。エクスチェンジ・アリーは政府や東インド会社、南海会社の株を売買する株式仲買人や相場師のたまり場になった。特にふたつのコーヒーハウス、ギャラウェイズとジョナサンズには、投資家が大勢集まった。1691年までに、ロンバード・ストリートのロンドン中央郵便本局近くにあったエドワード・ロイズのコーヒーハウスは、船長や船主、商人に最新の船舶情報を提供していた。この店はやがて海運保険業者にとって主要な取引の場となった。

居酒屋や王立取引所と違って、コーヒーハウスに取引をしたり最新情報を集めたりするための快適で居心地のいい場所だった。商人はどのコーヒーハウスで「御用を承る」かを公表するようになった。1ペニーの入場料を払えば、人々は時間を気にせずに商談ができた。店内には簡素な木製の椅子とテーブルがあり、そして冬には暖炉で暖まることができた。お客はコーヒーなどの飲み物を頼み、新聞を読むことができた。外国からの旅行者はコーヒーハウスの独特の雰囲気とむせるようなタバコの匂いに驚きの言葉を残した。

それぞれのコーヒーハウスはその店で専門に行なわれる商売や取引の分野によって名前がつけられ、マリーン（海運）、アムステルダム、東インド、ニュー・イングランド、ジャマイカなどの店があった。また、コーヒーハウスは船やあらゆる種類の商品や品物の営業所となり、ときには珍しい品物の展示場になった。1728年にはヴァージニア・コーヒーハウスで「11歳の黒人少年」の販売広告が出され、数年後には同じ店で「いまだかつてイングランドでは見たことのない大きさの、ヴァージニアより届いたばかりのガラガラヘビ」が見せ物として出された。経済界での競争が激しいのと同様に、コーヒーハウスの店主も客引きにしのぎを削っていた。シティでのコーヒーハウスの多さは、世界の経済の中心としてロンドンの地位の高まりを示していた。　［AW］

# 拡大する都市

テムズ川南岸の土地に向かってふたつの新しい橋がかけられると、ロンドンの建物が密集した地域は周辺の田舎に向かっていっそう広がった。新しい道路と住宅の開発はロンドンの地図を永遠に書き換えた。

「ロンドンの町並みは非常に雑然としている」と、あるガイドブックの著者は1787年に嘆いている。「ローマの町は円形で、ほとんど不規則なところがないのに対し、ロンドンは建築請負業者が好き勝手に建物を建てて拡大している」。しかし、でこぼこした楕円形のロンドンに見られるのは、ローマの諸都市の計画者が発揮した厳しい統制ではなく、新しい成長段階に向かって膨張する都市の活力だった。

ロンドンが横長のだ円形になった主な原因は、ウェストミンスターの拡大だった。ウェストミンスターは急成長する一種の新しい都市であり、その石とレンガ造りの住宅や整然とした広場は、流行の先端の都市生活の新しい基準となった。建築の規模は目覚ましいものだった。作家のトビアス・スモーレットは1771年に次のように述べた。「信頼できる筋から聞いたのだが、ウェストミンスターの1区画で7年間に1万1000軒の新しい住居が建設されたそうだ」。

ウェストミンスターの建築モデルはあっという間に広がり、連続住宅（テラス）と計画的な広場が各地に作られはじめた。2度の建築ブームがあり、最初は1730年に、次は1760年に終わっているが、それらがロンドンの境界線をさらに田舎に押し広げる役割をした。18世紀末までに、シティとサザークの中世の居住地は、ジョージ王朝時代に作られた郊外によって緩やかに取り囲まれていた。郊外に建てられたレンガ造りの連続住宅と一戸建ての邸宅は、都市と田舎の中間で暮らす近代的な生活を象徴していた。

## 北へ延びる道路

ミドルセックスとエセックスにおけるロンドンの成長は、主要道路の改良によるところが大きかった。道路の修繕と建築に必要な資金を集める方法として、ターンパイク・トラストが流行しはじめた。議会制定法で定められた条件にしたがって、トラストは料金所で道路の利用者から徴収される通行料収入を予測し、それを基に資金を借りることが認められた。ロンドンに向かう道路の大半は有料化され、料金所は誰もが知るランドマークになった。特にハイド・パーク・コーナー、マイル、イズリントンの料金所は有名だった。

道路の有料化によって、トラストは幹線道路を排水し、砂利を敷くことができるようになり、道路の状態は向上した。道路の状態がよくなって、交通量は増えた。干し草を積んだ四輪馬車や荷車、乗合馬車、郵便物や旅客輸送用の馬車、貴族の馬車が新しい有料道路を使ってロンドンに押し寄せ、すでに混みあったロンドンの道路をいっそう混雑させた。

道路が改善された結果、新たな場所で住宅開発も始まった。ロンドンのもっとも重要な道路計画は18世紀のニュー・ロードの建設だった。現代のロンドンのノース・サーキュラー・ロードに相当するこの道路は、1750年代にシティとウェストミンスターを結ぶために北部の野原を貫通するように作られた。この新しい道路は、ふたつの計画的な郊外の建設をもたらした。ペントンヴィルは1770年代からヘンリー・ペントンの所有地に計画された。さらに西には1790年代からサマーズ卿によってサマーズ・タウンが計画された。

ペントンヴィルはイズリントンの元ミドルセックス村とロンドン中心部とを結ぶ線の途上にあった。1730年代のイズリントンは、しゃれた連続住宅が建ち並ぶ小さな独立した住宅地だったが、18世紀の終わりまでにハイベリーやキャノンベリーに新しい連続住宅が建てられ、イズリントンはロンドンで大人気の郊外になった。それからの数十年間で、ペントンヴィル・ロードの南側は住宅で埋め尽くされ、イズリントンは独立した住宅密集地ではなく、中心から離れてはいるが、ロンドンの一部になった。

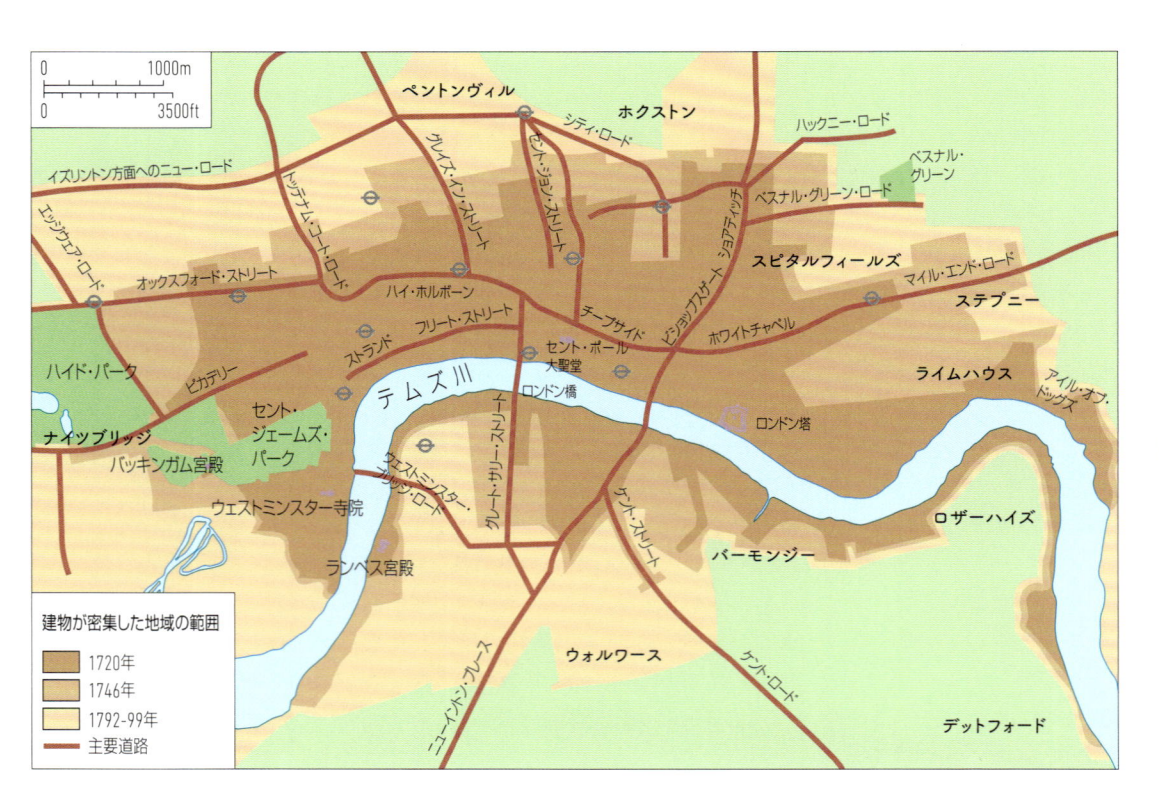

## 南に向かう橋

ロンドンの南部への拡大は、新たに2本の橋がテムズ川にかけられたときから始まった。1750年まで、テムズ川の唯一の渡河地点はロンドン橋だったが、長く困難な建設の歴史を経て、ウェストミン

**18世紀の建築ブーム**
ジョージ王朝時代の2度の主要な建築ブームによって、ロンドンの建物の密集した地域が大幅に拡大した。

建物が密集した地域の範囲
- 1720年
- 1746年
- 1792-99年
- 主要道路

**モッグスのロンドン・イン・ミニチュア、1809年**
モッグスが描いたこの地図には、18世紀の2度の建築ブームで大きく拡大したロンドンが示されている。

スター橋が開通した。名前が示すとおり、この橋はウェストミンスターのために作られた。ロンドン市自治体はこの橋の建設に反対していたが、1769年にブラックフライアーズ橋を建設してウェストミンスター橋に対抗した。

これらふたつの橋はサリーに新しい住宅地が生まれるきっかけになった。ニューイントン・ブッツ、ケニントン、ウォルワース、カンバーウェルの各地区はすべて、連続住宅、邸宅、三日月形広場（クレセント）がモザイクのようにちりばめられた住宅地として発展しはじめた。住宅は次第に川沿いにも進出し、ランベス・マーシュにも建てられるようになった。この土地は排水が不十分な低地で、排水路が縦横に張り巡らされ、浸水の危険が高かった。

これらの新しい橋への進入路は、セント・ジョージズ・サーカスで合流した。これはケントやサリーに向かう従来の道路と新しい道路を結びつけるために1771年に完成した交差点で、中央の円形広場には完成を記念して石造りのオベリスクが建てられた。

### 地図に描かれた新しい住宅地

1809年のエドワード・モッグスの地図（上図）には建築ブームに沸いた18世紀末のロンドンが描かれている。2本の新しい橋によってテムズ川南岸の土地が開拓されたが、摂政皇太子時代［精神に異常をきたしたジョージ3世に代わって、王太子のジョージ4世が統治した1811-1820年までの期間］に作られた3本の橋（ウォータールー橋、サザーク橋、ヴォクソール橋）はまだ建設されていない。北部には新しい東西ルートが開通し、それにともなってペントンヴィルとサマーズ・タウンの開発が始まろうとしていた。

モッグの地図に見られるロンドンのその他の比較的新しい歴史的建造物は、ヴォクソール遊園やウェストミンスターの優雅な広場と規則的な道路、そしてサザークのセント・ジョージズ・サーカスだった。ワッピングの新しいロンドン・ドックは新しく作られたいくつかのドックのうち2番目にできたもので、将来のロンドン港になるドックの形が見て取れる。

モッグは地図製作者で、1790年代から人気のあるロンドンの地図のシリーズを出版し、グレート・ニューポート・ストリートの彼の店で売っていた。上の地図は「ロンドン・イン・ミニチュア」というタイトルで、「もっとも確かな情報から書き起こし、注意深く修正を加え」て、現在と将来予定されている都市開発のすべてを盛り込んだ「完全な新しい地図」であるとうたっている。

[CP]

第7章——ジョージ王朝時代のロンドン

# ロンドンの製造業

18世紀にロンドンはイングランド最大の製造業の中心地になった。小さな作業場がいくつもあり、ぜいたく品を作る大勢の熟練した職人がいたのに加え、大きな工場や製粉所もあった。

ロンドンには製造業の中心として3つの主要な利点があった。まず、ロンドンは国内最大の消費者市場だった。そして最大の港湾都市でもあり、原材料や完成品の輸送が容易だった。また、ロンドンはイングランド最大の熟練労働者の供給源で、その中にはこの国の比較的自由な環境を求めてヨーロッパからやってきた手工業者も含まれていた。

ロンドンの製造業の主要な問題点は、土地と石炭が高いことだった。したがって、それらにかかる高い間接費をまかなっても利益の出る商品が好まれるのが、ロンドンの産業の特色だった。ガラス産業について言えば、ロンドンではより高価な商品を作る分野が繁栄し、ガラス装飾家やガラス細工師が流行の変化に合わせた商品を作った。基本的な窓ガラスは、石炭の価格が安い北東部で作った方がはるかに安かった。ロンドンの18世紀の建築ブームで使用されたガラスの大半は、イングランド北東部のティンサイドとウェアサイドのガラス工場からロンドンに出荷された。

ロンドンで栄えた大規模な製造業は、食品や飲み物など、大衆市場向けの商品だった。ロンドンのビール醸造所はイングランド最大のものの中に数えられた。チズウェル・ストリートのサミュエル・ホイットブレッド醸造所は1750年に設立され、1796年に年間20万バレルの生産量を達成したはじめての醸造所となった。酢の生産、皮なめし、にかわと塗料生産もまた、比較的大規模な工場で行なわれた。

## 陶磁器製造業

錫の釉薬を使った製陶業はテムズ川南岸のサザークとヴォクソールの間の地域で昔から盛んに行なわれ、陶器と磁器の中間の性質を持つストーンウェアはフラムで作られた。18世紀の企業家精神あふれる陶工は、紅茶を飲む習慣のある上流階級の需要に応えるために、極東から輸入される上質なストーンウェアや白地に青で模様が描かれた染付の器を再現する方法を求めていた。初期の革新的なアイデアの持ち主はニコラス・スプリモンで、彼は1740年代にチェルシーで、上流階級の顧客のためにデザインした磁器の生産を開始した。チャールズ・ゴウインは短期間で姿を消したセント・ジェームズの工房で、やはり上流階級向けの「ブランコに乗った少女」と呼ばれる人形の作品群を制作した。

もっと実用的な磁器製品はボーのトマス・フライやエドワード・ヘイリンの工房で製作され、当時の中国産の磁器は主に広東(カントン)から運ばれていたため、ボーの磁器製品は「ニュー・カントン」と呼ばれた。ボーの工房は中国の典型的な工房を見習って作られ、最盛期にはおよそ300人が雇われて働いていた。この工房は中流階級を顧客として、商業的に大成功をおさめた。ライムハウス、ヴォクソール、アイルワースにも磁器工房があった。無地の磁器に装飾を施す最終仕上げ工房も多く、ときにはロンドン以外の場所で作られた磁器の装飾も行なわれた。独立した装飾家としてもっとも有名なのはジェームズ・ジャイルで、彼はケントン・タウンで工房を経営し、流行の先端の町のソーホーやチャリング・クロスに小売店を持ち、ウースターの磁器工房のために装飾の仕事をした。

## 特別な馬車

シティの市長であるロード・メイヤーが乗る馬車は、ロンドンの手工業の質の高さを示すものだ。ロード・メイヤーに選出されたチャールズ・アスギルの依頼を受けて、建築家のロバート・テイラーが設計した豪華な馬車は、1757年の市長就任パレードで初めてお目見えした。それ以前の市長は借り物の馬車で済ませていた。

この馬車の製作を監督

**サザークの産業**
1790年代までに、サザークはビール醸造所をはじめとする大規模な工場に占められるようになった。

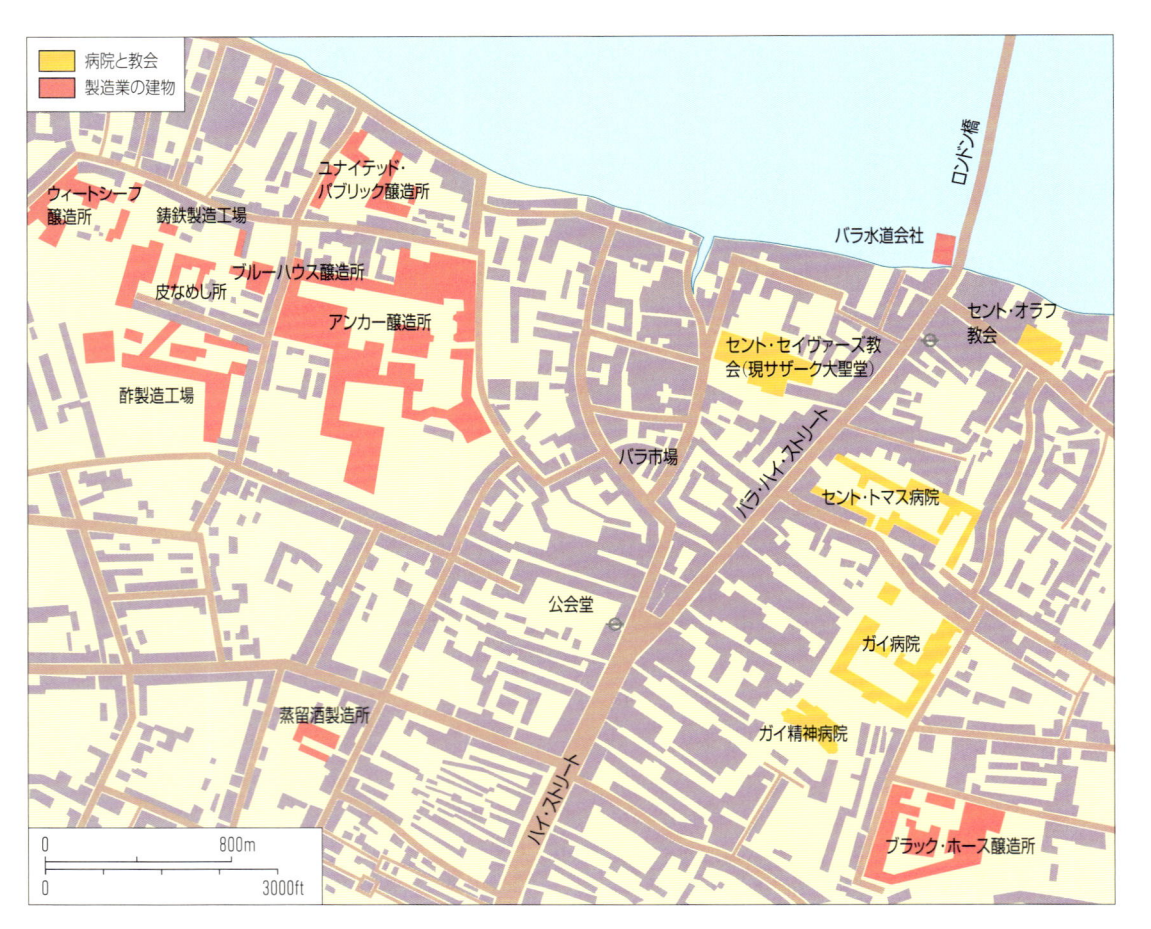

したのはホルボーンのレザー・レーンのジョゼフ・ベリーで、請求金額は860ポンドに上った。ベリーはさまざまな専門手工業者と下請け契約を結んだ。その中には大工、車輪製造業者、木彫り師、鋳物師、革製の馬具製造業者、絹やベルベットを使った内装を作るための室内装飾師などがいた。外側のパネルには、2年前にローマからロンドンに来たジョヴァンニ・チプリアーニが絵を描いた。チプリアーニの寓話的な絵は、「シティの守護神」が世界各地からの珍しい品々を受け取り、神々と交流する姿を描いて、ロンドンの商業的な力を表現している。華やかに彫刻された貝殻、海神、海蛇は、海上貿易によるロンドンの繁栄を示している。

当時、ロード・メイヤーの馬車は流行の最先端を行く、近代的なヨーロッパ風の馬車に見えたことだろう。ロココ様式のデザインは明らかにフランス風で、移住してきた手工業者によってもたらされたものだった。パネルに描かれたイタリア風の絵に加えて、この馬車はイギリスの伝統的な重い公式馬車に比べて、近代的で軽い「ベルリン」型で作られていた。

## 流行の家具

ロンドンの高級家具職人は国中の裕福な顧客に商品を提供し、この時期のロンドンの手工業の最先端に立っていた。交通網が発達し、印刷物が入手しやすくなったため、多数の家具職人がカタログの出版によって効率的な取引網を築いた。トマス・チッペンデール(1718-79年)はロンドンの家具職人の中でもっとも有名な人物で、彼が1754年に予約購読者に向けて家具のカタログ『ジェントルマン・アンド・キャビネットメーカーズ・ディレクター』を出版すると、地方の職人はそれを真似て家具を作った。チッペンデールはセント・マーティンズ・レーンにあった家具と内装用商品の店でさまざまな商品を売った。いくつかの製造所では彫刻師、めっき職人、椅子張り職人などの専門の手工業者を雇い、その他の製造所は、お互いに関連性のある技術を持つ職人が集まるソーホー付近の会社と下請け契約を結んだ。

18世紀終わりまでに、製造業におけるロンドンの優位は低下しはじめ、鉱業や織物工場はイギリス中部、北部、サウス・ウェールズやスコットランドにそれぞれ別の成長拠点を作るようになった。靴製造業や絹織物業者などの専門的な仕事は、労働力の安い他の都市に移転した。ジョージ王朝時代のロンドンの熟練した職人や企業家が制作した工芸品で、現在まで残っているものの品質の高さは、彼らの驚くほどの技術を示している。その技術は大量生産の時代を迎えるまで衰えることはなかった。

[JL]

### ✤ スピタルフィールズの絹製品

ロンドンの絹産業は、北部フランスから迫害を逃れてプロテスタント教徒のユグノーが集団で移住してきたことによって盛んになった。1700年代初めまでに、スピタルフィールズのユグノーの居住地は、リヨンで生産されていた最新流行の絹製品に対抗できる品物を作りはじめた。1750年までに、スピタルフィールズには500人の親方織工がいて、1万5000台の織機が稼働していた。

スピタルフィールズの織工は技術的にも芸術的にもすぐれた製品を生産した。その中でもよく知られているのは、クリストファー・ボードウィンやジェームズ・リーマンなど、ユグノーの家族出身の織工で、彼らは親方織工に最新のデザインを提供する仕事を専門にしていた。王族や貴族のために金糸銀糸を織り込んだ薄絹のほか、ベルベット、ダマスク織り、タフタ、サテンなどの無地の絹織物が生産された。美しい模様入りの絹織物は、絹織物産業の中では「花の枝(フラワー・ブランチ)」と呼ばれる分野で、さまざまな手触りや模様の製品が作られた。絹織物の技術的可能性は1740年代にアンナ・マリア・ガースウェイトによって最大限に開花し、彼女の織る複雑な花模様は魅力的であるばかりか、植物学的に見ても正確だった。

1707年にロンドンで織られた絹地

組合員の利益を保護しようとする織工組合の努力にもかかわらず、織物業は経済の変動の影響をまともに受けた。貧しい絹織物業者はたびたび暴動を起こした。彼らの怒りはしばしば、模様を織り出した絹織物の代用品として、模様をプリントした安い輸入品の綿布でできたドレスを着た「キャラコ・マダム」に向けられた。

### ✤ 時計製造業

ロンドンの時計製造業は、その品質の高さと信頼性で国際的な評判を得た。17世紀に時計製造技術が発達し、新しい道具や「動力」が導入されて、この労働集約的産業は、技術と機械化の経済的強みを証明した初めての産業のひとつになった。

ストランドやフリート・ストリートの北の地域に製造所を持つ時計職人の親方によって、少なくとも5000人の男女が下請け労働者として雇われていた。17世紀の終わりに、時計製造業者は小売店のある場所から離れたクラークンウェルに移動し、クラークンウェルはそれから200年間時計製造業の中心でありつづけた。真鍮製の基本的な時計から、表面に精巧な彫刻装飾がほどこされ、エナメルを塗って仕上げた金時計まで、さまざまな時計が作られ、1725年にジョージ・グラハムが発明したより正確なシリンダー脱進機(水平脱進機とも呼ばれる)が組み込まれた。

ロード・メイヤーの馬車
華やかに装飾された優美なロード・メイヤーの馬車は、1757年にロンドンで作られた。この馬車はフランスのロココ様式と最新の馬車製造技術の融合を示している。

| 第7章——ジョージ王朝時代のロンドン

# 新参者と外国人

18世紀のロンドンは移住者の町だった。イギリスやヨーロッパの各地、そしてもっと遠いところから数万人がロンドンに流入し、社会のあらゆる階層は膨れ上がった。

ウェストミンスター・ジェネラル・ディスペンサリー［1774年に設立された病院］の1774-81年の患者の記録によれば、3236人の患者のうち、ロンドン生まれは25パーセント（824人）しかいなかった。最大多数の58パーセント（1869人）はイングランドのどこか別の土地で生まれた人々だった。9パーセント（281人）がアイルランド出身、6パーセント（209人）がスコットランド出身、2パーセント（53人）が「外国」出身だった。18世紀末までに、ロンドンの人口は100万人をわずかに下回るところまで増加し、その中に1万5000-2万人のユダヤ人や5000-1万人の黒人とアジア人が含まれていた。

ある地域に名前を残すほど大きな集団は少なかった。ロンドンの「リトル・ダブリン」はセント・ジャイルズ・イン・ザ・フィールズの教区にあった。そこに定住したアイルランド人は季節労働者として働く者が多かった。手に職のない貧しいカトリック教徒の彼らは、しばしば攻撃にさらされた。イギリス人とアイルランド人の労働者の間で喧嘩は日常茶飯事だった。反カトリックのゴードン卿に先導された1780年のゴードンの暴動では、いくつかのアイルランド人の公会堂が破壊された。「ここでアイルランド人の通夜が行なわれた。アイルランド系のローマ・カトリック教会は破壊して当然だ」と暴徒は言った。

他にふたつの集団が別々の地域に根を下ろした。フランス人のユグノーはプロテスタント難民としてロンドンに逃れ、シティの東のスピタルフィールズとソーホーの2か所に住みついた。1700年までに、スピタルフィールズ周辺に9か所、ウェスト・エンドには14か所のユグノーの礼拝所が作られた。ユダヤ人の存在も目立つようになり、1700年に1000人だったユダヤ人の人口は、1800年には1万5000-2万人まで増加した。シティの東の端は、ロンドンで暮らすユダヤ人のもっとも大きな居住地になった。ロンドンで最初のシナゴーグは1657年にクリーチャーチ・レーンに建てられ、続いてオールダーゲートのデュークス・プレースに2つ目が建設された（1690年）。さらに18世紀には、ベヴィス・マークス（1701年）、フレンチ・ストリートの「ハンブロ」（ハンブルグ）シナゴーグ（1725年）、レドンホール・ストリートの「ニュー・シナゴーグ」（1761年）の3つが建設された。

18世紀には、ロンドンの比較的自由な環境を求めてまずスペイン、ポルトガルからセフィルディ系ユダヤ人が移住し、続いて中央ヨーロッパからアシュケナジー系ユダヤ人［ヨーロッパ中部・東部出身のユダヤ人］が流入して、ロンドンのユダヤ人共同体が拡大した。ユダヤ人の人口が増加するにつれて、ロンドンのユダヤ人居住区は東のオールドゲートやマイル・エンドまで広がり、18世紀半ばには2か所にユダヤ人埋葬

**メイ・モーニング、1730年頃**
ジョン・コレット作のこの絵は、ロンドンの職人の集団と黒人の召使が、にぎやかな行列で伝統的なメーデーの祝日を祝う光景を描いている。

地が作られた。ユグノーと同様に、ユダヤ人も時流に乗ってロンドンの西に移住し、ソーホーにいくつかのユダヤ人居住区を作った。1791年にはストランド付近の以前王立美術院があった場所に、ウェスタン・シナゴーグが設立された。

## 黒人のロンドン市民

ユグノーとユダヤ人の共同体はどちらも十分に大きく歴史もあって、独自の慈善団体や学校、施設を発達させることができた。そのような相互扶助がないその他の共同体では、人々は自分の才覚に頼って生きるしかなかった。そのひとりであるイグナティウス・サンチョは、子どもの頃に奴隷としてロンドンに連れてこられ、成長して作家、作曲家、そして裕福な商人になった。1774年にサンチョはウェストミンスターのチャールズ・ストリートに流行の食料雑貨店を開店し、英国国教会信徒の男性土地所有者として、18世紀イギリスで選挙権を得た数少ない黒人のひとりになった。

サンチョのような経歴は例外だった。ロンドン東部のセント・ジャイルズやセント・ジョージの貧民街には、ラスカーと呼ばれる水夫（インドやアジア出身）、困窮した元召使いや物乞いの数が次第に多く見られるようになった。アメリカ独立戦争（1775-83年）でイギリス軍として戦った元奴隷によって、その数はいっそう膨らんだ。1786年に黒人貧民救済委員会が設立された理由として、ひとつは元奴隷のロンドンへの流入、そしてもうひとつはラスカーの窮状が挙げられる。この頃になると、奴隷制はこの時代のもっとも白熱した倫理的問題となった。オラウダ・イクイアーノ、オトバ・クゴアーノ、ジェームズ・アルバート・グローニアソウらの元奴隷がロンドンの奴隷解放運動の中心人物となった。彼らの存在によって、ロンドンの貧しい黒人にある程度同情のまなざしが向けられるようになったが、この同情は感傷的な性格が強かった。黒人に対する見方は、「見知らぬ土地で凍えて飢え、着るものもなく、友人もいない、みじめで不幸な人間」というものだった。

## よそ者

18世紀のロンドンでは、黒人やアジア人は明らかに見た目が違ったが、外見や発音、方言などで区別される白人もいた。周囲と違うことは敵意を招く原因になった。スコットランド出身の作家のボズウェルは、1762年にコヴェント・ガーデン劇場で目撃した事件について次のように書いている。「序曲の演奏が今まさに始まろうとしているとき、ふたりのハイランド地方の役人が入ってきた。2階の桟敷に陣取っていた群衆が『スコットランド人は出ていけ！』と怒鳴り、彼らに罵声を浴びせかけた。私は同胞である彼らへの同情で胸が一杯になり、私のスコットランド人の血は憤りで煮えたぎった。（中略）イギリスの俗人の不作法さは目に余る。彼らが誇りにする自由とは、人を侮辱し、口汚くののしる自由なのだ」。

ロンドンの民衆のよそ者に対する敵意は悪評高かった。1701年に作家のダニエル・デフォーは、他人を蔑む「生粋のイングランド人」を批判する痛烈な風刺的論文を書いている。イングランド人自身が「混血の雑種」である以上、優越感を持つ理由はひとつもない、と主張した。「あらゆる人間の中でもイングランド人は、外国人を外国人だからという理由で見下すべきではない。（中略）なぜなら今日の彼らと同様に、過去の私たちは外国人だったのだし、明日の彼らは現在の私たちのようになるからだ。（中略）私たちは実際には皆外国人なのである」。　　　　　　　　　　　　［CR］

**オマイ、1774年頃**
タヒチ人のオマイは、キャプテン・クック率いる軍艦レゾリューション号の僚船アドヴェンチャー号に乗ってイングランドに到着した。ロンドンに3年間滞在した間、オマイは上流社会でもてはやされ、異国の王子のように扱われた。

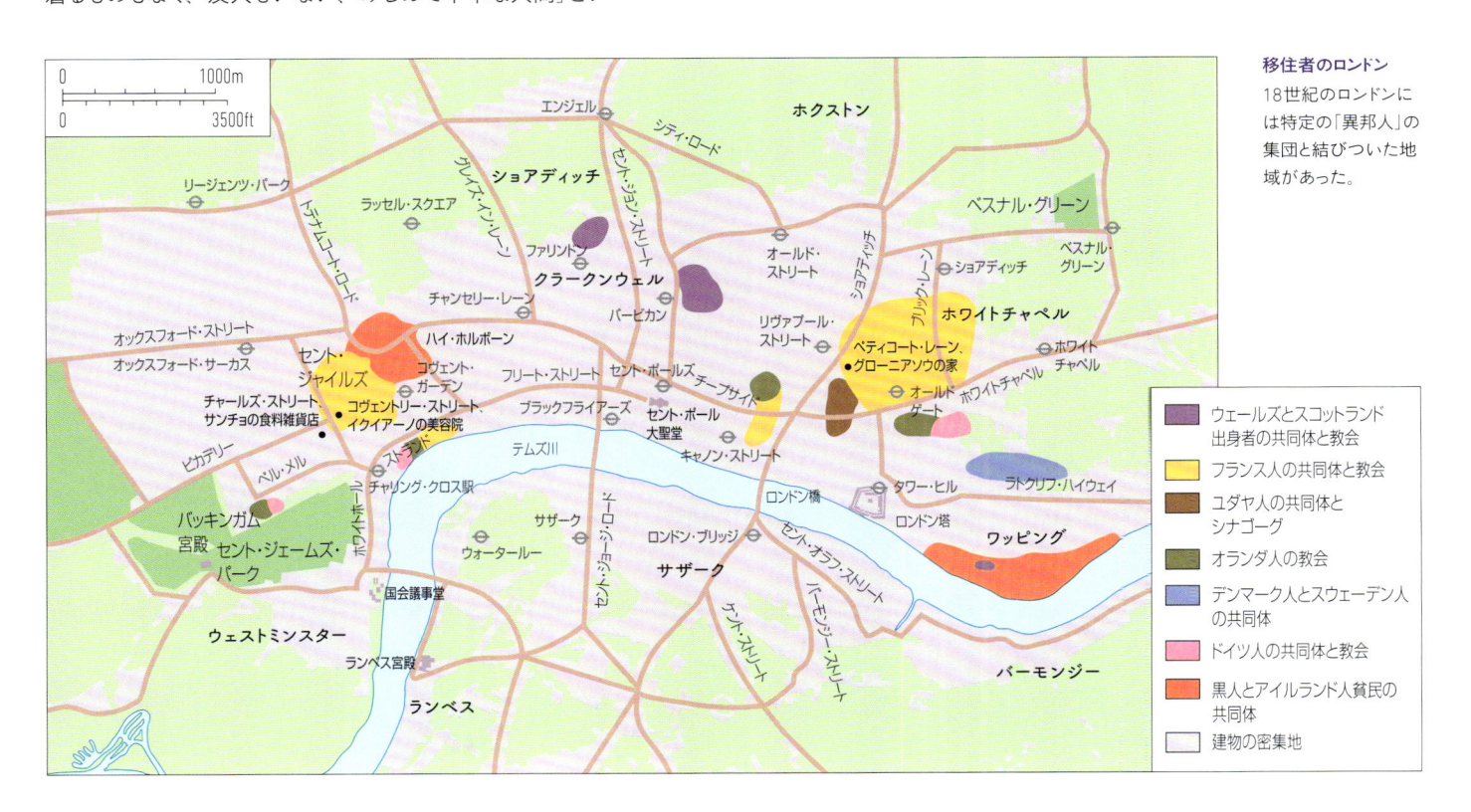

**移住者のロンドン**
18世紀のロンドンには特定の「異邦人」の集団と結びついた地域があった。

- ウェールズとスコットランド出身者の共同体と教会
- フランス人の共同体と教会
- ユダヤ人の共同体とシナゴーグ
- オランダ人の教会
- デンマーク人とスウェーデン人の共同体
- ドイツ人の共同体と教会
- 黒人とアイルランド人貧民の共同体
- 建物の密集地

第7章――ジョージ王朝時代のロンドン

# ロンドン、砂糖と奴隷労働

西インド諸島貿易は、ロンドンに富と倫理的な憤りをもたらした。
プランテーションでアフリカ人奴隷を組織的に搾取して
利益を挙げるなどということを、なぜキリスト教国家が実行できたのだろうか。

**アンチエゴ王**
ヨーロッパで描かれたこの西アフリカの君主の肖像（右）は、貿易を通じてヨーロッパと西アフリカの間につながりがあったことを示している。描かれた時期や作者は不明。

18世紀のロンドンの富の一部は、カリブ海のプランテーションと奴隷貿易によって築かれた。砂糖を加えて甘くした紅茶やチョコレートを飲む習慣によって、砂糖の需要が非常に高まった。織物、ビーズ、火薬、銃などの商品がアフリカに輸送され、引き換えに男女や子どもがカリブ海に送られて、砂糖プランテーションで奴隷として働かされた。砂糖、コーヒー、タバコはイングランドに輸送され、船長やプランテーションの所有者、商人に莫大な富をもたらした。

ロンドンは、大西洋をまたにかけたこの三角貿易で中心的な役割を果たした。ロンドンの投資家は船と積荷に資金と保険を提供し、南海会社の本社はロンドンに置かれていた。ロンドンの船主は奴隷貿易に従事した。1698年から1809年の間に、3000隻以上の船がロンドン港から出航し、74万人を超えるアフリカ人奴隷を新世界のプランテーションに輸送した。

## クラパムの絆

ウィリアム・ウィルバーフォース（1759-1833年）は、奴隷制廃止運動の代表的な人物である。彼は最初にハルから、のちにはヨークシャーから選出された国会議員としてよく知られた存在だったが、奴隷制廃止運動は決してひとりで遂行したわけではなかった。ジェームズ・スティーブン、ヘンリー・ソーントン、ウィリアム・スミス、チャールズ・グラントらの議員もまた、法の改正を求めて運動した。

これらの議員は協力して、クラパム・セクトと呼ばれる影響力のある社会改革主義者の団体の一員になった。クラパムという名前は、彼らの大半がロンドンの南のクラパムで暮らすか、クラパムの教会で礼拝をしていたところからつけられた。クラパム・セクトは主に著名で裕福な福音派の英国国教会信徒で、奴隷解放、奴隷貿易の廃止、そして刑罰制度の改革という政治的立場を共有する人々の集まりだった。その他のメンバーにはヘンリー・ヴェン牧師（セクトの創立者）と、その息子でホーリー・トリニティ教会の教区牧師を務めるジョン・ヴェン、銀行家のジョン・ソーントンと息子のヘンリー・ソーントンがいた。また、ジャマイカのプランテーションの監督だったザッカリー・マコーレーや、インド総督だった有力なテインマス卿ジョン・ショアも名を連ねていた。このグループはしばしば「聖人（セインツ）」とも呼ばれた。

彼らはクウェーカー教徒の奴隷貿易廃止運動とも手を結んだ。彼らとともに活動したグランヴィル・シャープは、のちにクラパム・セクトの代表者になった。1772年、シャープはイギリスに連れてこられたアフリカ人奴隷のジェームズ・サマーセットの裁判で、英国法をうまく利用して有利な判決に持ち込んだ。サマーセットはイギリスで逃亡して連れ戻され、主人からひどい罰を受けて、ジャマイカ行きの船に閉じ込められた。シャープは、植民地法が奴隷制を認めているとしても、同じ法律はイギリスでは適用されないから、奴隷がイギリスに足を踏み入れた瞬間に彼は自由の身になると主張した。裁判官はイギリスで人間を強制的に奴隷にすることは違法であるという判決を下した。

**1780年代のクラパム**
18世紀末のクラパムには、奴隷制廃止運動の代表的な推進者である福音派のロンドン市民のグループが暮らしていた。

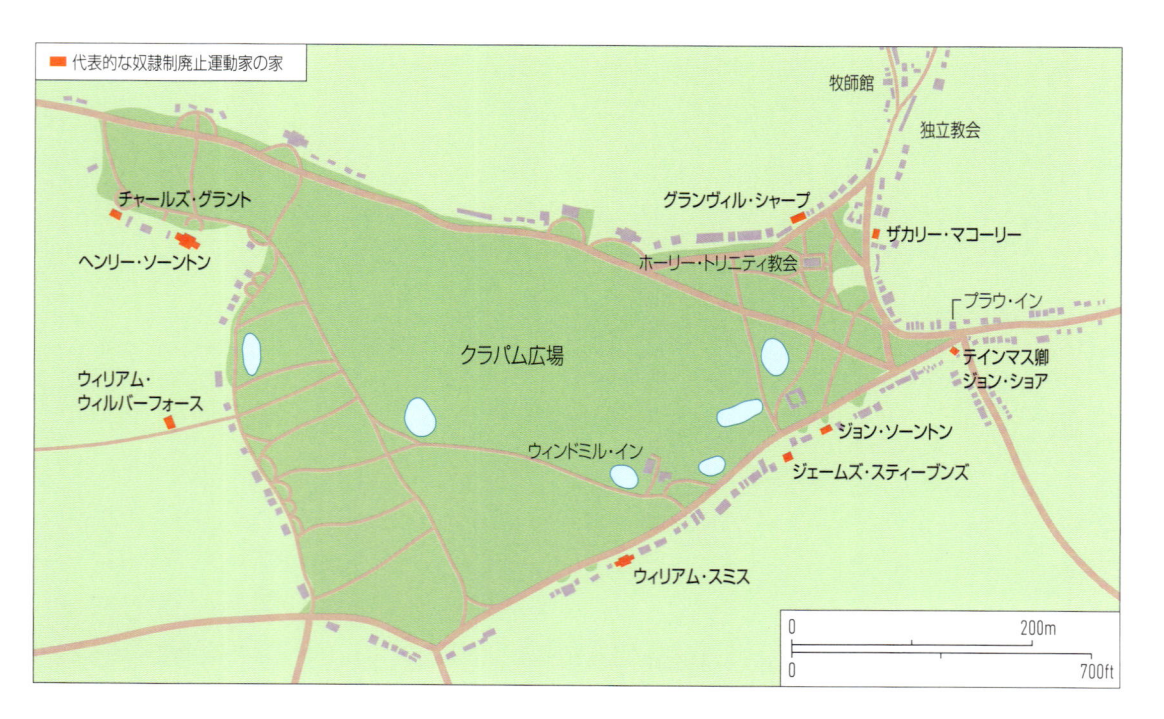

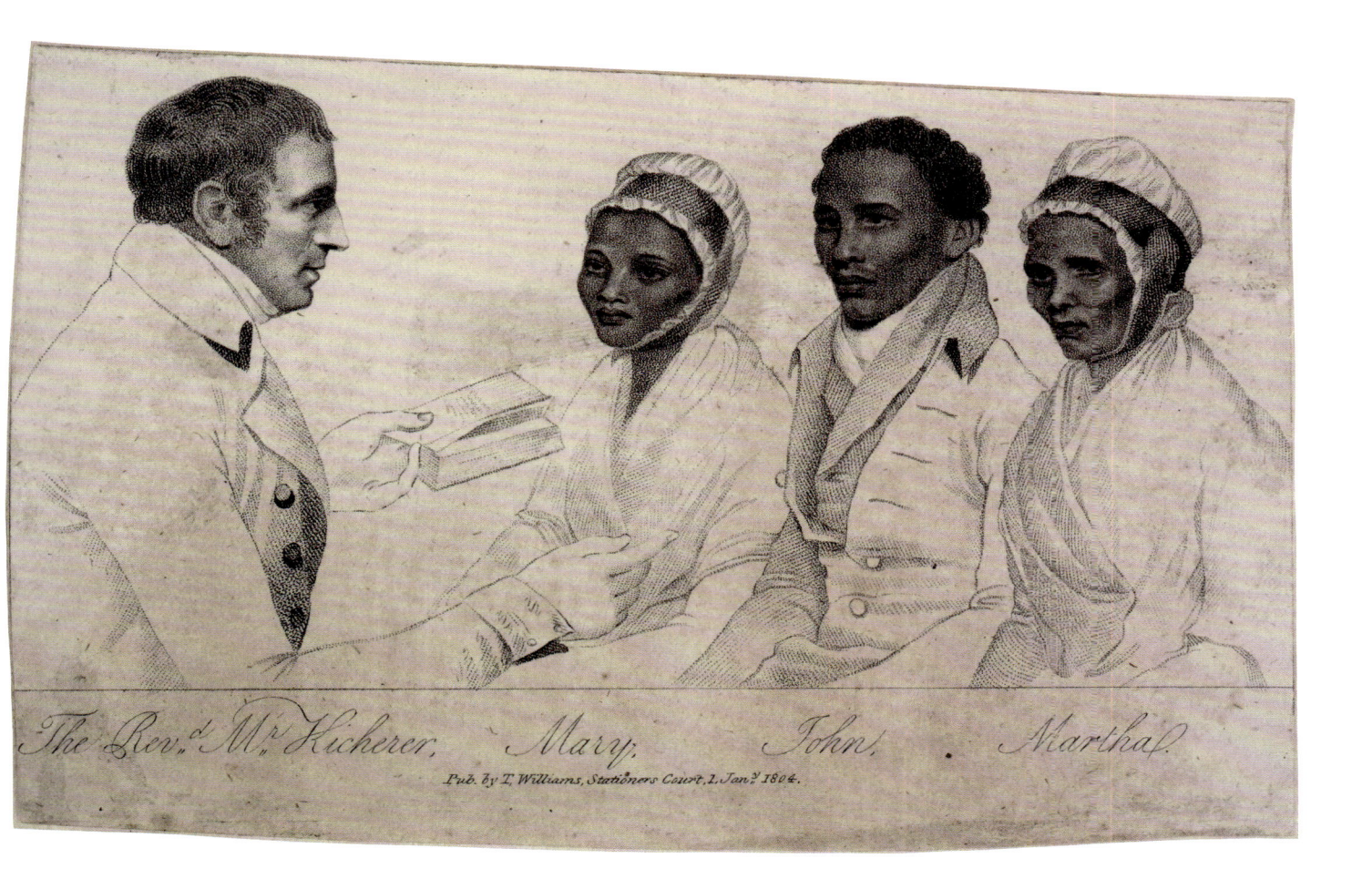

The Rev.d Mr. Kicherer. Mary. John. Martha.
Pub. by T. Williams, Stationers Court, 1. Jan.y 1804.

**キヒャラー牧師と信徒、1804年**
奴隷制廃止運動とキリスト教のかかわりは伝道活動に発展し、1804年にキヒャラーはロンドン伝道協会の援助を受けて南アフリカを訪ねた。

シャープは他のアフリカ人奴隷の解放も目指して運動を続け、1787年に仲間のトマス・クラークソンとともに奴隷貿易廃止協会を設立した。クラパム・セクトのメンバーのウィルバーフォースらはこの協会に加わり、ロンドンや各地で集会を開いた。彼らはパンフレットを配布し、数千人の署名を集めて奴隷貿易の廃止を求める請願書を議会に提出した。

このグループは解放奴隷のための新しい居住地として、シエラレオネに植民地を築くためにも力を尽くした。1791年にシエラレオネ会社が設立され、グランヴィルが社長に、ヘンリー・ソーントンが会長に就任し、チャールズ・グラントとウィリアム・ウィルバーフォースが取締役になった。しかし、シエラレオネ植民地が安定するまでには長年の困難があった。1790年代の終わりにザカリー・マコーレーが知事となって、この植民地はようやく繁栄を迎えた。シエラレオネ会社は勅許を与えられ、1808年にシエラレオネは王室直轄植民地となった。

### アフリカの声

クラパム・セクト、そして特にグランヴィル・シャープは、元アフリカ人奴隷のオラウダ・イクイアーノのような人々と協力して奴隷の悲惨な状況を訴えた。イクイアーノは1745年頃、西アフリカのベニン（現在のナイジェリア）のイグボ族に生まれたと考えられている。子どもの頃にオラウダと妹は自宅からさらわれ、離ればなれになってカリブ海に運ばれて奴隷として売られた。何人もの異なる所有者に次々と売られたあと、21歳で自由を買うことができた。オラウダはロンドンに来て、航海をしながら数年間そこで暮らした。彼は1759年に、ウェストミンスターのセント・マーガレット教会で洗礼を受けてキリスト教徒になった。1760年代にはヘイマーケットのはずれのコヴェントリー・コートで、美容師の徒弟となる。この頃にはイクイアーノは奴隷制廃止運動に関わっていた。彼は説得力があり、人を引きつける演説をしてイギリス中を回った。シエラレオネの計画にも積極的に参加し、1787年には食料や物資の補給を担当する役職についたが、のちに内部の汚職を告発して解雇された。

1789年、ウィルバーフォースがはじめて提出した奴隷廃止法案は否決された。同年、イクイアーノは彼の体験を話すように説得されて、伝記『オラウダ・イクイアーノ、またはアフリカ人グスタヴス・ヴァッサの生涯の興味深い物語』を出版した。この本は元奴隷によって書かれた2冊目の本で、奴隷制廃止を求める宗教的、経済的な根拠の数々を提示した。この本は奴隷制廃止運動に対する大衆の関心を高め、1797年にオラウダが死ぬまでに9刷を重ねた。メノジスト派の指導者で牧師のジョン・ウェスリーはこの本を読み、ウィルバーフォースに下院での奴隷制廃止運動にこの本を使うように促した。

奴隷貿易廃止法案は1806年に議会を通過した。この法律は大英帝国内でのあらゆる奴隷貿易を廃止し、1807年5月1日以降、すべての奴隷船がイギリスを出航することを禁じた。クラパム・セクトをはじめ、奴隷制廃止運動に携わる多くの人々は、この法律ではまだ不十分だと感じ、奴隷制自体の廃止を求めて運動を続けた。1833年、議会はついに奴隷廃止法を成立させた。

[AE]

第7章——ジョージ王朝時代のロンドン

# 川と港

ロンドンはイギリス最大でもっとも混雑した港だった。
18世紀になると、中世の埠頭ではこの都市が引きよせる
膨大な数の船舶をさばくことは次第に難しくなった。

1700年までに、ロンドンはイングランドでもっとも重要な港になった。18世紀初頭には毎年およそ7000隻の船が入港し、イングランドの沿岸地方からの商品や農産物や、ますます増加する海外植民地からの貨物が運ばれてきた。18世紀末までに船舶の数はおよそ2倍に増え、積荷のトン数は300パーセント以上増加した。しかし、港湾施設の発達は遅れていた。

1588年から、ロンドンに入港するあらゆる積荷はカスタム・ハウスに近いプール・オブ・ロンドン[ロンドン橋から下流のロザーハイズまでの水域を指す。]内の指定された「合法的な埠頭」で荷揚げするように定められた。これらの埠頭はロンドン橋からロンドン塔までのテムズ川北岸を縁取り、全長432メートルにわたって独立した船着き場が20か所あった。ロンドンと植民地の経済が拡大したため、「公認埠頭」と呼ばれる新しい埠頭がプール・オブ・ロンドンの南岸に作られたが、港の混雑を緩和する効果はほとんどなかった。

## 個人の利害の衝突

ロンドン港の問題は、テムズ川に面した埠頭の所有権が細分化されているところに原因があった。たとえばボトルフ埠頭は、元はハモンズおよびボトルフ埠頭とリヨン埠頭からなっていた。裕福なロンドン商人で東インド会社総裁のジョサイア・チャイルドは、これらの埠頭をひとつずつ購入した。こうして東インド会社の高収益の貿易の大半は、彼が手に入れた埠頭で扱うことが可能になった。プール・オブ・ロンドンに入ってくる船を係留するために川底に降ろされている巨大な係留チェーンでさえ、個人の所有物だった。

このような個人の利害の衝突が、港全体の計画的な開発の妨げになった。問題の一部は、港の運営がロンドン市自治体に任されているという点だった。何世紀も続く伝統に縛られ、シティの利害を追求するあまり、ロンドン市自治体はシティ内部にある数え切れないほどの市場と同様に、港をもうひとつの収入源としてとらえ、成長する国際港に求められる複雑な要求を少しも理解も重視もしていなかった。

川岸の地区は中世から実質的に変化がなく、道路は大体において荷車が近づけないほど狭かった。1666年の大火による破壊は川岸の埠頭を再開発するめったにない機会をもたらし、ロンドン市自治体はプール・オブ・ロンドンの北岸に幅24メートルの波止場地帯を設ける計画を了承したが、この計画は実を結ばなかった。18世紀初めには、波止場地帯はふたたび中世の街並みをほとんどそのまま踏襲した狭い道路と、その場しのぎの建物で混みあった。

**混みあう埠頭、1757年**
七年戦争の最中に出版されたこの風刺画は、フランス製のぜいたく品を好むイギリス人の趣味を皮肉っている。カスタム・ハウス埠頭とロンドン塔、そして背景に林立する船のマストが描かれている。

## 混みあう港

　18世紀最後の10年間に、ロンドン港はすでに限界に達していた。荷降ろしには法外な費用がかかった。1793年にフランスの革命政府との戦争が勃発し、護送船団方式がふたたび導入されると、商人のウィリアム・ヴォーガンは「合法的な埠頭」を指して、「ロンドン港として機能するにはあまりにも不適切であり、埠頭のいたるところに高価な商品が山積みになって、天候や盗難の危険にさらされている光景は日常茶飯事である」と述べた。

　こうした不満を抱いたのはヴォーガンだけではなかった。荷降ろしに3か月待たなければならないことは知れわたっており、西インド航路から来る商人にとっては特に大きな問題になっていた。輸入したラム酒が法令で定められた30日以内に税関を通過しなければ、税関吏に没収されたからである。混みあったプールに停泊する船と、波止場地域に積まれた商品の両方に火事の危険があったため、保険料は高騰し、埠頭の所有者はカルテルを作って施設使用料をつり上げた。港が混みあえば当然のように衝突事故が起き、船と積荷の両方に損害が生じた。港の混雑は、1800年のパトリック・コルクホーンの回想に端的に表わされている。「港には879隻もの大小の船が容易に停泊できるが、船団が一度に到着すると、沿岸貿易船も含む1300隻から1400隻の船が同時に港に入ってくる」。

　さらに、テムズ川の状態自体がますます深刻な問題を引き起こした。増え続けるロンドンの住民が廃棄するゴミが川に流れ込み、堆積物が増えて危険な砂州が発達し、多くの船が座礁した。その上、水深の深い停泊地が不足していたため、干潮時には船が自分の錨で船体に穴をあける危険が十分あった。

　こうした港の状態に憤慨したロンドンの商人は、特に高い収益を上げていた西インド諸島貿易に関わる人々を中心に、港の改良を求める運動を始めた。それを受けて、政府は1796年に港の状態を調査するための特別委員会を組織した。調査の結果が1799年に西インド・ドック法の成立に結びついた。ロンドンの港にようやく再開発の動きが起きたのである。

［TN］

ロンドン、1746年
ジョン・ロックが描いたロンドンの市街図の一部。テムズ川の両岸をロンドン公認の埠頭が縁取っているのがわかる。

| 第7章——ジョージ王朝時代のロンドン

# 市場と食物

ロンドンの食物市場のいくつかは、
18世紀の需要の増加に対応するために拡張された。
飲食店は新しい流行と国際的な好みを反映した料理を出した。

18世紀の間に、ロンドン市民は新しい多様な食物に対する味覚を発達させた。牛肉は健康的なイギリス料理の象徴でありつづけたが、パン、チーズ、魚などの主要な食べ物に加えて、珍しい食べ物が世界各地から輸入された。紅茶、コーヒー、タバコなどの嗜好品はもはやぜいたく品ではなくなり、インドやトルコ、フランスの料理のレシピを載せた多数の料理書が出版された。1773年までに、ヘイマーケットのノリス・ストリート・コーヒーハウスはお客にカレーを出すようになった。

**コヴェント・ガーデン、1770年頃**
コヴェント・ガーデンは18世紀ロンドン最大でもっともよく知られた青果市場だった。

## ロンドンの市場

喧騒に満ちたロンドンの市場は、市民に食品や必需品を提供した。市場は売り物によって分類され、もっとも有名なコヴェント・ガーデンは、ウェストミンスター寺院の修道士が野菜作りをしていた修道院の野菜畑に作られた。1631年から1639年にかけて、第4代ベッドフォード伯爵フランシス・ラッセルがイニゴー・ジョーンズ（1573-1652年）を雇い、三方を建物に囲まれた広場を設計させた。そして1670年に第5代ベッドフォード伯爵が、平日にそこで果物、野菜、花を売る勅許を得た。17世紀に入る頃には、コヴェント・ガーデン（下図）はロンドンの主要な果物、野菜、花の市場となった。市場で売られる農産物の大半は、都市の周辺の市場用野菜園で栽培された。

1705年から翌年にかけてベッドフォード邸が取り壊されて、タヴィストック・ローと呼ばれる住宅群が建設され、広場は四方を囲まれて、市場は広場中央に移った。1748年までに市場は完全に改装され、106軒の新しい店舗と229の露店が作られた。上流階級の人々が都市の西部に移転するにつれて、芸術家、作家、商店主がこの広場の周辺で

暮らすようになった。

　ロンドンのもうひとつの主要な果物と野菜の市場はストックス・マーケットで、13世紀にセント・メアリ・ウルチャーチに隣接する場所に作られた。1737年、ストックス・マーケットはロンドン市長公邸のマンション・ハウスの建設のためにファリンドンで再建され、フリート・マーケットと呼ばれるようになった。

　ロンドンの魚市場は、中世からこの都市の主要な埠頭のひとつだったビリングスゲートに作られた。1698年に成立した議会法によって一握りの魚商人の独占が廃止され、この市場は「あらゆる種類の魚の自由で開放された市場」であると宣言された。ビリングスゲートは頭に大きなかごを載せて魚を売り歩く男女のひどい言葉使いが有名だった。市場の近くでは、シュリンプ・ガールと呼ばれる海老売りの女性や牡蠣売りが、手押し車に商品を積んで売り歩いた。

　ロンドン最大の肉市場、スミスフィールドは、その場所が昔は市壁の外の草深い「なめらかな野原(スムース・フィールド)」だったところから名づけられた。スミスフィールドは中世から毎週開かれ、牛や家畜を売っていたが、ロンドン市自治体が正式に牛市場をその場所に設立したのは1638年のことだった。家畜はイングランド中部地方やウェールズとの境界地域から運ばれ、ロンドン周辺の州で飼育されて、そこからイズリントンに集められた。そこでロンドンの家畜商が家畜を市場に出し、最後には畜殺場が集まったシャンブルズと呼ばれる地域に家畜を連れて行った。グレースチャーチ・ストリートのレドンホール・マーケットは主に鳥肉市場だったが、革製品や毛織物の販売でも知られていた。レドンホールの名前は、14世紀にその場所に建っていた鉛板葺きの屋根の大邸宅にちなんでつけられた。

## 食料品店と飲食店

　8月に3日間スミスフィールドで開催されるバーソロミューフェアは、温かい食べ物を売る屋台で有名だった。ホットソーセージは赤々と燃える炭火の上であぶられ、パイやショウガ入りクッキーを売る人々は混雑したお客の間を歩いた。このような食べ物の屋台は数世紀続くロンドンの伝統だった。ロンドン市民の多くは自宅に調理設備がなかったので、手押し車で売られ、熱した石炭を入れた容器で温められた安価なパンやパイ、プディングを買って食べた。飲食店でも手ごろな値段の食べ物や、調理して切り分けた安価な肉を売っていた。買った食品はその場で食べてもよく、持ちかえることもできた。セント・マーティンズ・レーンとストランドの間の貧民地区には、飲食店が集まった「ポタージュ・アイランド」と呼ばれる区画があった。

　お金に余裕のある人々は、もっといろいろな料理が選べた。チョップハウスという肉料理専門店は、衝立で仕切られた席に座ったお客にウェイターやウェイトレスが料理を運んでくることで17世紀に有名になった。もっとも有名な飲食店のひとつはパターノスター・ローのドリーの店で、チョップハウスと同様に、この店もビーフステーキが評判だった。

　コーヒーショップ、居酒屋、エールハウスでも温かい食事を食べることができた。そしてヴォクソールやラネラのような遊園では紅茶や夕食を出した。ロンドンでもっとも高級な料理店のひとつは、1768年に開店したビショップスゲートのシティ・タバーンだった。この建物には専用の宴会場と立派な舞踏室があり、宴会のために借りることができた。シティ・タバーンの評判は非常に高かったので、1783年に出版業者のグループがシティ・タバーンのコック長のジョン・ファーレーの名でレシピ集を代作して出版した。

　菓子職人の店もまた大人気で、お客の多くは女性だった。そこで売られる高価な砂糖菓子や焼き菓子は、その場で食べることも、持ち帰ることもできた。1786年にロンドンを訪れたゾフィー・フォン・ラ・ロシュは、焼き菓子を売る店を訪れた日の思い出を次のように書いている。店には「保存加工をしたさまざまな果物やゼリー(中略)小さな焼き菓子やタルト、果物の砂糖漬けを詰めた大きめの焼き菓子が山と積まれていた。大小さまざまなワイングラスはふた付きで、思いつく限りすべての銘柄、色、味の酒を売っていた」。数多くの外国人旅行者が、はロンドンの食べ物の種類の豊富さと、この都市で体験できるさまざまな味覚の体験に驚き、目を見張った。フォン・ラ・ロシェもそのひとりだった。　[OC]

第7章──ジョージ王朝時代のロンドン

# 遊園とその他の娯楽

18世紀初期のロンドンでは公共の遊園の人気が高まり、
洗練されたロンドンの上流社会の流行のライフスタイルが社会に広まった。
人々の間では社交が流行した。

1789年、ドイツ人作家のバロン・フォン・アルヘンホルツはロンドン市民の社交生活について観察したことを次のように書いている。「彼らは都市周辺の公共の庭園で集まり、戸外で一緒に紅茶を飲む時間をとても楽しんでいる。これらの庭園の数は（中略）驚くほどで、その秩序、規律正しさ、こぎれいで優雅でさえある様子は見事と言うほかはない」。こうした公共の、いわゆる「遊園」は、ジョージ王朝時代のロンドンに見られる社交の場だった。

ロンドンの多くの公園は17世紀初期から散策や気分転換のために一般に開放されていたが、都会の文化的生活の変化の先駆けとなったのは、1732年にヴォクソールでニュー・スプリング・ガーデンズが開園したことだった。ヴォクソール遊園では多種多様で息をのむような建築や音楽、そして視覚的な展示をわずか1シリングで楽しむことができた。この遊園に刺激されて、ヨーロッパ各地で同じような施設が作られたばかりでなく、ロンドンでも屋外の娯楽に対する新しい需要に応えるために、数百もの小規模な庭園やスパ[温泉のある高級保養地]が誕生した。

庭園は、法の規制や高い物価を避け、建物と人が密集して、ますますむさくるしくなるロンドン中心部から離れた所に新しい土地を開発しようという企業家や投資家によって、シティの北部や南部の未開発地域に作られた。この時期に600をゆうに超える庭園が作られるか、すでにあった庭園が改良された。庭園の規模は、皇太子が当時最高の音楽家の演奏を楽しんだヴォクソール遊園のように5ヘクタールもある壮大なものから、ボウリング競技場や昔の球技のトラップ・ボールが楽しめるトテナムコート・ロードのアダム・アンド・イヴ・ティー・ガーデンのようにささやかなものまで、さまざまだった。

クラークンウェルのサドラーズ・ウェルズなど、ロンドン北部の小規模な田舎の庭園の多くは、17世紀からその土地の温泉の療養効果を宣伝するようになった。病気は大体において個人で治療するしかなかった時代に、これらのスパは主要な公共の療養所となった。そして鉱泉を商業目的で開発する人々は、既存の庭園に娯楽施設をつけ加えて、たちまち新しい流行を生みだした。当時の文学作品で自然の持つ健康回復力が推奨されて、ロンドン市民は疑似的な田舎の保養地に引きこもって過ごす時間をいっそう楽しむようになった。遊園は望み通りの田園風景（言いかえれば都合よく

**ヴォクソール遊園、1740年代**
広い散歩道、オーケストラが演奏される東屋、夜食を取るためのボックス席が描かれた全景図。

**チェルシーの
ラネラ遊園の
円形娯楽場,
1740年代**

この円形娯楽場は屋内の社交場となり、冬は暖かく過ごすことができた。中央には大きな暖炉が設置されていた。

左右する鍵となった。ジョージ2世の王女のアメリアとキャロラインが1733年にイズリントンのスパに療養に行くと、上流階級はこぞってそのスパに詰めかけた。最盛期には毎日1500人のお客がそこを利用したほどだった。しかし、客筋が落ちるにつれて評判も低下し、ついにイズリントンのスパは1810年に閉鎖された。18世紀末頃に遊園の人気は下火になり、流行の先端を行くロンドンの上流階級は新しい気晴らしの場所を求めるようになった。

手入れされた田園)を創造し、ロンドンから目と鼻の先で、都会の喧騒に疲れた心を癒せる場所を提供した。

1660年代にジョン・イーヴリンが「こぎれいな作りものの農園」と評したヴォクソールを、簡素な田舎の庭園から変貌させる計画を立てたのは、21歳の企業家ジョナサン・タイアーズだった。その後、ヴォクソールを真似てもっと豪華なラネラ、クーパーズ、メリルボーン遊園が作られ、競争が激しくなった。1742年にチェルシーにラネラ遊園が開かれると、美術史家のホラス・ウォルポールは「ヴォクソールを完全に打ち負かした」と書いた。

## 刺激的な娯楽

新たに生まれたこの屋外での社交の楽しみは、ロンドンの極端に変わりやすい天気にはとうてい不向きで、行事はひんぱんに雨で中止になった。しかし、昔から広大な個人所有の庭園を愛してきた貴族階級以外にも、この楽しみは開かれていた。多くのロンドン市民は貿易の活況と安定した政権によって、過去に例のない繁栄を享受していた。ごく普通の商人や専門職とその家族は、今や以前では考えられなかった時間とお金を余暇のために費やすことができた。広大な庭園によって、彼らはかつて貴族だけのものだったすばらしい環境を身近に感じることができた。

異なる社会的階級の人々がこのように入り混じることによって、社会的地位の高い人間が公の場で羽目を外すという完全に新しい光景が見られるようになった。ヴォクソールの薄暗い木立は社交と逢引のわくわくするような楽しみを提供した。不埒な者があまりに多かったため、1750年代に行政長官によって照明が取りつけられた。1749年のクーパーズ遊園の広告には、最後に「注意:評判の悪い方の入場はお断り」と書かれ、監視人と「用心深い役人」が秩序を守り、「好ましからざる人物」を排除するために見まわっているという注意書きがあった。

それぞれの遊園の評判は、成功を

アダム・アンド・イヴ・ティー・ガーデンを訪れる客は「徒歩の追いはぎや騎乗の追いはぎ、そして卑しい女の寄せ集め」になった。ボウリングに似た九柱戯というゲームのできる運動場は19世紀初頭に行政長官によって取り壊され、その後に居酒屋ができた。ラネラはロンドン中心部から遠かったのが仇となって、巨大な円形娯楽場は1805年に取り壊された。ヴォクソールは栄枯盛衰を経て、1859年に「いよいよ最後の夜」と告げるチラシで閉鎖が宣言された。

遊園は、抜け目のない企業家が新しい社会的階層の需要をかきたて、また重要に応える形で成功した。それらの遊園は、これまでにない流行の展示場となったが、何よりも重要なのは、ジョージ王朝時代の社会的変化を反映して、それが民主的な場所だったという点にある。極貧の者を除いて、ほとんど誰もがヴォクソールの広い散歩道を散策しながら上流階級の気分に浸ることができ、そうすることで彼らにジョージ王朝時代のイングランドの国家経済に果たしている新たな強力な役割を誇示することができた。　　　　[ES]

**ルナルディの気球,
1788年**

J.C.イベットソン作のこの絵は、ナポリ王国大使館の書記官ヴィンチェンツォ・ルナルディが発明した水素気球の3度目の飛行を描いている。気球飛行は遊園で定期的に行なわれたが、このときは入場料を取って、サザークのセント・ジョージ・フィールズから飛び立つ意欲的な試みをした。気球はロンドン西部のハローに着陸した。

第7章──ジョージ王朝時代のロンドン

# 印刷と出版

ロンドンはヨーロッパの出版の中心地だった。
数百軒もの印刷所が大判の片面印刷物やパンフレット、
本や新聞を出版し、アイデアやニュースや意見を社会に広めた。

　三文文士を意味する「グラブ・ストリート」という言葉は、1755年にサミュエル・ジョンソンの『英語辞典』に採用されてから広まった。「本来は三流の歴史書、辞書、現代詩の作家が数多く住んでいたロンドンのムアフィールズの道路の名前。ここからつまらない作品を書く作家をグラブ・ストリートと呼ぶようになった」。この言葉はロンドンの（そして実はイギリス全体の）実際の社会現象を表わしている。それは18世紀の間に台頭した真の印刷文化だった。出版は社会に広く浸透し、実質的に規制できないところまできていた。1688年の名誉革命とともに検閲が廃止され、1695年に特許検閲法が失効すると、出版印刷業組合による印刷の独占に終止符が打たれ、印刷と出版の市場が実質的に自由化された。年間の新しい出版物の数は18世紀に飛躍的に増大し、1710年の2万1000点から1790年代には5万6000点になった（1620年にはおそらく6000点だった）。そして、そのほとんどがロンドンで出版された。

## グラブ・ストリート

　ジョンソンが述べたように、グラブ・ストリートの語源はロンドンの実際の通りであり、のちにはその通りを含むもっと全般的な地区の名前になった。グラブ・ストリートそのものは中世から存在し、その名前は排水溝や溝を表わす「グルーブ」に由来している。しかし、この言葉は一本の道路だけでなく、当時の作家が述べたとおり、「フォア・ストリート、ポスターン・ストリート、バック・ストリート、リトル・ムアフィールズ、ムア・レーン、グラブ・ストリート、ホワイトクロス・ストリート、レッドクロス・ストリート、ビーチ・レーン、ゴールデン・レーン、バービカン、ジューウェン・ストリー」を含むクリップルゲート周辺の区域一帯を指していた。実際の通りはもう残っておらず、おそらく1661-62年に詩人のジョン・ミルトンがグラブ・ストリートに住んでいたのにちなんで1830年にミルトン・ロードと改名され、現在はバービカンの開発によって埋められてしまった。

　セント・ジャイルズ・クリップルゲート教会の教区は貧困と犯罪の萌芽で知られ、教会でさえ物乞いの守護聖人の名前がついていたが、のちにこの教区は三文文士の住む場所として知られるようになった。18世紀を通じて、この地域は貧しさのどん底にあった。教区には2か所に救貧院があり、ふたつの精神病院が建っていた（セント・ルークス病院と悪名高いベドラムは隣同士だった）。町並みは主に狭くるしい中庭と路地からなり、現代風に言えば忌まわしい盗人のアジトや売春宿が数え切れないほど潜んでいた。

　この場所が全般的に評判の悪い地域になったのは、17世紀にさかのぼる。市壁のすぐ外に位置していたためにシティの司法権が及ばず、この地域はロンドンの初期の郊外であるばかりか、犯罪者の天国でもあった。

　グラブ・ストリートが三文文士と結びついたのは、生活に困った作家と印刷業者が安い賃貸料に引かれてここに集まったからだ。この地域には、ジョン・イームズが経営する乗用の貸し馬訓練所として繁盛していたムアフィールズ・アカデミーもあった。この時代のグラブ・ストリートをもっともよく表わしている記述は、1787年に執筆されたジョン・ホーキンズによる『サミュエル・ジョンソン伝』の次のような一節だろう。

> グラブ・ストリートの作家だのグラブ・ストリートの出版物だのは、最近の『愚人列伝』[アレクサンダー・ポープによる風刺詩集]のような本にたびたび書かれているけれども、この言葉の意味はほとんど理解されていない。けれども歴史的事実を知ればわかってくるだろう。王位簒奪期[つまり内乱と共和制の時代]には、時々けた外れの数の反政府的で誹謗中傷に満ちたパンフレットやチラシが出版されて、民衆の感情を逆なでし、国家が巻き込まれている混乱に拍車をかけた。これらの著者はたいてい、貧しさのせいで都市の郊外のもっとも不潔な場所に住むことを余儀なくされていた。当時のグラブ・ストリートは粗末な古い家が建ち並び、安い賃料で上記のような匿名の反逆と中傷の出版を生業とする人物に貸し出されていた。

## 書籍と新聞

　18世紀の出版物の大幅な増加を支えていたのは、新しい力のある書籍販売業者で、現代的な意味では彼らもまた出版業者だった。フィンズリー・スクエアの有名な安売り書店の店主ジェームズ・ラッキントンは、1792年に年間の本の

**イギリス人の楽しみ**
ニュースを好むイギリス人は、18世紀ロンドンに新たな活気のある印刷・出版業を誕生させた。

売り上げが10万冊に達したと述べた。彼はまた、本の在庫が尽きる頃になると安く売りさばいて売り上げを増やす「在庫処分」の方法を考え出した人物でもあった。ダニエル・デフォーは書籍販売業者を明確に「親方製造業者、あるいは雇用主」に分類し、作家や文筆家は「労働者」とみなしていた。印刷業に携わるこうした労働者のうち、この新しい職業で収入を得られる(部分的には印刷業界のもうひとつの改革である、まだ書かれていない本の著者に支払われる前金制度のおかげで)者はごくわずかしかいなかった。デフォー自身も含めて、ほとんどは自分の才能を生かせる機会があればどんなものでも利用して生計を立てるのに必死だった。

18世紀にはそのような機会として雑誌と新聞というふたつの印刷メディアが登場し、何十種類も発刊された。雑誌はダニエル・デフォーの『レヴュー』、リチャード・スティールの『タトラー』、スティールとジョゼフ・アディソンの『スペクテーター』のほかにも数多くあった。新聞は18世紀になる前から存在したが、発行部数はわずか数千部にすぎなかった。18世紀にはロンドンでも地方でも、部数は爆発的に増えた。1801年までに、ロンドンには23種類の新聞があり、全国的な発行部数は1600万部に達していた。

これらのメディアは大量の文章を必要とし、職業的なジャーナリストという新しい仕事を生みだす原因になった。市場原理によって、この新しい職業の中でもあまりうまくやれていない人々は搾取され、うさんくさいグラブ・ストリートに追いやられた。

## 高尚な文学と低俗文学

サミュエル・ジョンソンは「グラブ・ストリート」の一般的な比喩的意味を述べているが、グラブ・ストリートの文学的な悪評は、何よりも当時の偉大な作家のアレクサンダー・ポープ、ジョナサン・スウィフト、そしてジョンソン自身の皮肉な攻撃によって世間に広まった。これらの作家は18世紀英文学の頂点を占め、彼らの書くものとグラブ・ストリートの作家たちが書くものとの差を強調した。彼らのもっとも辛辣な攻撃は、いかにもまじめな文学に見せかけて、ロンドンの文学界をとりこにしている才能のない作家に向けられた。そういう作家をグラブ・ストリートと結びつけることは、才能のない作家を攻撃する最高の武器になった。

おそらくこの時代のもっとも有名な風刺文学は、1729年に出版されたポープの『愚人列伝』だろう。ロンドン最高の詩集のひとつであるこの本の中で、ポープの疑似英雄詩の二行連句は、彼の敵である「愚人」(筆頭は桂冠詩人のコレイ・シバーだった)をグラブ・ストリートの最下層まで喜々としておとしめている。

> 王冠をいただく大いなる愚鈍は、まさるとも劣らぬ栄誉をもって
> 勝ち誇る人の群れをグラブ・ストリートにいざなう
> 詩人は一瞥し、すぐに
> 大勢の若者たちを、愚人の一人ひとりを見る。

ポープの考える無知と退屈な近代性、そして才能のない人間の見せかけ(「愚鈍」)は、ロンドン社会で圧倒的な勝利を収めていた。それはジョージ王朝時代の文学の中でもっとも顕著な現象だった。それを視覚的に表わしたのがウィリアム・ホガースによる絵画「憂鬱な詩人」(1735年頃に描かれ、1736-37年に刷られた)で、若い作家の幻想が妻と家族に惨めな生活を強いている様子が描かれている。作家の頭の上には、こうした愚か者を厳しく戒めるポープを表わす「風刺画」が壁に画鋲で留めてある。

ジョナサン・スウィフトの『桶物語』やサミュエル・ジョンソンの『リチャード・サヴェッジ氏の生涯』が、『愚人列伝』の攻撃に続き、ポープが編集した風刺的な定期刊行誌『グラブ・ストリート・ジャーナル』は1730年から1737年までの間に418号まで発行された。特に『グラブ・ストリート・ジャーナル』は廃刊まで終始一貫してグラブ・ストリートに対する皮肉な態度を崩さず、あらゆる機会をとらえてグラブ・ストリートの無節操、浅薄さ、見せかけを攻撃しつづけた。たとえば1731年10月28日号ではこう書いている。

> グラブ・ストリート、昔も今も誉れ高く
> 散文と韻文の尊き座。

このような周到で高度な皮肉にもかかわらず、これらの高尚な作家たちの態度には意識的なあいまいさが残っている。その理由のひとつは、彼ら自身が軽蔑しているふりをしているグラブ・ストリートの世界から、ほとんど遠くない場所にいるからだ。ポープは平凡な書籍販売業者の息子だし、ジョンソンは『英語辞典』の編纂という大仕事の間、三文文士とほとんど違わない不安と憤りに満ちた数年間を過ごさなければならなかった。もうひとつの理由は、彼らが明確に守ろうとしていた余暇と貴族の保護で成立している伝統的な文学界というものが、急速に時代遅れになりつつあったからである。未来はデフォーやアディソン、そして歴史家のエドワード・ギボンズのように、グラブ・ストリートの商業文学が与えるチャンスを技術と情熱で生かすことのできるベストセラー作家のものだった。

[MB]

憂鬱な詩人、1736年
ウィリアム・ホガースによるこの版画は、野心をくじかれた低俗な作家を風刺している。

書籍販売業者の名刺
ジェームズ・バックランドの名刺、1750年頃。パターノスター・ローはロンドンの書籍販売の中心地だった。

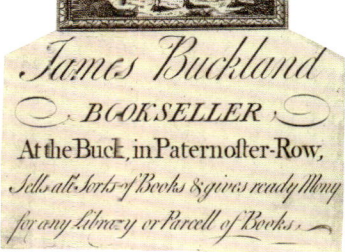

第7章——ジョージ王朝時代のロンドン

# 劇場とオペラハウス

ジョージ王朝時代のロンドンをにぎわせた多種多様な思想は、ロンドンをヨーロッパでもっとも伝統に縛られない都市にした。その中心となったのは劇場だった。首都がますます拡大し、にぎやかさが増すにつれて、劇場はあらゆる点で発達した。

18世紀には、劇場の経営はいちかばちかの事業であり、大儲けする起業家がいる一方で、破産の憂き目を見るものもいた。すぐれた俳優や女優は有名人になった。この時代はデーヴィッド・ギャリック、コリイ・シバー、サラ・シドンズらが演劇界で活躍した時期にあたる。彼らほど名声に恵まれなかった役者の暮らしはぎりぎりで、売春婦と変わらないような女優もいた。

1700年には、劇場はまだ演劇を含む娯楽を敵視した禁欲主義的なピューリタニズムの影響から抜け出そうとしている最中だった。王政復古期には新世代の劇作家の才能が花開いたとはいえ、ロンドンにはまだ劇場が二軒しかなかった。ドルリー・レーンの王立劇場とリンカーンズ・イン・フィールズの小さな劇場は、どちらも「特許」劇場であり、国王から賦与された独占権のもとで運営されていた。こうした規制がゆるめられると、企業家精神のある俳優兼支配人による劇場建設の新しい時代が幕を開けた。たくさんの新しい劇場がロンドンの中心部に建設され、グリニッジやハンプトン・コート、リッチモンドなど上流階級の集まる郊外には小さな芝居小屋が作られた。演劇や音楽の上演は、大邸宅の「居間」や居酒屋に作られた仮小屋、そしてコーヒーハウスにも広がった。

ロンドン初の主要な劇場は1705年にヘイマーケットに建設された。建築家のジョン・ヴァンブラが設計した「クイーンズ・シアター」は、すぐに流行の先端の新しい上演形式であるイタリア・オペラで名声を博した。ヘンデルの『リナルド』は1711年に入場券が売り切れる大当たりとなった。18世紀半ばに、この新しい劇場はキングズ・オペラ・ハウスと改名した。ふたつ目の新しい劇場は1728年にコヴェント・ガーデンに開かれた。この劇場建設を主導したのは実業家のジョン・リッチだった。リッチはすでに1728年に、『乞食オペラ』の制作によって経済的な成功を手にしていた。リッチは大衆的な観客を呼び込むために、演目に定番のシェークスピア劇だけでなく、新しい喜劇やパントマイムも加えた。リッチの時代に、女優のペグ・ウォフィントンは『絶え間ない一撃（The Constant Coup）』で男役を演じてセンセーションを巻き起こし、演劇は悪魔の仕業だと考える人びとの偏見をいっそう募らせた。

コヴェント・ガーデンとさらに古いドルリー・レーンの王立劇場は、18世紀を通じてロンドンの演劇界に君臨しつづけた。王立劇場はずっと俳優兼支配人によって運営され、1747年からはデーヴィッド・ギャリックに引き継がれて繁盛した。ギャリックは作品に真剣なまなざしを注ぎ、定期的なリハーサル、照明の改良、脚本に対する要求などの先駆者となった。ドルリー・レーンの劇場は引き続き王室の保護を受け、ジョージ2世とジョージ3世は定期的に観劇に訪れた。1780年のゴードンの暴動で建物に被害を受けたあと、夜間の上演中は数人の守衛が劇場の周囲に配置されることになり、この習慣は1896年まで続いた。

コヴェント・ガーデン劇場と王立劇場は両方とも18世紀終わり頃に、増え続ける観客を収容するために建てなおされた。コヴェント・ガーデン劇場には2500人が収容できる新しい観客席が作られ、7年後に王立劇場は3600人が入れるように改装された。ヘイマーケットのオペラハウスは最終的に3000人が収容できるようになった。大劇場はこれまでにない収入をもたらしたが、常連客は新しい劇場の「巨大な空間」が、舞台との一体

**劇場見取り図**
1. 舞台
2. 1階席
3. 桟敷後方席
4. 2階桟敷
5. 1シリングの天井桟敷
6. 背景画家の仕事場
7. 楽屋
8. ラウンジ

コヴェント・ガーデン劇場、1802年
題名は「舞台裏ののぞき見」。ジョン・ニクソンによる水彩画は、舞台袖で出番を待つ俳優を描いている。

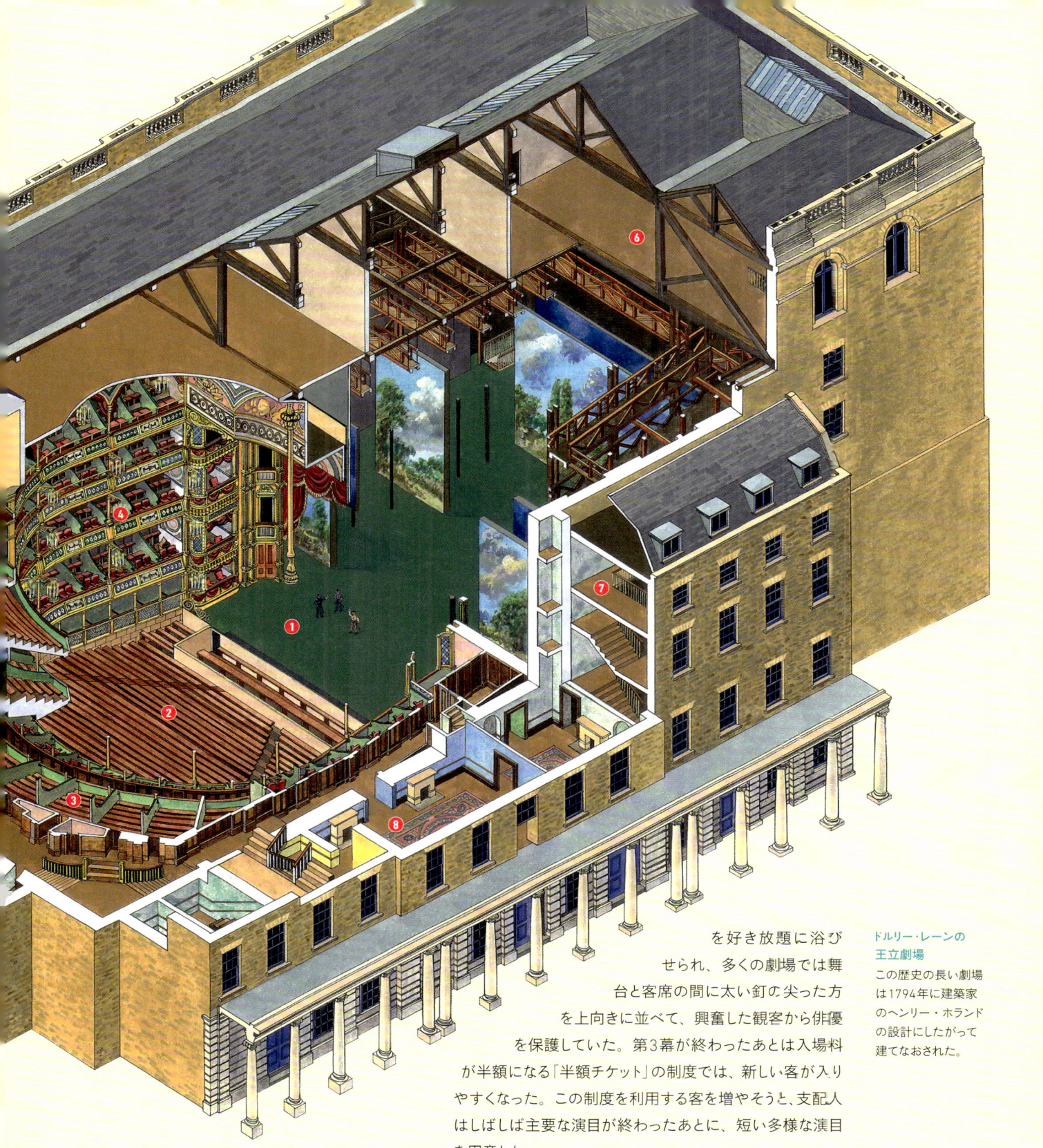

感を損なっていると不満を口にした。俳優は劇場のすみずみまで声が響くように鍛錬し、大げさな身ぶりや表情も工夫しなければならなかった。

　劇の内容にはつねに痛烈な体制批判がこめられていた。劇の開演は通常6時だったのに、夕方4時には扉が開かれ、観客は予約のできない平土間や天井桟敷やボックス席に殺到して席を手に入れた。座席は背もたれのない木のベンチで、高価なボックス席には背もたれつきの椅子があった。照明として、何本ものロウソクを輪のように並べたロウソク立てが舞台の上に吊された。俳優たちは罵声や歓声ややじを好き放題に浴びせられ、多くの劇場では舞台と客席の間に太い釘の尖った方を上向きに並べて、興奮した観客から俳優を保護していた。第3幕が終わったあとは入場料が半額になる「半額チケット」の制度では、新しい客が入りやすくなった。この制度を利用する客を増やそうと、支配人はしばしば主要な演目が終わったあとに、短い多様な演目を用意した。

　客席にはどんな人たちがいたのだろうか？　劇場にはさまざまな社会的地位の観客が入り交じっていた。貴族もいれば、店員、商店主、徒弟もいた。スリや売春婦のような好ましからざる人物もいた。身分の高い者と低い者が入り交じることで魅力と興奮が高まった。劇場は近代的な生活と作法の展示場にもなった。1762年にロンドンで初めて夜を過ごしたとき、ボズウェルはコヴェント・ガーデン劇場に出かけて、「旅で疲れたあと、居心地のいい劇場で、体は湿かく、心は優雅に楽しみながら過ごすのはいいものだ」と感想を書いている。

[CR]

**ドルリー・レーンの王立劇場**
この歴史の長い劇場は1794年に建築家のヘンリー・ホランドの設計にしたがって建てなおされた。

第7章——ジョージ王朝時代のロンドン　　147

# ジョージ王朝時代の芸術と芸術家

18世紀には絵を描くことが文化的な行為として認められ、芸術家の社会的地位が向上した。芸術家は新たに上流階級が集まりはじめたウェストミンスターを目指して西へ移動した。

17世紀から18世紀に入る頃、ヨーロッパの他の多くの都市と比べてロンドンの美術市場は比較的未発達で、大体において王室や土地を所有する紳士階級の伝統的な保護に頼っていた。商人による保護はお金と富が生まれるシティを中心に存在した。

しかし18世紀の間に、大きな社会的、地理的変化によって商人は上流階級の集まるウェスト・エンドの新しい住宅地に移転し、それに伴って芸術家自身も移動した。シティはあいかわらず金融の中心地ではあったが、重要なのは、シティがもはや社交界の中心ではなかったという点にある。商人は社交界への参加を望んだ。ロンドンの社交界への鍵となる教養を身につける必要が高まった。こうして芸術の知識がさらに普及し、商人は自分の姿を肖像画に残したいと考えて、さらに芸術家を保護するようになった。流行の肖像画はモデルの世俗的な成功を象徴していたが、同時に、芸術家の保護という市民の義務と慈善行為を表わしてもいた。それは世俗的な「商売」のイメージを少しでも打ち消すための方法でもあった。

## 西への移動

18世紀になると、コヴェント・ガーデンとレスター・スクエアがふたつの重要な芸術家の居住地の中心になった。コヴェント・ガーデンは早くも1630年代に、高級な郊外の住宅地として開発された。18世紀の芸術家にとって、そこは芸術が論じられ、作品が売り買いされるばかりでなく、作品の題材になる豊かなインスピレーションが得られる場所でもあった。ロンドンの芸術家は一般に自宅で仕事をした。コヴェント・ガーデンの周辺に増えてきた居酒屋やコーヒーハウスは出会いの場となった。芸術家はそこでアイデアを話し合い、仲間の芸術家から学ぶ機会を得るばかりでなく、美術品の鑑定家や収集家、そして作品を買ってくれそうな人と会った。しかし、芸術家を支えたのは広場周辺のこうした出会いだけではなかった。この地区には著名な画家のリチャード・ウィルソン(1713-82年頃)やヨハン・ゾファニー(1733-1810年)など、当時を代表する芸術家が住人として名を連ねていた。コヴェント・ガーデン周辺の横丁にも数多くの芸術家が住んでいた。特に目抜き通りに住む余裕のない芸術家が多く、たとえばロンドンやテムズ川を描いた有名な風景画家のサミュエル・スコットはそのひとりだった。スコットは1718年から1747年までタヴィストック・ロー4番地で暮らし、それからヘンリエッタ・ストリート2番地の大きな

**王立美術院、1787年**
王家の保護によって、サマセット・ハウスにおける王立美術院の美術展は社交行事になった。ここでは皇太子がおびただしい数の絵を観賞している様子が描かれている。

## ウェスト・エンドの芸術家、1700-1800年

ホガースやネラー、レーリーなど、20人以上の芸術家がコヴェント・ガーデンとレスター・スクエア周辺で生活し、活動していた。

家に引っ越した（1747-65年）。

コヴェント・ガーデンの洗練された広場は芸術家に健康的な生活の場を提供したが、そこはあらゆる階級の人々が市場や娯楽を楽しめる場所だった。娯楽の中には飲酒や売春婦のような後ろ暗いものも含まれていた。ウィリアム・ホガースの『朝』と題する絵（1736年に描かれ、1738年に刷られた）は、凍りつきそうな冬の早朝に、コヴェント・ガーデンのセント・ポール教会の外にいる泥酔した道楽者と売春婦を描いていることで知られている。ホガース（1697-1764年）は1733年までコヴェント・ガーデンで暮らし、それからロンドンの中心部からさらに離れたレスター・スクエアのゴールデン・ヘッドに引っ越したが、これはホガースの社会的地位が上がった証拠だった。レスター・スクエアは住宅地としての格がますます上がり、その証拠に王立美術院（ロイヤル・アカデミー）の初代会長を務めたジョシュア・レイノルズ（1723-92年）が1760年から92年まで、レスター・フィールズ47番地の「大邸宅」で暮らしていた。

### 印刷業

ロンドンの芸術家や商人とともに、急成長する印刷業も西へ移動した。17世紀末までに、多数の印刷業者がセント・ポール大聖堂のあるセント・ポール・チャーチヤードやフリート・ストリートの出版業者や書籍販売業者の近くにしっかりと根を下ろした。ピーター・ステント（1642-65年頃）とジョン・オーヴァートン（1640-1713年）は、この時代のもっとも重要な印刷業者の中に数えられる。オーヴァートンの主要な商売敵はボールズ家で、ボールズ家の事業はセント・ポール・チャーチヤードで19世紀半ばまで続いた。印刷業はロンドンで花開いた資本主義経済の一翼を担い、フリート・ストリート沿いとストランド沿いのセント・ジェームズ地区までの地域に店舗が次第に増えて、この地域は印刷業の売上の中心地になった。画家で詩人のウィリアム・ブレイクが1800年に述べたとおり、「思うに（中略）今では他のあらゆる商売と同じくらいたくさんの印刷店がある。ロンドンに印刷店が珍しかったのはつい最近のことだ」。印刷は18世紀ロンドンの視覚文化には不可欠なもので、高級な輸入芸術からイギリスの風刺画まで、さまざまな画像を広範囲の人々の目に触れさせた。風刺画は社会のあらゆる面を物笑いの種にし、ときには芸術的な批判を戦わせる公開討論会の役割も果たした。たとえば水彩画の父と呼ばれるポール・サンドビーは、ウィリアム・ホガースやホガースが主張するイギリス芸術の強さについて、数枚の風刺画で批判した。

### 王立美術院

18世紀後半に、ロンドンの芸術は1764年のホガースの死と、1768年の王立美術院の設立が示す職業意識の確立を境に根本的な変化を遂げた。王立美術院は最初の数回の美術展をペル・メル通り（1769-79年）で開き、1780年にストランドのサマセット・ハウスの大広間に場所を移した。ウェストミンスターは18世紀の芸術の新しい中心地になり、たくさんの画廊が作られた。王立美術院の新会員の家もシティの境界の外にあり、現代の建築家ジャイルズ・ウォークリーが王立美術院の資料をもとに行なった信頼に値するロンドンの芸術家の住居の調査では、「［36人中］33人もの［王立美術院の］創立メンバーが1769年にロンドンに住み、そのうち大半がウェストミンスターに集まっていた。より正確には、ほとんどがグリーン・パークとリンカーン・イン・フィールズの間に暮らしていた。他にはソーホーとキャヴェンディッシュ・スクエア周辺に同じくらいの数が住んでいた」。コヴェント・ガーデンと洗練された上品なレスター・スクエアはロンドンの社会における芸術家の地位の変化を示していた。

[MB]

1. ウィリアム・ホガース、NEコーナー・オブ・コヴェント・ガーデン、ピアッツァ、1729-33年
ゴールデン・ヘッド、レスター・スクエア、1733-64年
2. サミュエル・スコット、タヴィストック・ロー4番地、1718-47年
ヘンリエッタ・スクエア2番地、1747-65年
3. フランシス・ヘイマン、セント・マーティンズ・レーン104番地、1753年
クレイヴン・ビルディングス、ドルリー・レーン
4. ジョシュア・レイノルズ、セント・マーティンズ・レーン104番地、グレート・ニューポート・ストリート46番地、1754-60年
レスター・スクエア47番地、1760-92年
5. ピーター・レーリー、NEコーナー・オブ・コヴェント・ガーデン、ピアッツァ、1662-80年
6. ゴッドフリー・ネラー、NEコーナー・オブ・コヴェント・ガーデン、ピアッツァ、1682-1702年
グレート・クイーン・ストリート55/56番地、1709-1723年
7. ジェームズ・ソーンヒル、セント・マーティンズ・レーン104番地、コヴェント・ガーデン、ピアッツァ、1718-34年
8. ジョージ・マイケル・モーザー、キング・スクエア・コート、クレイヴン・ビルディングス、ドルリー・レーン
9. トマス・ハドソン、グレート・クイーン・ストリート、1746-61年
10. ショボとアレクサンダー・ファン・アーケン、キング・ストリート、1720年代-56年
11. リチャード・ウィルソン、コヴェント・ガーデン、ピアッツァ
12. ヨハン・ゾファニー、コヴェント・ガーデン、ピアッツァ
13. エドワード・フィッシャー、レスター・スクエア36番地
14. ユベール・フランソワ・グラヴロ、サウサンプトン・ストリート
15. フランソワ・ロビリアックとニコラス・リード、ピーターズ・コート、セント・マーティンズ・レーン
16. ジョン・ヴァンダーバンク、ホリス・ストリート
17. ジェームズ・マッカーデル、ゴールデン・ボール、ヘンリエッタ・ストリート
18. ポール・サンドビー、グレート・パトニ・ストリート38番地、1753年
ブロード・ストリート、1763年
19. オールド・スローターズ・コーヒーハウス、セント・マーティンズ・レーン74/75番地、1692-1843年
20. ベッドフォード・コーヒーハウス、ラッセル・ストリート
21. キングズ・アームズ、ニュー・ボンド・ストリート
22. ジョン・ミドルトン、セント・マーティンズ・レーン80/81番地
23. 第1および第2セント・マーティンズ・レーン・アカデミー、セント・マーティンズ・レーン1735-67年
24. ソサエティ・オブ・アーツ、デュラハム・ヤード、1754年から
25. ロイヤル・アカデミー・スクール、サマセット・ハウス、ストランド、1774-1836年
26. グレート・クイーン・ストリート・アカデミー、グレート・クイーン・ストリート55または56番地、1711-15年
27. サマセット・ハウス、ロイヤル・アカデミー・オブ・アーツ、1774-1836年
28. コヴェント・ガーデン、ピアッツァ

# 信仰と非国教派

ジョージ王朝時代のロンドンは、他のヨーロッパ諸都市に比べれば、かなり宗教的に寛容な態度を取っていた。
しかし、カトリックおよびプロテスタントの国教反対者、そしてユダヤ人などの非国教徒は、完全な市民権を与えられなかった。

フランスの哲学者ヴォルテールは、1720年代にロンドンの株式取引所を訪れ、ロンドンの宗教的寛容性に驚き、目を見張った。「ユダヤ人、イスラム教徒、キリスト教徒が、お互いに同じ信仰を持つ者同士のように取引をしている。彼らが不信心者と呼んで蔑むのは破産者だけだ。ここでは長老派が再洗礼派を信用し、国教徒がクエーカーの約束を尊重する。この自由で平和な集まりを終えたあと、ある者はシナゴーグに、ある者は酒場に行き（中略）教会へ神の啓示を受けに行くものもいる。そしてすべての人々が満足している」

他のヨーロッパ諸国と比べて、イギリスは1689年に「宗教寛容法」を成立させたことによって、宗教の多様性の法的な容認という点で大きく前進した。しかし、ヴォルテールの感想に反して、「すべての人々が満足」していたわけではなかった。非国教徒はあいかわらず二流市民として扱われ、公民権が法で制限されていた。同じ宗教に所属する集団の中でさえ、教義上の違いがひき起こす白熱した論争が続いていた。

ロンドンが個人の権利について自由に考え、公然と意見が表明できる都市に発達していく過程で、中心には宗教があった。ロンドンの人口の多さは、あらゆる信仰を持つ宗派や信徒団を支えたばかりでなく、ロンドンの中流階級には相当数の非信従者（プロテスタントの非国教徒）が含まれていた。彼らは市民としての不利な取り扱いや、法的差別に反発した。公職に就く者はすべて英国国教会の儀式に従わなければならないと定めた「審査法・自治体法」に対する廃止運動は、1732年からシティでジェントリー、医師、弁護士を含むプロテスタントの非国教徒によって進められた。この運動は1789年にほとんど目標を達成しかけたが、フランス革命によって引き起こされた恐怖が社会に広がり、運動は頓挫してしまった。フランス革命の代表的支持者の中には、ストーク・ニューイントンの長老派牧師リチャード・プライスのように、急進的非信従者が含まれていたからである。

長老派、バプテスト派、独立派の「古くからの非信従者」の3教派はすべて、18世紀はじめからロンドンにしっかり根を下ろし、シティの内外で強い存在感を示していた。1740年までに、ロンドンには31のバプテストのグループがあったと言われている。同時期のジョン・ロックの地図には、独立派の集会所が20か所、長老派の集会所が30か所記録されている。会衆の数はほぼ確実に集会所の数よりも多かったが、これは、各集会所がときには異なる教義を信じる複数のグループに利用されていたからである。

いくつかの会衆は世俗的な場所、たとえば同業組合会館や居酒屋、そしてときには放棄されたローマ・カトリック教会で集まった。メソジスト派の創始者ジョン・ウェスリーの支持者は、ムアフィールズの北の使われなくなった大砲鋳造所にはじめての集会所を作った。

シティ内に非国教徒が存在できたのは、ムアフィールズやスミスフィールド、そしてバンヒル・フィールズの聖別されない埋葬地[教会墓地以外の埋葬地]で屋外の説教を行なう習慣があったためで、バンヒル・フィールズは1660年代から非信従者やクエーカーの墓地となった。さらに北のハックニーやストーク・ニューイントンの村は非信従者の居住地として知られ、ストーク・ニューイントンにあった著名な長老派の学校には、有名な生徒のひとりとして作家のダニエル・デフォーが学んでいた。

## クエーカーとユダヤ人

しかし、シティの商業的エリートの中で、もっとも代表的なふたつの非国教徒のグループは古くからの非信従者ではなかった。法的には、クエーカーとユダヤ人は非信従者とは区別されていた。クエーカーの場合、公民権はそれほど厳しく制限されておらず、ある種の特権も認められていたし、国会議員になることもできた。ユダヤ人がこうむった法的な差別はもっと厳しく、彼らはあいかわらず「異邦人」とみなされていた。ユダヤ人のイギリスへの帰化を認める1753年の法律は、民衆の反対にあい、短期間で廃止された。

ロックの地図には、1740年に8軒のクエーカーの集会所と3軒のシナゴーグが認められるだけだが、シティ内のクエーカーやユダヤ人は決して身を潜めていたわけではなかった。クエーカーが設立したバークレイズとロイズというふたつの大銀行の事務所から出た資本は、イギリス中に流通していた。ロンドンの3大醸造所、チスウェル・ストリートのウィットブ

### 1740年代のロンドンとサザークの非信従者

シティには多数の集会所があり、それらは主要道路から外れた路地や中庭に作られることが多かった。

と呼ばれる教団の集会に出席していたとき、胸が「不思議に温まる」感じを体験し、霊的な回心を体験した。1740年代にロックの有名な地図が出版される頃には、ロンドンに5か所のメソジストの集会所があった。まもなく、これらの集会所に加えて、ウェスリーの仲間の伝道者で、より福音主義的な立場を取るジョージ・ホイットフィールド（1714-70年）によってムアフィールズに専用の会堂（タバナクル）が建設された。

ウェスリーはメソジスト主義を主流の英国国教会と矛盾しないものだと考えていたが、メソジスト運動の「熱狂的な礼拝」は国教会の指導者を警戒させた。しかしメソジストの持つ熱烈さ、特に福音主義的なホイットフィールドの活動は一般の聴衆を引きつけ、1750年代にホイットフィールドがトテナムコート・ロードにさらに大きな会堂を建設すると、カリスマ的な伝道師が伝える神の愛を体験しようと聴衆が押しかけた。

### 実利的な寛容性

ロンドンの持つ宗教的多様性は、1776年にニューカースルから来た若い彫版師、トマス・ビューイックが注目した特徴のひとつだった。ビューイックは国教徒だったが、知識を広げるのに熱心だった。「私はロンドンで評判の説教をひとつも聞き逃さなかったと思う。ロンドンを去って何年かたったあとも同じように、私はさまざまな宗派の説教を時々聞きに行って、各宗派のいくつかの会衆の全体的な性質を知ろうと努めた」。

ビューイックはロンドンで見聞したそれぞれの宗派について、カトリックは古い習慣に頑固にしがみつき、メソジストは「ほとんど理解できず」、クエーカーは陰気すぎ、ユニテリアン派は「知識が豊富で（中略）教義や信条に迷いがない」と評した。近代的な感受性の持ち主として、ビューイックは宗教的多様性を常識以外の何物でもないとみなし、「徳の高い人物がどのような信仰を持っていようと反対するべきではない」と述べた。

18世紀のロンドンでは日常生活の中に宗教的多様性が抱合され、公民権と信仰の分離は、国全体の遅々とした進歩よりもはるかに速くロンドンで実現に向かった。　[CP]

**デュークス・プレース・シナゴーグ、オールドゲート、1809年**
1690年代にベンジャミン・レヴィによって建設されたアシュケナジー系ユダヤ人のシナゴーグ。レヴィはハンブルグ商人の息子で、王立取引所で取引する免許を取得した12人のユダヤ人のひとりだった。

レッド、サザークのスレールズ、そしてスピタルフィールズのトルーマンズは、すべてクエーカーの会社だった。

シティが本質的に宗教的多様性に対して好意的だったとしても、それは一方で、市民による「迫害」の悪名高い事例の原因にもなった。金目当ての卑劣な計略によって、ロンドン市自治体は何人もの年配の裕福な非信従者をシェリフに選出した。シェリフの就任式では国教会の教義に従うという宣誓を要求されるため、非信従者は拒否せざるを得ず、ロンドン市自治体は重い罰金を科すことができるからだった。たくさんの非信従者が、騒ぎ立てるよりは罰金を払う方を選んだ。この問題は司法に持ち込まれ、最終的にシティは信仰に基づいて実質的に課税する行為を批判された。ロンドン市長の公邸であるマンション・ハウスの建築費3万ポンドはすべて、プロテスタントの非国教徒に科せられた罰金で賄われたと言われている。

### メソジスト派

英国国教会の分派であるメソジストもまた、ある意味ではシティの産物だった。メソジスト運動の創始者ジョン・ウェスリー（1703-91年）は、オールダーズゲートのモラヴィア兄弟団

---

#### ✣ 英国国教会

宗教的寛容性は国教徒を恐れさせた。ロンドン市民は国教会に背を向けて、古い教区制度の弊害に戻ってしまうのではないか？

1711年にロンドン教会建築法は石炭税による税収を50の新しい教会を建築する費用に充てることを決めた。これらの大きな新しい教会は、将来信徒が増えても十分な広さを持ち、堂々とした外観で国教会の権威を明示するために作られた。

最終的に建設された教会は10あまりにすぎなかったが、その中にはロンドンの見事な記念碑的建築物も含まれている。建築家のニコラス・ホークスムアは、新しい労働人口のためにロンドンの東に3つの大きな教会を建築した。それはスピタルフィールズのクライスト・チャーチ、ステップニーのセント・ジョージ教会、ライムハウスのセント・アン教会だった。ウェストミンスターでは、ホルボーンの南にセント・マーティン・イン・ザ・フィールズ、セント・ジャイルズ・イン・ザ・フィールズ、セント・メアリ・イン・ザ・ストランドの3つの新しい教会が建てられた。

---

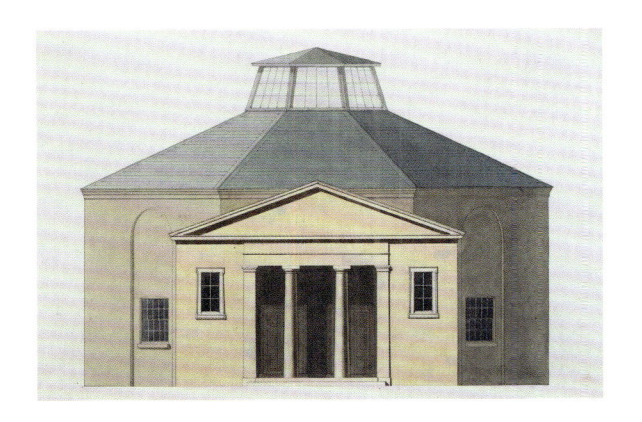

**グラヴェル・ピット集会所、ハックニー、1810年頃**
この集会所は非信従者の独立派のもので、増加する会衆のために建てなおされた。最初の集会所は1620年代にハックニーに建設された。

第7章──ジョージ王朝時代のロンドン

# 犯罪と監獄

非能率的な警察、腐敗した監獄と刑罰制度では、
ロンドンの無法状態は少しも改善されなかった。
18世紀の間に、改革を求める声は高まった。

18世紀のロンドンの人口爆発がもたらした悪影響のひとつは、都市の過密化と匿名性の高まりである。このことは犯罪の危険をいっそう増加させた。無能な警察と信頼性の低い司法制度によって、膨張する中流階級の家庭は一層不安を募らせた。

作家で治安判事も務めていたヘンリー・フィールディング（1707-54年）は、この市民の不安を感じ取っていた。「ロンドンとウェストミンスターの町並みは（中略）建物と数え切れないほどの小道や路地、中庭、そして脇道がこの上なく不規則に並び（中略）野生の獣がアフリカやアラビアの荒野にひそむように、泥棒が安全に身を隠すことができる」。その結果、ホクストンで1792年に結成された「軍人協会」のような自警団が、「ごろつきの攻撃から人や財産を守るために」設立された。

サザークやアルサティア（フリート・ストリートとテムズ川の間の地域）のように、ロンドンには犯罪者集団のたまり場として悪名が高く、危険で立ち入れない場所があった。ロンドンは完全な無法地帯になる一歩手前まで来ているという認識が高まった。犯罪検挙率が低いため、見せしめとしての刑罰がきわめて重要になった。身の毛のよだつようなニューゲート監獄への収監やタイバーンの絞首台での処刑は、民衆に恐怖と遵法精神を植えつけるために、司法制度が演出する因果応報の見せ物だった。

## 懲罰制度

「職業的」犯罪者の暗躍する裏社会が拡大しているという認識が広まっていたが、犯罪は普通の貧しい労働者や失業者によるものが多かった。犯罪行為は主に景気の変動や飢饉によって増加した。犯罪防止の点でもっとも大きな問題は、効果的で中央集権的な警察力の不足だった。市街のパトロールは無給で非常勤の巡査やしろうとの教区警備員の仕事で、合計わずか3000人の武器を持たない集団にすぎなかった。この制度は治安判事を悩ませた。教区の境界を越えて犯罪者を追跡することができなかったし、1780年のゴードン暴動（162頁参照）のような大きな民衆の騒乱には対処できなかったからだ。腐敗は制度のあらゆる段階に巣くっていた。治安判事は賄賂を受け取り、悪名高いジョナサン・ワイルド（泥棒から盗品を巻き上げ元の持ち主に売る商売をしていた）のような「泥棒捕縛者」が、法の権威に対する信頼をますます

**ニューゲート監獄の外での処刑、1806年**
風刺画家のトマス・ローランドソンが描いた絵では、物語詩を売る者や物乞い、そして馬車の所有者まで、あらゆる種類の人々が公開絞首刑を見に集まっている。

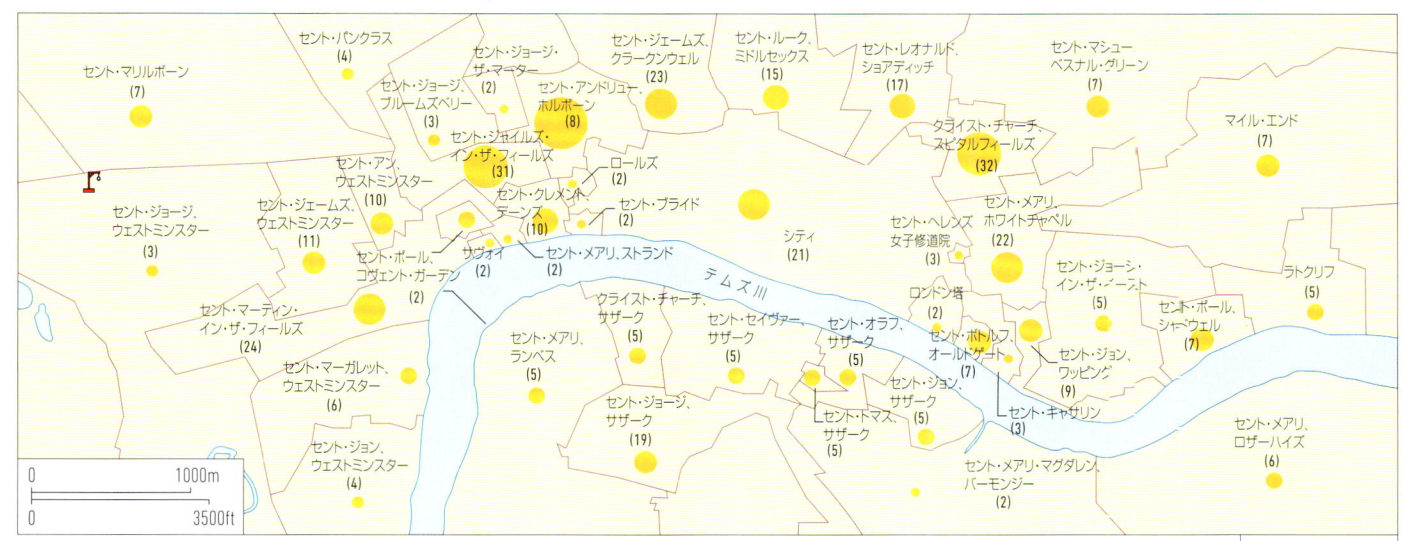

損ねた。

公衆の面前にさらして恥辱を与える罰は、暴動や詐欺など、死罪に相当しない犯罪に対してよく利用された。罪人を乗せるそりやさらし台で市内を引きまわされることで、有罪の判決を受けた者は通りがかりの人間から口汚く罵られたり、腐った食べものを投げつけられたりした。罰金、鞭や杖、カバノキで叩く、焼印を押す、そして（容疑者が罪を認めなければ）拷問するという手段も行なわれた。犯罪者をアメリカ大陸や、のちにはオーストラリアへ送る流刑は1868年まで実施され、イギリス国内の監獄の過密状態を緩和する効果を上げた。

財産に対する犯罪はもっとも過酷な罰を受けた。特に贋金作りや手形の偽造には容赦がなかった。フィービー・ハリソンは1786年に「銀貨の偽造」の「大逆罪」で有罪判決を受け、火あぶりの刑になった。火あぶりは1790年になってようやく廃止された。18世紀末まで、死刑は200種類もの犯罪に適用され、絞首刑になった者の大半は窃盗で有罪判決を受けた犯罪者だった。この制度に不備があることは明らかだったので、裁判官や治安判事はしばしば減刑を認めた。法令全書に記載された犯罪の数は史上最多を記録したにもかかわらず、この時代に有罪判決を受けて絞首刑になった者の数は増加していない。

### 改革の要求

監獄は個人が所有し、利益目的で運営されていたが、腐敗と不足は蔓延していた。看守の収入は囚人に物品を売ることで得られたが、その習慣は改革論者によって「監獄が矯正すべき悪徳をかえって増進させるものである」と批判された。恐喝や拷問は、定期的な視察にもかかわらずはびこっていた。男女のどちらに対しても残酷な鞭打ちが行なわれ、食べ物を与えられない状態はひんぱんにあった。ロンドンの監獄の状態はどこもひどいものだった。ウリッジに係留された監獄船（ハルク）からニューゲート監獄の「生者の墓場」まで、コレラ、腸チフス、赤痢による死は、絞首台よりも多くの囚人を殺しただろう。お金のある囚人はよい部屋に入ることができ、娯楽まで手に入れられた。貧しい囚人は親戚や慈善家の寄付に頼るか、監獄の外で物乞いする許可を得るしかな

かった。

タイバーンやニューゲートでのぞっとするような処刑の光景は、立法者が意図したものとは正反対の効果を一般大衆に与えた。酔っぱらった群衆が行列について歩き、処刑される人物を英雄に仕立て上げ、絞首刑が行なわれる日は「タイバーン・フェア」と呼ばれる祝日になった。哲学者で改革者のジェレミー・ベンサム（1748-1832年）のような批評家は、処刑を公開するのは逆効果で、この刑罰制度が主に絶望や貧困によって引き起こされる犯罪の抑止に効果があるという証拠はほとんどないと考えはじめた。18世紀末に、刑法の改革を要求する意見はしだいに強くなった。ジョン・ハワードは20年近くかけてイギリスとヨーロッパ各地の監獄の状態について前例のない組織的な調査を実施し、虐待と欠陥の度合いを『監獄の状態（The State of Prison）』（1777年）で明らかにした。犯罪は次第に単なる個人の道徳的退廃ではなく社会問題として認識されるようになったが、監獄が矯正の場になるのはまだ何年も先のことだった。　　　　　　　　　　[ES]

**18世紀ロンドンの絞首刑**
1世紀の間に340人以上が絞首刑になった。平均すると3、4か月にひとりの割合になる。

**ジャック・シェパード、1724年**
絞首刑になる直前に描かれた、この時代のもっとも悪名高い犯罪者。泥棒で騎乗の追剥でもあったシェパードは、ニューゲート監獄から脱走したことでも知られている。

第7章——ジョージ王朝時代のロンドン

# 男娼館としゃれ者

ジョージ王朝時代のロンドンではゲイのサブカルチャーが発達し、
独自の出会いの場や作法が生まれた。
しかし、倫理的な反対は厳しく、男色は死刑に値する罪だった。

**ガニメデと
ジャック・キャッチ、
1777年**
この版画は有罪判決を受けた男色者のサミュエル・ドライバター(「ガニメデ」とあだ名がつけられていた)が、かろうじて絞首刑を免れたときの様子を描いている。絞首刑執行人(ジャック・キャッチ)が「残念だよ、サミー。君みたいに魅力的な人は、ぜひ僕のロープの先にいてほしいね」と言い、ドライバターは照れたように「君は僕が好きじゃないんだね、ジャッキー」と答えている。

　18世紀初頭、ロンドンの通りにはいかがわしい者たちがあふれていた。たくさんの売春宿があり、軽犯罪は日常茶飯事だった。ホモセクシュアルの増加も見られ、「陰間」、「男娼」、「ソドム人」と呼ばれる人々が通りや公園、劇場に頻繁に姿を見せた。そうした風潮に対する倫理的な反対運動もまきおこった。

　1690年に設立された道徳改革協会にとって、特に下層階級における酒色、冒瀆行為、そして男色を指して言う「自然に反する行為」は、摘発し、防止しなければならなかった。トマス・ブレイ牧師と厳格なキリスト教徒のグループが設立したこの協会は、都市の各地区に管理人を置いて「監視者(ガーディアン)」のネットワークを組織した。1701年には、ロンドンにこのような協会が20近く設立されていた。協会の委員会はスパイや密告者を利用して道徳的逸脱者の名前やゲイの密会の場所を探り出した。教会の目的は、犯罪者を訴追し、市街を「浄化」することだった。

　大衆はその後の裁判に興味津々で、ロンドンの印刷業界は抜け目なく裁判に関するニュースを届けた。当時、同性愛はまだ極刑に値する罪で、さらし台に固定されてさらし者になるか、死刑宣告を受けるかのどちらかだった。それでも同性愛者のサブカルチャーは存続した。同性愛者は注意深く定められた作法にのっとってふるまった。男同士のセックスを希望する男性は、凝った装いをして、女のような仕草と話し方をするのですぐにわかった。

### 男娼館

　ロンドンには屋内にも屋外にも男女が出会える場所が豊富にあった。ゲイが相手を探す場所として、最初は王立取引所やシティ北部のムアフィールズが使われた。セント・クレメント教会やセント・ポール大聖堂の境内もまた、同性愛の相手を求める男性がよく訪れた。昔から自由主義やいかがわしさ、そして過激なふるまいと結びつけられてきた劇場は、ゲイの男性がしばしば出入りする場所で、コーヒーハウスやコヴェント・ガーデン周辺の地域、たとえば広場(ピアッツァ)やセヴン・ダイアルズ、スリー・タバコ・ロールズは、よい出会いの場として知られていた。

　1701年に、道徳改革協会は100人近いゲイの男性を摘発したが、全員が裁判にかけられたわけではなかった。自衛し、訴追の危険を避けるため、ゲイのサブカルチャーはさらに人目を避けた場所に交流の場所を設けた。「男娼館」と呼ばれる店がロンドンのあちこちにでき、同性愛者のさまざまな嗜好に応えた。男娼館に集う人々は、貴族の見栄や礼儀作法のまねをしてふざける風習があった。また、女性の服装をして、女性の名前で呼び合い、女らしいしぐさをする習慣もあった。男娼館は居酒屋の隣にも個人の住宅の隣にもあり、しばしば見張りに守られた部屋があって、ゲイの男性同士が酒や娯楽を楽しむために出会い、閉じた扉の向こうで性行為にふけることができた。セント・ジェームズ・ストリートとペル・メルの角のロイヤル・オークにあった男娼館では、ゲイ同士の結婚式が挙げられる礼拝堂があった。

　中央刑事裁判所(オールド・ベイリー)で行なわれたもっとも悪名高い男娼館の裁判は、ホルボーンのフィールド・レーンの店の主人マーガレット・クラップに対するものだった。1726年、クラップは男色をあっせんする店を経営していた罪で起訴された。マザー・クラップは他の6人と一緒にムアフィールズのさらし台でさらし者になり、20マルクの罰金を課せられ、2年間の禁固刑に服した。さらし台に立たされ、群衆に汚物や腐った食べものや卵を投げつけられるのは恐ろしい罰だった。手足に障害が残り、失明や、ときには窒息が原因で死に至る場合もあった。クラップ裁判に連座した他の関係者にはさらに厳しい運命が待っていた。ガブリエル・ローレンスはこの事件で絞首刑になった。

### しゃれ者文化

　「しゃれ者(マカロニ)」という言葉は17世紀末に一般に使われるようになり、多くの風刺画の題材になった。この言葉は、貴族の子弟が学問の仕上げとしてイタリアに旅行するグランド・ツアーの習慣に由来すると言われている。「しゃれ者」と呼ばれるのは、グランド・ツアー帰りで男性を好み、きざな身なりや話し方をする若い伊達男を指している。長いポニーテールのヘアスタイルがトレードマークだった。「マカロニ・クラ

「お気に召すかしら」、1772年頃
愛想笑いを浮かべた典型的なしゃれ者。髪粉をつけたかつらと流行の服装を身につけている。

せたゲイ文化の事件は1810年に起こった。クレア・マーケット近くのヴィア・ストリートの男娼館ホワイト・スワン亭で、およそ30人の男性の一団が逮捕された。その店ではでゲイの結婚式が行なわれ、夫婦となったゲイが結婚の証としてセックスをし、それを見守る他の男性やカップルもまたセックスをしていたというのである。顧客は労働者階級の職業に就き、ほとんどは結婚もしていた。「ヴィア・ストリートの仲間たち」と名づけられたこの裁判は、11人の男性に有罪が宣告され、さらし台の刑と2年間の投獄という厳しい処分を受けることになった。ドラム奏者の16歳のトマス・ホワイトと42歳の海軍少尉ジョン・ニューボルトは絞首刑の宣告を受けた。

1810年までに、ロンドンのあらゆる男娼館は道徳改革協会による手入れを受けて閉鎖された。

## 起訴は続く

18世紀のロンドンは著しく膨張し、都市の成長とともに匿名性はますます強まって、人々は居住地、階級、身分を変えられるようになった。ヴィア・ストリートの事件は上流階級の人々を震撼させた。特に、普通の人間が伝統的な社会をいとも簡単に覆せるという事実を突きつけられたからだ。1828年に、男色の裁判では証拠の重要性を軽減する法案が成立し、男色に対して有罪判決を下すことが容易になった（それまでは挿入と射精があったことを証明する必要があった）。この法律の改正と1829年にロバート・ピール（1788-1850年）によって設立された首都警察によって、男色者の逮捕数は大幅に増加した。その多くはセント・ポール大聖堂やビショップスゲート、テムズ川の周辺、そしてシティを取り巻く地域で逮捕された。

1800-34年の間にイギリスで80人の男性が男色の罪で絞首刑になった。男色の罪による絞首刑は1835年まで執行されつづけ、この年にジョン・スミスとジェームズ・プラットが男色の罪で絞首刑になったのを最後に見られなくなった。男色者に対する死刑宣告がようやく廃止されたのは1861年になってからだった。

[SC]

ブ」と名づけられた特定の団体があったという証拠はないが、この言葉は明らかに、当時の同性愛者のサブカルチャーの存在を示している。一説によれば、ニューマーケットのクラブで若い紳士たちが一緒に食事をするときは毎回マカロニ料理を注文して、同性愛的性癖を持つ者の一種の象徴として、「世慣れた」人間であることを見せつけたという。

ウェストミンスターで小さな装身具を売る店と書店を経営していたサミュエル・ドライバターは、1770年代のしゃれ者を代表する人物だと考えられている。彼はオールド・ベイリーの中央刑事裁判所に数回召喚された経験があり、裁判には慣れていた。1770年にトットヒル・フィールズ・ブリッジウェル監獄に収監され、1771年に近衛騎馬連隊の歩兵と事件を起こしてさらし台に立たされ、1772年にはキャプテン・ジョーンズとの男色容疑をかけられて、何とか逮捕を免れたものの、この事件で彼は汚名を着ることになった。1774年に男色容疑をかけられて無罪になったが、1775年には『ファニー・ヒル』〔1748年に出版された性愛小説〕を同性愛の話に書き換えた本を販売してさらし台の刑を受けた。ドライバターは同性愛に反感を持つ人々から何回も攻撃を受けた。1777年、彼は同性愛者の出会いの場として有名なセント・ジェームズ・パークで相手を見つけようとしてふたりの兵士に逮捕され、群衆の前に突き出されて、ひどい暴力を受けた。群衆は家に逃げ帰るドライバターを追ってきたが、軍隊によって解散させられた。ドライバターの逃走はそこまでだった。5日後、彼は傷がもとで亡くなった。

ジョージ王朝時代末期のロンドンで、もっとも世間を騒が

ロンドンのゲイ地域
中央刑事裁判所の訴追記録から見る、同性愛者の活動があった地域。

第7章──ジョージ王朝時代のロンドン

# 街娼と売春婦

18世紀ロンドンでは売春が盛んに行なわれた。
数万人の売春婦が都市の公共の場で客を誘った。
組織的な売春宿に所属する者はごくわずかで、ほとんどは個人で営業していた。

**「お客さん、灯りはいかが?」、1772年**
松明持ちの少年の無邪気な問いかけと、客の男性の病んだ顔が対照的に描かれている。

　ニューカースルの若い木彫り師トマス・ビューイックが1760年にロンドンに着いたとき、彼が気づいたのはこの都市と自分の故郷の町との差だった。「私が胸を痛め、その後もずっと気にかかっていたのは、あれほどたくさんのきれいな女性たちが、街娼などという惨めな仕事についているということだ」と彼は述べている。

　1790年代には5万人の女性がロンドンで売春婦として働いていたと推定されている。5万という数字は誇張されているとしても、数万人の女性が関わっていたのは疑いがない。主として売春婦は貧しい環境で育ち、10代の終わりか20代の初めに売春婦になった。仕事にあぶれた召使もいたし、誘惑され、捨てられて、「上流」社会では結婚が望めなくなった女性もいた。多くの女性が、ロンドンの最下層の社会で生計を立てるために、いくつかの方法のひとつとして売春を選んでいた。中央刑事裁判所の記録によれば、「普通の娼婦」は浮浪者として、窃盗罪で起訴された。ダニエル・デフォーの小説の主人公、モル・フランダーズは娼婦で、セックスのあと馬車で眠り込んでしまったお客を見て、これはチャンスだと考えた。「私はこの機会を利用して彼の体をくまなく探った。金時計、金貨の入った絹の財布、肩までの長さがあるかつら、銀の縁取りのある手袋、剣と上等な嗅ぎ煙草入れを取って、ゆっくり馬車の扉を開け（中略）静かに外に出て、また扉をしっかりと閉めた。お客の紳士にも馬車にもおさらばして、あとのことは何も知らないわ」。

### 野蛮な存在と悔い改めた者

　モルはピカレスク小説の主人公だが、売春は大体においてつらい仕事だった。急進的な職人のフランシス・プレースは1780年代にセント・キャサリンズ・レーンにいた下層階級の売春婦について次のように語っている。「彼女たちの

**ある売春婦の物語、1732年**
ホガースの有名な連作版画の最初の一枚は、田舎娘のモル・ハッカバウトがロンドンで売春宿の女将に出迎えられる場面を描いている。女将は実在のマザー・ニーダムがモデルになっている。

ほとんどは清潔なストッキングと靴を履いている。安ぴかもののハイヒールを履くのが彼女たちの流行だからだ。しかしぼろぼろの汚い靴をはいている者も多いし、ストッキングをはいていない者もいる（中略）その頃はコルセットをつけていない者もたくさんいた。彼女たちのドレスは首回りが広く、前をあけて胸を見せているが（中略）多くはみっともなく垂れ下がっている。彼女たちの髪は一般的に真っ直ぐで、『ねずみのしっぽのように細い束になって』目の上にかぶさり、シラミがいっぱいたかっていた」。また、酔っ払いとのけんかもしょっちゅうで、「殴られて目の周りが黒くなっている女も多い」とプレースは書いている。ジョン・コレットの女「ボクサー」の絵（右頁）に描かれた女たちは、むき出しにしている足から判断して売春婦だということがわかるが、おそらくお客を取りあって争っているのだろう。この女たちは同情すべき存在ではなく、彼女たち自身が野蛮で軽蔑すべき生きもの、病気と社会の退廃をもたらす危険な存在として描かれている。

　売春婦は犠牲者だという考えは、18世紀半ばに広まった。1758年に慈善家のヨナス・ハンウェイは、悔い改めた売春婦を受けいれるためにマグダレン・ホスピタルを設立した。この施設は避難所と、有益な職業訓練をすることで「堕落した女」を矯正する手段を提供した。もうひとつの新しい慈善施設はロンドン・ロック・ホスピタルで、1747年に性病の治療のために設立された。淋病や梅毒（「フランス病」と呼ばれていた）は、売春婦にとっても客にとっても、つねに恐怖の対象だった。梅毒は水銀軟膏を塗れば治ると信じられていたが、この療法も同じように危険で、患者の皮膚の色が抜けて死人のように真っ白になる副作用があった。

### 娼婦の館

　ロンドンの売春婦の大半は個人で働き、道路で客引きをした。部屋代が安く、男性客がいくらでもいたので、売春が盛んな場所として悪評が立った地区もあった。ウェストミ

ンスターでは、赤線地域はドルリー・レーン、コヴェント・ガーデン、そしてストランドだった。シティではフリート・ストリートからスミスフィールドまでのファリンドン市壁外区（ウィズアウト）がそれにあたった。シティ東部では、ホワイトチャペルやオールダーズゲートが東部の郊外に成長する工業地域からお客を引きよせた。ロンドンの遊園や公共用地にはどこでも売春婦がいて、しばしば二人組で歩いていた。劇場もまた、客引きの場所として悪名高かった。首尾よくお客が獲得できれば、逢引は居酒屋の奥の部屋か、売春婦の住んでいる部屋で行なわれた。夜になれば、狭い路地でも十分だった（左頁の上の図）。この絵では男性客の顔が白くなっていて、この男がすでに確実に梅毒に感染していることを示している。

売春宿、あるいは娼婦の館はロンドンの中心部にあり、居酒屋や異国風の浴場を装って営業しているものもあった。こうした店はある程度組織的に運営され、売春宿の主人が衣類と宿泊を与えることで売春婦を管理していた。鞭打ちや殴打で服従を強制した例がないわけではない。1752年に、売春宿を無法の場（ディスオーダリー・ハウス）とみなしてディスオーダリー・ハウス法が成立し、新しい法律が導入されたが、取り締まりは手ぬるかった。1749年にはストランドのある売春宿で、所持品を盗まれて腹を立てた水夫の一団が騒ぎを起こし、大騒動になった。

法的な規制と道徳的な反対、そして人道的な同情にもかかわらず、売春はロンドンの日常生活に深く浸透していた。1763年3月に、ボズウェルは次のように書いている。「今夜家に帰る途中で、私は体中が官能的な気分でうずいているのを感じた。私はその欲求を満足させようと決めた。そこでセント・ジェームズ公園に行き（中略）娼婦を拾った」。こうした出会いはボズウェルにとってごく当たり前の習慣だったが、それでも彼は胸が痛むのを感じた。「私の好色な抱擁に身をゆだねているその娘は、シュロップシャー出身の若い娘でまだ17歳、とても美しく、名前はエリザベス・パーカーといった。哀れな娘だ、仕事がつらいのだ」。　[CR]

**女ボクサー、1768年**
ジョン・コレット作の絵に描かれたふたりの下層階級の女は、足首をむき出しにしたスカートに派手なひだ飾りがついた売春婦の一般的な衣装を着ている。

**バグニッジ・ウェルズの美人たち、1778年**
ロバート・セイヤーの風刺的版画は、着飾った女（ほぼ間違いなく売春婦）が有名な客引き場所で道楽者の気を引いている様子を描いている。

第7章——ジョージ王朝時代のロンドン

# ジン横丁と救貧院

安物のジン、犯罪、そして貧困が、
18世紀ロンドンの貧しい教区の生活を悲惨なものにしていた。
効果的な改革は遅々として進まなかった。

**ウェストミンスターの救貧院、1809年**
ウェストミンスターには、セント・マーティンやセント・ジャイルズ・イン・ザ・フィールズの教区などに、ロンドンでもっとも大きく、もっとも過密な救貧院があった。

**ジン横丁、1750年**
ウィリアム・ホガースによるこの絵は、安物のジンがひき起こす社会の退廃を暴き出す目的で描かれた。この光景は住民が浴びるようにジンを飲むことで悪名高いセント・ジャイルズが舞台になっている。

裕福な上流階級の人々にとってロンドンはますます魅力ある都市になったが、貧富の差は広がる一方だった。富は西へ移動し、貧しい教区は貧困、高い乳児死亡率、病気と無法状態という悪循環に陥った。

ロンドンの貧しい地域の暮らしの劣悪化は目を覆うばかりだった。ホルボーンやセント・ジャイルズのような地域は本質的に中世のままの町並みを保ち、レンガを灰と泥で固めた粗悪な建物の間を縫って、路地と中庭が迷路のように広がっていた。これらの地域は危険な場所で、「雷のような音を立てて頭上に建物が崩れかかってくる」と、サミュエル・ジョンソンは1783年に書いている。海上貿易が拡大するにつれて、テムズ川付近のワッピングやライムハウスのような地域は、安い住宅や公害をまき散らす製造業に土地を譲ることになった。首都の「不愉快な状態」が発生するのはこれらの貧しい地域だった。スミスフィールドでは塵芥、下水、汚水だめ、埋葬地、肥溜の臭いが、牛市場、牛の胃袋の処理業者、屠畜場からの廃棄物の臭いと渾然一体になっていた。貧しい人々への影響は計り知れなかった。改良工事は地元住民の資金に頼るしかなく、清潔な水、舗装道路、街灯などを設置する大規模な計画は貧しい教区の予算ではとうてい賄えなかった。

町の環境が劣化するにつれて、社会の性質も荒廃した。住宅はいくつもの貸し部屋に分けられ、地下室は浸水し、屋根裏部屋は隙間風が吹き込み、人口はどこでも過密状態だった。富裕層が移動したあと、路上の物売り、日雇い労働者、極貧の人々が流入した。そして犯罪者も住みついた。セント・ジャイルズ教会の教区は、貧困、アルコール中毒、売春、犯罪の多さで知れわたっていた。その場所は「はなはだしい干ばつ」によって引き起こされた「怠惰、貧困、陰惨、憂鬱」に対するホガースの有名な問題提起となった「ジン横丁(レーン)」の舞台である。

## ジンの乱飲

ジンの乱飲は18世紀ロンドンでもっとも深刻な社会問題だった。18世紀初頭に政府がコーン・シロップの有利な販路として、「ジュネーヴァ夫人」[ジンの別名]の生産を強く推奨したことから、人々のジンに対する欲求が強まった。蒸留所が建設され、酒類販売免許なしで蒸留酒を売ることを認める法律が成立し、突然、ジンは町中にあふれ、極端に安い値段で売られた。「1ペニーで酔えて、2ペンスで泥酔できる。清潔なストローはただ」とは、ホガースの版画に描かれたジンの店の看板に書かれた言葉だ。セント・ジャイルズでは5軒に1軒の割合でジンの店があり、その数は売春宿のおよそ2倍に達していた。ジンは小売商人、食料雑貨店、理髪店、市場の屋台、そして路上販売人からも買うことができた。清潔な水よりも手軽に手に入れられるジンは、男女、子どもを問わず消費された。1723年までに、ロンドンでは1週間にひとり当たり1パイント[0.57リットル]相当のジンを消費していた。

蒸留酒の製造は基本的にロンドンの産業で、1723年にはイギリスで蒸留された3億7500万ガロンのジンが主にロンドンで飲まれた。当時の多くの人々は、ジンの乱飲が都市そのものを脅かしていると考えた。作家のヘンリー・フィールディングは、「ジンの発明者は大都市の水源の泉に毒を入れたも同然だ」と述べた。無許可のジン販売に反対する世論の高まりによって、1721年に政府は初めて、ジンが及

凡例（地図）:
各道路に関係のある刑事裁判の数
- 1-8件（黄）
- 9-22件（橙）
- 23件以上（赤）

ぼす影響に関する一連の調査に着手した。調査の結果はジン中毒のぞっとするような例を暴きだし、たとえば自分の赤ちゃんを殺し、その服を売ってジンを買うお金に変えたジュディス・デフォーのようなひどい事件も明らかになった。ようやく1736年に「ジン酒法」が成立し、ジンを販売する業者は免許税として50ポンド支払うことが定められ、さらにその後の法律でこの金額が値上げされて、ジンの乱飲にやっと歯止めがかかった。それでも18世紀末までに、20歳以上の大人の死因全体のうち8分の1はジンを飲んだことが原因だった。

## 貧困

ジンの乱飲は、ロンドンの貧しい教区が直面している別の問題、特に極貧の人々の数の増加から目をそらさせた。16世紀末から、各教区は孤児や高齢者、体の弱い人々を救済する責任を負ってきた。標準的な方法は救貧院に収容して「院内救済」を与えることだったが、救貧院の環境はたいてい厳しく、わざと希望者を寄せつけないようになっていた。1723年の救貧院試験法によっていくつかの教区が協力して大きな施設を建設することが許可され、「プアハウス」から「ワークハウス」に名前を変えた新世代の救貧院がロンドンで建設された。新しい救貧院（ワークハウス）はまもなく、不潔で混雑した監獄のような施設で、死亡率が言語道断に高いと批判されるようになった。救貧院制度の改善を要求する不屈の運動家ジョナス・ハンウェイは、ブルームズベリーとセント・ジャイルズの救貧院を指して、「人間の吹き溜まりとして、地球の表面とは言わないまでも、これらの王国の中で最低の場所」と述べた。

そこで暮らす人々は1日12時間、糸紡ぎや靴、靴下、船員の帽子を作る厳しい仕事に従事した。懲罰はひんぱんに科され、しかも非人道的だった。1732年のホルボーンの救貧院の記録によれば、悪態をついただけで足枷をはめられ、けんかをすれば24時間「地下牢」に閉じ込められて罰せられたという。救貧院改善運動のパンフレット『救貧院の悲惨さ（The Workhouse Cruelty）』の一冊には、「暗い留置室」で「罰」を受けていた女性が飢え死にしたと書かれている。子どもの死亡率は高かった。1763年にロンドンの11の教区で救貧院に入った291名の子どものうち、256人が1765年までに死亡した。

より革新的で人道的な原理に基づいて貧民を救済する努力は、特に「教区の子どもたち」に向けられた。18世紀末には、教区住民は6歳未満の子供たちを田舎の養護施設に送るか、イングランド北部の工場に徒弟に出すことを強く推奨された。1740年代に、トマス・コーラムは革新的な孤児養育院ファウンドリング・ホスピタルをセント・ジャイルズ教会のすぐ北のコラムズ・フィールズに設立した。もうひとりの慈善家ジョナス・ハンウェイは、ロンドンに黒人の物乞い（「セント・ジャイルズ・ブラック・バード」と呼ばれていた）が増加したのを受けて、1780年代に設立された黒人救貧院委員会の活動に加わった。救貧院に代わる救済方法を求めて、シエラレオネ植民地に解放奴隷やインド人の水夫を定住させるための遠征も行なわれた。この遠征は理想主義に基づいていたが、不運だった。441人の黒人と彼らの妻を乗せた2隻の船は1787年にロンドンを出航した。大勢が死亡し、遠征は二度と行われなかった。　　　　　　　　　　　[A]

**ロンドンでもっとも危険な場所**
コヴェント・ガーデンのすぐ北のセント・ジャイルズ教会の教区。ジョージ王朝時代のロンドンで最悪のジンの乱飲、貧困、犯罪発生率の高さはこの地域に集中していた。

第7章——ジョージ王朝時代のロンドン　159

# 病院と医療

1700年になっても、ロンドンの医療施設は中世に作られたものからあまり発達していなかった。しかし1800年までに、医療施設の地図は現代にかなり近づいた。

18世紀初頭、ロンドンにはセント・バーソロミュー、クライスト、セント・トマス、ベスナルという4つの主要な病院があった。これらの病院の起源は、シティの市壁のすぐ外に建設され、貧民や孤児、寡婦を受けいれた修道院付属の「施療院」までさかのぼる。18世紀末には20を超える病院があり、そのうち7つは貧しい病人のための総合病院だった。この時代になると、病院はシティだけでなくウェストミンスターの周辺にも建てられた。17の公共診療所が年間5万人のロンドン市民を診療し、薬を処方した。また、薬剤師、医師、薬種商、開業医、支払い能力がある人のための私的な保護施設や宿泊施設が、充実したネットワークを作っていた。

新しい施設の発達は、従来の病院が都会の変化に歩調を合わせられなくなった状況を反映していた。ロンドンの人口は増加し、建物が次々に建てられるにつれて、健康状態の悪化と病気も目に見えて広がった。特に著しいのがウェストミンスターで、その広場や連続住宅はシティの古い王立病院から遠く隔たっていたが、テムズ川の湿地から立ち上る「悪い空気」に近すぎた。新しい病院はその時代の新しい道徳や、市民の感情も反映した。以前の病院が王家の保護と結びつき、富裕層の寄付に頼っていたのに対し、新しい医療施設は「篤志病院」で、資金を市民の拠出[1年ごとの継続的な寄付]によって集めるという、通常は会社設立のために利用される資金調達法が用いられた。病院建設を支えた企業家は、商人、ジェントリー、銀行家で、彼らにとって医療は単にキリスト教的な慈善の問題だけではなく、人道と市民の良識に関わるものだった。

篤志病院建設ブームから誕生した5つの主要な新しい病院は、ウェストミンスター診療所(1719年設立)、ガイズ病院(1725年開設)、セント・ジョージ病院(1733年)、ロンドン病院(1740年)、そしてミドルセックス診療所(1745年)だった。このうちガイズ病院だけが、富裕層の寄贈によって設立された以前の病院と同様に、南海泡沫事件で富を得た印刷業者のトマス・ガイの遺贈だけでまかなわれた。その他の病院は拠出によって運営された。ロンドン病院は、はじめムアフィールズの住宅で診療を開始した。1年後、病院はオールドゲートのより大きな建物に移転し、1757年にマイル・エンドの未開発地に新たに建設された建物に移った。拠出者になるのは多くのロンドン商人にとって魅力的な選択肢だった。拠出者はその見返りに入院患者を推薦する権利を得られたから、慈善的な動機に加えて非常に現実的な目的もあった。

## 一般的な医療

これらの病院で受けられる医療は、今日の基準からすれば未発達なものだった。「内科」と「外科」は専門的な医療のふたつの主要な診療科で、麻酔が発達する前の時代には、手術は身体の一部の切断や、胆石の除去といった簡単な処置に限られていた。理屈の上では推薦状さえあれば誰でも

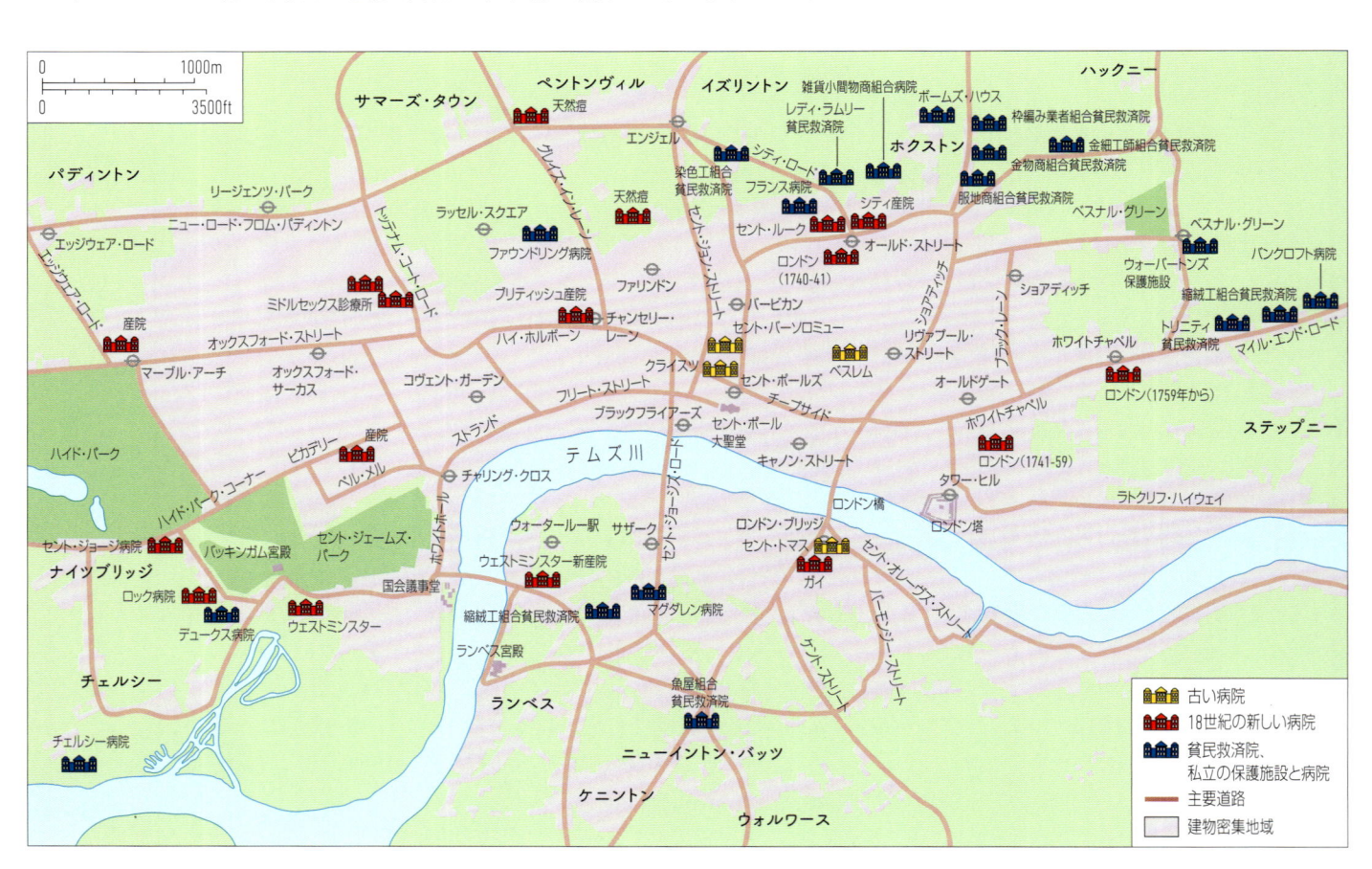

**ロンドンの新旧の病院**

18世紀初頭、ロンドンには4つの病院があった。1800年までにさらに17の病院ができ、その他に19の貧民救済院と私立の孤児や老人の保護施設、そして私立病院があった。

**ミドルセックス診療所の病棟、1809年**
1745年に篤志病院設立のブームに乗って建設された。1809年までに醸造家のサミュエル・ウィットブレッドのような慈善事業家の寄付によっていくつかの新しい病棟ができた。

総合病院に入院できることになっていたが、実際には入院は厳しく管理されていた。感染性の病気にかかっている患者、そして妊娠している女性も一般的に断られた。病院は治療の効果がある患者をもっぱら診療した。「不治の患者」、すなわち老人や障害者、あるいは慢性病患者は、貧民救済院の温情か教区に委ねられ、そこでは貧しい病人の世話をして、埋葬の費用まで引き受けた。人道的な建て前にもかかわらず、病院は宗教と決して無縁ではなかった。ウェストミンスター診療所はローマ・カトリック教徒を差別した。ガイズ病院では日曜日に聖書の朗読をうやうやしく聞くことが義務づけられ、「そのような宗教的方針を軽んじたりばかにしたりする者は、ただちに退院させられる」と定められていた。ロンドン病院はユダヤ人を受けいれる点で比較的進歩的だった。

## 専門病院

専門病院は、大きな病院では診てもらえない患者を受け入れた。産院は18世紀の医療分野の慈善活動として人気があり、1800年までにロンドンには5つの産院があった。1746年から、性病の患者はロンドン・ロック病院で診察を受けることができ、天然痘患者はロンドンの北の端の隔離病院で治療を受けられた。1751年に設立されたセント・ルーク病院は、ロンドン第2の精神病患者のための病院である。第1の病院は言うまでもなくベスレム（別名「ベドラム」）病院で、この病院は訪れる人に入院患者を見せ物のように見せたことで知られている。慈善の精神をかきたてる目的があったとはいえ、その習慣は非人道的だという批判を招いた。

ロンドンの「病院」のうちのいくつかは、実際には医療施設というより貧民救済院だった。貧民救済院の設立は17世紀に流行した慈善活動で、その伝統は18世紀前半に入っても続き、新しい貧民救済院が主としてロンドンの北と東に建設された。1718年にオールド・ストリートで設立されたフランス病院は高齢のユグノーのための病院で、ホクストン周辺に集中していた貧民救済院のひとつだった。この地域に病院が集中していた理由のひとつはホクストンとシティの距離の近さだが、もうひとつの理由は、ロンドン東部の教区の土地の保有状態にあった。ロンドン西部の教区では地所のひとつずつが大きかったのに対し、東部の教区では細かい自由保有不動産の形になっていることが多かったのである。18世紀に私立の「精神病院」がベスレム・グリーンとホクストンに設立されたのも、おそらく同じ理由だと思われる。

18世紀ロンドン市民の多くは、医療がなければ也で間に合わせていたのであり、薬と同様に民間療法が、病院と同様に自助努力が大事にされた。「不治」とされる病は数多くあり、当時はまだ病気の原因は、体と同じくらい精神の状態にあると考えられていた。病院で内科や外科の診察を受ける代わりに、薬剤師や薬種商、そしてにせ医者が売る飲み薬や粉薬がもてはやされた。「治らなければ診療費はただ」と約束した「ドクター・フレデリック」のような人々や、「いくつもの病院で治せないと宣言された患者に奇跡的な治療を施した」と主張したジョシュア・ウォードのようないかさま師がいた。ロンドンで生まれた赤ん坊の大半が5歳になる前に死ぬ時代には、もっとも普遍的な医療施設はつねに家族だった。

[CF]

**セント・ジョージ病院**
セント・ジョージ病院は、当時まだ村だったナイツブリッジの「健康的な空気」を治療に生かすため、1733年にハイド・パーク・コーナーに建設された。

第7章——ジョージ王朝時代のロンドン

# 急進派と暴動

ジョージ王朝時代のロンドンでは、水面下で深刻な無秩序状態が渦巻いていた。1780年に起きたゴードン暴動で、ロンドンは本格的な革命にかつてないほど近づいた。

**ニューゲート監獄に襲いかかるゴードン暴動、1780年**
この版画は、ニューゲート監獄の看守、リチャード・エイクマンの家具や所持品に暴徒が火をつける様子を描いている。

ロンドンの群衆は強い力を持ち、いったん暴動になれば首都を制御するのは難しかった。群衆は何をしでかすかわからなかった。失業した船員やストライキ中の石炭担ぎ、または織工だろうと、単にロンドンの粗暴な下層階級の集団にすぎなかろうと、ささいな口論が大規模な暴動に発展する例は珍しくなかった。ときには資産家の商店主、貿易業者、商店主を含むロンドンの大きな選挙区の不満を、選挙権のない靴屋や仕立屋などの労働者が代弁することもあった。

地元の巡査が秩序を回復できなければ、軍隊が招集されることもしばしばだった。治安判事は群衆の前で騒擾法を読み上げ、彼らが解散するまで1時間の猶予を与えることになっていた。命令に従わないのは死罪に相当する罪であり、軍隊は群衆を追い払うか、必要なら発砲が認められていた。そのような状況は市民と軍隊の緊迫したにらみ合いを引き起こした。

ジャコバイトの反乱（1745-45年）を打ち破り、七年戦争（1756-63年）で大勝利を収めたあと、大ピットが率いるホイッグ党政府は瓦解した。代わって新国王ジョージ3世と、ビュート伯の意を受けたトーリー党員の政治的影響力が強まった。多くのロンドン市民が、新政府の腐敗と無能はもはや容認できないところまで来ていると感じた。1762年、ミドルセックス選出の急進的な若い下院議員ジョン・ウィルクスは彼が主筆を務める『北ブリトン』という風刺的な週刊誌を利用して、ビュート内閣の閣僚や、彼らのスコットランドびいき、そして七年戦争を終結させた不満だらけのパリ講和条約、さらには国王自身に対しても、ますます辛辣な攻撃を加えた。ウィルクスが反政府感情をあおる文書を作成した罪で逮捕されると、ロンドン市民は自由民であるイギリス人の権利が侵害されたとみなして、一斉にウィルクスの擁護に立ちあがった。彼らは街頭で「ウィルクスに自由を」と叫んだ。

**急進的なパンチボウル、1760年代**
ボウルの縁に書かれた「ウィルクスと自由」というスローガンは、この時代のロンドンでもっともよく知られた政治家のジョン・ウィルクスを記念している。

### カトリック救済法

1778年、イギリス軍の強化を主な目的に、カトリック教徒の入隊制限を撤廃するカトリック救済法が成立すると、ロンドンで反カトリック感情が湧きあがった。カトリックはジャコバイトの反乱、イギリスの敵国フランスやスペイン、そして教皇に対する忠誠と結びついていたからである。1780年6月2日、金曜日、暑い夏の日のことだった。カトリック救済法の撤回を求めるプロテスタント協会の会員およそ5万人が、ランベスのセント・ジョージ・フィールズに集結した。彼らの指導者でウィルトシャーのルドガーズホール選出の下院議員ジョージ・ゴードンは、カトリックに対する憎悪に凝り固まった人物だった。彼は集まった群衆に向かってカトリック教徒の扇動者が武力衝突をたくらんでいると呼びかけ、秩序と平静を保つように促した。しかし、それ以前のゴードンの演説によって、群衆の反カトリック感情にはすでに火がついていた。

彼らが反政府のシンボルとなった青い花形帽章と「カトリック追放」と書かれたバッジをつけてロンドン市街を行進すると、さらに荒んだ人々が騒動を求めて加わった。国会議事堂に到達する頃には、群衆は周囲の道路を埋め尽くし、姿を見せた下院議員や貴族たちは押しのけられ、罵声を浴びせられた。彼らが乗ってきた馬車は襲われ、黒い服のせいでイエズス会士と間違えられたノーザンバーランド公のように、数名の不運な議員が暴徒によって馬車から引きずり出され、脅された。

議事堂の中でゴードンは4万4000人が署名した請願書を下院の前に掲示した。ゴードンは時々議会を出て群衆に語りかけ、議会での討論の進み具合を知らせた。カトリック救済法廃止の動議が投票にかけられ、下院で192対6の大差で否決されると、群衆は暴徒と化した。歩兵護衛隊と騎馬護衛隊が到着して群衆を解散させようとすると、群衆は彼らに石を投げつけた。ようやくひとりの勇気ある治安判事が現れ、静かに解散すれば軍隊を撤退させると告げた。歓声が沸き起こり、抗議のために集まった群衆はゆっくりと宮殿庭から退いていった。しかし、これは決して終わりではなかった。

### ゴードンの暴動

翌週、ロンドンは暴徒の支配する無政府状態に陥った。カトリック教徒、または外国人のものとみなされた建物は略奪され、バイエルン大使館付属の礼拝堂とサルデーニャ大

使の礼拝堂も打ち壊された。暴徒は建物の備品や調度品をむしり取り、すべてを道路に運び出して燃やした。ローマ・カトリック教徒に関係のある建物はロンドン中で標的になり、アイルランド人の住居はもっともひどい略奪行為を受けた。中には自分の家が狙われるのを恐れて、暴徒の味方を装って窓から「カトリックは出ていけ！」と叫び、正面玄関にそのスローガンをチョークで書きつける者もいた。暴徒は住居の所有者や通行人から金銭を要求した。

治安判事は身の危険を感じ、自分の家が焼き討ちにあうのを恐れて騒擾法を読み上げるのを拒否したので、軍隊は手を出せなかった。暴徒はなすすべもなく立っている兵士をあざけった。

暴徒の関心は法と秩序を守るための施設に向かった。監獄は主要な目標になった。難攻不落の要塞と考えられていたニューゲートは群衆に包囲され、かなてこと大ハンマーで入口をこじ開けられた。将来の詩人で芸術家のウィリアム・ブレイクも群衆のひとりだった。囚人は全員解放され、監獄は焼き払われた。キングス・ベンチ、フリート、クリンク、ブライドウェルなどの監獄もまた火をかけられ、囚人は逃亡した。何人かの治安判事の家も打ち壊され、家財道具は焚きつけにされた。

暴動の最後の数日間に、暴徒の関心は今度はシティ、特にイングランド銀行に向かった。ここで暴徒はシティの志願兵の強力な抵抗にあった。ジョン・ウィルクスを含む暴徒の指導者は防衛態勢を整えた。一方、ジョージ3世はロンドンの治安判事の無能ぶりに業を煮やし、治安判事から必要な許可を取らずに、秩序回復のために必要なあらゆる手段を取るために自ら軍隊を指揮した。多数の国民軍（ミリシア）と正規軍がロンドンに集まり、あっという間に暴動を鎮圧した。

## 回避された革命

政府は暴動の首謀者とみなされた数人の人物を逮捕したが、首謀者の多くは最後のイングランド銀行の襲撃のときに死亡したと考えられた。およそ450人が逮捕され、160人が襲撃に参加した罪で起訴され、21人が、略奪を働いたと証明された場所で公開処刑された。ジョージ・ゴードン卿はこの騒乱への関与をつねに疑われてきたが、大逆罪で裁判にかけられ、無罪判決を受けた。彼はその後ユダヤ教に改宗し、フランス女王マリー・アントワネットに対する侮辱罪で起訴されたあと、1787年に獄死した。

この6日間の暴動は、ジョージ王朝時代のイギリスで最悪の民衆暴動だった。ロンドンでふたたび家屋がこれほどの損害を受けるのは、第2次世界大戦の大空襲のときである。しかし、ロンドンは1週間にわたって大規模な暴動に翻弄されたが、恒久的な破壊がほとんどなかったのは驚くべきことである。群衆は特定の目標だけを襲い（隣りあった建物が類焼しないように、みずから進んで消防車を使いさえした）、意図的に人命を奪うのは慎重に避けた。およそ700名の犠牲者のうち、カトリック教徒はひとりもいなかった。死者は全員暴徒で、彼らは軍隊との衝突や、火事や建物の崩壊に巻き込まれて死亡した。特にいくつかの蒸留酒製造所が略奪されたときは大勢の死者が出た。

ゴードン暴動にはまだ解明されていない点が数多くあり、特に暴動を起こした動機ははっきり知られていない。外国人と「身なりのいい」人物が最後の襲撃を指揮していたのを見たという噂があるが、確証はとれていない。しかし、監獄とイングランド銀行を標的に選んだという点で、18世紀ロンドン市民の本能的な反カトリック主義や外国人に対する嫌悪感だけではすべてを説明できないことがわかる。実際、ゴードン暴動から9年後には、パリでもっとも悪名高い監獄に対する組織的な襲撃［フランス革命の端緒となったバスティーユ牢獄襲撃事件を指す］が起こっている。ロンドンの暴動とパリで起きた事件の驚くべき類似性を考えると、1780年のロンドンは革命の一歩手前まで迫っていたのかもしれない。　［AW］

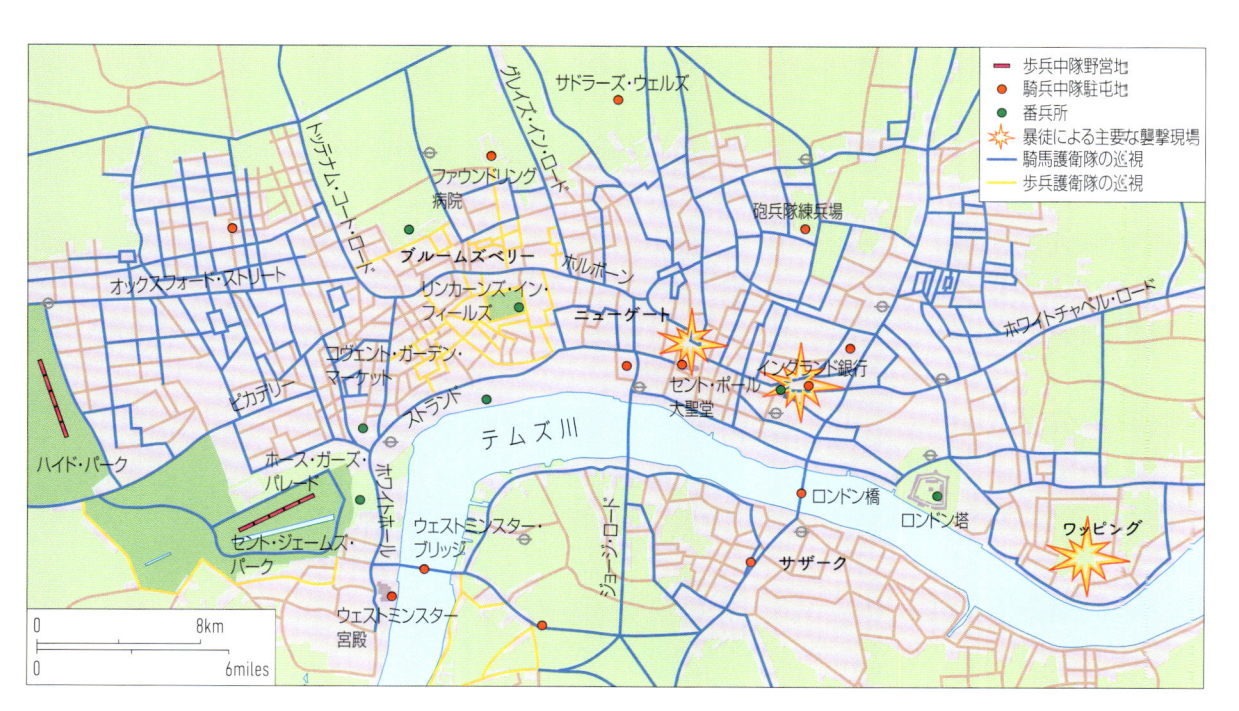

**ゴードン暴動、1780年**
暴動鎮圧のために軍隊が招集された。

# 第8章
# 摂政時代のロンドン

　ヨーロッパの2大勢力となったフランスとイギリスの間に長く続いた戦争は、摂政時代になってようやく終わりを迎えた。ナポレオンに対する勝利は、ネルソン、トラファルガー、ウェリントン、ウォータールーなど、ロンドンに新しい地名や通りの名前を残した。戦争終結後に沸き起こった建築ブームもまた、この都市に新しい雰囲気を与えた。教会や記念碑的建築物、そして彫像は都市に古典的な趣をもたらし、近代文明と古代ギリシャの民主主義を結びつける働きをした。道路は幅を広げられ、古い建物は取り壊された。科学はさらに進歩をもたらし、ガス灯や鉄製の水道管が設置され、テムズ川の地下にトンネルさえ掘られた。

　摂政時代のロンドンは、ジョージ王朝時代に比べて騒乱状態に寛容ではなかった。初期の警察制度が誕生したのはこの時期である。道路はより清潔になり、石で舗装された。ロンドンがもっとも力を注いだのは都市の東部の巨大な複合ドックの建設で、このドックは混雑したプール・オブ・ロンドン内のアイル・オブ・ドッグズ、ワッピング、ラックウォールに、近代的で効率的な船積み・荷降ろしのための施設を提供した。

　「ウェスト・エンド」がひとつの地域として明確な形をとって発達し、そこに住む人々が富を誇示するような消費に公然とした上流趣味を加えると、それにつれてロンドン中心部もまた変化した。ウェスト・エンドは、見るため、そして見られるための場所だった。摂政皇太子［後のジョージ4世］はウェスト・エンドで邸宅の建造を積極的に進め

ラインベックの俯瞰図（部分）、1810年
気球から眺めたイギリスの首都は近代の奇跡であり、100万人を超える人口を擁して、地平線上にあるウィンザー・キャッスルまで広がっていた。

ることによって、ロンドンに対する王室の影響力をふたたび強めた。リージェンツ・パーク、リージェンツ・ストリート、ピカデリー・サーカス、そしてトラファルガー・スクエアはロンドン市民が富を見せびらかし、ロンドンの新しいショッピング習慣にふけるための新たに生まれた公共の場所だった。1820年代までに、ロンドンの商店はシティからストランドやホルボーン沿い、そしてリージェンツ・ストリートやピカデリー、ボンド・ストリート周辺の新しいショッピング・エリアまで広がった。

新しい形式の小売店として市場（バザール）や屋根つき商店街（アーケード）が誕生した。世界中から集まった品物で飾られた、板ガラスのはまった商店は、摂政時代のロンドンの新しい名物のひとつだった。詩人ロバート・サウジーの作品に登場するスペイン人旅行者ドン・エスパニョーラは、「私はいまだにこれらの店の品物の豊富なこと、華やかなことに驚いている」と1807年に書いている。「服地商、文房具商、菓子職人、焼き菓子職人、印章製造者、銀細工師、書籍販売業者、版画販売業者、巻き上げ機の運転者、青果商、陶磁器販売業者——それぞれが間をあけずに隣り合い、道路という道路に延々と建ち並ぶすべての建物に店舗があった。商品そのものが美しい上に、さらに美しく見えるように並べられ〔中略〕これまでに私がこの国で見たどんなものも、これほどの華麗さを予想させはしなかった」。

# 首都改造 I

ロンドンで新しく開発された建物の中でもっとも印象的なものは、ウェストミンスターを南北に貫く大通りである。この計画を支えたのは王家の保護と、建築家のジョン・ナッシュだった。

**リージェンツ・ストリートの四分円形街路、1822年**
ジョン・ナッシュの設計した曲線を描く柱廊は、買い物客を悪天候から守るために作られた。1848年に商店主から、柱廊があるせいで店に光が入らず、犯罪が増えるという苦情を受けて取り壊された。

摂政時代のロンドンは、もっとも有名な公共スペースであるピカデリー・サーカス、トラファルガー・スクエア、そしてリージェンツ・ストリートを誕生させた。これらの劇的な首都開発は、すでに存在した町並みの上に大胆に腕をふるって実施され、ウェストミンスターにふたつの新しい壮麗な円形広場、三日月形広場(クレッセント)、ゆるやかな曲線を描く四分円形街路(クオドラント)、大理石のアーチと広場のある新しい南北方向の軸をウェストミンスターにもたらした。

この新しい道路計画は、ロンドンの改造者として国王がふたたび重要な役割を持って再登場したことを示している。これまでロンドンには強力な宮廷文化というものは存在せず、18世紀末まで、かたくなに流行に背を向けたジョージ3世(在位1760-1820年)は貴族の高官の陰で存在感が薄かった。1811年から摂政となった将来のジョージ4世(在位1820-30年)は、国王の役割に新たな性質を加えた。当世風で優雅な摂政皇太子は、人から説得されるまでもなく、首都ロンドンの開発はヨーロッパ最強国の君主としての自分の権威を反映するものだと考えた。ナポレオン戦争後のイギリスは、経済面だけでなく、軍事力と海運力の面でも他を凌駕していたのである。

### 壮麗な公園

国王の名で取り組んだ最初の改造計画は、オックスフォード・ストリートの北に位置するヒースの茂る荒野だったメリルボーン・パークの再開発だった。完成後にリージェンツ・パークと呼ばれるようになるこの公園は、ジョン・ナッシュ(1752-1835年)が摂政皇太子のために設計した最新流行の住宅の構想から始まった。公園を私的な住宅のための囲い地にするのは時代の精神に反するという批判を受けて、ナッシュは彼の保護者(パトロン)である摂政皇太子の意向に沿うように計画を練り直した。リージェンツ・パークの計画は単なる住宅構想ではなくなった。それは「あらゆる観点から見てイギリスとその首都にふさわしい」景観を飾る公共の広場になった。

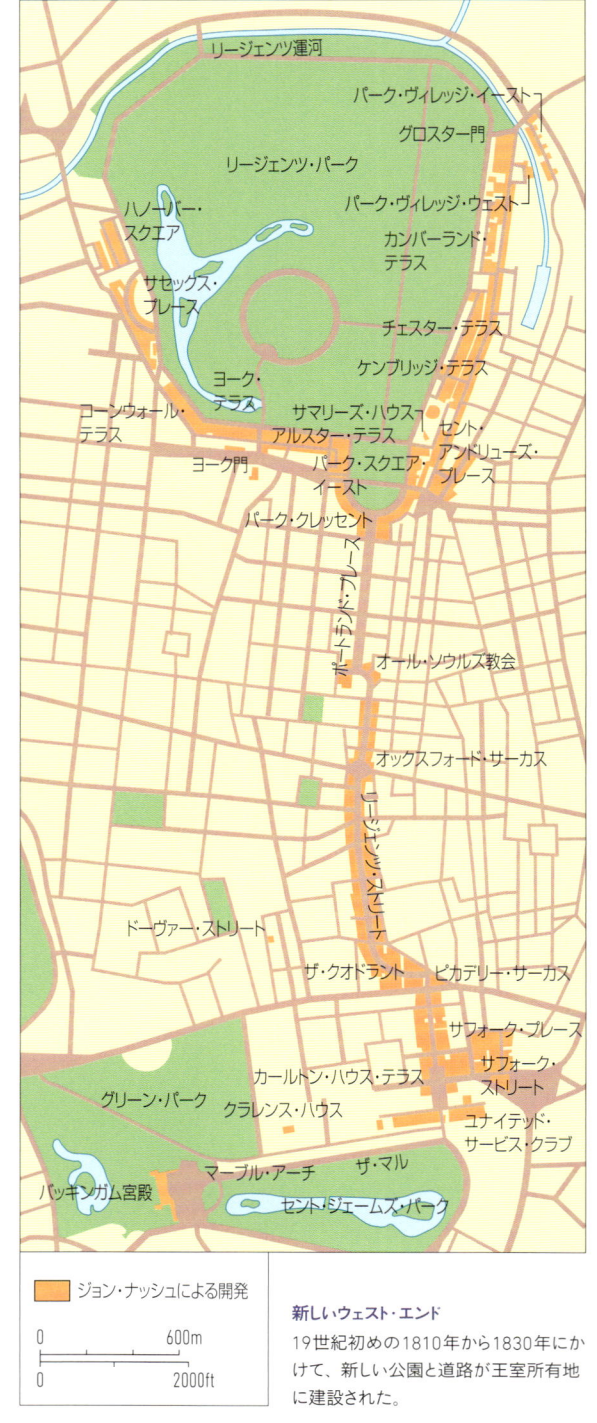

建築工事は従来通り、建物の賃借権を投機家に貸し出す方式で遂行された。リージェンツ・パークの南側の入口にあたる場所では、型どおりの立派な三日月形広場(パーク・クレッセント)の建設が1812年に始まった。そして1817年に、敷地内に点在する一戸建ての邸宅群の建設が着工された。そして東側で公園を縁取る最初の巨大な連続住宅(テラス・ハウス)、ヨーク・テラスの建設が1820年に始まった。非対称的に設計された公園と絵画的な建築は、18世紀の遊園と19世紀末の田園都市の中間に

**新しいウェスト・エンド**
19世紀初めの1810年から1830年にかけて、新しい公園と道路が王室所有地に建設された。

位置する新しい光景をロンドンにもたらした。身なりのいいロンドン市民が、「変化に富んだ美しい景色を見るたびに（中略）たえず恍惚として」この新しく作られた地区を散策した。

## 王室のウェスト・エンド

王家に収入をもたらすために、リージェンツ・ストリートも設計された。ウェストミンスターを南北に通る良好な道路がないことは長い間問題になっており、リージェンツ・パークの建設は、摂政皇太子の邸宅であるペル・メルのカールトン・ハウスとパークを結ぶ道路を建設する好機になった。リージェンツ・パークの建設と同様に、ジョン・ナッシュは意識的に絵画的開発を行ない、2か所の円形広場で分断される舞台装置のような道路と柱廊のある四分円形街路が作られた。しかし、リージェンツ・ストリートが描く緩やかな曲線は、美観のためというよりは地所の価値を高める目的があった。この道路は西に新しく建設された最高級の邸宅と、東の昔のままの建物を注意深く隔てる役割をしていた。

ナッシュによるロンドン中心部の再開発は、1820年に王位についたジョージ4世がカールトン・ハウスを出て、バッキンガム・ハウスのより広大な環境に転居してからも続いた。ナッシュは多額の費用をかけて新しい翼部、新しい建物正面（ファサード）、そして威風堂々とした大理石の門（マーブル・アーチ）をバッキンガム・ハウスに増築した（マーブル・アーチは19世紀半ばに現在の場所に移動された）。摂政皇太子の旧邸宅だったカールトン・ハウスは取り壊され、ナッシュはそのあとにカールトン・ハウス・テラスを建設し、ペル・メルやホワイトホールとストランドの大英博物館を結ぶ大きな広場のアイデアを構想した。ナッシュのこのアイデアは、1825年に旧王室馬屋（オールド・ロイヤル・ミューズ）を取り壊してから実行に移された。古い道路や路地が入り乱れた地域に新しい直線的な道路が計画され、古典的な白いテラスが姿を現しはじめた。

ストランドの開発では、絵画的な建築に代わって古典主義的な厳粛さが加えられた。威厳と対称性は、1832年に新しい広場の北に着工された国立美術館（ナショナル・ギャラリー）や、1820年代にブルームズベリーに再建された大英博物館の特色でもあった。これらの建築物は、ロンドンが近代ヨーロッパの首都という新しい位置づけを意識していることの表れだった。ロンドンは今や、古典主義的な文明の文化的伝統の中に根づいている啓蒙主義的価値観を持つ新しいアテネであった。

再開発の動きは王室の保護によって始まったとしても、最終的にはもっと広い国家意識に結びついた。国立美術館は王室の事業に政府が介入した最初の具体的な例になった。新しい広場に「愛国心と国家意識の大切さを表わす」記念碑を建てることを決定したのも議会だった。1830年頃、広場にはトラファルガー・スクエアの名前が与えられ、ナポレオン戦争におけるイギリス海軍の英雄の記念碑を作るコンテストの優勝作品として、ネルソン記念柱が建設された。陸軍の英雄ウェリントン公爵はさらに民衆の記憶にとどめられた。彼と彼の勝利は数多くの記念碑や、ウォータール一橋などロンドン中心部の通りの名前や地名となって残っている。1840年までに、何人もの国家的英雄の名前が新しく開発されたウェスト・エンドのいたるところに残された。最初に土地を建物で埋めつくしたのは個人的利益のための投機だとしても、それら英雄の名前は、はるかに複雑な文化の強さを表現している。

［CR］

**ハイド・パーク・コーナーとウェリントン・アーチ、1833年頃**
マーブル・アーチとウェリントン・アーチは両方ともディシマス・バートンの設計によるもので、それぞれ王室と国民の強さを表わしている。1820年代に建設されたふたつのアーチは、ひとつがバッキンガム宮殿の前庭に、もうひとつがハイド・パークに置かれ、宮殿への通路の印となった。

| 第8章──摂政時代のロンドン | 167

# テムズ川の交通

4年間に3つの橋が建設されたことが、
ロンドン南部の成長に密接に結びついている。
ロンドン橋も再建され、テムズ・トンネルの建設は摂政時代に始まった。

　ロンドン橋は何世紀もの間、ロンドン市民にケントやサリー、そしてイングランド南部への交通を提供してきた。しかし、人口と交易の両方が成長したことによって、18世紀末には人や商品、食物を輸送するための道路の必要性が高まった。18世紀に新たな橋（1750年にウェストミンスター橋、1769年にブラックフライアーズ橋）がテムズ川に建設されたが、場所が不便だったため、ロンドン橋周辺の渋滞はほとんど解消されなかった。

　1801年、ロンドン港の改善を求める運動の一部として、ロンドン市自治体はふたたびロンドン橋の再建を要求する世論にさらされた。再建計画は1823年に議会法の通過とともに本格的に始まり、新しい橋は1831年に国王ウィリアム4世によって開通され、ロンドンは喜びに沸いた。新しい橋の完成後、古い橋は取り壊された。中世の古い橋に並んで建設された石造りの5つのアーチを持つ橋は幅15メートルあったが、すぐに狭すぎると批判された。再建事業には総額200万ポンドという巨額な費用を要した。その中には新しい橋への進入路の用地を更地にするために取り壊される建物の所有者への補償金も含まれていた。

　この橋はスコットランド人の土木技師ジョン・レニー父子の設計による3番目の橋である。父のレニー（1761-1821年）が設計図を描き、息子のレニー（1791-1866年）は技師として工事を監督した。1831年に新しいロンドン橋が開通したときには、さらに3つの新しい橋が完成していた。どれもみなレニー父子の専門知識に基づき、新しい技術、特に鋳鉄製の構造を使って建設された。ヴォクソール、ウォータールー、そしてサザークに作られた3つの新しい橋は、すべて個人の資金でまかなわれた有料の橋で、大規模なジョイント・ストック・カンパニーによって運営された。

## ヴォクソール

　ヴォクソール会社は3つのジョイント・ストック・カンパニーのうち最初のもので、ハイド・パークを始点とする道路を、川を越えてケニントンやグリニッジまで延ばすことによって利益を得ようと試みた。この会社は1809年に議会法によって設立が認められ、石造りの橋の建築をジョン・レニーに依頼した。しかし、数カ月のうちに計画は資金難に直面し、橋は費用の安い鋳鉄製で建設が続けられることになった。数カ月後、レニーの設計に対する不満が高まり、建設工事は完全に中断された。9個のアーチを持つサミュエル・ベンサムによる新しい設計が採用され、レニーの作ったものは取り壊された。しかし、新しい設計の適切性がふたたび疑問視され、ヴォクソール会社は1813年に第3の設計を、今度はジェームズ・ウォーカーに依頼した。ウォーカーの設計によるテムズ川初の鋳鉄製の橋は1816年6月に開通した。

## ウォータールー

　ヴォクソール会社と同時期に、ストランド・ブリッジ・カンパニーは1809年の授権法によってストランドからテムズ川

**ウォータールー橋、1817年**
ウォータールー橋開通の日を描いたこの絵では、奥にかかる古い弓なりのロンドン橋と水平な新しい橋が対照的に見える。

を越えてセント・ジョージ・サーカスまで続く橋と道路の建設を認められた。ジョン・レニーはここでも橋の設計と建設を依頼された。レニーは弓なりではなく平らな橋をかける構想を立てたが、そのためには長い進入路を建設する必要があった。特に南岸では進入路の長さが北岸の2倍以上（218メートル）になり、必要な土地の確保は手間がかかり、費用がかさむことがわかった。ストランド・ブリッジ・カンパニーは橋を完成させるための資金をさらに調達するために、追加の議会法の通過を求めざるを得なかった。1816年6月、ヴォクソール橋が開通したのと同じ月にストランド・ブリッジ・カンパニーは資金を調達し直し、橋の名前は前年ウェリントン公爵がフランスで挙げた勝利を記念してウォータールー橋と改名された。翌年、この橋はワーテルローの戦いの2周年記念日に開通した。

ウォータールー橋はジョン・レニーによる最初の橋だと考えられている。その珍しい水平な橋も、橋に用いられた花崗岩も非常に美しかった。ロンドンの昔の橋の表面にはポートランド産の淡い色の石が使われていた。ウォータールー橋の壮麗さ、雄大さ、どっしりした感じは多方面から賞賛を受け、イタリア人画家のカノーヴァは「世界でもっとも高貴な橋」と呼んだ。

## サザーク

摂政時代に建設された第3の橋、サザーク橋も私的会社によって建造されたが、授権法は1811年5月まで通過しなかった。通過が遅れたのはロンドン市自治体からの強固な反対があったからである。市自治体はシティとテムズ川南岸を結ぶサザーク橋が有料の橋になる予定なのに対し、無料でしかも建設費の高いロンドン橋の維持に市自治体が責任を持たなければならないという点に激しく抵抗した。テムズ川管理委員会は、ロンドンとブラックフライアーズの間に建設される予定のサザーク橋の位置がテムズ川の航行を今まで以上に困難にすると考え、やはり反対した。その結果、またもや橋の建設を依頼されていたレニーは、3つの大きなアーチがあり、橋の下に200メートルの航行可能な川幅を確保できる構造を設計した。

この橋はようやく1819年3月の真夜中に荘厳な松明行列を行なって開通したが、1年以内に会社が経営困難に陥った。ここでも負担になったのは進入路だった。橋の位置は、北岸のシティ内の土地と進入路が確保できるかどうかで決められた。しかし南岸では、その場所はすでに他の建築物が建てこんでいた。橋から主要な道路の合流点であるセント・ジョージ・サーカスまで道路を建設するためには既存の多数の建物の取り壊す必要があったが、そのための政府の許可はばらばらにしか得られなかった。その結果、セント・ジョージ・サーカスから北上してサザーク橋につながるナザーク通りとサザーク・ブリッジ・ロードは曲がりくねったルートを取ることになり、橋そのものはレニーの設計に合わせるために急傾斜の弓なりの形にせざるを得なかった。

## テムズ・トンネル

摂政時代のロンドンは、世界初の水底トンネルを建設した。テムズ川の下にトンネルを掘るというアイデアは1800年代初めからあり、コーンウォールの鉱山技師がロザーハイズからワッピングまで穴を掘る試みに数回挑戦して失敗している。トンネル建設は、フランス人技師のマーク・イザムバード・ブルネルがこの工事のために発明し、特許を取った独創的な「シールド工法」の技術を使って1825年に本格的に始まった。1830年代には息子のイザムバード・キングダム・ブルネルが常駐技師として工事に参加した。

水底トンネルはまだ実験的な側面が強く、資金調達は難航して1828年から1835年まで工事は中断した。しかし、政府の資金が支給された結果、トンネルは1843年に開通した。トンネルを通れるのは歩行者だけで、歩行者は音を立てて燃えるガスランプの灯りを頼りにトンネルを渡りきらなければならなかった。

民間の技術の勝利を示すトンネルは、土産物屋の天国になった。アメリカの作家ナサニエル・ホーソーンは1350年にロンドンを訪れ、トンネル内は端から端まで、小間物や「雑多ながらくた」を売る売店で一杯だったと不満を漏らしている。

「トンネル内で、おそらくほとんど、あるいはまったく太陽の光を浴びることなく生きている人びとがいる」。ホーソーンから見れば、一度は見てみたい目新しい場所という点を除けば、「このトンネルは完全な失敗」だった。　　　　[TW]

**ヴォクソールの鋳鉄製の橋、1818年**
1816年に建設されたヴォクソール橋は、テムズ川にかけられたロンドン初の鋳鉄製の橋である。

**ロンドンの橋、1700-1850年**
古代のロンドン橋に加えて、1729-1827年の間に10の新しい橋が築かれた。

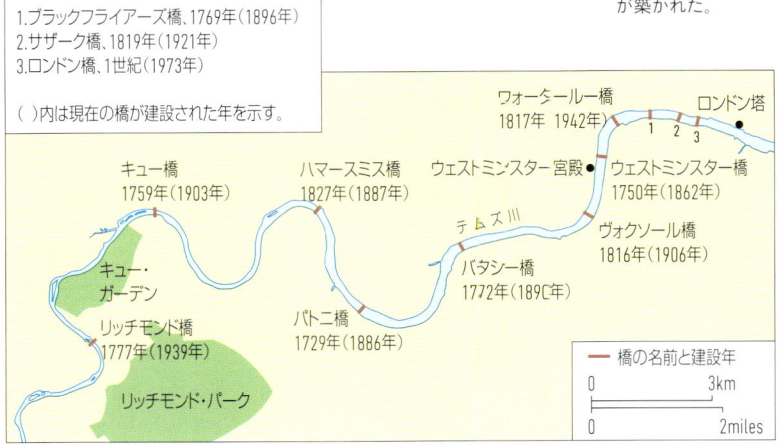

1. ブラックフライアーズ橋, 1769年(1896年)
2. サザーク橋, 1819年(1921年)
3. ロンドン橋, 1世紀(1973年)

（ ）内は現在の橋が建設された年を示す。

第8章——摂政時代のロンドン

# 商業と製造業

ロンドンは19世紀のイギリスに大きな影響をもたらした産業革命の中心的役割を果たした。伝統的な手工業に加えて、大規模な醸造業や造船業が発達した。

19世紀の間、ロンドンは産業が発達したイギリス北部との競争がますます激しくなったにもかかわらず、製造業の主要な中心地として、船のエンジンから郵便切手まで、あらゆるものを作りつづけた。イギリスの他の地域と違って、19世紀初期のロンドンではひとつまたは複数の産業が飛びぬけて繁栄することはなかった。ロンドンの産業基盤は多様性と専門性が特徴だった。

小規模な工場や製造所が、特にシティの北部や南部に乱立していた。作家のジョージ・ギッシング（1857-1903年）は、クラークンウェルの労働者を指して、「金属を使う職人、ガラスやエナメルを使う職人、木材を使う職人、地上のあらゆる素材と地下の水から得られるあらゆる素材を商業的に有益なものに変える職人たち」と述べた。労働者は旋盤や工作台に向かって長時間働き、腕時計や掛け時計、装身具、精密機械など、品質の高い小さな製品を生産した。若い少女や成人女性はあまり技術のいらない仕事に雇われることが多かった。たとえば造花製造所で針金を曲げたり形を作ったり、布や紙を裁断し、縫い、糊づけする仕事や、帽子工場で毛皮を検査して不良品を見つけたり、帽子に縁取りをしたりする仕事があった。

ロンドンの産業の中には19世紀に衰退したものもあった。たとえば主にベスナル・グリーンやスピタルフィールズを中心にした絹織物業もそのひとつである。絹織物業者とその家族は外国からの輸入品やマックルズフィールドのような地方の生産地に太刀打ちできなかった。1830年代にはロンドンにおそらく7000-8000人の織物業者がいた。19世紀末には絹織物専門の工場はほんの数軒だけで、数百人の男女が雇われているだけだった。

ロンドンの大規模な製造業者が受ける経済的な負担は大きかった。労働者に支払う賃金は比較的高く、不動産は高価で、燃料や原材料費も高かった。イングランド中部や北東部では、商品がはるかに安く生産できた。ロンドンに工場を構える主要な経済的理由は、世界で唯一最大の製品市場との近さだった。しかしこの利点は、19世紀に鉄道網が発達し、高速で信頼性の高い蒸気船が運航し、電信が導入されて、国内の輸送・通信網が向上したことで重要性を失った。それでもたくさんの主要産業がロンドンとその周辺地域に残っていた。

## ビール醸造業と蒸留酒製造業

ビール醸造業の代表的なものに、バークレー＆パーキンス社が経営する「アンカー」醸造所があった。この醸造所は4ヘクタールの広さがあった。1832年に火事で醸造所の建物の多くが焼失したが、醸造所は短期間にさらに大規模に再建された。その広大な醸造所はロンドンの記念碑的建造物として有名になり、訪れる人びとは大きな醸造施設内の巨大な桶、隣接する倉庫に保存された大量のモルトとホップ、パイプ、ポンプ、蒸気エンジン、大きな釜や機械化された糖化槽に目を見張った。

バークレー＆パーキンス社の他にもロンドンには大きな醸造会社があった。トルーマン＆ハンドベリー社のブリック・レーン醸造所は規模がわずかに小さいだけで、他にもウィットブレッド、リード、コム、カルヴァート（左図）、ミュークスなど10軒を超える醸造所が、大きさはアンカー醸造所の半分程度だったが、ロンドン最大の企業の中に数えられた。多くの醸造所が独自の掘抜き井戸を掘ったが、バークレー＆パーキンスはサザークでテムズ川から直接大量の水を汲みあげつづけた。

ロンドンが生産の中心を担ったその他の産業に、蒸留酒製造業、ブレンド業（蒸留器で作った原酒に香味づけをしてジンやコーディアルにする工程）、酢およびワイン製造業があった。こ

**カルヴァート醸造所、1820年頃**
アッパー・テムズ・ストリートのこの場所には15世紀から醸造所があった。18世紀にカルヴァート家が所有するようになり、蒸気機関を利用してポーターと呼ばれる有名なビールを製造すると、この醸造所は飛躍的に成長した。

れらの産業はたいていテムズ川沿いか川から近い地域の建物を所有していた。多くはサザークやランベスにあり、それ以外はピムリコやステップニーにも存在した。ロンドンの4つの酢製造会社はそれぞれ広い空き地を所有し、そこで樽を「天日干し」にした。これはおよそ1か月樽を空気にさらして酢化を促す過程である（上図）。1840年代にはこの4社で合計およそ150万ガロン［1ガロンはおよそ4.5リットル］の酢を製造していた。これはイギリスの全生産量の半分以上に相当する量だった。

## 皮革産業

およそ3世紀の間、バーモンジーはイギリスの皮革産業の中心地だった。この地域のテムズ川は潮流の勢いがよいため、皮なめし業者や革職人が製造所から出る臭くて汚い廃棄物を主要な居住地からテムズ川下流に向かって洗い流すのに都合がよかった。ロンドンの馬の引き具と鞍の製造業者、帽子や手袋の製造業者は革のほとんどをバーモンジーから買っていた。当時はまだなめし業者の敷地に穴を掘り、そこで獣皮をオーク樹皮から抽出したタンニンに長期間漬け込んで、革を生産していた。ベヴィントンのネッキンガー・ミルズは山羊皮からモロッコ革を生産し、染める専門の会社だった。モロッコ革は品質がよく柔らかいため、大型馬車の内張りや椅子の表面、あるいは本の装丁に使われた。

## 工学技術と造船

19世紀前半、ランベスのモーズリーとフィールドの工場は、ロンドンでもっとも革新的な製造所だった。多数の偉大な工業的企業家が、自分の事業を立ち上げる前にヘンリー・モーズリーのもとで仕事をした経験があった。蒸気ハンマーを発明したジェームズ・ナスミス、機械化したねじ切り機を導入したジョゼフ・ウィットワースもその一員である。1830年代にはサザークやランベスの製造会社が、印刷業やドック建設のための精密な製造機械を作っていた。ここでは多数の船舶用エンジンが、ロンドンの造船所で建造中の海軍本部委託の蒸気船と商船のために製造された。

港湾都市ロンドンでは、工学技術と造船の結びつきは特に顕著だった。1830年代半ば、アイル・オブ・ドッグズのミルウォールに鉄製の船を建造するためにふたつの造船所が作られた。ウィリアム・フェアバーンとデーヴィッド・ネイピア（モーズリーの弟子のひとり）はこの新しい海運技術の最先端にいた。造船所ではスコットランド人の造船工が雇われて働いていた（彼らが礼拝のために建てた長老派の小さな礼拝堂が現在もウェスト・フェリー・ロードに建っている）。ロンドンで作られた木造船がその高い性能で知られていたように、1830年代から1860年代にはロンドンの鉄製の船が新しい造船技術の最先端に位置すると考えられていた。19世紀半ばには、イギリス全体で新しく建造される商船のトン数の4分の1以上はロンドンで建造された。有名な造船会社にサムダ、ヤング、サムズ、グリーン、ウィグラム、そしてメアがあった。　　　　　　　　　　　　　　　　　［AW］

**バンクサイドのポッツ酢工場、1840年代**
ポッツはイングランド最大の酢の製造会社で、この絵ではセント・ポール大聖堂のドームを背景にロンドンのポッツの工場が誇張して描かれている。この光景は工場の庭で樽を「天日干し」しているところで、樽に入れた酒を空気に触れさせると酢酸発酵によって酢が作られる。

**ロンドンの工業地域**
大規模な工場はテムズ川周辺に密集していた。小規模な製造所は上流階級の顧客が暮らすウェスト・エンド近くに集まった。

第8章——摂政時代のロンドン　　171

# 変化する銀行

国際的金融の中心地、そして金融投資の中心地としての
ロンドンの急成長によって、19世紀に古いシティの外観は劇的に変化した。

### イングランド銀行、1830年頃

1788年から1830年にかけて、イングランド銀行の内部は有名な建築家のサー・ジョン・ソーンによって完全に改装された。窓のない長い壁の向こうにソーンはいくつかの広々としたドームを作り、その下を一般の銀行取引を行なう場所にして、それぞれの場所が異なるタイプの金融取引を担当するようにした。この図は「ファイブ・パーセント・オフィス」(のちに「コロニアル・オフィス」と改名)を示している。

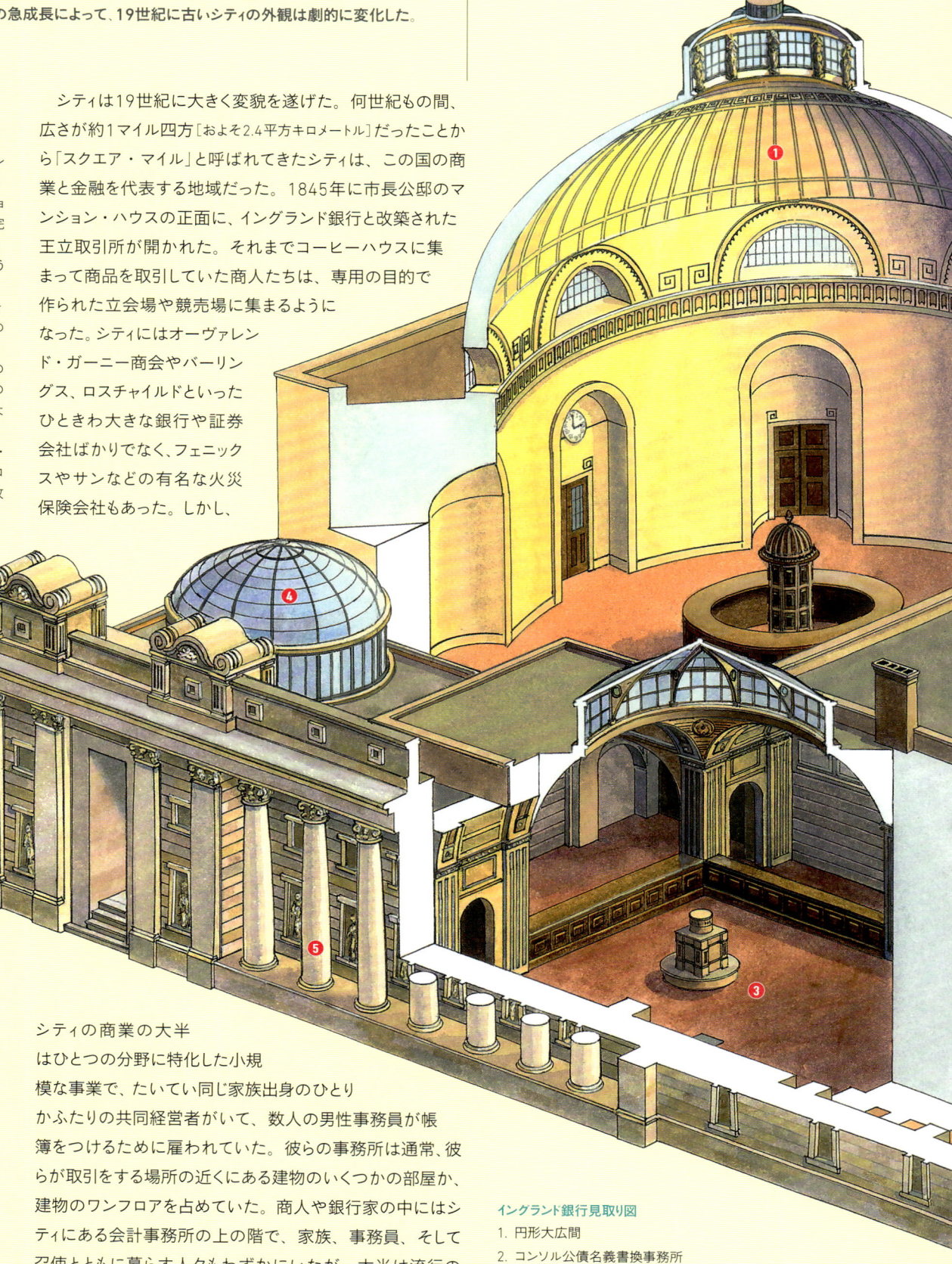

シティは19世紀に大きく変貌を遂げた。何世紀もの間、広さが約1マイル四方[およそ2.4平方キロメートル]だったことから「スクエア・マイル」と呼ばれてきたシティは、この国の商業と金融を代表する地域だった。1845年に市長公邸のマンション・ハウスの正面に、イングランド銀行と改築された王立取引所が開かれた。それまでコーヒーハウスに集まって商品を取引していた商人たちは、専用の目的で作られた立会場や競売場に集まるようになった。シティにはオーヴァレンド・ガーニー商会やバーリングス、ロスチャイルドといったひときわ大きな銀行や証券会社ばかりでなく、フェニックスやサンなどの有名な火災保険会社もあった。しかし、シティの商業の大半はひとつの分野に特化した小規模な事業で、たいてい同じ家族出身のひとりかふたりの共同経営者がいて、数人の男性事務員が帳簿をつけるために雇われていた。彼らの事務所は通常、彼らが取引をする場所の近くにある建物のいくつかの部屋か、建物のワンフロアを占めていた。商人や銀行家の中にはシティにある会計事務所の上の階で、家族、事務員、そして召使とともに暮らす人々もわずかにいたが、大半は流行の先端のウェスト・エンドやさらに遠くで暮らしていた。高給取りの事務員はカンバーウェルやイズリントンのような発展し

### イングランド銀行見取り図

1. 円形大広間
2. コンソル公債名義書換事務所
3. 銀行株取扱事務所
4. 入口ホール
5. セント・バーソロミュー・レーン柱廊

つつある郊外に新しい家を借りるか買うことができ、給料の低い者はシティから歩いていける距離の、フィンズベリーやサザーク、ランベスのような場所に住んだ。

シティの外見は次第に変化した。古いレンガ造りの建物は取り壊され、その跡に新しく事務所専用の建物が建てられた。これらの高い堂々とした建物には多数の窓があり、たいていポートランド産の石灰岩で表面が仕上げられていた。銀行の営業室には石の床、大理石の柱、長いマホガニーのカウンターが備えつけられ、堅実さと永続性を感じさせた。金融組織の規模が大きくなり、あるいは合併するにつれて、顧客にさまざまなサービスを提供するようになった。事務員の数が増加し、さらに大きな事務所が必要になった。

シティの金融活動は重要性を増しつづけた。工場、線路、ドック、船を建造する資金は、イギリスだけでなく世界中で必要だった。シティは世界をリードする投資家になり、ヨーロッパとアメリカ中で巨額の資本を投資し、利益を上げた。1844年に成立したピール銀行条例と株式会社銀行法は、イングランド銀行やシティの個人所有の銀行と株式銀行を基本とするイギリスの近代的な銀行制度の基礎を築いた。これらの法律の主たる目的は、銀行券の発券を制限することによってインフレーションを抑制することだった。19世紀の間に、為替手形に代わって小切手が使われるようになった。

### 金融危機

金融危機はたいてい農作物の不作や無分別な投資、そして過剰投機が引き金になって、その後に続く数年間に起こった。1845年から翌年にかけて起こったいわゆる鉄道狂時代は過剰投資の一例で、国中が鉄道への熱狂的な投資ブームに沸いた。投資する資金がある人は、田舎の教区主任司祭や未亡人、孤児など、安定した定期収入に頼って暮らしている人々まで、競って鉄道の株を買った。株式取引所は新しい鉄道株式会社の株を売買するために拡大し、相場師や株式仲買人だけでなく、新株の引受を促進するすべての人々の便宜を図った。線路の敷設工事が始まる前に議会法の成立が必要になり、議会が検討するために詳細な設計計画を提出するように求められた。1846年には1263もの鉄道法案が、おそらく提出期限ぎりぎりに矢継ぎ早に提出された。バブルがはじけると株価は暴落し、たくさんの投資家が全財産を失った。株式市場が回復し、信頼を取り戻すには何年もかかった。　　[AW]

**ゴスリング＆シャープ銀行の小切手、1840年代**
支払いの方法として、小切手が従来の「為替手形」に取って代わった。

# 摂政時代のショッピング

摂政時代のロンドンに作られた華やかに競い合う新しい店は、
近代の小売戦術の多くを先取りしていた。
その中にはウィンドーの装飾や百貨店、広告やセールなどもあった。

**ハーディング＆
ハウエル社の内部、
1809年**
服地商のハーディング＆ハウエル社は1796年にペル・メルで店を開いた。大きな窓と広々とした商品の陳列法によって、この店はしゃれた現代的な店の印象を与えた。

**バーリントン・
アーケード**
格調高いバーリントン・アーケード（1818年開店）は、最新の小売店の設計による高級品店だった。

　19世紀初めまでに、ロンドンの小売商人はシティからストランド沿い、そしてホルボーンまで広がり、ウェスト・エンドに新しいショッピングの中心地を作った。そこではオックスフォード・ストリート、リージェンツ・ストリート、ピカデリー、そしてボンド・ストリートが目抜き通りだった。リージェンツ・ストリート（1816-1824年頃）をロンドン一のショッピング街に再開発したのは、ジョン・ナッシュの首都改造の重要な要素だった。リージェンツ・ストリートは裕福で貴族的なメイフェア地区と、ソーホーのせわしい製造所や貧民窟を意図的に分けていた。この通りの南の端に、ナッシュはピカデリー・サーカスにつながる四分円形街路を建設した。リージェンツ・ストリートには統一された建物正面（ファサード）を持つ建物が並び、それらの建物の1階と2階には店舗が入っていた。お客や通行人は歩道に突き出した屋根つきの柱廊で悪天候から守られ、リージェンツ・ストリートはロンドン初の大通りになった。

### バザールとアーケード

　この時代にはバザールとアーケードというふたつの新しい形態の小売店が誕生した。どちらもひとつの屋根の下にさまざまな小売店が入っていた。ロンドン初のアーケードは1817年に開店したロイヤル・オペラ・ハウス・アーケードだった。建築家のジョン・ナッシュとジョージ・レプトンがロイヤル・オペラ・ハウスの入り口として設計し、片側一列に店舗が並んだ。

　翌年、サミュエル・ウェアが設計したバーリントン・アーケードがオープンした。イギリス最長の178メートルのアーケードは、屋根のある通りの両側に正面が弧を描く店舗が並んでいるのが特徴で、通りには大きな天窓から光が差し込み、店舗の上には住宅があった。このアーケードはオールド・ボンド・ストリートに平行して走る絶好の立地条件にあった。1828年には、婦人帽子屋、小間物店、リネン売り場、靴屋、美容院、宝飾店、帽子屋、煙草屋、花屋など、55店舗があった。また、検眼医、ワイン商、菓子職人、ショールの販売人、象牙細工師、金細工師、ガラス製造業者、書籍販売人、文房具商人、音楽家、彫版師などもいた。これらの店舗の多様さはこの地域の他の通りにも見られた。そこでは食肉処理業者、パン屋、乳製品販売などの食料品店とぜいたく品を売る店が入り混じっていた。

　バザールは温室や画廊と一緒に商店が並び、ショッピングだけでなく、娯楽も提供した。ジョン・トロッターは1816年にソーホー・スクエアにソーホー・バザールを開いた。このバザールは既存の建物の2階分を占め、広い部屋にマホガニーのカウンターを置いて、そこで主に婦人帽子、手袋、レース、宝飾品、植木鉢に植えた植物を売っていた。カウンターは1日単位で女性商人に貸し出された。1階の2部屋はそれぞれグロットーとパルテールと名づけられ、つる植物で飾られていた。もうひとつの革新的な特徴は、婦人用の更衣室を用意したことだった。このバザールの格式を守るために、トロッターは門番を雇って品のないふるまいがないように監視させ、商人には地味な服装をさせ、商品を定価で売るように命じた。トロッターのバザールの成功に刺激されて、オールド・ボンド・ストリートのウェスタン・エクスチェンジ（1819-20年に開店）やオックスフォード・ストリートのパンテオン（1834年）なども作られた。

## お客を呼ぶ工夫

18世紀の商店は非常に競争が激しく、商魂たくましいやり手の商店主は、商店の内装や外装にお金をかけ、最新の照明やガラス窓を取りつけ、レベルの高い顧客サービスを行なった。1786年にロンドンを訪れたドイツ人のゾフィー・フォン・ラ・ロシュのように、外国からの訪問者はシティの商店に目を見張った。オックスフォード・ストリートでは「大きなガラスのウィンドーの向こうには、ありとあらゆるものがきれいに魅力的に並べてあって、いろいろな商品が豊富にあるので、何もかもほしくなるほどだった」とラ・ロシュは書いている。

煤煙で薄汚れ、冬は霧がたちこめるロンドンでは、照明は特に重要だった。アメリカ大使リチャード・ラッシュは1817年の大みそかに、霧があまりに濃いため、オールド・ボンド・ストリートの商店では昼前から灯りをつけていたと記録している。1784年に特許が認められたアルガン灯はロウソク7本分の明るさがあり、この時代のもっとも効率的な照明だった。照明が壁に吊るした灯油ランプから、歩道に立てられた金属製の柱に取りつけたガス灯に変わって、ロンドン中心部のショッピングはより安全で快適な楽しみになった。

小売商人は自分の店と商品をトレード・カードやチラシ、カタログで宣伝した。店の名前、住所、業務内容が印刷されたトレード・カードは、明細書や請求書の役割も兼ねた。雑誌や定期刊行物は最新のもっとも流行している店を記事で紹介した。1809年3月に、ルドルフ・アッカーマンの定期刊行誌『美術、文学、商業、製造業、ファッションと政治の宝庫』はペル・メル89番地に1796年に開店したハーディング＆ハウエル株式会社のグランド・ファッショナブル・マガジンという百貨店（上図）の内部を記事とカラー図版で紹介した。1階はガラスのはまったマホガニー製の仕切りで4つの区画に分けられていた。毛皮や扇売り場、服地、男性用雑貨、レース、装身具売り場、婦人帽とドレス売り場、そして最後に宝飾品、ブロンズに金めっきしたオルモル装飾で仕上げた飾り物やフランス製の時計、香水売り場があった。家具調度用の布地は2階で売られ、その上の階に縫製用の作業場があった。売り場で働く男性も含めて、店舗のある階と作業場で合計40人の従業員が雇われていた。同じ雑誌にこの百貨店で売られている服地の4種類の見本がついていた。そのうちひとつはアングロ・メリノ種の羊毛を使用してノリッジで織られた肩掛け生地で、もうひとつはロンドンのイースト・エンドのスピタルフィールズで織られた絹地だった。

1823年、アッカーマンの雑誌はセント・ポール大聖堂に通じる道沿いのラドゲート・ヒルに、ガラス商のジョン・ブレードが開いた装飾用ガラス製品のショールームを特集した。当時はすでにウェスト・エンドが流行の商品の主なショッピングの中心地だったが、ブレードの店はシティに豪華な店舗を維持し、多数の輸入品を含む高価な製品を売る数多くの高級品店の典型だった。その中には服地商や肩掛けを売る店もあり、それらの店はぜいたく品の代名詞になった。また、シティはあらゆる品質の紳士服を売る重要な中心地でもあった。

## 割引と安売り店

摂政時代のロンドン市民で、収入が少ない者は地元の店や市場、露天商で買い物をした。貧しい人々はほとんど中古品を利用したが、地元の店の中には中古品や傷ものの割安品の他に、安い既成の布製品、洋服、装身具を売るところもあった。流行遅れの在庫品を売る期間限定の安売り店も労働者の住む地域に開店した。匿名の作家による『老いた服地商の回想』（1876年）では、作者がライムハウスのコレト・レーンで経営していた店でもっともよく売れた服は、既成の青い格子柄か縞柄の紳士用シャツ、子どもの靴下、男女の靴下、そして「その他の有益な品々」だったと回想している。

商売がもっとも繁盛するのは日曜日だった。土曜日に給料を受け取ったお客の要望に応えられるように、地元のパブと同じく、商店は朝8時から教会が始まる前まで開店した。

［EE］

**ブレードのガラス製品のショールーム、1823年**
ブレードは流行からやや取り残されたシティに店を開いていたが、このラドゲート・ヒルの店は、ホワイトフライアーズのガラス工場や、ホルボーンやクラークンウェルに点在するガラス切り職人の作業場など、供給業者に近かった。

**小間物商のだて男、1818年**
この風刺画は、サービスの悪さを気のきいたおしゃべりでごまかすロンドンの店員を皮肉っている。

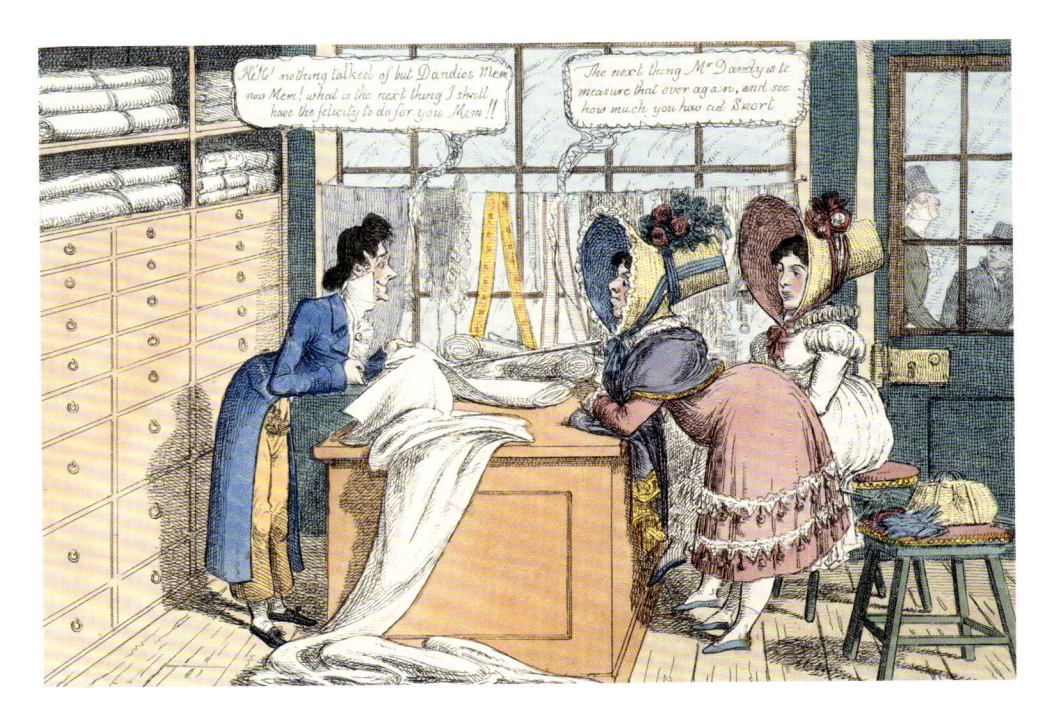

| 第8章——摂政時代のロンドン

# 新しいドック

1799年に成立した「西インド・ドック」法は、ロンドンの東部と南東部の風景を大きく変える契機となった。テムズ川の両岸に巨大なドックが相次いで建設された。

摂政時代のロンドンにおいて、新しいドック施設の建設を求める声は、主に西インド諸島貿易を行なう商人から生まれた。最初に彼らは一般的なドックをワッピングに建設するように提案した。

しかし、ワッピングには建物が密集しており、建築技師のダニエル・アレクサンダーは「買い取らなければならない［建物の］数は（中略）1430もあり（中略）ドックを建造するためにはおよそ800軒の建物を取り壊す必要がある」と述べている（特別委員会への報告書、1796年）。そこで1798年までに、西インド諸島貿易ロビー団体はアイル・オブ・ドッグズの北端の海抜の低い沼沢地に目をつけた。この場所はワッピングよりさらに下流で水深が深く、船がアイル・オブ・ドッグズを囲んで大きく蛇行するテムズ川を航行する手間を省くことができる。1800年7月に2か所の大きな係船地と水門の掘削が始まった。西インド諸島のプランテーションで生産される農産物を貯蔵するための大きな新しい倉庫が建設され、壁と濠、そして西インド・ドック会社自身の警備隊によって厳重な保安体制が敷かれた。新しいドックの経済的利益は、西インド・ドック会社にロンドンの西インド諸島貿易の21年間の独占権が与えられたことによって保証された。

新しいドックが西インド諸島貿易に限定されたため、ロンドンの主要な港は過密状態のままだった。そこで1800年にロンドン・ドック法が成立し、新しく設立されたロンドン・ドック会社がワッピングのドックの建設計画を推進した。西インド・ドックもロンドン・ドックも、ロンドン市自治体と旧プール・オブ・ロンドン付近に利害関係のある人々からの強硬な反対にあった。

## テムズ川北岸

ロンドン・ドックの工事は、1801年に建築家のダニエル・アッシャー・アレクサンダー（1768-1846年）の監督のもとで始まったが、係船ドックの大半はジョン・レニーによって建設された。1年足らずのうちにロンドン・ドック会社は経営難に陥った。ドックの用地を占めている建物の取り壊しに予想以上の費用がかかり、フランスとの戦争がふたたび始まって、インフレーションと労働力の不足を招いたのが原因だった。ロンドン・ドック会社の経済的安定は、タバコ、米、ワインやブランデーの輸入に頼っていたが、戦争の再開によってこの貿易が大きな痛手を受けた。ロンドン・ドック会社は追加資金を集めざるを得ず、結局最初の見積もりの3倍を超える金額を調達することになった。

最初に建設されたのは、ワッピングでテムズ川から船を引きこむための水門と係船ドックで、そこからさらに大きなドック（ウェスタン・ドック）につながっていた。同時に、ドックをさらに東に拡大するために土地が買収され、更地にされて、1815年から1820年にかけて連結ドック（のちにタバコ・ドックと名づけられた）が、そして1831年にイースタン・ドックが建設された。一方、1812年にリージェンツ運河会社はテムズ川につながる新しい運河を建設するために、ライムハウスにドックを掘削した。このドックはおよそ8年後に拡張され、海洋航行船が通行できるようになった。

西インド・ドックとロンドン・ドックの初期の成功を見て、東インド会社は自社の施設の見直しを始めた。東インド会社

**セント・キャサリン・ドックの開港式、ワッピング、1828年**
東インド貿易船エリザベス号が率いる海上パレード。2番目のメアリ号にはトラファルガーの戦いを経験した軍人50名が乗船していた。

の船はすでにブラックウォールのブリュンスウィック・ドックを艤装や修繕のために利用していたが、このドックは荷役作業には向いていなかった。東インド会社はすぐにこのドックの拡張に取りかかった。すべての積荷はすぐにシティ内の東インド会社の倉庫に運ばれるため、1806年8月に完成した新しい東インド・ドックには倉庫がほとんどなかった。東インド・ドックと西インド・ドックの両方から商品を輸送するために、私設の有料道路（コマーシャル・ロードと、それを東に延長したイースト・インディア・ロード）が建設された。

## サリー・ドック

テムズ川南岸の開発は、はるかに複雑な経過をたどった。1790年代に、ロザーハイズに運河や係船ドックを建設する計画がいくつか考えられた。それらの計画はひとつも許可されなかったが、1801年にグランド・サリー運河会社が設立され、最終的にサリーを経由してテムズ川とポーツマスを結ぶ運河を建設することになった。工事は1802年に着工したが、計画された運河のルート沿いの土地の買収に関して、すぐに難題が持ち上がった。計画では運河の入口に大きな係船ドックのグランド・サリー・アウター・ドックが建設される予定になっていた。

1807年に最初の船がグランド・サリー・アウター・ドックに入るまでに、競合する会社がこの新しいドックとすでに存在する運河の北側の土地を買収した。コマーシャル・ドック会社が現存するグリーンランド・ドックの開発を始め、イースト・カントリー・ドック会社はグリーンランド・ドックと運河との間に新しいドックを建設しはじめた。

2年後、バルチック・ドック会社が輸入木材の荷降ろし場と貯蔵池を作るために、運河とテムズ川の間の残存する土地の大半を獲得した。1820年代半ばには、ロザーハイズ東部は3つのドック会社が所有する8つのドックがパッチワークのように入り乱れ、グランド・サリー・ドックがその縁を取り囲む状態になった。

## ドック・ブームの終わり

摂政時代のドック建設の最終段階もまた、これまで以上に紛糾した。1824年、西インド・ドック会社とロンドン・ドック会社の貿易独占権がまもなく終了するのを見越して、ロンドン塔とロンドン・ドックの間の狭い土地に新しいドックを建設する計画を持って、セント・キャサリン・ドック会社が設立された。この予定地のシティとの近さは魅力のひとつだったが、この土地にはすでに建物が密集していた。これらの建物の取り壊しには費用がかかり、建設計画には中世のセント・キャサリン病院の取り壊しも含まれることが問題になったが、計画は前進した。設計技師のトーマス・テルフォードは、獲得できた限られた土地でドックを建設する独創的な案を考案した。しかし、完成したドックはいまや貿易の主流になりつつあるますます大型化する蒸気船を受けいれるには小さすぎた。5年足らずのうちに、このドックの需要は衰えた。ドック・ブームは終わりを告げた。　　　　［TW］

### 新しいドック、1802-28年
ドック建設の第一段階ではテムズ川の両岸にドックが建設され、成長を続けるロンドンの大規模な海運貿易のために、船積み、荷降ろし作業を大幅に迅速化した。

### 西インド・ドックの建設計画、1802年
設計技師ラルフ・ウォーカーによる新しい複合ドックの計画には、ロンドン市自治体がアイル・オブ・ドッグズを横切る近道として建設した失敗に終わった運河が含まれている。

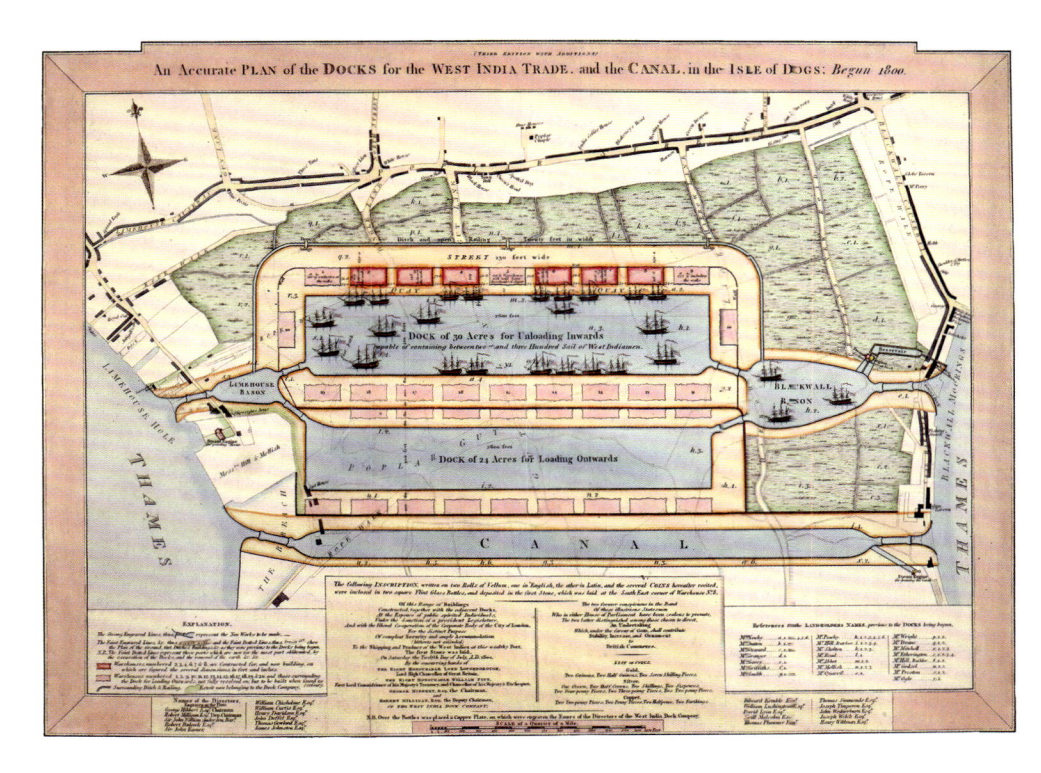

第8章――摂政時代のロンドン　177

# ロンドンの娯楽

19世紀初期のロンドンでは、上流階級も下層階級も
さまざまな種類の娯楽を楽しむ機会があった。摂政時代には、
余暇の過ごし方に新しい上流趣味が生まれた。

摂政時代にロンドンの余暇に変化が生まれた。特に粋で都会的な摂政皇太子の影響で、余暇と上流の生活は一般のイメージの中で明確に結びついた。摂政時代のロンドンにおいて、上流階級の人物の典型と言えば、機知に富んでおしゃれで伊達な有閑紳士だった。大衆的な版画や文学で、有閑紳士の粋なふるまいや不品行は盛んに取り上げられた。そうした通俗的な描写は、摂政時代の首都の娯楽のあり方を明らかにするとともに、この時代の社会的風潮やその他の点について詳しく知るための直接的な資料として役立っている。

この時代の余暇を描いたもっとも有名で人気のあった作品は、1820年から21年にかけて連載されたピアース・イーガンの小説『ロンドンの生活』で、ジョージとロバート・クリュックシャンク兄弟による風刺画が豊富に添えられていた（右頁上の図）。この小説は非常に人気があったため、繰り返し本が出版され、舞台化もされ、トムとジェリー［『ロンドンの生活』に登場するふたりの主要人物］のハンカチなど、さまざまな商品が発売された。このとりとめのない物語は、コリンシアン・トムとボブ・ロジックがジェリー・ホーソーンに都会のライフスタイルとそこで暮らす人々について手ほどきしながら上流階級と下層階級を巡り歩く姿を描いている。

## 残酷なスポーツと賭けごと

社会のあらゆる階級の人々の間で、スポーツと賭けごとの「紳士的な」楽しみは非常に人気があった。粋で豊かな人々にとって、これはセント・ジェームズ・ストリートにあったブルックスズやクロックフォーズなどの高級会員クラブに加入することを意味していた。しかし、賭けごとは上流階級だけの楽しみではなく、ブードルズやホワイツなどの低級な賭博場にはさまざまな階級の客が出入りしていた。賭けごとはロンドン中で盛んに行なわれたブラッド・スポーツ［動物に暴力をふるって楽しむ余興］の中心だった。犬がネズミを殺すのにかかる時間や殺した数を競うネズミ追い、闘鶏、闘犬は、宿屋や居酒屋に付設された専用の競技場で頻繁に行なわれた。1824年にロンドンで動物虐待防止協会が設立されたのは、こうしたスポーツに対する民衆の意識の変化を反映している。『ロンドンの生活』では、主人公は猿と犬が闘うのを見にウェストミンスター闘犬場を訪れる。「［猿は］のこぎりのような歯で犬の首に嚙みついて、ナイフで切られたような大きな傷を負わせた。猿のジャッコ・マカッコと闘わせられて大量の血を流した犬は、多くは生きのびたけれども、何匹かはその後すぐに死んでしまった」。

ボクシングや懸賞をかけたプロボクシングは熱狂的な賭けの対象になった。1886年にクインズベリー・ルール［ボクシングにグローブ着用を義務付けたルール］が設定される前は、長

**酒類販売免許を持つ店の慈善バザー、1831年**
酒類販売免許を持つ飲食店主協会が1803年にケニントンに慈善学校を開いた。毎年恒例の慈善バザーはセント・ジョンズ・ウッドのエア・アームズで開かれ、学校のために資金を集め、協会員に楽しい1日を提供した。

マックス亭に集う下層階級、1820-21年
トムとジェリーは「年を取っているか若いかに関わらず、インド人水夫、黒人、船乗り、石炭運搬人、清掃作業員、有色人種とともに」居酒屋「ジギング・イン・ア・セイラーズ」を堪能した。

い試合では選手はひんぱんにひどい傷を負い、顔の見分けがつかないほど殴られた。セント・ジェームズ地区のボンド・ストリート13番地にあったジェントルマン・ジャクソン・トレーニング・ルームで、紳士たちはボクシングを練習し、試合を観戦した。トムとジェリーは「この護身術の偉大な師」に会うために、このトレーニング・ルームを訪れた。労働者階級のプロボクサーや上流階級のパトロンがよく訪れるパントン・ストリートのトム・クリブの居酒屋にも、『ロンドンの生活』の主人公は訪れている。

### 劇場と会合の場所

ロンドンの劇場はこの都市の余暇の過ごし方の中心であり、19世紀初期に拡張・改装された。キングス・シアター（別名「イタリアン・オペラ・ハウス」）は、別名が示すとおりイタリアのオペラとフランスのバレエの殿堂だった。対照的に、コヴェント・ガーデンは「みだらな人物の放蕩の場」と呼ばれ、はるかに低級なイメージを持たれていた。より多くの観客を収容するために劇場が大きくなるにつれて、広い酒場が生まれた。

対照的に、社交クラブは家庭の外で上流階級の人々が公に集まれる品のいい場所だった。これは結婚相手と巡り合うには絶好の場所だった。社交クラブはいくつかの部屋に分かれ、それぞれの部屋で異なる娯楽が楽しめた。ダンスや宴会のために使われる舞踏室やトランプ遊び用の部屋、軽食堂があった。セント・ジェームズ地区のキング・ストリートにあったアルマックス社交クラブは、19世紀初期のロンドンでもっとも高級な場所で、ドイツの造園家ヘルマン・フォン・ピュックラー＝ムスカウは1827年の旅行記の中で、「ロンドンのアルマックの舞踏室は、もっとも身分の高い人々が4月から6月までの季節によく利用する場所で、最新流行の服を着た（中略）パトロネスと呼ばれる貴婦人たちがチケットを配った」と書いている。

イーガンによれば、「ロンドンでもっとも下層の生活」はマックス亭のような居酒屋で見られた。「その居酒屋はパトロンを必要とせず、入場を許可するカードもいらない。身分を確認されることはなく、姿を見せたものは誰でも歓迎される。皮膚の色や国籍は何の問題にもならない」。夜警をあざけるとか、売春婦と戯れるとかいうような、騒々しいふるまいは『ロンドンの生活』の随所に見られる。ジンの店と同様にセント・ジェームズ地区のクラブでも、酒は不埒な行動をいっそうあおった。

### 画廊と美術展

摂政時代のロンドンでは、品格と教養に密接に結びつけられたもうひとつの余暇の過ごし方が発展した。それは公共の美術展である。ナショナル・ギャラリーは1832-38年にトラファルガー・スクエアの北に設立され、以前は一般に公開されていなかった王立美術院(1768年設立)と、1730年から1836年まで毎年サマーセット・ハウスで開かれた人気のある王立美術院の夏季展覧会にまさるとも劣らない人気を博した。

珍しいものや驚くような発明品の展示は広い範囲の観客を引きつけた。これらの見せ物の中には、芸をする蚤や気球から、パノラマまであった。パノラマの中では、リージェンツ・パークのジオラマやリージェンツ・ストリートのコスモラマ、セント・マーティンズ・レーンのアポロニコンが有名だった。

洗練された首都ロンドンにおける余暇の新しいイメージは、『ロンドンの生活』でうたわれる歌に象徴されている。

> ロンドン・タウンは粋な町
> 流行りの物がなんでもそろう
> みんな楽しく浮かれて騒ぐ
> 小粋な訳知り顔をして　　　　　　　　　　[M3]

王立美術院に集う上流階級、1820-21年
トムとジェリーが上流階級の人々と交流している。

第8章──摂政時代のロンドン

# 警察と刑務所

ロンドンは犯罪の多さで悪名が高かったが、中央集権化された職業的な警察が創設されたのは1829年になってからだった。警察力の設置は、内務大臣ロバート・ピールの先見の明と精力的な努力によるところが大きかった。

**ロバート・ピール（1788-1851年）**
内務大臣となったピールはロンドン初の正式な警察力を創設し、警察官はピールの名にちなんで「ピーラーズ」や「ボビーズ」というあだ名をつけられた。

**夜警、ローランドソン作、1795年頃**
「チャーリー」というあだ名の愚鈍な夜警を描いたトマス・ローランドソンの風刺画。

1841年、作家のチャールズ・ディケンズ（1812-70年）は『オリバー・ツイスト』を書いた理由を次のように述べた。「このような犯罪者の集団を描くこと（中略）惨めな貧しさにまみれた（中略）姿を描写すること（中略）黒くそびえ立つ不気味な絞首台が将来を閉ざしている（中略）彼らのありのままの姿を描くこと。そうすることが極めて重要であり、社会のためになることであると私には思える」。

ディケンズは1837年に『オリバー・ツイスト』を書きはじめたが、作品には彼自身が1820年代に経験した子供時代の思い出がかなり反映されている。ディケンズは19世紀前半にロンドンに巣くっていた犯罪社会を活写している。押し込みやスリはロンドンに蔓延し、治安判事は賄賂を受け取り、無能だった。教区ごとの警察制度は、無秩序に立ち向かい、ますます悪化する無法状態に取り組むために必要な組織に欠けていた。

改善が必要だったにもかかわらず、民衆は中央集権的な警察の構想に反対した。ロンドン市民は法と秩序は地元の責任だと考えていたし、警察力が抗議の封殺に利用されるのを恐れていた。パリは給料で雇われた警察力で有名だったが、イギリスは1793年から1815年にかけてフランスと戦争状態にあったため、国民の多くが原則的にフランスの制度を嫌っていた。都市の犯罪発生率を下げるもうひとつの方法は、街灯の改善だった。ロンドンで初めてガス灯が全体的に使用されたのは、1814年のペル・メル通りだった。1823年までに、およそ4万個のランプがロンドンの346キロの通りに設置された。しかし、街灯だけでは犯罪の発生を抑えることはできなかった。

## 夜警と治安判事

1792年、ミドルセックスに7つの治安組織が作られ、それぞれに3人の治安判事と6人の巡査が置かれた。彼らは「騒ぎを起こした人物や疑わしい人物」を逮捕する権限があった。この組織は地元の政治に干渉しているとみなされ、教区の巡査や夜警からは敵意を持たれた。しかし、地元の夜警も一般的に、大衆からの評判は悪かった。1795年頃の風刺的なスケッチでは、画家のトマス・ローランドソンが伝統的な教区警察の無能ぶりを描いている。だらしない顔つきの夜警が手さげランプと棍棒を持って巡回しているが、その背後でふたりの強盗が押し込みに入ろうとしている（左図）。多くの夜警が犯罪者とぐるだと信じられていた。19世紀末には夜警を指す「チャーリー」という俗語が生まれ、夜警に対する民衆の敬意のなさを示している。のちにこれは「馬鹿」を意味する一般的な言葉になった。

夜警に加えて、1805年からボー・ストリート騎馬巡視隊（旧騎兵隊による）がロンドン周辺の主要道路を監視するように

なった。これは初めて制服を着用して武器を携帯した警察官だった。しかし、ロンドンの他の地域はますます治安が悪化する一方だった。

### 職業的な警察

1812年、1818年、1822年に、国会は犯罪と警察力に関する調査を行なう委員会を任命した。1822年に内務大臣ロバート・ピール（1788-1850年）はロンドン全体を管轄する中央集権的な職業的警察の創設のためのロビー活動を行なった。ピールの理想と熱意が時代遅れの刑法の完全な見直しにつながり、1829年、中央集権的な警察力として首都警察が誕生した。この新しい警察はまず、チャリング・クロスの半径6-11キロ以内で活動した。10年後、この地域は半径24キロまで拡大された。

警察が創設されると、ピールは最初の警視総監を任命した。ワーテルローの戦いで歩兵連隊を率いたチャールズ・ローワンとアイルランド人弁護士のリチャード・メインが選ばれたのは効果的だった。彼らは法と秩序を守る能力を補い合って、軍隊式の警察力を作り上げた。ローワンとメインのふたりは20年間共同で警察を統率しつづけた。1829年、メインは次のように書いている。「効率的な警察の主要な目的は、犯罪の防止である。次に、犯罪が行なわれたときは、犯罪者を発見し、罰することである。これらの目的のために警察はすべての努力を傾けなければならない」。新人は「若く丈夫で、十分な知性のある者で、人柄に関する推薦状を持っていること」が求められ、以前の警察よりも明らかな進歩がうかがえる。

警察は最初、背後でグレート・スコットランド広場に接するホワイトホール・プレース4番地の個人の建物にあった。これが今日までロンドン警視庁がスコットランド・ヤードと呼ばれる由来である。ロンドンは17の地区に分けられ、教区の夜警はすべて解散させられた。ロンドンで首都警察の管轄が及ばない唯一の場所はシティだったが、1839年にシティは首都警察と同様の組織を持つ独自のシティ警察を設立した。

1840年代に、警察官はときおり身分を隠して私服で働く必要があると判断された。民衆は最初このようなやり方に驚き、ひそかに監視されるのは伝統的な個人の自由の侵害だと主張した。私服警官は最初、「地域捜査官」と呼ばれた。地区ごとにふたりの警官が私服捜査を認められ、容疑者を逮捕するときに職務杖（権威の象徴として先端に金具をつけた杖で、警棒の元になった）を示して身分を明かした。

当初、警棒を手にし、青い上着にシルクハットといういでたちの新しい巡査は相当な反感を買った。しかし、ロンドン市民の多くが、街に巡査がいることで安心感を得るようになった。1833年、クラークンウェルのコールド・バース・フィールズの暴動では3人の巡査が刺されて死亡した。しかし、警察の出動によって、群衆に重い怪我人を出さずに暴動は鎮圧され、警察は威圧的で暴力的だという民衆の不安は払拭された。一晩で、警察は恐れられる対象から尊敬される対象に変わり、今度は創設者ロバート・ピールにちなんで「ピーラーズ」や「ボビーズ」という好意的なあだ名で呼ばれるようになった。創設時は1000人だった警官は1839年には3300人に増え、警察は新しい危険と犯罪の階層化に対応するために、19世紀の間に急速に拡大を迫られた。　　　　　　　　　　　　　　　　　　　　　　[ES]

**警察署の中で、1822年**
「ファッション・アンド・フォリー」と題する続き漫画の一場面。ふたりの英雄ダショールとルービンが「チャーリーによる拘束に抵抗している」。

**警官のガラガラ、1840年頃**
1884年に呼子が導入される以前は、注意を喚起するためにガラガラが使われた。

第8章——摂政時代のロンドン　181

# 急進主義と改革

摂政時代のロンドンは急進主義の温床ではなかったが、議会に対する改革要求は高まりつつあった。1832年の第1次選挙法改正は要求の一部には応えたが、大半の運動家の期待を裏切るものだった。

**ウェストミンスターの暴動、1818年**
ウェストミンスターのふたりの議員を選出する投票は、コヴェント・ガーデンのセント・ポール教会の前で行なわれた。候補者が無秩序な群衆に向かって演台(ハスティング)から演説した。この集会はひどく荒れたことで知られている。

「ロンドンはマンチェスターとはずいぶん違うし、実際には地球上の他のどの場所とも違う。ロンドンには、ひとつの都市としてまとまった地域特有の利害というものがないし、それは政治についてもそうだ。この点でロンドンのいくつかの選挙区は遠く離れた有名な場所と同じようなもので、ひとつのバラに住む住民は別のバラで起きていることについてまったく、あるいはほとんど知らない。そして自分自身のバラで起きていることについてすら、あまり知らないのだ」(1840年)。

これはチャリング・クロスの仕立屋で筋金入りの急進主義者フランシス・プレースが、19世紀最初の40年間のロンドンと、そのまとまりのない政治について語った言葉だ。マンチェスターやバーミンガムのような田舎の大都市と違って、ロンドンにはまとまった政治改革の激しい要求は見られなかった。これは、ひとつにはこの都市の大きさと、ロンドン内の数多くの産業の多様性と規模の小ささによるものである。ロンドン市民は本質的に職人だったので、イギリス北部の工場労働者を見舞ったような雇用の劇的な変化を経験せずにすんだ。ロンドンで起きた主な政治活動は、アーサー・シスルウッドが率いる急進派グループが全閣僚の殺害を図った1820年のカトー・ストリートの陰謀のような単独の事件で、一時的な盛り上がりに終わるものが多かった。陰謀に加担した犯人たちは絞首刑や斬首刑になった。

### 選挙法改正

大規模な急進派の運動はイングランドの田舎の都市で活発に行なわれたが、労働者階級の運動はやはりある程度ロンドンが中心だった。それは何よりもロンドンが議会のある都市だったからである。さらに、第1次選挙法改正以前には、ロンドン以上に選挙法改正の必要が意識された場所はなかった。選挙法改正以前は、ロンドン市民を代表する議員の比率は、資産に対しても人口に対しても、イギリスの都市の中でもっとも低かった。

選挙法改正は、当時の政治制度の閉鎖性に異議を申し立て、男子普通選挙を要求する労働者階級と中流階級の両方の急進的政治運動を勢いづかせた。1832年以前の議会の腐敗は「腐敗選挙区」の存在が象徴している。これは、人口が極端に減少しながら以前と同じ数の代表を送りつづけている選挙区を意味していた。たとえば、ウィルトシャー州のオールド・セーラムの選挙区は、資格のある有権者わずか11名しかいなかった。対照的に、ロンドンは人口およそ187万8000人に対してわずか10名の下院議員を送り出しているにすぎなかった。内訳は、シティから4人、ウェストミンスター、サザーク、そしてカウンティ・オブ・ウェストミスターからそれぞれふたりずつだった。その上、ロンドンの選挙制度は民間の投票手続きに頼っていたため、騒動、賄賂、汚職が横行した。1831年3月、最初の選挙法改正法案が議会に提出されると、ロンドンの人々は歓喜に湧いた。この最初の法案は成立せず、2度目に提出された法案が1831年10月に上院で否決されると、イギリスのいくつかの都市で暴動が起きた。この抗議運動に対する幅広い支持は、ロンドンで労働者階級同盟(NUWC)と中流階級の改革運動団体である政治同盟(NPU)の設立につながった。旧急進派のジョン・カム・ホブハウスは、「私はボンド・ストリートで『199対2200万!』と書かれた貼り紙を見て[国民全体の総意が上院の199票で否決されたことを示している]、その店に入って店員に貼り紙をはずすように説得した」と回想している。

1831年には抗議運動が各地で相次ぎ、「第1次選挙法改正」は1832年にようやく議会を通過した。こうしてクロムウェル以来はじめての主要な選挙制度改革が実現した。この改正で、10ポンド以上の価値の土地所有者、すなわちイギリスの成人男性のおよそ7パーセントが投票権を持つことにな

**酒瓶、1831年**
ランベスの製陶会社ダルトン&ワッツ社の製品。このジンの酒瓶は選挙法改正運動の英雄である大法官ヘンリー・ブローガム卿を記念するために作られた。

ロンドン上空の日食、
1832年
この絵はウェリントン
公の政治改革の失敗
を風刺している。ウェ
リントン公(太陽の中)
は選挙法改正法案を
持ったグレイ伯とヘン
リー・ブローガム(月
の中)に覆い隠されて
いる。

## 改正の失敗

1832年の第1次選挙法改正は、過去の選挙制度の明らかな欠陥を正すために考案されたが、大半の急進的改革主義者の要求を満たすように作られたものではなかった。実際、改正を後押しした首相グレイ伯は、「身分のよい」中流階級の改革主義者をあからさまに優遇することで、彼らを労働者階級から分断しようと試みた。したがって第1次選挙法改正は大半の改革主義者を満足させなかった。そして改革のやり方について国中に全体的な失望が広がった。コーンウォールは人口わずか30万に対して44人の議員を出しつづけていたにもかかわらず、ロンドンは190万人の人口に対して議員の数は22人だけで、あいかわらず代表の数は不足していた。

19世紀には1832年の第1次選挙法改正に続いて、1867年と1884年にも大きな選挙法改正が行なわれ、選挙権を持つ男性の範囲が広がった。しかし、女性の選挙権を含む普通選挙権がついに獲得できたのは20世紀になってからだった。

[MB]

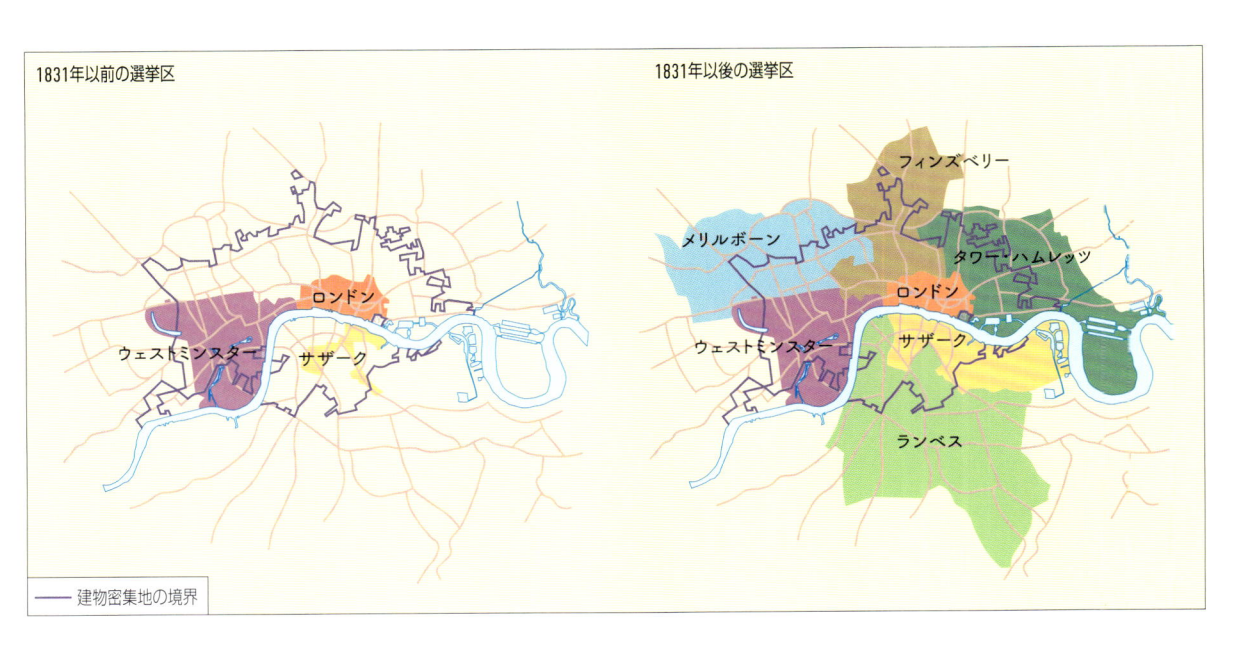

り、ロンドンの政治地図は大幅に塗り替えられた。すでに存在した10人の議員に加えて、新しい選挙区フィンズベリー、メリルボーン、ランベス、タワー・ハムレッツが創設され、それぞれに議員がふたりずつ割り当てられた。そしてグリニッジとケントおよびサリーの一部を代表する議員が4人追加され、新たに合計12人の議員が首都に加わった。

ロンドンの
新しい選挙区
ロンドンの新しい議会
選挙区は1831年の
選挙法改正法案で提
案され、1832年に成
立した。

第8章——摂政時代のロンドン

## ジョージ王朝と摂政時代の建築物

**マンション・ハウス、1739-52年**
ロンドン市長公邸として建設されたマンション・ハウスは、現在も国や市の式典などに利用されている。建築家はジョージ・ダンス(父)。
**地下鉄バンク駅**

**大英博物館、1823-47年**
18世紀半ばから大英博物館のコレクションを収蔵していたモンタギュー・ハウスを、壮麗な古典主義様式で建て変えたもの。建築家はロバート・スマーク。
**地下鉄ホルボーン駅**

**ダリッジ・ピクチャー・ギャラリー、1811-14年**
ダリッジカレッジの絵画コレクションを収容するためにジョン・ソーンが建築した。ロンドンではじめて一般に開放された美術館として建設されたもののひとつ。
**鉄道ダリッジ駅**

**王立劇場、ドルリー・レーン、1810-12年**
この建物はこの場所にあった過去の劇場が焼失したあとに作られた4番目の劇場で、ベンジャミン・ワイアットによって建設された。柱廊玄関は1820年代に増築された。
**地下鉄コヴェント・ガーデン駅**

**王立芸術協会、1772-74年**
王立芸術協会は1754年に、発明、芸術、商業を奨励するために設立された。この建物はロバート・アダムによって設計されたもの。
**地下鉄エンバンクメント駅**

**リージェンツ・パーク、1812-28年**
リージェンツ・パークはヒースの生えている荒野を生まれ変わらせた。公園を設計したジョン・ナッシュは、その周囲を取り囲む壮麗な連続住宅と絵画的な邸宅も設計した。
**地下鉄リージェンツ・パーク駅**

**レッジャー・ビルディング、ウェスト・インディア・キー、1827年**
元は西インド・ドックの事務所として建設され、18世紀にジョン・レニーによってドックの台帳を保管するためのレッジャー・ビルディングに建てかえられた。この建物はドックの北側に建ち並んだ巨大な倉庫群に接していた。
**ドックランズ・ライト鉄道ウェスト・インディア・キー駅**

**セント・ポール大聖堂、1675-1711年**
クリストファー・レンが設計した現在の大聖堂はジョージ王朝時代にようやく完成した。
**地下鉄セント・ポールズ駅**

**セント・ポール教会、デットフォード、1712-30年**
セント・ポール教会はいわゆる「石炭税教会」のひとつで、ロンドンの人口密集地にイギリス国教会の教会を建てる目的で課せられた石炭税収入で建設された。建築家はトマス・アーチャー。
**鉄道デットフォード駅、またはグリニッジ駅**

**ロック帽子店、1810-20年**
ロック帽子店は1765年からセント・ジェームズ・ストリートのこの店で営業している。店舗の正面は19世紀初期にさかのぼる。
**地下鉄セント・ジェームズ・パーク駅**

**セント・バーソロミュー病院、1730年代以後**
この古い病院は、18世紀にジェームズ・ギッブスによって建て増し部分が加えられた。
**地下鉄バービカン駅**

| 第8章——摂政時代のロンドン

# 第9章
# ヴィクトリア朝初期のロンドン

19世紀半ばまでに、ロンドンはますます拡大する自信にあふれた都市になった。鉄道と蒸気船によってこの都市の経済的成長はますます促進された。万国博覧会はロンドンが産業化時代のもっとも強力な国家の首都であることを内外に示した。

人口増加はいっそう急速に進んだ。1831年から1871年までの間に、ロンドンの人口は160万人から320万人に倍増した。多数の移住者がロンドン中心部の古い住宅に流入した。コレラは多数の犠牲者を出した。

ロンドンに蔓延する病気と衛生の問題は、教区ごとに分かれた政治制度では解決できないことが明らかになった。イギリス政府が後ろ盾になったロンドン全体に及ぶ新しい政府を求める意見が高まった。首都警察に続いて首都建設局が発足し、道路の改善や建物の建築、衛生に責任を負った。

ロンドンの無秩序な町並みはこの時代も変わらなかった。1830年代にまでに、ロンドンに通じる主要道路はかなり改善された。毎日数百台の乗合馬車が、客や貨物、郵便を乗せてロンドンに到着し、出発した。1835年にはジョセフ・ハンサムが従来より安全な馬車を考案し、鉄道が敷かれてからもロンドンの道路は馬車の音と匂いで埋めつくされていた。

これがチャールズ・ディケンズの見たロンドンだった。「先物取引で売買される無尽蔵の農産物を、ロンドンの市民はどれほど購うことができるだろうか」と1836年に若い新聞記者だったディケンズは書いている。

月明かりのトラファルガー・スクエア、1861-67年
ヘンリー・ペザーによって描かれたこの新しい壮大な公共広場は、19世紀半ばの自信にあふれたロンドンを象徴している。トラファルガーの戦いの英雄ネルソン提督の像が、ホワイトホール通りの先に新しく建造されたウェストミンスター宮殿を見守っている。

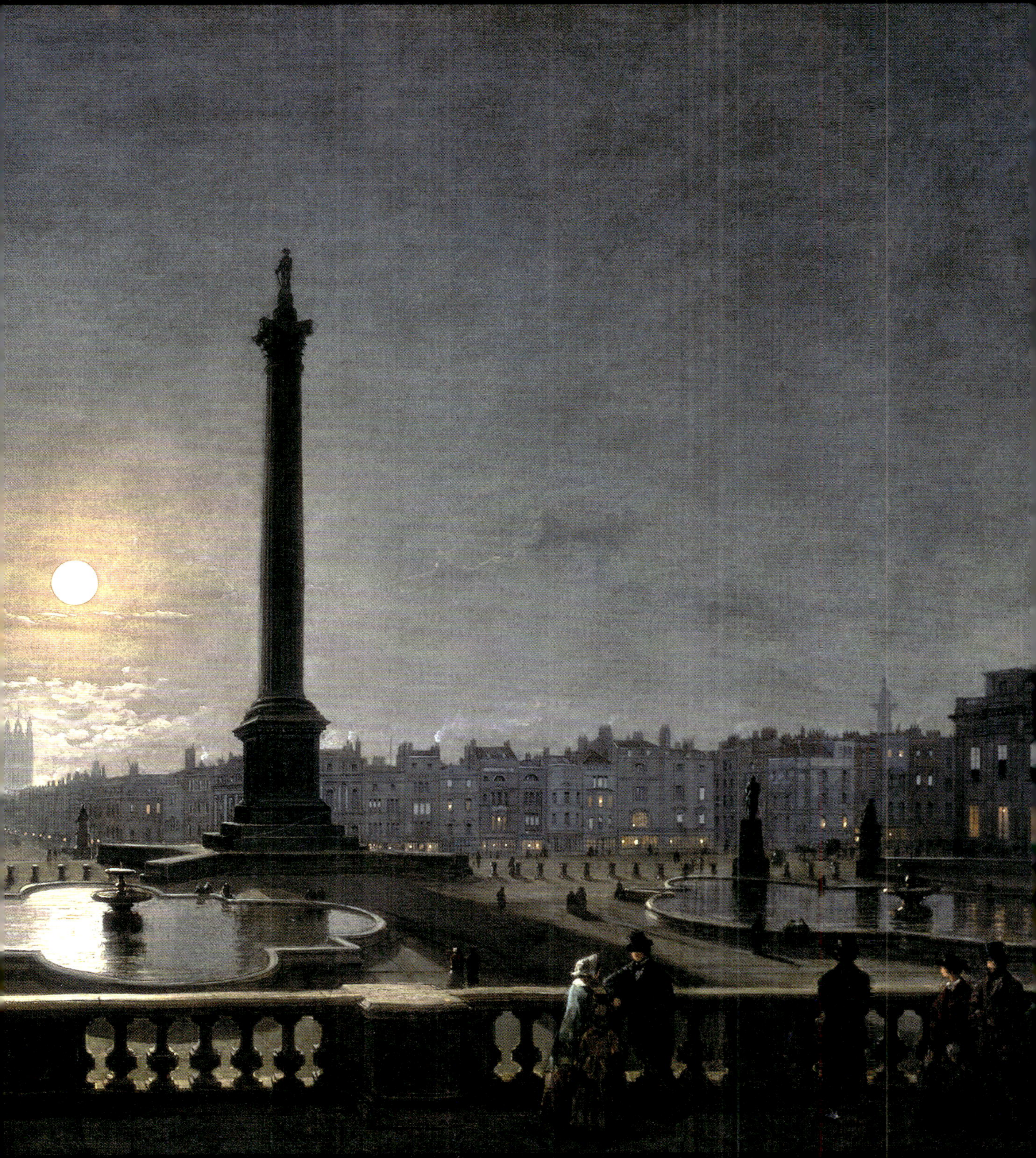

# 議会と選挙

1832年の第1次選挙法改正後も、ロンドンは政治的騒乱の中心だった。男子普通選挙権など、さらに改革を要求するチャーティスト運動が起こった。国会議事堂は火災で焼失後、まったく新しく建てかえられた。

ヴィクトリア朝初期のロンドンでは、投票権はその人が所有しているか借りている家屋や店舗の価値と結びついていた。第1次選挙法改正では年間評価額が10ポンドを上回る家屋、店舗、事務所などの所有者または借家人に選挙権が与えられた。首都の選挙区には小さな建物が無数にあり、イギリスの他の地域に比べれば価値が高く見積もられた。したがって、ロンドン以外の地方では有権者はもっぱら土地を所有する紳士(ジェントリー)階級だったのに対し、ロンドンでは有権者の範囲が比較的広く、多様性に富んでいた。急進派はつねに議会に議席を得ていたが、議会内で主流の貴族中心の政党に対する忠誠心はほとんど、あるいはまったくなかった。

地方の選挙区を代表する下院議員のうち、首都で生活し、仕事をしている人々は、ロンドン市民とみなすことができた。その中には田舎に広大な地所を手に入れた裕福な銀行家や商人もいた。彼らの多くは東インドや西インドに利害関係を持っていたため、政府の財政や植民地政策を油断なく監視していた。

ロンドンの政治生活の中心を担っていた貴族は、政府のあらゆる重要な役職を占めていた。彼らはロンドンに大きな邸宅を所有し、「社交の季節」と国会の会期中はそこで暮らした。ウェストミンスターの下院と上院はヴィクトリア朝のイギリスの統治の中心だったが、実際の政治的な引き立てや権力は、セント・ジェームズやペル・メルにあった紳士クラブで決定された。

### ウェストミンスター新宮殿

議事堂として利用されていた古いウェストミンスター宮殿が1834年の大火で焼失し、新しい国会議事堂を建てる必要が生じた。チャールズ・バリーとA.W.N.ピュージンが中心となって設計とデザインが進められた。新宮殿の外装は見事な彫刻がほどこされた石造りで、内装は木造彫刻と美しく彩色された羽目板で仕上げられた。このロンドン最高のゴシック建築は完成までに20年を要した。歴史を重んじるゴシック様式の建物は、イギリス議会の伝統の象徴となった。

ウェストミンスター宮殿は首都の名所のひとつとなり、イギリスの憲法と芸術の卓越性の証となった。ウェストミンスター宮殿の時計台とその鐘の音は、民衆の関心を集めた。最初に鋳造された鐘はひびが入ってしまい、ロンドン東部のホワイトチャペル・ベル鋳造所でふたたび鋳造された。直径7メートルの大時計はようやく1859年になって時を刻みはじめた。しかし、取りつけからまもなく2番目の鐘にもひびが入り、その場で修復するのにさらに3年を必要とした。ビッグ・ベンの名で知られるこの大時計は、大英帝国全体のために時刻を表示した。

### チャーティスト運動

1832年の第1次選挙法改正後も、選挙権を持つのはロンドンに住む成人男性の7パーセントにすぎず、不満はロンドンで誕生した労働者階級中心の運動であるチャーティスト運動となって表れた。

チャーティスト運動は労働者の権利を代表する大規模な政治運動を創出するはじめての試みだった。この運動は1836年にグレイズ・イン・レーンに本部を置いて設立されたロンドン勤労男性協会が元になっている。同時期にイギリス全体で設立された類似の団体と同様に、ロンドン勤労男性協会は政治改革を求める初期の急進的運動団体の名残から発生した。改革に対する基本的な要求は1780年代に形成されたのだが、1838年5月、ロンドン勤労男性協会はそれらを「人民憲章」として正式に発表した。「人民憲章」はフランシ

**ミルバンクから見た国会議事堂、1861年**
ミルバンクのあばら屋やはしけ船の向こうに、日の光を受けて輝く新しいウェストミンスター宮殿がそびえている。デーヴィッド・ロバーツ作。

ス・プレースとジョン・ローバックの助力を得てウィリアム・ラヴェットによってまとめられた。

憲章に掲げられたのは次の6つの要求だった。

1. 21歳以上の男性すべてに選挙権を与えること。
2. 投票の秘密が守られること。
3. 所有財産を議員の資格にしないこと。
4. 議員への歳費の支給。
5. 各選挙区の選挙民数の平等化。
6. 議会を毎年改選すること。

イギリス全体で見れば、この新しい運動の明確な目的はこの憲章を法律化することで、チャーティスト運動のスローガンは、「できれば平和的に、必要とあれば力づくで」と述べている。チャーティスト運動はたちまち多数の支持者を獲得したが、労働者のさまざまな不満に対応することを要求されたこの運動は、最初から困難にぶつかった。ロンドンでは熟練した職人が多く、チャーティスト運動は自助努力と政治教育を強調したが、ロンドン北部ではもっと階級闘争的な行動主義が重視された。運動に対する支持もまた、その地域の経済的、政治的条件に左右された。チャーティスト運動は1839年と1842年の不況期、そして1848年の景気後退とヨーロッパの革命期に頂点に達した。

### デモ行進

チャーティスト運動の大規模な集会は、イギリス全土から代表者を集めてロンドンで開かれた。全国から数百万人の署名を集めた請願書が議会に提出された（そしてそのたびに否決された）。

ロンドン政府はそれだけの規模を持ったデモが首都で発生するのを恐れ、しばしば軍隊が警戒態勢についた。トラファルガー・スクエアは紳士クラブやバッキンガム宮殿、そして国会議事堂として再建されたウェストミンスター宮殿に近く、スミスフィールドやクラークンウェル・グリーン、セント・ジョージ・フィールズ、そしてハイド・パークなどの従来の政治集会の場に代わって、新たな政治的抗議行動の格好の場所となった。

大規模なデモ行進の中でもっとも有名なものは、1848年4月にケニントン・コモンで行なわれた。政府は首都の安全のために徹底した予防策をとった。暴動に備えて特別予備警察官が招集され、大規模な軍隊がいつでもウェストミンスターとウェスト・エンドに向かう道を防衛できるように準備した。デモ行進に現れた群衆の人数は予想をはるかに下回っていた。予定ではケニントンから国会議事堂まで行進し、推定600万人の署名を集めた請願書

が提出されることになっていた。結果的に、デモは大きな混乱もなく解散させられ、チャーティスト運動の代表者数名が下院に請願書を提出し、またもや否決された。

1848年のデモ行進は、集団的な政治運動としてのチャーティスト運動の終わりを象徴していた。これ以後は経済が比較的繁栄するとともに、1848年にフランスで起こった労働者主体の革命が他のヨーロッパ諸国にも影響を与えるなど、ヨーロッパでの動乱に対する懸念が加わって、チャーティスト運動に対する民衆の支持は失われた。以後は、チャーティスト運動は教育、禁酒、そして地方政府の改革を推進する運動としてのみ活動を続けた。20年後、1867年の第2次選挙法改正によって、議員選挙権は男性の戸主にまで広げられた。しかし、チャーティスト運動が掲げた6つの要求は、まだ実現しないまま残っていた。

[AW]

**請願書の提出**
チャーティスト運動の代表者が下院に請願書を提出する様子を描いた同時代の絵。

**デモ行進**
1848年のロンドンで行なわれたチャーティスト運動の活動。この年は多数のヨーロッパ諸国の首都が政治的動乱に揺れた。

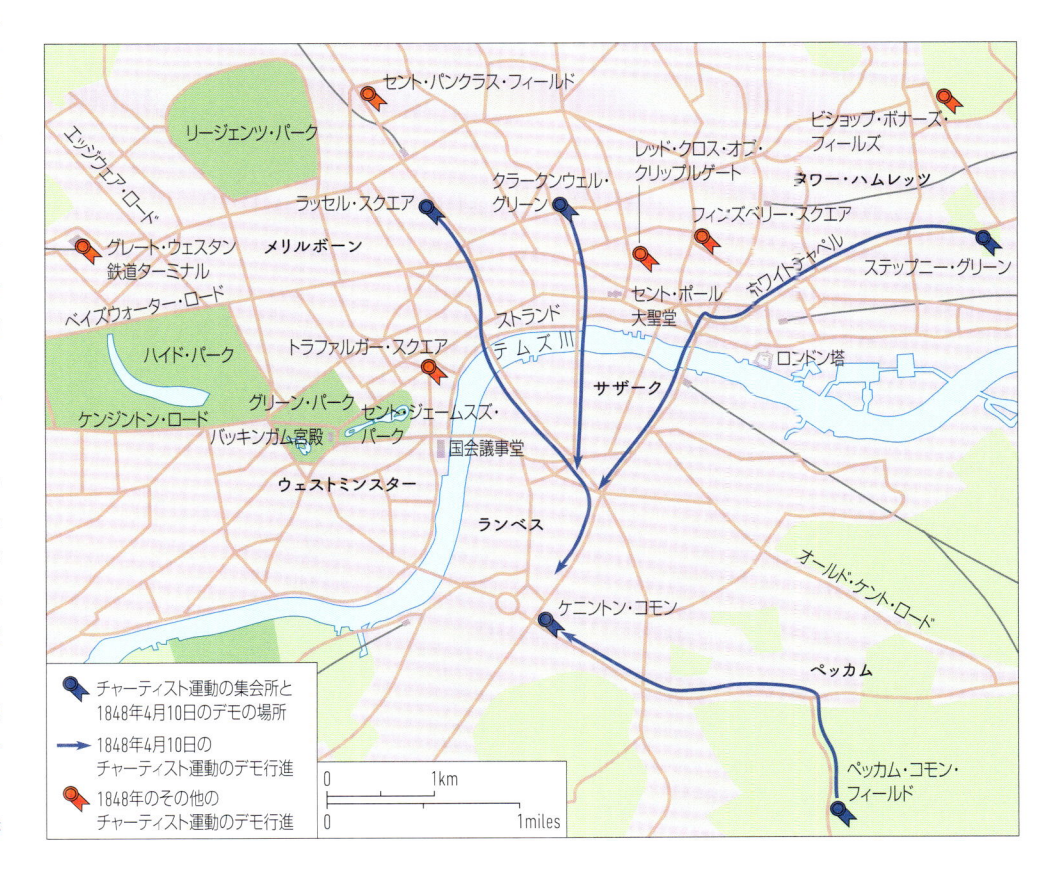

第9章——ヴィクトリア朝初期のロンドン

# 万国博覧会

万国博覧会は「世界の工場」としてのイギリスの産業力を見せつけた。その壮観な光景は、ハイド・パークの会場に数万人の観客を引きよせた。

**水晶宮、1851年**
ハイド・パークの万国博覧会の会場としてジョセフ・パクストンが設計した巨大なガラスの宮殿の外観の復元図。

1851年1月、ヴィクトリア女王はハイド・パークで世界初の万国博覧会の開会を宣言した。燦然と輝くガラス張りの展示場の中で開かれた博覧会は、ロンドンの商工業の水準の高さを象徴し、技術の進歩をリードするイギリスの役割をいっそう強める目的があった。この博覧会はイギリスの産業とデザインの発展を促し、大衆を啓蒙し、外国とのいっそうの協力と理解を促進する目的で、ヴィクトリア女王の夫のアルバート殿下とヘンリー・コールが発案した。政府の支援には一切頼らず、建設資金は入札によって集められた。原材料や、高品質の工業製品が世界中から集められて展示された。数万人が博覧会を見に訪れ、ロンドンはこれまでにない規模の観光客が訪れる観光の中心地になった。

展示場（中央の絵）は、ダービシャーのチャッツワース・ハウスの主任造園師だったジョセフ・パクストンが、ダービシャーで建設した温室に基づいて設計した。ガラス、鉄、木材からなる巨大な構造は、わずか7か月で建設された。週刊新聞の『イラストレーテッド・ロンドン・ニュース』は毎週の工事の進捗状況を絵入りで報じた。1850年10月までに、2000人の労働者が毎日現場で働いた。規格化された部品が用いられ、鋳造された鉄骨とガラス板はイングランド中部地方で作られ、鉄道と荷馬車でロンドンに輸送された。ガラス屋は30万枚を超えるガラス板をはめた。中空の鋳鉄製の柱と長さ48キロメートルの樋が雨水や結露した水を排水し、巨大な綿布が見物人や展示物を直射日光から保護した。

パクストンのオリジナルの設計に加えて、敷地に生えていた楡の木を切らずにすむように、高さ30メートルのドーム屋根の翼廊が作られた。全体として、この展示場は560メートルを超える長さがあり、セント・ポール大聖堂と比べると、長さは3倍、床面積は6倍に達した。風刺的な雑誌の『パンチ』に「水晶宮（クリスタル・パレス）」と名づけられたこの建物は、この時代のもっとも革新的な建造物であると広く認められた。

水晶宮は10万点を超える展示物を16キロメートルの陳列台に展示していた。展示物には原料、機械、工業製品、

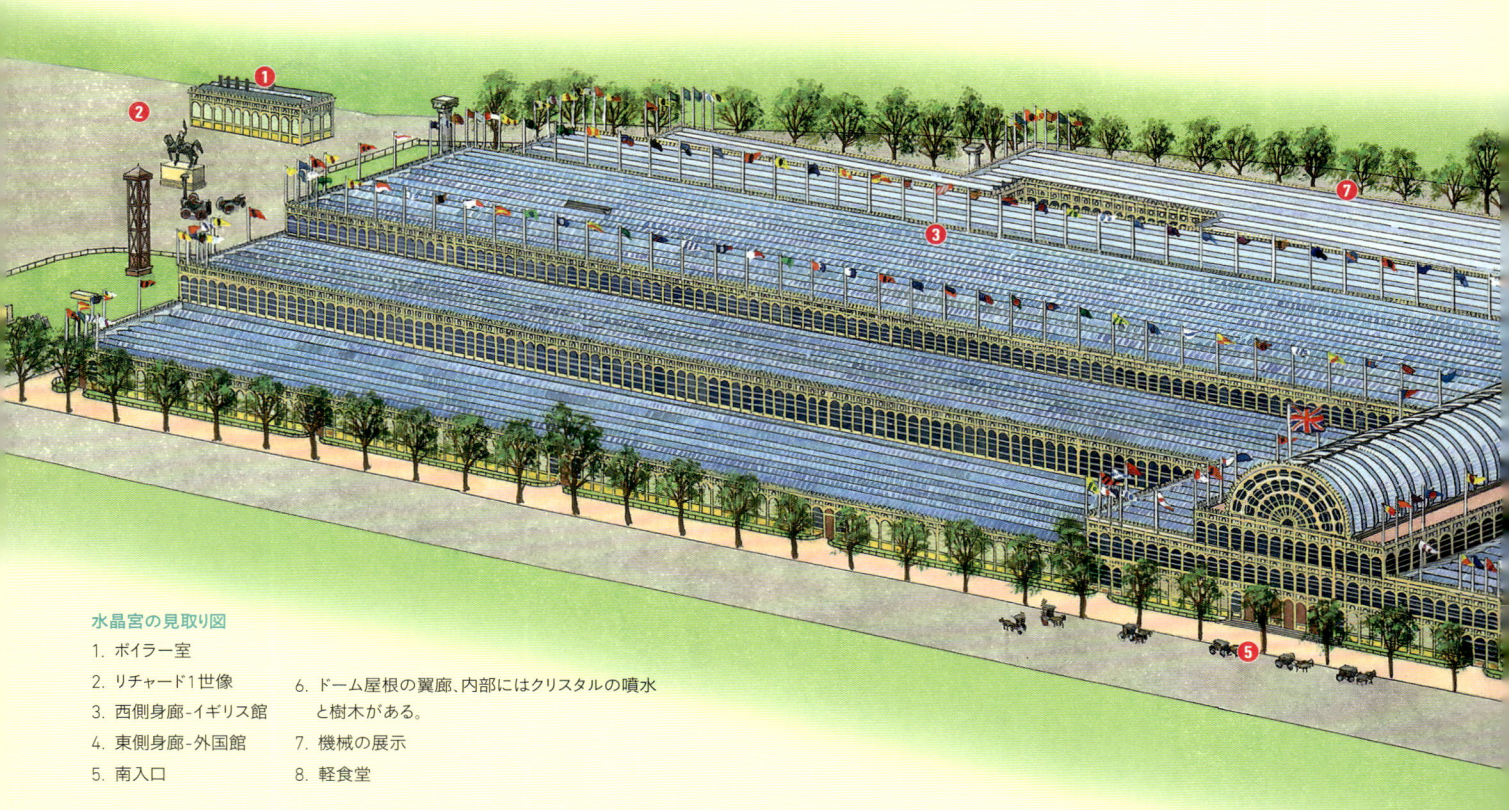

**水晶宮の見取り図**
1. ボイラー室
2. リチャード1世像
3. 西側身廊-イギリス館
4. 東側身廊-外国館
5. 南入口
6. ドーム屋根の翼廊、内部にはクリスタルの噴水と樹木がある。
7. 機械の展示
8. 軽食堂

**世界中の人々が1851年の万国博覧会を見にやってくる**
万国博覧会の世界的な人気を表わしたジョージ・クリュックシャンクのユーモラスな絵。地球上のあらゆる場所から人々が博覧会を目指して集まっている。

190

芸術品の4つの分野があった。そのうち多くは大英帝国が出品したものだった。その他にヨーロッパ各地やアフリカ、アジアから出品されたものもあった。外国の3大出品国はアメリカ、ドイツ関税同盟、そしてフランスだった。展示品を出品した国や会社の代表が商品の説明をし、展示品はその場では買えないため、購入方法を案内した。外国の展示品と比べるとイギリスは見劣りがするといって、イギリスの展示内容を批判する批評家もいた。

1851年5月1日の開会式は30万人の群衆の前で行なわれた。音でガラスが割れるのではないかという心配はあったが、開会を告げる空砲がハイド・パーク内のサーペンタイン・レイクの北岸から放たれた。6か月の会期の間に、600万人以上が博覧会を見に訪れた。多くの人々はそれまでロンドンを訪れた経験はなく、はじめての旅行者のための旅行案内書が出版された。臨時の乗合馬車や辻馬車が用意された。鉄道各社は協力して、特別な割安運賃でお客を運んだ。ロンドンでの宿泊を求めるお客は非常に多く、一時的な共同宿泊施設が建設

万国博覧会で得られた利益はハイド・パークの南のケンジントン・ガーデンズからクロムウェル・ロードまでの横長の土地を購入するために使われた。のちにこの土地に数多くの博物館、演奏会場、大学、学校が建設され、その中にロイヤル・アルバート・ホールとインペリアル・カレッジ［現在のロンドン大学］もあった。ケンジントン・ガーデンズに建て

**植民地の農産物、1851年**
トリニダード産のサトウキビやその他の植民地の農産物も万国博覧会で展示された。

されたが、それでも宿はまったく足りなかった。

旅行者には社会のあらゆる階層の人々がいた。低所得者の来場を促すために入場料は低く抑えられた。およそ80万人がシーズン・チケットの所持者で、平均30回は会場を訪れた。ヴィクトリア女王もたびたび会場に足を運んだ。軽食堂と、ロンドン初の近代的な公衆便所が設営された。公式なカタログが売られ、記念メダルも発売されたが、他にみやげ物は用意されなかった。しかし、抜け目のない大勢のロンドン商人が、旅行者向けの記念品としてマグカップや花瓶、おもちゃやゲームを売って稼いだ。

られたアルバート記念塔には、万国博覧会のカタログを手にしたアルバート殿下の彫像が立っている。万国博覧会が終了すると、水晶宮は解体され（最初から再利用を考えて建設された）、ケントのシデナムに移築されて、1854年にふたたび利用されはじめた。訪れた人々はこの会場で美術展やコンサート、花火の催しを楽しむことができた。水晶宮は1936年11月30日に火事で焼けおちた。　　　　　　[KF]

| 第9章——ヴィクトリア朝初期のロンドン　191

# 水路と疫病

コレラの発生によって、公衆衛生はヴィクトリア朝初期のロンドンのもっとも差し迫った問題になった。下水設備と疫病の関係が認められ、看護と予防の両方の分野で大きな改革につながった。

**無言の追いはぎ、1858年**
雑誌『パンチ』に掲載された風刺漫画。「大悪臭」の年に描かれ、汚染と病気の運搬経路となったテムズ川に対して鋭い皮肉を放っている。

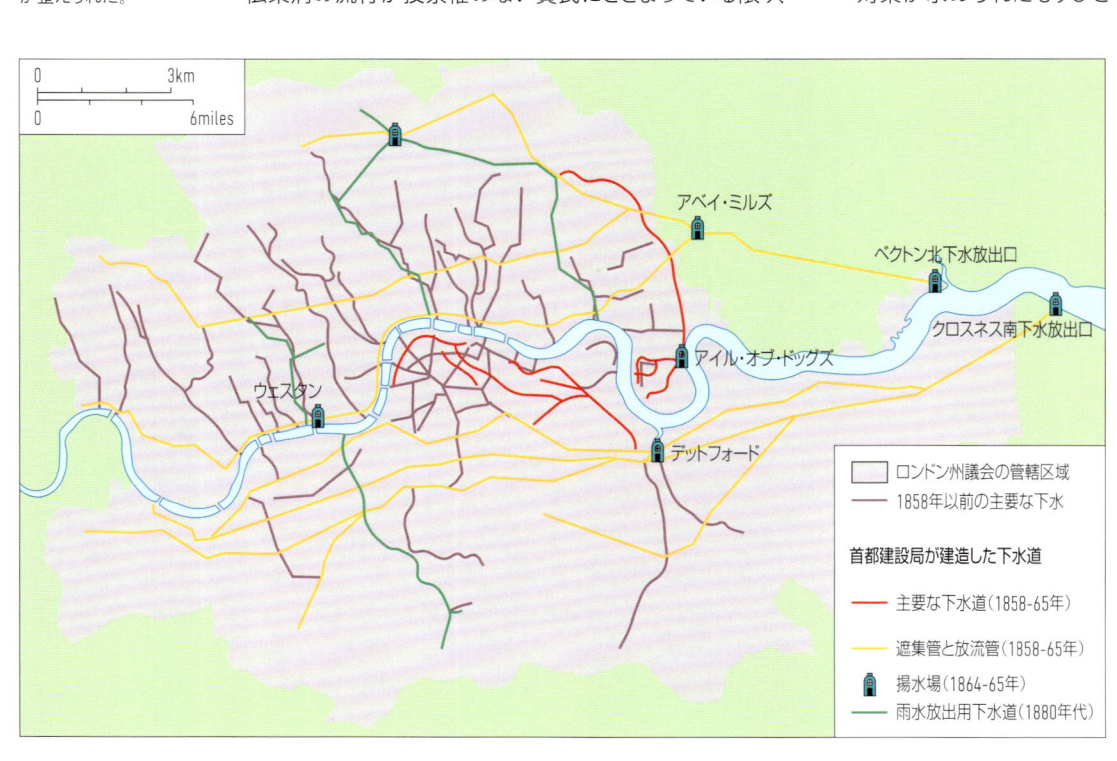

THE "SILENT HIGHWAY"-MAN.
"Your MONEY or your LIFE!"

ヴィクトリア朝初期のロンドンは人口過密状態で、不衛生で不健康だった。人口は10年ごとにほぼ5倍に膨張し、人口が増えるにつれて、良好な公衆衛生のために必要な要素、すなわち十分な住宅、効率的な下水処理、清潔な水の供給を整えることができなくなった。発疹チフス、腸チフス、結核、はしか、赤痢、天然痘、猩紅熱などの伝染病、そして1832年からはコレラが流行した。ロンドンは周辺地域に比べて死亡率が著しく高く、寿命は短かった。

伝染病は誰にとっても避けがたい人生の現実だったが、もっとも深刻な被害を受けたのは貧民層だった。セント・ジャイルズ・イン・ザ・フィールズ、ショアディッチ、ベスナル・グリーンのような貧民窟では、数万人が過密状態でじめじめして不潔な住宅で暮らしていた。衛生設備は不十分で、水は路上の給水ポンプか、もし運がよければ、毎日ほんの短時間だけ開栓される水道管から汲んでいた。彼らは貧しい食事と過酷な長時間労働のせいで体が弱り、特に病気になりやすかった。たとえばセント・ジャイルズでは3人にひとりの新生児が1歳の誕生日を迎える前に死亡した。1843年のベスナル・グリーンでは、紳士階級の出生時平均寿命は45歳だったのに対し、労働者の平均寿命は16歳だった。

## コレラ

伝染病の流行が投票権のない貧民にとどまっている限り、政治家は衛生状態の改善にほとんど意欲を示さなかった。1832年2月にロンドンがコレラに襲われると、政治家の態度が変わりはじめた。コレラは病原菌に感染した患者の排泄物で汚染された水を飲むことによってうつる(この事実は1853-54年のコレラの流行期にソーホーで医師のジョン・スノウが調査を行なって発見したもので、医学の専門家が認めたのはそれからさらに10年後だった)が、ロンドンの水の供給は病気が非常に広がりやすい状態だった。ロンドンの汚物溜めはあふれ、周辺の下層土にしみ込んで、近くの井戸を汚染した。18世紀末から次第に普及しはじめた水洗式便所は裕福な所有者の衛生状態を改善したものの、排泄物はロンドンの主要な水源であるテムズ川に直接流れ込んだ。そしてテムズ川から飲料水として汲みあげられた水に混じって、ロンドン市民の元に届けられた。コレラによる死亡者は、その他の病気に比べればはるかに少なかったが、貧富の区別なく、誰でも感染の危険があった。対策を求める声は高まる一方だった。

対策が求められたもうひとつの理由は、新しい救貧法制度がもたらした経済的負担だった。1939年の救貧法委員会の第5次年間報告書に、救貧院に収容された人々の出身地の衛生状態の調査結果が発表された。その報告書に記載された町の典型的な状態は、ベスナル・グリーンで見た光景を述べたジョン・スノウの次のような描写だろう。「道路の真ん中にはいつも汚物で一杯の大きな溝があり(中略)汚らしいものが住宅に流れ込まないようにするのは困難だった」。ロンドンの衛生状態が改善されれば、病気は減少し、それとともに救貧

**ロンドンの新しい下水道**
首都建設局によって、主任技師のジョゼフ・バザルジェットの設計に基づいてロンドンに新しい上下水道設備が整えられた。

凡例:
- ロンドン州議会の管轄区域
- 1858年以前の主要な下水

首都建設局が建造した下水道
- 主要な下水道(1858-65年)
- 遮集管と放流管(1858-65年)
- 揚水場(1864-65年)
- 雨水放出用下水道(1880年代)

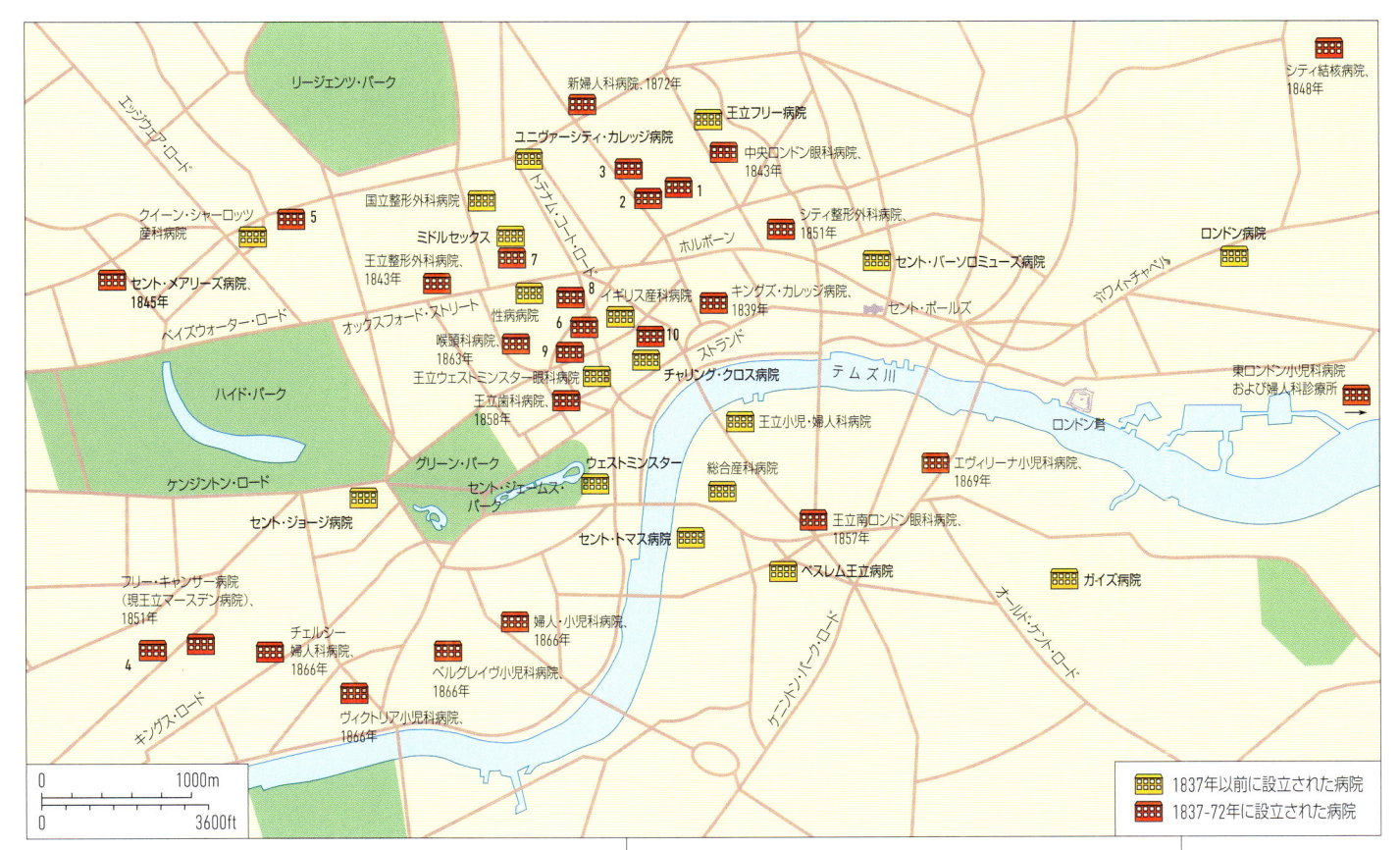

[地図上の病院ラベル]

リージェンツ・パーク
エッジウェア・ロード
新婦人科病院、1872年
王立フリー病院
シティ結核病院、1848年
クイーン・シャーロッツ産科病院
国立整形外科病院 5
ユニヴァーシティ・カレッジ病院
中央ロンドン眼科病院、1843年
ミドルセックス 7
トテナム・コート・ロード
3
1
2
シティ整形外科病院、1851年
セント・メアリーズ病院、1845年
王立整形外科病院、1843年
ホルボーン
ロンドン病院
ベイズウォーター・ロード
オックスフォード・ストリート
8
イギリス産科病院
キングズ・カレッジ病院、1839年
セント・バーソロミューズ病院
ホワイトチャペル
ハイド・パーク
6
性病病院
10
セント・ポールズ
喉頭科病院、1863年
9
ストランド
王立ウェストミンスター眼科病院
チャリング・クロス病院
テムズ川
東ロンドン小児科病院および婦人科診療所
王立歯科病院、1858年
ロンドン塔
ケンジントン・ロード
グリーン・パーク
ウェストミンスター
王立小児・婦人科病院
セント・ジェームズ・パーク
総合産科病院
エヴェリーナ小児科病院、1869年
セント・ジョージ病院
セント・トマス病院
王立南ロンドン眼科病院、1857年
フリー・キャンサー病院（現王立マースデン病院）、1851年
ベスレム王立病院
ガイズ病院
4
チェルシー婦人科病院、1866年
婦人・小児科病院、1866年
ケニントン・パーク・ロード
キングス・ロード
ベルグレイヴ小児科病院、1866年
オールド・ケント・ロード
ヴィクトリア小児科病院、1866年

0    1000m
0    3600ft

■ 1837年以前に設立された病院
■ 1837-72年に設立された病院

1. 小児科病院、1852年
2. ロンドン・ホメオパシー病院、1849年
3. 国立中風・てんかん病院、1859年
4. 結核・肺病院（ブロンプトン病院）、1841年
5. 西部眼科病院、1856年
6. セント・ジョンズ皮膚科病院、1863年
7. 国立心臓病院、1857年
8. 婦人病院、1843年
9. フランス病院と診療所、1867年
10. セント・ピーターズ結石その他の泌尿器科病院、1860年

**ロンドンの病院**
19世紀半ば、ロンドンに新しい病院が次々に作られ、その多くが専門病院だった。

院に収容される人々の数も減るだろう、と委員会は主張した。

## 衛生改革と下水工事

1842年から1845年までに数回発表された公式な調査報告によって、衛生状態を改善するための第一段階として、ロンドンの排水設備を担当するひとつの統一された組織が必要なことが明らかになった。1848年に任命された首都下水道委員会（シティ以外のロンドンを管轄した）とシティ下水道委員会が、ある程度その役割を果たした。しかし、これらの委員会は最初、ロンドンの排泄物やごみをもっと効率的にテムズ川に流しこむための新しい下水の構築をもっぱら行なったため、結果的に1848-49年のコレラの流行をさらに悪化させることになった。

下水道委員会は次の6年間でロンドンの下水の設計について検討し、1855年に下水道委員会に代わって首都建設局が設立された。しかし、首都建設局の仕事がなかなか進展しないうちに、1858年の夏に「大悪臭」が発生し、テムズ川から立ちのぼる悪臭に直接悩まされた政治家は、建設事業委員会に必要な資金を与える決定を下した。委員会の主任技師ジョゼフ・バザルジェットの設計により、これまでテムズ川に垂れ流していた下水の流れを遮集管でさえぎり、ロンドンから出る汚物をずっと下流で廃棄する新しい広範囲な下水道網の建設工事が始まった。1866年には4度目で最後となるコレラの流行があったが、それは主にこの下水道網が未完成だった地域に限られた。1875年に下水道網がすべて完成したあとは、ロンドンがふたたびコレラに見舞われることはなかった。

## 新しい病院

政府がはじめて公衆衛生改革に干渉する一方で、医療関係者や慈善活動家はロンドンによりよい看護を導入するために努力を続けていた。1828年にはじめての無料診療所が開設され、1837年にこの診療所は王立フリー病院となった。1845年にパディントンに設立されたセント・メアリーズ病院のような総合病院が発達した。また、医学知識の発展を反映して、専門病院も数多く作られ、それが現在のロンドンの特色になっている。1860年までに、ロンドンには少なくとも66の専門病院と診療所があった。現存する主な病院に、ブロンプトン病院（1841年設立）、ロンドン・チェスト病院（1848年）、グレートオーモンド小児病院（1852年）、マースデンズ・フリー・キャンサー病院（現王立マースデン病院、1851年）がある。

ロンドン市民の健康改善はまだ緒に就いたばかりだったが、重要な最初の一歩を踏み出したのは確かだった。伝染病の科学的な原因に関する論争は続いていたが、特にコレラに関しては、衛生状態と病気の関連性が認識された。スノウの洞察とバザルジェットの設計の才によって、ロンドンに効果的な下水設備が構築された。衛生改革の長い道のりがようやく始まった。

[JH]

第9章——ヴィクトリア朝初期のロンドン　193

# 首都改造 2

首都の問題に対処するため、新たに中央集権的な行政機関が作られた。しかしヴィクトリア朝初期のロンドンでは、住宅の供給はいまだに慈善事業か、個人の努力に任されていた。

1848年に設立された首都警察と首都下水委員会は、ロンドン全体を管轄する行政機関がどのように機能するかという例をロンドンに示した。新しい法律の後ろ盾によって、これらの行政機関はかつての細く分かれた教区に比べ、都市の問題にはるかに効率的に対処できた。ロンドン全体を統括するためにヴィクトリア朝初期に作られた新しい行政機関の中でもっとも重要なのは、1855年に設立された首都建設局である。当初、首都建設局が責任を負うのは下水設備だけだったが、まもなく道路建設や排水設備、そして首都の「汚らしいもの」の清掃にまで範囲が拡大された。首都をこれ以上むさくるしい状態にしないために新しい公衆衛生法が制定され、首都建設局の権力を補強した。

首都土木委員会の道路建設、拡幅工事、清掃計画は、ニュー・オックスフォード・ストリート(1847年)やヴィクトリア・ストリート(1851年)を建設した森林委員会による前例にしたがって行なわれた。中央ロンドンの風景は首都建設局の開発工事によって次第に変貌しはじめた。初期に作られた新しい幹線道路に、ガリック・ストリート、サザーク・ストリートがあり、続いてクラークンウェル・ロード、チャリング・クロス・ロード、グレート・イースタン・ストリート、ハイド・パーク・コーナー、シャフツベリー・アヴェニューが建設された。拡幅工事の多くは、たとえばハイ・ホルボーンやケンジントン・ハイ・ストリートなどが今も残っている。ロンドン市自治体もまた、キャノン・ストリートやファリンドン・ロードの改良に参加した。もっとも野心的な改良計画は、18世紀に暗渠になったフリート川をまたぐように建設されたホルボーン高架橋(1869年)である。東西方向にかけられたこの陸橋は、シティとウェスト・エンドを結ぶ新しいルートを生みだした。

これらの工事の主要な目的は首都の道路網を改善することだったが、同じように重要なもうひとつの目的は、もっとも劣悪な貧民窟を撤去することだった。しかし、住む場所を失った住民の移転先については何の配慮もされなかった。カール・マルクス(1818-83年)はロンドンで直接見聞きした経験に基づいて、これらの改善計画と「あらゆる衛生上の手段」が、「居住不能な家屋を取り壊すことによって労働者をある地域から別の地域に」追いだし、「彼らが別の地域でもっと過密状態で暮らす結果を招いているだけである」と述べている。1870年代になってようやく、首都建設局は労働者階級が暮らしている家屋を15棟以上取り壊す場合、代わりの住居を提供することが義務づけられた。

## テムズ川河岸通り

おそらく首都建設局が実施したもっとも重要な道路の改良は、1868年から1874年にかけて、ヴィクトリア、アルバート、チェルシーの3つの河岸通りを建設したことだろう。テムズ川に河岸通りを築く計画は、過去に何度も提案されてきた。悪臭、ぬかるみ、干潮時になるとさらけ出される堆積物と下水汚物は健康に有害だと考えられた。テムズ川沿いの製造業者や埠頭の所有者の反対は、この頃にはなりを潜めていた。新しい道路と多数の公共の庭園も含めて、河岸通りがロンドンとロンドン市民にもたらす利益は多岐にわたったからである。

テムズ川北岸のウェストミンスターとブラックフライアーズの間に建設されたヴィクトリア河岸通りの建設は困難を極めた。3つの地下トンネル工事を含んだためで、ひとつはテムズ川北岸の低地の下水道(192頁)のため、ひと

**テムズ河岸通りの建設工事**
1865年にヴィクトリア河岸通りの建設工事が行なわれ、労働者と材木がウォータールー橋とブラックフライアーズ橋の間を埋め尽くした。

**ニュー・オックスフォード・ストリート、1875-80年**
ニュー・オックスフォード・ストリートは1847年にセント・ジャイルズの貧民窟を貫くように建設され、ロンドンを東西に走る新しいルートになった。

ピーボディ・スクエア、ウェストミンスター、1869年
これらの建物は貧しい人々の生活条件を改善するために設立されたピーボディ・トラストの資金によって建設された住宅の典型的な例である。

つは新しいメトロポリタン・ディストリクト鉄道を通すため、もうひとつはガスと水道管、そして電信ケーブルを通すためだった。この河岸通りが完成すると、テムズ川はいっそう狭く見えた。最初は河岸通りの交通量は少なかったが、次第にウェストミンスター、ウェスト・エンド、そしてシティを短時間で結ぶルートとして使われるようになった。

## モデル住宅

ヴィクトリア朝初期のロンドンでは、労働者階級の住居は健康に次いで2番目に重要な問題だった。借家のひどさは筆舌に尽くしがたいほどだった。「ロンドンでは毎朝5万人が自分の頭をどこに置いてよいかわからない状態で目覚める」と、1845年にドイツ人フリードリヒ・エンゲルスは書いている。「大勢の中でもっとも幸運なものだけが(中略)ベッドのある借家に入れる。しかし、ベッドとは名ばかりだ！ これらの住居は地下室から屋根裏までベッドが詰め込まれ、ひと部屋に4台、5台、6台のベッドが入れられるだけ入れてある。それぞれのベッドには4人、5人、6人が、病人も健康な者も、年寄りも若者も、酔っ払いも素面も、男も女も、入ってきた順に、区別なく乗れるだけ乗っている」。

住居改善運動家は建築業者にもっとたくさんの質のよい住居を提供するように促した。1841年に設立された「首都における工業諸階級の住宅改善のための協会」は、モデル住宅建設を先頭に立って進めた。セント・パンクラス、ブルームズベリー、ペントンヴィルに一戸建て家屋が建てられはじめた。アルバート殿下は万国博覧会のために小型の一戸建てのモデル住居を設計し、それらはのちにケニントン・パークに再建された。

こうしたささやかな先駆的機関は、ロンドンの住宅問題の解決にほとんど効果を挙げられなかった。1862年にアメリカの慈善活動家ジョージ・ピーボディが、質の良い住宅は経済的に建設し、維持できるという考えを広めた。最初の「ピーボディ・ブロック」［ピーボディが貧しい人々に良質な住居を提供するために創設した基金によって建設された住宅］は、1864年にスピタルフィールズに完成した。この住宅は1858年に首都建設局が建設した新しい道路のコマーシャル・ストリートに面していた。

## 消防

首都の消火活動は、長い間私的な火災保険会社の責任だった。各会社は独自の消火隊を持ち、自社が保険を引き受けている家屋だけを保護する責任を負っていた。1832年、火災保険会社数社が集まって、ロンドン消防団を創設した。ジェームズ・ブレイドウッドが署長に任命され、77名の消防士と14台の可動式の消防設備がロンドン中の13の消防署に配置され、署長の指示のもとに消火に当たった。大きな建物が増加するにつれて、署長の配下にある消防士の数はほぼ2倍になり、消防署の数も倍増した。ブレイドウッド率いる消火隊は劇場や工場での大きな火災に何度も出動し、消火技術を高めた。

不幸なことに、1861年にトーリー・ストリートで発生した大火災は、ブレイドウッドの消防士や消火設備では太刀打ちできなかった。出火元はロンドン橋の南端に近い川岸の倉庫に積まれていたジュートだった。火は4日間燃えつづけ、6軒の大きな倉庫が焼け落ちた。ブレイドウッドは火の手を食い止めようと懸命な消火を続ける中で命を落とした。彼の勇気ある行動によって、ブレイドウッドはロンドンでもっともよく知られた英雄のひとりになった。トーリー・ストリートの火災の後、保険の請求は過去に例を見ない金額になり、ロンドンの保険会社は消防団の解散を考えた。政府は介入を余儀なくされ、消防団は首都建設局の管轄下に置かれることになった。1866年、消防団は首都消防局と名前を変え、マセイ・ショー大尉が初代局長に就任した。　［AW］

ニコルソン埠頭から眺めるトーリー・ストリートの大火災、1861年
火の手のあまりの強さに、6軒の倉庫と署長のジェームズ・ブレイドウッドの命が失われた。

| 第9章──ヴィクトリア朝初期のロンドン　　195

# 呼売り商人とロンドン訛り

著述家のヘンリー・メイヒューが描いたロンドンの群衆の中には、呼び売り商人、市場の商人、当座しのぎの拾い屋たちがいた。メイヒューの鮮やかな描写は、ロンドンの町の喧騒を生き生きと再現している。

**横断する清掃夫、1858年**
ウィリアム・パウエル・フリスによるこの絵は、若い道路清掃夫と着飾った女性が道を渡る途中ですれ違う一瞬を描いて、貧富の差を対照的に見せている。

**コヴェント・ガーデンの市場(部分)、1864年**
フェーブス・レヴィーンによるこの絵は、行商人やお客が広場を埋め尽くす夜明けの市場の喧騒を描いている。

ヴィクトリア朝中期のロンドンには、驚くほど多様な商業活動の形態があった。労働者として生活する中で、つねに定収入が期待できる者はほとんどなく、多くの人々は暮らしのために路上で働いた。親の職業を受け継ぐ者もいたが、ほとんどは失業や病気、子だくさんで養う金がないか、酒で身を持ち崩して路上で働かざるを得なくなった人たちだった。ある種の商売は季節が限られているために、失業者が出る原因になった。

赤貧にあえぐ人々にとって、路上の仕事は救貧院で束縛される生活から逃れるための最後の手段だった。1834年に新しい救貧法が成立して、救貧院にいる場合をのぞいて、働ける者は救貧法局から支援を受けることができなくなった。救貧院に入ると、生活費を稼ぐために単調でつまらない仕事を強いられた。

路上の仕事で生計を立てているのはヴィクトリア朝のロンドンの労働人口のおよそ40分の1にすぎなかったが、彼らは非常に目立つ存在で、大衆の意識の中にも強く刻まれていた。ヘンリー・メイヒューは1851年から1862年にかけて出版した『ロンドンの労働とロンドンの貧民』の中で、彼らの厳しい労働を活写した。メイヒューは路上で働く人々の生活を映し出すためにロンドンの最貧地域を訪れてインタビューを重ね、3巻からなる大著を完成させた。

路上での行商はほとんど経費を必要としなかったが、収入は一般的に低かった。ほとんどの行商人は貧困から抜け出す希望は持てなかった。行商人の多くはロンドンの露店市に集まったが、どんな天気でも住宅地の中を歩いて回る者もいた。一番多いのは、果物や野菜、海産物を売り歩く呼売り商人だった。19世紀中半ばにはおよそ3万人の呼売り商人がいて、その数は毎年増え続けているとメイヒューは推定している。呼売り商人の大半は市場で商品を仕入れた。混みあう土曜日のコヴェント・ガーデンで最大4000人の呼売り商人が果物や野菜を仕入れ、ビリングスゲートで売られる魚の半分は呼売り商人が買い取ったと考えられている。

呼売り商人は部分的には親から伝わる仕事で、女子供も含めて、家族全体がその仕事に加わった。メイヒューによれば、呼売り商人の半数はその仕事を親から受け継いだ人々で、それ以外は新しくその職業に参入した貧しいアイルランド人、ユダヤ人、失業した商人や小売商人だった。呼売り商人の中には決まった場所に屋台を出す者もいたが、それ以外の人々は16キロメートル程度の受け持ち区域を歩きまわった。都市を出て田舎を巡るときは、160キロメートル以上も移動することもあった。彼らは籠や手押し車、あるいはロバ(あるいは仔馬)が引く荷車で商品を輸送した。労働者が給金を受け取る日曜の夜には、サマーズ・タウンのブリルのような街頭市ではかなりの売上が期待できた。

**ヴィクトリア朝中期の
ロンドンの市場と
呼売り商人**

行商人はロンドン中に散らばって、ロンドン中央部だけでなく、住宅地の土地柄に応じた要求に応えていた。

呼売り商人の仕事が世襲の性質を持つため、彼らは結束の固い共同体の中で生活していた。たいていは露店市の近くの路地や横町の、「呼び売り商人地区」とみなされた場所で暮らしていた。呼売り商人の夫婦で正式に結婚しているものはほとんどなく、大半は読み書きができず、酒と賭博が好きだった。彼らは警官の取り締まりから逃れ、競争相手を出し抜くために、よそ者にはほとんど理解できない「コクニー」と呼ばれる独特の言葉で話すので有名だった。共同体の生活はビールを飲ませる店やダンスホール、劇場や安っぽい演芸場を中心に展開した。彼らはトランプで賭け、九柱戯、シャヴ・ヘイプニー〔ボードの端に乗せたコインを手で弾き、ボードの上で止まった位置で得点を競うゲーム〕、拳闘でも賭けた。彼らは2ペンス跳びと呼ばれたダンス場で、しばしば家族全員で夜通し踊ることもあった。鼠殺しや闘犬、鳩レースも人気があった。

### その他の路上の仕事

路上の仕事は呼売り商人の他にも数え切れないほどあった。行商人の多くは揚げた魚やハム・サンドイッチ、茹でたエンドウ豆、干しブドウ入りプディング、ジンジャービア、ロバの乳などの飲食物を売った。家に調理場がないか、燃料を買う金がない労働者階級の人々にとって、できあいの食べものは生活に欠かせなかった。マッチやかみそり、茶盆、犬の首輪、鳥かごなどの工業製品のほかに、大判の紙に印刷された物語詩やニュースも売られた。衣類や陶器の安い中古品を専門に売る者もいた。街頭職人は椅子や薬缶、時計のような商品を製作したり修繕したりした。洗濯ばさみや人形、帽子や敷物を作って売る者もいた。路上にいる者が全員何かを売りに来ているわけではなかった。転売できる価値のある品物、たとえばウサギの皮や古着、古紙、肉を焼いたときに出る脂を買う者もいた。

大道芸人や見せ物師は安価な路上の娯楽を提供した。貧しい地区では、イタリア人の手回しオルガン奏者やドイツ人の吹奏楽団が歓迎された。軽業師、剣を飲んだり火を食べたりする曲芸師はひんぱんに登場し、踊る犬や賢い猫、蚤の曲芸には大勢の観客が集まった。のぞき見ショーや移動する蠟人形館、そして、大男や豚の顔の女など、珍しい身体的特徴を持つ人々の見せ物もあった。

もっとも貧しい層にいるのは拾い屋で、彼らは道路や引き潮時の河岸の泥、あるいは下水の中から、食べられる物や売れる物ならなんでも拾ってくるのだった。あらゆるゴミには金属や石炭、木材、古いロープ、ぼろ切れや骨といった売り物になるものが含まれていた。犬の糞は皮の汚れを取るために使われるので浄化物と呼ばれ、「浄化物」の拾い屋に犬の糞を集めて皮なめし業者に売って生計を立てた。モク拾いはタバコの吸い殻を集め、乾燥させて、タバコとして貧民に売った。1850年代には800-1000人がゴミ集めを仕事にしていたとメイヒューは推定している。彼らはみな年老いた労働者か、職を失った労働者だった。彼らはゴミが山積みになった狭い裏道をうろつき、売れるものは何でも袋に入れた。彼らは1日におよそ40キロメートル歩き、夜は安い簡易宿泊所で寝た。

メイヒューが著作を発表してから半世紀のうちに、ロンドンの路上で働く人々の多くは姿を消した。しかし、その変化の過程はゆっくりで、仕事によっても異なっていた。1870年の初等教育法以後、路上にいた子供が次第に学校に通うようになり、新しい小売店との競争も激しくなって、いくつかの商売は成り立たなくなった。19世紀末に自動車輸送が始まると、ロンドンの街路の性質は永遠に変わってしまった。〔KF〕

# 首都の周辺

新しいタイプの馬車の導入によって、ロンドンの旅は向上した。
「オムニバス」と呼ばれた新型馬車は爆発的な人気を呼び、
従来のハックニー・コーチに取って代わった。「キャブ」と呼ばれた
1頭立て2輪馬車のカブリオレは、改良されてハンサム・キャブになった。

**シリビアのオムニバス、1829年**
これはロンドン初のオムニバスの定期便で、バンクとパディントンの間を走っていた。乗客は1シリングの運賃を支払った。

**ロンドンの交通**
この地図は陸上ではオムニバスの、テムズ川では蒸気船の交通ルートを示している。

1829年7月、ジョージ・シリビアはパリ市街で利用されているオムニバスの能力を見て、ロンドンにも導入することに決めた。最初のオムニバスはパディントン・グリーンとバンクの間を走った。3頭の馬が引く長方形の客車の中にはふたつの長椅子があって、最大20名の乗客が向かいあって座ることができた。オムニバスは、特に1832年にロンドン中心部で2頭立て6人乗りのハックニー・コーチの独占権が廃止されたあとは、大成功を収めた。オムニバスがロンドンの主要なショッピングやビジネスの中心地で乗客を乗り降りさせることが可能になったからである。残念ながらシリビアはライバル業者との競争に敗れて破産した。

19世紀後半になると、オムニバスのデザインは次第に変化しはじめた。ブレーキが改善され、屋根の上に乗客が背中合わせに座る座席がついた「ナイフボード」と呼ばれる客車が導入されて、一度に運べる乗客の数が増え、運賃が安くなった。最初は屋根に上るには鉄製の段か急なはしごを使うしかなかったが、1880年代までに、進行方向を向いて座れる屋根の上の座席にらせん階段で上っていけるオムニバスが作られて、女性客がさらに利用しやすくなった。屋根の上の座席に座る乗客の足元を隠し、多少は風雨もしのげるように、客車の両側に「お行儀」板が取りつけられ、そこに色鮮やかな広告が描かれた。

屋根の上に座席がついて乗客数は増えたが、馬車を引く馬は2頭に減らされ、馬を新しいものに取りかえる定期交換地点が必要になった。ロンドンのオムニバスを引く馬は、およそ4年間働いたと推定されている。オムニバスの御者は朝8時半から夜11時15分まで働く大変な長時間労働で、一回走り終えるごとに10分から15分程度の休憩が12回許されているだけだった。（朝の始まりが比較的遅いのは、乗客の大半が中流階級だったことを示している。労働者階級のロンドン市民のほとんどはもっと朝早くから働いていた。）オムニバスの御者の賃金は1週間35シリングで、恵まれていると考えられていた。

さまざまな形や色のオムニバスはロンドンを訪れた人々を混乱させたが、オムニバスの車輪はいつも黄色に塗られていた。行き先掲示板がないため、首都の地理に不慣れな人にとっては特に、ルート掲示板からバスの向かう方角を理解するのは難しかった。それでも大勢の旅行者が、ロンドンを観光する最高の方法としてトップデッキを利用した。ヴィクトリア朝の終わりに、オムニバスはロンドンの交通手段としてもっとも人気のあるもののひとつになった。オムニバスはシティと郊外の地域を移動する中流階級にとって便利な交通手段であり、鉄道と競合するというよりは、鉄道の足りない部分を補う形で利用された。

## 辻馬車と交通規制

「オムニバスをはじめて見たとき、民衆の心は新しい方向に向かい、多数のハックニー・コーチは袋小路に入った」とチャールズ・ディケンズは書いている。オムニバスは、17世紀からロンドンの市街を走りまわっていたハックニー・

走っていた。

　1867年の首都交通法によって、ロンドンの交通規制は格段に進歩した。この法律はチャリング・クロスから半径6キロメートル以内では、オムニバスは乗客の都合に合わせて道路の適当な側で乗客を降ろさずに、道路の左側に止まることを義務づけた。

**2台のオムニバスが連なる路上の光景、1845年**
1840年代半ばまでに、ロンドンの道路はライバル会社のオムニバスで混雑していた。この絵ではE&Jウィルソン社のオムニバスがホーンジーからチェルシーまでの道を先導している。

### 蒸気船

　蒸気船による旅客輸送は1815年にテムズ川に導入された。蒸気船は帆船に比べて、より高速で信頼できる交通手段を提供した。蒸気船がますます定期的になり、回数が増えるにつれて会社同士の競争が激しくなり、テムズ川はときには危険なほど混雑した。

　ケントやエセックスの海岸の保養地への日帰り旅行は、多数のロンドン市民にとって手の届く人気の娯楽になった。通勤客も蒸気船を利用した。1861年にヘンリー・メイヒューは次のように書いている。「蒸気船の乗客の階級はさまざまだ。裕福な人々も小旅行のために蒸気船をひんぱんに利用してテムズ川を上り下りしている。しかし、蒸気船をもっとも利用しているのは中流階級と労働者階級の人々で特に郊外に住む労働者階級(職人を含む)は、この交通手段を利用して通い慣れた仕事場に向かった」。

　蒸気船の客室には「立派な長椅子」とマホガニー製のテーブル、大きな鏡が備えつけられ、非常に居心地がよかった。談話室では食べ物や飲み物が出され、乗客はトランプやチェッカーボードを借りることができた。船上では娯楽としてバンドやオーケストラの演奏もあった。　　［AW］

コーチに弔いの鐘を鳴らした。

　ハックニーはフランスから来た軽量な2輪馬車のカブリオレ・ド・プラース(通称「キャブ」)との競争にも苦しんだ。キャブは一度にひとりしか運べないように作られていたが、1834年にふたり乗りでより安全なハンサム・キャブに改良された。もっと大きな4輪馬車でふたり乗りの「グローラー」も登場した。

　1851年の万国博覧会のときは、1200台を超えるオムニバスがロンドンを運行していた。その多くはロンドン一般乗合馬車会社の所有で、この会社は1900年までにロンドンの乗合馬車のおよそ半分を所有していた。1860年までに、ロンドンの市街にはおよそ4000台のハンサム・キャブが

**プール・オブ・ロンドンの船、1840年**
蒸気船の登場によって、フレッシュ・ワーフと新ロンドン橋付近のテムズ川の交通はますます混雑した。

| 第9章──ヴィクトリア朝初期のロンドン　　199

# 鉄道の登場

1840年代の鉄道ブームはイギリスの首都としての
ロンドンの役割をいっそう強化した。ロンドンと地方都市とを結ぶ
新しい鉄道は、移動にかかる時間を大幅に短縮した。

**ロンドンの鉄道路線、1850年まで**
鉄道会社はロンドンの内外に独自の線路と駅を建設した。

**ロンドン・クロイドン鉄道の光景、1838年**
1838年に開業した新しい鉄道が、ニュー・クロスの深い切通しを走っているのが見える。鉄道は1時間おきに走った。

ロンドンの最初の鉄道は、1836年にサザークのブラックレイヤーズ・アームズとデットフォードの間に建設された878のアーチを持つレンガ造りの高架橋を走った。この鉄道はすぐにロンドン橋とグリニッジまで延長された。その後の10年間で鉄道の路線は急速に増えた。ロンドン・バーミンガム鉄道はユーストンを終点とし、ロンドン・クロイドン鉄道はロンドン橋を終着駅として共有した。その他にショアディッチを終点とするイースタン・カウンティズ鉄道、ナイン・エルムズを終点とするロンドン・サウス・ウェスタン鉄道（すぐにウォータールーまで延長された）、ロンドンとブリストルを結び、パディントンを終点とするグレート・ウェスタン鉄道があった。グレート・ウェスタン鉄道の設計にはテムズ・トンネル開発の技師だったブルネルが技術者として参加している。

鉄道開発は急速に進んだが、線路や駅、操車場の建設のために近隣の土地を買い取って更地にする必要があったため、ときには周辺に破壊的な損害をもたらした。たとえば1836年のロンドン-ブラックウォール線の建設時には、路線沿いの2850軒の住宅が取り壊された。鉄道周辺の地域が都会のむさくるしさや荒廃と結びつくのに時間はかからなかった。なぜなら、1846年にロンドン東部の住人が語ったように、「高架橋は上品な地域では受け入れられないだろうし、劣悪な地域をさらに悪くする」からである。

1846年、議会内委員会はニューロード（現メリルボーン・ロードとユーストン・ロード）以南のロンドン中央部とシティ・ロードの西、フィンズベリー・スクエアとビショップスゲートにこれ以上の鉄道建設を許可しない方針を打ち出した。鉄道会社は商品と乗客をイギリスの他の地方に運ぶ長距離輸送が彼らの主要な事業だとみなしていたので、当初はロンドン市内の規制に反対しなかった。大きな終着駅、橋、トンネル、高架橋は新しい形の建築をロンドンの市街にもたらし、建築と土木技術の勝利と称えられた。しかし、鉄道がロンドンに与えた本当の影響はまだ実感されていなかった。ロンドン橋やフェンチャーチ・ストリートを終点とするごくわずかな路線だけが毎日通勤客を運んだ。1850年代半ばには、通勤客はまだおよそ2万7000人しかいなかった。ロンドン市民の大半はまだ、仕事場まで歩くかオムニバスを利用していた。

しかし1850年代までに、ロンドンは発展する全国的な鉄道網の中心地になった。鉄道は商品の輸送、食物の供給、そして人の移動に革新的な変化をもたらした。乗合馬車では18時間かかるロンドンからバーミンガムへの旅は、鉄道ならわずか4時間余りで行くことが可能だった。鉄道の旅は空間と地理、そして時間の感覚を変化させ、時刻表を厳密に守って運行する必要から、国全体でグリニッジ標準時が採用され、地方ごとに異なる現地時間が廃止された。

## 階級意識

鉄道はヴィクトリア朝の階級意識をいっそう強める役割を

**ウェストミンスター通りの上を通る高架橋、1850年頃**
鉄道時代の訪れとともに、陸橋や高架橋がロンドンの街並みの光景を侵食した。高架橋はおそらく鉄道の煙と騒音の被害を緩和したのだろう。

果たした。鉄道会社は最初から、階級の異なる乗客に別々のサービスを提供していたが、最終的には「貧民の便宜のために」、乗客の階級を分けて乗せるようになった。旅行者は起点駅で一等と二等に分けられ、入口、食堂車、洗面所、待合室も区別された。一等客車には詰め物をした椅子とガラス窓があり、夜間の旅行のためにランプも備わっていた。それに比べて二等客車はかなり乗り心地が悪く、椅子は木製で、風雨を遮る窓もなかった。三等客車は屋根も椅子もない側面の壁が低い貨車か、窓のない「有蓋貨車」だった。

最終的には、階級が異なれば乗る列車も異なった。三等列車は高い料金を払った乗客が乗る列車より、はるかに遅いのが普通だった。小旅行に鉄道が便利だということが認識されて、鉄道旅行が大衆的な現象になった。1844年から、鉄道会社は1日に少なくとも1往復は1マイルの料金が1ペニーを超えない三等列車を走らせることが義務づけられた。しかし1850年までに、割引料金はすべての階級に広がった。こうした割引列車によって、ロンドン市民が都市を抜け出す機会を得られただけでなく、田舎の住人が都会の刺激を味わうこともできるようになった。その後、数百万人の乗客が鉄道で万国博覧会を訪れたという事実は、割引列車があらゆる人々にとって手ごろで便利な交通手段として重要だったということを示している。　　　　　　　　　　　[BC]

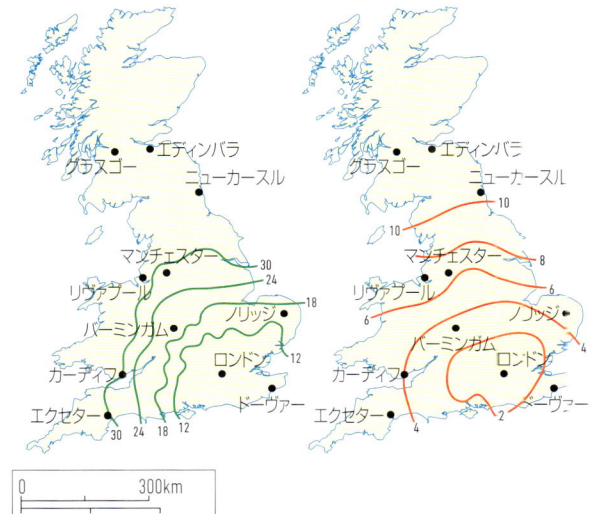

**ロンドンからの所要時間、1820年と1845年**
鉄道の登場とともに、旅行にかかる時間が明らかに減少した。

| 12 | ロンドンから乗合馬車による所要時間（時間）、1820年 |
| 8 | ロンドンから鉄道による所要時間（時間）、1845年 |

## ✤ ロンドン・バーミンガム鉄道の建設

鉄道時代の初期にロンドンで実施されたもっとも野心的な民間プロジェクトのひとつはロンドン・バーミンガム鉄道の建設で、その第一段階は1837年に開業した。ロンドンとイングランドの中部や北部を結ぶ最初の路線を記念して、鉄道会社はユーストンの旅客駅の入口にドーリア式の門を建設した（1961-2年に取り壊された）。「北への門」と名づけられたこの門は、鉄道の力と偉大さの象徴になった。

ロンドン・バーミンガム鉄道の建設は、ロンドン北部のカムデン・タウン地域を破壊し、多数の家族をホームレスにした。ディケンズは小説『ドーンビー父子』（1846-48年）の中で、鉄道の建設工事を「大地震の衝撃」にたとえている。

その衝撃が通り過ぎた形跡はどこを見ても明らかだった。家屋は取り壊され、道路は横切るように掘り返され、遮断された。地面には深い穴や溝が掘られ、そこに大量の土砂が投げ込まれた。

カムデン・タウンの固定式エンジン施設の建設、1837年4月28日。ロンドン・バーミンガム鉄道はこの地点で2台の巻き上げ機を使って、ユーストンからカムデンの登り坂に沿って列車を牽引した。

初期の鉄道は馬と人力によって建設された。労働者はたいてい鉄道建設を目当てにイギリス各地からロンドンに集まってきた移住労働者で、彼らは現場から現場にわたり歩き、建設中の鉄道線路のそばで寝起きした。

第9章──ヴィクトリア朝初期のロンドン

# ペニー・ポストと電報

ヴィクトリア朝のロンドンは、驚くほど効率的な通信の中心地だった。イギリスの郵便事業の中枢であり、高度な電信ケーブルの国際的ネットワークの要の役割も果たしていた。

**ウェリントン公爵家からの手紙に貼られたペニー・ブラック切手、1840年**
1841年からペニー・ブラック切手に代わってペニー・レッドが使われるようになった。新しい切手は消印がはっきり目立つため、不正な再使用がしにくくなった。

「ペニー・ポスト」は、国営の中央郵便局が手紙の配達を独占した17世紀終わり頃からロンドンで運営されてきた。送る側と受け取る側のどちらが配達料を支払ってもよく、料金は距離と手紙の枚数によって異なった。受け取り時に支払う方法は非効率的で、不評だった。さらに19世紀はじめには郵便料金が高く、たとえばロンドンからバーミンガムに手紙を送るのに9シリングかかった。

1840年代に、イギリス国内ならどこでも一律1ペニーで郵便を配達する標準的なペニー・ポストの料金が導入されて、郵便事業は格段に進歩した。この制度はローランド・ヒルと彼の片腕のヘンリー・コールによって考案され、実現した。黒字に女王の横顔が印刷されたペニー・ブラックと呼ばれる最初の切手は、1840年5月6日に郵送された。人々は裏に糊がついた切手を郵便受取所と呼ばれていた郵便局で買い、封筒の右の角に貼った。今日では当たり前のこの習慣は、1840年代にはまったく目新しいものだった。

家々に郵便受けが取りつけられ、「柱状の箱」（ピラー・ボックス）と呼ばれた郵便ポスト（作家で郵便局の役人でもあったアンソニー・トロロープの提案によって導入された）は1850年代半ばまでにロンドンの町の名物になった。ロンドンで投函された手紙は仕分けされ、鉄道や郵便馬車ですばやく国中に届けられ、国外へは高速蒸気船で運ばれた。首都の広さに加え、ロンドンの中でやり取りされる手紙が非常に多かったため、ロンドンは10の郵便配達区域に分けられた。毎日平均12回はポストから手紙が収集され、地域によって3回から5回の配達があった。1898年には帝国ペニー・ポストの創設によって、ロンドンから大英帝国のほとんどどこへでもさらに安い料金で手紙を送れるようになった。主な例外はオーストラリアで、1905年まで料金は2ペンスだった。

**イラスト入りの楽譜**
歌手のジョージ・レイバーンが作詞、作曲して歌う「電信」（1863年頃）は流行歌になった。女性の通信技手がお客の電報を「電信機を叩いて」送った。

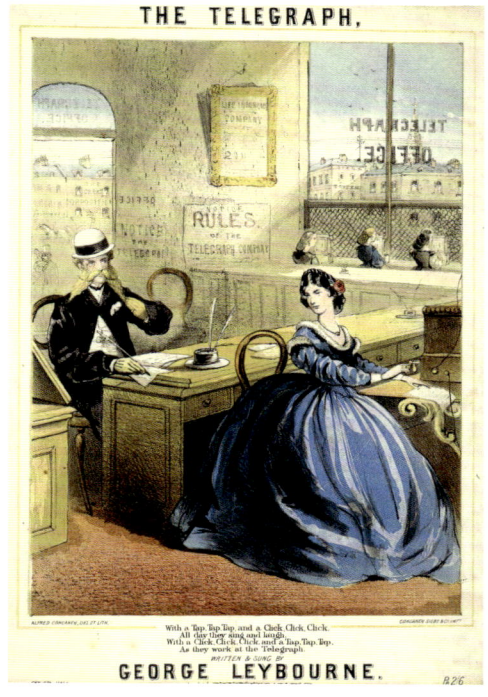

## 電信

電信は、拡大する鉄道網のために効率的な通信・信号送信手段を提供するために開発された。1848年までに、1600キロメートルにわたる鉄道に電信線が備えつけられ、メッセージとグリニッジ標準時がケーブルを通じて200を超えるイギリスの主要な市や町に送られるようになった。線路脇に張られた電信線は見慣れた光景になった。トーマス・ディケンズの小説『ハード・タイムズ』（1854年）に登場する家政婦のスパーシット夫人は、夕方の空を背景に電信線を眺めて、まるで「大きな5線譜」のようだと考えている。蒸気機関車と電信線は固く結びついた強力な組み合わせとして、雑誌『パンチ』に「現代のふたり組の巨人」という呼び名を授けられた。

ロンドンは新しい電信ケーブル製造業の中心地となり、シルヴァータウンのヘンリーズ、ミルウォールのビーユヴァン、ミルウォール・ドックのフーパーズ、そしてチャールトンのウィリアム・シーメンスなどの会社が操業していた。ウィリアム・シーメンス社は非常に規模が大きく、数千人の男女を雇用して、さまざまな電気製品や関連製品を作っていた。

初期の電信ではメッセージの記録間違いが起こりやすかった。「豚」と「人」を表わす電信符号が似ていることから、ときにはおかしな間違いが起こって、たとえば「夕食に豚を招く用意を頼む」というメッセージが送られた。女性の電信技手がモールス信号の単針式電信機を使った手動送信（「発信」）と視覚的受信（「読みとり」）の訓練を受けて働いていた。

電信の発達は、ある場所から別の場所に情報が送られる速度を大幅に短縮した。ジュリアス・ロイター男爵はこの新しい情報伝達を活用した最初の実業家だった。1851年、彼はフランスとイギリスの最新の株価情報を1日2回パリとロンドンで契約した読者に知らせるサービスを始めた。ロイターは1850年にドーヴァーとフランスのカレーの間で開設に成功したばかりの海底ケーブルを利用した。戦時や危機的な状況では、このようなサービスは政府にとっても不可欠なものだった。また、このサービスを利用して、投資家は他人に先んじて株の売買をすることができた。金融と商品取引の中心であるシティは、高い料金を払ってもそうした情報を欲

**6時1分前の中央郵便本局、1860年**
郵便の最後の受け付けに間に合わせるために殺到する人々を描いたジョージ・ヒックスの絵。しばしば見物人が面白がって見に来るほどの騒ぎになった。

しがった。

1860年代までに、ロンドンは電信によって世界中の主要な都市と結ばれた。陸上の電信網は、メッセージがいくつもの中継地を経由して送られるため信頼性が低く、代わって海底ケーブルが利用されるようになった。たとえば1866年にはアラビア半島の都市アデンからインドのボンベイまで海底ケーブルが敷かれた。ロイターの従業員ヘンリー・コリンズは、「イギリスのダービーの競馬の勝敗が4分もあればボンベイのロイター事務所に届く」仕組みについて書いている。

画家のジョージ・ヒックス（上の絵）は、金曜日最後の郵便物の収集に間に合わせようと駆けつけた人々でごった返すシティのセント・マーティンズ・ル・グランドの中央郵便本局の光景を描いている。この風景は観光客も見物に来る恒例行事だった。

1840年のペニー・ポストの導入と、新聞にかかる印紙税の廃止によって、安価な日刊紙の発達がうながされ、郵便物の量は著しく増加した。ヒックスの絵の右側では、新聞配達の少年たちが郵便局内に新聞を投げ込んでいる。ヴィクトリア朝の人々の目から見れば、ヒックスの絵は近代のロンドンのせわしさと、ますます進んでいくロンドンと各地との結びつきを象徴していた。ペニー・ポストはイギリスに均一で、しかも比較的安価な郵便料金を提供した。この制度が導入される前に、ビジネスに与える利点についていろいろな意見が出された。実際、この制度の影響は予想以上に広範囲にわたった。手紙のやり取りはロンドン市民の間で大流行し、あらゆる階級の人々が近況やうわさ話、そして思いやりの気持ちを伝えあった。首都で手紙を毎日配達することによって、ペニー・ポストは人々の結びつきのあり方を変えた。

熱心に手紙を書いたロンドン市民の好例がアメリア・ローパーである。ウォルサムストウの葬儀屋の娘であるアメリアは、1857年に食肉処理業者のトム・パイルと結婚し、ハックニーに移り住んだ。アメリアは筆まめで、大人になってからずっと、セヴンオークス住まいでのちにウリッジに引っ越した親しい友人で女中勤めをしていたマーサ・ブッシャーに定期的に手紙を書いた。

1857年7月、マーサあての手紙の中で、アメリアははじめて劇場を訪れたときの感激を述べている。

> ウィッテーカー夫妻、ファニー、そして私は2週間前の月曜日にオリンピック劇場へ行きました。本当に素晴らしかったわ。言葉では言い表せないくらいです。あなたも一緒だったらどんなによかったでしょう。私があまりに「世間知らず」なので、みんなに笑われました。劇を見ている間、つい興奮して歓声を上げてばかりいたのですもの。でも、劇は感動的でした。私たちは着飾って出かけ、私は低いコルセットをつけていました。私たちはきっと注目の的だったに違いありません。　[AW]

| 第9章——ヴィクトリア朝初期のロンドン

# 第10章
# ヴィクトリア朝後期のロンドン

　ヴィクトリア朝後期には、ロンドンは完成した国会議事堂に引けを取らない堂々とした政府庁舎のある、帝国の首都にふさわしい様相を見せた。1860年代には、パリに比べてロンドンは「みすぼらしい」と思う人もいた。19世紀末には、イギリス政府は壮麗で近代的な役所から、いまだかつてないほど巨大な帝国を運営していた。1890年代にロンドンの人口は400万人を超え、首都のあらゆる場所で人口の増加が感じられた。もっとも急速に成長したのは、新しい労働者階級と低層中流階級の住む郊外だった。店、市場、学校、そして教会がこれらの郊外に誕生した。ロンドンの中心部に住んでいるのはもっとも豊かな人々と、もっとも貧しい人々だけになった。

　シティは日中の商業と金融の中心地になった。小売店と娯楽が集まった地域がウェスト・エンドに成長し、百貨店の中には数区画を占めるものもできた。豊かになるにつれて、1880年代と1890年代に劇場の建設が盛んに行なわれ、特にシャフツベリー・アヴェニュー沿いには劇場が軒を連ねた。

　しかし、都市の生活にはつねに新たな恐れが立ちはだかっていた。過去の公衆衛生改革はロンドンの社会問題を解決したわけではなかった。「ロンドンの見捨てられた人々」に向けられたかすかな心痛や反省から、低賃金労働者と最貧層を苦しめる貧困と失業の悪循環を断つための新しい思想がはぐくまれた。労働者階級を代表するもっと急進的な政治活動が必要だと多くの人々が信じるようになった。ロンドン初の社会主義政党である社会民主連盟(SDF)は1880年代に設立され、1886年と1887年の失業者によるウェスト・エンドでの大規模なデモで中心的役割を果たした。

　ロンドンは、市民のために市民が統治する地方自治体構想を抱きはじめた。1888年、首都建設局に代わって、選挙で選ばれたロンドン州議会(LCC)が設立された。ロンドン州議会の最初の改革主義的な政府は「格の高い健康的な都市」を目標に掲げた。1899年にはロンドン州議会に対する抑制力としての役割を期待されて、それまでの教区や地区委員会に代わって28の自治体が設置された。現代的な世俗的社会の仕組みが出来上がりつつあった。

ペントンヴィル・ロードから西を望む、1884年
もやでかすんだ首都の賑わいを描いたジョン・オコーナーの作品。イズリントンのエンジェルからセント・パンクラスの堂々としたミッドランド鉄道ホテルを眺めている。

# 政府庁舎と王家の記念式典

ロンドンが大英帝国に占める役割を象徴するかのように、ホワイトホールに政府庁舎が次々に建設された。王家の記念式典はロンドンの民衆に愛国心を育てると同時に、華々しい見せ物の機会を提供した。

**ヴィクトリア女王在位50周年記念式典、1887年**
女王の在位50周年を祝ってトラファルガー・スクエアに集う人々。画家のW・ハーディはヴィクトリア女王の「インド女帝」の称号に敬意を表して、ターバンを巻いた人物を描いている。

**ホワイトホール、1880年頃**
国会議事堂とトラファルガー・スクエアに挟まれたホワイトホール大通りを写した古い写真。

ヴィクトリア朝後期のロンドンは、全世界に広がる大英帝国の首都だった。地球表面の4分の1と人口の5分の1がウェストミンスターとホワイトホールによって統治されていた。19世紀の間に、帝国が拡大を続け、従来は個人や地域ごとの利害に任されていた貧民の救済や公衆衛生などの問題に政府がいっそう介入するようになると、新しい政府の省庁が設立された。これらの政府機関に必要な人員を満たす公務員の数は、1851年の1万9552人から1901年には4万9000人を超えるまでに増加した。

1850年代のはじめまでに、政府機関が入居していたホワイトホールやペル・メルの狭くて不衛生で家賃の高い賃貸の建物は役に立たなくなり、専用に建築された新しい建物に移転する必要性が主張されるようになった。国会議事堂の近くに新しい建物を集中して建設することによって、公務員はより効率的に仕事ができるはずだと考えられた。省庁の内部や省庁間の、または国会とのコミュニケーションが改善され、無駄な空間がなくなり、従業員の健康が向上するという期待もあった。

新しい政府庁舎の建設が提案されると、出費を抑えるために、多くの人々がそれらの建物は機能的であるべきで、華美ではいけないと主張した。しかし、ロンドンの政府の建築物は大英帝国の富と権力を示し、パリやベルリン、ウィーンなど他のヨーロッパ都市に匹敵するものでなくてはならないという意見が大勢を占めた。公共の資金が準備され、土地が買収され、大きな公共建築物の常として建築家を決めるコンテストが開かれている間に、進歩的な役所の建築が提案された。

## 壮麗なホワイトホール

まず1868年に外務省とインド省が、どちらもダウニング・ストリートの南側のセント・ジェームズ・パークに面した場所に作られた。1857年に実施された外務省の設計コンテストは、最終的にジョージ・ギルバート・スコットが優勝したが、国家の建築物としてゴシック様式と古典様式のどちらがもっともふさわしいか、激しい論争が巻き起こった。「様式論争」と呼ばれるこの討論は古典様式に軍配が上がり、スコットのイタリア古典様式で設計された。ロマン主義的な装飾がほどこされた外務省は、その後の新しい役所の先例になった。堂々とした正面階段や華麗な応接室と会議室は大理石や壁画、そして壮麗な彫刻をほどこされた天井で装飾され、ヨーロッパ諸国や大英帝国から高官を迎えるのにふさわしかった。インド省は、イギリス政府が1857年にインドの統治を東インド会社から引き継いだあと、マシュー・ディグビー・ワイアットがスコットとともに設計したもので、「インド宮殿」と呼ばれた。1878年には外務省とインド省の東の、ホワイトホール沿いに新しく立派な植民地省と内務省が完成し、それに続いて1880年代と1890年代にはホワイトホールの北西部で海軍本部の主要な拡張工事が行なわれた。

1899年に、グレート・ジョージ・ストリートに面してJ.M.ブライドンが設計した堂々とした新しい庁舎の建設が始まり、同じ年に、ウィリアム・ヤングが設計した1000の部屋とおよそ4キロメートルの廊下のある陸軍省がホワイトホールの東側に姿を現した。10年後に完成するこのふたつの建物によって、ホワイトホールに荘厳なシルエットが立ちあがった。

## 在位50周年記念式典

ロンドンの新しい政府庁舎が大英帝国の確固たる力を誇示したように、1887年と1897年に挙行されたヴィクトリア女王の記念式典は、大英帝国の力を国の内外に知らしめた。1887年はヴィクトリア女王の即位50周年だった。ロンドンを覆う不況、失業、そして社会不安にもかかわらず、女王の在位50周年を祝う式典は、ロンドン市民と観光客の両方の愛国心を刺激し、女王の人気をいっそう高めた。

50周年記念式典の目玉は6月21日にロンドンの市街で行

なわれた大規模な行列で、ヴィクトリア女王は
バッキンガム宮殿を出発し、ウェストミンスター
寺院で感謝の祈りを捧げるために行進した。民
衆は行列を見るために道路や窓、バルコニー、
屋上に詰めかけた。行列にはヨーロッパ各国の
王族やインドの王子、ハワイ王国の女王、日本
の親王、ペルシャ（イラン）とシャム（タイ）の王子が
加わった。ヨーロッパの主要な王室に縁組して
いるヴィクトリア女王の子供や孫たちが出席し、
「ヨーロッパの祖母」としての役割を印象づけ
た。50周年記念式典の開催に乗り気でなかっ
た女王は、儀式用の正装を着用せず、黒のサ
テンのドレスを身につけ、白い羽飾りのついた
黒のサテンの帽子をかぶった。

　翌日、女王はハイド・パークでロンドンの学校
に通うおよそ3万人の生徒たちを集めて開かれ
た盛大なパーティに出席した。おもちゃ、記念の
コップ、メダルが配られ、食べ物や飲み物がふ
るまわれた。余興が用意され、「ヴィクトリア」と
書かれた熱気球が空に放たれた。

　それから4週間式典が続き、歓迎会、演奏
会、パーティ、ハイド・パークでの2万8000人
の志願兵の閲兵などが行なわれ、かがり火がロ
ンドン中で焚かれた。シティ各地の地元団体や
議会は、在位50周年を記念する彫像や記念碑
を建てた。ロンドンの小売店は陶器のマグや
コップ、皿などの人気のある記念品を注文した。

### 在位60周年記念式典

　1897年のヴィクトリア女王在位60周年記念
式典はいっそう華やかだった。300万人が式典
を見物するためにロンドンを訪れ、日用品の一
部は品切れになり、召使は法外な賃上げ要求を
することができた。6月22日、女王はバッキンガ
ム宮殿からセント・ポール大聖堂まで行進した。
イギリス、カナダ、西インド諸島、ニュージーラ
ンド、アフリカ、インドに駐留する軍隊と高官たちが女王と
ともに行進に参加し、その後にインドの王子や王族が続い
た。1887年と同様に、すべての道路、広場、バルコニー、
屋上には人があふれた。沿道の建物の中の個人所有の部
屋やバルコニーが莫大な金額で貸しだされた。行列がセン
ト・ポール大聖堂に近づくにつれて、「叫びに近いような歓
声がわき上がり、狂乱状態にまで膨れ上がった」。大聖堂
の階段で捧げられる感謝の祈りを見るために、1万5000人
がセント・ポール大聖堂の周囲を取り囲んだ。礼拝が終わ
ると、行列はマンション・ハウスやロンドン橋を通過し、テ
ムズ川南岸を通ってサザークやバラまで赴き、貧しいロンド
ン市民も女王の姿を見られるようにした。

　ふたたびロンドンの市街、特にウェスト・エンドは華やか
に飾りつけられた。たとえばセント・ジェームズ・ストリート
にはコリント式の列柱と鉢植えのヤシの木、花壇、常緑樹
の花綱が並んだ。ロンドンはふたたびみやげ物であふれ、

感謝を捧げる礼拝やパーティ、演奏会が開かれた。アレク
サンドラ皇太子妃がロンドンの各地で40万人の貧民のため
に60周年記念の祝宴を開いた。

　批判的な意見もあったが、ヴィクトリア女王の記念式典は
1880年代と1890年代のロンドンを彩るもっとも華やかな
日々であり、多くの人々にとって、ヴィクトリア朝後期のロン
ドンの壮麗さと力強さのすべてを象徴する出来事だった。

[JH]

1. 海軍門、1910年
2. 海軍本部、増築された部分、1895年
3. 出納庁
4. ドーヴァー邸（1885年からスコットランド局）
5. 外務省
6. インド省
7. 内務省
8. 新公共庁舎（厚生省、内閣府、陸軍省）
9. 陸軍省 1899-1906年
10. ホース・ガーズ通りとホワイトホール・コート（新しい道路）
11. 新スコットランド・ヤード、1891、1912年
12. チャリング・クロス駅、1864年

■ 1864年以前の政府庁舎
▨ 1864-1914年に建設された建物と道路
▨ 1864-70年のヴィクトリア河岸通り

**19世紀のホワイトホール周辺の開発**
新しい豪壮な政府庁舎が次々に建設されて、ホワ
イトホールは現在の姿に近づいた。

第10章——ヴィクトリア朝後期のロンドン　207

# ヴィクトリア朝の郊外の発達

拡大する鉄道網によって、ロンドンの周囲に労働者階級と低層中流階級が暮らす新しい郊外が発展した。田園住宅地の開発が進んだ。

**ベッドフォード・パーク、ターナム・グリーン、チズウィック近郊、1882年**
タワー・ハウスとクイーン・アン・グローブが、日本趣味の桜と上品な建物のあるこの新しい田園郊外都市の美しさをいっそう際立たせている。

郊外の住宅は、ロンドン市内の窮屈な生活から逃れる方法として、ロンドンの中流階級の長い間の夢だった。ロンドン中心部で仕事をしながら、都市の不潔さや過密状態から逃れて、もっと静かでプライバシーのある生活を望む人々にとって、半田舎に建てられた広くて快適な新築の邸宅は理想の家だった。郊外は健康的でバランスが取れ、秩序のあるライフスタイルを約束したが、19世紀の中流階級にとってさらに重要なのは、郊外が緑と庭園を楽しむ機会を提供する点だった。

意識的に開発された進歩的な田園住宅のもっとも古い例は、1870年代にチズウィックのベッドフォード・パークに建設された。この住宅地の開発者は健康的であると同時に芸術的な町作りを目指し、果樹園やテニスコートのそばに芸術学校を建設した。初期には作家や弁護士、建築家が暮らしていた。

郊外の住宅開発は、中流階級の人々の家庭生活に対する価値観や理想に基づいて推進されたが、郊外生活は、過密状態の貧民窟から逃れたいと願う労働者階級のロンドン市民にとっても魅力的だった。労働者階級の暮らす郊外の発達は、グレート・イースタン鉄道などの鉄道会社が走らせる低料金の列車の導入と無縁ではなかった。労働者階級が暮らすウェスト・ハムなどの郊外は、1901年までに25万7000人の人口を擁するまでになり、化学産業などの危険な産業やガス製造業、港湾労働などで地元に雇用を提供していた。

19世紀半ばまで、都会の静かな住宅地はまだ田園的で周囲から隔絶された性質を持っていた。たとえば1862年に、ジョージ・ローズ・エマーソンはロンドン北部のハックニーを「古風な雰囲気」のある「美しいロンドン郊外」と表現している。しかし1880年代までに、ロンドンの人口増加が続き、数多くの建物が住宅用から商業用に転化されたことによって、ロンドン中心部の過密状態の地域がさらに外側に向かって拡大せざるを得なくなった。

## 段階的な発展

ヴィクトリア朝の郊外の大半は、あらかじめ計画されたものではなく、段階的に発展した。ベッドフォード・パークのように計画的な住宅地はむしろ珍しかった。ほとんどの住宅は小規模な開発会社によって建設され、一度に6軒以上建てられることはめったになかった。ばらばらな開発の結果、住宅地と住宅地の間には距離があり、道路や排水と下水のシステムは統一性がなかった。住民は住宅を所有するより借りる方が多く、次第に貧しいロンドン市民が郊外に流入して、本来は中流階級の家族向けに作られた住宅に過密な状態で暮らすようになった。その結果、郊外の貧民窟ができあがるのに時間はかからなかった。たとえばフィンズベリー・パークのキャンベル・ロードは、1900年までにロンドンで

**イースト・ダルウィッチの空き地の開発、1880年代**
下の2枚の地図は、1877年に売却される前と後のノーランド邸とその敷地を示している。ウォーリンガム・ロード沿いの住宅は1881-87年に建設された。

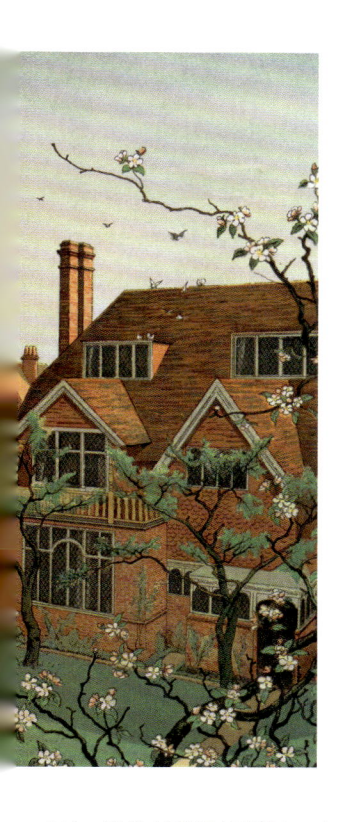

もっとも評判が悪く危険な場所になった。

貧困が郊外を侵食するにつれて、中流階級の家族の多くがさらに郊外へと移転しはじめた。作家で社会批評家のチャールズ・ブースは、1889年のサザークについて、「富裕層はすでに去り、比較的恵まれた人たちも去りはじめている。残っているのは貧しい人々、特に最貧層で、彼らは追い立てを食らうまで居残るだろう」と述べている。

郊外に住む人々の間に上流気どりも生まれた。グレート・イースタン鉄道の総支配人ウィリアム・バートは、労働者階級が「列車でわが物顔にふるまい」、駅を利用する他の乗客を「不愉快」にさせていると指摘した。労働者階級は唾を吐き、汚い言葉を使い、若い女性にちょっかいを出し、「いやな匂いの」パイプをふかし、待合室でニシンを料理し、料金の支払いを逃れようとする。エドモントン、ストラトフォード、ウォルサムストウは「普通の住宅には適さなくなっている」、と彼は批判した。

## 理想の郊外生活

郊外の暮らしが人々の理想になり、ロンドンに新しいタイプの住宅地が創造される契機となった。それはロンドン州議会(LCC)によって建設された田舎家風の小家屋が並ぶ住宅地で、LCCはまずロンドン市内にフラット式の共同住宅を建設した。1903年にはLCCはトゥーティングのトッテナム・コート・フィールズに、はじめて郊外住宅地を建設した。中には屋内にトイレと浴室の設備を持つ家もあり、住宅地からロンドン中心部へは市街電車に乗って45分で行くことができ、往復の料金は2ペンスだった。その他の住宅地も次々に建設され、20世紀前半に加速度的に進んだ公営住宅建設の青写真を作った。

新しい郊外はロンドン中心部とは無関係に独自の性格を持つようになった。郊外の労働者の多くはシティやウェスト・エンドに通勤したが、学校や病院、商店など、地元に仕事を見つけて自分たちのコミュニティのために働く人もいた。郊外の暮らしは偏見や見て見ぬふりを助長する閉鎖的な内輪の世界への逃避だという批判もあった。しかし、郊外には都心のむさくるしさや喧騒から離れたいと願う人々のために、広々として快適な新しい生活スタイルを生みだす可能性もあった。

公共交通の電化が進み、移動時間がかなり短縮されたおかげで、1906年までに最大およそ25万人がロンドン中心部に通勤するようになった。1861年には、市の中心部を環状に取り巻く郊外で暮らすロンドン市民はわずか40万人だった。この数字は1911年までに270万人に増加している。当時の人々も郊外の成長が持つ重要な意味を見逃さなかった。1903年、雑誌『建築ニュース』はヴィクトリア朝後期の郊外の拡大の速度と規模、影響に触れて、「この時代の社会的革命のひとつ」であると述べている。

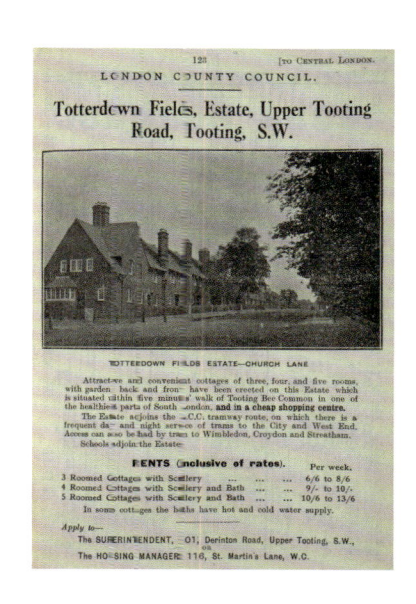

[BC]

**ロンドン州議会が建設した住宅地**
ロンドン州議会は地位の高い労働者とその家族のためにトッターダウンを開発した。市街電車の駅に近く、安価な商店や学校が備わっているのが売り文句だった。

## ✣ バローズ・ロッジ

ヘンドンのバローズ・ロッジは、美しい庭園も含めて中流階級の持つ郊外の理想をすべてあわせ持っていた。1887年にはこのロッジはJ.クロウフォード・ブロムヘッド夫妻の所有物だった。ブロムヘッド氏は弁護士、治安判事、地元の保守党の会長、そして英国国教会の教区牧師でもあった。ブロムヘッド夫人は慈善活動に参加し、母親クラブの会計系も務めていた。夫妻に子供はなかった。ブロムヘッド氏は1902年に死亡するまでこの家で暮らしていた。1920年代にロッジは取り壊され、そこに近代的な一戸建てや二軒連続住宅(セミ・ディタッチト)が建ち並んだ。

ヘンドンのバローズ・ロッジでのテニスの集い(1887年)。ハワード・ガル・ストーモントによる水彩画。

第10章——ヴィクトリア朝後期のロンドン 209

# チャールズ・ブースのロンドン
## ——生活、労働、貧困

社会問題研究家のチャールズ・ブースによるロンドンの生活と労働に関する調査は、社会研究の金字塔である。ブースは実際に首都にどの程度貧困が広がっているのかを科学的に図示しようと試みた。

1881年の国勢調査によれば、ロンドンの人口はおよそ400万人に達していた。数十万人が貧困生活を送っているのは疑いの余地がなかった。しかし、実際の数と、彼らがどんな仕事をし、生活をしているのかは推測の域を出なかった。

1880年代の半ばには、不況によってロンドンで大量の失業者が発生した。ドック労働者は家族を養うために必死で働き、イースト・エンドの貧困と飢えを緩和する資金作りのためにシティの委員会が組織された。

このような時代背景の中で、リヴァプールの商人と船主が作る会社の共同経営者だったチャールズ・ブース（1840-1916年）は、私財を投じてロンドンの貧民の状態の調査に乗り出した。ブースは、首都の貧困に対するあまりにも多様な考えに驚きを感じた。首都の貧困には作家や芸術家がひき起こす激しい論争や民衆感情がからんでいた。1872年にギュスターヴ・ドレが挿絵をつけた『ロンドン巡礼』（下図）が出版されると、民衆は帝国の首都の中心にある衝撃的な荒廃の光景を突きつけられた。「この都市では文明が奇跡を起こし、文明化された人間が野蛮人に逆戻りしている」とこの本は鋭く指摘した。

ブースの目的は、貧困を巡る論争に科学的な手法を持ち込むことだった。ブースの協力者のベアトリス・ウェッブは、「ブースを動かしていたものは政治でも慈善でもなく、科学的好奇心であり、観察、推論、証明の手法を富の間にある貧困の問題に適用したいという意欲だった」と書いている。

### ブースの広範な調査

1886年、ブースはまずロンドンのイースト・エンドの調査に着手した。ブースはその理由を、「イングランドでもっとも困窮した人々が暮らし、いわば貧困問題の核心と考えられる場所」だからだと述べている。イースト・エンドでの最初の調査のために、ブースは統計的な手法と調査員や専門家による個人的な観察とを融合させた方法を編み出したことで知られている。この量的なものと質的なものを組み合わせたデータ収集は、その後の多くの社会調査にひとつの模範を示した。ブースは子供のいるすべての家庭に関する情報を集めたいという野心的な計画を持っていた。ロンドン学務委員会の視学員は、担当地区内の学齢期の子どもがいるすべての家庭を訪問し、生活実態の詳しい記録をつけていたの

**高架橋の下のロンドン、1872年**
ギュスターヴ・ドレが『ロンドン巡礼』の挿絵として描いた印象的な版画は、ロンドンの住宅の過密状態に世間の目を向けさせた。

**リトル・コリングウッド・ストリート、1900年頃**
ブースの調査によれば、ベスナル・グリーンのこの通りには呼売り商人、魚の燻製製造業者、子供の泥棒などが暮らしていた。

で、ブースはこの記録を利用して、各家庭を8段階の階級に分類した。ブースのチームは地元の教区官吏、慈善活動家、警官、司祭、地区世話役などの専門家からも話を聞いた。いくつかの地区の調査が終わったあと、ブースは通りを一本ずつ調査してデータを収集することにで調査を迅速化しようと決めた。

1889年、ブースは調査の集大成である『ロンドンの人々の生活と労働』の第1巻を出版した。この本は最終的に全部で17巻の大著になった。第1巻には、地域が貧困の程度によって6色（黒が最貧層、赤が中流階級を表わしていた）に塗り分けられたイースト・エンドの地図が1枚付属していた。「1887年の学務委員会視察員の報告に基づくイースト・エンドの貧困分布図」と称したこの地図は、ブースの名を有名にした一連の地図の最初のものだった。

調査がロンドンの豊かな地域にも広がるにつれて、階級の分類のために黄色を追加する必要が生じた。その結果、1891年に出版された「1889年度版ロンドンの貧困分布図」では、次のような7色の色分けが用いられた。

| 色 | 社会的地位 |
|---|---|
| 黒 | 最下層階級。堕落し、半ば犯罪者 |
| 青 | 非常に貧しく、その日暮らし。慢性的な困窮状態 |
| 水色 | 貧しい。平均的な家庭の収入は週に18-21シリング |
| 紫 | 混合。ゆとりのある家庭と貧しい家庭が混在 |
| 桃 | かなりゆとりのある家庭。標準的で十分な収入がある |
| 赤 | 裕福。中流階級 |
| 黄 | 中流の上と上流階級。富裕層 |

また、1891年にブースは2冊目の調査報告書とともに、「1889-90年のロンドンの貧困の段階を示す地図」と題して真の「貧困」地図を出版した。この地図ではロンドンは134地域に分けられ、青から紫まで7段階の濃さで塗り分けられた。もっとも明るい色の地域は貧困レベルがもっとも低く、もっとも暗い色の地域の貧困レベルはもっとも高かった。ブースは1902年に「1889年度版貧困地図」を改訂し、同じ色分け方法を使って大きな判にした地図を「ロンドン貧困地図1898-99年」と題して出版した。このふたつの地図は社会調査の最高峰とも言えるもので、広範囲な街頭調査に再調査を行なうことで、ふたつの地図を比較して同じ地域の社会的な変化をたどることができる。

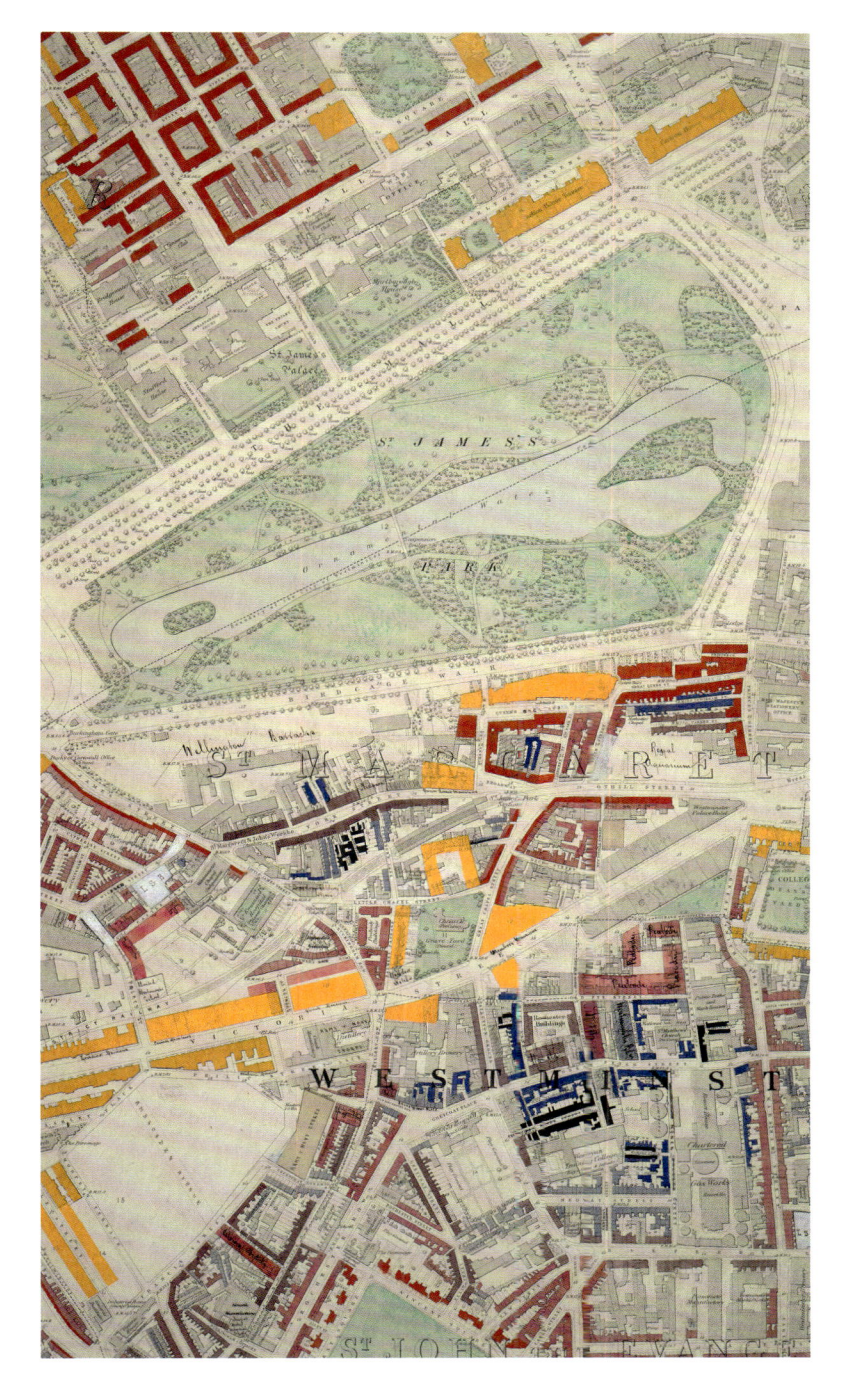

ブースの目標は、「ロンドンのどこにどの程度の貧困が存在するかだけではなく、産業と貧困の関係、そして既存の社会政策が良かれ悪しかれ貧困に与える影響」をさらに深く理解することだった。ブースの調査は、ロンドンの人口の30.7パーセントが貧困状態にあること、そしてその原因は低賃金と不安定な雇用であって、怠惰や不道徳といった個人的責任ではないことを明らかにした。ブースの考えでは、既存の慈善的な努力では不十分だった。ブース自身は「政治的には保守派であり、気質においても経済的な視点においても断固たる反社会主義者」だったが、貧困問題にはある程度の政府の介入が不可欠であると結論づけた。政府は「無力な人々」と「みずからを養う能力のない人々」を救済すべきであるとブースは主張した。

[AW]

**チャールズ・ブースの貧困地図の原図（部分）、1888-89年**
この部分にはセント・ジェームズとウェストミンスターが描かれ、この地域の特徴である社会的階級の混在が地図の色分けに反映されている。

| 第10章——ヴィクトリア朝後期のロンドン

# 鉄道、馬車鉄道、地下鉄

ロンドンの鉄道網は地上にも地下にも拡大した。
ロンドン中心部では馬が引く馬車鉄道が、
労働者に安価な新しい交通手段を提供した。

19世紀半ばまでに、ロンドンの中心部の周囲には世界のどの都市よりも多数の鉄道駅が集まっていた。しかし1851年には、毎日多数の通勤客を運ぶのはグリニッジ鉄道のみで、駅はロンドン・ブリッジ駅だけだった。その後1860年代にテムズ川を渡る鉄道橋が建設され、シティではキャノン・ストリートとブラックフライアーズ駅まで、ウェストミンスターではチャリング・クロスとヴィクトリア駅まで線路が延長された。これらの駅は特にロンドンで働く人々の便宜を図るために場所が決められた。これらの新しい駅、そして部分的には鉄道そのものが引き起こしたロンドン郊外の爆発的な発達は、ロンドン通勤者という新しい階級と、2度目の鉄道建設ブームを生みだした。

この新しい鉄道建設の影響は、特にロンドンの貧民を直撃した。ミッドランド鉄道が1860年代半ばにセント・パンクラス周辺の地域に線路を通したときは、推定4000軒の家屋が取り壊され、3万2000人が住む場所を失った。家を失った貧しい人々は、仕事場から遠ざかるのを嫌って元の家の近くに新しい住居を見つけざるを得なかったので、そこはまもなく貧民窟となり、ロンドンはますます過密状態になった。鉄道の建設によって家を失った人々のために、鉄道会社が新しい家を提供することを義務づける法律が成立したのは1885年になってからだった。1850年から1900年までに、全体で10万人ものロンドン市民が鉄道建設のために家を失った。

## 地下鉄

1850年代までに、ロンドン中心部の道路の混雑状態は大きな問題になった。問題の解決のために採用されたのは、世界初の地下鉄の建設だった。「地下」というのはこの新しい鉄道の性質を誇張しすぎかもしれない。地下鉄の路線の大半は、道路のすぐ下に掘られた空間を通っていた。その建設方法は開削工法と呼ばれ、線路の通る溝を掘ってガス、水道、下水管をすべて別の場所に移動させ、線路が敷けるように地面を平らにした。それからレンガ造りのアーチを連続して並べて屋根を作り、その上に道路を再建した。本当に地下深くに掘られた唯一のトンネルは、新しい路線の終点にあたるクラークンウェル地区のマウント・プレザントにあった。

最初の地下鉄メトロポリタン鉄道は1863年1月9日金曜日に開業し、翌朝、料金を払った最初の乗客がパディントンからファリンドン・ストリートまで地下鉄で移動した。煙が立ち込めて窒息する心配や、トンネル内での火事の危険に対する最初の恐れは杞憂であることがわかった。『タイムズ』紙

**ロンドンの地図、1882年**
この地図は鉄道網（青の線）と線路の延長計画、その他の鉄道の路線、そしてそれらに接続する馬車鉄道とオムニバスのルート（赤の線）を表示している。

は、地下鉄メトロポリタン鉄道は「現代の偉大な技術の勝利とみなすことができる」と報じた。その成功は、開業した最初の年に1000万人近い乗客が乗車したという事実を見れば明らかだ。もうひとつの鉄道会社、メトロポリタン・ディストリクト鉄道は1864年に議会の認可を得て、ノッティング・ヒル・ゲート、グロースター・ロード、そして東のシティまで線路を延長し、メトロポリタン鉄道に合流して「インナー・サークル」と呼ばれる環状線を完成させた。2000人の労働者と200頭の馬、そして58台の蒸気機関が動員され、連棟住宅、道路、広場の下が掘り進められた。1870年には延長された線路がブラックフライアーズに到達したが、環状線の完成にはさらに14年かかった。

メトロポリタン鉄道とメトロポリタン・ディストリクト鉄道につながる路線は他にも建設された。ハマースミス、リッチモンド、イーリング・ブロードウェイ、そしてウィンブルドン行きの路線はディストリクト鉄道に合併された。メトロポリタン線のベイカー・ストリート駅からセント・ジョンズ・ウッド鉄道に乗り換えてセント・ジョンズ・ウッド・ロード、そしてハムステッドに行くことができた。この路線は1860年代末にスイス・コテージまで延長され、1880年代にはウェスト・ハムステッド、ウイルスデン・グリーン、そしてハーローに達した。

## 馬車鉄道

馬車鉄道は、本質的には溝のある鉄の軌道上を走る鉄の車輪のついたオムニバスだった。馬車鉄道はアメリカでは広い範囲で利用されたが、1870年に市街電車法が成立するまで、ロンドンでは普及しなかった。アメリカの事業家ジョージ・フランシス・トレインは馬車鉄道の利点を宣伝するため、1861年に3つの試験的な馬車鉄道の路線を敷設した。そのうち最初のものはベイズウォーター・ロードの南側に沿って走った。しかし、一般からの激しい反対を受けて、3つの馬車鉄道の路線はすぐに廃止された。鉄道同様に、馬車鉄道もロンドン中心部まで延長することは認められなかった。鉄道はロンドンの過密状態をいっそう悪化させ、歩行者や、馬によるその他の交通手段にとって危険ではないかと心配されたからで、線路が通る周囲の資産価値が下がるのではないかという不安もあった。

成功した最初の馬車鉄道は、南ロンドンの郊外に通じる主要道路に沿った路線と、シティ東部に作られた。ひとつの路線はウェストミンスター橋の南側からケニントンに向かい、もうひとつはブラックヒースからニュー・クロスを通って、エレファント、キャッスル、カンバーウェル、そしてケニントンのいずれかに向かって走った。イースト・エンドにはホワイトチャペルとストラトフォードを結ぶ馬車鉄道があった。

馬車鉄道は2頭の馬で簡単に引くことができ、一度におよそ15人の乗客を乗せられた。結果的に、馬車鉄道はロンドンでもっとも安価な交通手段となった。1875年までに、348台の馬車鉄道がおよそ100キロメートルの軌道上を、年間およそ4900万人の乗客を乗せて走るようになった。馬車鉄道はだいたい3分から4分ごとの間隔で頻繁に走った。馬車鉄道はオムニバスよりも揺れず、乗り心地がよかった。また、早朝から走ったので、家から工場、商店、事務所まで通おうとする労働者階級の人々には人気があった。町の周囲で安く、かつ速く移動できる乗り物は、地上や地下の鉄道ではなく、馬車鉄道だった。1895年にロンドン州議会が管轄区域の中心部の馬車鉄道を引き継いだときは、ロンドン内の約160キロメートルの馬車鉄道の軌道を年間およそ2億8000万人の乗客が利用するまでになっていた。

[AW]

**チャリング・クロス駅構内、1864年**
開業した年のチャリング・クロス駅。錬鉄製の最初の屋根は1905年に崩壊した。

**ブラックフライアーズ橋の下の「かいほり」、1869年**
メトロポリタン・ディストリクト鉄道の地下鉄工事の撮影を委託されたヘンリー・フレイザーによる写真。この写真はクイーン・ヴィクトリア・ストリートとニュー・ブリッジ・ストリートの間で進行中の工事を撮影したもの。

第10章——ヴィクトリア朝後期のロンドン

# 過酷な労働と労働争議

1880年代末になると、ロンドンの日雇い労働者、未熟練労働者、家内労働者からなる膨大な労働人口が社会の関心を集めた。新しく組織された労働組合は労働者に発言力を与えた。

**労働搾取者の溶鉱炉、1888年**
この『パンチ』誌の風刺漫画は、安価な既成服製造業が利益のために人の命を食い物にする状況を描いている。

**労働組合の旗**
1889年の港湾ストライキ後に設立された港湾労働者組合を記念して作られた旗。ストライキ中のオーストラリアからの財政支援に敬意を表して、ロンドンとオーストラリアの港湾労働者が握手を交わしている姿が描かれている。

　低賃金で劣悪な「苦汁」労働に従事する数万人もの労働者は、過酷な貧困にあえぎながら、成長を続ける中流階級や低層中流階級が求める安価な商品を製造する仕事をした。長時間労働、低賃金、劣悪な労働条件は、多数の小さな企業に蔓延する問題だった。そのような問題は、マッチ箱、ブラシ、造花作りのような仕事にはどれも共通して見られたが、それがもっとも顕著なのは被服、靴、家具産業で、1880年代までにこれらの産業はステップニーやスピタルフィールズ、イースト・エンドのベスナル・グリーンに集中していた。

　「苦汁」労働は昔からあったが、大衆は労働者の悲惨な状態に次第に衝撃を受けるようになった。1888年、上院は調査を行ない、安価な既成服を作る労働者の搾取を示す明白な証拠を得た。家内労働や、従業員に重労働を強いる労働搾取者の「巣窟」は、工場労働の条件を規制する新しい法律の対象にはならなかった。労働問題が取りざたされるのは主としてロンドンで、ロンドンでは男女を合わせて数万人の未熟練労働者が強欲な家主や中間業者の意のままになってその日暮らしを送っていた。

　苦汁労働制度の本質はふたつあった。ひとつは生産工程が段階的に分けられ、それぞれの仕事を別々の労働者が担当する分業制で、もうひとつは生産工程の下請け化だった。たとえばひとりの熟練した職人が一着の背広を仕立てる代わりに、未熟練労働者のチームが、それぞれボタンホールを縫うとか、布にアイロンをかけるといった単純作業を行なって背広が作られるようになった。その結果、客は背広を仕立屋から直接買うのではなく、未熟練労働者を雇うか、仕事を委託した中間業者（労働搾取者）から製品を購入した商店から買うことになった。

　ひとつの製品の生産を、簡単に覚えられる単純な反復作業に分けたことによって、搾取する側には無限の労働力の供給が保証されることになった。その中には女性、子供、減少するロンドンの仕事にあぶれて失業した男性、そして移住者が含まれていた。縫製機械と帯鋸の導入によって、未熟練労働者が仕事に入りやすくなった。

　労働搾取者の間の激しい競争によって、労働者は繁忙期には貧困線すれすれの賃金で長時間労働を強いられた。1888年にイースト・エンドの長靴仕上げ工のソロモン・ローゼンバーグは1日17-18時間働いて、1週間の賃金は50シリングだった。これはチャールズ・ブースが定義した「慢性的困窮」状態をはるかに下回っている。不況期になると、労働者はめったに、あるいはまったく仕事にありつけなかった。

　苦汁労働はほとんど広い空間や設備を必要としなかった。イースト・エンドの仕立て業や長靴製造業の作業場では、工場視察官の目の届かない奥の部屋や屋根裏、地下室まで、すべてに労働者が押し込まれていた。食事は作業台で済ませ、日光が差し込まない部屋も多く、窮屈で、しばしば暑い場所に10人余りが詰め込まれていた。

　苦汁労働に技術はほとんど必要なかったし、作業場を設立するのに元手はほとんどかからなかった。数万人のユダヤ人移民がイースト・エンドの苦汁労働に誘い込まれた。ユダヤ人は長時間、低賃金、劣悪な条件の労働でも文句を言わずに引き受けたので、イギリス生まれの労働者がよそ者に仕事を奪われるという不満が高まった。

## 新労働組合運動

　労働搾取の状況がますます悪化し、不況によってウェスト・エンドでの失業者による暴動が過熱する一方で、1880年代末にロンドンの未熟練労働者の地位に大きな変化が生じた。これまでにない決意に燃え、彼ら自身の階級出身で、

## 地図凡例

- 労働組合を持つ製造業
- ガス工場（労働組合がある）
- 苦汁労働が行なわれていた地域

地図上の地名：ハックニー、クラークンウェル、ショアディッチ、ベスナル・グリーン、ブライアント・アンド・メイズ・マッチ工場、スピタルフィールズ、ステップニー、ホワイトチャペル、コヴェント・ガーデン、ロンドン・ドック、ライムハウス、東インド・ドック、王立ヴィクトリア・ドック、王立アルバート・ドック、サザーク、バーモンジー、サリー商業ドック、ロザーハイズ、西インド・ドック、ミルウォール・ドック、ウリッジ、ランベス、デットフォード、グリニッジ、テムズ川、リー運河、リー川

家具製造／家具製造、仕立て業、長靴・靴製造／仕立て業／長靴・靴製造／仕立て業

---

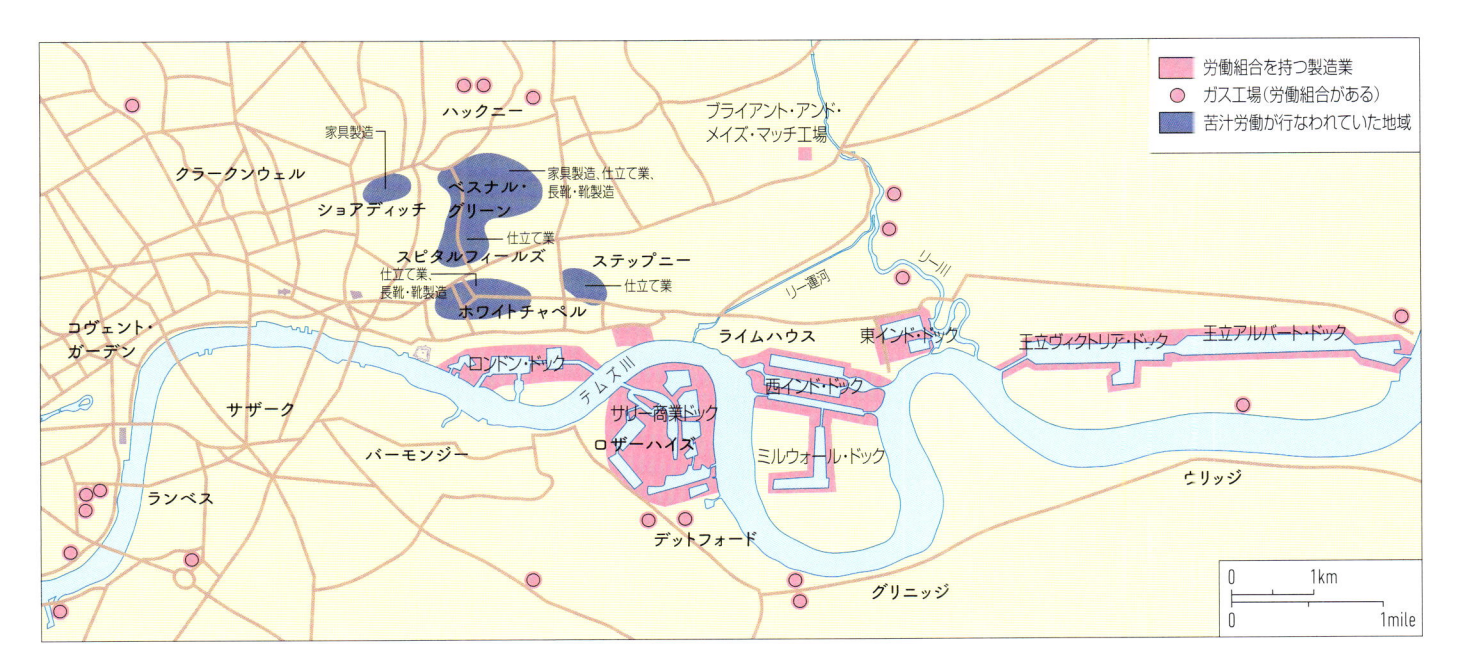

大学教育などを受けていない独学の指導者に率いられ、中流階級の社会主義者の支援も受けて、未熟練労働者は労働者の権利を勝ち取るために組織を結成した。ロンドンの労働組合運動は熟練した職人の保護から、増大する未熟練労働者の連帯を促す戦闘的で攻撃的な「新労働組合運動」へと変貌した。

新労働組合運動の先鋒は、1888年の夏にボーのブライアント・アンド・メイズ・マッチ工場で働く女性労働者が起こしたストライキだった。3週間にわたるストライキののち、新聞や大衆の支持も手伝って、彼女たちの要求は認められた。それから1年もたたない1889年5月に、イースト・ハムのベクトンにあったガス・ライト・アンド・コーク社の工場で火夫として働いていたウィル・ソーンが「港湾労働者・一般労働者組合」のベン・ティレットの支援を受けて、ガス労働者・一般労働者組合を結成した。彼らはただちにガス労働者の1日の労働時間を8時間に短縮することを要求し、認めさせた。

続いて同じ年にロンドンの港湾労働者もストライキに突入した。これは19世紀の労働運動史上もっとも重大な事件だった。日雇い港湾労働者は、仕事にありつくためにドックの門前で数時間も「指名」を待つという屈辱的な習慣に甘んじてきた。こうして得られる仕事で彼らが稼げるのは1時間にわずか5ペンスにすぎなかった。8月14日、西インド・ドックでのささいな口論がエスカレートし、ロンドン港のすべての港湾労働者が全面ストライキに突入した。ベン・ティレット、トム・マン、トム・マッカーシー（港湾労働者組合の書記長）、ジョン・バーンズ、そして社会民主連盟の社会主義的な原則に心酔する労働組合主義者の支援により、港湾労働者たちは十分な能力と将来の見通しを持って、ただちに労働組合を結成した。

ストライキ委員会が設立され、ストライキ基金が集められた。大衆と報道関係の支持と彼ら自身の士気を慎重に見計らいながら、港湾労働者は毎日「大聖堂の礼拝並みの規則正しさ」で、レドンホール・ストリートのドック会社の本社を目指してシティをデモ行進した。彼らの立派な態度は見るもののすべてに感銘を与え、イギリス、アメリカ、そしてヨーロッパ中から資金援助が寄せられた。オーストラリアからの莫大な寄付によって、彼らは9月までストライキを継続することができた。

ついに9月5日、ドック会社は港湾労働者の要求に応じた。もっとも有名な要求である時給6ペンスは、ジョン・バーンズの有名な「傷ひとつない真ん丸な港湾労働者の6ペンス銀貨」という言葉で永遠に記憶されることになったが、それも実現した。その年の終わりまでに、港湾労働者組合の組合員の数は数百人から1万8000人に膨れ上がり、それから数年の間に多数の新しい労働組合が組織された。

ロンドンの労働組合の勢力は、その後の10年間に浮き沈みを経験したものの、労働条件の変化の潮流は、ロンドンの未熟練労働者の有利に働いた。1890年代に、ロンドンの労働組合員の数は1888年の数値から倍増した。1880年代末の出来事はロンドンの労働者の間に新たな自信と決意、そして自覚をはぐくんだ。20世紀の労働改革の基礎はこうして築かれたのである。

［JH］

**労働組合と苦汁労働**
ロンドンの苦汁産業はイースト・エンドに集中していた。労働組合化されたドックやガス製造工場は、将来の労使関係に新たな力強い展望を与えた。

---

### ✣ アニー・ベサントとマッチ・ガールのストライキ

1888年6月、社会改革主義者のアニー・ベサント（1847-1933年）に社会主義思想誌の『リンク』に「ロンドンの白人労働」と題する記事を発表した。その記事は、ボーのフェアフィールド・ワークスにあるブライアント・アンド・メイズ・マッチ工場の労働者が強いられている劣悪な労働条件と低賃金を暴いたものだった。1日14時間働いて賃金は1週間に5シリング［1シリングは12ペンス］未満で、作業中の私語やマッチを落とすといった違反行為には罰金が科せられた。女性労働者の多くはマッチの製造に使われるリンの中毒症状で、皮膚の黄色化や脱毛、そして骨ガンの一種でリンによって顎骨が壊死する「燐顎」に苦しんでいた。この記事に対するブライアント・アンド・メイズ社の対応は、ベサントの取材に応じた3人の女性を解雇するというものだった。

工場労働者全員がストライキに突入し、解雇された同僚の復職と賃金および労働条件の改善を要求した。マッチ・ガールとベサントは協力し、固い決意を持ってストライキを組織した。彼女たちはボー・ロードに本部を設置し、ストライキ基金を創設して、国会議事堂前に姿を見せ、デモを行ない、リージェンツ・パーク、ヴィクトリア・パーク、マイル・エンド・ウェイスト、そしてウェスト・エンドで集会を開いた。「リンク」誌に世間に向けたアピールが掲載され、支援者は新聞に応援記事を書いた。

数週間後、ブライアント・アンド・メイズ社はすべての要求に応じた。マッチ・ガールは女性マッチ労働者組合（のちのマッチ製造者組合）を設立し、アニー・ベサントが初代書記長に就任した。

# パブとミュージック・ホール

ヴィクトリア朝のロンドンの労働者階級が暮らす地域では、パブとミュージック・ホールが活気のある娯楽としてにぎわった。機知に富み、陽気で騒がしいコックニー文化が花開いた。

「現代の疫病」、1880年（部分）
禁酒運動の一環として、商工名鑑に載っているすべてのパブをロンドンの地図に表示してある。

ヴィクトリア朝のロンドンは娯楽と楽しみにあふれた都市だった。ウェスト・エンドに繰り出す余裕のない貧しい人々も、地元のパブ、ミュージック・ホール、大道芸人などによって、貧困や貧民窟の生活の惨めな現実を忘れて憂さ晴らしができた。ちゃんとした屋内の娯楽と自然発生的な屋外の乱痴気騒ぎに大差はなかった。パブやミュージック・ホールから出てきたロンドン市民は夜遅くまでやっている市場を訪れ、大道芸人や手回しオルガン弾きが奏でるミュージック・ホールのはやり歌に耳を傾け、夜のお楽しみを長引かせることができた。

## ロンドンのパブ

19世紀を通じて、パブと禁酒運動はロンドンの労働者階級の支持を求めて競い合った。パブは労働者の住む地域にたくさんあり、貧困と悲惨な生活、そして貧民の人生を損なう悪徳の元凶だと非難された。1890年代のソーホーには357軒のパブとビア・ハウス、192軒の無認可の店があった。一方ロンドン東部では、コマーシャル・ストリートとステップニー・グリーンに挟まれたホワイトチャペル・ロードの1マイルの間に48軒の酒場があった。パブは毎日朝6時半から夜中の12時半まで開店することが許され、労働者に仕事前の、あるいは仕事帰りの一杯を提供した。

### ✣ アルバート・シュヴァリエ：ミュージック・ホールの大スター

アルバート・シュヴァリエ（1861-1923年）は14年間ストレート・プレイの役者を務めた後、バラエティショーに転じた。シュヴァリエは1891年にホワイトチャペルのロンドン・パヴィリオン座でミュージック・ホールにデビューした。シュヴァリエは最初の、そしてもっとも有名なロンドンの「呼売り商人コメディアン」となり、ユーモアを交え、ロンドンの行商人が話すコックニーの押韻スラングで労働者階級の貧困や現状を歌った。長い芸能人生の間に、シュヴァリエはロンドンと外国の両方で大成功を収めた。

兄弟のチャールズ・イングル（オーギュスト・シュヴァリエ）とともに、アルバートはミュージック・ホールで歌われる多数の人気のある歌を作った。「ノックド・ゼム・イン・ザ・オールド・ケント・ロード」や「マイ・オールド・ダッチ」は、ある霧の濃い夏の夜、アルバートがコリンズ・ミュージック・ホールに行く途中で作曲された。切なさをたたえたこの歌は、呼売り商人が年老いた妻と救貧院の戸口で別れるとき、妻に感じる愛情を歌っている。「ダッチ」は「妻(ワイフ)」の押韻スラングで、「ファイフ公爵夫人(ダッチェス・オブ・ファイフ)」の「ファイフ」と「ワイフ」が韻を踏んでいる。

人気絶頂期のアルバート・シュヴァリエ

カウンターの
向こう側、1882年
おそらくカレドニアン・ロードのオールド・ストリートにあった典型的な後期ヴィクトリア時代のパブ。画家のジョン・ヘンリー・ヘンショールは、この場面に子供を描くことによって道徳的な意図を表現している。

しかし、1900年までに、パブは単に労働者のための酒場というよりもっと広い役割をコミュニティの中で果たすようになった。19世紀末のパブ建設ブームで、大きく快適で、華やかな装飾がほどこされたパブが作られた。それらのパブには食堂やビリヤード台が備えつけられ、政治や教育上の目的で借りられる集会室があった。パブは次第に品のよい場所になり、さまざまなお客が集まるようになった。1880年代にチャールズ・ブースは次のように述べた。「若者はパブで恋人を見つけようとする。男女のどちらも自分の家庭を恥ずかしがり、実際よりも上の階級に見せたがるからだ」。

## ミュージック・ホールの流行

パブや安手の演芸場からミュージック・ホールが誕生した。1860年代までに、ロンドンには200を超える小さなミュージック・ホールと、2000人が収容できる大きな施設が30か所あった。ドルリー・レーンの「オールド・モー」(ミドルセックス・ミュージック・ホール)のように、多くは、元はパブに付属した小さな音楽室だった。ミュージック・ホールと売春は、最初から相互補完的な娯楽だった。イースト・エンドのウィルトンズ・ミュージック・ホールでは、売春宿を通らなければ桟敷に入ることはできなかった。一方、レスター・スクエアのミュージック・ホール、エンパイア座の休憩廊下は客を待つ売春婦がたむろしていることで有名だった。

道徳的な観点から反対する人はいたが、ミュージック・ホールの人気は続いた。バラエティショーの大衆的な魅力からはマリー・ロイドやダン・レノ、アルバート・シュヴァリエなどの大スターが生まれた。イースト・エンドにはロンドンのどの地域よりもたくさんのミュージック・ホールがあり、150軒もの施設が主に地元の労働者階級に手ごろな娯楽を提供した。1901年に開業したハックニー・エンパイアのように専用に建てられたホールは、はね上げ式の椅子や大きなステージ、オーケストラ・ピットがあり、快適で近代的な劇場を思わせるものだった。これらの建物は映画も上映した。ミュージック・ホールの経営者は、誕生したばかりのサイレント・ムービー産業が、ライブ・ショーを脅かす存在になるとは考えていなかった。

19世紀末から、ロンドンの娯楽産業はアメリカの大衆文化の影響をますます受けるようになった。大きなアールズ・コートやオリンピア円形劇場は、アメリカから派手な見世物を呼びよせた。1887年にアメリカの興行主のバッファロー・ビル・コディのワイルド・ウェスト・ショーがアールズ・コートで大当たりをとった。毎晩の興行で5か月間に1万5000人もの観客が、ネイティブ・アメリカンによるデッドワッド駅馬車の襲撃や、馬による郵便速達サービスのポニー・エクスプレスの活動、バッファロー狩りの再現を見物し、ライフルの名手として人気を博したアニー・オークレーの射撃の実演に目を見張った。しかし、このショーの人気はアールズ・コートにとどまらなかった。テムズ川南岸のグレーヴセント・ドックに到着したあと、カウボーイ、ネイティブ・アメリカン、駅馬車、馬、牛からなる一団は、大勢の観衆に見守られながら華やかな行列でロンドンに入った。数週間後、一座はヴィクトリア女王の在位50周年記念のパレードに先立って、ふたたびロンドン中心部を馬で行列した。

1898年、オリンピア円形劇場は同じように壮観な、アメリカのサーカス一座バーナム・アンド・ベイリーによる見せ物「地上最高のショー」を上演した。3つの演技場のあるサーカスと「風変わりな生きもの」の余興は観客を魅了した。ショーのクライマックス、「ネロ、またはローマの破壊」は1000人の役者と二輪戦車の競争、剣闘士の戦いなどを取りそろえた派手な歴史作品だった。一番安い席はたった1シリングで、幅広い階級からさまざまな観客を引きよせた。

ヴィクトリア朝のロンドンはアメリカ文化を取り入れたが、大衆娯楽は外国やイギリスの他の地域からロンドンに移住してきた人々からも影響を受けた。アイルランドのコメディアンからイタリアの大道音楽師、スコットランドのミュージック・ホールの歌手、イディッシュ語の劇、北部の木靴ダンスまで、ロンドン市民が楽しめる娯楽の種類の多さに、ロンドンに住む人々の多様性が反映されていた。19世紀末までに、ロンドンは世界の娯楽が集まる都市になった。　　[BC]

# オスカー・ワイルドのロンドン

機知に富んだ作家のオスカー・ワイルドが1895年に裁判にかけられた事件は、表向きは否定されていても、同性愛がロンドンの社会構造のもっとも上流の部分にも存在していたことを示している。

**アシニーアム**
アシニーアムの入口広間。ペル・メルにあった紳士クラブで、えりすぐりの知識人が会員になっていた。

**オスカー・ワイルドの肖像、1884年**
華麗な社交界の名士だったワイルドを描いたカーロ・ペリグリーニの風刺画。雑誌『ヴァニティ・フェア』の「当世の紳士」シリーズに掲載された。

ヴィクトリア朝のロンドンの余暇は、家庭生活の息苦しさから逃れる貴重な機会だった。見知らぬ者同士が集まる都会生活では、伝統的な身分の区別があいまいになり、多数の男性が自分とは違う生き方をする人々に出会った。ロンドンには色男、見せかけばかりの大立者、自由奔放な芸術家、遊び人がひしめき、みな楽しみを追い求めていた。ウェスト・エンドの劇場から紳士クラブ、そしていかがわしい場所に出入りする人には、ミュージック・ホールや酒場、売春宿、コーヒーハウスまで、楽しい一夜を過ごす場所はいくらでもあった。紳士階級なら、チェルシーのクレモーン遊園などで夜の散歩を楽しむこともできた。推定5万5000人の売春婦が通りや売春宿で客引きをしていたと考えられているロンドン市街は、夜が更けても楽しみは尽きなかった。

ウェスト・エンド周辺には、サヴォイやリッツ・ホテル、ストランドのティヴォリやシャフツベリー・アヴェニューのクライテリオンといったレストランなど、しゃれた新しいホテルやカフェ、レストランが登場しつつあった。これらの場所は新しい経験や刺激を提供したが、それらの店をひいきにする世慣れた客のせいで、芳しくない評判を得ることもあった。

## 秘密のサブカルチャー

ロンドンには、小さな都市では得られない同性愛行為の機会があった。男性の同性愛行為は違法で、品位を重んじる社会では禁忌とみなされていたが、「倒錯者」や「メリー・アン」〔男性の同性愛者を指す俗語〕のための秘密のサブカルチャーは存在し、独特の微妙な表現や合図、出会いの場所や行きつけの店を持っていた。ロンドンには上流階級の男性が異なる階級の男性を連れて公然と出かけられる場所がいくつもあった。ピカデリー・サーカスやオックスフォード・ストリートは、ホモセクシュアルが相手を探し、男娼が客引きをする場所として悪名高かった。これはおそらく1860年代にウェスト・エンドに男性用小便器を備えた公衆便所が設置されたことに関係があるだろう。セント・ジェームズ・パークとハイド・パークは両方とも、「不埒なふるまいを防ぐために」夜間は閉鎖することが義務づけられていた。ノーサンバーランド・アヴェニューのヴィクトリア・ホテルやフリー・ストリートのアンダートンズ・ホテルのような新しいホテルは、ゲイの密会場所とほとんど同義になった。

男色に対する死刑は1861年に廃止されたが、1885年に導入された刑罰では、男性同士のどんな性的交渉も「著しいわいせつ行為」として禁固2年か、ときには懲役刑を科せられた。こうした厳しい目にさらされながらも、19世紀にはホモセクシャルがらみのスキャンダルが絶えなかった。

1871年、バーリントン・アーケード、レスター・スクエアのアルハンブラ劇場、そしてブラックフライアーズ劇場で、ふたりの男性が女装して娼婦に交じっていたところを見つかって逮捕された。アーネスト・ボールトンとフレデリック・パークは、それぞれ「ファニー」と「ステラ」と呼ばれ、同性愛行為を誘った容疑で逮捕されたが、陪審は彼らの女装が単に浮かれてはめをはずしたにすぎないと判断して釈放した。

1880年代から90年代にかけて、中流階級の男性と労働者階級の少年や兵士、労働者が関わった多数の事件があった。1889年7月、警察がクリーブランド・ストリートの男娼宿に踏み込み、多数の若者がわいせつ行為で有罪判決を受けた。新聞は位の高い貴族の関与と隠ぺい工作の証拠を発見し、まもなくスキャンダルは明るみに出た。この事件は同性愛が労働者階級の若者を堕落させる「貴族の背徳」であるという大衆の懸念をあおり、この事件の続報は何か月も新聞紙上を賑わせた。

## クラブ

紳士クラブ、そしてペル・メルやセント・ジェームズの独身者用の下宿は1830年代から盛んに作られた。クラブは快適なホテルの利点をすべて備えていたが、個室、レストラン、集会所は、あるものもないものもあった。クラブでは食事ができ、議員、スポーツ愛好家、社交家、自由奔放な生き方をする人、芸術家、演劇関係者にくつろぎや談論の場を提供したが、大半のクラブは社交目的で、会員になるための厳格なルー

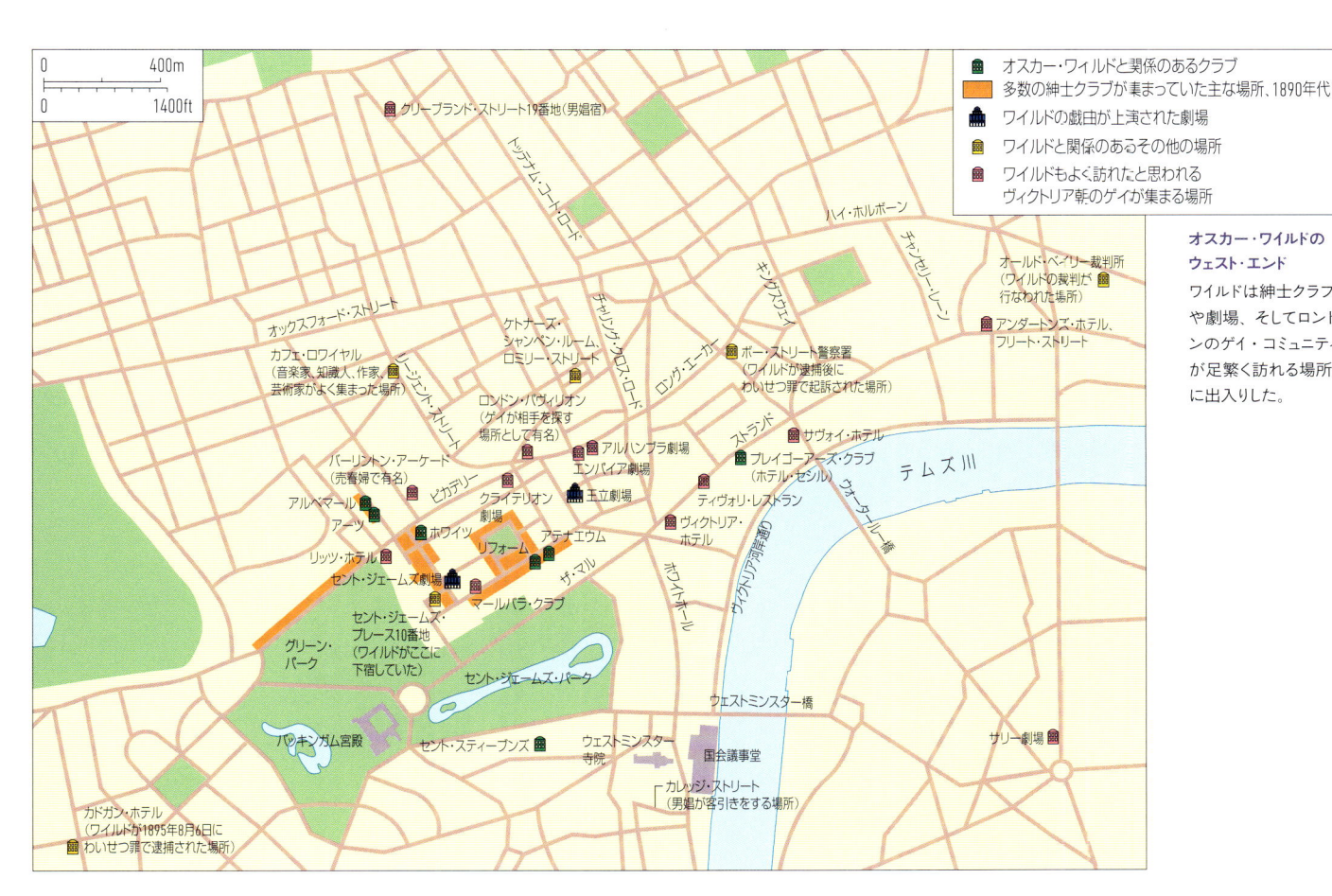

**オスカー・ワイルドの
ウェスト・エンド**

ワイルドは紳士クラブ
や劇場、そしてロンド
ンのゲイ・コミュニティ
が足繁く訪れる場所
に出入りした。

ルやエチケットがあった。クラブは妻子のある男性や独身男性が、品位を保ちながら家庭のわずらわしさから逃れられる場所だった。紳士はそこでくつろぎ、情報交換をした。クラブには伝統を重んじる人ばかりでなく、一風変わった人も集まった。

1865年に開業したカフェ・ロワイヤルはクラブのような雰囲気があり、深夜まで営業している有名な店だった。この店はロンドンで流行した自由奔放なボヘミアン文化を生んだ芸術家や作家に愛好され、音楽家、知識人、芸術家、アメリカ人画家のJ.M.ホイッスラーや、画家で小説家のオーブリー・ビアズリー、そしてオスカー・ワイルドらが集ったため、「有名人の社交場」と称された。

## ワイルド事件

アイルランド生まれのオスカー・ワイルドはオックスフォード大学モードリン・カレッジの優秀な学生で、彼はそこで「他人と違って非凡であることの危険と喜び」を見出した。1879年にロンドンに来たワイルドは、1884年に結婚し、ふたりの子供をもうけた。そして作家としての名声を確立し、才気あふれる言動で人気者になった。奇抜なふるまいと服装を好んだワイルドは、しばしばカフェ・ロワイヤルで取り巻きに囲まれている姿が見られた。

結婚していたにもかかわらず、ワイルドはたびたび若い男性と親密な関係に陥った。その多くは異性装者のアルフレッド・テイラーの紹介によるもので、テイラーのウェストミンスターの自宅をワイルドはしばしば訪れていた。ワイルドはセント・ジェームズの下宿も使いつづけ、サヴォイ・ホテルにも頻繁に滞在した。

1891年、ワイルドはロード・アルフレッド・「ボジー」・ダグラス［ボジーは「坊や」を意味する愛称］と濃密な関係に陥り、ふたりの仲はおよそ4年にわたって続いた。彼らはロンドンの性的に自由な秘められた世界に浸り、労働者階級の男性や男娼の少年と交際しながら、上流社会の生活を楽しんだ。ワイルドの作家、劇作家としての名声は高まり、彼の戯曲の2大傑作は1891年と1895年に執筆された。そのひとつの『真面目が肝心』には、同性愛を表わす隠語が盛り込まれている。

ボジーの父クィンズベリー侯爵は息子とワイルドの関係に強く反対し、1895年2月18日、ワイルドのロンドンのクラブ、アルベマールに押し掛けた。彼はそこでワイルドを「男色家気取り」と非難するメモをつけた名刺を残した（「男色家」の綴りを間違えていた）。友人らの反対を押し切って、ワイルドはクィンズベリー侯爵を文書による名誉棄損罪で訴えた。この民事訴訟でワイルドは負け、4月にはわいせつ罪で逮捕され、裁判でいくつかの証拠が提出された。

ワイルドは法廷で激しく、しかも人の心に訴えかけるような抗弁を行なったが、世間を騒がせた裁判ののちに、2年間の懲役刑が宣告された。ワイルドの仕事、名声、家庭は、取り返しのつかない痛手を受けた。ワイルドは6か月間ワンズワース刑務所にいて、残りの刑期をレディング・ゴールで過ごした。1900年、ワイルドは失意のまま亡くなった。

19世紀末、「あえて口にすることのできない愛」とダグラスが詩に歌ったホモセクシュアリティは、この有名な裁判によって大衆の関心にさらされた。ヴィクトリア朝の社会はホモセクシュアリティの存在を認識させられ、同性愛の解放運動に最初の小さな一歩が刻まれたのである。　[SS]

| 第10章――ヴィクトリア朝後期のロンドン

# ヴィクトリア朝の芸術

芸術家の社会的地位が向上するにつれて、ロンドンに芸術家の社会が確立しはじめた。芸術家の中には仕事場を兼ねた邸宅をケンジントンやセント・ジョンズ・ウッドに建てる者もいた。

**ベイズウォーター・オムニバス、1895年**
画家のジョージ・ウィリアム・ジョイは近代のロンドン生活を魅力的な絵にする際に、シティの紳士から貧しい帽子売りまで、あらゆる階層の人々をオムニバス馬車の中に詰め込んだ。ジョイは自分の妻と娘をモデルにしている。ジョイは王立芸術大学や王立美術学院で、ミレー、レイトン、ワッツに師事した。

「芸術に触れたいという願望は、もはや限られた人々のものではなくなった。芸術を解さない俗人社会で孤立する数少ない専門家の悲哀は、過去のひとつの特色だったが、今では逆に、あらゆる人々が、新しいアイデアや積極的な意欲こそ大衆を説得する力があるということを多少なりとも明らかにしはじめた。まもなく変化は疑う余地のない現実になった。」（1897年に発行された芸術雑誌『スタジオ』より、「ヴィクトリア朝の画廊」）

芸術と芸術家の人気は、ヴィクトリア朝後期のイギリスの特筆すべき性質となった。地位や身分の流動性が高まったことで、芸術は社会のあらゆる人々を文化的に向上させる働きがあると信じられるようになった。こうした信念に基づいて、ロンドンではいくつもの画廊が作られた。その中には普遍的で教育的な芸術の価値を信じる慈善団体によってロンドン最大の貧民街のひとつに設立されたサウス・ロンドン・ギャラリーなどがある。1880年代と1890年代には、王立美術院の夏の展覧会に記録的な数の来場者が訪れ、5月から8月までの鑑賞者の数は平均35万5000人に達した。

芸術家にとって、ロンドンのヴィクトリア朝後期は黄金時代だった。彼らは作品を通して社会の最上層部の人々と交流を持つことができた。彼らの作品の人気が高まり、新興商工業者の中流階級が買い求めるようになって、この時代の芸術作品の価格はかつてないほど高騰した。おそらくさらに重要なのは、本物を買う資力のない人々によって、膨大な枚数の絵画の複製が飛ぶように売れたことだろう。絵画とその著作権は独立したふたつの商品として、しばしば別々に販売された。芸術家の懐は潤い、豪邸や名士きどりの生活といった派手なふるまいが、新聞で面白おかしく取り上げられた。

ロンドンはヴィクトリア朝の芸術界の中心だった。そこでは王立美術院やグロヴナー・ギャラリーのような主要な美術館の年に一度の展覧会だけではなく、ロンドン各地で発達した芸術家のコミュニティも賑わった。新人芸術家はロンドンの私立の画塾で修業を始め、いずれは王立美術院が運営する学校に入りたいと夢見ていた。1869年にバーリントン邸に移転した王立美術院は、芸術家の目指す頂点だった。特権的な40人の会員のひとりになれば、作品の売れ行きは保証されたも同然だった。また、一年でもっとも権威と人気を誇る夏の展覧会で作品が一番目立つ場所に飾られた。当時はたくさんの絵を一か所にまとめて展示していた時代で、王立美術院会員の作品は鑑賞者の目の高さに飾られ、それ以外の作品は壁の高いところに掲げられるか、床に触れる位置に展示された。

## 仕事場とモデルハウス

19世紀ロンドンには、ケンジントン、セント・ジェームズ・ウッド、チェルシー、ハムステッドの4か所に主要な芸術家のコミュニティがあった。成功の報酬として金銭的な見返りを手にしたこの時代の芸術家は、家庭と仕事場の境界があいまいな大きな「邸宅」を作りはじめた。これらの家屋は彼らの成功を外面的な形で世間に誇示すると同時に、ひとつの建築様式に偏らない風変わりな建物を建てることで、彼らの芸術そのものを反映した住居になった。これらの家は実質的に、作品を宣伝し、お客に感銘を与え、有名芸術家としての体面を保つ生活をするためのモデルハウスだった。たとえば日曜日には、芸術家は普段ひいき客を迎えるときよりも大きくドアを開いて、一般大衆が家の中を見て回るのを許可した。画家のルーク・フィールズ（1844-1927年）の家は、一日で1000人を超える訪問者を迎えた。

## 芸術家村

画家のヴァル・プリンセプ（1838-1904年）とフレデリック・

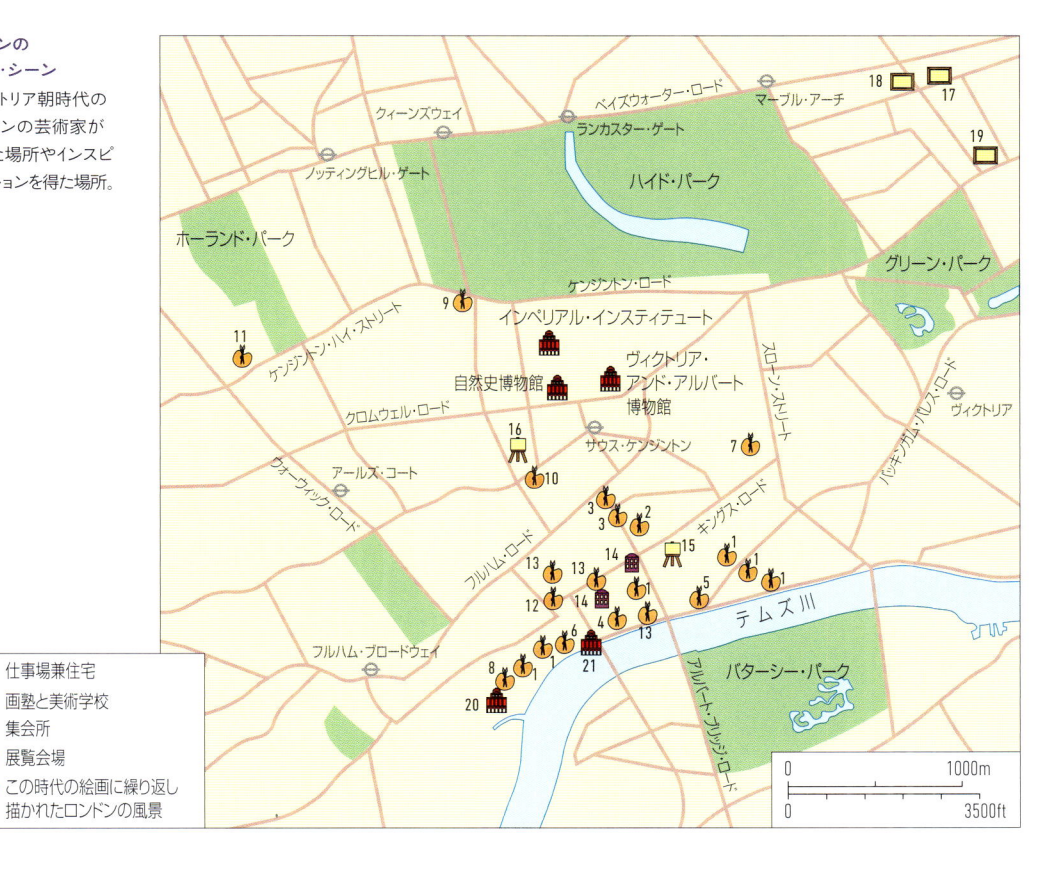

**ロンドンの
アート・シーン**
ヴィクトリア朝時代の
ロンドンの芸術家が
集った場所やインスピ
レーションを得た場所。

凡例：
- 仕事場兼住宅
- 画塾と美術学校
- 集会所
- 展覧会場
- この時代の絵画に繰り返し描かれたロンドンの風景

1. ジェームズ・アボット・マクニール・ホイッスラーが住んでいた場所、1863-90年
2. ジョン・バーニー・フィリップのマートン・ヴィラ、マンシー・ロード、1876年
3. フィリップ・ウィルソン・スティア、ウィリアム・ホールマン・ハント、ルイーズ・ジョプリング、G.P.ジェイコム・フッドなど、トラファルガー・スタジオとウェントワース・スタジオ 1878-1905年
4. ウィリアム・ホールマン・ハント、チェイニー・ウォーク16番地、プロスペクト・プレース、1850-54年
5. ダンテ・ゲイブリエル・ロセッティ、チェイニー・ウォーク16番地、テューダー・ハウス 1862-70年
6. ウォルター・グリーヴズ、チェイニー・ウォーク104番地、1855-97年
7. モーティマー・メンペス、カドガン・ガーデンズ25番地
8. J.M.W.ターナー、チェイニー・ウォーク119番地、1846-51年
9. ジョン・エヴェレット・ミレー、パレス・ゲート2番地、1873-96年
10. カーロ・マロケッティ、オンスロー・スクエア番地、1848-67年頃
11. フレデリック・レイトン、ホーランド・パーク・ロード2番地、1866-96年
12. メアリー・ローンデス、パーク・ウォーク・スタジオ、1897-1906年、グラスハウス、レティス・ストリート東11／12番地、1906年
13. ウィリアム・ド・モーガン、チェイニー・ウォーク30番地、1871年、オールド・チャーチ・ストリート125／127番地、ザ・ヴェール1番地、1887年
14. チェルシー芸術クラブ、キングス・ロード1E1番地、1891年設立、1900年よりオールド チャーチ・ストリート148番地
15. チェルシー美術学校、ロセッティ・スタジオ ＊/5、フリート・ストリート、1903-06年
16. ルイーズ・ジョプリングの芸術学校、クレアヴィル・グローヴ27番地、1889-92年
17. グロヴナー・ギャラリー、ニュー・ボンド・ストリート135／137番地、1877-90年
18. ファイン・アート協会、ニュー・ボンド・ストリート東148番地、1876年
19. 王立美術院、1868年よりバーリントン邸、ピカデリー
20. クレモーン遊園、1832-77年
21. バタシー橋

レイトン（1830-96年）はホーランド・パークに仕事場兼住宅を建設した。ケンジントンのこの地域は芸術家村の中心になり、マルクス・ストーン（1840-1921年）、ホールマン・ハント（1827-1910年）、ルーク・フィールズとウィリアム・バージェス（1827-81年）らは全員メルベリー・ロードに家を持ち、ジョン・ミレー（1829-96年）はパレス・ゲートで暮らしはじめた。これらの芸術家はたいてい王立美術院の熱心な会員で、芸術界の指導的立場にあった。

ハムステッドのフィッツジョン・アヴェニューには風俗画と歴史画の画家が集まった。海洋画家のクラークソン・スタンフィールド（1793-1867年）をはじめ、ポール・プール・ファルコナー（1807-79年）、ヘンリー・ホリディ（1839-1927年）、カール・ハーグ（1820-1915年）、ジェームズ・リントン（1840-1916年）、エドウィン・ロング（1829-91年）、フランク・ホール（1845-88年）、ジョン・プティ（1839-93年）、ケイト・グリーナウェイ（1846-1901年）、ジョン・シーモア・ルーカス（1849-1923年）がここに住んでいた。

セント・ジョンズ・ウッドの近くには、ハムステッドの芸術家のコミュニティと似ているが、近隣よりももっと「退廃的」で華美なことで目立った地域があった。そこに住んでいた芸術家には、エドウィン・ランドシーア（1802-73年）、ジョージ・ダンロップ・レスリー（1835-1921年）、ウィリアム・フレデリック・イームス（1835-1918年）、フィリップ・カルデロン（1833-98年）、トマス・ファエド（1826-1900年）、ティソ（1836-1912年）、ローレンス・アアルマ・タデマ（1836-1912年）、ブリトン・リヴィエール（1840-1920年）、ロバート・リトル（1855-1944年頃）がいた。この地域には「セント・ジョンズ・ウッド派」も集まっていた。これはデーヴィッド・ウィルキー・ウィンフィールド（1837-87年）が1862年に作った集団で、絵画と服装の両方で歴史を再現することに熱中した物語絵を描く画家のグループだった。

これらのコミュニティの中で、チェルシーはかなり異色で例外的な存在だった。ケンジントン、ハムステッド、セント・ジョンズ・ウッドが芸術界の知的な面を代表するとすれば、チェルシーはより自由奔放なボヘミアンの芸術家を引きつけた。チェイニー・ウォーク16番地には、ラファエル前派の創始者のひとりであるダンテ・ゲイブリエル・ロセッティ（1828-82年）が、新しい耽美主義を象徴する家に住んでいた。また、チェルシーにはアメリカ人画家のジェームズ・アボット・マクニール・ホイッスラー（1834-1903年）が、ロンドンに定住したあとに暮らした家があった。

芸術家が比較的裕福で名士的な地位を持っていたヴィクトリア朝後期の黄金時代は長続きしなかった。広がっていた中流階級の芸術家に対する支援は減少し、階級的な王立美術院の影響力は衰えた。エドワード時代には、ヴィクトリア朝の芸術に対する情熱は見る影もなくなった。美術学校と芸術家が増加して、芸術家村の必要が減少し、モダニズムの台頭とともに、ロンドンに新しいタイプの芸術家が登場した。しかし、ヴィクトリア朝後期にはぐくまれた芸術に対する敬意と、芸術は社会のあらゆる階層に影響を与えられるという信念は、今日まで変わらず生きつづけている。

[MB]

**フレデリック・レイトン、1827年**

ジャック・ジョゼフ・ティソによる水彩画。数多くの社交の場のひとつに出席しているカリスマ的な芸術家のレイトンを描いたもの。

第10章──ヴィクトリア朝後期のロンドン

# イースト・エンドの
# ユダヤ人社会

ヴィクトリア朝後期のロンドンには多数の移民の流入があった。移住してきた15万人以上のポーランド人、ロシア人、ユダヤ人の大半は貧しく、独裁政府の迫害を逃れてきた人々だった。

　1880年から1914年にかけて、ロンドンの小さなユダヤ人コミュニティはイギリスに流入してきた15万人ものユダヤ人によって大きく変化した。彼らは東欧やロシアから貧困や虐殺と迫害を逃れて来たユダヤ人難民だった。この新しい移民の70パーセントまでがロンドンのイースト・エンドに定住し、スピタルフィールズとホワイトチャペルの間を中心にできあがっていたユダヤ人地域を膨れ上がらせた。ロンドンのこの地域は昔から移民と縁が深かった。それは主にこの場所がロンドン・ドックやリヴァプール・ストリート鉄道駅に近く、ハリッジ港経由でロンドンに入ってきた人々がまず足を踏み入れる場所だったからである。一時的な宿を頼める親戚や友人の名前だけを頼りに到着したこれらの新しい移民は、安い住宅と豊富な仕事の機会が得られる地域に恒久的に住みついた。

　ユダヤ人の多くは衣料産業に仕事を見つけたが、1880年代までに、衣料産業は小さな作業場に詰め込まれ、細分化された未熟練労働か半熟練労働に従事する「苦汁」労働になっていた。チャールズ・ブースの調査によれば、1888年にはホワイトチャペルを中心にした1マイル四方未満の広さに紳士用の外套を作る作業場が571か所あった。そのほとんどが10人未満の労働者を、結核の温床のような窮屈でじめじめした蒸し暑い仕事場に詰め込んで長時間働かせていた。

　イースト・エンドのユダヤ人社会では、労働力の70パーセントまでが衣料産業に占められる一方で、その他の移民は地元の市場の商人や商店主の仕事を見つけ、ユダヤ人の生活に欠かせない商品を提供した。ユダヤ人の食料品店、ベーグル屋、ユダヤの律法にかなった食べものを出すコーシャ・レストランが流行った。1901年までに、ウェントワース・ストリートだけで15軒のコーシャ認定された食肉処理場があった。

## 活気あるユダヤ人街

　イースト・エンドのユダヤ人街は、生活に必要なものがすべてそろった活気ある地域だった。週末のウェントワース・ストリート（「ザ・レーン」と呼ばれていた）は、イディッシュ語を話す商人の声や物音でにぎやかだった。土曜日の夜になると、ユダヤ人の家族はホワイトチャペル・ロードの広い歩道に繰り出し、安息日の終わりを祝って「土曜日の散歩」を楽しんだ。ポーランド、ロシア、東欧出身のユダヤ人はそれぞれ文化的に異なっていたが、イディッシュ語が共通の絆になった。ユダヤ人街には3種類のイディッシュ語の新聞が発行され、ホワイトチャペル・ロードのパヴィリオン劇場ではイディッシュ語の劇が定期的に上演された。

　ユダヤ人移民は、東欧の古い村から来たユダヤ人コミュニティを基礎とした小さな自主運営のシナゴーグに通って宗教的伝統を保った。最初は家庭や作業場で集まっていたこれらの小規模な会衆は、しだいに合併してシナゴーグ連合会を結成したが、イースト・エンドのシナゴーグは、歴史のあるユダヤ系イギリス人が好む大聖堂風のシナゴーグに比べれば小さいままだった。

　教育は経済的、社会的な地位向上の手段と考えられ、ユ

**イースト・エンドのユダヤ人街**
スピタルフィールズとホワイトチャペルに挟まれた地域を中心としたユダヤ人街の人口密度を示している。

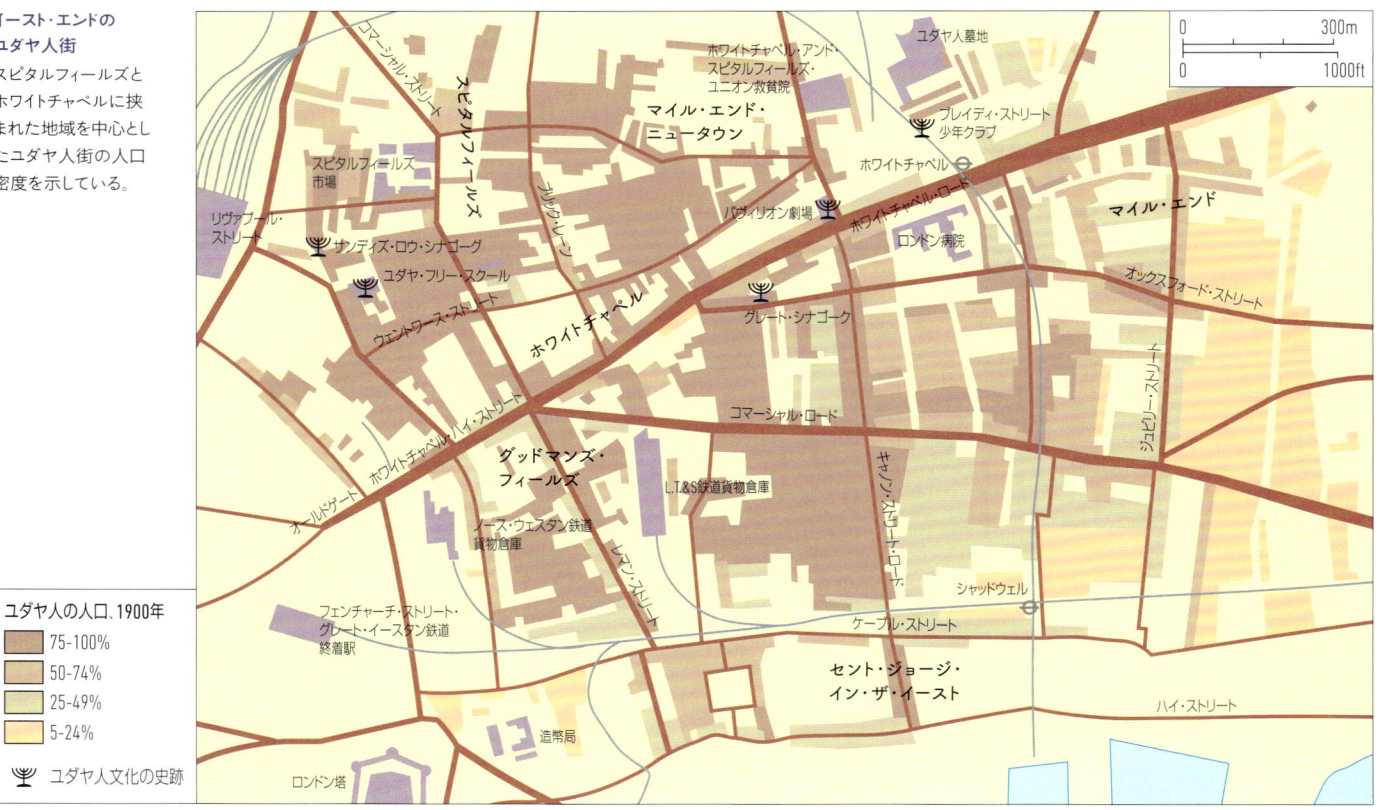

ユダヤ人の人口、1900年
- 75–100%
- 50–74%
- 25–49%
- 5–24%

ユダヤ人文化の史跡

## フィッツァー家：スピタルフィールズのユダヤ人一家

ユダヤ人のフィッツァー一家は20世紀初頭にロシア支配下のポーランドのワルシャワからロンドンに移住した。ジューダ・フィッツァーは熟練した傘製造業者で、1907年にイースト・エンドのユダヤ人街の中心地、スピタルフィールズのハンベリー・ストリート45番地に傘製造事業を開いた。一家はロンドンに到着してすぐに名字をイギリス式にフィッシャーと変えたが、ポーランドの国籍は維持していた。

第1次世界大戦中にフィッシャー家はもっと環境のいいハックニー地区に移り、ヴィクトリア・パーク・ロード123番地に家を持った。息子のモリス・フィッシャーは家族の事業を継いだが、1930年代までにハンベリー・ストリートの店は閉店し、店舗はユダヤ人の仕立屋が引き継いだ。変化する時代を反映して、モリスは商店主から商人になり、ホワイトチャペル・ロードに売店を出して、傘、杖、ハンドバッグを作るのではなく、売る側に回った。

傘の店の前に立つフィッツァー夫妻

ロンドンでユダヤの新年を祝うユダヤ人夫妻、1900年頃
夫妻を囲む横断幕にはロシア語、ヘブライ語、英語で「新年おめでとう」と書かれている。

ダヤ人の親の大半は1817年にイースト・エンドに設立され、ボランティアの支援を受けて運営されるユダヤ・フリー・スクールに子供を入学させる申し込みをした。入学が認められなかった場合は、学務委員会が作った地元のコマーシャル・ストリート・スクールのような学校に通った。この学校は1890年代までに生徒の90パーセントをユダヤ人が占め、ユダヤ人の宗教的な休日には学校も休みになった。放課後になると子供たちはヘブライ語のクラスに通い、ユダヤ人少年団やブレイディ・ストリート少年クラブに参加した。こうした少年団の目的は、ユダヤ人とイギリス人の文化的な伝統の差を埋め、移民の少年の特徴である「ユダヤ人地区の子供の体格の悪さ」を矯正することだった。

第三者から見れば、スピタルフィールズとホワイトチャペルに挟まれた地域は「見知らぬ外国人」が住む異邦人の居住地だった。彼らのなじみのない言語、食習慣、宗教は疑いを招き、「切り裂きジャック」のような「イギリスの風習とは異質」に見える犯罪は、しばしば誤ってユダヤ人に罪がなすりつけられた。反ユダヤ主義的な感情は、1901年に結成されたイギリス兄弟同盟のような反移民圧力団体の形を取って表れた。しかし、反ユダヤ主義はこの時期のイースト・エンドでは大きな潮流ではなかった。この地区の非ユダヤ人の大半は、隣人となったユダヤ人の生活習慣を受けいれていた。

### ユダヤ系イギリス人の援助

ユダヤ系イギリス人は慈善活動や助言を通して新参のユダヤ人を支援した。ユダヤ人移民は救援機関のネットワークを通じて援助を受けた。そのひとつであるユダヤ人保護委員会は、ミシンの購入代金を融資し、リーマン・ストリートのユダヤ人貧民のための一時保護施設は移住して最初の2週間の食事と宿泊を提供した。

ロスチャイルド家のような裕福なユダヤ系イギリス人も、熟練したユダヤ人労働者のために手ごろな値段の住宅を作るために援助した。4パーセント住宅会社[賃貸住宅を作るために資金を募って設立された会社。4パーセントの配当が出るように賃貸料が設定された。]によって運営され、主としてユダヤ人移民のために建設された最初の集合住宅はシャーロット・ド・ロスチャイルド住宅と呼ばれ、1887年にフラワー・アンド・ディーン・ストリートに作られた。2番目の住宅はまもなくブレイディ・ストリートに建設された。ナサニエル住宅と呼ばれるこの建物は1892年に完成し、最大800人のユダヤ人労働者を入居させることができた。ロスチャイルド家の支援によって建てられたこれらの住宅の入居者は強い共同体意識で結ばれ、大半の住人が同じ程度の生活レベルを享受し、人生の目標を共有していた。住んでいるのはたいてい若い家族で、1890年代にはこれらの住宅で9日か10日ごとに出産があった。

ユダヤ人移民の流入はスピタルフィールズ界隈を活気づかせ、その場所を貧民街から若い家族で一杯の国際的な地域に変えた。劇作家のアーノルド・ウェスカー、実業家のチャールズ・クロア、芸術家のマーク・ガートラー、歌手のバッド・フラナガンなど、イースト・エンドのユダヤ人街で育った多くの人々は、成長してからの成功の秘訣をこの地域で身につけた。収入が増えて、ハックニーやストーク・ニューイントン、スタンフォード・ヒルなど、もっと豊かな地域に移転可能なユダヤ人家族は大勢いたが、大半はホワイトチャペルやスピタルフィールズの近隣地域との密接なつながりを保っていた。多くはこの地域に自分の工場を所有するか、ここで働きつづけ、「ザ・レーン」で買い物をし、ロスチャイルド住宅で暮らす年老いた親類縁者を訪ねるために定期的に戻ってきた。

[BC]

パヴィリオン劇場、ホワイトチャペル・ロード、1910年頃
20世紀初期のロンドンの主要なイディッシュ語の劇場として、この劇場は1937年に閉鎖されるまで、演劇、音楽会、ボクシングの試合、政治集会の場となった。

# 学務委員会と教育の普及

教育改革はヴィクトリア朝のロンドンの偉大な成功だった。
ロンドン学務委員会はロンドン各地に新しい学校を建設し、
技術教育と大学教育に大きな進歩があった。

1870年にロンドンの教育の歴史に新たな章が開かれた。この年、宗教団体などの有志が設立した有志立学校にまだ通っていない下層階級の子供たちに「公共の初等教育を与える」ことを目的に、初等教育法が成立した。有志立学校は19世紀初頭からさまざまな宗教団体、慈善団体、教区団体によって運営されてきた。個人が設立した学校もあり、年配の女性が自宅などで簡単な読み書きを教える「デイム・スクール」はその典型的な例である。多くの子供たちの教育期間は短く、しばしば途中で中断され、受けられる教育の質には差があった。ちゃんとした学校では3つのR（読み、書き、計算）や裁縫、靴製造技術などの役立つ技術を教えた。しかし、デイム・スクールの中には子守程度の機能しか持たないところもあった。

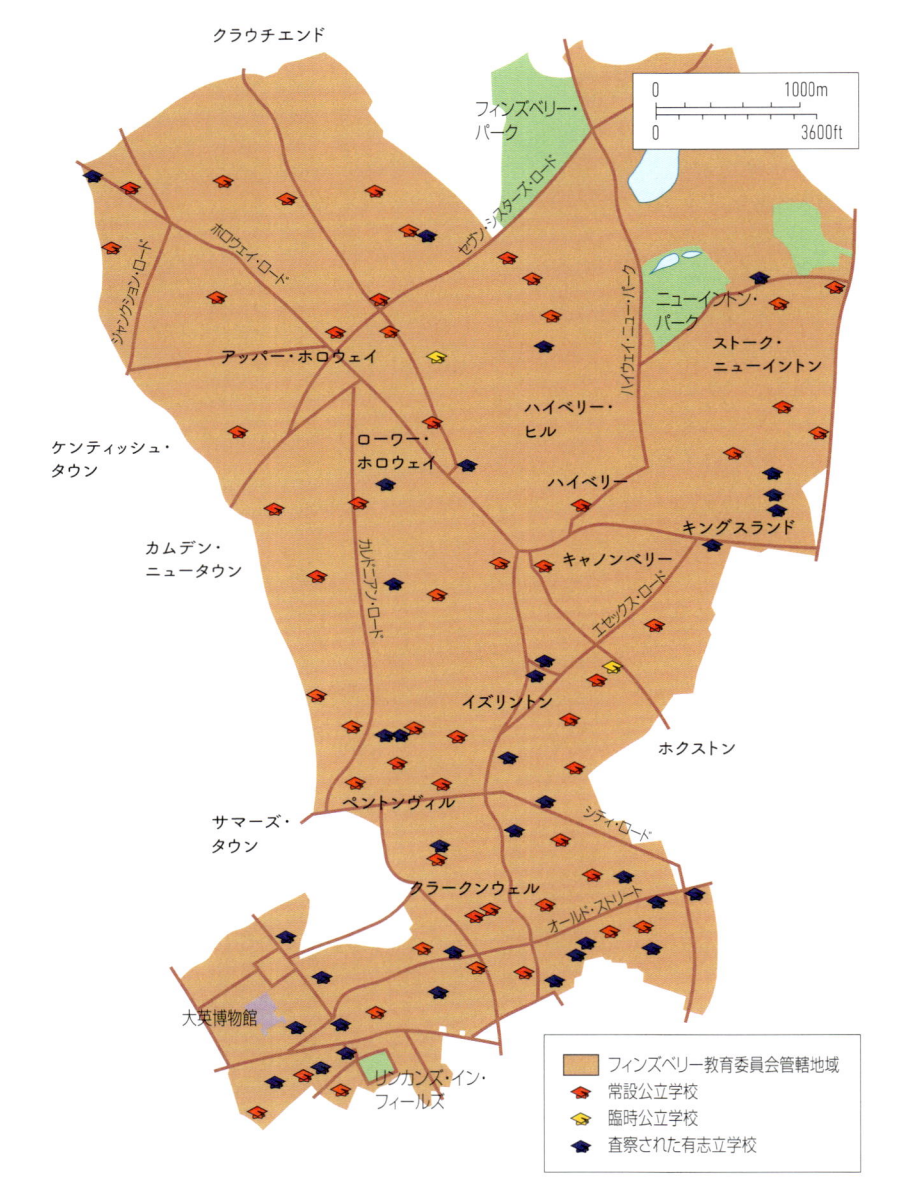

1870年の初等教育法の下で、首都圏の児童のために小学校を建設し、運営する役割を負ったロンドン学務委員会が設立された。これらの小学校は有志立の学校がない地域に建設され、有志立の学校に取って代わるものではなかった。この法律の下で設立されたその他の地域の学務委員会においてもそれは変わらなかった。学務委員会はロンドン全体を管轄する委員会の中ではじめて公選制を採用し、イギリスに新しく設置された委員会の中でもっとも大きく、強い影響力を持っていた。ロンドンの地方税納税者は全員、学務委員会選挙に投票権があり、女性に被選挙権があるはじめての公職という点でも重要だった。1870年にイギリス初の医師免許のある女医エリザベス・ギャレット・アンダーソンが選ばれ、1888年には女権運動家のアニー・ベサントが選ばれるなど、学務委員会には多数の著名人が名を連ねた。

学務委員会は設立と同時に精力的な学校建設計画に取りかかった。1872年の終わりに最初の学校をバーナーズ・ストリートに建てると、1874年末までにさらに98校が開校された。エンバンクメントに新たに建設された事務所を拠点に、学務委員会は1903年までに新しい500校の公立学校(ボード・スクール)を1平方マイルに4校の割合で建設した。これらの学校はたいてい3階建てかそれ以上で、独特の赤レンガ造り、フランドル様式の切妻、高い煙突、屋根窓が特徴だった。こうした特徴はすべて進歩的な階級に好まれたクイーン・アン様式の建築で、学務委員会の改革主義的な気風を象徴していた。これらの学校はまもなく教会と同様にロンドンの名所となり、現在も名所としての価値を保っている。シャーロック・ホームズはこれらの学校について、「灯台だ！ 未来を指す標識だよ。何百という輝かしい小さな種を詰め込んだ蒴果から、より賢明ですぐれた未来のイングランドが芽吹くのだ」と述べているが、この言葉は、この時代の多くの人々の気分を代弁していた。

## 強制就学

公立学校の生徒は、聖書や宗教教育、そして読み、書き、算数の「3つのR」を含む標準的な科目を学んだ。学年が上がると、イングランド史や初歩的な地理、絵画、音楽、そして軍事教練も教えられた。やがて科学などの科目も加えられた。

定義上、公立学校の生徒たちは社会の最貧層に属していたため、多くの家族は生計を立てるのが精いっぱいで、教育は二の次というのが現状だった。その結果、学務委員会はつねに不登校の問題に対処しなければならなかった。1876年に親は子供に初等教育を受けさせる義務があると定められ、1891年に授業料が無料になってからも、不登校の問題は絶えなかった。たとえば1899年には、112校の公立学校のうち1000人を超える児童が学校外で週に19-29時間労働し、数百人はさらに長時間働いていた。子供たちの生活を調査し、就学を可能にするために「視察員」が派遣された。親が協力を拒めば起訴され、その子供たちは不登校者のための職業訓練学校に送られる場合もあっ

**1890年代の
フィンズベリーの学校**
公立学校と有志立学校の広がりを示している。

とロンドン州議会が、ロンドン全体に科学技術学校と商業大学を増やすための共同事業に着手した。

1893年、ロンドン州議会はロンドンにおける中等教育と科学技術教育の向上のために、科学技術教育委員会を設立した。しかし、まもなくこの新しい教育機関はロンドン学務委員会が設立した高等学校や夜間学校と対立するようになった。20世紀になる頃には、ロンドンのあらゆる段階の教育を単一の機関が統括する必要が明らかになった。1903年に成立した(ロンドン)教育法では、ロンドンのすべての公立初等、中等、科学技術教育をロンドン州議会が統括することが定められた。

### ロンドン大学

ロンドンに大学が誕生したのもヴィクトリア朝後期だった。1878年、ロンドン大学はイギリスの大学ではじめて学位課程への女性の入学を許可した。これをきっかけに、1880年代にウェストフィールド・カレッジ(1882年)やロイヤル・ホロウェイ・カレッジ(1886年)など、いくつかの女子大学が設立された。1900年までに、大学卒業生全体の30パーセントを女性が占めるようになった。同じ頃、ロイヤル・カレッジ・オブ・サイエンス(のちに合併してインペリアル・カレッジとなる)が1881年に設立され、ロンドン・スクール・オブ・エコノミクス・アンド・ポリティカル・サイエンスが1895年に設立されるとともに、科学、経済、政治が大学の科目として教えられるようになった。同時に、大学は単なる学位授与機関ではなく、教育機関としての役割を帯びはじめた。

30年あまりでロンドン市民の教育は様変わりした。社会の上層部では、理屈の上では女性が男性と同等の教育機会を持つようになった。下層部では子供から若者まで無償の統一された教育を受けられるようになった。科学技術はますます進歩し、ロンドン市民は熟練が必要な技術職に就くための教育を受け、将来のイギリスの繁栄の基礎を築いたのである。

[JH]

**ロンドン学務委員会の手入れ、午前2時40分、1871年**
学務委員会が不登校児童を捕まえる様子を描いたもの。社会の最貧層の人々が教育に目を向ける余裕がなかった時代には、こういう光景は珍しくなかった。

た。教師は生徒の登校意欲を高めるために褒美や遠足を利用することが多かった。1887年、学務委員会は「無遅刻無欠席者」にメダルを授与するようになった。

1880年代になると、学力レベルの向上によって、10歳を過ぎても学校に通う子供の数が増加した。こうした要求に応えて、1882年に初等教育を1年延長して13歳まで学べるようにし、1887年には学校に通い続ける11歳から13歳までの子供のために「高等」、あるいは「中央」の名を冠した学校が作られた。19世紀末までに、ロンドンの識字率は著しく上昇し、13歳で学校に通っている子供の数は3倍に増えた。また、1880年代に学務委員会は子供たちに気晴らしや職業訓練の機会を与えるために、夜間学校を開設した。

### 科学技術教育

1880年代にはロンドンで科学技術教育の大幅な拡張も行なわれた。これは下層階級のロンドン市民の間に教育を求める声が高まったことと、外国の競争相手に対してイギリスの労働者の技術力を向上させる必要があると政府や産業界が気づいたことによる。1882年に、リージェント・ストリートの王立科学技術会館は労働者階級と低層中流階級の男女に科学技術教育と娯楽的な科目を教えはじめた。ロンドンの同業者組合はロンドンシティ・ギルド協会(1884年)、イースト・ロンドン・テクニカル・カレッジ(1896年)、金細工師技術・娯楽協会(1891年)を設立した。1891年にはシティ

**成績証明書**
1883年にロンドン学務委員会からアルフレッド・グリーンウッドに授与された、読み・書き・算数の2級に達したことを示す成績証明書。

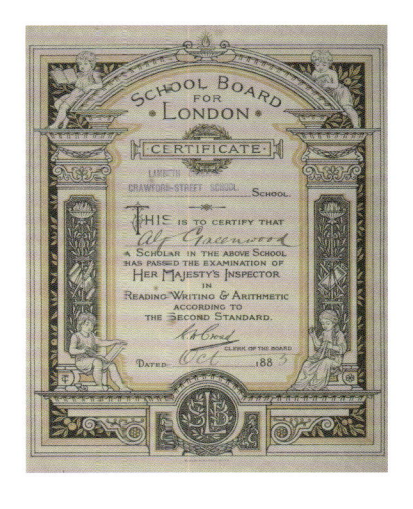

# 見捨てられた暗黒のロンドン

貧しい人々への同情には、犯罪が多発する下層階級の増大に対する恐怖もつきまとっていた。1888年に起こった切り裂きジャックの殺人事件は、ロンドンの暗黒面への恐怖をかきたてた。

**救貧院、1869年頃**
ぼんやりした明かりに照らされたロンドンの見捨てられた人々。ギュスターヴ・ドレは自身の観察に基づいてこの光景を描いた。貧困にあえぐ人々は、安宿か救済施設に群がった。

1829年に首都警察(181頁参照)が創設されると、ロンドンの各地区で発生する年間犯罪率と逮捕される犯罪者の数が発表された。その数字は報告された犯罪に限られるとはいえ、1831年から1892年の間に首都で起こった犯罪の数は劇的に減少し、1882年に犯罪捜査本部長が、ロンドンは「人命と財産にとって世界でもっとも安全な首都である」と書くまでになった。今日のロンドンがそうであるように、統計上は犯罪が減少していたにもかかわらず、1880年代は犯罪の暗黒地域に対する恐れが増大した。作家や新聞、パンフレットの書き手は、「筆舌に尽くしがたい恐怖と蛮行」が日常茶飯事の「恐ろしいロンドン」の身の毛もよだつ物語を読者に提供した。1883年に教区牧師のアンドリュー・ミーンが出版した『ロンドンの見捨てられた人びとの悲痛な叫び』は、貧民窟で暮らす人々の悲惨で邪悪な生活を報告して、貧困がひき起こす社会的退廃に対する恐れをいっそう刺激した。ロンドンの貧民は救いようもなく「堕落」し、罪深い犯罪的な下層民に姿を変えつつあるという見方がますます広まった。

## 犯罪の地理的分布

19世紀後期のロンドンの犯罪多発地域には、1世紀以上も続く歴史があった。ヘンリー・メイビューが述べた通り、それらの地域はもともと中世および近代初期のロンドンで誕生した犯罪者の避難所[教会や修道院など、そこに逃げ込んだ犯罪者には司法の手が及ばないとされた場所]や、ロンドンの古い病院の周りで発達した。19世紀までには劇場やミュージック・ホールで犯罪行為、特に窃盗や売春が頻発するようになった。カラスの群れる場所を意味する「ルーカリー」と呼ばれたロンドンの犯罪地域は、犯罪が多発する場所というだけでなく、犯罪者が居住し、入り組んだ狭い路地や横道に逃げ込める場所だった。セント・ジャイルズ周辺の地域は悪名高い長い歴史があった。ニュー・オックスフォード・ストリートの建設によって古い貧民窟の家屋の一部が取り壊されたが、犯罪者の結びつきは残った。ウィッチ・ストリートはこの時期にロンドンのポルノ雑誌や小説の中心地になった。

チャールズ・ブースの調査は、シティの境界線上の「暗黒の境界地域」が犯罪の多い場所であることを明らかにした。ブースによれば、シティの境界の北に接するホクストンは「ロンドンの、そして実際には全イングランドを代表する犯罪地域である。(中略)ホクストンの治安は悪いが、クラークンウェル[ホクストンの南に位置するシティ内の地区]まで来れば、犯罪性は一様に低くなる。そのクラークンウェルでさえ、犯罪性がことさら高いわけではないが、少なくともある程度治安が悪いのは確かである」。

**犯罪の多い地域、1880年代**
犯罪は人が多く、狭い路地と安い住宅のある地域に集中する傾向があった。劇場は売春婦の集まる場所として悪名高かった。

- ルーカリー
- 売春婦がよく訪れる地域
- 売春地域に近い劇場やミュージック・ホール
- 切り裂きジャックの犯行現場

これらの境界地域の中でも悪名が高かったのは、ショアディッチのオールド・ニコル・ストリート周辺の「ザ・ニコル」と呼ばれた地域で、暗くじめじめした地下の穴蔵のような部屋と今にも傾きそうな家が密集した場所だった。ここでは犯罪は生き方そのものであり、その様子は1896年にアーサー・モリソンの有名な小説『ジェイゴの子』の中で（架空の名前で）次のように描写された。「美人局はこのジェイゴの主な生業だ」とモリソンは読者に言う。女が酔った見知らぬ男を暗い階段に誘い込むと、仲間が棍棒でその男を脅しつけて金を奪う。「棍棒は30センチくらいの鉄の棒で、先端にこぶがあって、もう一方の端にはかぎ（または輪）がついている」。美人局の手口を説明したあとで、モリソンはあっけらかんと「この生業はたいした骨折りもなしに快適な暮らしを支えてくれる」と指摘した。

モリソンの小説が世に出る前に、ザ・ニコルはロンドン州議会の最初の都市改造計画によって取り壊された。その場所には立派なバウンダリー・エステートが建設され、暮らし向きのいい労働者に賃貸住宅を提供した。この住宅は有用な労働者を支援し、下層民を自立させるロンドン州議会の意図を示すものだった。

ザ・ニコルが取り壊されたあと、そこに住んでいた人々は隣接する地域に移り、小悪党として独立して生きる者もいれば、集団でギャング団を作る者もいた。エドワード時代になると、若い「ごろつき」や「ちんぴら」が集まってギャングになり、縄張りを作って競争相手と勢力争いをするようになった。イースト・エンドでは商店から用心棒代を取り立てるギャング団のベッサラビアンとオデッシアンがホワイトチャペル・ストリートの支配をめぐって争った。

## 切り裂きジャック殺人事件

ヴィクトリア朝後期のもっとも悪名高い犯罪は、「切り裂きジャック」によるものだった。1888年8月、売春婦のマーサ・タブラムがホワイトチャペルの共同住宅の階段の踊り場で発見された。遺体にはナイフでめった刺しにされた跡があった。それから3か月の間に、さらに5人の女性が残忍な方法で殺害された。

この事件は新聞でかつてないほど派手に取り上げられた。新聞記者は身の毛のよだつような殺害現場の様子を詳しく書きたて、殺人者の正体について無責任な憶測をあおった。ある新聞社に犯人から送られてきた手紙の署名とされる"切り裂きジャック"の名前さえ、新聞記者の思いつきだった可能性もある。警察はイギリスと国外で多数の容疑者を取り調べたが、殺人犯は捕まらなかった。

切り裂きジャックの事件はインナー・ロンドンに蔓延する貧困と犯罪、そして性的不品行に対する深く根ざした社会的不安を一点に集める避雷針の役割をした。統計的に見れば、首都警察は過去半世紀の間に犯罪を減少させたにもかかわらず、ヴィクトリア朝後期のロンドンは罪と野蛮が人目もはばからずに横行する都市のように見えた。　　　　［Mo_］

**切り裂きジャック殺人事件、1888年**
ホワイトチャペルでもっとも悪名高い犯罪現場。3か月の間にそれぞれ1マイル未満しか離れていない場所で、6人の女性が立てつづけに殺害された。

1. 8月7日：マーサ・タブラムの遺体がジョージ・ヤード・ビルディングスで発見された（現ガンソープ・ストリート）。
2. 8月31日：メアリー・アン（「ポリー」）・ニコラスの遺体がバックス・ロー（現ダーワード・ストリート）で発見された。
3. 9月8日：アニー・チャップマンの遺体がハンベリー・ストリート29番地の裏で発見された。
4. 9月30日：エリザベス・ストライドの遺体がバーナー・ストリート（現エンリケ・ストリート）の労働者クラブで発見された。
5. 9月30日：キャサリン・エドウッズの遺体がマートル・スクエア30番地で発見される。
6. 11月9日：メアリー・ジェーン・ケリーの遺体がドーセット・ストリートのミラーズ・コート9番地で発見された。

**犯罪の報道**
『イラストレーテッド・ポリス・ニュース』に掲載された最新の犯罪のむごたらしい絵をよく見ようと、新聞社の窓に群衆が詰めかけた。

# 信仰と救世軍

ヴィクトリア朝後期のロンドンでは福音主義教会が隆盛を極めた。
信徒団はカリスマ説教者の話を聞くために群れをなし、
救世軍が社会改革の力として登場した。

ロンドンの人口が増えるにつれて、定期的に英国国教会に通う人の数は減少した。19世紀末までに、多くのロンドン市民が伝統的な教会に背を向け、福音教会とメソジスト派、バプティスト派、会衆派に新たなよりどころを見出した。

ロンドンに最初に福音主義の精神をもたらしたのはチャールズ・ハッドン・スポルジョンだった。彼は1854年に19歳でロンドン南部のニュー・パーク・ストリートのバプティスト教会で説教するためにロンドンにやってきた。彼の劇的な説教はすぐに数千人の崇拝者を集め、劇作家のジェームズ・シェリダン・ノウルズに「私はかつてドルリー・レーン劇場の借主だった。現在もその地位にいたら、スポルジョンに俳優としてひとつのシーズンを演じてくれるように大金を出して頼むだろう。彼なら観客を思い通りにできるだろう！」と言わしめた。

ロンドンに来て10年たった頃、スポルジョンはサザークのニューイントン・バッツにメトロポリタン・タバナクル教会を設立した。6000人の会衆を収容できる堂々とした建物で、『タイムズ』紙で「首都の誉れとなる建物のひとつ」と描写された。説教をするだけでなく、スポルジョンは男子校や孤児院を設立し、孤児院のすべての子供は「希望の楽団」という名の禁酒連盟に登録した。慈善活動と霊感にあふれた説教は最強の力を発揮し、スポルジョンは1892年に死ぬまでロンドン南部で影響力を保ち続けた。

1875年にアメリカの説教者ドゥワイト・ムーディがパートナーの歌手で作曲家のアイラ・サンキとともにロンドンを訪れたとき、ロンドンはアメリカの福音主義の壮観な演出を目の当たりにした。1万5000人以上のロンドン市民が日々イズリントンの農産物展示場を訪れ、ムーディとサンキーが10週間の滞在中に披露する福音主義キリスト教の説教に聞き惚れた。偉大な語り手であるムーディが聴衆を目新しいアメリカ風の話し方、熱のこもった説教とユーモアで魅了するかたわら、サンキは歌で聴衆の涙を誘った。ムーディとサンキの宗教的パフォーマンスはミュージック・ホールの出し物に似ていた。彼らはたちまちスーパースターになった。ふたりの人気はみやげ物産業を活気づかせ、スタッフォードシャーの陶器の人形や記念写真、歌の楽譜が売られる一方、サンキの作曲した「ナインティ・アンド・ナイン」や「霧が晴れたら」は、当時若者の間でもっとも流行した曲になった。

福音主義が大衆に受け入れられたのに勇気を得て、ムーディとサンキーはボーのバーデット・ロードにイースト・ロンドン・タバナクルを設立した。ガス灯の灯るこの建物は亜鉛メッキの屋根を持ち、床にはおがくずが敷かれ、およそ8000人の礼拝者を集めた。その多くは地元の労働者階級だった。ヘンリー・ウォーカーは1890年代に次のように述べている。「イースト・ロンドンでは、ほとんどどこでも朝の礼拝には最小限の人数しか集まらなかった

**19世紀末のイースト・エンドにおけるキリスト教の伝道活動と福祉活動**
慈善事業はロンドンの最貧地区に集中していた。

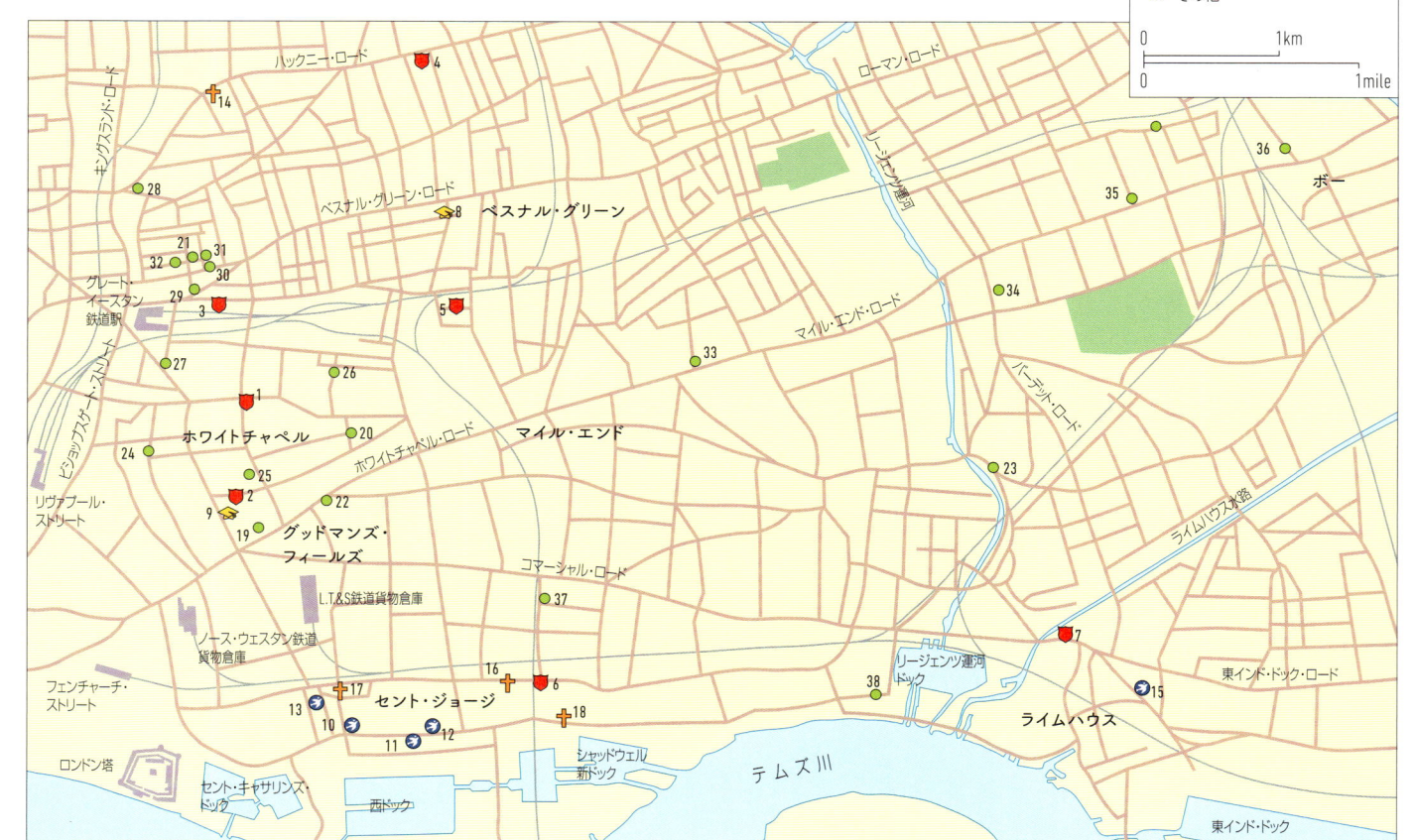

**19世紀末のイースト・エンドにおける主要なキリスト教の伝道活動**
- 救世軍の伝道活動
- 大学による福祉施設（セツルメント）
- 船員の伝道所
- ウェスレアン伝道所
- その他

が、毎週日曜11時の礼拝には、およそ2000人の会衆が詰めかけた」。

## 救世軍

非国教徒の信仰は、ヴィクトリア朝の禁酒と伝道運動に密接に結びついている。慈善活動は特にイースト・エンドの貧困を主な対象とし、貧しいロンドン市民にキリスト教的価値観を浸透させながら、彼らを堕落した生活や飲酒から救済する目的を持っていた。ロンドン会衆派連盟のような団体が設立した伝道所は、貧しい子供たちに朝食や衣服、休日を与え、住む家のない者には救済施設での宿泊と食事を提供した。イースト・ロンドンの数多くの救済施設のひとつであるライムハウスのメドランド・ホールは、1891年に設立して最初の9か月間で10万人に宿を与えた。しかし、19世紀末に創設されたすべての伝道事業の中で、もっとも有名でさまざまな議論の対象になっているのは救世軍である。

救世軍は1865年7月2日、メソジスト派の牧師ウィリアム・ブース（1829-1912年）がマイル・エンド・ウェイストに建てられた説教壇から、はじめてロンドン市民に福音主義を説いたときに始まった。ブースは支持者を集めてホワイトチャペル・ロードに本部を置く東ロンドン伝道会という団体を設立し、この団体が1878年に救世軍と名前を改めた。この運動に対する支持は急速に高まり、1881年に救世軍はブラックフライアーズのクイーン・ヴィクトリア・ストリートに面したより立派な建物に本部を移転した。体だけでなく魂の救済も目的とする救世軍は、意図的に軍隊風の性格を保ち、その活動を罪と貧困に対する戦いとみなした。会員はブースを最高位の大将とし、新入会員を「士官候補生」と呼ぶ軍隊式の組織に編成された。佐官は音楽やブラスバンド、そして機関紙『ときのこえ』を通じて、もっとも恵まれない人々に救済のメッセージを伝えた。独特の制服の着用は会員に仲間意識と責任感を与え、女性会員がかぶるボンネットなどは救世軍の象徴になった。このボンネットはウィリアム・ブースの妻キャサリンと士官候補生だった婦人帽子屋のアニー・ロックウッドが考案したもので、「安価で丈夫で、頭を寒さから守るだけでなく、石つぶてなどを投げつけられても大丈夫なように」作られていた。

ブースたちはイースト・ロンドンの罪深い人々を救おうとしていたため、つねに悪口雑言と暴力の危険にさらされていた。あるときはホワイトチャペルで活動していた数人の救世軍の女性がひとまとめに縛りあげられ、火のついた石炭を投げつけられる事件が起きた。救世軍の禁酒活動がビール醸造会社やミュージック・ホールの所有者の怒りを買うこともあれば、キリスト教徒としての情熱的な活動方法が、階級制に固まった英国国教会の感情を逆なですることもあった。しかし攻撃と反発が激しければ激しいほど、救世軍は毅然として高らかに歌った。

## 福祉活動

しかし、ロンドンの貧民にもっとも大きな影響を与えたのは救世軍の宗教的なメッセージではなく、彼らの社会活動だった。救世軍はすぐに行方不明人事務局、貧困者へのスープ接待所、家のない人々のための宿泊施設を作り、若い女性に適正な雇用を提供するために、清潔で広々としたマッチ工場まで建設した。ブースが著書『最悪のイングランドと脱出の道』の中で展開した、もっとも議論を呼んだ計画は、エセックスに勤労者住宅とファーム・コロニー（職業訓練農場）を建設するというものだった。そこで失業したロンドンの男性は大工仕事やレンガ製造の技術を学べると同時に、「更生した生活」に転向するように励まされた。イースト・エンドの貧困と絶望からの脱出を望む人のためには、救世軍は生活に困窮した人々がコロニーに移住できるように援助した。

1912年にブースが死亡したとき、救世軍の活動は58か国に広がり、生涯を通じて「万民のための天国をイースト・ロンドンに」と願ったブース自身は、「世界でもっとも愛された男」と考えられるようになった。ハックニーでの葬儀には6万5000人を超える会葬者が集まり、ブースの伝道活動と社会的遺産は現在も世界中に息づいている。

**ブラックフライアーズの救済施設での夜の集会**
救世軍はクイーン・ヴィクトリア・ストリートの本部の近くで生活困窮者に避難所を提供した。

1. 救世軍による女性のための更生ホーム、ハンベリー・ストリート
2. 救世軍の貧民窟の拠点、ウェントワース・ストリート
3. 救世軍の貧民窟の拠点、スクレーター・ストリート
4. 救世軍の貧民窟の拠点、ハックニー・ロード
5. 救世軍の貧民窟の拠点、テント・ストリート
6. 救世軍の貧民窟の拠点、ケーブル・ストリート
7. 救世軍の貧民窟の拠点、西インド・ドック・ロード
8. オックスフォード・ハウス大学セツルメント、ダービシャー・ストリート
9. トインビー・ホール大学セツルメント、コマーシャル・ストリート
10. 水夫のキリスト教友愛会、セント・ジョージ・ストリート東
11. 船員のためのウェルカム・ホーム（禁酒目的で宿やコーヒーを提供）、セント・ジョージ・ストリート
12. 船員のための休憩所（禁酒目的で聖書のクラスを提供）、ベッツ・ストリート
13. 船員のための住宅と教会、ドック・ストリート
14. ウェスレアン・ショアディッチ伝道所、ハックニー・ロード
15. ストレンジャーズ・ホーム（外国人水夫に一時的な宿と食事を提供）、西インド・ドック・ロード
16. セント・ジョージズ・ウェスレアン教会、ケーブル・ストリート
17. マホガニー・バー・ウェスレアン伝道所、ウェルクローズ・パッセージ
18. パディズ・グース・ウェスレアン伝道所、ラクリフ・ハイウェイ
19. ジョージ・ヤード伝道所と貧民学校
20. キング・エドワード・ストリート伝道所と貧民学校、成人学校
21. オールド・ニコル・ストリート貧民学校、伝道所、教会
22. ホワイトチャペル伝道所（困窮した男子のための）、ホワイトチャペル・ロード
23. バーナード医師のエディンバラ・キャッスル・コーヒー・ハウス、ローズウェル・ストリート
24. プロヴィデンス・ロー宿泊施設、クリスピン・ストリート
25. クリスチャン・コミュニティ伝道所、スロール・ストリート
26. アルバート・ストリート伝道所、アルバート・ストリート
27. ベッドフォード・インスティテュート（成人学校）、クエーカーのイースト・ロンドン国内伝道本部、コマーシャル・ストリート
28. ショアディッチ・タバナクル、ハックニー・ロード
29. アニー・マクファーソンのホーム・オブ・インダストリー（家のない子供のための養護施設）、ベスナル・グリーン・ロード
30. ミルドメイ簡易宿泊施設（男子のための）、チャーチ・ストリート
31. ミルドメイ伝道堂、タリーヴィル・ストリート
32. ホーリー・トリニティ教会と簡易宿泊施設、オールド・ニコル・ストリート
33. タワー・ハムレッツ伝道所、マイル・エンド・ロード
34. イースト・ロンドン・タバナクル、バーデッド・ロード
35. ハーレー・ハウス（宣教師教育機関）、ボー・ロード
36. クリフトン・ハウス成人学校（女性工場労働者のための）、フェアフィールド・ロード
37. エベニーザー伝道教会と会館、ワトニー・ストリート
38. メドランド・ホール、家のない困窮した男性のための宿泊施設、メドランド・ホール

**ドゥワイト・ライアン・ムーディ、1875年**
有名なアメリカの説教者をかたどった土産物用の陶器の人形。

**タワー・ブリッジ、1886-94年**
ロンドン州議会がお抱え建築士のホレス・ジョーンズの設計に基づいて建設した橋。跳ね橋になっている下部橋を持ちあげる装置には、当時の最新式の蒸気機関が用いられた。
**地下鉄タワー・ヒル駅**

**パディントン駅、1850-54年**
グレート・ウェスタン鉄道のロンドンにおける終着駅。鉄道技師のI・K・ブルネルが設計し、建築家のM・D・ワイアットとオーウェン・ジョーンズが内部の装飾を手がけた。
**地下鉄パディントン駅**

# ヴィクトリア朝の建築物

**インド省、1862-75年**
インド省はG・G・スコットとM・D・ワイアットが設計したホワイトホールの新政府庁舎の中に入っていた。
**地下鉄ウェストミンスター駅**

**クレオパトラの針、1877年建立**
エジプト副王から1819年に献上されたこのオベリスクは、1864-70年にテムズ河岸通りが建設されたあとでロンドンに運ばれた。ブロンズのスフィンクスは1882年に加わった。
**地下鉄エンバンクメント駅**

**「ギブソン・ホール」、1864-65年**
以前はナショナル・プロヴィンシャル銀行の本店で、シティにあるもっとも壮麗な銀行のひとつだった。ジョン・ギブソンが設計したこの建物には、イギリスの各都市を象徴する彫刻が飾られている。
**地下鉄バンク駅**

**オール・セインツ教会、1849-59年**
豊かな装飾が施されたメリルボーンのこの教会は、様式的で宗教的装飾を重視するヴィクトリア朝の教会建築運動のモデルとなるように建築された。建築家はウィリアム・バターフィールド。
**地下鉄モーニントン・クレセント駅**

230

**パレス劇場**
劇場興行主リチャード・ドイリー・カルトのために建設された豪華な新しい劇場。G・H・ホロウェイとT・E・コルカットによって設計された。
**地下鉄**
レスター・スクエア駅

**国会議事堂、1840-60年**
国会議事堂は1834年に破壊的な大火で焼失したウェストミンスター宮殿の代わりに、チャールズ・バリーの設計によって建設された。
**地下鉄ウェストミンスター駅**

**レドンホール・マーケット、1880-81年**
シティのこの場所には14世紀から鶏肉と農産物の市場があった。ロンドン市自治体は1880年代にホレス・ジョーンズの設計に従って市場を再建した。
**地下鉄バンク駅**

**自然史博物館、1872-81年**
ブルームズベリーの大英博物館から自然史部門の標本を移して収蔵するために、アルフレッド・ウォーターハウスの設計によって建設された。
**地下鉄サウス・ケンジントン駅**

**ウィグモア・ホール**
1900年にピアノ製造会社ベヒシュタイン社の小規模なコンサート・ホールとして建設されたあと、ウィグモア・ホールと改称された。柱廊玄関は1904年に改築された。
**地下鉄オックスフォード・サーカス駅**

**ミッドランド・グランド・ホテル、セント・パンクラス、1868-74年**
ミッドランド鉄道のロンドン終着駅に建設された威風堂々とした鉄道ホテル。
**地下鉄キングス・クロス・セント・パンクラス**

| 第10章——ヴィクトリア朝後期のロンドン

# 第11章
# エドワード朝のロンドン

　第1次世界大戦前、ロンドンでは国家の現状に関する数々の議論が行なわれたが、国民は王室と帝国に対する支持を誇らしげに表明していた。しかし、イースト・エンドの悲惨な状態はあいかわらず恐怖の的になっていた。婦人参政権論者は、「言葉ではなく行動を」という彼らの対決姿勢がもっとも効果を発揮する場は首都だと考えて、1904年に活動の場をロンドンに移した。

　ロンドンは成長を続けた。グレーター・ロンドンの人口は1911年に710万人に達し、そのうち450万人が中心部のインナー・ロンドンに集中していた。イギリスで人口が100万人を超えた都市は他になく、他のヨーロッパ諸国の首都をはるかに引き離していた。ロンドンに匹敵する唯一の都市は大西洋の反対側にあった。

　これほど大きな首都を管理するのは至難の業だった。ロンドン州議会は1904年に教育に関する行政を引きつぎ、ロンドンの学校に通う子供たちに蔓延する栄養失調やシラミ、病気といった問題に取り組みを開始した。公衆浴場、図書館、市営の変電所がロンドン各地に作

エドワード朝のミュージック・ホールのスターたち
ウォルター・H・ランバートが1903年にトゥーティングのキャッスル　ホテルのために描いた「人気者」という作品。ここに描かれたミュージック・ホールのスター231人の中には、ダン・レノやヴェスタ・ティリー、マリー・ロイドらの顔ぶれが見える。ランバート自身は『リンダ・ドリームス』という劇で演じた女形の扮装で登場している。この情景はローワー・マーシュとウォータールー・ロードの交差点が舞台になっている。

られ、28の首都自治区が創設されて、自治体レベルでロンドンの発展に貢献した。

　ロンドンの大きさに商機を求めて、新しく野心に満ちた企業が続々と誕生した。興行主はミュージック・ホールを豪華な演芸劇場に変えた。大衆市場向けの新聞が発刊された。アメリカ人のチャールズ・ヤーキーズは地下鉄のトンネルをより深い場所に掘る技術によってロンドンに交通革命を引き起こした。ハンガリー人のイムレ・キラルフィは日英博覧会に巨大な観覧車を設置した。

　ロンドンは荘厳な帝国の首都であると同時に、大衆の町であり、活気に満ちた庶民の生活の場だった。典型的な「ロンドン子」として文学や歌に登場するのは、呼売り商人や馬車鉄道の車掌、花売り娘や警官だった。この時代には、「異邦人」に対する意識が強まるとともに、よそ者と内輪の人間との間に新たな境界線が作られはじめ、20世紀の首都ロンドンの将来像に不安も生まれていた。

# 帝国の首都

偉大な帝国の首都としてのロンドンのイメージは、彫像や記念碑、そして都会のさまざまなデザインに表れていた。キングスウェイとザ・マルは都市の中心部に新たな威光を添えた。

新しい世紀、2度の戴冠式、28の新しい首都自治区の創設、そして大英帝国の絶頂期が重なって、ロンドン市民は自分たちの都市の重要性にあらためて気づいた。ロンドンは世界に肩を並べる帝国の首都だった。ロンドン州議会主任のローレンス・ゴンムは、ロンドンは「ローマ都市、都市国家、自治都市、一国の首都、そして帝国の首都」として誇りを持って歴史を振り返ることができると述べた。

ふたつの幹線道路計画によってロンドンの地位にふさわしい道路が建設された。そのひとつ、オールドウィッチとキングスウェイはロンドン州議会によって立案され、1905年に開通した。バッキンガム宮殿から海軍門まで続くザ・マルは1910-11年に開通した。この道路はバッキンガム宮殿からセント・ポール大聖堂までの王室の祝賀パレードの道筋を変え、ヴィクトリア女王治世下のロンドンの国際的な重要性の高まりを示した。設計者のアストン・ウェッブはザ・マルを拡張して左右対称の形にし、バッキンガム宮殿前で新しい公共広場につながるようにした。この広場の中心には、彫刻家トマス・ブロックによって頂点に黄金の勝利の女神像を載せたヴィクトリア女王記念碑が建てられた。この場所はすぐに「帝国の中枢」と称されるようになった。

ザ・マルとホワイトホールが交差する地点で、ウェッブはザ・マルとストランドが真っ直ぐに合流しないのを隠すように、海軍門(アドミラルティ・アーチ)を建てた。この門は海運を基礎に築かれたイギリスの富を力強く賛美するものだった。正面にはトマス・ブロックが制作した航海術と砲術を象徴する美しい石造りの像が設置された。

オールドウィッチからキングスウェイまでの道路は、ザ・マルと比べれば控え目な様式で、王室ではなく市民の力を物語る道路だった(右頁下)。ホルボーンからフリート・ストリートに至る新しい道路を要求する声は昔からあった。この道路の建設はストランドの東の端に位置する貧民窟を一掃する効果もあわせ持つ、古典的な「改造」のひとつだった。精神は近代化されていても、建築計画はロンドンの過去に敬意を払ったものになった。新しい三日月広場がセント・クレメント・デーンズの歴史的教会の近くに建造された。サクソン語に由来するオールドウィッチという名前は、ロンドン居住地としての長い歴史を記念するために選ばれた。

キングスウェイはエドワード2世に敬意を表して名づけられ、オールドウィッチからホルボーンに向かって北に延びている。キングスウェイは当時のロンドンでもっとも幅の広い道路で、徹底した近代精神にのっとって建設された。それは、この道路の下に電化された鉄道が走るトンネルが開通したことと無縁ではないだろう。この地下鉄トンネルは道路の完成から3年遅れて開通した。トンネルの両端の敷地は、新しい商業地区の建設をもくろむ投機的な建築業者に売却された。

当初からこの新しい地域は海外とつながりを持っていた。バッキンガム宮殿からセント・ポール大聖堂に至るルート上にあるオールドウィッチは、帝国経営と関係のある建物の所

**戴冠式の祝賀、1902年**
1902年のエドワード8世の戴冠を祝して飾り付けられたロンドン中心部の通り。

**大英帝国の通信網**
ロンドンは大英帝国の政治的な首都であるばかりでなく、電信ケーブル網によって情報の中心地となった。

凡例：
- 大英帝国　1902年
- イギリスが所有する主要な海底電信ケーブル　1902年
- 主要な陸上のケーブル　1902年

---

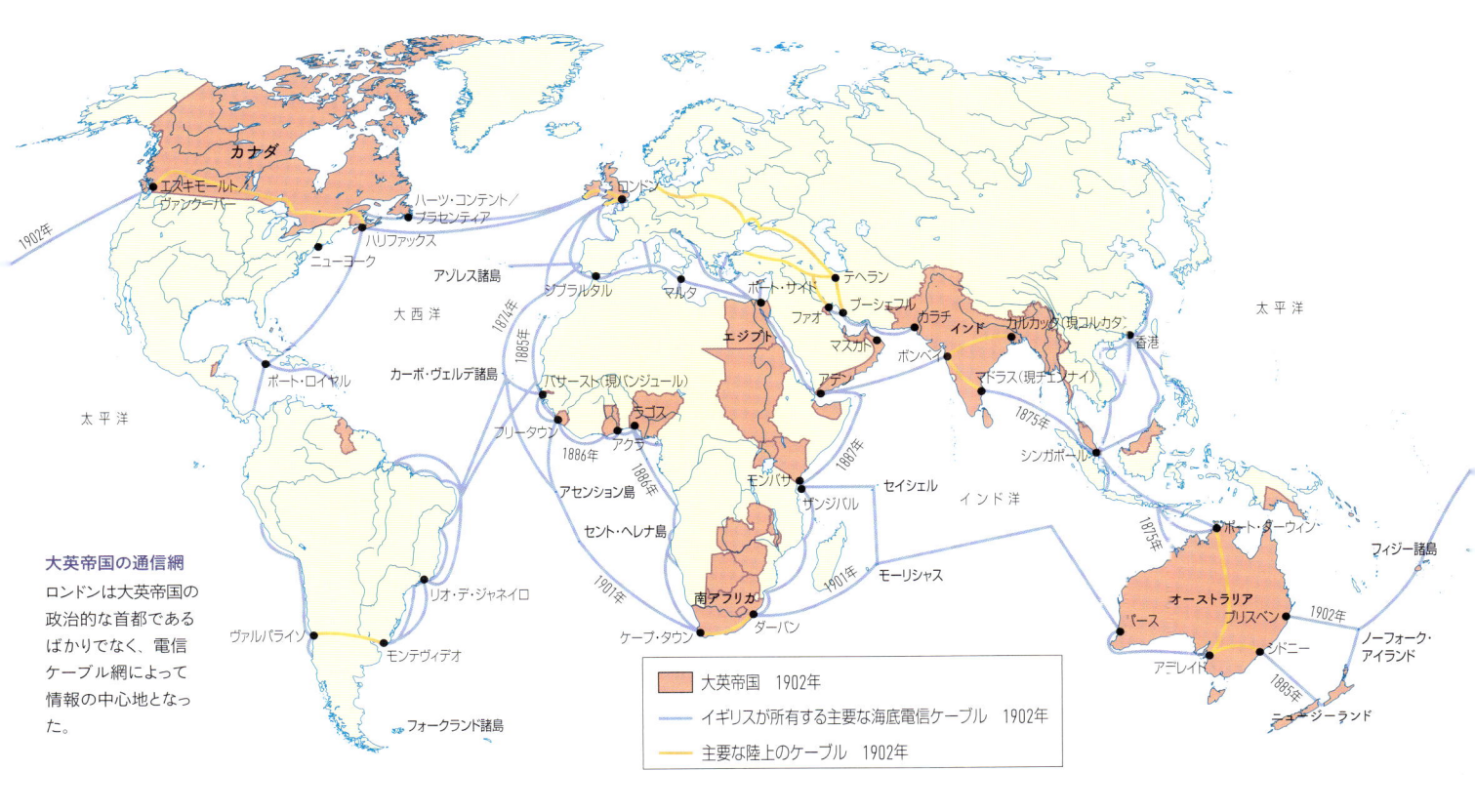

在地にふさわしかった。1913-18年に建設されたオーストラリア・ハウスは、この地域に建設された最初のイギリス連邦自治領の本部だった。続いて1920年代にインド省が建設された。しかし、この頃目立ちはじめていたのはアメリカとのつながりだった。湾曲したオールドウィッチが作りだす三日月形の広場の北側に、1906年から1908年にかけて建設されたウォルドルフ・ホテルは、すぐにロンドンにおけるアメリカ人の会合場所になった。いくつかのアメリカの会社がキングスウェイ沿いの新しいオフィス街に本部を設立した。

## ロンドンの記念碑建築

大英帝国の誇りは装飾的な建物と壮大な記念碑によって表わされた。百貨店はロンドンがヨーロッパの消費の中心であることを示していた。1901年から1905年にかけて、ハロッズはテラコッタ［素焼きの焼き物］仕上げの宮殿のような建物をキングスブリッジに建設した。しかしヨーロッパ最大の百貨店という称号は、まもなく1907年に古典様式の巨大な建物をオックスフォード・ストリートに建てたアメリカのセルフリッジに奪われた。ウォータールー駅の入口は豪華なボザール様式［建築のヨーロッパ古典様式］で改装されたが、チャリング・クロス駅とハンガーフォード橋を建てなおす計画は実現しなかった。新しい首都自治区はそれぞれに市庁舎を建設し、各々の大望を示す寓意的な彫刻を飾った。たとえば1911年に建設されたランベスの市庁舎には、正義、科学、芸術、文学の像が建てられた。何よりも壮大だったのはロンドン州議会の本部だった。建設用地に選ばれたのは、まだ開発の進んでいないテムズ川のサリー側（南岸）で、ウェストミンスター宮殿の対岸にあたる場所だった。第1次世界大戦が1914年に勃発したために完成が遅れたが、その設計と規模はまさに大英帝国の首都にふさわしかった。

新しい記念碑と彫像の建築ラッシュもまた、ロンドンの偉大さを表わしていた。イギリスの輝かしい歴史を記念して、ブロンズのボアディケア像がウェストミンスター・ブリッジの上に登場した［ボアディケアはケルト人の女王で、ローマ人の支配に抵抗した］。中世のピーター・サヴォイ伯爵の金色の像が1904年に彼の名にちなんだサヴォイ・ホテルに面した場所に建てられた。1906年には、農耕や建築などの実用的なものを象徴するいくつかの巨大なブロンズの女性像がヴォクソール橋を飾った。エドワード7世に捧げられたいくつかの記念碑の中には、ロシアの迫害を逃れて難民となったユダヤ人を保護した国王への感謝を示して、ユダヤ人コミュニティが建立したものもある。

新たに生まれたロンドンの自意識は、新しい協会や博物館、そして青い銘板で史跡を紹介するブルー・プラーク計画となって結実した。ロンドンの歴史などを展示したロンドン博物館が1912年にケンジントン宮殿内に開設された。同じく1912年に、ロンドンの建築物や街路について話し合い、建築計画をたてるためにロンドン協会が設立された。ブルー・プラーク計画は、ロンドンの偉大さを示す個人の業績や努力がその場所に刻まれて、あらゆる人の目に留まるように企画された。　　［CR］

---

**オールドウィッチ、1915年**
オールドウィッチが作る三日月形の土地の西を縁取る堂々とした建物群は1910年までに完成した。この位置から見ると手前にニュー・ゲイエティー劇場があり、ウォルドルフ・ホテルが入った建物とストランド、そしてオールドウィッチ劇場が後方に見える。

第11章——エドワード朝のロンドン

# 田園住宅と初期のアパート

ロンドン州議会の住宅建設熱はますます勢いを増した。
都心部のアパートや郊外住宅は、
ロンドンの労働者に健康的で清潔な住まいを提供した。

**キャットフォードの新しい家、1900年**
この広告は、地元の開発業者によって通勤者向けに開発された郊外住宅の典型的な例を示している。

19世紀に鉄道がロンドンのレンガと漆喰の建物を郊外に広げたのと同様に、20世紀初期には電化された市街電車と鉄道が、通勤者の住宅をさらに郊外に普及させた。エドワード朝の住宅建設ブームの新たな担い手はロンドン州議会だった。ロンドン州議会はロンドンの労働者を健康的な住宅に引越しさせることを目的に、精力的な住宅供給計画に着手した。それらの住宅は、都心に新しく建設されたアパートもあれば、新たな郊外住宅地に作られた田園風の家もあった。

ロンドン州議会の住宅にはふたつの主な種類があった。そのひとつは貧民窟の取り壊しによって失われた住居の代わりに建てられた住宅であり、もうひとつは労働者のための一般的な住宅だった。貧民窟の取り壊しはロンドン州議会の急務だった。1900年までに、ロンドン州議会は都心の12の地域を早急に取り壊す必要があると決定した。典型的なのはクラークンウェルのユニオン・ビルディングス地域で、この一帯の過密状態の集合住宅は、ホルボーンの医療担当官から長い間健康への悪影響が指摘されていた。取り壊しは1907年までに完了した。ユニオン・ビルディングス計画は1402人を立ち退かせ、その跡地に4つの大きなアパートを建設して1414人分の住宅を提供した。同様に、ロンドン州議会が建設したボーン住宅は、ロンドン州議会によるストランドやキングスウェイの道路建設計画によって立ち退かされた人々も含めて、2642人に住宅を提供した（234頁参照）。

ロンドン州議会による一般住宅の提供は、1900年に各州が州境を越えた土地に住宅を建設することが法律で認められてから本格化した。都心の過密状態を軽減する好機と見て、ロンドン州議会はさらに郊外に目を向けはじめた。1914年までに、ロンドンはロンドン州議会が建設した「田園住宅」に取り囲まれた。そのうち最初のものは1903年にトゥーティングのトッターダウン・フィールズで建設が始まり、15ヘクタールの土地に8788人分の住宅を作ることが計画された。トッターダウンは、労働者がロンドン都心に通勤できるように、ロンドン州議会の運営する市街電車の終点に建設された典型的な田園住宅だった。同様の田園住宅はクロイドンのノーベリー、ハマースミスのオールド・オーク、ロンドン北部のタワー・ガーデンズでも建設され、タワー・ガーデンズはユダヤ人の慈善活動家サミュエル・モンタギューが過密状態のタワー・ハムレッツからユダヤ人労働者を移転させるために資金の一部を提供した。ここで開発された963軒の田園風の家は、1901年に2万人の労働者を収容するために接収された91ヘクタールの広大なホワイト・ハート・レーン住宅の南側の一部になった。ホワイト・ハート・レーン住宅の北半分は1919年以降に開発され、その頃には1920年代に好まれた広々とした土地の使い方を反映した町並みが作られた。

## 田園都市運動

商業的な住宅開発業者の大半にとって、新しい住宅とは過去50年間にロンドンで建設された住宅を意味した。それは張り出し窓のある直線の連続住宅で、売りだされる場所によってはほとんど建築的な装飾を用いずに建てられた（左図）。しかし、新しい住宅はしだいに田園都市運動を反映し、その運動が重視した健康、日光、そしてアーツ・アンド・クラフツ運動の価値観を取り入れて作られるようになった。エドワード朝の住宅のほとんどは民芸風の田園の家の雰囲気を持ち、赤レンガかタイル張りの壁、チューダー様式の高い煙突、急傾斜の屋根、そして並木に縁取られた道路があった。田園都市の理想は、緑の多いロンドン郊外に建築家が設計した一戸建ての家屋が集まった小さな住宅地の建設を促した。たとえばエッピング・フォレストのラフトンや、ウィンブルドンのパークサイドなどの住宅地がその例である。それほど裕福でない人々のためには、田園住宅地が手ごろな

**ボーン住宅、クラークンウェル**
この住宅地は貧民窟の取り壊しによって立ち退かされた人々のためにロンドン州議会によって建設された。

規模で適切な雰囲気を提供した。このような住宅には、たとえば1901年に建設が始まったイーリングのブレンサム・ガーデン・サバーブや、1910年に開発されたフィンチリー・ガーデン・ヴィレッジなどがある。

　ロンドンのもっとも有名な田園郊外都市はハムステッドに作られた。ノーザン鉄道が1906年に延長されると、住宅開発業者がヒース周辺の魅力的な土地を開発しようと競って押し掛けた。そのような開発を規制するため、慈善活動家のヘンリエッタ・バーネットはみずから開発業者となった。彼女のハムステッド・ガーデン・サバーブはレイモンド・アンウィンの計画に従って設計され、絵画的な美しさのある建物が並木の植えられた湾曲した道路に沿って建てられた。この住宅地は、労働者と中流階級が隣り合わせに暮らすコミュニティとしての明らかな社会的目的があった。残念ながらこの目的が完全に達成されることはなかった。

　エドワード朝の住宅の特徴は、庭と電気、浴室とトイレ、屋内の水道管を備えていることだった。本当に近代的精神を持ちあわせた住宅所有者は、家を買い取ることも可能だった。シティの警察官で作家でもあったセシル・ロルフ・ヒューイットは、1910年にフルハムのゴーワン・アヴェニューの賃貸住宅に家族で引っ越したときの経験を語っている。一家は近所に建設中の住宅をうらやましそうに眺めた。それらの家は300ポンドで売られていて、手付金として35ポンド必要だった。「私の両親や、両親が親しくしている人たちは、それはとうてい手が出せない値段だと考えていた。自分たちのような人間が住宅を所有するのはとても無理だとあきらめていた」。ヒューイット一家の住宅は申し分なく上品なヴィクトリア朝様式の連続住宅で、賃貸料は週16シリングだった。屋内に湯沸かし器や電気設備はなく、入浴するためのお湯は1階のガスコンロで沸かさなければならなかった。セシルは「私たちはこうした問題を少しでも苦労だと思った記憶はない」と述べている。　　　　　　　　　　　　　　　　[CR]

**公営住宅**
1937年のこの地図はポスト・エドワード朝の住宅を含んでいるが、ロンドンの境界内にアパートを建設し、境界外に田園住宅を建設したロンドン州議会の建築計画がよくわかる。

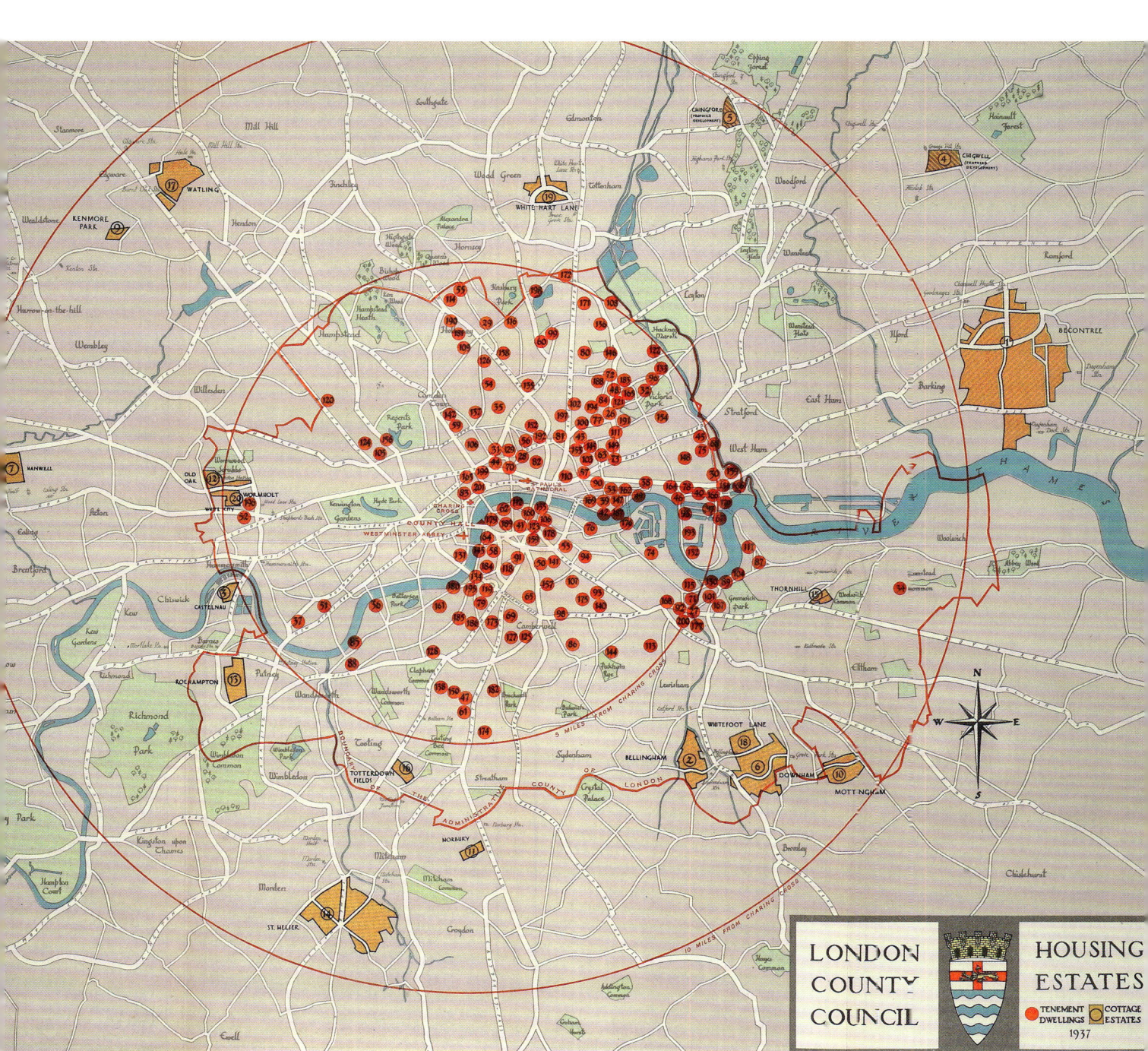

| 第11章——エドワード朝のロンドン | 237 |

# ロンドンの電化

電気は通信、照明、公共輸送の方法を変えはじめた。
この新しいエネルギーは地下鉄や市街電車を実現させたが、
電気が供給される地域は限られていた。

電気はエドワード朝のロンドンで発達した。最初に電気がその力を発揮したのは電信を利用したコミュニケーションだった。19世紀後半に、電線のネットワークがロンドンとイギリスの他の都市を結び、海底ケーブルがヨーロッパやアメリカ、そして世界のその他の都市とロンドンを結んだ。1880年には、ロンドン市民は電気を利用した電話を使って遠方の人と会話ができるようになった。しかし、この時代にはまだ電信や電話によるコミュニケーションは高価で、利用できるのは政府や企業、そして富裕層に限られていた。

電気照明は19世紀末に登場したが、普及したのは1920年代になってからだった。電気照明はまず1878年にヴィクトリア河岸通りで試行されたが、不安定さが指摘され、ガス灯がふたたび用いられるようになった。1年後、大英博物館が濃霧の日と、冬期の開館時間を延長するために、屋内に電灯を取りつけた。読書室に取り付けられた4つの大きな吊ランプは、それぞれが3000本のロウソクに相当する明るさを放った。1880年に完成したロイヤル・アルバート・ドックでは、電灯の明かりで夜でも荷揚げや荷積みができた。何年もの間、これ以上に大規模な電気照明を使った事業は誕生しなかった。波止場地区とドックは24メートルの高さの鉄の柱に吊るされたランプで照らされた。

ロンドンの中心部で電灯を利用したもっとも華々しい例は、リチャード・ドイリー・カルテが経営するサヴォイ・ホテルとサヴォイ劇場の照明だった。ホテルの客がベッド脇から照明を消せる仕組みが大評判になった。劇場の照明はハンドルを回すことによって明るさを変えることができた。800個の「スワン」製電灯が舞台を照らし、さらに150個の電灯が観客席を照らしていた。電灯はガス灯に比べてちらつきが少ないため、観客は俳優や歌手の顔をはっきり見ることができ、セットや情景をさらに楽しむことができた。

ピカデリー・サーカスの有名なネオンサインの歴史は、ティッチボーン・ストリートの建物の屋根に「屋上広告」が立てられた1890年代にさかのぼる。最初の大きなネオンサインがピカデリー・サーカスの北側のピカデリー・マンションの側面に設置されたのは、1908-10年になってからだった。このとき宣伝された「ボヴリル」と「シュウェップス」は、その広告が掲示された建物の事業とは何の関係もなかった。それから続々と広告が出されるようになり、1920年代までにはピカデリー・サーカスの北側は壁一面がネオンサインに埋めつくされた。

**リージェント・ストリート四分円形街路、1914年**
1914年、リージェント・ストリートにはまだガス灯が灯っていたが、多くの商店では電灯が取り入れられていた。また、ピカデリー・サーカスではネオンサインが点滅しはじめた。

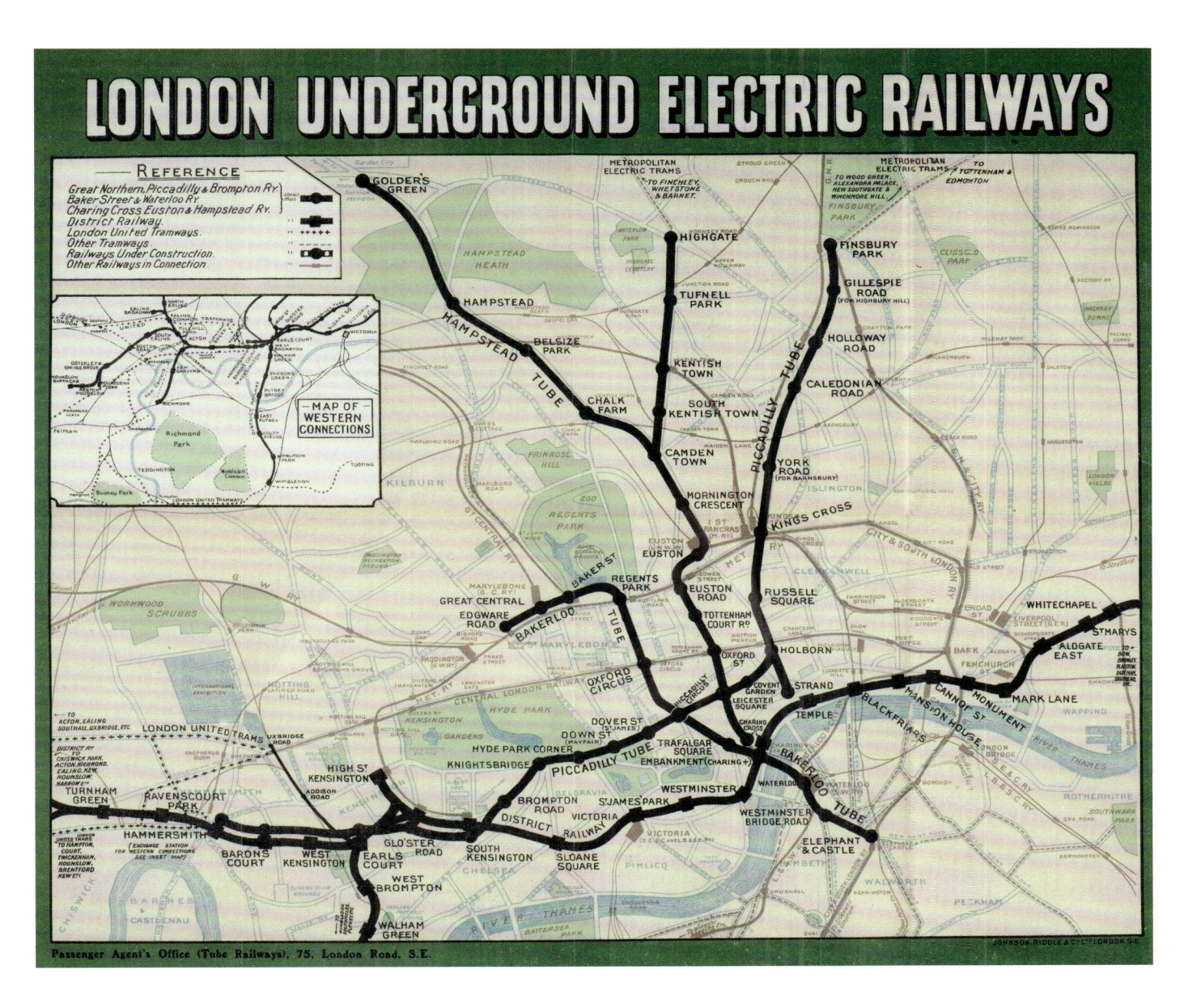

# LONDON UNDERGROUND ELECTRIC RAILWAYS

初期の「チューブ」、1907年

この地図は、地下深く掘られた新しい「チューブ(地下鉄)」と電化されたディストリクト鉄道の一部を所有するアンダーグラウンド・グループ社が作成した。同社の路線は太線で示されている。

## 電化された交通機関

電気がもたらした変化の中でもっとも劇的だったのは、おそらく交通機関だろう。1890年に、世界初の電化された地下鉄がロンドンに開通した。電化された鉄道はすぐに地上でも地下でも当たり前となった(上図)。鉄道網に電力を供給する巨大な発電所が建設された。たとえばディストリクト鉄道はフラムのロッツ・ロードに、メトロポリタン鉄道はニースデンに発電所があった。

馬車鉄道もしだいに市街電車に置き換えられた。市街電車の中には頭上に張った電線を利用する会社もあったが、最大の市街電車網を運営するロンドン州議会は、路面に埋設した軌道に電流を通じる方式を採用した。チジックの発電所はロンドン西部のロンドン・ユナイテッド・トラムウェイに電力を供給し、グリニッジの巨大な発電所がロンドン州議会公営市街電車に電力を供給していた。一時は電気自動車がロンドンの街路の主流になりそうな時期もあったが、走行距離の限界から、ガソリンで走行する自動車に道を譲る結果になった。

ロンドン中心部の電力供給会社の中には、大企業に成長するものもあった。ロンドンの各自地区も電気の便利さに気づきはじめた。セント・パンクラスは1891年にトッテナム・コート・ロードを照らすために電気照明を採用した。その他にも多くの区がそれに倣い、地区ごとに発電を行なって、株主よりもむしろ電気料金納付者に利益をもたらした。

エドワード朝末期までに、ロンドンの電力供給システムはおそらく世界の主要都市の中でもっとも統一されていない状態だった。およそ65の公共事業体が70の発電所を運営していた。その多くは小規模で非効率的であり、使用される電圧もまちまちだった。一般的に、ロンドン東部では電力は公営の発電所から供給されたが、ロンドン西部では私営の会社が発電していた。

電力は匂いも煙もださず、家庭で使用できるクリーンな新しいエネルギー源として推奨された。1908年、ホワイト・シティで開催された英仏博覧会で展示されたモデル住宅には、調理器具、薬缶、ろ過装置付きコーヒー沸かし、ヒーター、冷蔵庫、そして電気の「日光浴機」さえあった。1912年、トリシティ・ハウスはオックスフォード・ストリートにさまざまな電気調理器を取りそろえたショールームをオープンした。同じ年、チャールズ・ベリングは画期的な「スタンダード」電気ヒーターの特許を取った。こうした進歩にもかかわらず、普通のロンドン市民にとって電気革命が本当に始まるのは1920年代や30年代になってからだった。

[AW]

# フリート・ストリートの隆盛

ニュース革命はフリート街を中心に起こった。
この地域には新しく誕生したイギリスの大衆紙や、
世界各国から来た通信社が集中していた。

**ロンドンの新聞少年**
地下鉄会社アンダーグラウンド・グループのために1919年に制作された「ロンドン人物像」シリーズの中から、新聞少年を描いた1枚。少年が手にした新聞は電車の改良を報じている。

1855年に新聞税が撤廃されたことによって、イギリスの新聞産業はかつてない成長を始めた。1900年までに、新聞の種類は飛躍的に増え、読者数が増大し、新聞産業は今日の大衆紙の大量販売につながる革命的な変革を迎えようとしていた。

国民の識字率が上がって新聞を読みたがる人が増え、新世代の新聞社主のますます野心的な経営によって、イギリスの新聞はかつてない繁栄と影響力を誇った。当時の傑出した新聞王のアルフレッドとハロルド・ハームズワース兄弟は、のちにそれぞれノースクリフ卿(1865-1922年)とロザミア子爵(1868-1940年)に叙せられた。新聞革命の先がけとなったのは、アルフレッド・ハームズワースによって1896年に発刊された『デイリー・メール』紙で、イギリスの新聞では初の100万部の売上を達成した。続いて1900年にアーサー・ピアソンが『デイリー・エクスプレス』を発刊し、アルフレッド・ハマーズワースの弟ハロルドが、兄の発刊した『デイリー・ミラー』を引き継いだ。『デイリー・ミラー』は印刷技術の進歩を利用して、ニュースの伝達に絵が重要な役割を果たすようにした。イギリスの新聞としてはじめて写真を掲載した栄誉は1891年の『デイリー・グラフィック』紙のものだとしても、イギリスの新聞業界に報道写真の重要性を実際に根づかせたのは『デイリー・ミラー』である。

新聞革命の中心地はシティのフリート・ストリートで、第1次世界大戦が勃発する頃には、フリート・ストリートはイギリスの新聞業界の代名詞になっていた(下の写真)。主要産業がロンドンの中心部にあるのは、表面的には時代錯誤にも見えるが、フリート・ストリートに必要なのは印刷用の紙や大量のインクだけでなく、たくさんの情報と意見だった。フリート・ストリートは、ロンドンの3つの信用あるニュース・ソース、すなわち政府、シティのビジネス界、そして裁判所から情報を得るのに絶好の立地だった。少なくとも17世紀からフリート・ストリートで書籍販売、印刷業、出版業が発達したのは、法曹界のあるテンプルに近いからだった。新聞革命にとってさらに重要だったのは、1868年に当時の最新の技術である電信を利用して、地方の新聞社にニュースを提供するPA(通信社)がフリート・ストリートに設立されたことだった。海外ニュースを配信する主要な通信社であるロイターは設立以来の本拠地である王立取引所の近くに留まったが、1910年までにフリート・ストリートにはロンドン・ニュース・エージェンシーやユニヴァーサル・ニュース・エージェンシーなどの小規模な通信社が設立された。フリート・ストリートに新聞記者や新聞社が引き寄せられたのは、こうした通信社の存在が大きかった。

**フリート・ストリート、1920年代**
通りを埋め尽くした人々は、印刷や新聞発行に関わる日々の業務を担っている。

## 新聞業界

戦争の開始までに、フリート・ストリート沿いと周辺の建物には、実質的にイギリスのすべての地方新聞のロンドン支局が入居するオフィスが、たったひと部屋のものも含めて無数にあった。外国の新聞社も強い存在感を放っていた。特に『香港デイリー・プレス』や『カルカッタ・ステーツマン』のように、植民地のニュースを発行するためのロンドン支局や通信社が作られた。『ニューヨーク・ヘラルド』などのアメリカの新聞社も、フリート・ストリートのオフィス街にかなりの広さを占める支局を設立した。また、『メソジスト・レコーダー』や『スポーティング・ライフ』のような専門誌も編集部門を設置した。典型的なオフィスビルはフリート・ストリート85番地にあったバイロン・ハウスで、1917年の郵便局の住所氏名録によれば、南アフリカの新聞のためのオフィスが29、ニュージーランドの新聞社が8社、イギリスの地方の新聞社が2社、アイルランドの新聞社が2社、さまざまな代理店、広告作成者、「新聞社の代理人」、製紙会社、新聞記者、骨相学者が入居していた。

凡例:
- 全国紙
- 地方紙
- 定期刊行物
- 印刷業者
- その他の重要な建物
- 駅

**ロンドンの新聞街、1915年**

フリート・ストリート周辺の地域は新聞社、通信社、印刷業者が軒を連ねた。

 フリート・ストリートで印刷される出版物の量は、ひとつのオフィスに収容されたり、ひとつの電信機で伝えたりできるものではなかった。ヴィクトリア河岸通りの建設と、その後のロンドン市自治体のガス工場の取り壊しによって、フリート・ストリートの南側に開けた土地ができた。この土地に新聞王ハームズワースの新聞社は1893年に移転し、テューダー・ストリート24番地に印刷所と編集部を設立した。彼らの新聞王国が拡大するにつれて、ハームズワース兄弟はカーメライト・ストリートに進出し、そこで『デイリー・メール』と『デイリー・ミラー』を発刊した。『デイリー・メール』の即座の成功によって、カーメライト・ハウスと名づけられた巨大な新しい建物の建設が可能になり、そこに事務所とアメリカ式の印刷所が作られ、印刷機や記者のための電信室にアメリカの新聞社と同じ最新技術が取り入れられた。アルフレッド・ハームズワースはこのカーメライト・ハウスを拠点に新聞王国を経営し、1905年に『オブザーヴァー』、1908年に『タイムズ』を傘下に収めた。『タイムズ』は古い世代のイギリスの新聞の典型的な例にもれず、シティ内の1か所で記事の執筆も印刷も行なっていた。『タイムズ』の場合、その場所はブラックフライアーズのプリンティング・ハウス・スクエアだった。

 第1次世界大戦の勃発までに、近代的な印刷所はより広い空間を必要とするようになり、事務所と印刷所の分離が始まって、印刷所は別の場所に移転を開始した。1912年にハームズワース新聞王国の定期刊行物部門であるアマルガメーティッド・プレスはフリート・ストリートから目と鼻の先のファリンドン・ストリートに新しい編集オフィスを建設した。しかし、印刷部門はサザークのサマー・ストリートの新しい印刷所に移された。

 フリート・ストリートは新聞や通信社を引きよせただけでなく、その周辺に関連事業やサービスが群がった。広告代理店、印刷所、写真家、紙商人、活字鋳造工、さらにはオーストラリア人のウィル・ダイソンのような風刺漫画家も集まった。ダイソンは1912年に発刊された左翼的な『デイリー・ヘラルド』紙にパンチの効いた風刺漫画を寄稿し、同紙の人気を不動のものにした。

 さまざまな団体やパブ、クラブもまた、新聞業界の一部を形成した。たとえば編集者や記者が日参したことで知られる伝説的なワイン・バーのエル・ヴィーノは、1913年にフリート・ストリート47番地に開店した。新聞社の補助業務を請け負う会社の中で、おそらくもっとも重要な役割を果たしたのは販売会社のW.H.スミスで、この会社は印刷所から新聞を集めてその場で小包にし、鉄道で配達センターに届ける仕事をした。同じく重要なのはふたつの技術教育機関で、ひとつは1893年に設立されたセント・ブライズ・インスティテュート、もうひとつは1912年に再建されたボルト・コート・スクールだった。印刷技術に根本的な改革がなされた時代だったため、これらの学校は印刷業者、製版業者、植字工、活版業者が新聞産業の変革についていくために教育を施した。

[CP.]

第11章——エドワード朝のロンドン 241

# 娯楽とウェスト・エンド

交通機関が発達した結果、ウェスト・エンドに遠くから人が遊びに来るようになった。あらゆる階級の男女が、さまざまな劇場、百貨店、映画、人気のレストランを楽しむようになった。

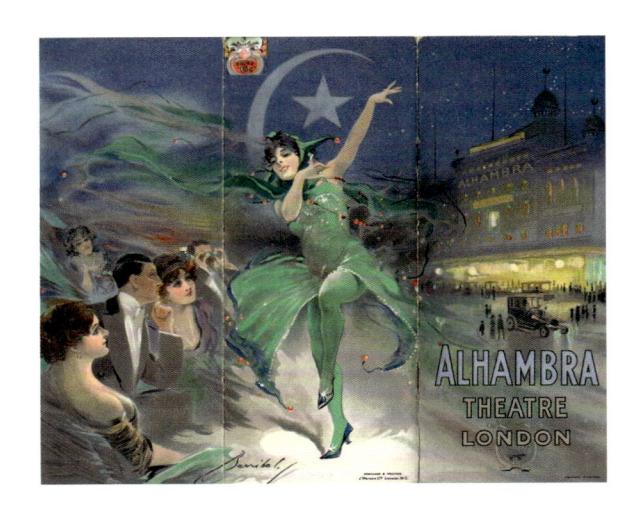

**アルハンブラ劇場のプログラム、1912年6月**
このレスター・スクエアの大きな演芸劇場はヴィクトリア時代のミュージック・ホールとして誕生し、1912年までに上品なウェスト・エンドの観客に娯楽を提供するようになった。

エドワード朝のロンドンは富と権力の絶頂期にある帝国の中心地だった。帝国の貿易と行政機関は数万人のホワイトカラー労働者を生み、それにともなって中流階級が増加し、中流志向を持った商店やオフィス・ワーカーも増加した。可処分所得と余暇が増え、ロンドン市民は人生を楽しむことに貪欲になった。

ウェスト・エンドほど簡単に楽しみが得られる場所はなかった。ウェスト・エンドには楽しむ機会ともてなされる機会が数え切れないほどあった。増加するロンドンの人口は有望な市場となり、統制のとれた交通機関は楽しみを求める人々をウェスト・エンドに送り込み、安全に家に連れ戻した。

この時代には巨大な百貨店も誕生した。ロンドンの百貨店はすべてのロンドン市民の自信と繁栄を体現していた。ハロッズやホワイトリーのように新築の豪華な建物に生まれ変わった百貨店もあれば、スワン・アンド・エドガーズのように増築や改築によって飾り立てられたものもあった。しばしば100を超える百貨店がある中で、この3つの店は中流階級が欲しがりそうなあらゆる商品とサービスを取りそろえた大百貨店だった。女性の社会的な解放を反映して、特に女性中心の商品をそろえた百貨店は、紳士クラブの女性版として女性がひとりで出かけられ、友人と会える場所を提供した。

1909年にオックスフォード・ストリートにセルフリッジが開店し、アメリカ風の小売のやり方が導入されると、ロンドンのショッピングに大きな変化が生じた。明るい照明に照らされた商品が、明瞭な値札を付けられて開放的な棚に並べられ、客は好きなように見て回ることができた。買い物客はぜいたく品の温かみと雰囲気を楽しめた。娯楽としてのショッピングの時代が到来した。

昼間は買い物客とオフィス・ワーカーは百貨店で昼食を取り、ティールームで休憩できたし、ABCティー・ショップ（炭酸水を使った無酵母パンで有名）やブリティッシュ・ティー・テー

**劇場と映画館**
伝統的な劇場通りはストランドとヘイマーケットだった。映画館は歓楽街をトッテナム・コート・ロードとオックスフォード・ストリートまで広げた。

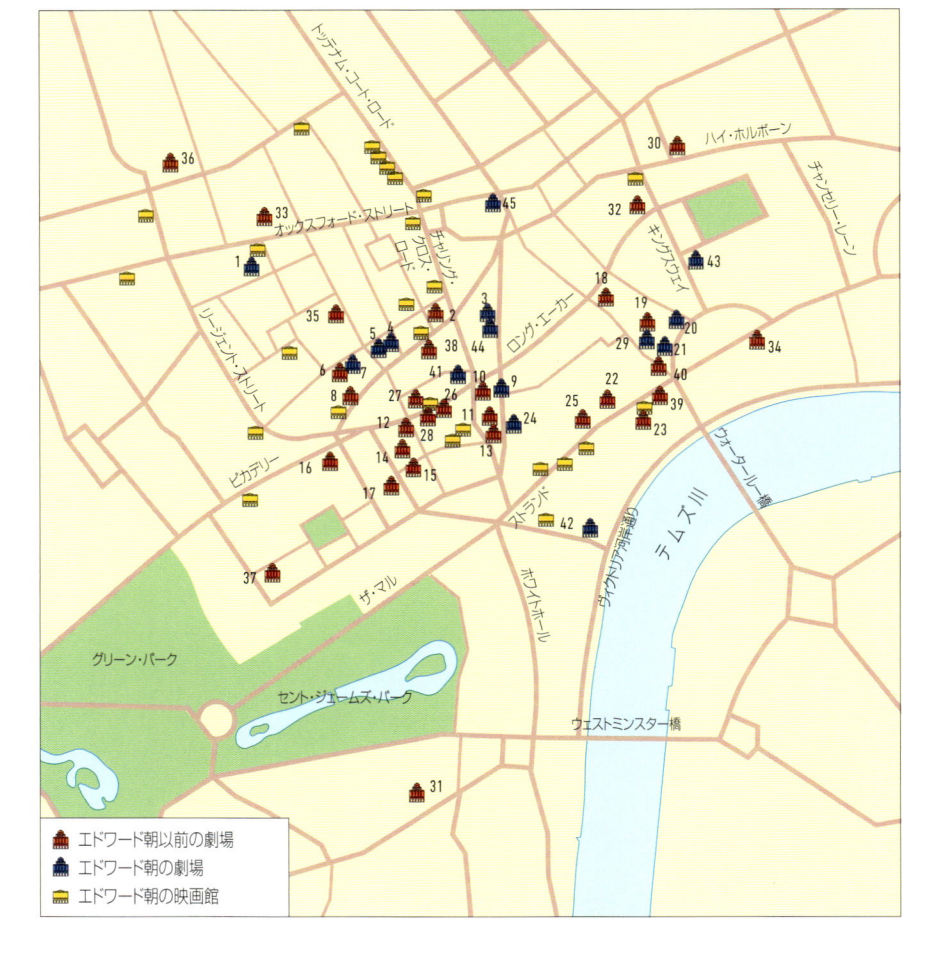

1. パラディウム
2. パレス
3. アンバサダー
4. クイーンズ
5. アポロ
6. ウィンドミル
7. グローブ
8. リリック
9. ニュー
10. ウィンダムズ
11. デューク・オブ・ヨークス
12. プリンス・オブ・ウェールズ
13. ギャリック
14. コメディ
15. 王立劇場、ヘイマーケット
16. クライテリオン
17. ハー・マジェスティ
18. ロイヤル・オペラ
19. 王立劇場、コヴェント・ガーデン
20. オールドウィッチ
21. ウォルドルフ
22. ヴォードヴィル
23. サヴォイ
24. ロンドン・コロセウム
25. ロイヤル・アデルフィ
26. アルハンブラ
27. ダリーズ
28. エンパイア
29. ゲイエティ
30. グローブ
31. インペリアル
32. キングスウェイ
33. プリンセス
34. ロイヤル・ストランド
35. ロイヤルティ
36. セント・ジョージ・ホール
37. セント・ジェームズ
38. シャフツベリー
39. テリーズ
40. ライシーアム
41. ロンドン・ヒッポドローム
42. プレイハウス
43. ストール・オペラ・ハウス
44. セント・マーティンズ
45. ニュー・プリンス

エドワード朝以前の劇場
エドワード朝の劇場
エドワード朝の映画館

1. ウォルドルフ・ホテル、1908/9年
2. ストランド・パレス、1909年
3. リージェント・パーク・ホテル、1915年
4. ピカデリー・ホテル、1908/9年
5. リッツ、1906年
6. カールトン・ホテル
7. サヴォイ・ホテル
8. ホテル・セシル
9. クラリッジズ・ホテル
10. コノート・ホテル
11. ランガム・ホテル
12. グレート・セントラル・ホテル
13. ディキンズ&ジョーンズ
14. リバティズ
15. ボーン&ホリングズワース
16. ピーター・ロビンソン
17. ジョン・ルイス
18. D.H.エヴァンズ
19. マーシャル&スネルグローヴ
20. バーカーズ
21. デリー&トムズ
22. ポンティングズ
23. スワン&エドガー
24. バーバリーズ、ヘイマーケット、1912年
25. セルフリッジズ、1909年
26. デベナム&フリーボーイズ、1909年
27. ウェアリング&ギローズ、ウィグモア・ストリート、1909年
28. ハロッズ、ブロンプトン・ストリート、1905年新築
29. ヒールズ、トッテナム・コート・ロード、1914-16年改築
30. マッピン&ウェッブ、オックスフォード・ストリート158-162番地、1908年
31. ホワイトリーズ、クイーンズウェイ、1911年新築

**ウェスト・エンドの昼の外食**
J.リヨンズ&Co.がコーナー・ハウス・レストランを開店するまで、ホテルや百貨店が買物客のために昼食を提供していた。

ブル・カンパニー、J.リヨンズ&Co.のような店で紅茶を飲むこともできた。リヨン・コーナー・ハウス・レストランの一号店は1909年に開店し、上品な女性たちが付き添いなしに食事ができる環境で、質の良い軽食を提供した（下の写真）。

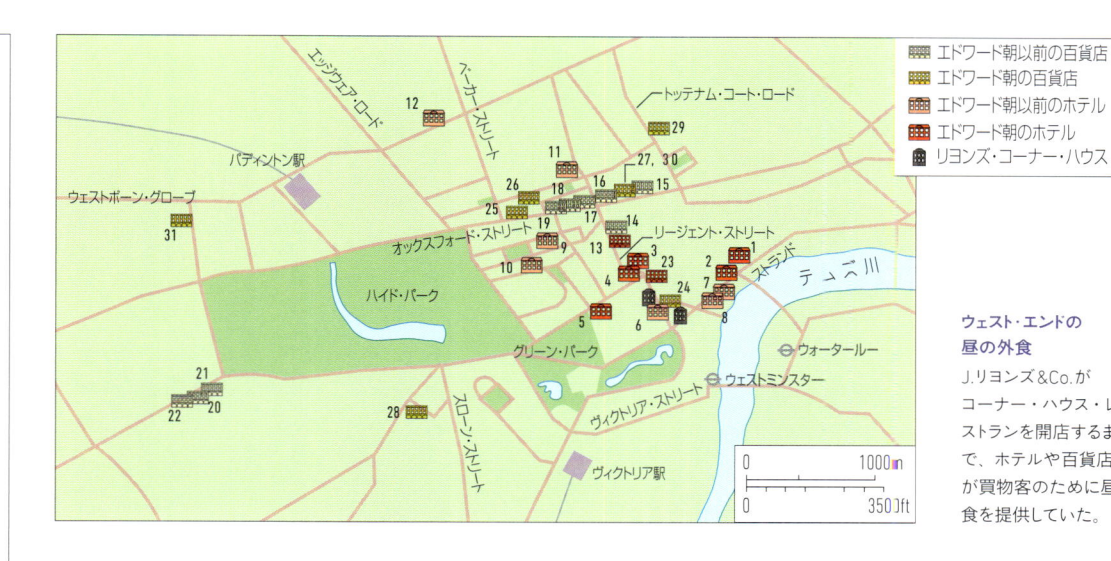

楽しみのひとつとしての外食はしだいに一般的になった。その理由として、変化する労働パターンに合わせるために夕食の重要性がいっそう高まったことや、女性の社会的な自由が増加したこと、アパートが狭くなり、女中が減ったことなどがあげられる。友人と連れ立っての外食、特にレストランで夕食を食べながらのパーティが習慣として定着した。裕福な人々はストランドのシンプソンズやグレート・ポートランド・ストリートのパガーニズのような豪華な店か、リッツやウォルドルフなどの新しいホテルで食事をした。クライテリオン劇場のように、劇場内にあるレストランも人気があった。ソーホーやオックスフォード・ストリートの北にあるヨーロッパ風のレストランは、伝統にとらわれない気風の人々に愛好された。

鉄道と海上交通の大幅な向上によって、少なくとも富裕層の間では、ますます旅行の人気が高まった。大勢の観光客がロンドンに集まり、旅行者の便宜を図るために大理石とクリスタルをふんだんに使ったリッツやリージェント・パレスのようなホテルが建設された。

## 劇場と映画

かつては富裕層だけの楽しみだった観劇を庶民が楽しめるようになったのはこの時代だった。ミュージック・ホールより品のいい「演芸劇場」は、中流階級に華やかな娯楽を提供した。ミュージック・ホールから演芸劇場に転換したアルハンブラやレスター・スクエアのエンパイアに続いて、ロンドン・ヒッポドロームやコロセウムなどの巨大な新しい「演芸の殿堂」が作られた（左頁）。

夜の楽しみを求めるエドワード朝のロンドン市民は、シャフツベリー・アヴェニューやストランド周辺の華やかな新しい劇場を訪れた。さまざまな予算に応じた座席があり、最終電車に間に合うように演目が終わるこれらの劇場は、身分の高い客にも店員として働く若い女性にも等しく楽しみを提供した。ウェスト・エンドは「劇場街」になった。

映画もまたウェスト・エンドの呼び物のひとつとして定着した。1890年代にはじめて登場して以来、映画はたちまち大衆の想像力をわしづかみにした。ウェスト・エンドの各地、特にオックスフォード・ストリートとトッテナム・コート・ロード沿いに映画館が建設された。わずか3ペンスの入場料を支払えば、映画は豪華な環境であらゆる人に娯楽を与えた。映画の人気は、ウェスト・エンドで1907年から1914年までに少なくとも34軒の映画館が建てられたという事実に表れている。

第1次世界大戦の開始までに、今日のウェスト・エンドの姿ができあがった。ウェスト・エンドはもはや貴族の社交場や、圧倒的に男性優位の場所ではなくなった。そこはお金と余暇のあるすべての人にとって娯楽の中心地だった。ウェスト・エンドでは異なる階級の人々が同じ場所で過ごすようになり、誰もが予算に合った商品や娯楽を見つけることができた。そこでは男性であれ、女性であれ、身分に関係なくお金の価値は同等だった。

[JH]

**リヨンズ・コーナー・ハウス**
リヨンズ・コーナー・ハウス1号店は1909年にコヴェントリー・ストリートに開店した。この巨大なレストランはたちまち人気を獲得し、2号店が1915年にストランドで開店した。

第11章——エドワード朝のロンドン

# 「のたうちまわる絵の具」
## ——現代美術

前衛芸術はエドワード朝のロンドンにセンセーションを巻き起こした。
カムデン・タウン・グループを名乗るイギリスの芸術家は
新たな画題をカムデン・タウンに求め、機械の時代を歓迎した。

**ニュー・ベッドフォード・ミュージック・ホール**
ウォルター・シッカート作。1905年。
労働者階級の日常生活を暗い色調で描いたシッカートの絵は、あいまいでいろいろな解釈ができる近代的な鋭さを持っている。

20世紀が始まる頃は、ほとんどのロンドン市民がフランス印象派を見たこともなく、ましてやポスト印象派にはまったく縁がなかった。しかし1914年までに、話題を呼んだいくつかの展覧会が広範囲の、そしてしばしば過熱した新聞報道で取り上げられ、20世紀初期の芸術のあらゆる前衛運動が広く知られるようになった。この時期にヨーロッパとアメリカの影響はロンドンで融合し、黒人音楽のラグタイムがはじめてイギリスで演奏された。また、ヨーロッパの伝統にとらわれないボヘミアニズムが、芸術界やロンドンの団体やクラブにも現れた。

ニュー・イングリッシュ・アート・クラブは進歩的なフランスの画家の影響を受けて1886年に設立された。本家フランスに比べれば取り組みは保守的だったが、ニュー・イングリッシュ・アート・クラブは1889年のグーピル画廊で開いた展覧会で、みずから「ロンドンの印象派」を名乗った。クラブの傑出したメンバーだったウォルター・シッカート(1860-1942年)は、この団体の偏狭性に不満を抱いて脱退し、まずフィッツロイ・ストリート・グループ(1907-11年)を、続いてカムデン・タウン・グループ(1911-14年)を結成した。どちらのグループにも単純に所在地の名前がつけられた。彼らはフィッツロイ・ストリート19番地にアトリエを借り、カムデン・タウンで暮らしていた。鮮やかな色を用い、色、形、構造など、絵画の形式的な要素を追求した彼らの作品は、印象派とポスト印象派の両方から影響を受けていた。

印象派の芸術作品は、ロンドンではまず1905年に展示されたが、それらが大きな反響を呼んだのは、1910年の冬にグラフトン画廊で開かれた「マネとポスト印象派展」と題する展覧会がきっかけだった。「1910年12月を境に、人間性が変わった」と、この展覧会の影響についてヴァージニア・ウルフは書いている。ロンドンの新聞は困惑し、激高し、嘲笑的な記事でもちきりになった。「グラフトン画廊で開かれたフランスのポスト印象派の画家による作品展は、これまでイギリスで行なわれたどの展示会よりも大きな衝撃をもたらした。それはのたうちまわる絵の具である」と『デイリー・ミラー』は報じた。チェルシー・アート・クラブは印象派を嘲笑するために、印象派を模倣した作品の風刺的な展覧会を開催した。

**モーニントン・クレッセント、カムデン・タウン・グループ**
画家の部屋の窓から見える光景を印象派の手法で描いたもの。スペンサー・ゴア作。1911年。

### 未来派の衝撃

ポスト印象派が首都ロンドンの感受性にさざ波を立てたとしたら、1912年にフィリッポ・トンマーゾ・マリネッティ(1876-1944年)と未来派の絵画がサックヴィル画廊で展示されたときは猛反発を引き起こした。「新機械時代」を称賛する急進的な絵画の展示と音声詩[言葉の意味を伴わない音が中心になっている詩]の朗読、そしてマリネッティによる講演が行なわれ、ジェイコブ・エプスタインが回想しているように、「正真正銘のファシスト的傲慢さで、彼らは都市から都市へ自分たちとその馬鹿げたゴスペル音楽を伝えていった」。風刺漫画家はここぞとばかりに腕をふるい、新聞や雑誌は憤りに満ちた記事を掲載した。「明らかに、彼らの行動全体があきれるほど間違っている」と『サタデー・ルヴュー』紙のC・H・コリンズは述べた。「彼らはどこから始めたらいいのかもわかっていない」。しかし、こうした怒りの声があったにもかかわらず、『ニュー・エージ』のような刊行物の多くはこの新しい運動をまじめに受け取った。さらに、未来派はC.R.W.ネヴィンソンなど、増加するロンドンの前衛芸術家に影響を与え、彼らは「イギリス未来派」と呼ばれるようになった。

これらの展覧会を計画した近代イギリスの芸術家、ロジャー・フライ(1866-1934年)とクライヴ・ベル(1881-1-964年)はグラフトン画廊の展覧会を組織し、ヨーロッパの前衛芸術の影響をイギリスに広めた。ダンカン・グラントなど、他の芸術家とともに、フライはブルームズベリ・グループを作ったが、同じような志を持った芸術家が集まって作った彼らの最初のグループは、みずからを「ネオ・プリミティヴ」と名づ

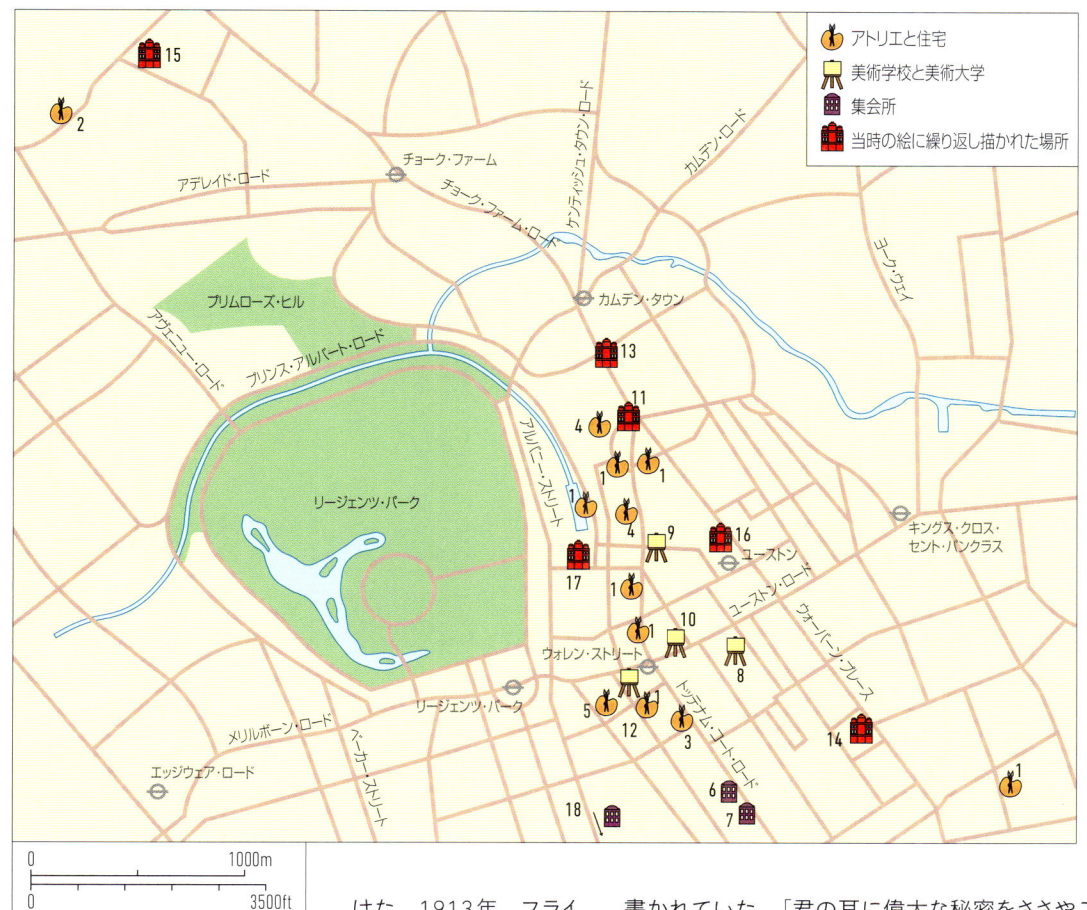

地図凡例:
- アトリエと住宅
- 美術学校と美術大学
- 集会所
- 当時の絵に繰り返し描かれた場所

1. ウォルター・シケット
   モーニング・クレッセント6番地、1905年
   フィッツロイ・ストリート8番地、1905-07年
   ハムステッド・ロード247番地、1908年
   オーガスタス・ロード31番地、1909年
   ブリントン・スクエア、1911-12年
   レッド・ライオン・スクエア24番地、1914年
2. ロバート・ベヴァン&スタニスラワ・デ・カーロフスカ
   アダムソン・ロード14番地
3. ハロルド・ギルマン
   メープル・ストリート14番地、1908-12年
4. スペンサー・フレデリック・ゴア
   モーニントン・クレセント31番地、1909-12年
   ホートン・プレース2番地、1912-14年
5. オメガ・ワークショップ
   フィッツロイ・スクエア33番地、1913-19年
6. フィッツロイ・タバーン
   シャーロット・ストリート16番地
7. ラ・トゥール・エッフェル
   パーシー・ストリート12番地
8. ロンドン大学スレード美術学校
   ゴワー・ストリート、1871年〜
9. ロウランドソン・ハウス
   シケットの美術学校
   ハムステッド・ロード140番地、1910-14年
10. ユーストン・ロード・スクール
    フィッツロイ・ストリート12番地、1937-38年
    ユーストン・ロード314/316番地、1938-39年
11. モーニントン・クレセント
12. フィッツロイ・ストリート
13. ベッドフォード・ミュージック・ホール
    カムデン・ハイスクール
14. ラッセル・スクエア
15. ベルサイズ・パーク
16. ユーストン駅
17. コンバーランド・マーケット
18. ケーブ・オブ・ザ・ゴールデン・カーフ

**芸術家のロンドン**
カムデンとユーストンは安い宿泊施設が見つけやすく、しばしばみすぼらしい環境が画家のインスピレーションをかきたてたので、多数の芸術家が集まる芸術地区になった。

けた。1913年、フライは共同監督のグラントやヴァネッサ・ベルとともにフィッツロイ・スクエアでオメガ・ワークショップを立ちあげた。その目的はエドワード・ワズワースやウィンダム・ルイスのような芸術家を採用してイギリスの前衛芸術家を団結させること、そして質のよい新しいデザインを想像することだった。しかし、ロンドンの芸術家は前衛芸術運動の理想主義と同時にその分裂も反映し、多数の仲間やグループ、派閥に分かれていた。1910年から1914年までは、仲間割れや分裂が目立ち、前衛芸術運動の思想的な不安定さと、芸術に対する態度のめまぐるしい変化を露呈した。

## 渦巻派

ウィンダム・ルイス(1882-1957年)はブルームズベリ・グループに対抗して芸術家の集会所と美術学校を兼ねたレベル・アート・センターを設立し、ロンドンにおける前衛芸術運動の第一人者の立場からフライを巧みに排除した。ルイスに共鳴する数人の非常に急進的なイギリスの画家とともに、ルイスはロンドンを本拠地とする渦巻派(ヴォーティシスト)の指導者をもって任じた。渦巻派はイタリアの未来派、ドイツの表現主義、フランスのキュビズムに対するイギリスの反応として誕生したものだった。機械の美しさを賛美する渦巻派の大胆な美学は近代社会の速度と理想に歩調を合わせて新しい抽象的な表現を生みだした。影響力を持ちながらも短命に終わった渦巻派は、ニュー・ボンド・ストリート35番地のドレ画廊で1度だけ展覧会を開き、機関紙『ブラスト』を2号まで出した。『ブラスト』には画家の作品と、ルイスやエズラ・パウンド、T・S・エリオットらの文章が掲載された。そのひとつにはこう書かれていた。「君の耳に偉大な秘密をささやこう」と暗赤色の怪物(『ブラスト』の別名)は厳かに宣言している。「ロンドンは田舎町ではない。動物園はあってもいいが、ピカデリー・サーカスに気のめいるようなヴィクトリア朝のサーカスはいらない。ピカデリー・サーカス自体がサーカスだからだ!」

第1次世界大戦は初期のモダニズムの理想の大半を消し去り、渦巻派は内部の意見の相違を乗り越えられず、中心となる理論家のT・H・ヒュームの死後は分裂状態になった。しかし、第1次世界大戦前の短い期間ではあったが、ロンドンでは芸術的な急進主義の活動が大きく発展し、パリやローマと並ぶ近代芸術の最先端に加わった。この急進主義の影響はロンドン中に広まり、それから何年もの間、好みやデザインに本質的な影響を与えつづけた。　[MB]

### ✣ ケーブ・オブ・ザ・ゴールデン・カーフ

ケーブ・オブ・ザ・ゴールデン・カーフは初の「芸術家向け」のキャバレーである。1912年にリージェント・ストリートのはずれの衣類倉庫の1階に開店した。この店を作ったのは裕福なボヘミアンのフリーダ・ストリンドベリで、近くにあったカフェ・ロワイヤルのように、前衛芸術家が集まれる店を作りたいと考えた。フリーダは内装をジェイコブ・エプスタインやエリック・ジル、ウィンダム・ルイスらの芸術家に委託した。モデルにしたのはストリンドベリの故郷のウィーンにあったカバレット・フレーダマウスだった。

ケーブは1914年に破産したが、その影響はずっと後まで残った。「そこは興奮して熱くなった渦巻派の楽園だった。原始的なラグタイムのリズムが鳴り響く中で、身ぶり手ぶりをまじえて、踊ったり話したりしたものだった」と、作家のオスバート・シットウェルは回想している。

# 婦人参政権運動

国政への婦人参政権を求める動きは、1903年にロンドンで高まりを見せた。婦人参政権運動は視覚効果を狙った派手なデモ行進と過激な行動によって世間の注目を浴びた。

**1910年のブラック・フライデーで警官と闘うサフラジェット**
下院を目指した女性の代表たちが、警官に殴られ、暴力的な取り締まりを受けた。

1900年までに、女性は国政選挙への投票権を求めて半世紀にわたる運動を続けていた。しかし、50年間の平和的な抗議は改革を起こすだけの十分な関心を集めることができず、女性は囚人や精神異常者、貧困層と同様に、国会議員を選出する過程から排除されていた。

1903年、「婦人に参政権を」という運動は、婦人社会政治連合(WSPU)の結成によって勢いを得た。エメリン・パンクハースト夫人(1858-1928年)とその娘たちが1903年にマンチェスターで創立した婦人社会政治連合は、「言葉ではなく行動を」というスローガンを通して、国民を婦人参政権運動に目覚めさせることを目的としていた。婦人社会政治連合が1906年に本拠地をロンドンに移転したことによって運動の性質が変化し、その後の8年間で、投票権を勝ち取るための戦いは大衆の強い関心を呼び、ときには暴力的な手段に訴えるようになった。

婦人社会政治連合は、女性が政治にほとんど参加せず、家庭と家族に役割を限定されていた時代に、街に出て大衆に訴えた。パンクハースト母子は政治の最前線に女性を連れだすことによって、女性が排除されたこの現状に直接反抗する精神を盛り上げた。運動を街中で展開することによって、婦人参政権論者は自分たちの主張に最大の関心を集めることができた(婦人参政権論者の中でも、婦人社会政治連合の支持者は「サフラジェット」、暴力的な示威行動に反対する人は「サフラジスト」と呼ばれて区別された)。紫、白、緑をシンボルカラーにした婦人社会政治連合の活動は、ロンドン中心部ではおなじみの光景になった。ブラスバンドが行進曲を演奏して街頭デモをアピールし、集会や催しはポスターを掲げた女性たちのパレードや、集団で歩道にチョークで絵を描くことによって宣伝された。政治の中心ロンドンに拠点を移したことによって、婦人社会政治連合は政府のあるホワイトホールでつねに存在感を示し、内閣に請願書を提出し、議員の政治演説に野次を飛ばし、官庁の建物に自分の体を鎖で縛りつけるなどの行動を取った。

ロンドンを拠点にした活動は国際的な評判を呼び、派手に演出されたデモ行進の機会も得た。婦人社会政治連合が開く初の「大集会」である1908年6月の「女性の日曜日」にはイギリス中から支持者が押し寄せ、ロンドン中心部を7つの異なるデモ行進がハイド・パークまで練り歩いた(下図と右頁の写真)。デモの参加者は70を超える都市から特別に借り切った電車に乗って集まり、ハイド・パークにたどり着くと、80人を超える演説を聞いた。入念に演出されたデモ行進を見るために30万人もの観衆が集まり、シンボルカラーの3色を身にまとって、およそ700の刺繍入りの横断幕を掲げた代表者たちの華々しい姿に見入った。『デイリー・クロニクル』は「政治的なデモを見物するためにこれほど多くの群衆が集まったのは前代未聞」と報じた。

3年後のジョージ5世(治世1910-36年)の戴冠に際して、婦人社会政治連合は独自のパレードを企画した。ロンドン中心部を6キロあまりにわたって行進したサフラジェットによる戴冠パレードは、ロイヤル・アルバート・ホールを

**「女性の日曜日」のデモ行進、1908年**
ハイド・パークまでのデモ行進の7つのルートの出発点(図中のA〜G)とパーク内の20か所の演壇を示すためにサフラジェットが配ったチラシ。

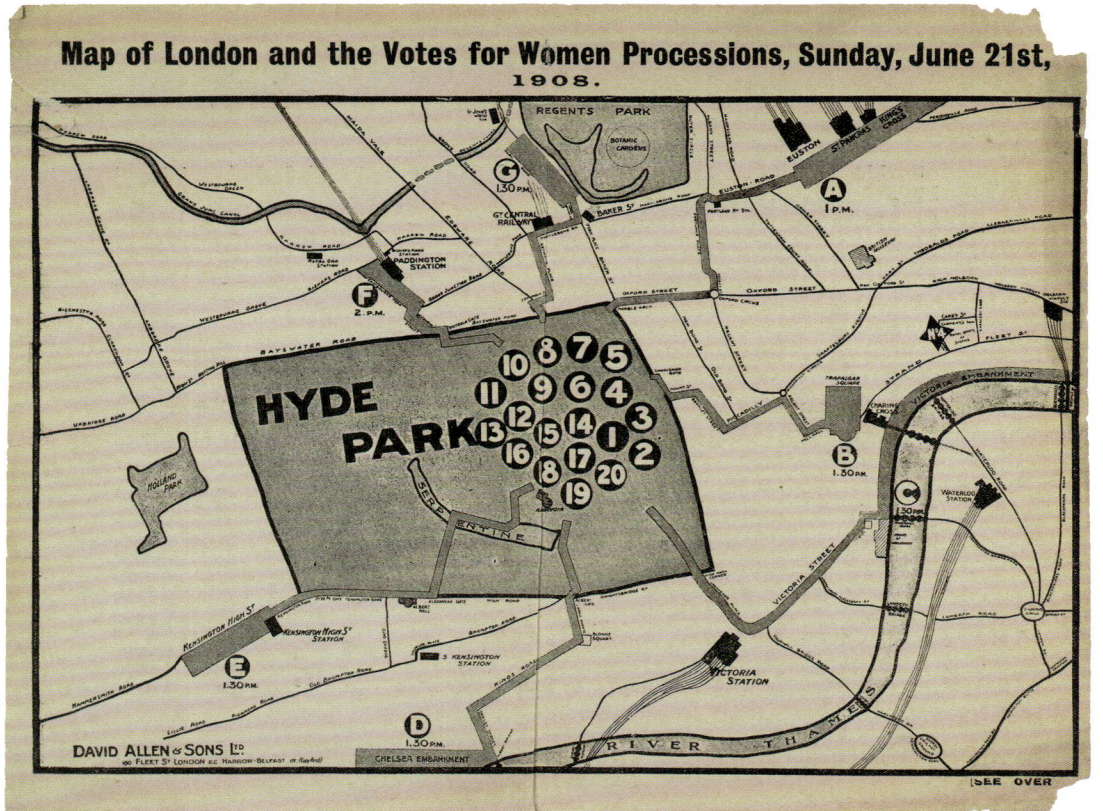

終点とし、国の内外から6万人を超える婦人参政権団体の代表者が、民族衣装や歴史的な衣装を身につけて参加した。

サフラジェットの活動を指揮する婦人社会政治連合の本部は、最初はストランドのクレメンツ・イン4番地に設立され、1912年にキングスウェイのリンカンズ・インに移転した。有給のスタッフとボランティアの両方が資金集めの集会や市民集会、デモ行進を組織し、週刊の機関紙『婦人に投票権を』を発行して、1901年までに2万2000人の読者を獲得した。婦人社会政治連合はイギリス各地に90か所の支部を設けたが、ロンドンはつねに支持の中心地であり、34か所の地域事務所を構えていた。

1910年に婦人社会政治連合の出版部門であるウーマンズ・プレスは、チャリング・クロス・ロード156番地の、現在高級アパートのセンターポイントが建っている場所に移転した。その場所が選ばれたのはオックスフォード・ストリートに近いためで、建物の中にはバッジや書籍、葉書、文房具などのサフラジェット商品を売る店が入っていた。この店が商業的に成功したため、ロンドンの19か所に同様の店が開かれた。

### 戦略の転換

婦人社会政治連合は広範囲の運動だったが、もっとも活動的なメンバーは自立した収入を持ち、家庭での責任がほとんどない若い独身女性だった。そうした女性は運動に多くの時間を費やせるばかりでなく、逮捕につながるような暴力的行動に必要な勇気や精神力も備えていた。エメリン・パンクハーストと娘のクリスタベル、シルビア、アデラも含めて、1000人を超える支持者が過激な活動のために禁固刑を受けた。大半はロンドン北部のホロウェー刑務所に収監され、彼女たちは刑務所内でもハンガー・ストライキの形で抵抗を続けた。これに対して看守は無理やり食事をチューブで流しこむという乱暴な方法で対応した。

1912年、婦人社会政治連合は運動の中心を建物への破壊行為や政治活動の妨害に変えた。1912年5月に150名の支持者によって組織的に店の窓ガラスを壊すという行動に出て、ロンドンのショッピング街を無残な姿に変え、エメリン・パンクハーストはこの1時間に及んだ破壊行為について、「しばらく忘れられることはないだろう」と述べた。サフラジェットは芸術作品にも攻撃の矛先を向け、ナショナル・ギャラリー所蔵のスペインの画家ヴェラスケスによる『鏡のヴィーナス』を切りつける事件も起こし、ロンドンの美術館や画廊の多くが女性客を締め出す結果になった。こうした暴力行為はしばしば警察とぶつかり合い、公衆の面前で争い、乱暴な扱いを受けるという不名誉な事態となった。

第1次世界大戦の勃発と同時に、婦人参政権運動論者はイギリスの戦争努力に協力するために活動を中断した。婦人社会政治連合の戦略は議会の方針を変えさせるにはいたらなかったが、街頭で運動を展開したことによって、パンクハースト母子は婦人参政権運動に勢いを与え、支持者に男性中心社会に抵抗する自信と独立心をかきたてた。彼女たちの運動によって、戦争中に女性がより積極的な社会的役割を果たしやすくなり、その貢献が認められて、1918年に30歳以上の不動産所有者の女性にようやく選挙権が認められたのである。　　　　　　　　　　　　[BC]

**ハイド・パークの「女性の日曜日」、1908年6月21日**
政治活動の妨害によって投獄された経験のあるアニー・ケニーが、群衆をかき分けて第3演壇に向かって歩いていく。

---

### ❖「若く熱い血」

1907年、エメリン・パンクハーストと娘のクリスタベルを熱狂的に信奉する多数の若い過激なサフラジェットが、「危険な任務」を遂行するために身を捧げる秘密のグループを結成した。「若く熱い血」と呼ばれたこのグループのメンバーは、抗議運動を率い、国会に対する示威行動や大臣の政治活動の妨害などを実行するために選ばれた。メンバーは30歳以下に限られ、そのひとりのエルシー・ホーウェイは教区司祭の娘、ヴェラ・ウェントワースは元店員、21歳のジェシー・ケネディは婦人社会政治連合の最年少の専従メンバーだった。

破壊活動を専門的に担っていた「若く熱い血」は、ひんぱんに収監され、ハンガー・ストライキを試みては無理やり食べものを流し込まれるという苦しみと暴力に勇敢に耐えた。彼女たちの多くがその後遺症として長期間体の不調に苦しんだ。

1908年9月、ホロウェー刑務所から釈放されるヴェラ・ウェントワースとエルシー・ホーウェイ。

第11章——エドワード朝のロンドン

# 戦時下のロンドン

第1次世界大戦はロンドンの平安を揺さぶった。
食糧不足、空襲、そして移民に対する反感が恐怖をあおり、
首都ロンドンの自信は揺らいだ。

**トラファルガー・スクエアの「大砲ウィーク」、1918年（部分）**
戦争資金の調達のため、トラファルガー・スクエアは模擬戦場に作り変えられた。ロンドン市民は「戦争公債で大砲を買おう」と促された。

第1次世界大戦がロンドンに与えた影響は、いくら強調しても足りないほどだ。「すべての戦争を終わらせるための戦争」は、ロンドンの生活のあらゆる側面を戦争準備に振り向け、戦後のロンドンは愛国心をより強く自覚しながら、国際都市としての性質もいっそう深めた。戦争中、そして終戦直後には、日常生活に国家の統制がいきわたり、労働者階級の男女に選挙権が与えられ、新しい工場労働が誕生した。そして残念なことに、ロンドンに最初の空襲体験をもたらされた。

1914年に宣戦が布告されたとき、ロンドン市民はこの戦争を正義の戦いとみなし、純粋に熱狂的な共感を示した。スコットランド・ヤードに開設された新兵採用担当中央事務所には志願兵が詰めかけ、クリスマスまでに100万人を超える男性が入隊を志願した。大半の人々は好戦的なムードで、ドイツはまもなく「教訓を学ぶ」だろうと信じて疑わなかった。しかし、3年後に西部戦線で数千人の犠牲者を出すと、ロンドンは戒厳令下に置かれ、道路は軍服を着た兵士に埋めつくされ、夜間の照明は消され、対空砲の発射音がたえず空に響いた。

戦争によって新たな国民意識が芽生え、ロンドンで長い伝統を持つドイツ人コミュニティは苦難の時代を迎えた。1914年以前は、ロンドンにはおよそ4万人のドイツ人が暮らしていた。この数はロンドンに暮らす外国人の集団としては最大のもののひとつで、特にシャーロット・ストリート、オックスフォード・ストリートの北、オールドゲートのリーマン・ストリート、そしてペッカム周辺に集まっていた。ドイツ人パン屋、食肉処理業者、理容師はロンドンの各地で営業し、ロンドン中心部のホテルの専属オーケストラはほぼドイツ人音楽家で占められていた。戦争が始まると、すべてのドイツ人が「敵性外国人」として群衆による暴力の対象になった。スミスフィールド・マーケットのドイツ人食肉処理業者は襲撃され、パン屋の窓は割られたり、それ以上のひどい目にあったりした。ハマースミスのシリル・ロルフという人物は次のように回想している。「私の兄弟のハロルドは怒り狂った群衆にフラム・パレス・ロードのバス停留所から家まで追いかけられた。ハロルドが学校から家に帰る途中、火のついたマッチをドイツ人理容師の店の1階の開けっぱなしの窓に投げ込もうとしている数人の子どもを止めたからだ。一見してイギリス風でない店名の会社はどこも群衆に襲われる危険があった。昔から親しまれたグラックスタインのような名前はペンキで消され、そのあとにプルミエ・ストアのような無個性な名前がつけられた」。

反ドイツ感情は、1917年5月にイギリス船籍の客船ルシタニア号がドイツ軍によって沈没させられ、多数の犠牲者を出したことで頂点に達した。イースト・エンドでは、ロシア人やユダヤ人のパン屋も、憎らしい「ドイツ野郎」と関係があると誤解されて襲撃の対象になった。ドイツ人男性は潜在的なスパイとしてオリンピアとストラトフォードに拘留された。

戦争によって疑いの目で見られたもうひとつの外国人グループはベルギー人だった。戦争が始まると、40万人のベルギー人と北部フランス人難民が英仏海峡を越えてロンドンに流れ込んだ。戦争は、表向きはこうした難民を救済する目的で遂行されたが、難民はどこでも歓迎されたわけではなかった。ふたたびロルフの記録を引用しよう。

> 難民を怠け者、不潔、強欲、不道徳と中傷する風潮がすぐに広まった。（中略）とりわけ、彼らが労働市場でイギリス人の職を奪うと言われたが、これはおかしなことだった。なぜなら数百万人の若い男性が軍隊にとられてしまって、イギリスの労働市場はその穴を埋めるためにどんな働き手でも必要としていたように見えたからだ」

ソーホーでは多くの難民がもっと温かい歓迎を受け、ベルギー人が経営する菓子やケーキ類を売るベーカリーやカフェ、酒場の数は3倍に増えた。

## 戦時協力体制

日常生活のほとんどは、包括的な国土防衛法によって統制された。食糧の配給制度は、ドイツのUボートによる海上封鎖の影響が出始めた1918年になって実施された。最初は砂糖だけが配給制になったが、まもなく肉類やバターにも規制が及んだ。酒類は戦争初期にパブでの飲酒時間の

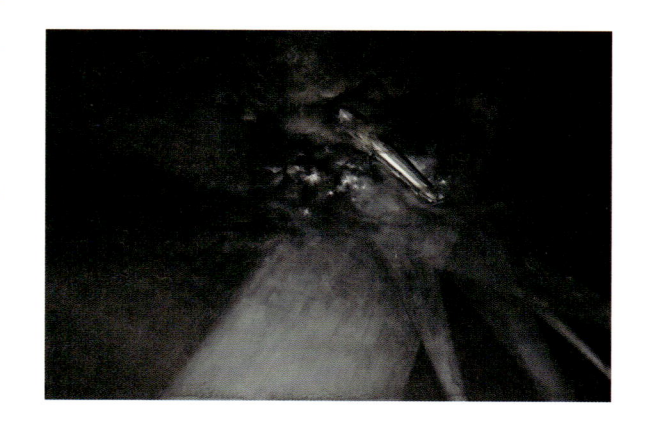

**ツェッペリン号、1915年9月8日**
エドウィン・ベイルによるクレヨン画。画家が窓から見たサーチライトに照らされる飛行船ツェッペリン号が描かれている。

制限が導入されて、国家の管理下に置かれた。ロンドンでもっとも重要な軍需工場のあるエンフィールドでは、政府が酒類販売許可を持つすべての店を統制下に置いた。

ロンドンの工業生産力はすべて軍需品の生産に向けられた。ウリッジ、エンフィールド、ウォルサム・アベイの3つの王立軍需工場は規模が拡大され、ウリッジ兵器工場の人員は8500人から7万5000人に増員されて、ヨーロッパ最大の工場となった。1917年までに、ウリッジの工員には2万4719人の女性労働者（1914年以前には女性労働者はひとりも雇われていなかった）とサッカー・チームが含まれていたが、戦争中にサッカー・チームはウリッジからイズリントンのハイベリーへ移転した。

ロンドンの他の場所では、戦争努力によって新たな産業が生まれた。チジックで長い歴史を持つソーニークロフト造船所は航空エンジン製造所として改造された。ウェスト・ハムのシルバータウンでは、化学品会社のモンド・ブルナーが操業を停止したソーダ工場を買収して、きわめて爆発性の高いトリニトロトルエン（TNT）の生産工場に転換した。この事業は1917年1月に50トンのTNTが爆発して周辺の家屋をすべて倒壊させる事故を起こし、地域の歴史に最大の汚点を刻んだ。

工場労働への女性の進出は、国内の戦時体制の中でも特筆すべき点である。1914年までに、すでに300万人の女性労働者が産業に従事していたが、この数字は戦争中に急激に増加した。女性の増加がもっとも著しかったのは、バスの車掌、鉄道の従業員、窓拭きなど、人目につく仕事においてだった。ロンドン一般乗合馬車会社で働く女性の数は、1914年の226人から1918年には2832に増加した。1918年に30歳以上の女性に選挙権が与えられたのは、戦争中の女性の協力に対する「見返り」だと考えられているが、実際には戦争中の労働を担った女性の大半はそれよりも若い女性たちだった。

第1次世界大戦中にロンドン市民をもっとも震撼させた出来事は空襲だった。ドイツ軍は最初、長い葉巻型の飛行船ツェッペリン号を使って首都ロンドンに爆弾を投下した（下図と左頁下の図）。戦争初期には、ツェッペリン号は戦闘機の到達できない高度を航行したため、ほとんど対抗手段がなかった。はじめてのロンドン空襲が行なわれたのは1915年5月の夜更けで、1機のツェッペリン号がストーク・ニューイントンやイースト・エンドのいくつかの地域に焼夷弾をばらまいた。7人が亡くなり、この攻撃をきっかけに反ドイツ暴動が引き起こされた。1917年5月以降、速度の遅いツェッペリン号の性能を格段に上回る戦闘機が開発され、ドイツ軍に長距離爆撃機ゴータによる空襲に切り替えた。この爆撃による被害は大きく、地対空砲ではゴータを撃墜することは難しかった。第1次世界大戦中の空襲による死者は600人だったが、すべてのロンドン市民にとって、空襲は前例のない恐怖を生みだした。

[CR]

ロンドン上空の
7機のツェッペリン号
ロンドンを空から襲った試練を記録するために1919年に『スフィア』誌のために描かれた地図。

第11章──エドワード朝のロンドン 249

# 第12章
# 戦間期のロンドン

世界の神経、C・R・ネヴィンソン作、1929年
ネヴィンソンが見たフリート・ストリートと、揺れる電信線。

　第1次世界大戦の終結は、ロンドンの気分を一新した。この時期は機械化と近代化の時代であり、無線通信、ジャズ、大衆民主主義の時代だった。ロンドン市民は自分たちの住む都市に新たな理想を描きはじめた。より清潔で衛生的で効率的なロンドン、科学的に計画され、そこで暮らすすべての人を幸福にするロンドンを彼らは思い描いた。

　新しい道路や鉄道網が、昔のロンドン州議会の境界線をはるかに越えて建物の密集した地域を広げていくにつれて、ロンドンはますます巨大になり、規模は2倍に拡大した。これは1939年までに860万人に達した人口の増加だけでなく、都心から郊外への広がりも反映していた。1939年までに、ロンドンは実質的に現代のグレーター・ロンドンに等しくなった。

　ロンドン市民の生活はさまざまな面で向上した。ロンドンの交通は戦略的な管理機関に運営が一本化された。自動電話交換方式はロンドン市民のコミュニケーション手段を改革した。未来エネルギーとして期待された電気は、巨大な発電所と鉄塔の行進によって景色に大きな影響を与えた。

　ロンドンは慎重に近代化を実感しはじめた。ニューヨークのような摩天楼こそなかったが、赤い公衆電話ボックスと見やすい地下鉄地図があった。民主主義は急進的なボルシェヴィズムからもヨーロッパ各地で興ったファシズムからも一線を画す方向に進んだ。ロンドンは、革命ではなく発展を通して近代化に向かった。

　文化や経済面でのアメリカの影響は増していたが、ロンドンはあえてイギリスらしい首都でありつづけた。ロンドンはあいかわらず大英帝国の誇り高き中枢であり、世界に広がる商業と通信網の要として、少なくとも理論上は、イギリス「連邦」に所属する幸運な国々のすべてに繁栄をもたらすはずだった。

冬、C・R・ネヴィンソン作、1928年
ネヴィンソンはロンドンをどことなく陰鬱な労働者の都市として描き、海や海上貿易と結びつけることによって生命を吹き込んでいる。

# 再評価される帝国
## ——大英帝国博覧会、1924年

大英帝国は偉大な世界的商業圏としてみずからを宣伝しはじめた。
帝国の産物と貿易を促進するために、
国家主催の巨大な博覧会がウェンブリーで開催された。

第1次世界大戦後の数年間に、大英帝国はいちじるしく変化した国際環境に適応する必要があった。自治領、植民地、保護領とイギリスとの関係をどのように再定義するかが、政治の主要な課題になった。1926年の帝国会議で作りだされた新たな形の帝国は、主権を持つ独立国家の自由な連合体としてのイギリス連邦だった。しかし、新しく誕生したこの体制をきっかけに、残りの植民地にも自治を要求する運動が高まった。その急先鋒に立ったのはインド国民会議のカリスマ的指導者マハトマ・ガンディーのような人物だった。

ロンドン中心部では、主にトラファルガー・スクエアとオールドウィッチに挟まれた場所に新しく建設された政府の庁舎で、帝国の新たな基本法が考案された。オーストラリア大使館の本部であるオーストラリア・ハウスは1921年に設計され、オールドウィッチの三日月形広場の端に1918年に完成した。オールドウィッチを自治領の官庁街とする戦前の計画は、1930年に三日月形広場の反対側にインド省が開設されたことによって実現に近づいた。ストランド沿いには小規模なニュージーランド・ハウスと、オーストラリアや南アフリカのさまざまな商館が建てられた。自治領庁舎のうち最大のものはカナダ・ハウスと南アフリカ・ハウスのふたつで、1935年にトラファルガー・スクエアに建設された。

政治的議論と並行して、経済的な問題も話し合われた。帝国は連邦加盟国内で自由貿易を行ない、他国は輸入関税をかけて排除することによって、自給自足的な経済圏を作るべきかどうか。帝国内で生産された特定の商品の優先的な輸入は、1919年からイギリスの法律に組み込まれはじめた。その結果として生じた帝国内貿易の増加は、ロンドンのドックがますます収容能力と収益を増やしつづけていたことに表れている。ロンドン港務庁がはじめて建設した新しいジョージ5世ドックは1921年にオープンした。このドックはヴィクトリア時代に作られたいくつかのドックに比べれば小さかったが、大きな船も入ることが可能で、1939年には大型客船モーリタニア号でさえもこのドックに停泊した。

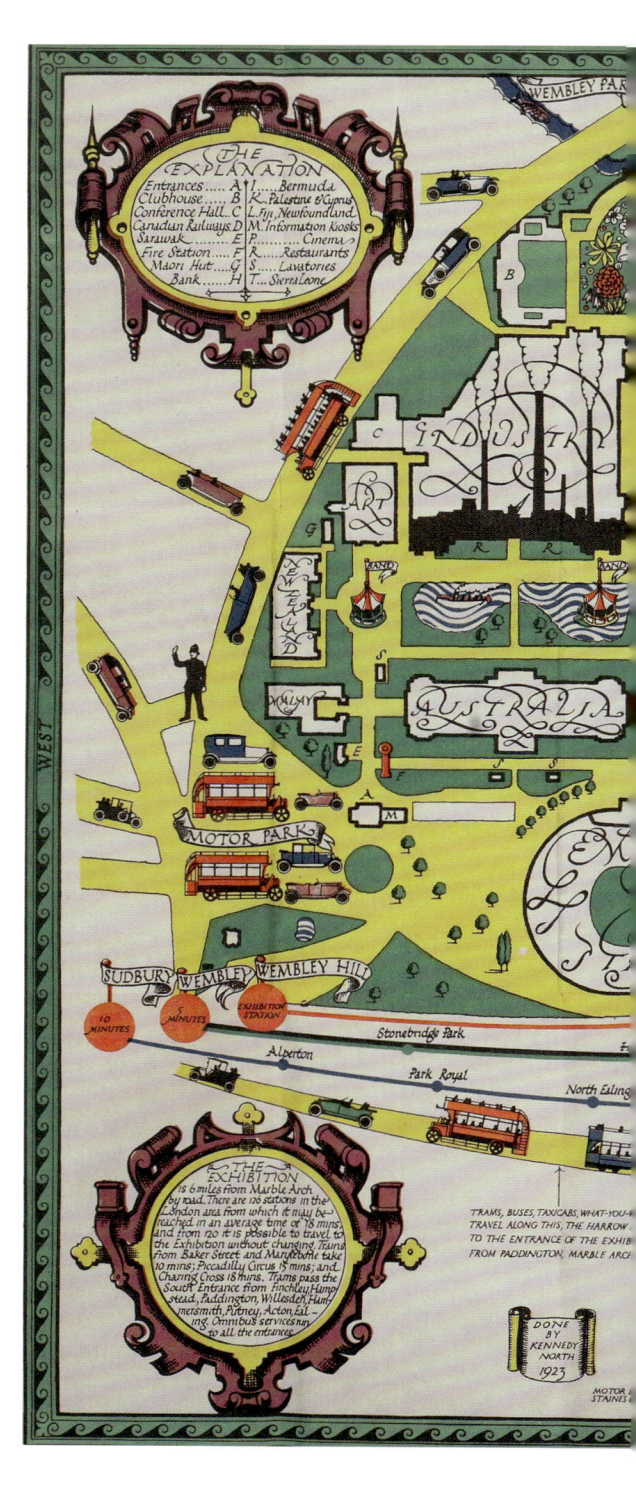

### 大英帝国博覧会

日常生活の中では、「イギリス製品を買おう」と政府が盛んに推奨した。1926年に制定された商標法によって、産出国を表示しない商品を陳列することは違法とされ、「イギリス産」、「外国産」というラベルが見慣れたものになった。帝国通商局（1926-33年）はポスターによるキャンペーン、商店での展示、映画、「帝国ショッピング・ウィーク」、そして宣伝活動を次々と実施した。しかし、その中でもっとも忘れがたいのは、1924年にウェンブリーで開かれた大英帝国博覧会だろう。

1924年の博覧会は、完全に政治的な意図を持って開かれたはじめての博覧会だった。その目的とは、「母国イギリ

**ネヴィンソンのポスター、1924年**
C・R・W・ネヴィンソンのバス停用ポスター。1925年の第2期大英帝国博覧会を宣伝するために作られた。

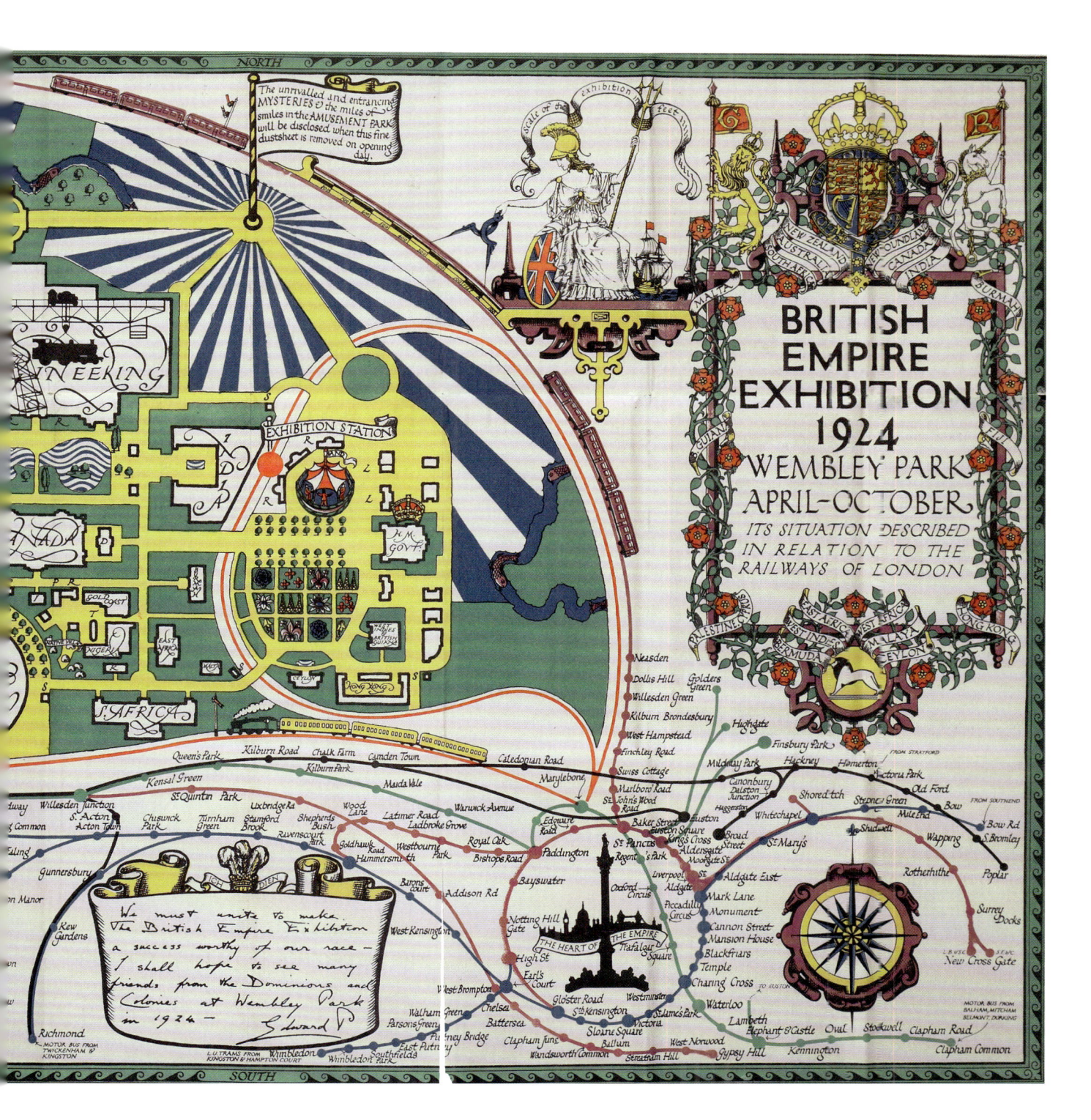

スと姉妹国家や旧植民地の国々をつなぐ絆を強化すること」だった。この目的のために、87ヘクタールの土地に帝国内のあらゆる国々が出展したパヴィリオン、英国政府パヴィリオン、芸術館、技術産業館、公会堂などが建てられた。人気を集めたのは大きな遊園地や、これまでイギリスで建設された中でもっとも広い競技場だった。この競技場は1923年にFAカップの決勝戦の舞台にもなった。観衆の多さは、あらゆる人々を驚かせた。博覧会の会期中、このスタジアムではコンサートや礼拝、松明に照らされた夜間の軍楽行進、ロデオなどの催しが行なわれた。その後はサッカーやグレイハウンド犬のレース会場となった。

1924年の博覧会は大盛況で、夏の終わりまでに650万人の来訪者を集めた。あまりに評判が高かったため、1925年に第2期が開催されることが決まった(左頁)。また、政府はこの成功を政府と市民の関係が近代化した証だととらえた。この博覧会は帝国貿易に弾みをつけただけでなく、中央郵便局がはじめて絵入りの記念切手を発行し、国王がはじめて無線(ラジオ)でスピーチを放送し、政府がはじめて申し合わせて国民に政府の行動を説明しようとした機会でもあった。この博覧会は世界中の評判と観客を集めた。大成功に終わったとはいえ、博覧会は当然のことながら、残った植民地と属国からの政治的平等の要求を抑えることはできなかった。

[CR]

**大英帝国博覧会**
この地図は近代的で効率的な交通網とともに、1924年のウェンブリー会場を示している。

第12章──戦間期のロンドン

# メトロランド
## ――郊外の広がり

郊外の成長によって、戦間期にロンドンは2倍に広がった。
住宅建設業者、住宅金融組合、そして鉄道会社が協力し、
近代精神を持った市民が暮らす新しい都市を作った。

**散り遅れの落ち葉、1925年**
ハリー・ブッシュがマートンのクイーンズランド・アヴェニューの自宅の裏庭を描いた作品。「郊外画家」として知られるブッシュは、1925年に王立美術院の展覧会でこの絵を展示した。

戦間期のロンドンの郊外の成長は、この都市の発展の歴史の中でもっとも特徴的で、多くの議論がなされてきた部分である。この郊外の成長こそロンドンと他のヨーロッパ諸国の首都との違いであり、作家のハロルド・クランのようにロンドンを愛する者にとっては誇りだった。「ロンドンの郊外は世界の大多数の首都の数百年先を行っていると言ってもあながち間違いではない。（中略）それに比べればパリの郊外は平凡でしかない」。

ロンドンの郊外の発展の規模は他に類を見ないものだ。「ロンドンの外縁部にある10地区は、1921年以降人口が2倍に増えた」とクランは1935年に述べている。「これらの地区の中でも、ベーコンツリーのような地区を含むダゲナムはもっとも増加率が高く、1921年に9000人だった教区の人口は879パーセント増加して、人口10万人を抱える大都市になった。ヘンドンはダゲナムに次ぐ101パーセントの増加で、人口は5万7529人から11万5682人になった。

クランが指摘したふたつの地区は、郊外の成長を牽引したツインエンジンである。ベーコンツリーはロンドン州議会が建設した住宅地だった。ダゲナム沼沢地に建設された2万6000戸の住宅からなるこの巨大な住宅地は、ロンドンの労働者の生活水準を高めるようとするロンドン州議会の計画の大きな前進を反映していた。ヘンドンの人口増加は私的な開発業者の建設した住宅地によるもので、ヘンドンにもロンドン州議会の開発した住宅地がバーント・オークにあったが、ヘンドンは本質的に私的な住宅が集まってできた郊外だった。

ヘンドンは一般に「メトロランド」として知られるようになるロンドン北部の郊外のひとつだった。もっとも、「メトロランド」という言葉は厳密にはメトロポリタン鉄道が通っている地区だけを指した。メトロランドは住宅建設業者、住宅金融組合、そして鉄道会社の3者が共通の利益を追求することによって誕生した。この3者はすべて、人々が住宅を購入し、郊外から都心に通勤するという生活習慣が普及することによって利益を得た。ハーローのF&Cコステインやミル・ヒルのジョン・レイング・アンド・サンのような建設会社がいくらかの土地を購入してそこに住宅を建てると、ロンドンに住む家族が住宅ローンの新しい金融の制度を利用してそれらを購入する仕組になっていた。

1930年末までに、レイング社はロンドン北部の9か所に住宅地を建設し、オックスフォード・ストリートに常設の「住宅展示場」と、キングス・クロス駅の外側に本格的なモデルハウスを作った。エルスツリーでもっとも安い住宅は545ポンドで、もっと高級なハッチ・エンドの住宅は、4つの寝室がある「ワシントン」タイプの1戸建てが1675ポンドだった。ケントやサリーの郊外でもメトロランドの建設モデルに倣って、サザン・エレクトリック鉄道が通る郊外が開発された。サザン・エレクトリック鉄道は毎年『サザン・ホーム』という冊子を発行し、テムズ川南岸の通勤地帯の快適な生活をアピールした。ストレタムのジョージ・ウェーツのような地元業者の広告は、住宅の購入を考えている人々の購入意欲をあおった。

**グレーター・ロンドンの誕生**
1939年までに、ロンドンは50年前にロンドン州議会が設定した境界線をはるかに越えて成長した。

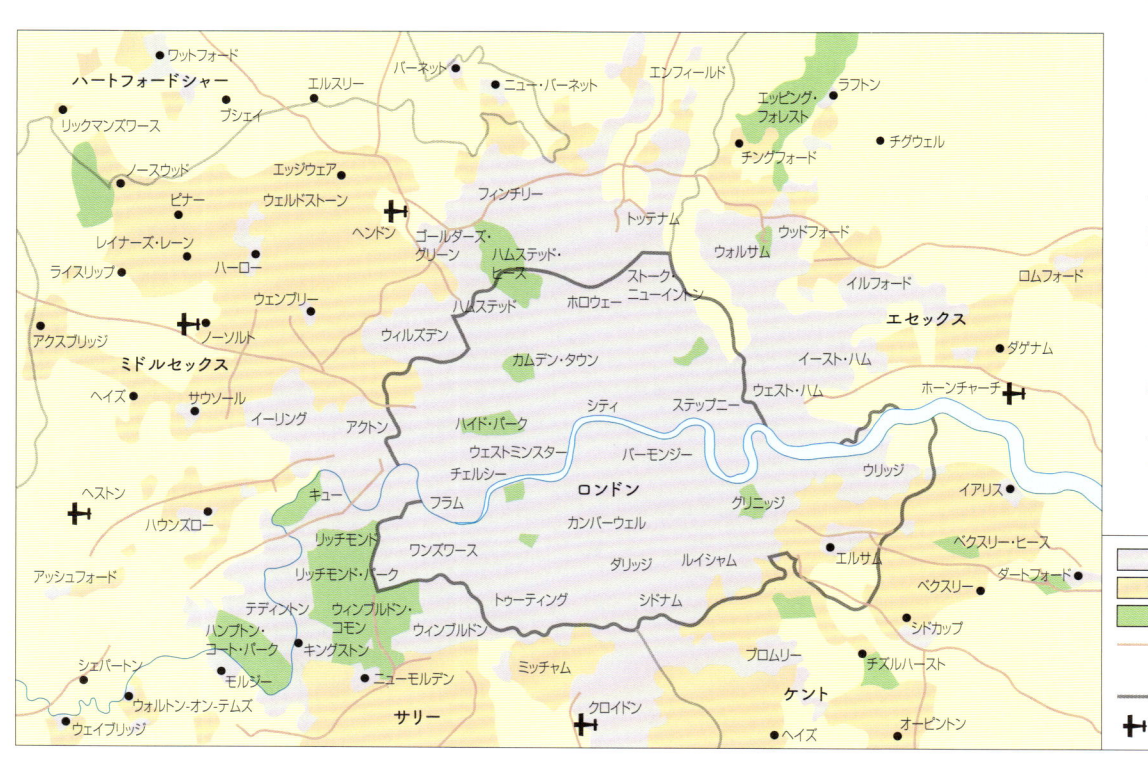

凡例：
- 住宅密集地、1920年頃
- 都市の拡大、1938年まで
- 公共広場
- 1918-38年に建設された新しい幹線道路
- ロンドン州議会の境界線
- 空港

## 郊外の生活

シティとの交通の便がいいことは、住宅開発業者が建設する住宅地の立地条件として欠かせなかった。対照的に、ロンドン州議会が開発したベーコンツリーの住宅地はその点が不便だった。初期にベーコンツリーに引っ越した人々は、生活水準の高さと引き換えに、交通の便を犠牲にしたことに気づいた。「私は職場と家の間の往復およそ23キロを自転車で行き来することになった」と、アイル・オブ・ドッグスで働いていたひとりの男性は語っている。「毎朝5時に起きなければならなくて、仕事は夜9時まで終わらないんだから、まったく大変だった」。この男性は、他のベーコンツリーの住人の多くがそうだったように、1920年代の終わりにフォード自動車会社がダゲナムに大工場を建設したとき、家から近い職場に転職している。

その他の点では、ベーコンツリーの住宅は私的な業者が開発した住宅地よりもまさっていた。あるいは、少なくともロンドン州議会はそう主張していた。ロンドン州議会は、広い大通りや樹木を植えた広い道路があるベーコンツリーの住宅地のゆとりのある設計を自慢した。ベーコンツリーの住宅の外観は控えめに設計されているのに対し、大規模な開発業者が作るハーフ・ティンバー様式は笑いものになっていた。家の内部では、ロンドン州議会の建築家は、機能的な田舎家に対するアーツ・アンド・クラフツ運動の理想を忠実に再現した。しばしば主要なエネルギー源には電力ではなく石炭を用い、台所や居間ではなく流し場と客間があった。しかし、それらの家にはすべて屋内に水道があり、新しく引っ越してきた人々にとっては、この進歩は驚くべきものだった。「子供の頃、私はよく食糧貯蔵室(パントリー)のある家の話を本で読んだものです」と、あるベーコンツリーの住人は回想している。「私はポプラに住んでいる友達に、『私たちは花が咲く庭と、家の中に浴室と食糧貯蔵室のあるきれいな新しい家に引っ越しました』と手紙に書きました。なんて優雅な響きでしょう!」

メトロランドでは電気設備と同様に、近代的で快適な家具も新しいライフスタイルの一部になった。理想とされたのは簡単に清潔を保つことができ、所有者の趣味を反映した近代的な部屋だった。家具製造業者はこの新しい需要に応えるために、イギリスのあらゆるデザイン様式を貪欲に取り入れた。アーツ・アンド・クラフツ運動の理想はガレオン船を描いたステンドグラスに変わり、古典的なジョージアン様式はクリノリンでスカートを膨らませたドレスを身につけた婦人をかたどったランプシェードに、ジャコビアン様式は、ルネサンス様式にエリザベス様式とジャコビアン様式をミックスした「ジャコビザン」様式の折り畳み式テーブルと羽目板に姿を変えた。新しい郊外の住宅所有者はこれらを全部買い集め、1930年代の終わりには、ウェンブリーの住宅の居間に機械時代のモダニズムの丸みを帯びた線まで見かけられるようになった。

郊外住宅とその住人の上昇志向をあげつらうのは簡単だ。郊外居住者は冒険心のない中流知識人という、新しいロンドン市民のタイプを作った。ジャーナリストで紀行文学家のH.V.モートンは1926年に、「どの家にも同じような居間があり、同じジャコビアン様式の食堂があり、同じ(誰がどう見ても)妻がいた」と呆れたように述べている。郊外住宅は景観を汚し、田舎の環境を壊すという立場から、郊外住宅への軽蔑が批判に変わるのもまた容易だった。しかし、郊外の発展が都市としてのロンドンを再定義するのに役立ったのもまた事実なのである。　　　　　　　　　　[CR]

**近代のガラス鉢、1933年**
ハーローのホワイトフライアーズにあったガラス工房で製作されたこのガラス鉢は45シリングで、洗練されているが、高価な買い物だった。このような製品は郊外生活の理想とされる清潔で近代的な家庭の調度品の典型だった。

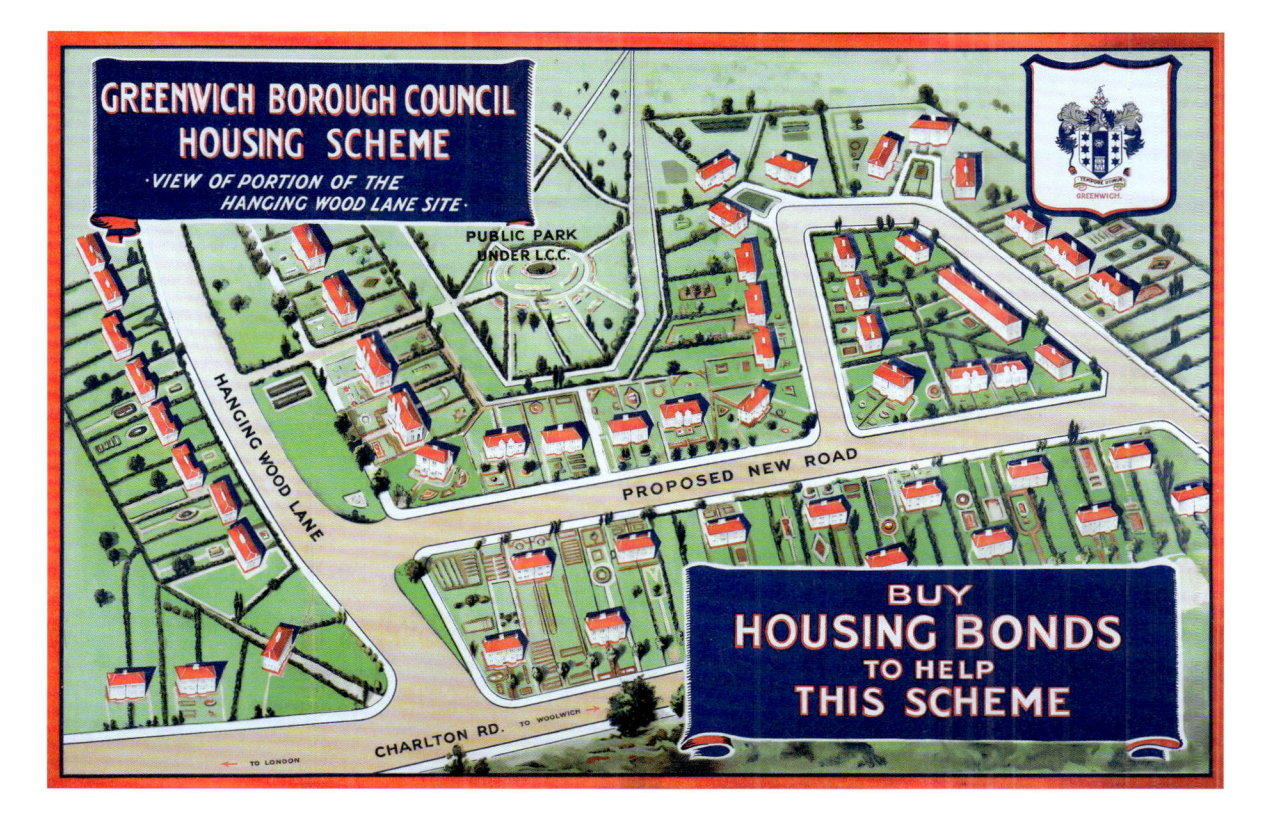

**住宅の宣伝ポスター:グリニッジの公共住宅の町並み、1920年**
典型的な田園住宅を描いたこのポスターは、ロンドン州議会が住宅建設資金を集めるために1920年に発行した金利6パーセントの住宅公債の宣伝のために作られた。

第12章――戦間期のロンドン

# ウェスト・エンドの改造

ロンドンが周辺に向かって拡大するにつれて、
中心部はいっそう魅力を増した。リージェント・ストリートは再建された。
活気ある若者たちが舞台や映画、ナイトクラブで刺激的な経験を楽しんだ。

**新しいウェスト・エンド**
ウェスト・エンドの改造はより大きな区画や店舗、そして数階建ての駐車場のような新しい建物を生んだ。

**劇場のプログラム、1935年**
リージェント・ストリートを曲がると、テディ・ノックスが出演するミュージカルを上演しているパラディウム劇場があった。

ウェスト・エンドにはジャズ・エイジ文化が花開きはじめた。太陽の下で見る建物はますます派手になり、首都には秩序と落ち着きが必要だと考える人々を嘆かせた。ロンドンのデパートの屋根の上にはローマ風の彫像が飾られ、映画館にはエジプトのヤシの木が植えられ、アメリカ風に表面がジグザグのオフィスビルが建てられた。夜になると、ウェスト・エンドには今まで以上に楽しみを求める人々が群がった。交通の発達によって、ダンス・ホールや豪華な映画館、演芸劇場にロンドン中から客が集まった。

ウェスト・エンドの変貌を象徴したのはリージェント・ストリートだった。この通りは1920年代に完全に建てなおされ、1927年にジョージ5世によって正式に開通された。旧リージェント・ストリートは19世紀初期の産物だった。みすぼらしい独創的な形のスタッコ造りの連続住宅が道路沿いに並び、普通の住宅用に作られた3-4階建ての建物の大きさは、20世紀の店舗には不向きだった。近代的な小売店は板ガラスのウィンドーと広いショールーム、そして大きな8階建ての建物が必要で、できれば四方を道路に囲まれた建物が望ましかった。

リージェント・ストリートのオックスフォード・サーカス側の再建が始まったのは1920年代の初めだった。土地を所有していたクラウン・エステート社は、建設される建物について厳しい制限を設けていた。建物表面はすべて石造りで、リージェント・ストリート全体にマッチするように堂々とした大きさと様式を持つように求められた。リバティ百貨店はこの規則に従ってリージェント・ストリート側の建物の正面を壮麗な雰囲気に作りかえ、イギリスを象徴する女性像ブリタニアが帝国の栄光を受け取っている姿を彫刻した小壁を設けた。この一角に、クラウン・エステート社は古風なハーフ・ティンバー様式の建物を建て、より大胆にイギリスらしさを打ち出した。

新しいリージェント・ストリートは、より壮麗で、しかも民主的な要素を近代のロンドンにもたらした。紳士服店のオースティン・リードなどの伝統あるイギリスの小売店の間に、フォード自動車会社のような新参のアメリカの会社がちらほらと混じるようになった。リージェント・ストリートは高級ショッピング街の体面を保っていたが、百貨店やガラス張りのショーウィンドーは階級に関係なくすべての客に開かれていた。そして新たに開発された建物の中には、1925年に開店した1400席の映画館もあった。1927年の『デイリー・ニュース』は次のように述べた。「新しいリージェント・ストリートは、活気と輝き、そして豪胆さの点で、ある意味で時代の精神を象徴している。この通りは昔ながらの四輪馬車や四頭立て馬車よりも、輝くバスや磨かれた自動車の急速な流れの方がよりふさわしい」。

1年後の1928年12月、巨大な地下鉄駅がリージェント・ストリートの南の端に開かれた。年間5000万人の乗客を見込んで設計された新しいピカデリー・サーカス駅は、11基のエスカレーターを備えた過去に例のないもので、近代土木技術の勝利だった。また、世界でもっとも豊かな都市が公共交通サービスに傾ける熱意の見事な表れでもあった。この駅はぜいたくだったが上品でもあり、ショーウィンドーもあれば、教育的な目的で掲示された世界地図もあった。大理石で豪華に仕上げられた駅は、公共スペースのための効率的なデザインに関する最新の思想にのっとって作られていた。

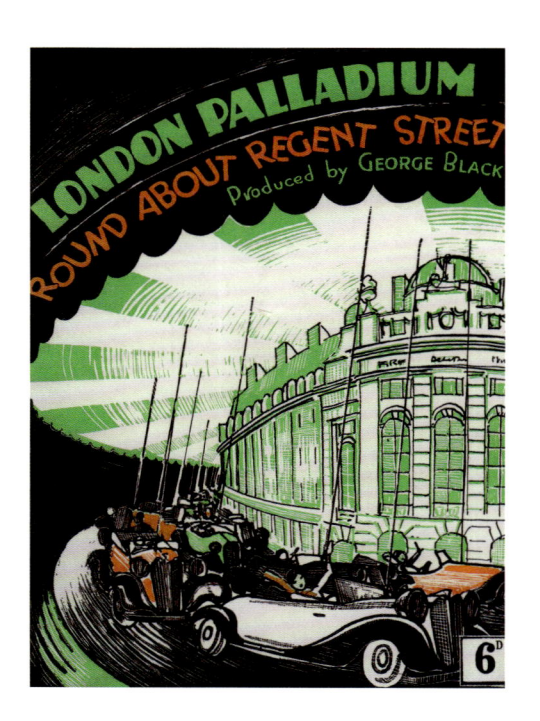

## 舞台と映画

ウェスト・エンドの魅力はつねに舞台と結びついていた。この頃には市街電車と鉄道が郊外から新しい観客を運べるようになり、興行主の意気込みは盛んだった。1920年代はミュージカル『チュウ・チン・チョウ』で幕を開けた。このミュージカルは過去に売上記録を達成し、前例のない5年間

のロングランを記録した大ヒット作だった。興行師のチャールズ・B.コクランは金に糸目をつけずにこのミュージカルに手を加え、パヴィリオン劇場で毎年の演目にした。アメリカのしゃれたミュージカル・コメディも、アメリカ人の人気俳優とともにやってきた。アメリカ人俳優のタルラー・バンクヘッド、エルサ・ランチェスター、フレッドとアデル・アステアはみな、ウェスト・エンドの輝かしい魅力に華を添えた。1920年代までに、人気は舞台からスクリーンに移った。第1次世界大戦前に専門の映画館がウェスト・エンドに建設されたが、戦争終了後は、映画館はさらに大規模に、ぜいたくになった。劇場と違って映画館は郊外でも流行し、ウェスト・エンドに観客を呼び込むには特別な設備を持った「スーパー映画館」が必要だった。

　ハイド・パークの角に立つ大理石の門(マーブル・アーチ)の向かいに1928年11月に開館した2400席のリーガル映画館は、紅葉した森とローマ風の寺院、星の輝く夜空が描かれた、おとぎの国のような内装で観客の度肝を抜いた。この映画館にはヨーロッパ最大の劇場オルガンと組み鐘(カリヨン)があった。同じ月にレスター・スクエアのエンパイア・ミュージック・ホールが、盛期ルネサンス様式の豪華な内装と3000席を備えたロンドン最大の映画館として再開した。1937年にオープンしたレスター・スクエアの黒光りするオデオン座は、オデオン座チェーンの創始者オスカー・ドイッチュの旗艦店だった。27メートルの高さの塔と、神話的な彫像が客席を見据えるように壁に並んだ驚くような内装を持つこの映画館は、近代的な理想の大聖堂だった。

　銀幕と人気を競いながらも、1930年代のウェスト・エンドの劇場は観客を集め続けた。ソーホーのウィンドミル劇場は、ヌード・モデルがポーズをとる「生きた彫像」ショーをはじめて上演した。ロンドン・パラディウム劇場(左頁)は演芸ショーを続け、バド・フラナガンとチェズニー・アレンによる「クレージー・ギャング」ショーをはじめて上演した。

| **ナイトクラブの熱狂**

　変わりゆくウェスト・エンドの性質は夜にも及び、あらゆる階級のロンドン市民が夜更けまで踊るのが流行した。戦時国土防衛法に代わって酒類の販売時間を定めた1921年のライセンス法が制定され、戒厳令が解除されて、ナイトクラブ熱と呼ばれた流行が巻き起こった。ガラス張りのダンス・フロアを持つ豪華なチーロから、女優のエルサ・ランチェスターがゴウワー・ストリートに開いたケーブ・オブ・ハーモニーのようなボヘミアンに愛された店まで、ウェスト・エンドに多数のナイトクラブが開店した。ヘイマーケットのキット・キャット・クラブは最大のダンス・フロアがあることから「ナイトクラブの中の競技場」と呼ばれ、もっとも高価なキャバレー・ショーを提供した。「何もかもスケールが大きく、ロンドンを訪れるアメリカ人に一番人気のある店」だった。

　最大の会員数(1万人以上)を誇ったのはベイカー・ストリートのはずれにあったロンドン・クラブで、このクラブには「大勢の中流階級が食事やダンス、そしてキャバレー・ショーを目当てに出かけ、クラブ内の40台のビリヤード台で若い男女がビリヤードを楽しむ」と紹介されている。このクラブはスコットランド人企業家のトム・ゴードンのアイデアの産物で、彼はロンドンの何千人という人々が夜の外出を楽しみたいと思いながら、高価なクラブには手が出せないだろうと考えて、ナイトクラブ業界に参入することにしたのだった。「我らが広大なロンドンには、つねに新しい未発見の大衆がいることを彼はすぐに悟ったのである」と、ある批評家は書いている。

　新しい華やかなウェスト・エンドには、ナイトクラブの手ごろな会員料さえ支払えない人々のためにも娯楽が用意されていた。ウェールズ人ジャーナリストのグリン・ロバーツが1930年代初めにロンドンに来たとき、彼は大勢の若いユダヤ人がレスター・スクエアのコーナー・ハウスに夜遅し座っているのを見て驚いた。「最初に彼らを見たとき、あまりに生き生きとして身なりもよく自信に満ちていたので、身分の高い裕福な人々だと思った。実際、女性は華やかで、男性は世慣れた様子に見えた。しかし、彼らは実際には非常に貧しいのだということがわかった。彼らは週に2回かそこらウェスト・エンドに出てくる何万人もの人々の仲間にすぎず、ほとんどお金を使わないのだ」。ロンドンのウェスト・エンドは本当の意味で民主的な場所になった。明るい照明と誘惑、映画、人気のレストラン、そしてダンス・ホールは、昔に比べて広い範囲のロンドン市民の手に入るものになった。

[CR]

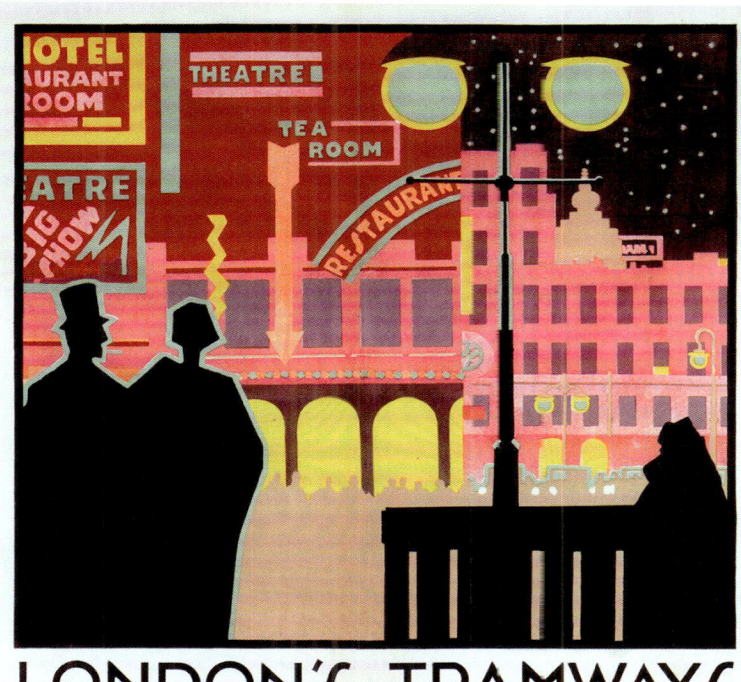

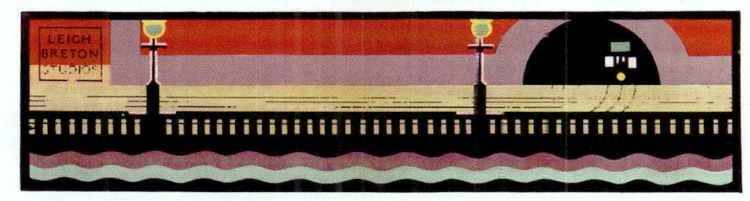

**市街電車のポスター、1927年**
華やかな照明に照らされた「ロンドン西部」への行き来は、市街電車のポスターによく描かれるテーマだった。このポスターはロンドン州議会の運営する市街電車のためにリー・ブレトン・スタジオがデザインした。

| 第12章──戦間期のロンドン　257

# 新しい製造業と会社

ロンドンは戦間期にイギリスの新しい製造業の中心地という立場を強化した。
「メイド・イン・ロンドン」は古くからある製品ばかりでなく、
近代的な家電製品も指すようになった。

　ロンドンは戦間期のイギリスに大量失業と不況を引き起こした大恐慌と無縁ではなかったが、比較的軽い被害で逃れることができた。1932年に失業率がピークに達したとき、ロンドンの失業率はイギリス全体の半分以下だった。1932年から1937年にかけてイギリスで設立された3635軒の工場のうち、半分（1573軒）がグレーター・ロンドンに位置していた。これらの工場は、この時期にイギリスで創出された新しい製造業の仕事全体の5分の2に相当した（右頁地図）。

　ロンドンが困難な時期を乗り切れた理由は、ふたつの点から説明できる。第1に、帝国貿易が引き続き重要な役割を果たしていた点が挙げられる。帝国貿易は、ロンドンのドックが利用しやすい場所に集った数多くの商業・製造業の会社を支えたばかりでなく、アメリカの資本も引き寄せた。フォード自動車会社は1930年にイギリスにおける製造工場をマンチェスターからロンドンに移したが、これはロンドンを経由したほうがイギリスの海外市場に参入しやすいからだった。

　ロンドンの第2の利点は、ヨーロッパでもっとも豊かで広大な消費者市場だった。住宅建設ブームは近代的な家庭用品に対する新しい需要を生み、ロンドンの消費者は、工場の製造ラインからウェスト・エンドの商店に流れ込むラジオ兼レコードプレーヤーや電気ポット、掃除機、自動車アクセサリーを競って買い求めた。イギリスの製造業に占めるロンドンの割合は、この時期に増加している。「ロンドン最大の利点は、拡大する産業の一番うまみのある部分を所有し、衰退する産業とは実質的にまったくかかわっていないことだ」と、ある評論家は述べた。

## 郊外への移動

　戦間期にはロンドンの製造業の分布図に劇的な変化があった。住宅と同様に、製造業も郊外に向かって次々と移転したのである。1900年に、ロンドンの製造業の大半はカムデン、ストラトフォード、ヴォクソール、グリニッジを境界とする長方形の地域に見出すことができた。1939年までに、その境界はヘイズ、ダゲナム、エンフィールド、クロイドンに変化した。郊外に向かう動きの中でも、もっとも活況に沸いたのはロンドン西部だった。この地域は新しい道路と鉄道が、全国の市場への製品輸送の点で有利だった。また、この地域は広い土地と澄んだ空気にも恵まれていた。数多くの新しい工場が田園地域に建設され、健康な労働環境に対する理想を実現した。ロンドン西部の欠点は、労働力の主要な供給源がロンドン東部や南東部にあったことだった。「しかし現在では、近代的な都市交通網の恩恵を受けて、バスや市街電車によって広い範囲から労働者を工場に集めることができる」と、ある都市計画者は語っている。

　ロンドン西部の新工場の中には、新しい会社のために建設されたものもあり、その多くがアメリカの会社だった。都心を脱出してきたロンドンの歴史ある会社の工場もあった。たとえばガラス製造会社のジェームズ・パウェル＆サンズはその典型的な例で、この会社は18世紀からシティのテムズ川沿いの土地で吹きガラスを製造していた伝統あるロンドンの手工業会社だった。1919年、同社はロンドン北西部の郊外のハーローとウィールドストーンの半田園的な環境に建設された専用のモデル工場に移転した。政府の補助金がこの移転を後押しした。ジェームズ・パウエル＆サンズはこの機会を利用して生産工程の近代化と財政および経営の見直しを行なった。

## 最新式の工場

　ロンドン西部に建設された新工場は、清潔、衛生、能率という近代的な美徳を実現する目的で設計された。「新工場はほんの50年前に建てられた暗くみじめな工場とは正反対だった」と、ハロルド・クランは書いている。「新工場の多くは主要道路からいくらか離れた場所にあり、周囲を庭園に囲まれている。建物の正面は非常に装飾的で、偶然通りかかった人は大きな個人の住宅だと見間違えそうだ」。クランの頭にあるのはグレート・ウェスト・ロード沿いの工場で、この道路は1920年代初めにブレンドフォードへのバイパスとして作られ、1930年代までに新しい製造業が密集したことから「ゴールデン・マイル」と呼ばれるようになった。とりわけ大きかったのはこの道路の北側にあったファイアストーン・タイヤ・アンド・ラバー社と道路の南側のパイレーン消火器会社のふたつだった。両社とも非常に装飾的で華やかな外観だった。さらに北部では、フーバー工場がペリヴェールのウェスタン・アヴェニューに華やかさを与えた。

　アクトンに近いパーク・ロイヤルは、戦間期にイギリス南部で最大の工業地域に成長した。食品製造会社のハインツは1925年にこの地域に移転し、ビール会社のギネスもロンドンでは30年間ぶりとなる巨大な醸造所をここに建設した。1939年までに、パーク・ロイヤルには256社が集まった。その中にはロンドンの公共交通機関にバスの車体を提供するパーク・ロイヤル・ビークル社もあった。

　ロンドン東部では、産業はテムズ川の川岸とテムズ川の支流の伝統的な地域に集中する傾向があった。ロンドンのこの地域に新規参入した製造業の中で最大のものは、1920年代の終わりにダゲナムに建設されたフォード自動車会社の工場で、これをイギリスの産業全体が北部から南部に移動しつつあったしるしだと考える人もいる。川岸に建設されたフォードの工場は、水上交通への依存度が高い製造業の典型的な例だった。フォード工場は自前のドックと、かさばる原材料を荷降ろしするための埠頭を所有していた。フォード

---

**電気ストーブ、1920年代**
電気ストーブは第1次世界大戦後に普及した数多くの家庭用品のひとつである。このストーブを製造したブリティッシュ・ファーム・ゼネラル・エレクトリック・カンパニーの工場はイギリス中部にあったが、本社と研究所はロンドンにあった。

の場合、それはコークス炉と溶鉱炉のための石炭と鉱石だった。フォード製の自動車は、同社の埠頭から直接海外市場へ輸出された。

テムズ河岸に建設されたその他の新工場に、1919年にユナイテッド・ガラス瓶製造会社がチャールトンに建設した最新式の自動ガラス工場と、シルバータウンの巨大な精糖工場があった。この精糖工場は、ヘンリー・テートとエイブラム・ライルがそれぞれ所有していたライバル会社が合併してできたものだった。ユナイテッド・ガラス瓶製造会社と精糖会社のふたつの大会社は、第1次世界大戦後の数年間の企業の合併ブームを反映している。工場の自動化には莫大な資金が必要であり、国際貿易には大企業が必要だった。ユニリーバ、インペリアル・ケミカル・インダストリーズ、ブリティッシュ・アメリカン・タバコ、ブリティッシュ・ペトロリアムなどの企業はすべて、この時代に現在の形ができあがった。

合併してできた新しい会社や大企業もまた、ロンドン中心部の風景を変えた。これらの会社が格式の高い本社ビルを必要としたため、巨大な新しいオフィスビルが登場した。シティでは、著名な建築家のエドウィン・ラッチェンズがフィンズベリー・サーカスにブリティッシュ・ペトロリアムの壮麗な新本社ビルを設計した。ユニリーバの新本社はブラックフライアーズ橋の北端に新たなランドマークをつけ加えた。ウェストミンスターでは、ICI（インペリアル・ケミカル・インダストリーズ）とブリティッシュ・アメリカン・タバコが1930年代初めにミルバンクに建設された新しい巨大なオフィス街に本社を置いた。ICIが事務所を置いたミルバンクのテムズ・ハウスとインペリアル・ケミカル・ハウスは、分速122メートルで乗客を運べるエレベーターを備え、「大英帝国でもっとも進歩的なオフィスビル」とうたわれた。ウェストミンスター宮殿に近いこれらのビルの位置は、大英帝国が貿易に真剣に取り組むようになり、こうした新しい多国籍企業が国家的な重要性を持ちはじめていたことを強調している。

### 新しい形態の企業

戦間期に発達したもうひとつの新しい企業にBBC（英国放送協会）がある。BBCは公共の目的のために運営されるが、国家の統制を受けない「公共企業」という新しい形態の企業として1927年に設立された。政府との一定の距離を保った関係は、BBCが本社をオックスフォード・サーカスの北のポートランド・プレースに置いたことに具体的に表われている。その場所は国家との関係という点で、比較的中立な位置だった。また、BBCは本社の建築にモダニスト様式を選んだ。清潔で白く機能的なビルは、未来志向型の都市の公共サービスの新しい理想を体現していた。

ロンドン中心部のもっとも議論の的になったビルは、清潔でも白くもなかった。それはロンドンの私立の電力会社が建設したバターシー発電所である。発電機から得られる電力は清潔なエネルギーだが、発電所からは石炭のすすや煙がまき散らされた。多くの人々は、こうした醜悪な建物をロンドン中心部に建てることはヴィクトリア時代への逆行だと考えた。しかし、この発電所は1930年末までに労働力の30パーセントが製造業で職を得ていたロンドンの姿を如実に物語っていた。

[CR]

**Y型フォード、1930年代**
「ヨーロッパのデトロイト」と呼ばれたダゲナムで1392年から1937年にかけて生産されたこの自動車は、フォードがはじめてヨーロッパ市場のためにデザインしたものだった。軽量で手ごろな価格のこの型はまたたくまにイギリス市場を席巻した。

**戦間期の製造業**
ロンドンの製造業は西へ移動したが、ロンドン東部のテムズ河岸の細長い地帯は、あいかわらず大規模な事業を引きつけていた。

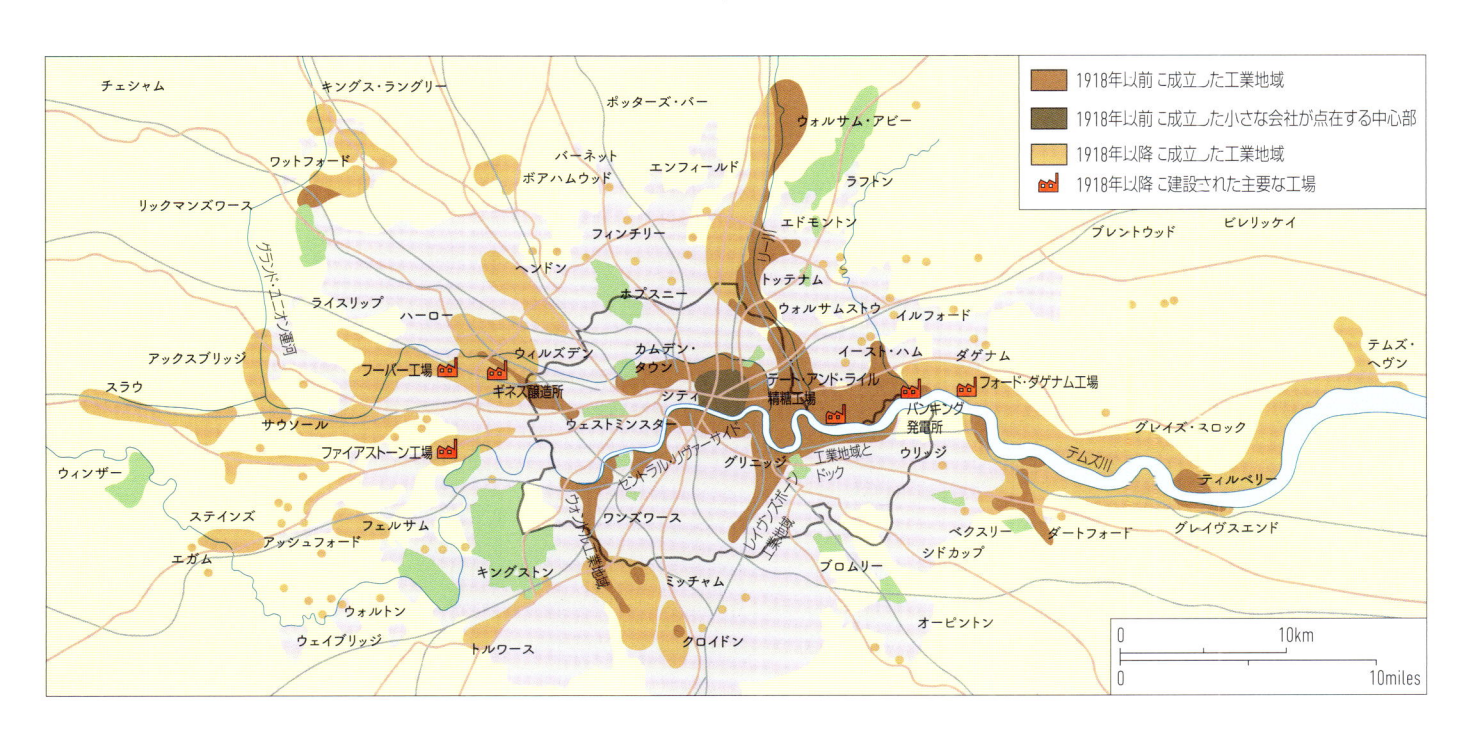

第12章——戦間期のロンドン

# 自動車と飛行機

戦間期のロンドンでは、ガソリンで走る自動車とバスがとうとう馬に取って代わった。道路はより清潔になったが、道路の混雑は激しくなり、ひどい事故も起きるようになった。クロイドンでは飛行機による定期旅客輸送も始まった。

**チャリング・クロス・ロード、1935年**
オーストラリア生まれのウルフ・サシスキーがスモッグの中で撮影した写真。自動交通信号は比較的新しいもので、チャリング・クロス・ロードのような交差点では非常に効果を発揮した。

1930年代の終わりまでに、自動車はロンドンの道路をわがもの顔で走るようになった。35万人を超えるロンドン市民が自動車を所有し、貨物自動車はロンドンの運輸の中心を占めた。しかし、変化の速度はゆっくりだった。戦間期を通じて、馬が引く乗り物と自動車交通はロンドンの道路で場所を争いつづけ、深刻な交通渋滞と混乱を引き起こした。

ロンドンでもっとも混雑する交差点はハイド・パーク・コーナーで、1日に5万1500台の自動車と3360台の馬が引く乗り物が通過した。ウェスト・エンドの他の場所と同様に、規制を受けない独立したバスが混雑した停留所でお客を拾うために猛スピードで走り、個人の乗り物と競い合っていた。絶え間ない道路工事、拡幅工事、そしてサザーク橋とランベス橋の再建工事がロンドンの道路交通をいっそう妨げた。1926年にハイド・パーク・コーナーとトラファルガー・スクエア、そしてピカデリー・サーカスに一方通行のシステムが導入された。しかし、建物が密集したロンドン中心部の道路の拡幅と渋滞の解消のための対策はほとんど立てられず、1938年までに、ウェスト・エンドの交通スピードは馬車の時代より低下してしまった。

## 新しい幹線道路

ロンドン中心部の交通は道路計画者の頭を悩ませつづけたが、郊外ではより計画的な道路建設が可能だった。ロンドン・ソサエティ［ロンドンの都市計画と開発を考えるために1912年に設立された団体］は、1920年代に運輸省が建設した主要道路のいくつかを前もって予想するような道路計画を1918年に発行した。その中でもっとも重要なのはハウンズローのグレート・ウェスト・ロードで、この道路は計画的に開発された整然とした工業地域への交通の便のために、1925年に開通した。戦間期の道路開発計画としては、エンフィールドのグレート・ケンブリッジ・ロード、イースト・ロンドンのイースタン・アヴェニューとサウスエンド・ロード、失業者救済事業として建設されたウッドフォードからイーリングまでのノース・サーキュラー・ロードもある。新しく幅の広い道路と、高速で近代的な貨物自動車の組み合わせはロンドンの経済を変革し、産業が郊外に向かって拡大するのを可能にした。自動車交通が商品の輸送手段として鉄道を追い抜く可能性も生まれた。なぜなら自動車はドア・トゥ・ドアの配達という利便性を生かすことができたからである。

混みあった都心に慣れたロンドン市民にとって、新しい幹線道路やバイパス道路は珍しいものだった。作家のJ・B・プリーストリーは、「グレート・ウェスト・ロードは少しもイギリスらしくなかった。突然カリフォルニアに飛び込んだようだった」と述べている。娯楽としての運転の人気も高まり、ロンドンの自動車所有者は週末ごとに広々した道路に出て、周辺の田舎を訪れるようになった。自動車ディーラーのショールームとガソリンスタンド、そしてガレージが、まもなく馬屋や馬車置き場に取って代わった。

## 交通安全

自動車交通量の増加は、必然的に交通事故の増加につながった。1930年には、イギリスで7000人を超す交通事

故による死者が記録された。運転技能試験は1935年まで義務づけられていなかったため、17歳以上になれば誰でも運転を始めることができた。1920年代半ばから、路上の安全は政府の最重要事項になった。1926年、ロンドン初の交通信号がピカデリー・サーカスに設置された。それからの10年間で、運輸省は路面標示や交通標識、オレンジ色の点滅灯がついたベリーシャ交通標識で照らされた横断歩道を導入した。1930年に成立した道路交通法は多数の交通違反を規定したが、「危険運転」の問題は未解決のままだった。1933年、クリフォード男爵は新しいキングダム・バイパスで、無謀で不注意な運転によってダグラス・ホプキンスを死なせた罪で告訴された。しかし、違反の法的な定義に欠けるという理由で、彼は無罪となった。

ロンドンの警察が交通規制に対して責任を負うようになると、自動車関連の犯罪に直面することも増えた。1920年代の終わりに、首都警察は自動車で逃走する犯罪者の増加に対抗して、自動車を導入することに決めた。商店や宝石店は、カンバーウェルから女友達の「ボブヘア・バンディット」が運転する車に乗ってくるルビー・スパークスのように、車で乗りつけ、ショーウィンドーを壊して目当てのものをつかんで逃げる強盗に悩まされた。自動車が盗まれる事件も増え、1935年に警察はロンドン南部のオーヴァルやケンブリッジにガレージを持つギャングの「大自動車窃盗団」を解散に追い込んだ。

1930年代までに、自動車輸送はロンドンの経済、社会、文化に深く浸透した。その影響力の増加を象徴していたのが、イースト・ロンドンのダゲナムで繁栄する新しいフォードの工場だった。組立ラインから大量生産の自動車が次々と作りだされるようになって、自動車産業は成熟した。自分の自動車を所有するという夢は、ロンドンに住む多数の家族にとって急速に手の届く現実になった。［BC］

**交通安全の手引き、1927年**
タバコの箱に同封されるシガレット・カードのうち、「安全第一」シリーズはウィルス・シガレット社から発行された。

## ❖ ロンドン初の空港

1914年以前は、航空輸送は大胆なパイロットの離れ業を見たがる大観衆を集めて航空ショーを披露する、見るためのスポーツだった。第1次世界大戦によって飛行機の開発は加速し、娯楽目的の旅客輸送が発達した。

ロンドンの最初の民間空港は、1920年にクロイドンで第1次世界大戦当時のふたつの隣接する飛行場を利用して作られた。このふたつの飛行場は交通量の激しい道路を横切る踏切で結ばれ、飛行機が離陸するときは、プラウ・レーン沿いの車の流れは赤い旗を振る係員によって止められた。定期運行する飛行機は旅客、郵便、貨物をフランス、オランダ、ベルギー、ドイツ、スイスに届けた。1920年代半ばには、クロイドンの飛行場を利用する航空会社数社が合併してインペリアル航空を設立し、空港は需要の増加に応えるために拡大された。プラウ・レーンは閉鎖され、新しく快適なターミナル・ビルとホテルが建設された。

しかし、空の旅はあいかわらず富裕層だけが手に入れられるぜいたくだった。もっとも、いったん飛行機が飛び立ってしまえば、空を飛ぶ経験は少しも楽しいものではなかった。ある乗客は、「箱の中に詰め込まれてふたを閉められ、油まみれになって気分が悪くなり、気づいたらパリだった」と語った。

**クロイドン空港、1930年代**
新ターミナル・ビルは1928年に完成した。

第12章──戦間期のロンドン

# ドックとロンドン港務庁

ロンドンのドックを通過する商品の量は、戦間期に過去最大に達した。ロンドン港務庁はロイヤル・ドックを拡張し、カナリー埠頭と名づけた。

1939年までに、ロンドンの港は世界最大の積出し、荷役施設のひとつとなった。新しい統括機関であるロンドン港務庁の管理下で、ドックは船だまりだけで280ヘクタール、ドックに隣接する地域は730ヘクタールの広さに成長した。

19世紀半ばからドック会社は激しい競争にさらされ、その結果、ドックは無計画に拡張されることになった。最初の新しいドックであるロイヤル・ヴィクトリア・ドックは、企業家のグループによって1855年に開設された。新しい鉄道と水力を利用するように設計されたこのドックは、たちまち競争相手から仕事を奪った。

収益が減りはじめると、古いドック会社は合併と新ドックの建設を始めた。東西インド・ドック会社は1868年にミルウォール・ドックを建設し、その2年後に南西インド・ドックを建設した。ロンドン・アンド・セント・キャサリン・ドック会社は1880年にアルバート・ドックを建設し、東西インド・ドック会社は、今度は数キロ下流のティルベリーに新しいドックを作った。

1886年までに、貿易の減少によって東西インド・ドックは経営困難に陥り、会社更生法の適用を受けることになった。1889年にロンドン・ドック・ストライキが発生し、ドックの貧弱な管理体制が露呈した。大英帝国の勢力の絶頂期に、ロンドン最大の港は深刻な金融危機に陥った。多くのドックでは鉄道が利用できず、入口が狭すぎて蒸気船が入れず、既存の倉庫は非効率的だった。さらに、民間会社には大きな改造を実施する資金がなかった。

1900年に、英国審議会は各ドック間に協調関係がないことが根本的な問題だと認定した。1908年、政府はようやく単一の管理組織であるロンドン港務庁を設立した。ロンドン港務庁は大胆な改造計画に着手したが、資金不足から計画を縮小せざるを得なかった。

改造計画の中心は、テムズ川河口から80キロメートルにわたって水路を深くすることだった。浚渫作業は継続的な課題となった。1963年に実施された試験では、サウスエンドから48キロメートル先の海に投棄された沈泥が潮流によって押し戻されてくることがわかった。

果物、石炭、油、冷蔵食品の輸入が増加したことから、施設の改良の要望が高まり、ロイヤル・ヴィクトリア・アンド・アルバート・ドックに関心が集まり、大幅な改良工事が実施された。この改良の中心は新しいキング・ジョージ5世ドックをノース・ウリッジに建設することだった。建設予定地に建っていた200軒を超える家屋を取り壊さなければならなかった。工事は1914年に始まり、1920年までに382万3000立方メートルの土砂が掘りだされた。ドックは1921年

**ロンドンのドック**
1966年に作成されたこの地図には、戦間期の主要な改造工事も含めてロンドンのドックの全体像が示されている。1960年代の終わりまでに、オレンジ色の地域(倉庫は赤で示されている)を除いてドックは利用されなくなった。

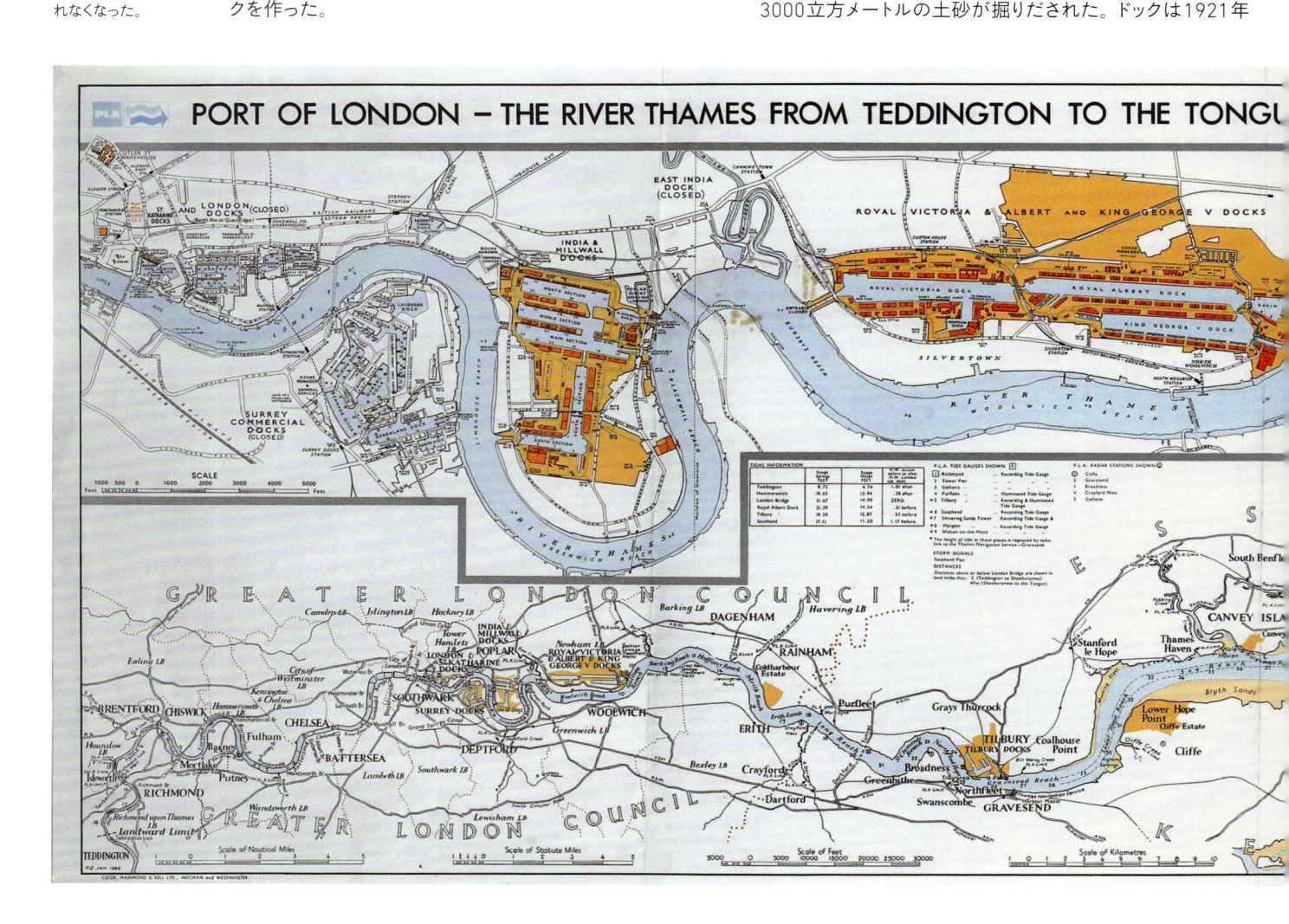

**キング・ジョージ5世ドックの開所式**
キング・ジョージ5世ドックは1921年にオープンした。このドックには食料品貨物のために冷蔵設備が設けられた。

**カナリー埠頭**
1930年代に撮影されたこの写真は、カナリー埠頭を西から東に向かって眺めた光景で、果物貿易用の倉庫が見える。

に正式にオープンした（上の写真）。1934年に、ドックへの交通手段としてシルヴァータウン・ウェイが開通した。

### ロイヤル・ドック

ロンドン港務庁の建設計画のおかげで誕生したのはロイヤル・ドックだけではなかった。テムズ川南岸のサリー・コマーシャル・ドックでは、木材貿易の拡大によって施設の改良が求められていた。そこでロンドン港務庁は1925年、鉄製の屋根のついたひと続きの倉庫を建設し、火災の危険を減らすために頑丈なレンガ造りの壁で仕切った。アイル・オブ・ザ・ドッグスでは、西インド・ドックの西側の入口が拡張された。ロンドン港務庁は不運な事件でさえすばやく改善のきっかけにした。1935年に西インド輸入ドックが火事で焼失したとき、ロンドン港務庁は桟橋の幅を広げ、果物貿易のために荷捌きの中継作業に用いられる近代的な上屋と倉庫を建設し、カナリー埠頭（上の写真）と名前を改めた。

1939年までに、ロンドン港務庁は32ヘクタールの船だまりと10キロの波止場地帯を港湾施設につけ加え、近代的な船が航行できるように、テムズ川を完全に浚渫した。こうした改善の効果で、1920年から1930年の間にロンドンのドックで扱う貿易量は300万トンから年間50万トンずつ増加して800万トンになった。

港の開発は、1940年に破壊的な打撃をこうむった。この年の9月7日土曜日、ドイツ空軍はロンドンに空襲を開始した。初日からドックは主要な標的になり、周辺の町は大打撃を受けた。西インド・ドックでは倉庫に貯蔵されていた数千樽のラム酒が焼夷弾によって炎上し、炎はたちまち塗料とゴムの倉庫に広がった。濃い煙が立ち込めて消火活動は不可能だった。テムズ川南岸のサリー・ドックでは、耐火倉庫を備えたロンドン港務庁の努力も、爆撃には無力だった。積み上げられた木材は燃え上がり、数日間燃えつづけた。激しく立ちのぼる煙と炎は夜間はギルドフォードからも見えた。1940年12月までに、ドックの設備はめちゃめちゃになった。ロンドン・ドックとセント・キャサリン・ドックでは、倉庫のおよそ30パーセントが破壊された。　　　　［TW］

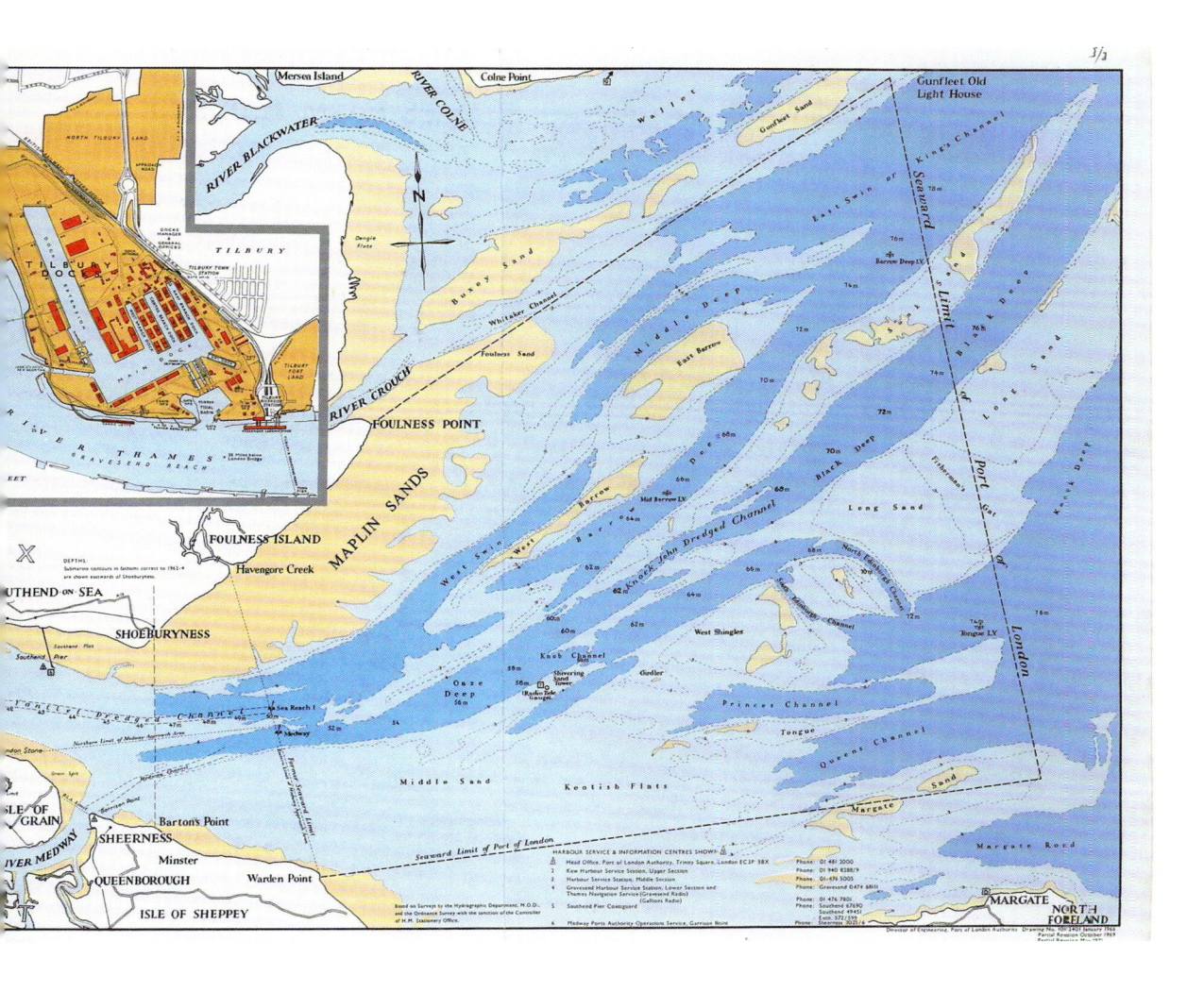

# 戦間期のロンドンの政治

普通選挙法の制定によって選挙民が大量に増え、
戦間期の政治は国も地方自治体もいっそう紛糾した。
共産主義者とファシストが、街頭で政治活動を展開した。

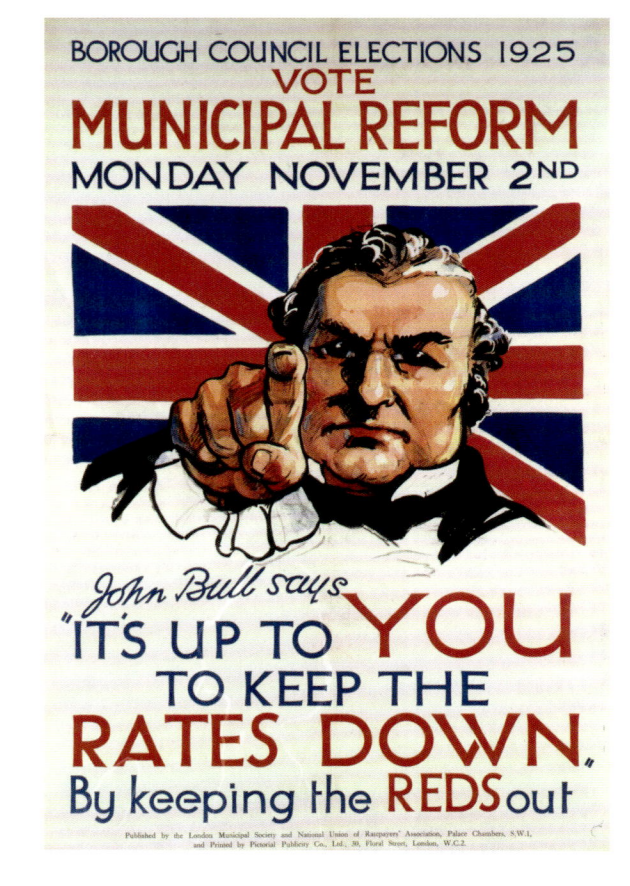

**地方選挙ポスター**
地方改革党が1925年のロンドン州議会選挙で支出の抑制のために同党に投票するよう訴えている。ポスターに描かれているのはイギリスを擬人化した「ジョン・ブル」。

**選挙結果**
ロンドンでの政党支持の変化が1919年（上）と1924年（下）の総選挙結果に示されている。

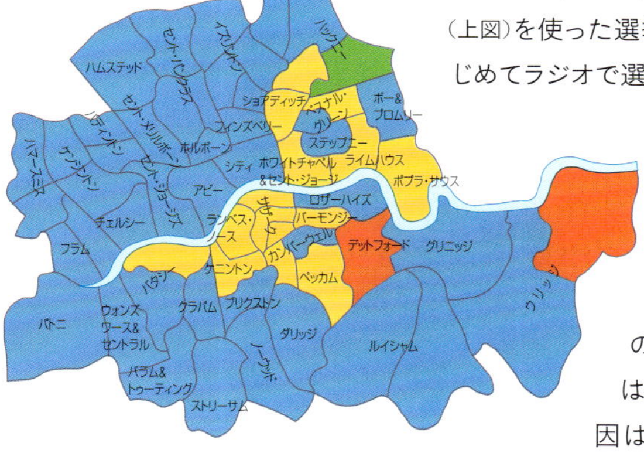

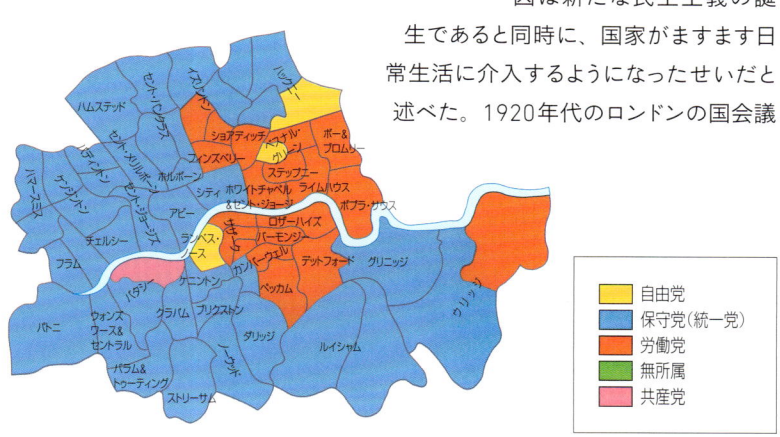

凡例：
- 自由党
- 保守党（統一党）
- 労働党
- 無所属
- 共産党

1918年に制定された国民代表法は、大衆民主主義をイギリスにもたらした2段階の改革のうちで最初の、そして最大のもので、これをきっかけにロンドンの政治風景は大きく様変わりすることになった。この法律は過去3回の選挙法改正を合わせたよりも多くの人々に選挙権を与え、選挙民を750万人からおよそ3倍の2000万人に増加させた。これによって30歳以上の女性に選挙権が与えられたばかりでなく、土地所有を投票資格の条件とする数世紀にわたる伝統を断つことによって、イギリス人男性の新たな層を有権者とした。ロンドンでは、選挙民は70万人以下から200万人超に増加した。1929年には、2回目の国民代表法によって21歳から30歳までの女性にも投票権が拡大され、ロンドンの選挙民は過去最高の290万人に達した。

民主主義におけるこの大きな前進は、特に古い力のバランスを崩したことで、ロンドンの政治を活気づかせた。1918年には、ロンドンの62の選挙区から選出される下院議員のうち、労働党議員はわずかふたりだった。1935年までに、労働党議員は28人に増加した。それに伴って保守党と自由党の下院議員は減少し、自由党議員は14人からたったひとりまで落ち込んだ。大衆が政治にかかわるようになるにつれて、政党はマスメディアを利用した戦略を取り入れはじめた。1920年代には宣伝ポスター（上図）を使った選挙運動が大流行し、はじめてラジオで選挙放送が行なわれた。

1930年までにジャーナリストのH.G.W.ネヴィンソンは、今やスポーツに次いで労働者階級の情熱を搔き立てるものは政治だと考え、その原因は新たな民主主義の誕生であると同時に、国家がますます日常生活に介入するようになったせいだと述べた。1920年代のロンドンの国会議員選挙の投票率は一般的に高く、最高で80パーセントを記録した。この数字はたいていウリッジのふたつの選挙区で達成された。

## ゼネラルストライキ

国家の政治の舞台としてのロンドンの役割を象徴するのは、1926年に起こったゼネラルストライキである。このストライキはイギリスの石炭産業の行き詰まりから発生し、「労働時間延長・賃金切り下げ反対」がスローガンに掲げられた。同じ問題はウェールズや北部地方の炭鉱地域でも争われていたにもかかわらず、ストライキの引き金となったのは、ロンドンで労働組合を批判する記事の印刷をフリート・ストリートの『デイリー・メール』紙の印刷工が拒否した事件だった。また、ストライキ中の主な出来事が展開したのもロンドンだった。このストライキの目的は首都の経済活動を停滞させ、政府に炭鉱労働者の味方として介入させることだった。

労働組合会議によるスト決行の呼び掛けは、5月3日火曜日の早朝に実行に移された。ロンドンでは、ストに参加した労働者グループの中心は港湾労働者、印刷工、発電所作業員、鉄道員、輸送業者だった。政府はただちに軍隊を配備して、基本的な公共サービスの継続と食糧の配給が行き届くように努めた。兵隊がドックに派遣され、兵営がハイド・パークに建てられて、牛乳と食糧の貯蔵所として利用された。政府の対応は予想されていたとはいえ、ストライキ参加者は大衆の反応に驚いた。「国家の頭に銃を突きつける」労働組合会議のやり方に反発を覚えるロンドン市民は、ストライキ中の労働者の穴を埋めるために仕事を買って出たのである。ロンドンのバス、市街電車、鉄道、貨物自動車は、非組合員の労働者と大学生からなる最小限度の人員で運営

されつづけた。全体として、このストライキはイデオロギーの劇的なぶつかり合いというよりは、きわめてイギリス的な混乱に陥った。労働組合会議は石炭産業の再編成に関する新しい提案を提出することを約束し、5月12日にストライキ中止の指令を出した。

## 街頭政治活動

支配階級は投票権を一般大衆の手に委ねることについて、とりわけ戦間期の反民主主義的な政治的イデオロギーの台頭を警戒していた。共産主義とファシズムはともにロンドンで強い支持を獲得し、それらに次ぐ第3の政治信条であるソーシャル・クレジット運動〔恐慌に対する解決策を提案したイギリスのC.H.ダグラスの思想に基づく社会運動〕も、1930年代に失業者を中心として数千人の支持者を得た。この3つの少数派グループと、その他のさらに小さな団体は、国家の政治思想が1か所に集まる避雷針として、そして政治活動の舞台としてのロンドンの役割をいっそう際立たせた。ロンドンはとりわけ示威行動の場になった。北部からウェールズの炭鉱労働者が、タインサイドから船舶製造業者のデモ「飢餓行進」がロンドンに向かった。「緑シャツ隊」（ソーシャル・クレジット運動の支持者）は宣伝のために首相官邸のあるダウニング・ストリートで緑の矢を射て、緑のレンガをイングランド銀行に投げつけた。ファシスト集会に伴う暴力をきっかけに、平時に軍服の着用を禁止する治安維持法が成立した。これに対抗して、緑シャツ隊は彼らの制服をハンガーにかけ、それを掲げながら行進することで規制をかいくぐろうとした。

ロンドンにはあらゆる政治的意見をはぐくむ豊かな土壌があった。グレートブリテン共産党はシティの集会所で1920年に結成された。多数の少数派政党の例にもれず、グレートブリテン共産党は首都ロンドンでは組織の維持が可能で、中心となる支持者層は港湾労働者から知識人まで、さまざまな階層を含んでいた。この政党はキング・ストリート（コヴェント・ガーデン）とグレート・オーモンド・ストリートに事務所を構え、そこから実にさまざまな機関紙やニュースレターを発行した。また、ふたりの共産党議員のうちひとりはロンドンが選挙区だった。シャプルジ・サクラトヴァラは1922年にバターシー・ノースから国会議員に選出され、1924年に再選された。サクラトヴァラはこの時期のもっともカリスマ的な人物だった。高い志を持った熱意あふれる人物で、彼の存在は下院で共産主義だけでなく、つねづね彼が雄弁をふるっていたインドの国粋主義に対する恐れも引き起こした。

イギリス・ファシスト連合もロンドンに支持者の基盤を持っていた。1932年に元労働党下院議員のオズワルド・モズレーによって設立されたこの政党は、「黒シャツ隊」と呼ばれる党員が1934年にロンドン西部の大ホールのオリンピアで開かれた集会で、抗議する数人の共産党員に暴力を振るったことで民衆に衝撃を与え、悪名を獲得した。モズレーの軍隊式リーダーシップのもとで、「黒シャツ隊」は攻撃的な態度を募らせた。彼らの明らかな反ユダヤ主義に対し、ロンドンの主要なユダヤ人地区のイースト・エンドで激しい反対運動を巻き起こった。1936年の「ケーブル・ストリートの戦い」は、イースト・エンドの住人の大半が、モズレーの暴力による支配に加担したくないと考えていることをあきらかにした。

[TW]

**ケーブル・ストリートの戦い**
1936年、反ファシズムの群衆は、イギリス・ファシスト連合がイースト・エンドのユダヤ人街を通過しようとするのを妨害し、激しい衝突が起きた。

# 戦間期の芸術と芸術家

ロンドンの芸術家は現代美術が提示するさまざまな様式に挑戦した。
ロンドンで成長しはじめたクリエーティブ産業で仕事をする
商業芸術家が増えてきた。

戦間期のロンドンの芸術は、芸術家が機械の時代にふさわしい新しい表現形式を求めた結果、多様性に富んだものになった。様式の点でもっとも革命的だったのは、純粋に抽象的なシンボルの中に意味を見出す人々だった。政治的な意味で革命的な芸術を志したのはアーティスツ・インターナショナル・アソシエーションの社会主義リアリストと呼ばれる芸術家で、彼らは「絵画においては保守的、政治においては急進的」というスローガンを掲げた。

多くの芸術家がシティそのものからインスピレーションを得た。C.R.W.ネヴィンソンは戦前の未来派様式を用いて戦後の首都を描き、伝統の重みがありながら、急速な変化に動揺する都市について深い洞察を示した（250-251頁）。ウォルター・シッカートはロンドンの日常生活に魅了されつづけた。無名の商業画家はさまざまな商業目的で、仕事場や娯楽の場で過ごすロンドン市民を描いた。

様式の点で違いがあっても、ロンドンの芸術家は同じ町並みを共有していた。ロンドンの主要な拠点は美術学校で、芸術家はそこで社会的なつながりを得られるだけでなく、美術教師の仕事も手に入れることができた。1930年代までに、ロンドンには13校の主要な美術学校があり、幅広いコースを提供していた。1896年にロンドン州議会が創立したセントラル・スクール・オブ・アーツ・アンド・クラフツは、のちにインダストリアル・デザインと呼ばれる分野を教えていた。画家のための厳密な「純粋芸術」の授業は王立美術学校、王立美術院、スレイド・スクール、そしてセント・マーチンズ・スクール・オブ・アートなどの小規模な私立の学校で受けることができた。建築家の養成は英国王立芸術家協会や、いくつかの高等専門学校で行なわれた。これらの学校の多くは女性の入学を認めていた。この時代はクリエーティブ産業で働く女性の数はまだ少なかったが、着実に増えていった。

芸術家のアトリエと住居は、まだたいてい安上がりな場所にあった。シッカートは1920年代にアトリエをカムデン・タウンからイズリントンに移したが、次の世代の芸術家はフィッツロヴィアが居心地のいい場所だと考えた。フィッツロイ・ストリートは安価なアトリエが借りられることで有名で、多くの芸術家は居酒屋フィッツロイ亭で飲むか、シャーロット・ストリートの安いレストランで食事をした。ハマースミスには芸術家の集落ができたが、この時代のもっともよく知られた芸術家地区はハムステッドだった。新しい「ロンドン子」のイメージが誕生し、ベン・ニコルソンがそのイメージを擬人化して「ロンドン・タイプ」というシリーズの絵を描いた。『デイリー・エクスプレス』は1934年にそれらの人物像について、「派手なスカーフを巻いてベレー帽をかぶったハムステッドの芸術家からみた完璧な俗物的中産階級像」と述べた。

## ハムステッドの国際性

ハムステッドはつねに自由奔放なボヘミアン文化

**芸術家のハムステッド**
1930年代のハムステッドはヨーロッパから来た芸術家の集落で、ロンドンの主要な抽象画家や彫刻家がヨーロッパから難民としてやってきた芸術家とともに暮らしていた。

凡例:
- アトリエと住居
- 集会場所
- 当時の思想を代表する建築物

1. デーヴィッド・ボンバーグ
   フォードウィック・ロード10番地、1930-33
   ライミントン・ロード66a番地、1937年
2. ノーム・ガボ
   ローン・ロード・フラット、1936-38年
   チョムリー・ガーデンズ101番地、1938-39年
3. バーバラ・ヘプワース
   マル・スタジオ7号室、パークヒル・ロード、1928-39年
4. ラズロ・モホリー・ナギー
   ローン・ロード・フラット、1935年
   ファーム・ウォーク7番地、1935-37年
5. ピエト・モンドリアン
   パークヒル・ロード60番地、1937-40年
6. ヘンリー・ムーア
   パークヒル・ロード11a番地、1928-40年
   マル・スタジオ7号室、パークヒル・ロード、1940年
7. ポール・ナッシュ
   エルドン・グローブ3番地、1936-39年
8. C.R.W.ネヴィンソン
   スティールズ・スタジオ、スティールズ・ロード
9. ベン・ニコルソン
   マル・スタジオ7号室、パークヒル・ロード、1936-39年
10. ハーバート・リード（美術評論家）
    マル・スタジオ3号室、パークヒル・ロード、1933-37年
11. セシル・スティーブンソン
    マル・スタジオ6号室、パークヒル・ロード、1929-40年
12. アイリーン・エイガー
    スティールズ・スタジオ、スティールズ・ロード
13. エブリマン映画館
    ホーリーブッシュ・ヴェール東1番地、1933年
14. アイソバー・クラブ
    ローン・ロード・フラッツ、1937年設立
15. ダウニング・ストリート47番地
    芸術家難民協会
    フレッドとダイアナ・ウルマン夫妻の自宅
16. ダウニング・ストリート47番地
    イギリス・シュールレアリストの集会場所
    ローランド・ペンローズ自宅
17. キーツ・グローヴ
    レフト・ブック・クラブのハムステッド支部の集会場所
18. ローン・ロード・フラッツ
    モダニズム建築の記念碑的建物、1934年設立
    ジャックとモリー・プリッチャード夫妻、ヴァルター・グロピウス、マーセル・ブルアー、アガサ・クリスティーらが住んでいた。
19. ウィロー・ロード1-3番地
    アーノ・ゴールドフィンガーが設計し、暮らしていたモダニズム建築住宅、1939年建設

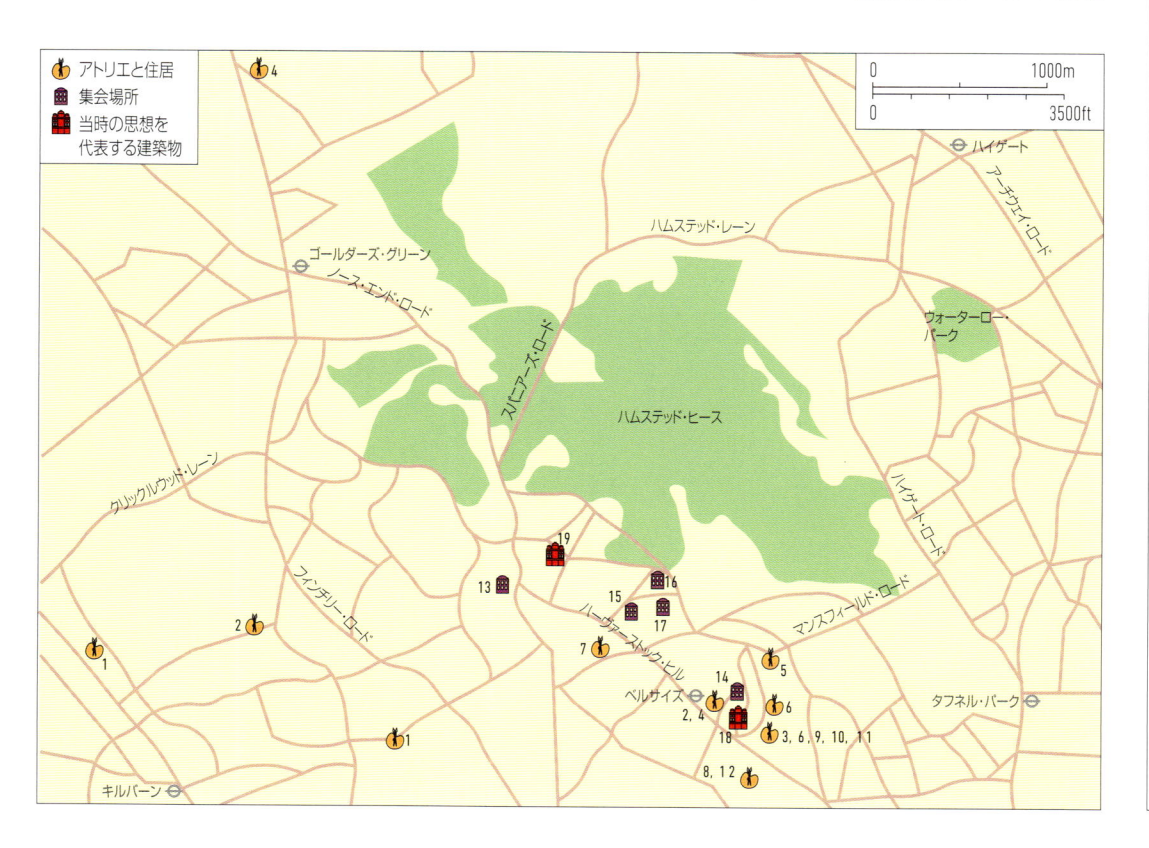

の町だとみなされてきたが、1930年代にはヨーロッパの前衛主義との関連を通じて、もっと冷静で理知的な鋭さを獲得した。芸術家がハムステッドを好む理由のひとつは、専用のアトリエがあることだった。20世紀になる頃に建設されたパークヒル・ロードのザ・マル・スタジオには、1930年代までに「芸術家の上品な巣」ができた。彼らは抽象芸術を広めた主要な人物で、その中にバーバラ・ヘプワース、ジョン・スキーピング、ベン・ニコルソン、そしてヘンリー・ムーアらがいた。評論家のハーバート・リードもパークヒル・ロードで暮らしていた。また1937年から、ナチスの弾圧を逃れてきたオランダの抽象画家ピエト・モンドリアンも暮らしはじめた。その近くのスティール・ロードにはシュールレアリズムの画家アイリーン・エイガーのアトリエがあった。

さらに北のダウンシャー・ヒルでは、ダイアナとフレッド・ウルマン夫妻もナチスの迫害から逃れた芸術家を救済するために、自宅に芸術家難民委員会を設立した。イギリスのシュールレアリストは、芸術家で収集家でもあるローランド・ペンローズのダウンシャー・ヒルの自宅に集った。ペンローズはフランス滞在中にシュールレアリズムの熱狂的なファンになり、1935年に「そこはかとなくパリに似た雰囲気をハムステッドに見出した」。

ハムステッドの国際性は、ふたつの象徴的なモダニズム建築によって確かめられる。1934年、カナダ人建築家のウェルズ・コーツがハムステッドのローン・ロードに、白い幾何学的な典型的「インターナショナル・スタイル」に沿ったアパートを設計した。このアパートは、上品で、しかも進歩的なライフスタイルを提供し、コーツが共同経営者を務めるアイソコン社製のベニヤ板仕上げの作りつけの家具を備えていた。ハムステッドの南のウィロー・ロードでは、ハンガリー人建築家で難民のアーノ・ゴールドフィンガーが、徹底的なモダニズム建築の3軒の家からなる連続住宅を建築した。ゴールドフィンガーと妻のウルスラ・ブラックウェルは自分たちでそのうちの1軒に住み、彼らの家はハムステッドの芸術家や知識人の一種のサロンになった。

## 商業芸術の流行

高尚なハムステッドの思想は、戦間期のロンドンの幅広い創造性のほんの一部に過ぎなかった。1930年頃の陰鬱な社会的、経済的情勢は、一般のロンドン市民と同様に、芸術家にも痛烈な打撃を与えた。「私たちはみな、1930年の不況で相当な痛手をこうむった」と、画家のウィリアム・コールドストリームは語っている。「収入を得るのがますます難しくなって、私たちの一般的なものの見方は大きく変わった。(中略)誰もが経済に、それから政治に興味を持ちはじめた」。コールドストリームは、彼が大恐慌をきっかけに前衛主義に反対するようになった理由を次のように述べた。「芸術家と大衆の間の途切れたコミュニケーションを復活させることが重要だと私には考えられ、そのためにはおそらくリアリズムへの転換が重要だと思える」。同様の考え方は、1933年のアーティスツ・インターナショナル・アソシエーション(AIA)の設立にも表れている。創設者は、AIAの役割をファシズム、戦争、社会の不正との戦いだとみなしており、その使命は社会主義リアリズムの見解とも一致するものだった。コールドストリームはAIAのメンバーになる一方で、ユーストン・ロード・スクールへの資金援助も続けた。この学校は、綿密な観察を通じた「客観的な描写」の原則に忠実な美術学校だった。

AIAに所属する芸術家の台頭は、商業芸術との橋渡しの役割も果たした。ロンドンのクリエーティブ産業が発展するにつれて、首都で多数の商業芸術家が活躍するようになった。広告産業にはイラストレーターが、新聞には風刺漫画家が、映画会社にはアート・ディレクターが必要だった。商業芸術家はしばしば「純粋な」芸術家から見下されていたが、実際には多くの芸術家が両方の分野で仕事をしていた。たとえばウィリアム・ラーキンはすぐれた版画家だったが、J. ウォルター・トンプソンの代理店のアート・ディレクターでもあった。AIAのクリストファー・ロウは、商業芸術家の作品が革新的であるというのが理由のひとつになって、彼らの社会的地位が低いことに不満を述べた。「芸術家の間にも相当な俗物根性があった。(中略)しかし、純粋な芸術家が到達しえない表現の自由に向かって邁進しているのは、商業芸術家であることが理解された。誰もが風刺漫画家やシルクスクリーン版画家を尊敬しはじめた」。　[MoL]

**ハムステッド・ヒースのメリーゴーラウンド、1933年、アーサー・ワッツ作**
ワッツはスレイド・スクールで学び、有名な風刺漫画家兼イラストレーターになった。

**17世紀のロンドン、1936年、ハンフリー・ジェニングス作**
ハンフリー・ジェニングスはイギリスのシュールレアリストの芸術家で、映画製作者としても成功した。

第12章——戦間期のロンドン　267

# スポーツと娯楽

戦間期には新時代の大衆娯楽と健康的な生活のために、新しい施設が建設された。ロンドンには競技場、ダンス・ホール、大映画館、屋外プール、運動場、ゴルフコースが作られた。

1930年代までに、「娯楽」に対する社会的関心はますます高まった。厳格な労働基準法の効果もあって、多くの人の労働時間は減少した。可処分所得の水準は上がりつつあった。1935年に実施されたロンドン市民の娯楽習慣に関するはじめての包括的な調査によれば、ごく普通の労働者階級の家族でさえ、収入の60パーセントで基本的な生活必需品がまかなえると推定された。

**ロンドンの運動場、1938年**
多数の運動場があるロンドン西部は、ロンドンの中でも健康的な地域と考えられていた。

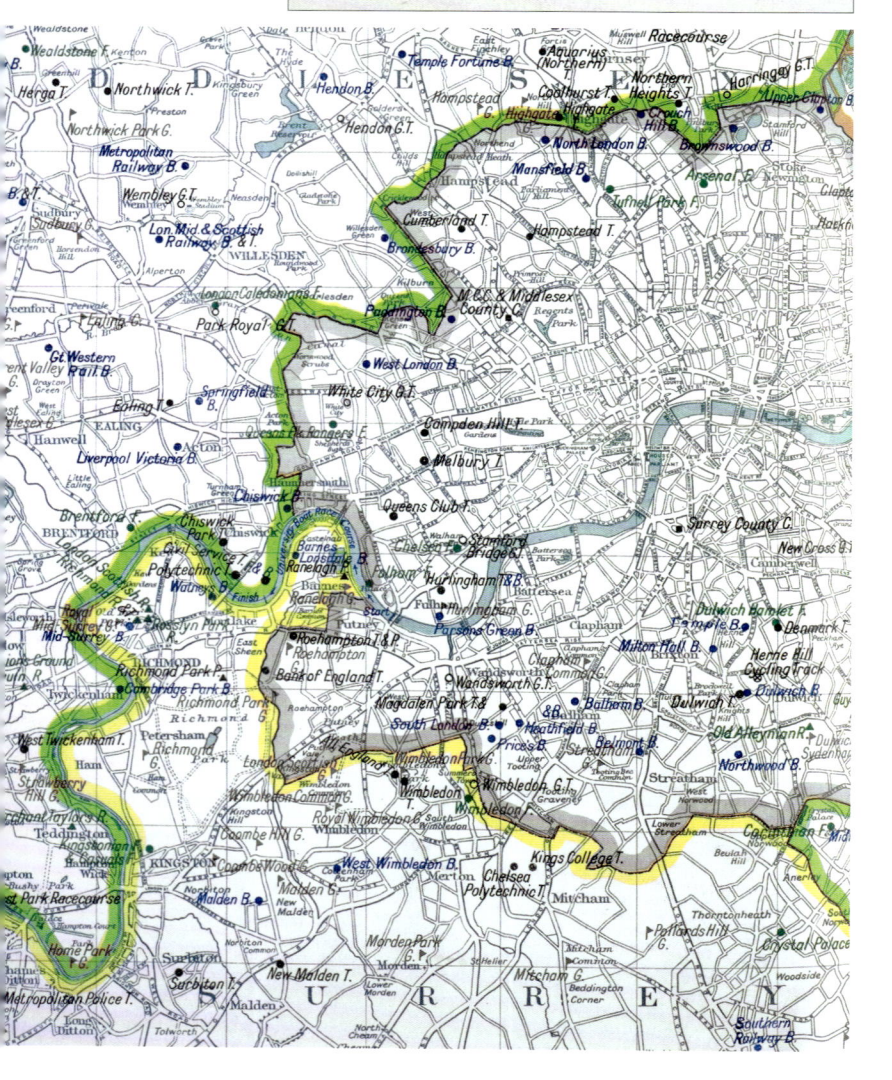

調査報告書に引用された回答者の意見を見ると、ロンドン市民の多くは暇があるとは感じていないことがうかがえる。ウィルズデンのある鉄道労働者は「暇だって!」と声を張り上げた。「うちの母親は暇なんかまったくないと言っているが、俺もその通りだと思うね!」。しかし、1930年代までに、ロンドンの娯楽産業はこれまでにない規模で運営を始め、見どころや魅惑、そして楽しさを約束して、人々を自宅から誘い出した。

ロンドン生活の多くの側面がそうであるように、この都市の人口の多さそのものが、大きな野心を持った企業家を引きつけた。映画は商業的娯楽の繁栄ぶりを示すもっとも劇的な例である。1930年代までに、ロンドンには258軒の映画館が登録され、34万4000人の観客が収容できた。そのうち多くはオスカー・ドイッチュのオデオン座チェーンに属し、ロンドン郊外の高級な通りにあった。興行主のチャールズ・B・コクランは、サーカスや、大ホールのオリンピアで開く懸賞つきボクシング試合、ミュージカルなど、さまざまな見世物をロンドンで公演した。ロンドン市民はビリー・バトリンの遊園地や、1938年からはクラクトンのホリデー・キャンプを訪れるようになった。

## スポーツと娯楽

スポーツもまた規模が拡大し、さらに商業的になった。ロンドンの11のサッカー・チームはすべて、観客の要求に応えるために試合場を拡張した。アメリカをモデルとした「スタジアム」を取り入れるチームもあった。ウェンブリーは観客数10万人のスーパー・スタジアムで、1924年に大英帝国博覧会のために建設された。10年後の1934年、大英帝国競技大会のために、スタジアムにエンパイア・スイミング・プールが付設された。このプールがオープンすると、70×18メートルのプールは世界最大の屋内プールとして、また、現代のコンクリート建築の極致として喝采を浴びた。ウェンブリーに次ぐ大きさを誇るロンドンのサッカー競技場はチェルシーのスタンフォード・ブリッジ競技場で、8万人の観客を収容することができた。サッカー・チームのアーセナルは1930年代にハイベリーの競技場にふたつのスタンドを建設した。また、ロンドンの娯楽施設として、グレイハウンド犬のレースの競技場が新たに6か所作られた。

グレイハウンド犬のレースは当時大流行した観戦スポーツだった。アメリカが発祥の地であるこのスポーツは、1926年にホワイト・シティに競技場が作られて以来、ロンドンでも行なわれるようになった。グレイハウンド・レースの第2の競技場は、同じ年にハリンゲイに作られた。この競技場は鉄道ピカデリー線がフィンズベリー・パークまで延長されたときに、工事によって残ったボタ山の上に作られたものである。ハリンゲイは魅力的な犬のレース場を目指して建設され、チーターのレースを試していたとも言われている。1933年までに、ロンドンには17のグレイハウンド・レース場があり、年間900万人を超える観客が集まったが、グレイハウンド・レースは単なる賭けごとにすぎないと見る人々は眉をひそめた。1929年にハリンゲイが最新の自動「賭け集計機」をお披露目すると、スポーツと賭けの結びつきに対する懸念

はいっそう高まった。この機械は賭けを登録して、買った人への支払金額を自動で計算するシステムだった。

　1935年の娯楽調査の執筆者は、「楽しみと娯楽」としての観戦スポーツと、参加するスポーツを明確に区別し、参加型のスポーツを奨励している。戦間期には各自治体や企業が、運動場の設立は納税者や従業員に対する責任の一環だと考えたことから、スポーツをする機会は格段に増えた。1930年代の終わりまでに、ロンドン州議会の公園管理局は366のクリケット場、436のサッカー場、29のホッケー場、726のハード・コートと芝のコートのテニス場、3つの18ホール・ゴルフコース、169のネットボール場［バスケットボールに似た7人制の球技］、28のローン・ボウリング場、63のパターゴルフ場、9つのアスレチック・スポーツ場、そして17の屋外プールがあった。

　屋外プールは、健康、幸福、近代性を崇拝する当時の人々の特に強力なシンボルだった。地中海のしゃれた海水浴場の白い波打ち際と青い海を思わせるようにデザインされたこれらのプールは、ロンドン州議会のパンフレットの言葉を借りれば、「鮮やかに彩られ、優美に建築された、広くて風通しのよいすぐれたプール」だった。屋外プールは健康を促進するだけでなく、「他の誰もが海水浴場に行く暑い夏に、ずっとロンドンにとどまっていることに耐えられるようにする」のに役立った。1920年から1933年にかけて、ロンドンの公営プールと屋外プールの年間入場者数は390万人から670万人に急上昇した。

## 階級と性別

　土地を運動競技場に変えるのは、主に空き地ときれいな空気に恵まれたロンドン外縁部の流行だった。ロンドンの中の健康的な地域だと考えられていたロンドン西部では、特にその影響が強く、企業の運動場が次々に作られた。その中でも最大のものは、アクトンに作られたロンドン旅客運輸公社とロンドン・ガスライト・アンド・コークス社のふたつの運動場とJ.リヨンズ社のサドベリー・ヒルの運動場だった。会社の系列のクラブやトーナメントとともに、運動場は会社の士気を高める重要な役割を果たし、進歩的な雇用主の象徴のように考えられた。スポーツは普遍的な娯楽だったが、階級と性別の壁は残っていた。サッカーは労働者階級の男性のスポーツだった。1933年までに、ロンドンの11のプロ・サッカー・クラブは、それぞれに毎年およそ61万5000人の観衆を集めたが、もちろん、全員がロンドン市民というわけではなかった。「サポーターはひいきのチームと一緒にイギリス中を移動する」と1935年の調査所は書いている。「観衆は今のところ男性がほとんどで、熱心に試合を観戦し、どんな天気だろうと立ったまま応援を続ける。彼らは試合にのめり込み、選手やレフェリーに歓声を上げ、悪態をつく」。

　ボクシングもまた「労働者階級の男性がとりわけ強い魅力を感じる」スポーツだった。1935年の調査では観戦スポーツに分類されたが、観客が熱狂的に参加していたことが記録からうかがえる。1933年にジャーナリストのグリン・ロバーツは次のように述べた。「もしも反ユダヤ主義がすでに衰退したと思うなら、ユダヤ人ボクサーが出場するブラックフライアーズのリングに行ってみるといい。ユダヤ人の血が流され、ユダヤ人の体が倒れ伏すのを見たくてうずうずしているならず者の野次があまりにあからさまでひどいので、ユダヤ人ボクサーは対戦相手よりも観客と闘わなければならないほどだ」。

　対照的に、テニスやゴルフは中流階級の愛好者が多く、とりわけ女性が目立った。女性にとってスポーツをすることは、新しい社会的自由の基準になった。人生のすべての側面と同様に、因習的な壁は崩れかけていた。「散歩はあらゆる階級に広まっている」と、1935年の調査は肯定的に述べている。散歩はロンドンの貧しい地域でも、気まぐれな人間の相手をするよりも賢明な日曜の過ごし方として評価されるようになった」。

［CR］

**女性のスポーツウェア**
1933年に『みんなの裁縫』に掲載されたストレイカー社のデザインによる水着（左）。ゴルフウェアは1925年に『女性スポーツとファッション』に掲載された（右）。

**宣伝ポスター、1933年**
このポスターは1933年5月6日にウェンブリーで行なわれるラグビー・リーグの決勝戦、ハダーフィールドとウォリントンの試合を宣伝している。

|　第12章――戦間期のロンドン　269

# ロンドンの新しい難民たち

戦間期のロンドンでは、国籍の異なる人々の間に新たな境界線が生まれた。法による規制は厳しくなったが、ヨーロッパのファシズムを逃れて新たな難民グループがロンドンに到着した。

第1次世界大戦とその終戦後の数年間は、950万人のヨーロッパ人難民を生んだ。その中にはロシア革命によって追放された200万人のロシア人も含まれていた。すべてのヨーロッパ諸国は人々の出入りを制限しはじめた。イギリスでは新しい社会の風潮がより厳しい1919年の外国人制限法につながり、外務大臣でさえ携帯しなければならないと言われるイギリスの「青いパスポート」が登場した。

ロンドンでは社会の風潮によって、たとえロンドンに長く根を下ろして暮らしている外国人であっても、非英国人のロンドン市民は法的に不利な立場に置かれた。第1次世界大戦は、戦前のロンドンにあった大きなドイツ人コミュニティを壊滅させた。残った一握りのドイツ人は1919年の外国人制限法の規制を受けた。いくつかの仕事に就くことはもうできなくなった。仕事上の名前を英語風に変える事業に対する規制など、細かい統制が導入された。

1920年代に、イギリス人は大量失業をはじめて経験し、外国人に対する恐怖をますます募らせた。1920年7月、ロンドン州議会は外国人があらゆる公職に就くことを禁止した。1920年代の半ばまでに、音楽家組合はアメリカ人ジャズ奏者を禁止するためのキャンペーンを推進した。彼らのほとんどは黒人で、ウェスト・エンドのバンドやホテルのオーケストラに職を得ていた。

ロンドンのドイツ人コミュニティはフィッツロヴィアから姿を消したが、他の外国人コミュニティは昔からの居住地にとどまっていた。イースト・エンドはユダヤ人とアイルランド人の居住区だった。中国人はライムハウスとペニーフィールズに定着した。イタリア人はクラークンウェルやホルボーン周辺で暮らしていた（下の写真）。1920年代と1930年代に、ロンドンのイタリア人コミュニティはソーホーに向かって移動しはじめた。ソーホーは伝統的にフランス人の居住区だったが、イタリア人だけでなく、ギリシャ人やトルコ系キプロス人の流入によって国際色が豊かになった。ソーホーにはドイツ人、ロシア人、スペイン人、ベルギー人、インド人、アフリカ人も暮らしていた。「ソーホーには考えられる限りのあらゆるアクセントで英語が話される理髪店がある」と、1933年にある人物は感嘆して述べている。

### 有色人種差別

大英帝国の市民は公式には外国人とみなされなかったが、黒い肌を持つ人は誰でも、疑心暗鬼の風潮の中でしばしば迫害された。1919年の外国人制限法はインド人水夫の利益を保護する意図を明確に打ち出していたにもかかわらず、彼らはこの法律によって不利な立場に追い込まれた。1919年の夏、イギリスの港湾都市で「外国人」水夫に対する暴力事件が発生した。1920年の外国人令と1925年の外国人（有色外国人水夫）特別制限令によって、さらに不穏な状況になった。多くのアフリカ人、インド人、西インド諸島出身の水夫が、完全なイギリス国籍を有しているにもかかわらず、外国人として不当に差別された。インド人水夫はたいて

**イタリア人の子どもたち**
この子どもたちは1935年にクラークンウェルのサフラン・ヒルで、ロンドンの貧民街に関心を抱く写真家のマーガレット・モンクによって撮影された。

いイースト・エンドの極貧地域に住んでいた（右の写真）。

有色人種に対する何気ない差別はロンドンの日常の一部だった。どれほど立派な大英帝国市民であっても、ホテルやレストランの主人から理不尽な「有色人種お断り」の扱いを受ける可能性があった。1931年にロンドンでハロルド・ムーディー医師が創設した有色人種同盟は、人種間の関係を改善し、特に多くの黒人のロンドン市民が日常的に味わっている個人的な差別の現状を訴える目的を持っていた。

黒い肌を持つ多くのロンドン市民にとって、この時期の主要な関心事は、大英帝国に関する政治的な問題と、大英帝国が各自治領にどれほどの独立性を与えるかということだった。たとえば1925年に設立されたインド自由協会は、「可能ならば帝国内での自由を——必要とあれば帝国からの独立を」をモットーにしていた。

### しのびよるファシズム

ヨーロッパでファシズムが台頭すると、ロンドンのイタリア人やスペイン人コミュニティにもファシズムに対する疑いの目が向けられたが、ファシズムによって深刻な影響を受けたのはロンドンのユダヤ人だった。1920年代には反ユダヤ主義があからさまに表現されたが、イギリス・ファシスト連合が1932年に設立されると、以前からあったユダヤ人に対する敵意が危険な水準にまで高まった。イースト・エンドのユダヤ人街を通るファシストの行進は、1936年に「ケーブル・ストリートの戦い」での、ファシストの徹底的な敗北につながった（265頁）。

この頃には、他のロンドン市民と同様に、ユダヤ人家族もイルフォードの西やエッジウェアの北、そしてヘンドンやフィンチリーなどの郊外に移動しつつあった。1914年までに、15万人強に達していたユダヤ人コミュニティは、これまで以上に強い結びつきを育てていた。この時期には、拡張されたユダヤ病院や、1932年に完成したウォーバン・ハウスのユダヤ博物館などができあがっていた。ユダヤ人企業家は工場を開き、ロンドンの映画産業をリードした。ウェスト・エンドのステージはユダヤ人音楽家で占められ、ラジオやレコード産業のおかげで、バンド・リーダーの名前は話題の的になった。

ヨーロッパの他の国々では、ユダヤ人にとって先行きは暗かった。ヨーロッパのユダヤ人がナチス・ドイツによる組織的な迫害を逃れて亡命を始めると、1930年代にイギリスへの移民問題がふたたび発生した。イギリス政府はあらかじめ仕事が決まっていない移民の受け入れに最初は積極的でなかったが、例外が認められた。スペイン内戦の間にドイツ空軍がバスク地方を爆撃したあと、3840人のバスク人の子供たちが難民としてイギリスに受け入れられた。これらの子供たちと、同行してきた教師や聖職者は、イギリス各地の94か所の「集落」に居住した。ロンドンではバーンズ、バーネット、クラプトン、ブリクストン、ハマースミスなどの住宅が割り当てられた。ドイツや中央ヨーロッパ諸国のユダヤ人の子供は、子供輸送（キンダートランスポート）と呼ばれる避難計画によってイギリスに到着した。イギリス政府が入国条件として要求する財政的保証をロンドンで活動する団体や個人が提供することによって、多数のユダヤ人の大人もイギリスに逃れてきた。　［McL］

ミックス一家、1938年
ポプラのハンベリー・ストリートで暮らす外国人をシリル・アラボフが撮影した写真。写真雑誌『ピクチャー・ポスト』の貧民窟の住宅に関する記事のために撮影されたが、掲載されなかった。

### ❖ キンダートランスポート

1938年11月に起こった水晶の夜と呼ばれるナチスによる悲惨なユダヤ人迫害事件のあと、イギリスのユダヤ人指導者の代表団がドイツにいるユダヤ人の子どもの集団避難についての話し合いを首相に申し入れた。子供輸送（キンダートランスポート）と呼ばれるようになった作戦が急いで計画された。もっとも危険な状態にある子供たちを優先して、難民児童保護団体がドイツとオーストリアに人を送って手はずを整えた。イギリスでは、ラジオ局のBBCホーム・サービスが里親を求める放送をして、およそ500件の申し込みを受け取った。

最初の子供たちを乗せた列車は1938年12月にベルリンを出発した。10日後、第2陣がウィーンを出発した。列車はオランダとベルギーを通過し、子供たちは船でイギリスに到達した。ハリッジに到着すると、同伴者のいない子供たちは列車でリヴァプール・ストリート駅にたどり着き、そこで何人かは新しい里親に引き取られた。プラハからの列車は、1939年3月にドイツがチェコスロヴァキアに侵攻したあと、急いで手配された。ポーランドのユダヤ人の子供たちは1939年2月と8月に到着した。全部で1万人の子どもがキンダートランスポート計画によってイギリスに逃れた。多くの子どもたちは二度と実の親に巡り合えなかった。

スザンヌ・シェーファー、1937年頃。キンダートランスポート計画による避難児童のひとりで、この写真はイギリスに逃れる年前にベルリンの動物園で撮影された。スザンヌの母親は別の手段で脱出し、ふたりはロンドンで再会した。

第12章——戦間期のロンドン

# 第13章
# 第2次世界大戦と終戦後のロンドン

　第2次世界大戦中にロンドンを襲った激しい空襲の試練は、国民が祖国イギリスに抱くイメージをいっそう揺るぎないものにする結果となった。もっとも激しいブリッツ（大空襲）の夜にも誇り高くそびえるセント・ポール大聖堂の写真はイギリスの不屈の精神と正義の力強いイメージを生みだした。

　戦争によって10万人のロンドン市民が家を失い、100万軒を超える建物が損害を受けるか完全に破壊された。ロンドンの人口は860万人から670万人に減少した。疎開する人もいれば、工場の移転とともに移動する人もいた。

　イギリスを社会的平等の楽園として再建することによって、未曾有の惨事を前向きなチャンスに変えようとする計画もまた、ロンドンで進められた。ロンドン州議会はイギリス政府の改革政策と並行して、劣悪な住宅環境や医療と教育の不平等を正すための努力を続けた。

　1940年代の終わりには、楽園ははるか遠くに見えたに違いない。終戦直後には、厳しい冬、食糧不足、賃金の凍結が人々を困窮させ、パンとジャガイモが品薄になるにつれて、配給はいっそう乏しくなった。

　階級間の不平等と貧富の差に対する取り組みがなされる一方で、新たな差別の問題が浮上した。首都の再建工事のためにカリブ海諸国から多数の労働者がロンドンに流入した。イギリスが建設しようとしている公正な社会と考えられているものは、彼らにつらい仕打ちを与えたが、彼らの経験は新しい高層建築や小学校と同じように将来のロンドンを形作っていくことになった。

ブリクソン・ストリート、1948年、ジェームズ・フィットン作
ジェームズ・フィットンには、この閉ったままの店の正面が「荒れ果てた環境に一輪の花が咲いた」ように見えた。左翼思想の持ち主であるフィットンは、絵の中に労働党の選挙ポスターを描いている。

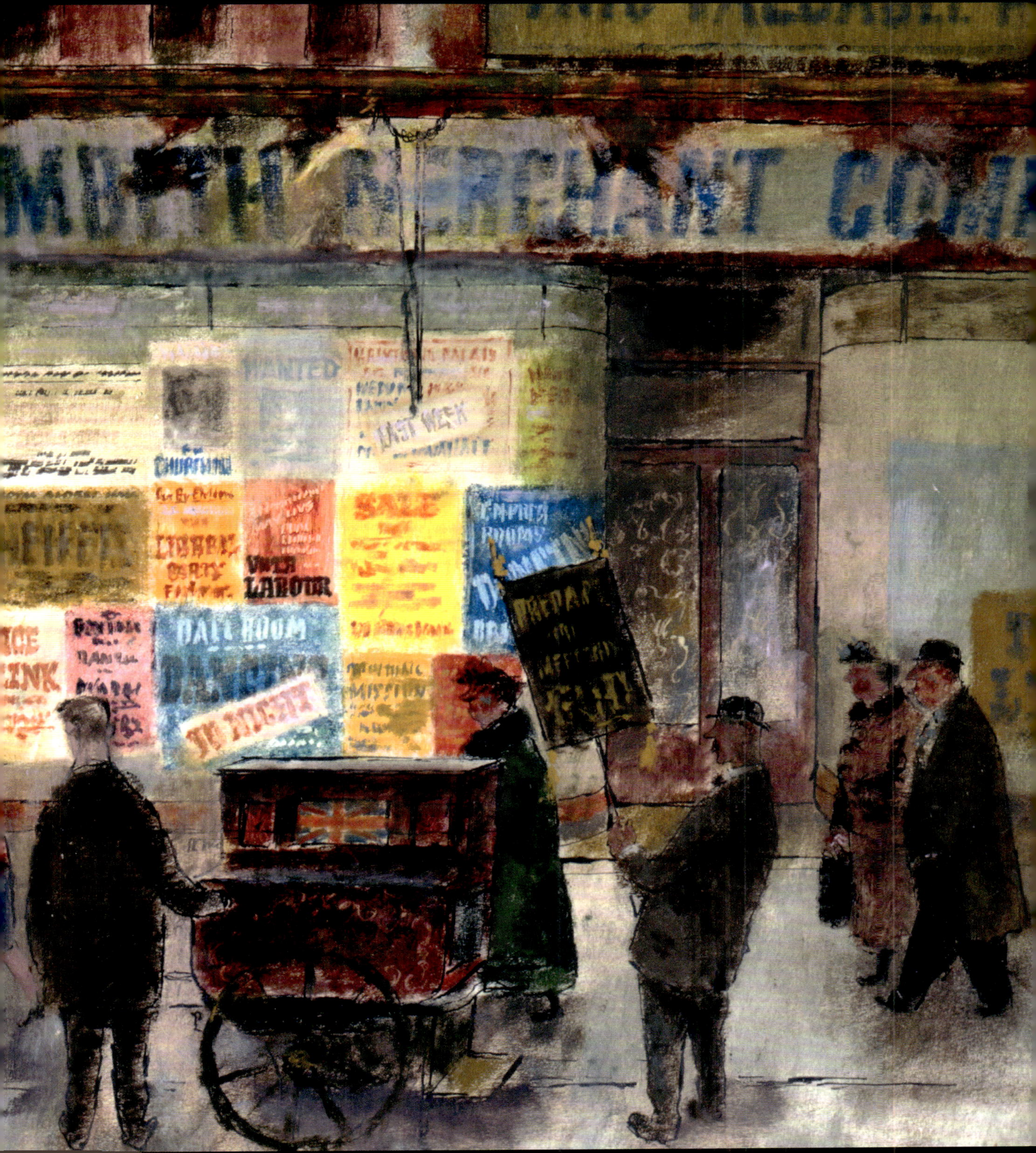
MERCHANT
WANTED
LAST WEEK
SALE
LABOUR
TO NIGHT

# 大空襲とV型兵器

第2次世界大戦は、激しい空襲とロケット攻撃という恐ろしい経験をロンドンにもたらした。1940-41年のブリッツ（大空襲）でロンドン中が火災に襲われ、数万人が犠牲になった。

**空襲による被害、1941年5月10日**
空襲直後のシティの被害状態を、アーサー・クロスとフレッド・ティッブスが撮影した写真。サザーク橋に向かって南方を眺めている。まだ煙を上げるクイーン・ストリート・プレースの瓦礫の間を、キャンバス地の消火ホースがのたうつように伸びている。

ロンドンは第1次世界大戦中の1914-18年にはじめての空襲を経験した。1939年に戦争が勃発したとき、ドイツがふたたびイギリスの都市に攻撃をしかけてくることは予想済みだった。主として都心部の工業地域から子供を疎開させる計画は、ただちに実行に移された。

1940年9月、ドイツ空軍はロンドンに継続的な空襲（「ブリッツ」）を開始した。最初の爆撃は1940年9月7日に起こった。それが4日間にわたる集中的な空爆の始まりだった。標的になったのはドックだったが、9月11日までにイースト・エンドは煙を上げてくすぶるがれきの山と化した。この最初の空襲の経験はロンドン市民を震え上がらせ、当時22歳の若者だったスタン・ハリスは次のように書いている。

空はドイツの爆撃機と戦闘機で真黒に埋めつくされた。（中略）防空壕に入るために庭に出るのも怖かった。私たちは階段の下に集まったが、何かあったら生きのびるチャンスはまったくなかった。一晩中爆発音が鳴り響き、爆弾が空を切って落ちてくる音が聞こえた。カニング・タウン、そしてラスボーン・ストリートは実質的に消滅した。ラスボーン・ストリートにあった古い店は上から下まで炎に包まれた。

およそ300トンの爆弾が投下され、430人のロンドン市民が殺され、1560人が負傷した。防空壕から出てきた人々は、見慣れた建物が姿を消し、家が崩れ落ち、通りに死者が横たわるのを見た。空襲はその後も定期的に、ほとんどは夜間に行なわれた。

ブリッツは1941年の春まで続いた。ドイツ軍の焼夷弾は、火が燃え広がりやすいロンドンの古い地域をあっという間に焼きつくした。もっとも激しい空襲は12月29日の夜で、大量の焼夷弾がシティに投下され、セント・ポール大聖堂の周辺は火の海になった。ドイツ軍の司令官が夜間を選んだのは、夜は潮位が低く、消防士がテムズ川から水を得にくいからだった。この日の出来事は、1666年のロンドン大火に次いで「第2のロンドン大火」として記憶されるようになった。

空襲のたびに防空壕に逃げ込むのは、ロンドン市民の日常になった。政府はロンドンの防空計画の責任者だったジョン・アンダーソンの名にちなんだ波型鉄板製のアンダーソン防空壕を市民に提供したが、この防空壕は庭つきの家に住む者でなければ使えなかった。新たに建設されたレンガ造

## 1945年までのシティの戦争被害

ロンドン州議会が作成した空襲による被害の程度を色分けした地図の一部。黒:全壊、紫:修復不能な損害、黄色:軽い損害。上部の左側の紫の地域は、廃墟から立ちあがるロンドンのシンボルとしてバービカン複合再開発地区になっている。

りの路上の防空壕は数が少なく、それぞれの距離は遠く離れていた。都心部の貧しい地域に住む人々の多くは、地下鉄の構内で夜を明かした（右下の写真）。政府は最初、人々がシェルターから出たがらない敗北主義的な「シェルター心理」に陥るのを恐れてこの習慣に難色を示したが、実際にはほとんどの人々が朝になれば避難所を出て、日々の仕事を果たし続けた。最終的に、地下鉄の一部は正式な防空壕になり、管理人とトイレ、軽い飲食のできる設備が整えられた。

しかし、地下鉄は必ずしも安全ではなかった。爆弾がバラム駅の水道管を破壊したときは68人が溺れて死亡した。また、1941年1月には爆弾がバンク駅に直接命中し、111人が死亡した。

### V型兵器

1941年5月10日には、前年の12月29日の恐怖が繰り返された。この日、ドイツ軍の爆撃で1回の空襲の犠牲者としては最大の1436人が殺された。この猛攻撃によってロンドンは炎に包まれ、ウェストミンスター寺院や下院も含めて主要な建物が焼け落ちた（左頁）。しかし、この日を境にもっとも激しいブリッツの時期は終わった。ドイツ軍が戦力を東部戦線に集中させるにつれて、ロンドンへの空襲は減った。

空襲のない日々を数か月過ごしたあと、1944年6月15日に新たな攻撃の波が襲いかかった。V-1号無人飛行爆弾（イギリスの大衆にはアリ地獄を意味する「ドゥードゥルバグ」の名で呼ばれた）がロンドンに新たな恐怖をもたらした。フランスから発射されたV-1号は狙いが不正確で着弾点の予測が難しく、搭載した爆弾が大きかったため多数の人命の被害が出た。V-1号によるロンドンへの最悪の攻撃は1944年11月25日の爆撃で、V-1号が土曜日の午前中の買い物客で賑わうウールワースを直撃し、160人の死者を出した。V-1号は合計6000人を超える民間人を殺害し、1万6000人の重傷者を出した。

V-1号に続いて、1944年9月にはさらに恐ろしいV-2号ロケット弾が飛来した。さらに破壊的な弾道ミサイルであるV-2号がもし戦争初期から配備されていたら、ロンドンは廃墟と化していたかもしれない。実際、1945年3月に連合国によって発射台が奪取されるまでに、V-2号ロケット弾による死者はおよそ3000人、重傷者は6000人を数えた。この新型ミサイルに対する防衛手段はなく、超音速で飛来するミサイルは、着弾するまで音で気づくこともなかった。およそ1000機のV-2号がロンドンに到達し、もし攻撃が続けば、イギリス政府は首都から撤退する避難計画を発動したかもしれない。幸い、ヒトラーの第3のV型兵器、V-3号誘導ミサイルが配備されることはなかった。

[MS]

## 地下鉄の避難所、1940年

ビル・ブランドが撮影したこの写真は、ブリッツから避難したロンドン市民が地下鉄構内で夜を明かす様子をとらえている。

第13章——第2次世界大戦と終戦後のロンドン

# 戦時下の日常生活

第2次世界大戦の「国家非常事態」の間は、政府の規制が日常生活のあちこちに及んだ。配給手帳、衣類切符、身分証明書の携帯はすべて義務だった。

**スズ製のヘルメットをかぶった子ども、1940年**
ジョージ・ロジャーがアメリカの『ライフ』誌のために撮影した写真。

戦時下のロンドンは「仕事は普段通り」を誇りにしたが、日常生活は普段通りとはほど遠かった。危険と死はたえず身近に存在していた。日常の活動は国家の統制下に置かれ、ロンドン市民の食べるもの、着るもの、買うものを政府が規制した。人々は新しい仕事につき、新しい楽しみを見つけ、新しい夜のロンドン、闇とぼんやりした人影、そして灯りの消えた街灯になじんだ。

## 疎開

1920年代と30年代の近代戦で明らかになったことのひとつは、大都市は集中的な空襲の標的になるということだった。スペイン内戦時のゲルニカや、第2次世界大戦初期のワルシャワやロッテルダムが激しい爆撃の対象になったのを見て、イギリス政府はブリッツが実際に開始されるよりずっと前から、ロンドンが直面している危険に対する心構えがあった。宣戦が布告される1939年9月3日よりも前から、ロンドンからの子どもの疎開は始まっていた。疎開を計画したロンドン州議会は、数か月以内に60万人の子どもと妊婦を比較的安全なケント、サセックス、ウェールズ、デヴォン、コーンウォールに移動させた。疎開は強制ではなかったが、保護者は子どもとの別離に耐え、ロンドンは子どもには危険すぎるという政府の意見を受けいれた。「私は教師が生徒の名を呼び、荷物のタグを彼らの上着に結びつけ、温かく清潔な洋服がバッグに入っているかどうか確かめるのを見た」と、ヒルデ・マーチャントは9月1日にホルボーンの学校を通りかかったときの様子を述べている。

> 学校の門にはふたりの太った警察官が立っていた。彼らは子どもたちを中に入れ、親たちにはそれ以上中に行かないように丁寧に頼んでいた。親がいると子どもが動揺するかもしれないからだ。そこで父母は別れを告げ、娘の髪をなで、息子に鼻をかむように言い、彼らに素早くキスをした。

## 変わる役割

大人の役割と仕事もまた変化した。徴兵に応じることは、基幹産業に従事する男性を例外として、18歳から41歳までの男性すべての義務になった。女性や高齢の男性は国内戦線における市民の義務を引きうけ、空襲監視員になるか、国家の非常事態（右頁）を乗り切るために設立された新しい政府部門に必要な大量の事務職に就いた。第1次世界大戦のときと同様に、女性は男性が抜けた穴を埋めるために仕事に就き、1943年までに、18歳から45歳までの女性はすべて仕事に登録するように法律で定められた。

ロンドンの女性の多くはすでに工場で働いていたが、生産ラインが夜通し動くようになったため、仕事の時間帯も変わった。たとえばロンドン最大の家具工場、トッテナムのレブスは、病院の家具、テントの支柱、飛行機の胴体、弾薬箱を生産した。「私たちは貨物自動車の骨組みも木材で作りました」と、従業

**乳児用ガスマスク、1940年**
戦争初期にはガスマスクが広範囲の民間人に配られたが、この戦争では有毒ガスはほとんど使用されないだろうということがのちに明らかになった。

**疎開先**
ロンドンの子どもたちは主にイギリス南部の州に疎開したが、ウェールズやさらに北部に行く子どももいた。

（地図凡例：ロンドンの疎開児童の主な行き先 — ラトランド、ベドフォードシャー、オクスフォードシャー、グロースターシャー、エセックス、ウィルトシャー、ケント、サマーセット、ドーセット、コーンウォール）

**疎開事業のポスター、1939年**
ロンドンの国内戦線はボランティア労働者に大きく依存していた。公共サービスの継続は女性と年金生活者の協力がなければ果たせなかった。

員だったシー・ルイスは回想している。

> （中略）ただの骨組みです。それがキャンバス地でおおわれたあと、私の仕事は風防ガラス、ラジエーター、車輪、ナンバープレートをスプレーペンキで描くことでした。ドイツ軍が作りものを爆撃して、本物を見逃すように、この作りものの貨物自動車の隊列は道路に並べられました。

### 食糧と配給

政府による食糧供給の規制もすぐに始まった。1939年11月、創設されたばかりの食糧省は配給手帳を導入した。これは複雑なシステムだったが、強制的で、すぐにイギリスで暮らす全国民の生活を支配するようになった。配給制はタンパク質の豊富な基本的食品、たとえばバター、ベーコン、チーズに厳しい制限を設け、国民ひとり当たりの毎週の割当量を決めた。パンやジャガイモなど、炭水化物が豊富な食品の大半は配給制にならなかった。その他、缶詰の肉、タピオカ、砂糖、豆類、朝食用シリアルなどの食品は各週の点数切符制で、消費者が何を買うかをある程度選ぶことができた。

一般的に、配給は十分あるとは言えなかった。「飢えるわけじゃないが、ただいつも腹をすかせていた」とジャマイカ人の音楽家、コーリッジ・グードは回想している。「一度に全部食べてしまうか、少しずつ食べて1週間持たせるか、どちらかを選ぶしかなかった」。

配給の他にも、ロンドン市民は食糧を手に入れる方法を見つけた。市民に「勝利のために耕そう」、野菜を栽培して「食べものを作ろう」とポスターで呼びかけるキャンペーンが始まった。多くの市民はすでに小規模な耕作地を持ち、家畜を耕作地で飼うことを禁ずる古い規則が緩和されて、鶏や豚を飼うことができるようになった。ロンドンの空き地はすべて農業用地になった。ハイド・パークには豚小屋が建てられ、ケンジントン・ガーデンの花畑はキャベツ畑になった。

空襲で家を失う人々が出はじめると、ロンドン州議会は自分で料理ができない市民のために温かい食べものを安く提供しはじめた。1940年のブリッツの初日にアイル・オブ・ドッグスの野外キッチンで始まったロンドン市民の食事サービスは大成功だった。1943年までに、学校や病院を拠点にした食事の配給が242か所で行なわれ、およそ1シリングの料金で質のよい基本的な食事が提供された。政府はあらゆるレストランが出す料理に5シリング以下という価格制限を設けていたが、それに比べればはるかに安かった。レストランは戦争の間も営業を許された。その理由のひとつは、外食が士気を高めるのに役立つと考えられたからだった。

### 衣類切符

ロンドンの商店で得られる食品以外のサービスや商品の需要と供給も、政府の統制を受けた。原材料は戦争努力に振り向けられたため、木材や布地、金属を用いる製造業は原材料の不足に悩まされ、生産できる品物がますます限られた。厳しい価格統制とぜいたく品に課せられる購買税が導入され、1941年6月には衣類と家具は両方とも点数切符による配給制に切り替わった。衣類については成人ひとり当たりに年間66点が割り当てられ、すべての衣類に点数がつけられた。たとえば靴1足は5点、スーツは18点だった。未使用の切符を売る取引も盛んに行なわれた。また、衣類を繕い、作りかえ、染め直して着る風潮も高まった。「最近では、繕ったり継ぎを当てたりしていることが愛国的とみなされる」と、元教師は当時の民衆の生活調査を行なっていた「マス・オブザヴェーション」という団体の質問に対して満足げに語っている。

しかし、戦時下のロンドンを彩ったのは行列や停電、着古した服、欠乏だけではなかった。映画がブームになり、アメリカ映画で豊かさのほんの一部を垣間見ることができた。『風と共に去りぬ』は1940年にウェスト・エンドで封切られ、数年のロングランになった。ラジオでは新世代の陽気な軽い娯楽作品が生まれた。ラジオドラマの『またあの男が』、音楽番組の『仕事中の音楽』、ゲストを招いてのトーク・ショー『孤島の音楽』などの人気番組はこの戦時下の数年間に始まった。

ウェスト・エンドのナイトクラブやレストランも賑わいつづけた。「確かにウェスト・エンドは危険だった」と、ジャズ・ドラム奏者のトニー・クロンビーは回想している。

> 私は爆撃の間中クラブの2階で演奏したものだった。空襲だからといって中断せずに、とにかくドラムを叩きつづけた。みんな運を天に任せていた。だけどすごく幸せだった。死がすぐそこに迫っているのを感じていたからこそ、みんなで楽しんだんだ。あれほど幸せな人たちをイギリスで見たことはなかった。 [CR]

**戦時の食糧、1945年**
粉ミルクと缶詰食品は戦時中の食生活の必需品だった。カナダ産のクジラ肉は人気がなかった。

# ロンドンの再建
## ——アバクランビー・プラン

パトリック・アバクランビーのグレーター・ロンドン計画は、ロンドンの将来の開発の青写真となった。彼はより小さく整然として合理的な、より秩序のある首都を思い描いた。

ロンドンの再建計画は終戦前から始まった。ロンドン州議会は、カウンティ・オブ・ロンドン・プランを1943年に公表し、さらに翌年、都市農村計画省の委託による戦略的なグレーター・ロンドン計画を発表した。これらのプランは両方ともロンドン大学の都市計画教授を務めていたパトリック・アバクランビー（1879-1957年）によるものだった。これらの計画は将来のロンドンの開発のための大胆な設計図を提供した。

1943年、アバクランビー・プランはロンドンのターニング・ポイントとして、よりよい未来を築くためのチャンスとして、ロンドン市民に提示された。アバクランビーの提案はパンフレットや展示会で公開され、熱狂的に迎えられた。

アバクランビーの思想は、未来を志向すると同時に、過去にも目を向けていた。彼は過去のもっともすぐれた遺産を保存しようとし、同時にロンドンの4つの「主要な欠陥」に取り組む姿勢を見せた。その欠陥とは、交通渋滞、劣悪な住宅、広場の不足や場所の偏り、そして住宅地と商業用地の「あいまいな地域制度」だった。「多くの人は、ここに第5の欠陥、すなわちロンドンの継続的なスプロール現象をつけ加えるだろう」と、アバクランビーは言い添えた。彼のプランは、小さく清潔で、イギリスの田舎に脅威を与えない都市を理想とするアーツ・アンド・クラフツ運動の思想に立ち返るものだった。

アバクランビーの提案の根底には、「非集中化」に対する信念があった。彼は、「人口と産業の再配置」によってロンドンのスプロール現象を抑制し、ロンドンを取り巻くグリーン・ベルト（緑地）よりも「内側の人口は減少し、外側の周辺地帯の人口が増えるように」するべきだと信じていた。アバクランビーは10の新しい衛星都市をグリーン・ベルト（緑地）の外側の周辺地帯に建設することを提案した。この計画に基づいて建設されたエセックス州のハーローは、1945年に3000人だった人口が5万4000人まで成長した。一方、ロンドンを取り巻く郊外の成長は、グリーン・ベルト内に住宅を建てることを規制する厳しい法律によって抑えられた。

ロンドンの内部では、アバクランビーは各地域の中心をミニ・グリーン・ベルトで取り囲み、その間を縫うように主要道路を通す計画を立てた。都市の活動は種類ごとに明確に分類され、地域は機能によって「ゾーニング（区分）」されることになった。製造業はインナー・ロンドンから姿を消したが、ロンドンの富を牽引しつづけると信じられたドックは残された。

**ステップニー**
将来のステップニーを描いたこの図には、新しい居住区、緑地、新しい市民会館がある。昔のステップニーの名残は、セント・ダンスタン教会など、わずかしか残っていない。

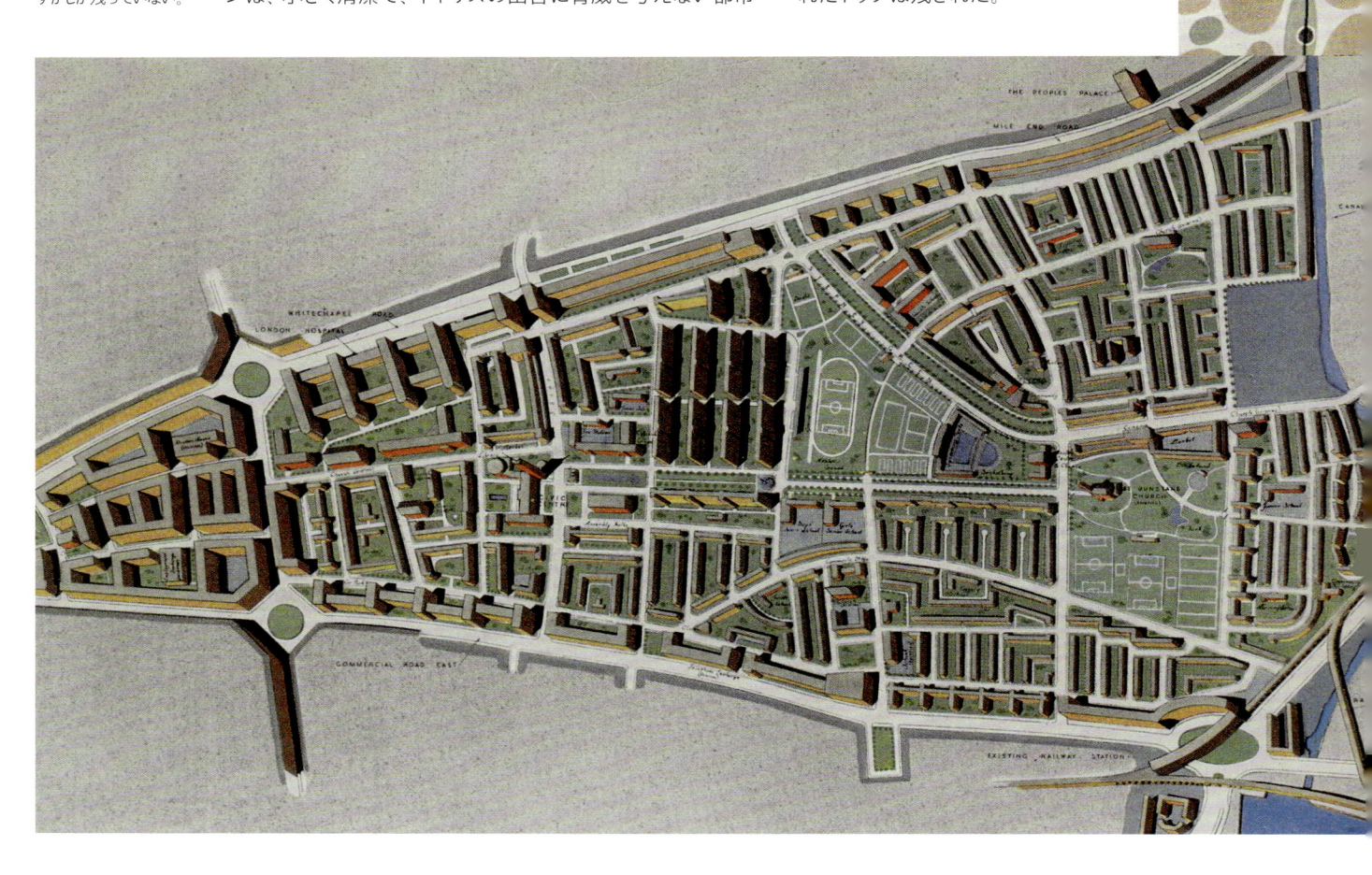

アバクランビーはロンドンの「村」の構造を保存したいと考えたが、いくつかの地域は完全に建てなおさなければならなかった。この再建計画には、「町全体を覆うみすぼらしさとわびしさ」で悪名高かったステップニーのような地域の将来像を描いた数多くの魅力的なイラスト（左頁）が含まれていた。この再建計画はステップニーの将来像を魔法のように作りかえ、3本の主要道路、高層アパート、コミュニティ・センターと学校が公園や緑地の周辺に配置されたモダニストのユートピアを出現させた。道路はきちんと整備された。

### アバクランビー・プランの影響

アバクランビーの計画に刺激を受けて、1950年代に各地方自治体による多数の再建計画が実施され、貧民窟の取り壊しや、近代化の名のもとに、「包括的な再開発」が行なわれた。しかし、彼の計画にはすぐれた点もあったが、弱点もあった。何より、アバクランビー・プランの根底には家父長的な性質があり、つねにロンドンの繁栄の基礎となってきた都市の混乱と無秩序に対する本能的な嫌悪があった。

露店はすたれたもののひとつだった。1930年代に、ロンドンにはおよそ90の主要な露店があった。アバクランビーはこれらを新しい歩行者専用道路に面した商店街に移すように提案した。ステップニーのウォトニー・ストリート市場をはじめとして、多くの市場が新しい環境では客を集めることができなかった。しかし、緑地は再建計画の成果のひとつだった。アバクランビーはイースト・ロンドンのグランド・ユニオン運河やテムズ川南岸のサリー運河などの運河沿いに、新しい公園を建設するように提案した。

また、アバクランビーはロンドン中心部のふたつの地区を再生した。ウェスト・エンドには戦前に建てられた「高級アパート」のイメージを薄めるような「手ごろなアパート」が開発された。そしてテムズ川南岸のさびれた工業地域のサウス・バンクは、「近代的劇場や大きなコンサート・ホール、会社や役所の本部などのある巨大な文化センター」として再開発が進められた。6年後、この計画は1951年の博覧会「英国祭」と、シェル石油の本社の建設によって実現した。

[CR]

**ロンドンの社会的、機能的な分析**

アバクロンビーはロンドンを、工業地域（黒）、官庁と学校（赤）、「陳腐化資産」（濃い茶色）、郊外（明るい茶色）の4つのカテゴリーに分類した。

第13章――第2次世界大戦と終戦後のロンドン　279

# ロンドンにおける福祉国家

ロンドン州議会は、福祉政策の不平等を解消するという国家的な事業を推し進めた。最大の改革はロンドンの学校教育に対するものだった。

1945年6月、戦争に疲れた国民は、下院選挙において「将来に目を向けよう」というスローガンを掲げた労働党に圧倒的な勝利をもたらした。クレメント・アトリーを首相とする新政府は全力を挙げて社会的・経済的な改革に取り組んだ。1942年に自由党のウィリアム・ベヴァリッジは戦前の非効率的な社会保険システムの調査を命じられた。ベヴァリッジは社会保険にとどまらず、包括的な社会福祉制度を提案する『ベヴァリッジ報告書』を提出した。この報告書はベストセラーになり、60万冊が売れた。1945年、戦前の大量失業の再来を恐れる一般的な風潮のもとで、選挙民は変化を求めた。ロンドンでは、62議席のうち、労働党が戦前の28議席からほとんど2倍近い48議席を占めた。ステップニーでは共産党議員さえ選出された。自由を求めて戦ったロンドン市民は、今度は平等を求めていた。

ロンドンではすでに、ロンドン州議会という形で福祉国家の萌芽が存在し、1940年までに首都の公共住宅や公教育のほとんどすべてを管理していた。また、ロンドン州議会は生活保護制度や救急車、公立病院を運営し、「帝国最大の地方保健医療当局」となった。

新しい国家体制はロンドン州議会にも変化をもたらした。学校教育は州政府の管轄にとどまったが、病院は1948年に国民健康サービスに移管された。全体として、新しい国家体制は福祉を病人や困窮者の評判の悪い最後の命綱ではなく、万人のための普遍的な権利にすることによって、ロンドンにいる地方役人と国家の役人の両方の仕事を変革した。

## 教育

1945年、ロンドンの教育行政は3つの急務を抱えていた。それは戦時中の爆撃で損傷した1150の学校の修復や再建、教師の増員、そして1944年の教育法で教育を受ける年齢が15歳まで延長されたため、より長期間の中学教育の義務化に応じて中学教育を再編成することだった。ロンドン州議会はこれまでの小学校（以前の「初等学校」から名称が変更された）と中学校の統合したシステムを運営していくことになった。

ロンドン州議会が1947年に発表した「ロンドン教育計画」は、州議会の楽観的な目標として、学校の増設と教師の増員を掲げていた。1957年までに、26校の新しい中学が開校し、その中にはロンドン初の総合中学校であるグリニッジの巨大なキッドブルックも含まれていた（下の写真）。総工費56万ポンドをかけて建設されたキッドブルックは、およそ2000人の女子生徒の学び舎として設計され、当時の人々の注目を大いに浴びた。設備の中には「家庭科室」もあり、生徒たちはそこで事務仕事や料理、裁縫を学んだ。

ロンドン州議会は新設中学を無選抜の総合制中学にする場合が多かった（他に選抜のあるグラマー・スクール、テクニカル・スクール、モダン・スクールがある）。「学校生活はあらゆる階級と能力を持つ若者の間に社会的連帯感をはぐくむためにあり、この目的は総合制中学においてもっともよく果たされる」と感じられたからだった。しかし、実際には戦前のテクニカル・スクールやセントラル・スクール［1918年の教育法による中等学校］もまだ維持されており、「船乗りになりたい少年は5年制のロンドン海事学校で学ぶことができるように」、優秀な生徒は私立校への学費補助制度も利用できた。貧富の差と教育格差の論争は、まだ起きていなかった。

ロンドンの教育はあらゆる点で発展した。1946年から1953年の間に、生徒数は26万9065人から43万4391人に増加し、公立学校のフルタイムの教師は1万4273人から1万7938人に増加した。戦争中、軍役についていた

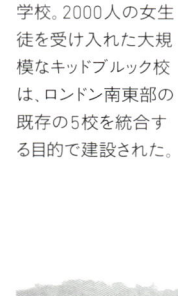

**キッドブルック校、グリニッジ、1958年**
ロンドン初の総合制中学校。2000人の女生徒を受け入れた大規模なキッドブルック校は、ロンドン南東部の既存の5校を統合する目的で建設された。

せいで教育が中断した男女に政府の補助金が支給され、ロンドン大学をはじめとして、教員養成コースの募集人数が増加した。教育はロンドンの偉大な成功だった。

### 医療サービス

もっとも激しい議論の対象になったのは医療サービス部門だった。戦前は収入によって得られる医療サービスに大きな格差があり、歯科治療は限られた層しか手の届かないぜいたくだった。国民保健サービス法は1946年に成立し、国民保健サービスは1948年7月5日に設立された。この制度の目的は国民全員に無料で平等な医療サービスを提供することだった。しかし、この制度が成立するまでには相当な論争があった。医者や医師会は、医者が国家から給与を受け取ってサラリーマン化するのではないかという懸念と、医療サービスへの国家の介入に対するイデオロギー的な問題から反対を表明したのである。また、ロンドン州議会も、病院の所有権を国家に譲り渡すのを嫌って、国家的な医療サービスの設立に抵抗した。

おそらく最大の改革は病院の国有化だろう。この過程はまず、戦争中に2種類の既存の病院——寄付制の病院(住み込み医師のいない小病院から医学生が学ぶ大病院までさまざまだった)と公立病院——が合併され、救急病院になったところから始まった。この新しい制度を管理するため、14の地域病院管理委員会が作られた。中央ロンドン地域を管轄したかったロンドン州議会との激しいやり取りの揚句、ロンドンの病院制度は4つの地域管理委員会が分担することになった。

国民保健サービスは設立当初から財政難に苦しんだ。医学が進歩し、民衆の期待も高まってきた時代であればなおのこと、費用をあらかじめ見積もっておくことは困難だった。朝鮮戦争後、防衛費が急増すると、政府の財政は逼迫した。蔵相ヒュー・ゲイツキルは1951年の予算案で、本来無料であった入れ歯やメガネの費用を患者に請求して国民健康保険サービスへの支出を削減しようとした。保健医療相だったアナイリン・ベヴァンは医療費無料の原則がいささ

**ロンドン救急車サービス、1951年**
ロンドン州議会は国民保健サービスが設立された1948年以後も救急車サービスは維持していた。写真の少年は、パディントンのフランクリン・D・ルーズベルト特殊学校に送られてきた。

かでも揺るぐことに反対し、商相ハロルド・ウィルソンとともに抗議のために辞任した。1952年には処方箋に1シリングの料金が課せられることになり、通常の歯科治療に1ポンドの定額料金がかかるようになった。財政の悪化により、新しい病院を建設するのも難しくなり、既存の病院を改造し、修理しながら利用するしかなかった。

新しい福祉制度は、ウィンストン・チャーチルが言うように、国民を「揺りかごから墓場まで」面倒みて、全国民に共通のサービスを提供することによって一体感を養うためのものだった。この原則は明らかに、英国祭の一環としてロンドン東部のポプラで開発されたランズベリ団地のデザインに反映されていた(下図)。英国祭の「生きた建築の展示」として作られたランズベリ団地の案内書は、予想される人々の需要に応えられる都市計画について述べ、「乳児、学童、ティーンエージャー、独身労働者、仕事を持つ既婚女性、母親、高齢者の生活はまったく違うけれども、あらゆる人々がひとつのコミュニティとして生活するべきである」と主張している。　　　　　　　　　　　　　　　　　　　　　[McL]

**ランズベリ団地、1951年**
ランズベリ団地は英国祭の展示の一部で、将来のコミュニティのモデルとしてポプラに建設された。

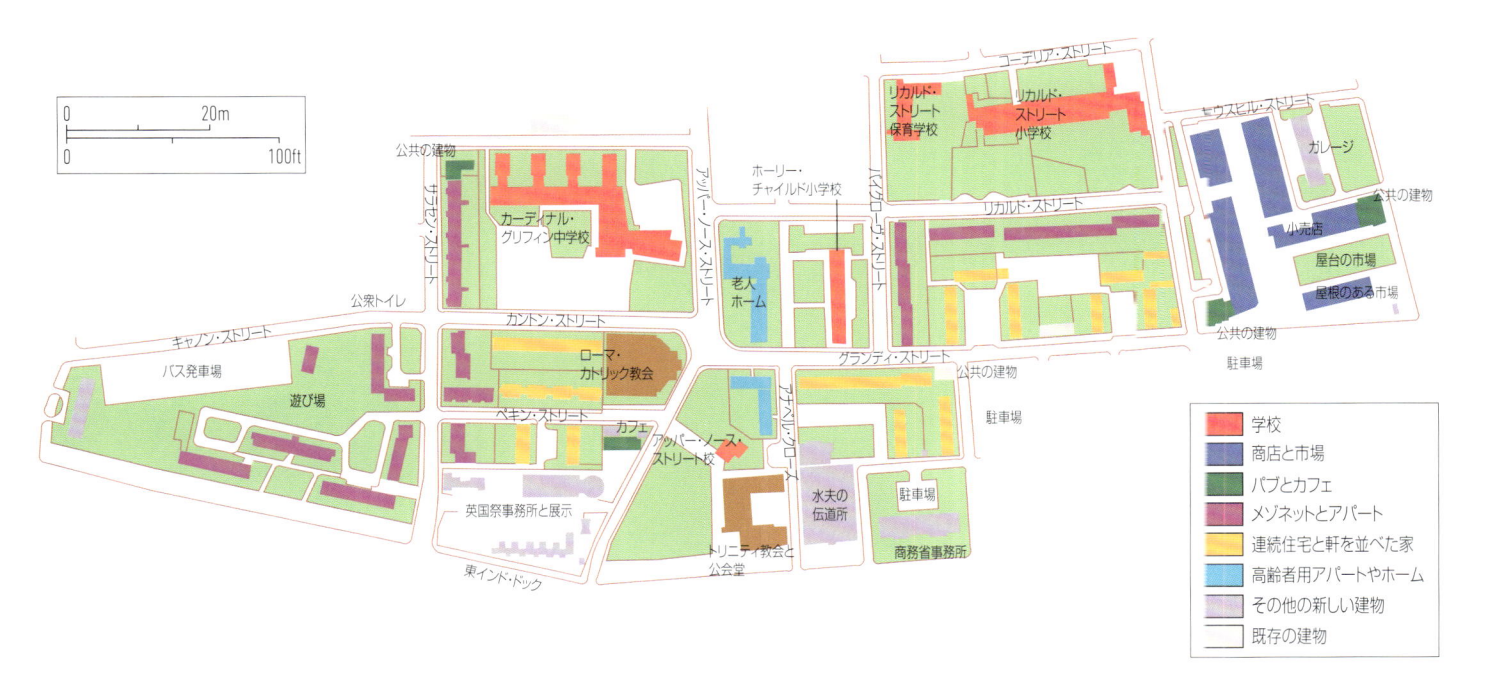

# 英国祭

ロンドンのサウス・バンクには色とりどりのパヴィリオン、クリーン・テクノロジー、現代的だが風変わりなデザインの建物が建ち並んだ。これは未来のヴィジョンなのだろうか？

**発見ドームの建設、1951年**
このドームはこれまでに建設された中で最大のアルミ構造物だった。「これは単に巨大なマッシュルームではない。芸術作品であると同時に、土木技術の到達点である」と、設計者は語っている。

英国祭は1951年5月から9月にかけて全国的に開催された。戦争による破壊と長期にわたる耐久生活のあとで、この祭典は国民の士気を高め、愛国心を高揚し、イギリスの芸術、科学、産業を振興する目的があった。9月末までに、1800万人の観客が訪れた。ロンドンのサウス・バンク博覧会（右図）とバターシーのフェスティバル遊園は、英国祭のもっとも注目された展示品だった。

公式ガイドブックに記載されたハーバード・モリソンの言葉によれば、この祭典は「国家の自伝というべきもので（中略）数千万人の英国民が作者である」。英国祭はイギリスがテーマの、イギリス人のための祭典だった。世界の他の国に触れた展示はほとんどなく、イギリス連邦はサウス・ケンジントンの小さな展示プログラムに登場するだけだった。

サウス・バンク博覧会では、一連の大きなパヴィリオンでイギリスのさまざまな側面を示した。英国民パヴィリオンでは、イギリス人の起源をノルマン征服以前の歴史に求め、隣接するライオンとユニコーン・パヴィリオンでは英国民の性質を定義しようと試みた。全体的に、この博覧会では意図的に選ばれた理想化された過去が展示された。

しかし、英国祭は未来に対しても楽観的な展望を提示した。共通の価値観の上に築かれた「新しいイギリス」が示され、そこでは共同の努力と対策によって社会問題が解決できるはずだと考えられた。また、科学的発見によってさらに便利に快適になった未来も描かれた。これらの進歩は職場の男性にも家庭の女性にも恩恵を与えると期待された。サウス・バンクの国土パヴィリオンでは、農夫が「技術者」になる未来が描かれた。しかし、ピストンに乗せられてゆっくり上下するトラクターとともに、機械化は職人技の終わりを意味しないという、やや苦しい主張が語られた。

英国祭では、観客を消費者とみなして、産業デザインの中でも特に秀でたものが披露された。新しいすぐれたデザインで手ごろな値段の大量生産品がおよそ1万点展示され、さらに目録の『デザイン・レビュー』には2万点以上の品々が絵入りで紹介された。耐久生活に疲れた観客には、便利で快適で、著しく物質主義的な未来が約束されているように見えただろう。

英国祭は宇宙そのものにも目を向けた。発見ドームは天文学的な発見を紹介し、望遠鏡や「宇宙行きエスカレーター」に乗っていくプラネタリウムがあった。

また、この祭典は娯楽目的でもあり、1851年の大博覧会の100周年を記念して、ヴィクトリア時代からヒントを得たさまざまな楽しみが用意された。特に有名なのはバターシーに作られたフェスティバル遊園だった。19世紀ロンドンの遊園をモデルに作られたこの遊園は、純粋にヴィクトリア時代の理想を体現していた。劇場や、ダンス・ホールやミュージック・ホールがテントに覆われたパヴィリオンに作られた。

装飾用の仏塔やアーケードの中でカフェや商店が営業していた。観客は「パンチとジュディ」ショーやアクロバット、発明家ローランド・エメットの風変わりな蒸気機関車、そしてビール会社のギネスが作成した巨大なからくり時計を見て楽しんだ。博覧会場として再開発される前は、サウス・バンクは倉庫とみすぼらしい住宅に覆われ、戦争中に爆撃を浴びて廃墟となっていた。瓦礫を撤去するとテムズ川が広々と見渡せるようになり、英国祭のシンボルであるスカイロン[鋼鉄製の細長い葉巻型の塔がワイヤーでバランスを取って宙に浮いているように設置された。]が目印の役割を果たした。英国祭が後世に遺産として残したのは新しく築かれた川岸の道路とロイヤル・フェスティバル・ホールで、ホールは当時のイギリスの民衆に現代建築を紹介する役割を果たしていた。

英国祭は短期間の予定で開催された。新しい保守党政権[英国祭の会期終了後の1951年10月に総選挙が行なわれ、労働党が敗れて保守党政権が誕生した。]は展示の大半の解体を監督したが、妙にあわただしく、必要以上に破壊的な作業だったという謎が伝わっている。

英国祭はますます豊かになる時代の幕開けを象徴していた。時代の境目に立って、この祭典は過去への郷愁と明るい未来の展望を混ぜ合わせたものになった。しかし、1951年において、イギリス的であるとはどういうことを意味していたのだろうか？　いずれにせよ、英国祭は慣れ親しんだものの安心感と、刺激的な未来の可能性の間の奇妙に危ういバランスを示していたのである。　　　　　[▲D]

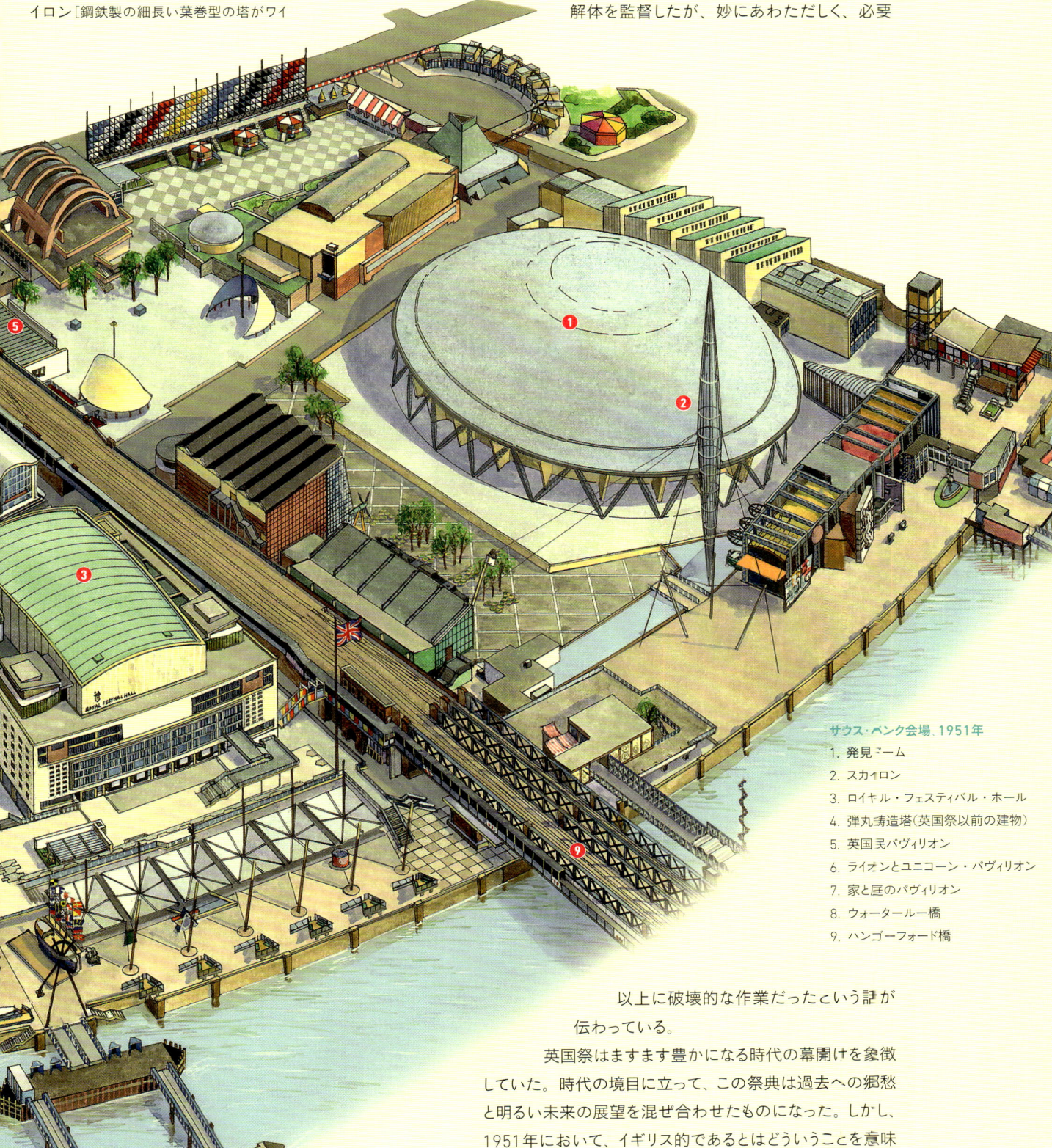

**サウス・バンク会場, 1951年**
1. 発見ドーム
2. スカイロン
3. ロイヤル・フェスティバル・ホール
4. 弾丸鋳造塔（英国祭以前の建物）
5. 英国民パヴィリオン
6. ライオンとユニコーン・パヴィリオン
7. 家と庭のパヴィリオン
8. ウォータールー橋
9. ハンガーフォード橋

| 第13章——第2次世界大戦と終戦後のロンドン

283

# ビート・ジェネレーションのロンドン

ソーホーはよそ者を温かく迎え入れた。国際色豊かなこの地区には、ボヘミアン、酒飲み、ティーンエージャー、そして性的冒険者が集まった。

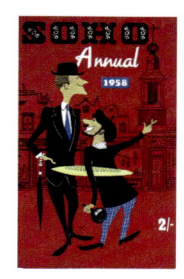

**『ソーホー・アニュアル』、1958年**
この年刊誌はソーホー・フェアの期間中に、地元のレストランの新興のためにソーホー協会が発行した。

**ソーホー・フェア、1958年7月13日**
地元レストランの振興のためにソーホー協会が企画した第1回ソーホー・フェアは1955年に開かれた。1958年までに、パレードや美人コンテスト、ウェイターズ・レース、スパゲッティの早食い競争なども行なわれるようになった。

1950年代には、ロンドンのボヘミアンに新しい潮流が生まれていた。映画音楽にジャズが使われるようになり、新しい、そしてときには気のめいるような知的思想が生まれ、核非武装という新たな政治運動が誕生した。さらに文学や芸術の面でも新しい実験がなされた。これらすべてに共通しているのは、若者や疎外感を持つ者に訴えかける力があったということだ。

チェルシーやハムステッドなど、昔からボヘミアンが集っていた地域は、上品な主知主義の雰囲気をはぐくみ続けてきたが、戦後世代にとっては、いるべき場所はソーホーだった。ウェスト・エンドの中心にある狭い通りが迷路のように入り組んだこの地区は、いくつかの美術学校から歩いていける距離にある実存主義のオアシスだった。この地域にはヨーロッパ人やアフリカの人の日常生活、レストラン、深夜営業の飲酒クラブ、そしてジャズがあった。また、1950年代までに、ソーホーはあらゆる階級の人にとって、ロンドンの「セックスの学校」になった。「マリファナの煙が立ち込める混沌とした場所で、俺は秘密の村を見つけたと感じた」と、ジャズ・ブルース歌手で作家のジョージ・メリーは、戦後すぐの数年間にソーホーに出入りするようになった最初の時期を回想している。

ソーホーの村のような性質は、この地域に昔から根づいているコスモポリタニズムが理由のひとつとなっている。数世紀の間、この地域にはフランス人やイタリア人が暮らし、1940年代までに、キプロス、アフリカ、マルタの人々や、ユダヤ人、中国人の店や居住者が存在した。中国人は1930年代に、イースト・エンドから「西に上る」ソーホーのゲラード・ストリート周辺に集落を作りはじめた。ソーホーのもうひとつの主要な民族グループは、ソーホー北部のポーランド・ストリートとブロードウィック・ストリートの周辺に作られたユダヤ人コミュニティだった。この場所にユダヤ人が集まった理由は服飾産業と強い関係があり、衣類製造業の作業場や小さな工場がオックスフォード・ストリートに面した広い場所に移転すると、住民、レストラン、シナゴーグも一緒に移動した。ソーホーのユダヤ人街には映画産業も含まれ、1940年代までにウォードー・ストリートに定着したが、作家のスタンリー・ジャクソンによれば、「世界で唯一両側に影ができる通りとして皮肉屋に知られている」ということだ。

## 悪徳の町

悪徳の町としてのソーホーの悪評は、1950年代にピークに達した。ピカデリー・サーカス周辺は男娼が出没することで悪名高かった。キングリー・ストリートは娼婦の客引きの場所として知られていた。ソーホーの「女の子たち」は、1959年に路上犯罪法が成立して売春婦を屋内に移動させるまで、この地区の路上では見慣れた光景だった。ホモセクシュアルの芸術家や作家にとって、セックスはソーホーの魅力の中心だった。ソーホーの酒場は、ロンドンの多数のゲイ作家にとって第2の家となった。作家のコリン・マキネス(1914-76年)はソーホーの北部で暮らし、彼の1957年の小説『シティ・オブ・スペード』は部分的にこの場所が舞台になっている。

ソーホーの飲酒クラブの中でもっとも有名なのはミュリエルズで、クラブの会員にはコロニー・ルームと呼ばれていた。このクラブはミュリエル・ベルチャーが1947年にディーン・ストリートに開いた店だった。横暴で気むずかしいミュリエルは、この場所に引きよせられる社会不適応者を自任

する人々や異端者を受けいれる雰囲気を作った。このクラブは芸術家グループの生活の中心だった。「ミュリエル・ボーイズ」に、フランシス・ベーコン、ルシアン・フロイド、マイケル・アンドリュース、フランク・アワーバックらがいた。

ミュリエルのクラブは数ある飲酒クラブのひとつで、他には非合法すれすれの「酒持ちよりパーティ」から、食事やダンスのための弦楽四重奏団を備えたミアド・ストリートのガーゴイルのようなナイトクラブまであった。1949年に、新しい種類のクラブがソーホーに登場した。サクソフォン奏者のロニー・スコット率いる音楽家グループが、音楽、特にビバップと呼ばれる新しい陽気な形態のジャズを中心にしたクラブを開くことになった。このクラブ41という店は、アーチャー・ストリートから1950年にカーナビー・ストリートに移転し、そこでドラッグ関連の踏み込み捜査を受けて、短期間で閉店することになった。スコットの裁判で、治安判事が警部に「ビバップとは何かね?」と聞いた話は有名だ。警部は自信を持って答えた。「今どきの妙なダンスですよ。黒人のスウィングです」。

音楽は多くの点で、ソーホーの芸術の大半を占めていた。この地域は長い間、ウェスト・エンドの音楽劇場やクラブを支援してきた。アーチャー・ストリートは、臨時の仕事にありつきたいと願っているダンス・バンドの演奏家が集まる、野外職業斡旋所だった。ソーホーには多数の楽器店、リハーサル室、そして1950年代を通じてますます増加したジャズ・クラブがあった。1959年にジョニー・スコットは、音楽家による音楽家のためのクラブ経営にふたたび取りかかった。今回の店はジェラード・ストリートにあり、最初の店よりも成功した。

この頃になると、ジャズ以外の音楽も登場するようになった。1956年にはスキッフルやエルヴィス・スタイルのロックンロールが爆発的に流行し、リズム・アンド・ブルースがじわじわと流行りつつあった。若い新世代にとって、ソーホーの魅力はジャズや酒場ではなく、カフェバーだった。ソーホー初のカフェバー、モカは1953年にフリス・ストリートでオープンし、この店のエスプレッソ・マシーンの調合や芸術的な内装やジュークボックスは、その他の店のモデルになった。天国と地獄〈ヘヴン・アンド・ヘル〉は店名を反映した内装の店で、ザ・パルチザンはチェス盤や外国語の新聞を置いて知的な雰囲気を出した。また、多くの店が音楽の生演奏を行なった。「ソーホーはマンチェスター、リヴァプール、バーミンガム、グラスゴー、ニューカースルからロンドンにたどり着いた若い音楽家の人気スポットになった。彼らはギターの他に何も持たずにやってきて、数多くのカフェバーで仕事を得たいと願っている」と、著名なギタリストのブルース・ウェルチは語っている。彼自身が1958年にロンドンにやってきた希望にあふれる若者のひとりで、1年後にはカフェバー2Isで定期的に演奏するようになった。

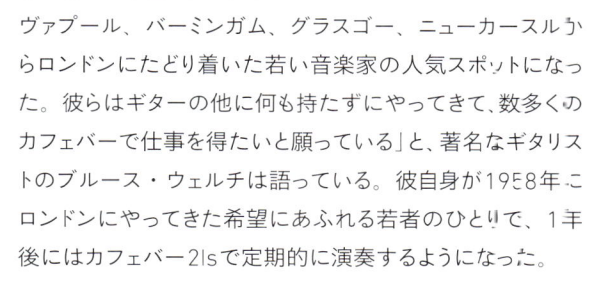

オールド・コンプトン・ストリートの2Isはソーホーでもっとも有名なカフェバーだった。1956年に開店して以来、窓のない小さな地下室の店はソーホーでもっとも刺激的な音楽を聞ける場所になった。数百人のティーンエージャーが、彼らのスターが演奏するのを見るために、汗ばむような部屋に詰めかけた。イギリスのロックンロールは、バーモンジー出身のトミー・スティール、アクトン出身のアダム・フェイス、チェスナット出身のハリー・ウェッブのような歌手とともに、この店で花開いた。ハリー・ウェッブは1958年にクリフ・リチャードという芸名で、最初のヒット作「ムーブ・イット」をリリースした。　　　　　　　　　　　　　　[CR]

**セラー・クラブにて、1960年頃**
スキッフル・セラーからセラー・クラブに改名したグリーク・ストリートのこの店は、ソーホーの音楽界の中心のひとつだった。壁の張り紙には「スキッフル、ジャズ、フォークソング、スパスム」と書かれ、このクラブで演奏される音楽の種類を示している。「スパスム」はスキッフルの初期の名前である。

**芸術家のソーホー、1950年代**
ソーホーは安い家賃で、クラブやパブと並んで芸術家に家や画廊を提供した。

1. ジリアン・エアーズとヘンリー・マンディ、ライル・ストリート15番地
2. コリン・マキネス(作家・美術評論家)、ダーブレイ・ストリート20番地、1956年
3. コロニー・ルーム・クラブ、ディーン・ストリート41番地
4. ガーゴイル・クラブ、ティーン・ストリート69番地
5. ロンドン・ジャズ・クラブ、オックスフォード・ストリート100番地
6. バルセロナ・レストラン、ビーク・ストリート17番地
7. ウィーラーズ・レストラン、オールド・コンプトン・ストリート19番地
8. ドッグ・アンド・ダック・パブ、ベートマン・ストリート18番地
9. フレンチ・ハウス・パブ、ディーン・ストリート49番地
10. アカデミー・シネマ、オックスフォード・ストリート165番地
11. アーツ劇場、グレート・ニューポート・ストリート6/7番地
12. プロディー・アンド・ミドルトン、ロング・エーカー79番地
13. セント・マーティンズ芸術大学、チャリング・クロス・ロード109番地
14. セントラル・スクール・オブ・アーツ・アンド・クラフツ、サウサンプトン・ロード
15. ズエメルズ、リッチフィールド・ストリート26番地
16. ギャラリー・ワン、リッチフィールド・ストリート1番地、1953-55年、ダーブレイ・ストリート20番地、1956-61年
17. AIA、ライル・ストリート15番地、1947-71年
18. ハノーヴァー・ギャラリー、セント・ジョージ・ストリート32a番地
19. ニュー・ヴィジョン・グループ展覧会、コーヒー・ハウス、ノーサンバーランド・アヴェニュー、1953-5?年
20. 現代芸術協会、オックスフォード・ストリート165番地、1948年、ドーヴァー・ストリート17/13番地、1950-68年

第13章――第2次世界大戦と終戦後のロンドン

# 孤独なロンドン市民

ロンドンへの戦後はじめての移民の集団は、カリブ海からやってきた。イギリス連邦出身の移民には英国市民権が認められていたにもかかわらず、彼らを迎えたのは温かく歓迎する母国ではなく、冷ややかなまなざしだった。

1940年代の終わりから1961年にかけて、西インド諸島からロンドンに移住した人々は、首都の姿を永遠に変えることになった。はじめての実質的な黒人ロンドン市民のコミュニティとして、彼らは帝国から多文化主義への変化になかなか適応できない一部のイギリス人から攻撃の矢面に立たされた。彼らの存在によって、イギリス人が大切にしていると公言する価値観が試され、民族問題が国家的な意識の変革の中心に持ち込まれた。新しく到着した人々は「侵入者」として白い目で見られたが、法律上は決して「外国人」ではなかった。彼らはイギリスのパスポートを持ち、ヨークシャー出身の人々と同じようにロンドンに移り住む権利があった。

西インド諸島からの移民は、1948年に英国籍法が成立してから本格的に始まった。この法律は、イギリス連邦の国民の戦争協力に対する「お礼」であると同時に、戦後の人手不足を反映するものでもあった。この法律はイギリス連邦の出身者には自動的にイギリスの市民権を付与するもので、これによって世界中にイギリスの労働力の供給源ができることになった。1948年に、3隻の船が西インド諸島からイギリスに到着した。乗船していた700人の人々は、彼らが市民権を持つ国で仕事を探そうと考えていた。最初に到着したエンパイア・ウィンドラッシュ号は、熱狂的なメディアの取材に追われた。船がティルベリーに停泊すると、記者やカメラマンが詰めかけ、トリニダード島出身のカリプソ歌手ロード・キッチナーがこの日の記念にみずから作曲した歌を披露するのを撮影した。

西インド諸島からの移民は1950年代に増加した。1961年までに、およそ17万7000人が西インド諸島からイギリスに到着し、そのうち10万人がロンドンに居住した。男性は主に運搬業や建設業で働き、女性は病院や学校に職を得た。1950年代半ばには多くの企業が西インド諸島から来た労働者を積極的に採用した。バルバドスでは、福祉国家として再建途上のイギリスに必要な技術を持つ人々を対象に政府が補助金を出し、移民を奨励した。

新しい移民はロンドンの貧しい地域に定住する傾向があった。多くの移民はベイズウォーター、ノース・ケンジントン、ノッティング・デールの荒れ果てた連続住宅に住んだ。西インド諸島出身の人々は、他のもっと上品な地域で部屋を借りようとしても断られたので、貧民街の家主につけこまれることもあった。ジャマイカ人を中心としたもうひとつのコミュニティはブリクストンに居住した。こちらでは移民に対して同情的なランベス議会が1948年にウィンドラッシュ号で到着した人々を歓迎し、クラパム・サウスにあった以前の防空壕を一時的な宿泊所として提供した。ブリクストンは職業安定所にもっとも近く、サウサンプトンに着いた船の乗客が乗る列車の終着駅であるウォータールー駅に比較的近かったため、多くの移民が集まった。

新参の移民は、ロンドンにすでに存在していた西インド諸島出身者の小さなコミュニティに加わった。このコミュニティを形成していたのは知識人や教師、医者で、その多くはイギリスに勉強に来ていた人々だった。彼らのおかげで、西インド諸島出身者のコミュニティは自分たちの文化に自信を持ちながら発展した。1945年、西インド学生連合が「自分たちのカリブ文化を築く」ことを目的として結成された。1946年からBBCラジオ番組の「カリビアン・ヴォイス」が創作ワークショップを目的としてロンドンからカリブ海諸国に向けて毎週日曜日の午後に放送され、多くの作家を育てた。西インド学生連合は知的生活の中心になった。「カリビアン・ヴォイス」は、ロンドン在住のカリブ海諸国出身作家が新作を発表し、それに対して意見を述べあうフォーラムになった。1954年から56年まで番組の編集を務めたトリニダード人の作

**トラファルガー・スクエアでくつろぐカリブ人、1959年頃**
首都の中心地に描かれたカリブ海諸国出身のイギリス市民。作者のハロルド・ダーデンはキリスト教の信仰に篤い人物だったが、それ以外のことはあまり知られていない。

家V・S・ナイポールは、1950年に勉強のためにイギリスに来た。ナイポールはのちに、自分が作家を目指すきっかけになったのはこのラジオ番組だったと述べている。「カリビアン・ヴォイス」育ちの作家のひとりにサム・セルヴォンがいる。セルヴォンは1950年に27歳でトリニダードからロンドンにやってきた。1956年に発表された彼の3作目の小説は、希望と好奇心の他はほとんど何も持たずにロンドンにやってきた人々の生活を豊かに描写している。その作品『孤独なロンドン市民(The Lonely Londonner)』は、ロンドンで浮草のような当てのない生活を送る年老いたロンドンの労働者モーゼズの内面を描いている。モーゼズは興奮と甘い期待で一杯の新しい移民と出会い、彼が暮らす灰色の都市、寒い気候、そして「肌の色の問題」について考える。

> 「これまでイギリスで過ごしてきた年月をたまに振り返ってみるんだ」とモーゼズは言った。「ずいぶん時間がたったもんだと驚くよ。ロンドンの若いやつらは世間一般の生活ってものが見えないんだな。ここは寂しくて惨めな町さ」

**ノッティング・ヒルの暴動**

セルヴォンが『孤独なロンドン市民』を発表してから2年後、ノッティング・ヒルの暴動は、ロンドンが危険な都市でもあることを明らかにした。この地域のカリブ海諸国出身者の多さがイギリスのファシストの注意を引き、貧しい白人家族が貧しい黒人家族と住宅や仕事をめぐって競争するにつれて生じた緊張をいっそうかきたてた。「イギリスを白いまま保とう」というスローガンがいたるところに登場した。1958年、緊張はついに3日間の暴動に発展し、「テディ・ボーイ」と呼ばれる新世代の白人青年がホワイト・シティやトッテナム、アクトンから「ニガーを狩る」ために集結し、火炎瓶やナイフを手に襲撃した。

警察は徐々に秩序を回復し、140人を逮捕した。多くは騒ぎを起こした白人だったが、身を守るために武器を取った何人かの黒人住民も含まれていた。この事件はイギリスを震撼させ、民族的偏見、地域の調和、イギリス連邦出身者の移民の規模について、長期的な議論を誘発した。暴動の恐ろしい余波として、1959年5月に西インド諸島アンティグア出身の大工のケルソ・コクレーンが、ケンサル・ニュー・タウンで白人ギャングに刺殺される事件が起こった。前向きな出来事として、1958年にベイズウォーターのポーチェスター・ホールで第1回西インド・カーニバルが開かれた。

1950年代末までに、「黒人差別」はイギリスが取り組むべき明らかな不正であるという認識が高まった。ふとしたときに人種的偏見にぶつかるのは、カリブ海諸国出身のロンドン市民にとっては日常生活のひとこまであり、それは労働者階級の地域に限られたことではない。1959年にグレナダ出身の医師デーヴィッド・ピットはハムステッドを代表する労働党の候補者として国会議員選挙に立候補した。彼の敗北は人種差別によるものだと多くの人に考えられた。 [CR]

**ノッティング・ヒルの男性、1961年**
ヘンリー・グラントが撮影したこの男性は、カリブ海諸国からロンドンにやってきた戦後の第1世代の移民のひとりである。

**ノッティング・ヒルの暴動、1958年8月**
3日間にわたる闘争で、好戦的な白人ギャングが別の地域から押し寄せ、ノッティング・ヒルは戦場になった。

第13章——第2次世界大戦と終戦後のロンドン

# 20世紀初期の建築

**フィンズベリー診療所、1938年**
地元住民に公的な診療施設を提供する先駆的な試みとして、この診療所はルベトキン＆テクトン設計事務所によって設計された。
**地下鉄エンジェル駅**

**ミシュラン・ビルディング、1905-11年**
ミシュラン・ビルディングはミシュラン・タイヤ社がロンドン本社とタイヤ交換用のガレージとしてF.エスピナスの設計にしたがって建設した。
**地下鉄サウス・ケンジントン駅**

**海軍門、1906-11年**
この記念碑的な門は1910年にザ・マルの改造工事の一部として建設された。
**地下鉄チャリング・クロス駅**

**デイリー・エクスプレス・ビルディング、1932年**
エリス・クラーク＆アトキンソンがオーウェン・ウィリアムズとともに設計したこのビルは戦間期の壮大な新聞社宮殿のひとつである。
**地下鉄テンプル駅またはセント・ポールズ駅**

**ロンドン港務庁 1912-22年**
この建物は新設されたロンドン港務庁の本部としてエドウィン・クーパーによって設計された。
**地下鉄タワー・ヒル駅**

**カレーラス・ビルディング、1926-28年**
M・E・コリンズとO・H・コリンズによってたばこ工場として設計されたカレーラス・ビルディングの正面は、同社のたばこの銘柄「黒猫」にちなんで、古代エジプトの猫の女神バステトに捧げられた神殿をモデルにしていると言われている。
**地下鉄モーニントン・クレッセント駅**

**カウンティ・ホール、1911-22年および1931-37年**
カウンティ・ホールは第1次世界大戦前に、ロンドン州議会のためにラルフ・ノットによって設計されたが、完成したのは戦後である。
**地下鉄ウォータールー駅**

**セルフリッジ、1907-28年**
オックスフォード・ストリートのこの巨大なアメリカの百貨店は数階建てで建設された。ギルバート・ベイズによる彫像が飾られた壮麗な入口(左)は、1928年に完成した。
**地下鉄ボンド・ストリート駅**

**リバティ百貨店「テューダー・ビルディング」、1924年**
「テューダー・ビルディング」はアーツ・アンド・クラフツ運動に代表されるイギリスの価値観に対するリバティ百貨店の誇りを表わしている。建築家はE・T&E・S・ホール。
**地下鉄オックスフォード・サーカス駅**

**フーヴァー・ビルディング、1932-35年**
アール・デコの代表的建築であるこの建物は、ウォリス、ギルバード&パートナーズによって、アメリカのフーヴァー社の最新式工場として設計された。
**地下鉄ペリベール駅**

**ブロードキャスティング・ハウス、1929年**
英国放送協会の本部として建設されたブロードキャスティング・ハウスは、ヴァル・マイヤーズが設計した近代性の殿堂である。
**地下鉄オックスフォード・サーカス駅**

| 第13章——第2次世界大戦と終戦後のロンドン

# 第14章
# 1960年代と70年代のロンドン

　1960年代と70年代は社会を覆う気分が大きく変化した時代だった。ロンドンは耐久生活を脱し、未来の新しいイギリスの首都を目指した。高層ビル、立体交差、宇宙時代のファッション、楽観主義、そしてポピュラー音楽が、60年代のロンドンに若さを感じさせた。
　しかし、70年代に経済が停滞すると、ロンドンの暗い面が浮上した。人口が減少して700万人を切り、人とともに仕事も消えた。ロンドンは放置され、朽ち果てて行く古い町になったのだろうか？　不景気が根を下ろし、ロンドンは死にかけているという俗信もまた定着した。

いたるところで対照的なできごとが起こった。1966年に成立した大ロンドン市議会は、ロンドンをトップダウン方式で再生するという現代主義的な使命を帯びていた。10年後には、力を持っているのは草の根の市民団体だった。60年代には階級の壁が消滅し、イースト・エンドの少年がウェスト・エンドの少女とデートするようになった。しかし、新たな線引きもなされた。「ゲットー」や「下層階級」といった言葉が、19世紀のロンドンからよみがえった。無邪気な美女がもてはやされた時代は、冷笑的なパンクに道を譲った。

クロムウェル・タワーから見たロンドン、1977年
高層建築とコンクリート・ブロックからなるロンドンの新しい景観、バービカン・エステートの高層タワーからの眺めが描かれている。リチャード・ウォーカー作。

　こうした気分の変化の陰で、ロンドンは根本的な変化に適応しようとしていた。若者による革命のもとで、ロンドンの性質、経済、価値観、そしてイメージが、30歳以下の人々によって書き換えられた。

　人々がかつてないほど自由に世界中を移動するようになり、多民族革命が若者革命と同様に根本的な影響をもたらした。1960年にはロンドンはまだ本質的に白人の都市だった。1980年の人口統計では状況はまるで異なり、ロンドンの小学校にはさまざまな顔をした子どもたちが集まっている。

　移民、市民権、民族の関係、権利と個人のアイデンティティの問題が、この時期のロンドンの政治や文化の中心を占めるようになった。1980年代までに、ロンドンの前には現代主義者の楽園でもなく、栄華を誇ったバビロンのように死にゆく都市でもない未来が姿を現わしていた。それは混乱といら立ち、そして同時にエネルギーあふれる複合都市である。

# グレーター・ロンドンの成立

1960年代にロンドン州議会に代わってグレーター・ロンドン市議会が作られ、ロンドンは公式に拡大した。グレーター・ロンドン市議会の最初の都市計画によって、都心にはじめて高速自動車道路が通ることになった。

**GLCの戦略的な計画**
点線は拡幅が必要な道路、三角形は再開発地域、ひし形はインターチェンジ、Tは終着駅を示している。また、紫は労働区域、茶色は居住区、丸は町の中心地を示している。

福祉国家の創設によって、ロンドンの地方政府の改革は避けられなくなった。新たにつけ加わった責任を果たすためには、19世紀のロンドンの要求と性格を反映して作られたロンドン州議会と首都自治区の能力を超える資金が必要だった。ロンドンは、その政府の革命的な変容を目前に控えながら1960年代に突入したのである。

1957年10月、地方自治に関する王立委員会はロンドン州議会の廃止と、それに代わるグレーター・ロンドン市議会の設置を提言した。グレーター・ロンドンは、西はステインズから東はホーンチャーチまでの拡大した領域を指した。同時に、地方自治体の下位の階層としてこれまで117に分かれていた首都自治区、カウンティ、ディストリクトの各自治区を、各々の人口が10万人程度の52の新しいロンドン自治区に再編成することになった。

この提案は第2次世界大戦の終結以来明らかだった変化を自然に発展させたものだった。地方自治に関する王立委員会の根底には、広範囲に戦略的に機能し、「地方自治体の主な機能を果たすのに十分大きく強力な」統治機構を創造するという目的があった。懸念されたのは、ロンドンの地方自治体の規模が小さいままでは、イギリス政府が首都の管理に乗り出すのではないかということだった。王立委員会は、ロンドンの将来の活力のためには自治がもっとも重要であると強く主張した。

上位に位置するグレーター・ロンドン市議会と、下位の階層である自治区からなる二層制の地方自治は、このふたつの層が協調して機能するという前提のもとに成り立っている。しかし、王立委員会の提案が立法化される前から、すでに基礎となる下位の自治体と戦略的な機能を求められる上位の自治体の間には対立した関係があった。南部と西部の自治区はグレーター・ロンドンに編入されることに反対を表明した。ロンドンの再編成に関する論争は長く、騒々し

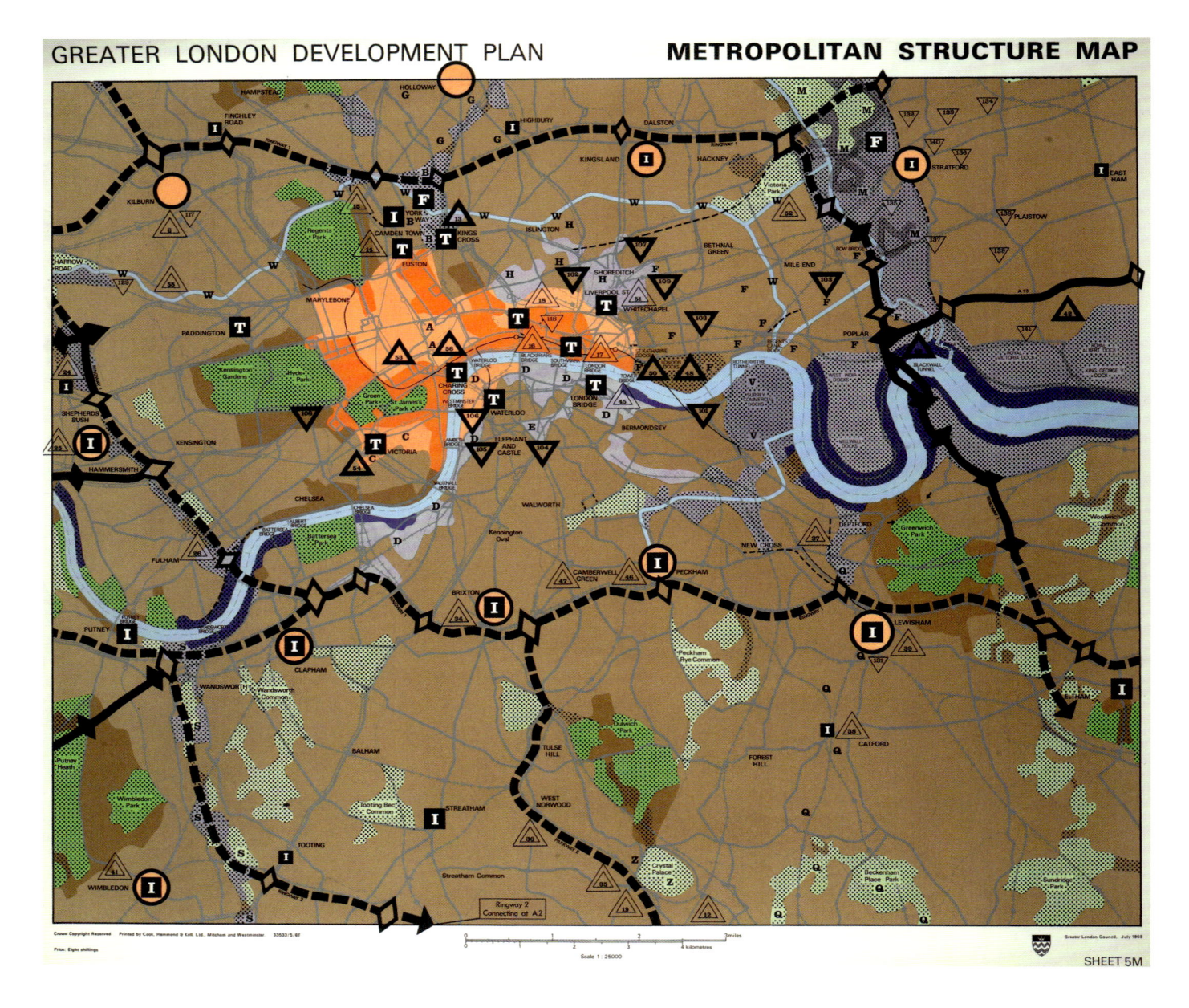

かった。各地域のアイデンティティと伝統、そして地理的な近さ以外に共通するものをほとんど持たない地区をひとまとめにすることに対する感情論が沸き起こった。1964年5月に新たな自治体の第1回選挙が行なわれるまでに、新しい各ロンドン自治区は拡大され、数は52から32に減らされた。

新しいロンドン自治区は1965年4月から有効になった。ロンドン市民にとって、この変化は行政だけの問題ではなかった。ロンドン政府の新しい地図は、数多くの古い一体感のある地区を分断していた。ヘンドンはバーネットに吸収された。ヘイズとハーリントンは分けられた。サウソールはイーリングへ、そしてヘイズは隣接するヒリンドンに編入された。古い自治区の名前は消滅し、新設の自治体が取って代わった。たとえばポプラ、ベスナル・グリーン、ステップニーはタワー・ハムレッツになった。街灯や信号機などの新しい街頭備品が設置され、地方税請求書のレター・ヘッドに新しい名前が登場した。新しい官公庁ができて、世紀の変わり目に作られた多くの市庁舎は放棄された。こうした変化はすべて、納税者のお金の途方もない無駄遣いだという意見が叫ばれるのは無理もなかった。

### 環状道路

新しいロンドン自治区が各々の責任に取り組む一方、グレーター・ロンドン市議会（GLC）も影響力を行使しはじめていた。管轄地域が広がった半面、グレーター・ロンドン市議会はロンドン州議会にくらべて日常的なサービスの提供という点で力が弱かった。以前はロンドン州議会が果たしていた責任は、自治区か、選挙によらない機関に移管された。ロンドン中心部の教育に関しては、自治体の再編成にともなって完全に新しい機関であるインナー・ロンドン教育局が創設された。グレーター・ロンドン市議会の仕事の中心は道路、輸送、そして将来のロンドンのための戦略的な意思決定になった。

グレーター・ロンドン市議会は、はじめての大規模な趣意書として、グレーター・ロンドン開発計画書を1969年9月に発表した（左頁）。このドアストッパーのように分厚い書類は、秩序の必要性を説き、「ロンドンにはよりよい組織、すなわちお節介焼きや個人の自由への干渉ではなく、基本的な計画が必要である」と述べた。この目的に沿って、趣意書には威勢のいい言葉があふれた。たとえば経済を「自由化」し、ロンドンの特徴を「大切に守り」、建物の構造を「維持管理し」、家庭、仕事、そして交通の「バランスをとる」と宣言しているのだが、これは主要道路をもっと建設するという意味にほかならなかった。

1969年の開発計画では3本の同心円状の道路が提案され、これらの道路と都市の中心から外に向かって延びる「放射道路」によって、都市の交通問題は永久的に解決されるはずだった。この道路計画はきわめて強気な展望で、20億ポンドの費用をかけ、3万軒の住宅を取り壊す必要があった。「この道路計画が個人の住宅に及ぼす影響は、誰もが残念に思うだろう」と計画書は述べているが、それは本当だった。1970年のグレーター・ロンドン市議会選挙では、85人の候補者が「道路よりも住宅を」優先する公約を掲げ

た。この開発計画に対する公的な調査機関であるレイフィールド・パネルは、1972年5月に報告書を提出するまでに2万8000件の反対意見を受け取った。レイフィールド報告書はグレーター・ロンドン市議会の野心的な計画を批判し、ロンドンの「環状道路」計画は修正された揚句、1976年7月にようやく承認された。この時点で景気の後退によって計画の大半は実現不可能になったものの、計画の要素はそれから何年もの間、グレーター・ロンドン市議会の考えの中に残っていた。1986年にM25外郭環状高速道路がついに完成したが、インナー・シティの環状道路は昔からある南北環状線のままで残った。ロンドン東部のM11道路とロンドン西部のウェストウェイも「環状道路」計画の名残の一部であり、ロンドン中心部にそびえるオフィス・ビルのセンター・ポイント（下の写真）や、ユーストン・ロードに沿って建ち並ぶ高層オフィス・ビル群もまた、グレーター・ロンドン市議会の道路計画の一環として建設されたものだった。

グレーター・ロンドン市議会の計画は、道路以外の点でも暗礁に乗り上げた。オフィス街と工業地域が明確に分かれた郊外の町を持つ整然としたロンドンというグレーター・ロンドン市議会の理想は、その理想と対立する独自の目標を持つ各自治区によって阻まれた。ロンドン中心部では、グレーター・ロンドン市議会の中央官庁街はピカデリーとコヴェント・ガーデンの改造計画をめぐって、明確な意見と対決姿勢を持つ、政治にたけた世代の住民との激しい攻防戦の場となった。1970年代の初めに、コヴェント・ガーデン・コミュニティ協会は伝統的な果物と野菜市場を廃止してオフィス街にしようとするグレーター・ロンドン市議会の計画を退けることに成功した。1970年代半ばまでに、グレーター・ロンドン市議会の政治的な構造は変化し、攻撃性は影を潜めて、より地域に密着した態度で将来の戦略的な計画を練るようになった。

[CR]

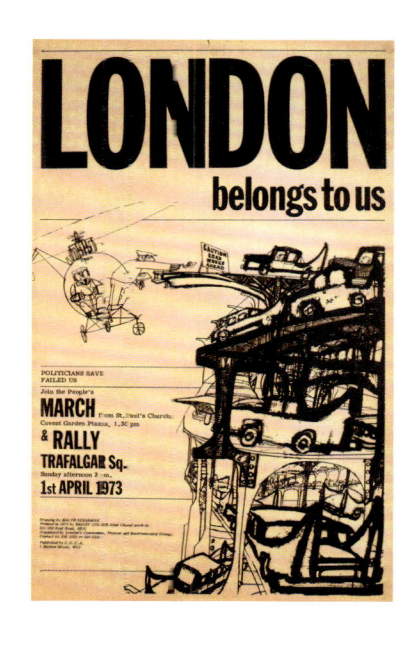

**抗議ポスター、1973年**
ラルフ・ステッドマンの風刺画入りのポスター。GLCのピカデリー・サーカスとコヴェント・ガーデンの再開発計画に反対するための抗議活動への参加を呼びかけている。

**センター・ポイント、1974年**
このオフィス・ビルは完成後数年間空き家のままで、企業の私利私欲の象徴として悪名をはせた。それに対する批判として、ホームレスをこのビルに住まわせるべきだという主張があった。

# 貧民窟の一掃と住宅

戦後のロンドンの住宅ブームは新しい局面に入った。貧民窟一掃計画によって、数万人の人々が連続住宅から高層アパートに移り住んだ。

### 建設中のコットン・ガーデンズ住宅地、1968年
ランベスで建設中の1960年代の典型的な高層アパート。巨大な22階建てのアパートは、貧民街になりかけていた古い連続住宅を取り壊して作られた。

1966年にロンドン自治区とグレーター・ロンドン市議会が設立された時期は、ちょうどロンドンでの住宅不足に対する不満が新たな様相をとりはじめた頃と一致している。貧民窟の家主のピーター・ラックマンがノッティング・ヒルで賃貸料を引き上げるために借家人を脅して追い出したという事件が、1966年に陸軍大臣ジョン・プロヒューモのスキャンダルに関連して明るみに出た。1965年に、ロンドンの住宅事情を調査したミルナー・ホランドは、ロンドンの住宅ストックは心配なほど老朽化していると結論づけた。ロンドンが市民に上質な住宅を提供しようとするなら、今後10年間でおよそ50万軒の新しい住宅が必要だった。終戦直後は都市の再建が最優先されたが、今度は貧民窟の一掃に力が注がれることになった。ヴィクトリア時代の連続住宅は取り壊され、ロンドン市民は明るく清潔で近代的なアパートに引っ越した。

新しいロンドン自治体は、貧民窟と、貧民窟の家主を相手にした戦いに熱心に取り組んだ。1961年にはロンドンの住宅の21パーセントが地域の自治体による公営住宅だった。1981年までにこの比率は46パーセントまで上がり、ロンドン各地に400軒の高層アパートが誕生した。景観を変化させることは市民のアイデンティティを主張することに通じ、いくつかの新しい自治区は思い切った規模で高層アパートを建築した（右頁の図）。

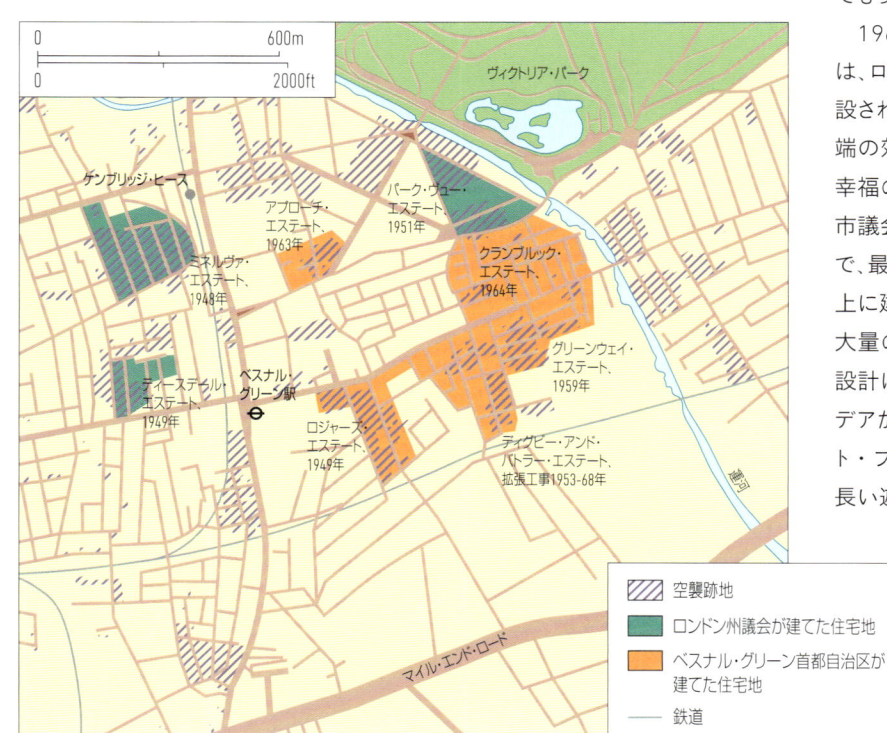

### ベスナル・グリーンの新しい住宅地、1960年代
クランブルック・エステートのような住宅開発計画によって、戦時中の空襲を大体において生きのびた連続住宅が取り壊された。

サザークはもっとも野心的で、1980年までに住宅不足を完全に解消するという計画を立てた。ニューハムはロンドンの他のどの自治区よりも多い125棟の高層アパートを建て、1960年代にはニューカースル・アポン・タインの総合的な住宅計画の2倍に相当する住宅を完成させた。ヘリンゲイは巨大なブロードタワー・ファーム住宅地の建設に着手した。ブレントのチョーク・ヒル住宅地は1900軒の家とアパートからなり、過密状態のウィルズデンから引っ越してくる家族のために作られた。1960年代の末までに、ロンドンでもっとも高い高層アパートはノッティング・ヒルにグレーター・ロンドン市議会が建設した31階建ての建物だった。1970年代末までに、この記録はバービカン・エステートの43階建てのシェークスピア・タワーに奪われ、この建物はヨーロッパでもっとも高い高層住宅と認められている。

1960年代の住宅建設計画の中でもっとも野心的なものは、ロンドン東部のウリッジとイアリス沼沢地にまたがって建設された6万軒の住宅からなるテムズミードで、時代の最先端の郊外住宅だった。「荒れ果てた土地がロンドン市民の幸福のために生まれ変わるだろう」とグレーター・ロンドン市議会は約束した。沼沢地での建設の難しさは相当なもので、最初はオランダ風に支柱で支えたコンクリートの土台の上に建設する方法が考えられた。結局は沼沢地を排水して、大量のコンクリートを流し込んで基礎工事が行なわれた。設計には、公共住宅に関するあらゆる最新の建築上のアイデアが盛り込まれた。この住宅地には中層住宅とコンクリート・ブロックで作られた低層住宅が入り交じり、曲線を描く長い遊歩道の周囲に配置された。入居を待つ人々は申し込みの早い順にロンドン中心部から引っ越し、最初の居住者が新しい家で暮らしはじめたのは1968年6月だった。

## 高層建築に対する反動

1960年代の終わりまでに、大規模住宅開発

への信頼は揺らぎはじめた。欠陥建築の問題がもっとも劇的にさらけ出されたのは、1967年にニューハムの高層建築ロナン・ポイントの一角が崩れ、5人が死亡し17人が負傷した事件だった。高層アパートに対する反動は、貧民窟一掃計画の基礎となっている前提にまで疑問を投げかけた。

さまざまな住宅法が成立し、貧民街を一掃してそこに高層アパートを建設する以外の方法、たとえば既存の住宅ストックを修復して再利用するといったやり方に関心を向けた。賃貸住宅市場にもっと積極的な役割を果たせるように、住宅協会の権限は強化された。大規模住宅開発は、住民の具体的な要望をもっと重視した住宅設計を推進するようになった。

### 持家居住

既存の住宅ストックを改良するという新しい手法は、ロンドンの住宅市場に変化をもたらした。各自治区は既存の住宅に住んでいた人々を新しい住宅地に移動させたが、インナー・シティでは新世代の住宅所有者の間でジョージアン様式やヴィクトリア朝の連続住宅の人気が高まった。1964年に、社会学者のルース・グラスは中流階級が流入した住宅地に起きる変化を指して「品位向上(ジェントリフィケーション)」という言葉を生んだ。ロンドンのジョージアン様式の郊外、とりわけイズリントン、ノッティング・ヒル、カンバーウェル、ケニントンはすべて、1960年代に品位向上の影響を受けた。

このような地域に新世代の居住者が暮らすようになると、その後にすぐ不動産開発業者が登場し、大家と賃借人との間に新たな対立が生じた。賃借人に対する嫌がらせと追い立ては、ラックマンの事件以来立てつづけに成立した法律によって違法とされていたにもかかわらず、所有する住宅の価値が高騰すると、家主がその機会を利用して賃貸料を値上げしようとして、民間の賃貸住宅で暮らす多くの賃借人が立ち退きを迫られた。1970年代には賃借人が自分たちの権利を守るために次々と賃借人の権利団体を結成した（右下の写真）。

住宅市場が複雑化するにつれて、新しい懸念が浮上した。貧民街は一掃されたかもしれないが、貧しいロンドン市民はインナー・シティでの借家暮らしの不利な立場から逃れることができず、高騰する住宅市場の中で持ち家を通じて資産を蓄積する機会を得られないのではないかという不安である。彼らの置かれた状況は、よくて過密状態での生活であり、最悪の場合はホームレスになりかねなかった。極貧にあえぐ人々が、彼らを救済するために考案された制度をすりぬけていく可能性は、1967年にディレクターのケン・ローチが制作したTVドラマ『キャシーの帰宅』で、若い夫婦がホームレスに陥る過程の中で迫力を持って描きだされ、ドラマに触発された抗議運動によって慈善宿泊施設が誕生した。

ロンドンの持ち家の値段が高騰することに対する不安も高まった。イズリントンでは1960年代半ばに6000ポンドで購入した住宅が、1970年代までに20倍を超える13万ポンドまで上昇した。一般的に、ロンドンでは大半の人々が賃貸住宅で暮らすのが普通だったが、1960年から1980年にかけて、持ち家率が上昇した。

1970年代末までに、それまでの20年間で公共住宅の建設に注がれた多大な努力にもかかわらず、ロンドンは相変わらず深刻な住宅不足に苦しんでいた。ただ、危機の性質が変化していた。グレーター・ロンドン市議会は、22万2000軒の住宅を所有するイギリス最大の公的な家主になった。しかし、人口の減少を背景に、1970年代末期のグレーター・ロンドン市議会は住宅戦略を転換した。「インナー・ロンドンは生きのびなければならない」という旗印のもと、グレーター・ロンドン市議会は住宅供給から住宅取得能力の向上に方針を変えた。その後は「住宅問題を自力で解決できるように、持ち家、住宅組合の株式保有、共同住宅の取得のための資金の融資」を目指すようになった。住宅ローンの融資も促進し、1977年には、グレーター・ロンドン市議会は公共住宅に長期的に入居している賃借人に対し、その家を購入するように促しはじめた。この戦略は続く10年間に保守党政権のマーガレット・サッチャー首相のもとで批判を受けながらも全国的に展開されることになった。

[CR]

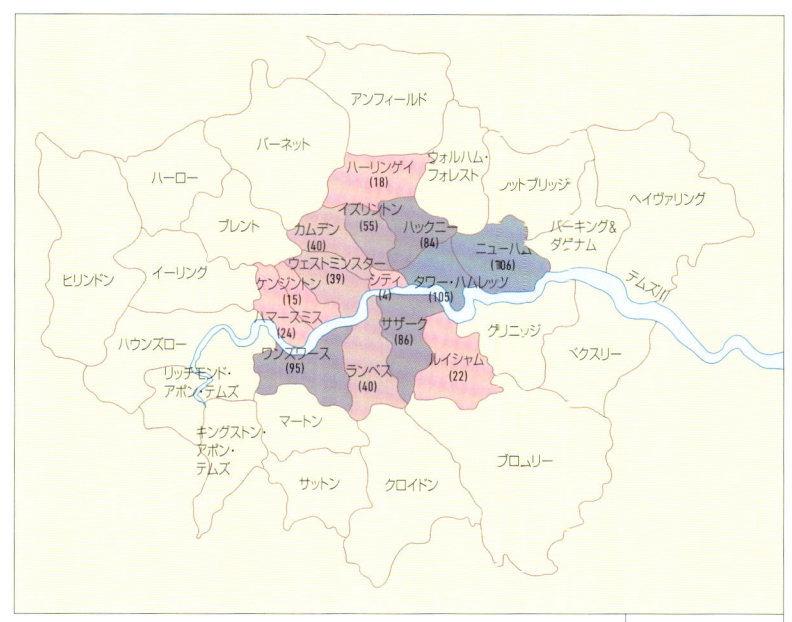

**ロンドンの高層アパート**
この地図は1950年から1970年にかけてインナー・ロンドンの自治区で建設された高層アパート（10階建て以上）の数を示している。いくつかはロンドン州議会やグレーター・ロンドン市議会によって建設され、それ以外は各自治区によって建設された。

各自治区の高層アパートの数
- 100以上
- 75-100
- 50-74
- 25-49
- 1-24
- 0

(40) 実際に建築された高層アパートの数

**トルマーズ・スクエア、1979年**
ユーストン・ロードの裏手にあたるこの地域の取り壊しをめぐって、反対する住民が17年間にわたって争った。この場所は最終的にオフィス街として再開発された。

第14章——1960年代と70年代のロンドン

# 工場からオフィス街へ

製造業が衰退すると、ロンドン経済は変化した。
インナー・シティのドックは閉鎖され、そのあとには荒廃した巨大な施設が残った。
その他の場所では、オフィス・ビルが次々に出現した。

1950年代は、ロンドン経済は戦後の復興を着実に遂げているように見えた。しかし、それから20年たって、ロンドンは茫然自失の状態にあった。200年間続いたロンドンの経済的安定は突然消滅し、そのあとには失業、工場の閉鎖、景気の後退が魔物のように居すわった。工業は衰退し、1959-74年に製造業関係の仕事の38パーセントが失われた。1950年代に都市計画者や政治家が夢見た事務仕事の増加は実現しなかった。ロンドンの未来に対する楽観主義は、悲観論に取って代わられた。

この時期にもっとも痛手をこうむった経済分野は製造業だった。1950年代末にはロンドンの全労働者の3人にひとりが工場で雇われ、ロンドンの労働者がイギリス全体のかなりの割合を占める分野もあった。たとえばイギリスの技術者の仕事の20パーセント、そして婦人服製造の仕事の45パーセントがロンドンに存在した。ロンドンの製造業の中心は4か所にあった。インナー・シティでは、昔のシティを取り巻く工業地域の周囲で、クラークンウェルの精密機械業からオールドゲートの被服産業までが栄えていた。ロンドン西部には、アクトンのパーク・ロイヤル・エステートからサウスホールやヘイズの工業区域まで、いくつかの工業地帯が広がっていた。サウスホールには大きなAEI自動車の工場があり、ヘイズには電気製品会社ソーンEMIのマンモス工場があった。ロンドン東部では、リー・ヴァレーに家具製造業や土木工事会社がひしめいていた。最後に、テムズ川南北の川岸に工業地帯があり、1960年代初頭にはドックもまだ3万人を雇用していた。テムズ川沿いの工業地帯には、ベクトンにテート・アンド・ライル製糖工場、サロックにセメント工場、そしてダゲナムにフォード自動車の工場があった。

## 脱工業化革命

1950年代のロンドンで工業が栄えた要因は、そもそもこの都市に工業が発達した要因と同じだった。請負業者と下請け業者のネットワークの繁栄を可能にした首都の純然たる大きさ、ドックを経由した国際貿易の便利さ、高い技術を持った労働力と低賃金労働者の両方が豊富に手に入る労働市場がその要因だったが、1960年代半ばまでに、それらの要因はすべてさまざまな事情で覆された。イギリス連邦諸国への貿易特権を失ったことは、ロンドンに大きな痛手を与えた。テート・アンド・ライル製糖会社は1960年代に輸出量が半減し、プレイストー、フルハム、ハマースミスの製糖工場を閉鎖しなければならなかった。1970年代までに、その他の問題もロンドンを苦境に立たせた。石油危機によって燃料価格が急騰し、極東の国々がそれぞれの産業革命を成し遂げるにつれて、イギリス企業は競争力の衰えに苦しんだ。ロンドン西部のガラス会社ホワイトフライアーズは1980年に操業を停止し、18世紀初期から市壁のすぐ外で始まったガラス製造の長い歴史に幕を下ろした。

1960年代と70年代の工場の閉鎖と失業の増加は急速に進んだ。多数の会社が完全に事業を停止した。従業員を減らし、ロンドンから移転する会社もあった。ピアーズ石鹸会社は1962年にアイルワースの石鹸工場を閉鎖し、ホワイトチャペルにあったビール会社ウォトニー・マンのアルビオン醸造所は1979年に、ベクトンのガス工場は1969年に閉鎖された。ウェストランド・ヘリコプターズはヘイズのフェアリー工場を閉鎖して、イギリス南西部のサマセット州ヨーヴィルに移転した。ブリティッシュ・レイランド自動車会社のウェスト・ロンドン工場の閉鎖によって、名高いロンドンバスでさえ、もはやロンドンで製造されなくなった。この脱工業化革命は、そのあとに怒りと貧困、緊迫した労使関係を残し、ロンドンに荒れ果てた空きビルという新しい景観をもたらした。1970年代の多くの人々にとって、ロンドンは波型鉄板と生い茂る雑草、崩れかけたレンガ造りの建築物と廃墟がいたるところで目についた空襲後の時期に後退しつつあるように見えた。

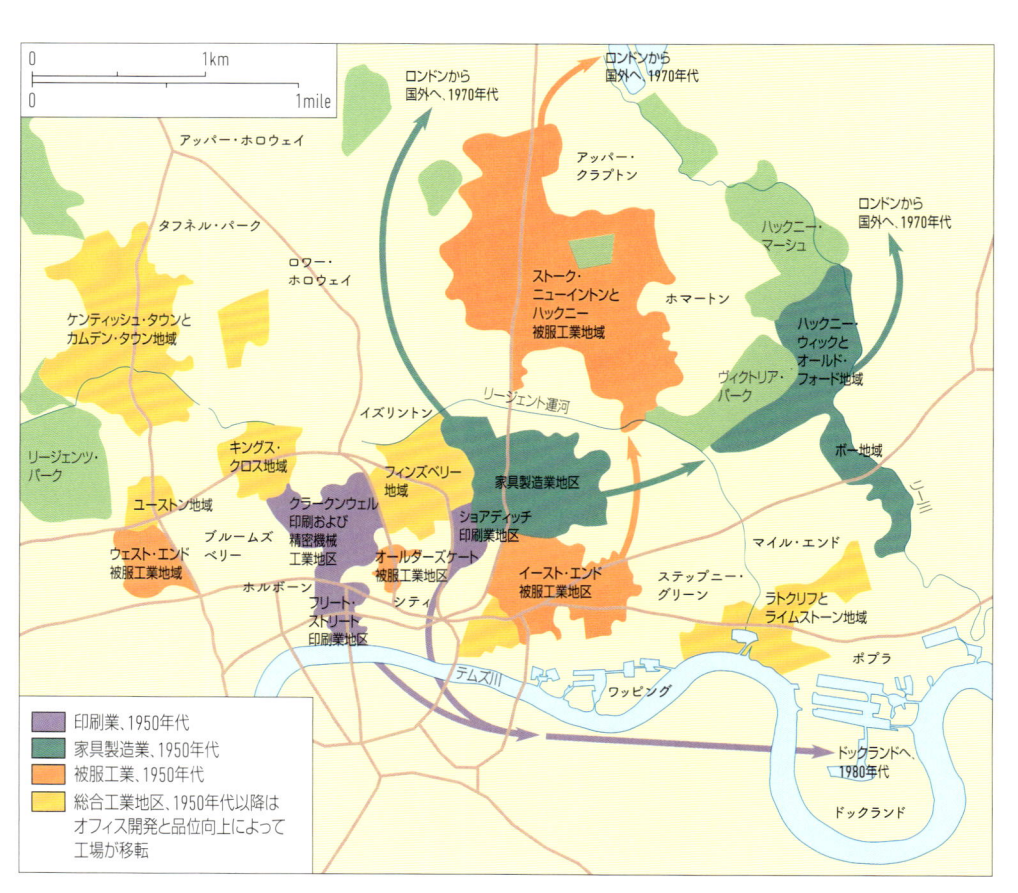

---

**インナー・ロンドンの脱工業化**

1970年代の景気後退を生きのびた製造業の多くは、インナー・ロンドンから移転していった。国外に拠点を移す会社もあれば、イギリスの他の地域に新工場を建てる場合もあった。

## 変わりゆく都市風景

衰退するロンドンの都市風景の中で、もっとも顕著な例はかつてのドックである。まず1965年に西インド・ドックが閉鎖され、1970年代末に最後に残ったアイル・オブ・ドッグズの巨大なドック複合施設が閉鎖された。港湾事業は、1968年にイギリス初の貨物港として下流に開設されたティルベリーに移動した。その結果、ロンドンには1万人を超える失業者と空になった広大な倉庫群が残された。セント・キャサリン・ドックでは、こうした倉庫の運命が、放置された産業用ビルの行く末のふたつの可能性を象徴していた。それは他の用途への転換か、あるいは取り壊しかのどちらかだった。1969年4月、ピーター・セッジリーが率いる芸術家グループがセント・キャサリン・ドックの倉庫を買い取って、150軒の芸術家のアトリエからなる複合施設に変えた。3年後、グレーター・ロンドン市議会は、この土地の長期的な再生のために商業的開発を進めることが望ましいと判断した。芸術家は退去し、施設は開発業者のテイラー・ウッドローに託され、古い倉庫は取り壊されてタワー・ホテルが建てられた。

観光業とオフィスワークは将来の成長が期待されたふたつの分野だった。都市計画者と大物開業は古い建物を新しいオフィス・ビルに建て変えるために協力した。ロンドン中心部ではジョー・レヴィがユーストン・ロードを摩天楼に変え、ハリー・ハイアムが116メートルのセンターポイントを1967年に完成させた。一方郊外では、クロイドンの中心地がコンクリートとガラスでできた超近代的な景観に生まれ変わった。1950年代半ばから1970年代半ばまでに50を超えるオフィス・ビルが建設され、およそ47ヘクタールのオフィス空間と3000の仕事が創出された。新しいショッピング・センター、立体駐車場、環状道路、高架交差道によって、クロイドンは「イギリス中でもっとも一貫して近代的な都市」を名乗ることができた。

ロンドン中心部で、もっとも近代的な場所として急速に頭角を現したのは、意外にももっとも歴史の古い地域だった。シティ・オブ・ロンドンでは金融業が富の創出の新しい領域に進出し、それに続いて高層ビルやアパートが次々に出現した。すべての建物を見下ろしてそびえ立ったのは1970年に建設された183メートルのナット・ウェスト・タワーで、ロンドン唯一の正真正銘の超高層ビルだった(下の写真)。1958年にロンドンはヨーロッパの都市としてはじめて為替管理を緩和し、ヨーロッパの金融市場をシティに引き寄せた。1973年にイギリスがヨーロッパ経済共同体に加盟する以前から、シティはヨーロッパの金融の中心地だった。シティが国内の後背地から国際市場に目を向けたとき、この街は伝統と近代性の不安定な結びつきによって、ロンドンの他の場所から隔絶した特異な存在になった。シティで働く男性中心の労働者は今も山高帽子をかぶり、巻いた傘を持っているが、彼らは超近代的な高層ビルで働き、自分がしていることを本当に理解している者は誰もいないのである。シティの昔の富は具体的な商品に根ざしていたが、今では収益は目に見えないものから生まれている。[CR]

**レズニー工場、1982年**
この会社は「マッチボックス」ブランドの玩具を生産し、1960年代にはハックニーで最大の雇用主だった。1970年代に景気後退の影響を受けて、1982年に工場は閉鎖された。

**ロンドンの摩天楼、1976年**
セント・ポール大聖堂から見たこの光景は、ナット・ウェスト・タワーやストック・エクスチェンジ・タワーを含む新高層ビル群を眺めている。

第14章——1960年代と70年代のロンドン

# スウィンギング・ロンドン
## ――ファブからパンクへ

1960年代から70年代にかけて、若者は自分たちのためのロンドンを手に入れた。堅苦しかったこの都市のイメージはおしゃれに変わり、カーナビー・ストリートやキングス・ロード、そしてカムデンが世界的な名声を獲得した。

**スウィンギング・ロンドンのバス、1967年**
「マッチボックス」ブランドの玩具は、ハックニーの伝説的な玩具メーカーのレズニー社が生産していた。

「この春、ロンドンは今まで以上に流行の先端を走っている。古典的なエレガンスと現代的な豊かさが、オプ・アンド・ポップ・アートの目がくらむような幻惑の中でひとつになっている」と断言したのは、『タイム』誌の「スウィンギング・ロンドン」と題する1966年4月の特集記事だった。この記事はロンドンを若さ、富、反抗心の魅力的な混合によって定義される「ファブ」(おしゃれ)な現代性の中心地に位置づけている。『タイム』誌の描写は人々の心に定着した。絵葉書や商品によってロンドンはスウィングする都市だというメッセージが広まった。ロンドンはファッションも行動も考え方も新しい若者が受け継いだ街なのだ。古いものは消えた。

若さはスウィングするロンドンの原動力であり、揺り動かす力だった。マリー・クワント(1961年当時25歳)のような画学生は緊縮財政の灰色の年月の中で育ち、色彩に飢えていた。ロンドンの若いアーティストは1950年代からポップ・アンド・オプ・スタイルを追求していた。労働者階級の若者は消費するお金と反体制の魅力、そして自信を持っていた。俳優のテレンス・スタンプ(1961年当時23歳)が回想しているように、「それまでは労働者階級は下働きにすぎなかった。突然、私たちは自信満々の若者になり、誰もがこぞって私たちのまねをしたがった」

### ロンドンの新しい地図

**ユニオン・ジャック・シャツ、1966年**
このシャツはカーナビー・ストリートの「アイ・ウォズ・ロード・キッチナーズ・ヴァレー(私はロード・キッチナーの召使だった)」という店名のブティックが売り出したもの。このブティックはポルトベロ・ロードで、古い軍服やヴィクトリア時代の骨董品を売る店として出発した。

若者革命はロンドンの文化的な地図を書き換え、流行遅れの地域を最新流行の場所にした。ソーホーのカーナビー・ストリートは、以前は低品質な衣料品工場の吹き溜まりのような場所だったが、イギリスでもっとも有名なショッピング街に生まれ変わった。カーナビー・ストリートを華麗に変身させたのはスコットランド人の衣料品企業家のジョン・スティーヴンズで、彼が開いた紳士服のブティックは、灰色のスーツとは違う色や形の服(左の写真)を着たがるお客を引きつけた。高級住宅街のチェルシーには、1955年に開店したマリー・クワントのバザールやトップ・ギア、ハング・オン・ユーなどのブティックが並び、カーナビー・ストリートと同じようにキングス・ロードを活気づけた。

チェルシーとソーホーはすでに自由奔放なボヘミアンが暮らす地域だったが、次世代のロンドン市民は反体制的思想をさらに発展させ、明らかに「異質な」場所に住みついた。カムデンは、カムデン・マーケットの発達とともに、労働者階級の郊外から若者文化の発信地へと変化しはじめた。ビバやバス・ストップといったブティックが、ケンジントンに新しい刺激を与えた。ノッティング・ヒルは西インド諸島出身の移民のコミュニティが活気と他では味わえない刺激を与え、おしゃれなボヘミア風の暮らしができる場所になった。

商店が昼間の地図を書き換えたとしたら、クラブはロンドン中心部の夜の流れを変えた。ソーホーはあいかわらずクラブ文化の中心地で、クラブはリズム・アンド・ブルースからポップ・ミュージック、プログレッシブ・ロック、そしてパンクまで、さまざまな音楽とともに発展した。オックスフォード・ストリートのクラブ「100」は1942年にジャズ・クラブとして開店し、1976年には悪名高い2日間のパンク・フェスティバルを開催した。トッテナム・コート・ロードは1920年代の古いダンス・ホールにクラブUFOがオープンすると、ヒッピー文化のたまり場になった。このクラブは1967年にカムデンの使われなくなった機関車庫に移転して、サイケデリックなショーを披露した。音楽や若者文化の中心地としてのカムデンの名声は、1973年に運河沿いの古い木枠造りの倉庫で「ディングウォール」というライブハウスがオープンして以来高まった。

**スウィンギング・ロンドン、1967年**
歌手のラス・セインティとバンドのザ・ファースト・インプレッションズがケンサル・グリーンにあった廉価版のレコード会社サーガからリリースしたLPレコード。ジャケットに新しいロンドンのイメージが描かれている。

## もうひとつのロンドン

1960年代末、色鮮やかなスウィンギング・ロンドンは、暗い色調の反体制文化に道を譲った。伝統に反対し、政治的な態度をより明確にしたこれらの世代は、「保守的な」社会の規範をはっきりと拒否した。ロンドン中でコミューンがひとつの生き方になった。1970年代までに、ロンドンで理想の実現を目指す生活共同体のコミューンが3万か所に作られた。代表的なものに、「フレストン自由独立共和国」を名乗った人々がいる。彼らはノッティング・ヒルの北の端に位置するノッティング・ロード、またはノッティング・デールと呼ばれた場所に集まって生活した。

反体制文化は「自分のやりたいことをする」という生き方を遺産として残したが、その中に出版も含まれていた。ロンドンの情報誌『タイム・アウト』は1968年にはじめて刊行され、労働者の協同組合としてきわめて反体制文化的な方法で運営された。個人主義も遺産のひとつだった。反体制文化の入門書『もうひとつのロンドン（Alternative London）』の著者であるニコラス・サンダースは次のように説明している。「この本の目的は、ある生き方を押しつけることではなく、読者が自分の個性を表裏のないやり方で発揮する方法を紹介することだ」。

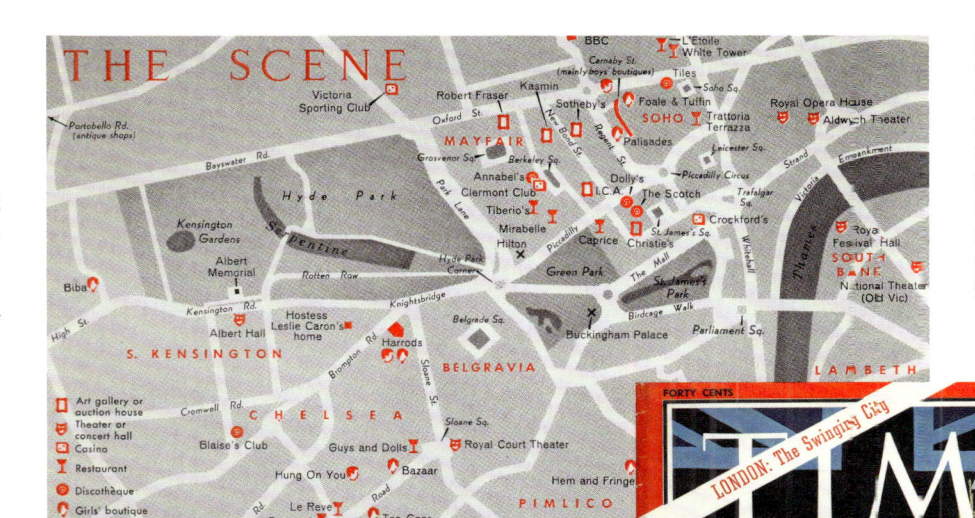

## パンク

1970年代に、ロンドンの若者文化は新しい方向に向かった。パンクもまた反体制的だったが、表現の仕方がさらに攻撃的だった。パンクに共感を示す人々は、社会から疎外された「ブランク・ジェネレーション」だった。チェルシーはスウィンギング・ロンドンからパンク文化の発信地へと変化した。それは主にある店の存在が大きく影響している。その店はマルコム・マクラーレンとヴィヴィアン・ウェストウッドが1971年にキングス・ロードの行き止まりに開いたブティックだった。最初はレット・イット・ロックという店名だったが、この店は名前を次々と変えた挙句、セックスという悪名高い店名に落ちついた。マクラーレンはパンク・ロックバンドのセックス・ピストルズのマネージャーも務め、セックス・ピストルズはマクラーレンとウェストウッドの奇抜な服の生きた広告塔となった。1980年代のキングス・ロードは、毎週末に通りを練り歩くパンク集団で有名になった。

ロンドンはつねに自己表現の舞台を提供してきたが、若者革命は、個人主義があらゆる形の伝統的な権威と相容れない段階に来ていることを示した。若者革命は首都ロンドンの国際的なイメージや服装、レコードショップを変化させたばかりでなく、ロンドンがこの都市の経済と価値観をどのように統治できるのかという点に究極の変化をもたらしたのである。　　　　　　　　　　　　　　　　　　　　　　　　[CR]

**スウィンギング・ロンドン名所案内、1966年**
アメリカの『タイム』誌に掲載されたこの地図は、スウィンギング・ロンドンの若者文化ではなく、有名なレストランやブティックの位置を示している。

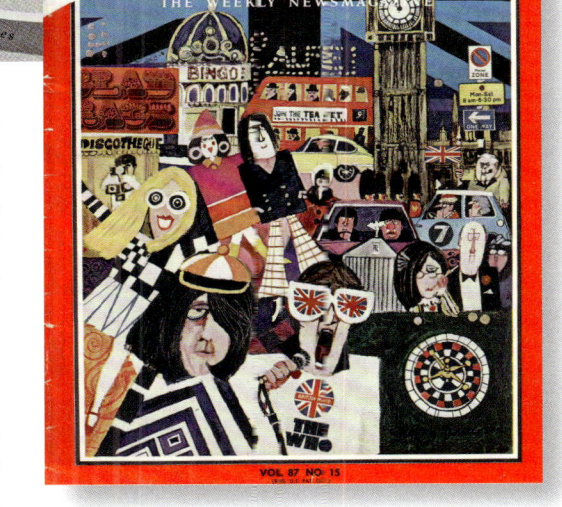

**『タイム』誌、1966年**
リヴァプール生まれの風刺画家ジョフリー・ディキンソンによる表紙イラストにはロールス・ロイスやミニ・クーパーなど、ロンドンの新旧の名物が描かれている。

**ロンドンの絵葉書**
1970年の絵葉書に写された街頭風景。

**ロンドンのパンク、1981年**
ヘンリー・グラント撮影。

第14章──1960年代と70年代のロンドン　　299

# 多文化ロンドンの誕生

ロンドンは移民と人種差別という一対の問題に対処しなければならなかった。
すべてのロンドン市民の公平な未来を築くために
新しい法律が制定されたが、人種間の緊張は高まった。

**スーパーでの買い物、1978年頃**
アジア人女性とその子どもがサウソールのスーパーで買い物をしているところ。ヘンリー・グランド撮影。ロンドン西部のこの地域には大きなアジア人コミュニティができた。

　1960年代と70年代には、これまで以上に多くの移民がイギリスに流入し、ロンドンの表情を永遠に変化させた。国外からの移民をめぐる論争は、市民権と国内の人種差別の問題とからみついていた。1968年に内務大臣のジェームズ・キャラハンは新たな人種関係法を制定し、従来の反差別法を強化するとともに、移民の流入を制限する新しいコモンウェルス移民法を制定した。このふたつの法律によって、「入ってくる人の種類を政府が規制するとしても、いったん入ってくれば平等に扱われる社会（の創造）」を目指したのである。

　それほど簡単に問題が解決するとは誰も考えていなかった。ロンドンはしばしば荒々しい論争の場となり、ひんぱんに都市暴動に発展した。インナー・シティのロンドン市民は、イギリスの現状に関する不満が各方面から聞こえてくるにつれて、ぶつかり合う意見の渦に巻き込まれていった。しかし、こうした中で市民はロンドンが多文化都市であることをしだいに理解した。それはロンドンの学校で生徒の顔（右頁の写真）を眺め、ロンドン市民が仕事に出かける服装（上の写真）を見れば明らかな事実だった。

## コモンウェルス移民法

　1962年に成立したコモンウェルス移民法は戦後の無制限の移民に終止符を打ち、締め出しを恐れる人々がアフリカ、中国、インド、パキスタンなどのイギリス連邦国家から大挙して押し寄せた。

　独立後の東アフリカ諸国の「アフリカ化」によって、この地域に長年暮らしていたアジア人は追放や集団移民を迫られ、かつてない規模でイギリスに逃れてきた。1967年に1万3000人を超えるケニアのアジア人がロンドンに到着し、1971年には1万人を超えるウガンダのアジア人がそれに続いた。1981年までにはロンドンにいるアジア系の東アフリカ人の数は9万2000人に達した。その他にも1万2000人のベトナム人戦争難民が主にハックニーで暮らしていた。ギリシャ人、そして1974年にトルコがキプロスに侵攻してからはトルコ系キプロス人が到着し、ストーク・ニューイントンやウッド・グリーンの住宅を埋めるようになった。ソーホーの中国人コミュニティは1970年代に香港からの脱出が始まってから倍増し、2万人に達した。1971年までに、ランベス、ハックニー、イズリントン、パディントンにはおよそ3万人の西アフリカ出身者が定住した。こうした状況が、西インド諸島からの移民が大半を占めていた過去数十年間とは大きく違う点だった。

　他の地域と同様に、ロンドンでも新参の移民はしばしば社会不安の責任を負わされ、さまざまな偏見にさらされ、住宅や仕事をめぐる競争相手として敵視された。1966年の人種関係法によってあからさまな差別が違法とされ、「調和のとれたコミュニティ間の関係」を促進するために人種関係会議（1966年）が創設されたにもかかわらず、差別を訴える移民が救済されることはほとんどなかった。

　外国人に対する嫌悪感は、1968年の保守党議員イノック・パウエルによる「血の川」演説に表れている。この演説は、このまま移民が増え続ければ、白人のイギリス人がマイノリティになってしまうと訴えて、移民に対する激しい恐怖と嫌悪感をあおろうとしたものだった。移民の停止を求めるパウエルの呼びかけに呼応して、1968年4月23日に食肉配達業者とドック労働者が行動を起こした。「イギリスに戻れ、黒くないイギリスに」をスローガンに掲げて、数千人がパウエルを支持してトラファルガー・スクエアまで行進した。パウエルと同じ見解を持つきわめて右翼的な組織の「国民戦線」は、この機会をとらえて反移民感情をあおりたてた。

　しかしその3年後には、黒人も白人も含む数千人の移民支持者たちが1971年のコモンウェルス移民法によって導入されたさらに厳しい移民制限に抗議して、ロンドンの中心部を行進した。この法律はイギリス人の親を持つ人々の移民を制限するもので、黒人のイギリス連邦市民を差別するものだとして批判された。難民に対する例外的な扱いは続けられ、ロンドンのバングラディシュ・コミュニティは、パキスタンからの独立戦争後の1971年に拡大した。

## ロンドンの生活

　ロンドンにやってきた新しい移民は、安心と慣れ親しんだ生活を求めて、職場、コミュニティの中心地、あるいは礼拝所の近くに住むのが普通だった。移民のコミュニティはブレントやクロイドン、ノースウッド、ウリッジなどの郊外の自治区に形成され、1959年にはじめてシーク教徒の寺院が建設されたサウソールのような地域を変貌させた。サウソールは、ロンドンではじめて増加するアジア人の消費者市場向けに商品を提供した地域であり、ハイ・ストリートの光景はアジア人の所有する事業で変化した。たとえばブリティッシュ・ホーム・ストアは、アジア人が所有するベインウォント・ブラザーズに取って代わられた。アジア人はウルフ・ゴム工場やジムノールズ製パン工場で働き、アジアの食品やサリーのような民族衣装を輸入するために、この地域にアジア人の工場や会社が設立された。

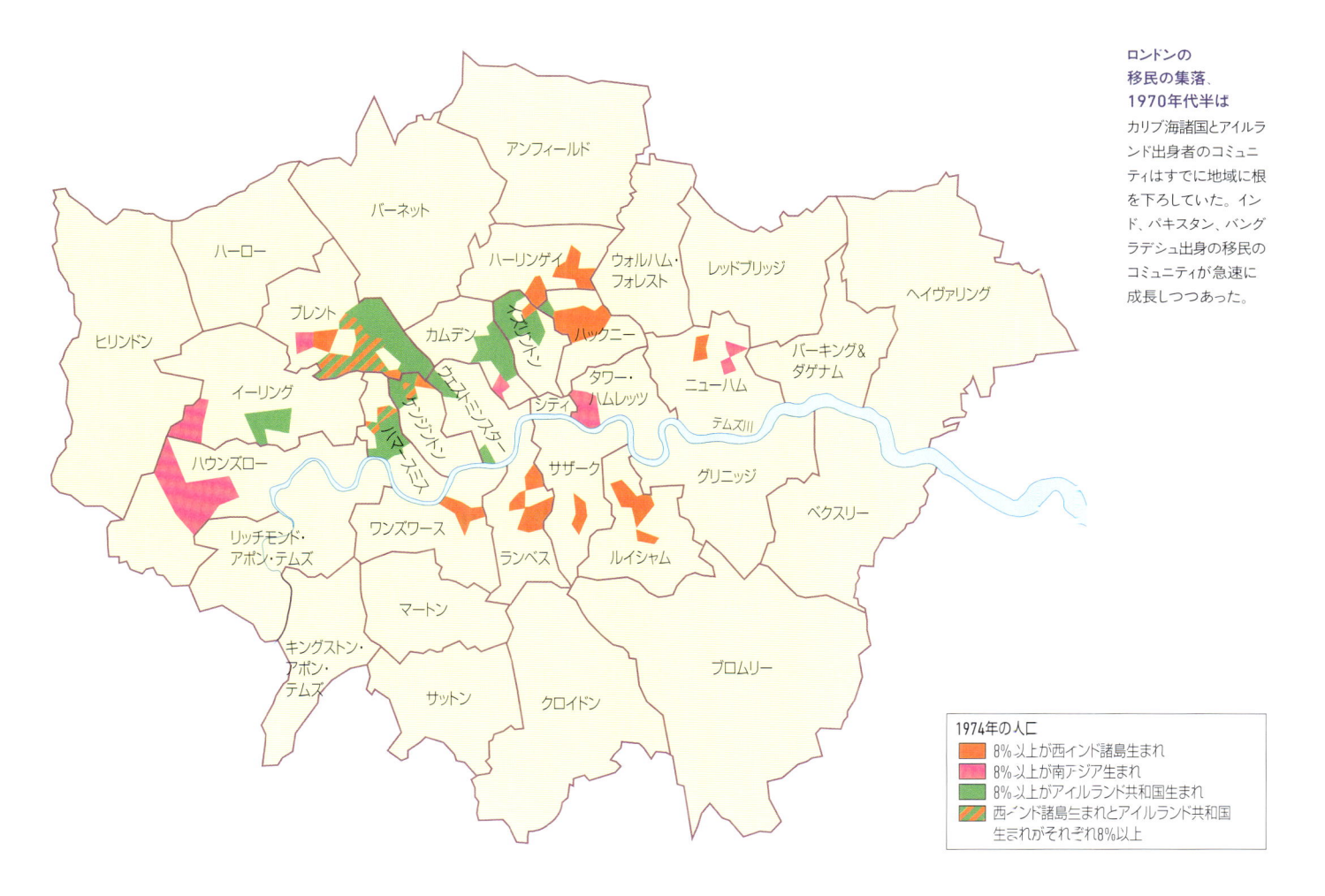

**ロンドンの移民の集落、1970年代半ば**
カリブ海諸国とアイルランド出身者のコミュニティはすでに地域に根を下ろしていた。インド、パキスタン、バングラデシュ出身の移民のコミュニティが急速に成長しつつあった。

1974年の人口
- 8%以上が西インド諸島生まれ
- 8%以上が南アジア生まれ
- 8%以上がアイルランド共和国生まれ
- 西インド諸島生まれとアイルランド共和国生まれがそれぞれ8%以上

　新しいコミュニティはゆっくりと融合しはじめた。イギリス的と考えられる風習を彼らが取り入れるのに時間はかかったが、移民がロンドンのより大きなコミュニティに受け入れられるようになるのは、多くの場合彼らの商売がきっかけだった。アジア人が経営する「24時間営業」の街角の店はロンドンでは目新しかった。その後、主にバングラデシュのシレット出身のベンガル人が経営する数千軒のカレー・ハウスができ、中国料理店やギリシャやトルコ風のカフェがロンドンのいたるところにできた。

　インナー・シティでは、バングラデシュ人はホワイトチャペルやスピタルフィールズで暮らしはじめた。住宅の不足によって、多数の人々が近隣のショアディッチやベスナル・グリーンのさびれた地域に移転せざるを得なかった。黒人やアジア人の家庭はもっとも安い公共住宅に住まざるを得ない場合もあった。インナー・シティの荒廃地域であるこれらの地域は、新参者には敵意を向けた。いくつかの住宅地では、白人の偏見と憎悪が高まって、アジア人が足を踏み入れるのは危険になった。国民戦線はニューハムを民族主義的な暴力の戦場に変えた。「パキ・バッシング（パキスタン人排斥運動）」が目立つようになり、多くのパキスタン人やベンガル人が日常的な暴力に苦しんだ。1970年代には人種差別主義者による殺人も起きた。1978年にホワイトチャペルでベンガル人の被服工業労働者のアルタブ・アリが殺害された事件は、人種関係の転換点になった。およそ7000人の人々がアリの棺に従ってブリック・レーンからダウニング・ストリートまで抗議デモを行なった。

　国民戦線の人種差別的な主張が再び表に出たのは、公会堂を国民戦線が利用することに抗議して数千人のアジア人と反ナチス同盟が1979年のセント・ジョージズ・デーにデモをしたときだった。デモに参加していたニュージーランド生まれのブレア・ピーチが頭部を殴打され、その怪我が元で死亡した。警察が無差別に警棒で殴りつけていたと数人が証言した。

　1960年代から70年代の初めにかけて、黒人コミュニティと警察の間の対立は一触即発状態にあった。その緊迫状態がとうとう爆発したのは1976年とその翌年のノッティング・ヒルの暴動で、ロンドン史上例がないほど最悪の事態になった。およそ400人の警官と200人の市民が負傷した。その後も長期的な社会不安は未解決のまま残り、深刻な緊張状態は混乱の1980年代まで持ち越されることになった。［S3］

**ロンドンの学校の生徒たち、1978年**
サウソールのジョージ・トムリンソン中学校の生徒たち。ヘンリー・グラント撮影。

# スポーツの変化

ロンドンの主要なスポーツ・クラブはプロ化し、新たな収入とビジネスの展望をもたらした。しかし、新しいスタジアムが建設されたにもかかわらず、サッカーの観客数は減少した。

**ワールドカップ・ウィリー、1966年**
サッカーのワールドカップ初の大会マスコット。ウィリーはキーホルダーを始めとして、さまざまなみやげ物に使われた。

**若いファン、1963年**
アーセナル対リヴァプールの優勝杯争奪戦を観戦するファン。ロジャー・メイン撮影。

　1960年代にアマチュアとプロの差が拡大して、ロンドンのスポーツは不可逆的な変化を遂げた。ロンドンの古い民間スポーツ・クラブにとって、この新しい時代は新たな商業的可能性をもたらした。テニスのウィンブルドン選手権を開催するウィンブルドン・テニス・クラブは、1877年の第1回大会以来断固としてアマチュア路線を貫いてきたが、1968年からはプロ選手の参加も認め、スポンサーや賞金の面で新しい局面を迎えた。同じ頃、ウィンブルドンと同様にアマチュアの紳士スポーツの最後の砦だったメリルボーン・クリケット・クラブは、組織を再編成し、アマチュアとプロのクリケットの間に明確な区別を設けた。プロ化の道をたどったロンドンのスポーツ・クラブの商業的な野心は、スタジアム建設と施設開発の増加に表れている。ウィンブルドン、ローズ・クリケット・グラウンド、そしてチェルシー・フットボール・クラブでは、新たな設備投資が行なわれて、スポーツはいまやビジネスであることを明らかにした。

　アマチュアもまた独自の新しいスタジアムを持った。民間のクラブはプロ化する一方で、アマチュアスポーツは福祉国家全体に社会福祉を行きわたらせる役割を負った地方自治体の管轄になった。ロンドン州議会は大英博覧会の水晶宮跡地にナショナル・スポーツ・センターを建てることによって、この役割を劇的な方法で推進した。これはイギリス初の専用に建てられたスポーツ・センターで、後続のあらゆる小さなスポーツ・センターに多大な影響を与えた。ナショナル・スポーツ・センターにはイギリス初のオリンピック・サイズのプールがあり、競技者のためのトップ・クラスの設備がそろっていた。レスリー・マーティンが設計したこの建物は1964年にオープンしたが、この場所（1936年に水晶宮が焼け落ちたあと放置されていた）にスポーツの複合施設を作るというアイデアは、都市計画者の心の中でずっと温められていた。第2次世界大戦後のロンドンの再建を提言したアバクランビー計画は、ロンドン南部に「陸上用トラックの建設が昔から望まれていた」と述べ、ロンドンを輪のように囲むいくつかの新しい公共のスポーツ・センターのひとつとして、水晶宮跡地の複合施設を提案した。この提案をもっとも熱心に取り入れた首都自治区はハムステッドで、新しい立派な体育館と屋内水泳プールの複合施設が1964年にスイス・コテージに建設された。

## サッカーと商業

　新しい商業的な環境でもっとも変化したのはサッカーだった。1961年以前は、イギリスのサッカーはまだ、最大賃金が決められ、選手の移籍は制限されているクラブに有利なシステムだった。1961年に最大賃金は週20ポンドだった。大半のサッカー選手の収入は他の労働者の収入と似たり寄ったりで、サポーターの収入とも大して違わなかった。選手がストライキをちらつかせたため、1961年に最大賃金制は撤廃された。フラム・フットボール・クラブのチェアマンだったトミー・トリンダーはかつて、フラムの名選手ジョニー・ヘインズには払えるものなら週に100ポンド払いたいと公言していたが、その言葉どおり、ヘインズは週に100ポンドを稼ぐ最初の選手になった。1963年、ジョージ・イーストマンがアーセナルへの移籍を希望し、移籍を認めない所属チームのニューカースル・ユナイテッドを訴えた裁判で、移籍の制限は「取引の制限」にあたり違法であるという判決が下った。

　優秀な選手の給料は増加し、収入面でも地位の向上の面でも機会が広がった。一流選手は以前から商品の宣伝やゴーストライターを使った記事の執筆などの活動に手を染めていたが、そうした活動の規模は1950年代から急激に広がった。たとえばジョニー・ヘインズはエージェントと契約し

た最初の選手のひとりで、男性用ヘアクリームのブリルクリームの有利な宣伝契約を勝ち取った。1960年代には新世代の有名サッカー選手が登場し、「スウィンギング・ロンドン」が彼らの活躍の場になった。ジョージ・ベストのように、他の地域に住んでいる選手も例外ではなかった。特にひとつのクラブは豊かで豪勢なことで知られていた。それはチェルシーで、このクラブのスタンフォード・ブリッジ・グラウンドは流行の先端のキングス・ロードの近くの便利な場所にあり、チェルシーの役員のリチャード・アッテンボローはVIP席に有名人を大勢招待して、若い華やかなチームの試合を観戦した。1975年にダーボーン&ダーカー設計事務所が設計したイースト・スタンドがオープンし、クラブのスタイリッシュでモダンなイメージを引きたてた。

プロサッカーが企業やお金、権力になじむにつれて、一流選手は少数のクラブに集中するようになった。そのうちいくつかのクラブはロンドンにあった。1961年、トッテナム・ホットスパーは同じシーズンにリーグ優勝とFAカップ優勝の「2冠」を達成した20世紀最初のチームになった。この偉業は10年後にロンドン北部のライバルチーム、アーセナルによってふたたび達成された。ロンドンのクラブは1960年から1979年にかけて8度のFAカップ優勝を成し遂げた。しかしこの期間中に、フットボールリーグ・ファーストディビジョンのタイトルを勝ち取ったのはホットスパーとアーセナルだけである。また、ホットスパーは1966年にカップ・ウィナーズ・カップで優勝し、主要なヨーロッパのトロフィーを獲得したイギリス最初のチームになった。ウェスト・ハムの三羽ガラスである主将のボビー・ムーア、ハットトリックを記録したジェフ・ハーストとマーティン・ピーターはこの勝利の立役者で、世界中の観客がこの試合をテレビで観戦した。

サッカーのテレビ中継はこの時代に普及し、ゲームの性質も変化させた。テレビ中継は上位チームと国内や国際的な大会に集中した。居間でテレビ観戦する人たちは一流選手のプレーを見慣れ、要求水準が高まって、リーグ下位のチームを見る目は厳しくなった。テレビは試合の観客数が減った原因のひとつだった。ロンドンでは、フットボールリーグに所属するクラブの毎週の入場者数が1960年代末から1980年代半ばまでにほぼ半減した。

### 観客の暴力

観客が減ったもうひとつの要因はフーリガンだった。サッカーの試合で観客が騒ぐのは昔から珍しいことではなかったが、この時期にはさらに雰囲気が悪くなり、サッカーがインナー・シティの社会的緊張の避雷針の役割を果たすようになった。1970年代の初めに、丸刈り頭にした「スキンヘッド」の若者の一団が、クラブや観客席の一部を縄張りにするようになった。1970年代の半ばになるとスキンヘッドの数は減ったが、暴力は続いた。組織的なギャングが登場し、ロンドンではミルウォール・ブッシュワッカーが悪名を馳せた。暴力はスタジアムから路上に飛び火し、高圧的な警察が好戦的なムードを余計にあおった。

暴力的なフーリガンはしばしば人種差別を伴った。黒人サッカー選手は1960年代から70年代にかけてロンドンのクラブに登場し、数は少ないながらも次第に増えている。ウェスト・ハムのクライド・ベストは若い黒人のサッカー・ファンのロール・モデルになったが、ピッチに投げかけられる罵倒から差別的な意味合いを込めたバナナまで、さまざまな人種差別的嫌がらせにさらされた。黒人選手がはじめてイギリス代表チームに選ばれたのは1978年になってからだが、このときは国民戦線がいくつかのロンドンのグラウンドの外でビラをまいた。これに対して反ナチス同盟が反応し、たとえば「ホットスパーはナチスに反対する」などの宣言が出されたが、チームの首脳はいまだに人種差別問題から目をそらしがちだった。サッカーを取り巻く諸問題は改善されるよりも悪化する方が早く、20世紀の残りの年月にサッカーの試合にさまざまな問題を起こすことになった。　[AD]

サッカー・ファン、1976年
マンチェスター・ユナイテッド対サウサンプトンの試合を見るためにウェンブリー・スタジアムに向かうファン。ジム・ライス撮影。

ナショナル・スポーツ・センター
ロンドン自慢のナショナル・スポーツ・センターはアマチュアスポーツのために作られたが、プロの国際試合にも利用できる規格で設計されている。

| 第14章——1960年代と70年代のロンドン

# ギャングと犯罪

1960年代のロンドンを震撼させたもっとも悪名高いふたつのギャングは、ロンドンの東部出身のクレイ兄弟と南部出身のリチャードソン兄弟だった。彼らの犯罪帝国はどちらもウェスト・エンドまで広がっていた。

スウィンギング・ロンドンを生んだ社会的、経済的な変動は、ロンドンの暗黒界にも影響を与えた。合法と非合法の境界線が引きなおされ、新しいビジネス・チャンスが生まれると同時に、新たな犯罪の機会も広がった。ギャンブル、売春、クラブ、ホワイト・カラー犯罪、不動産開発、そしてマフィア式のマネー・ロンダリングは、1960年代ロンドンの近代的な犯罪者が暗躍する領域だった。麻薬は1970年代に加わった。

1960年代の犯罪者集団のなかでもっとも恐れられたのは、双子のクレイ兄弟とリチャードソン兄弟の悪名高い兄弟ギャングだった。組織犯罪は少なくとも1920年代からロンドンの一部になっていたが、このふたつのギャングはどちらも組織犯罪の活動に戦後の特色を加えた。彼らはロンドンの労働者階級の住宅地に根を張り、クレイ兄弟はベスナル・グリーンやイースト・エンド、リチャードソン兄弟はカンバーウェルやサウス・ロンドンを本拠地としていたが、どちらのギャングも1960年代の新しい階級差別のない社会の風潮に乗じて、ウェスト・エンドのクラブやシティの投資家相手のもっと収益の上がる活動へ社会的にも地理的にも移動した。クラブ、特にギャンブル・クラブは1960年代のギャング犯罪の中心だった。1960年に制定された賭け行為・ゲーム行為法によって、犯罪とのつながりを断つ目的でギャンブルが合法化された。しかし実際には、この法律は新しい犯罪行為の襲来、たとえばマフィアによる乗っ取りや、用心棒料の取り立てなどにドアを開いたも同然だった。ウィルトン・プレースで流行っていたギャンブル・クラブ、エスメラルダズ・バーンは1961年にクレイ兄弟に乗っ取られ、まもなく彼らに年間4万ポンドの収入をもたらした。ルーレット盤はクラブ側に有利な位置で止まるのが常だった。1969年までにロンドンには1200軒の公認ギャンブル・クラブが存在したが、こ れは政府の予想をはるかに上回る数字だった。リチャードソン兄弟は結局ウェスト・エンドを手中にすることはなかったが、キャットフォードのミスターズミスズ・ギャンブル・クラブで1966年に起こった激しい銃撃戦は、リチャードソンの部下と対抗するギャングの利権をめぐる争いだったことが判明した。

1959年に成立した街頭犯罪法は売春婦を屋内に入れることに成功したが、その影響として誕生した多数の小さな店も「クラブ」の中に数えられた。ソーホーや、メイフェアのシェパーズ・マーケットでは、ストリップ・クラブやマッサージ・サロン、飲酒クラブが急速に成長し、その多くがバーニー・シルバーやフランク・ミフスドが管理する売春帝国のような犯罪シンジケートによって直接支配されていた。ポルノショップが誕生したのもこの時期だった。ギャンブルと同様に、ポルノショップにも許可が必要で、法の規制を受けていたが、警察の腐敗により、認可制が必ずしも意図した効果を挙げているとは限らなかった。1970年までに、ソーホーには40軒のポルノショップがあり、長い間この地域の特徴だった古き良きボヘミアンのロマンチックな感覚は、はるかに冷酷な金と搾取の雰囲気に取って代わられた。

## ビジネスマンの顔を持ったギャング

1960年代のビジネス界の好景気は、抜け目ない犯罪者集団に別の機会も提供した。偽の会社を設立して投資家や銀行からの融資を引きよせる「長期会社」詐欺はそのひとつだった。一方クレイ兄弟もリチャードソン兄弟も、海外の投資に乗り出した。リチャードソン兄弟はサウス・アフリカに投資した。ロニー・クレイはナイジェリアにまったく新しい都市を開発するという話に資金を投資したが、この試みは成功しなかった。しかし、この半ば尊敬に値する行為はクレイ兄弟に上流社会への足がかりを与え、特に労働者階級を魅力的だと考える人々に受け入れられた。下院議員のトム・ドライバーグとロード・ブースビーはクレイの術中にはまった。ブースビーは1964年に、ロニー・クレイとホモセクシュアルな関係にあったという『デイリー・テレグラフ』紙の主張をめぐって同紙を訴えて勝訴した。

近代精神を持ったビジネスマンの仮面の下で、クレイ兄弟とリチャードソン兄弟は昔ながらの犯罪者の価値観で、恐怖と身体的な暴力を行使して彼らの帝国を運営した。ホワイトチャペルのブラインド・ベガー・パブでジャック・「ザ・ハット」・マクヴィティーが殺害されたあと、1966年のクレイ兄弟の裁判の記事は、それを読んだ一般的なイギリス人に衝撃を与えた。彼らはその記事の中に、現代の輝かしいスウィンギング・ロンドンの陰に隠れた残酷な世界の悪夢を垣間見たのである。その翌年、リチャードソン兄弟の裁判で彼らが被害者を拷問した様子が明かされると、大衆はいっそう醜い裏社会の現実を突きつけられた。チャーリー・リチャードソンの判決のあと、『タイムズ』は警察が組織犯罪を精力的に追及していると読者に請け合った。「(今後ギャング行為を働く者は)すべて心しておくべきである。なぜなら今や彼らの前に経験と決意に満ちあふれた警察が立ちはだかっているからだ。どんなに取るに足らない裏道の犯罪者だろう

**レスター・スクエアのはずれ、1962年**
この写真に見られるウェスト・エンドのナイト・ライフは新しい種類の実業家ギャングを引きよせた。事業の合法と非合法の区別はあいまいになった。

凡例:
1. エスメラルダズ・バーン、ウィルトン・プレース、クレイ兄弟の所有、1960年代
2. チャーリー・リチャードソンの事業のオフィス、パーク・レーン、1960年代
3. ミスター・スミス・ナイトクラブ、キャットフォード：リチャードソン兄弟のギャング抗争現場、1966年
4. フリス・ストリートの戦い、1954年：ビリー・ヒルズとジャック・カマーズのギャングが徹底的に争う
5. ブラインド・ベガー・パブ、ホワイトチャペル：ジョージ・コーネルがクレイ兄弟に殺害される
6. エバリング・ロード90番地：ジャック・「ザ・ハット」・マクヴィティがクレイ兄弟に殺される
7. イースト・キャッスル・ストリート、1952年
8. ジョッキーズ・フィールド、ホルボーン、1954年
9. ピカデリー・アンダーパス、1970年

**ロンドンのギャング、1950-70年**
ロンドンのギャングはそれぞれ地元の縄張りを持っていたが、どのギャングもウェスト・エンドで暗躍していた。

- 1950年代のギャング
- 1960年代のスーパー・ギャング
- ギャング関連の建物
- 当時の有名な武装強盗

と、法と秩序を軽んじてうまく逃げおおせると期待してはならない。それもリチャードソンとその仲間のごろつきどものおかげである」。しかし、この確信は手ひどく裏切られる結果になった。1970年代の警察の汚職裁判で、警察の風俗取締班のほぼ3分の1が犯罪者から裏金を受け取っていたことが明らかになったのである。

クレイやリチャードソン兄弟のように企業家を装ったギャングに比べれば、昔ながらの武装した金目当ての強盗はまだ罪が軽いように見えた。ロンドンを舞台にした1963年の大列車強盗はトップニュースとして話題をさらい、メディアではほとんど勇気ある大冒険扱いを受けた。1970年にピカデリーの地下道で起きた独創的な手口の現金輸送車強奪事件にも同じことが言えた。この時期にもっとも注目を集めた犯罪は、もっとも悪気のなさそうなものだった。1960年、ナショナル・ギャラリーに展示されていたゴヤ作のウェリントン公の肖像画が一瞬の隙を突いて盗まれる事件が起こった。1965年に絵が発見されたとき、首謀者はギャングのボスなどではなく失業したバスの運転手のケンプトン・バントンで、彼は絵を売って年金生活者用のTVライセンス［受信料のようなもの］の支払いに充てるつもりだったと話した。

1970年代までに、ロンドンの犯罪者集団にとってクラブや売春婦に代わって麻薬が新たな成長分野になった。大麻やコカインは1920年代からロンドンのボヘミアンのライフスタイルの一部だったが、どちらも社会構造に対する脅威とはみなされていなかった。ヘロインは1960年代初めまでロンドンではあまり知られていなかった。ヘロインの使用がインナー・ロンドンの労働者階級と郊外の中流階級に広まり、社会と個人に損害を与えるようになったのは1970年代半ばのことだった。麻薬は、国家が個人の行為の分野で合法性の境界を緩めるのではなく引きしめた事例のひとつである。1966年にはLSDが非合法化された。1971年には薬物乱用法によって薬物に関する法がかなり強化され、「規制薬物を供給する意図での所持」は犯罪と認められることになった。しかし、新しい法律は世界中のヘロイン工場から供給されるヘロインの増加に対応しきれなかった。供給国の口には1975年に悲惨な戦争の終結を迎えたベトナムも含まれていた。

麻薬は国際的なネットワークを持ち、地元の手先を必要としない新しい犯罪王の出現を予告していた。クレイ兄弟の時代は、1969年に彼らが終身刑を宣告されたときに終わった。兄弟はそろってパークハースト刑務所に収監され、コニーはそこで美術の手ほどきを受けた。1979年、ロニーはブロードムア精神病院に移された。　　　　　　　　　　　[CF]

**ロニー・クレイの十字架上の死、1972年**
ロニー・クレイによる宗教的テーマのこの絵は、パークハースト刑務所で描かれ、定期的に兄弟に面会していた昔の仲間のビリー・ウェブに残された。

第14章——1960年代と70年代のロンドン　　305

# ストライキ、抗議、デモ

1960年代と70年代のロンドン市民は正義を要求し、不正に抗議し、大義を実現するために街頭へ出た。戦争と自由、そしてアイデンティティと革命が、ロンドンの政治の中でひしめき合っていた。

**トラファルガー・スクエアの反ナチス集会、1978年**
この集会に続いて、イースト・ロンドンのヴィクトリア・パークで人種差別に反対するロック・コンサートが開かれた。

1960年代と70年代のロンドンは、緊張と混乱に満ちていた。景気の後退と反体制的な若者文化がぶつかり合って、不満は黙って耐えしのぶものではないという空気が生まれた。

直接行動は伝統的に労働運動のふたつの主張、すなわち労働権とストライキ権に結びついていた。そこに世界的な視野を持った新しい主張が加わった。ベトナム反戦運動と反アパルトヘイト運動は、多くの人々を行動に駆りだした。「アイデンティティ政治」は新しい政治運動を公の場に持ち込み、女性やゲイのロンドン市民が社会的、法的な束縛からの解放を求めて行進した。人種と市民権に関する論争は、議会だけでなくロンドンの路上でも繰り広げられた。

## ストライキ権

「労働権」を求める戦いは、余剰人員の解雇を恐れるロンドンのドック労働者が雇い主やイギリス政府を相手に要求を訴えた1972年の大規模なストライキに象徴されている。

ドック労働者はドックの近代化に抵抗してひんぱんに山猫ストを起こし、港を麻痺状態に追い込んできた。1972年、ストラトフォードのミッドランド冷蔵倉庫前でピケを張っていた5人のロンドンのドック労働者が収監され、それが引き金となって全国的な港湾ストに発展した。続いて起こった「ペントンビルの5人」を釈放せよというキャンペーンは、「1926年のゼネラル・ストライキ以来、あらゆる政府の権威に対する挑戦の中でも最大のもの」と『オブザーバー』紙に評された。

1976年、ウィルズデンにあったグランウィック写真現像工場の労働者が低賃金と劣悪な労働条件に抗議してストライキに打って出た。137人のストライキ参加者のうち多くが東アフリカから移民してきたアジア人コミュニティ出身の女性で、この闘争は社会主義団体と労働組合の好戦的な活動家の注目を集めた。炭鉱労働者組合の指導者アーサー・スカーギルとその配下の炭鉱労働者をはじめ、国中からデモ参加者が続々と駆けつけてピケラインを強化し、地域的な論争を全国的な政治闘争に変化させた。周辺地域の制圧をめぐってしばしば警官と戦闘的なピケ隊との間で衝突が起こり、闘争は1977年に最終的に決着するまで続いた。

## ブラック・イズ・ビューティフル

第2世代の黒人ロンドン市民は、自分たちに政治的な関心を向けさせるには街頭抗議運動が自然な、そしておそらく唯一の方法であると考えた。彼らにヒントを与えたのはアメリカの公民権運動と、そこから派生したさらに急進的なブラック・パワー運動だった。ロンドンのブラック・パンサー党は不平等の実態の公表に力を貸した。たとえば1972年には、ブリクストンの警官が他の男性を追跡中に、ロンドンの交通機関で働いていたジャマイカ生まれのジョシュア・フランシスを殴打するという事件が起こった。

街頭は右翼の国民戦線が力を見せつける場でもあった。1977年8月、国民戦線はロンドン南部のアフリカ系カリブ人のコミュニティに目をつけ、ニュー・クロス、デットフォード、ルイシャムを通過する行進によってこの地域の「領有権」を主張した。国民戦線に対抗して「平和」を訴えて行進したのは、聖職者、反人種差別団体、そして人種差別とファシズムに反対する全ルイシャム・キャンペーンを含む地元の団体だった。続いて起こった警官とデモ隊の間の武力衝突は双方にけが人を出し、イギリス本国の警察に対暴徒用の盾が導入されるきっかけになった。この暴動は、他の地域の人間がいかにたやすく緊迫した地元の状況に火をつけ、ロ

### ✣ 戦争ではなく平和を

1960年代を通じてロンドンの中流階級の社会主義者と学生は街頭に出て、ベトナム戦争やアパルトヘイト、核兵器、性差別などのさまざまな問題に対して抗議した。1958年に結成されて以来、核軍縮キャンペーン(CND)は毎年オールダーマストンからトラファルガー・スクエアまで「核兵器廃絶」マーチを行なった。1967年から、多くのCND支持者がロンドン中心部を行進するベトナム反戦運動や反アパルトヘイト運動家に加わった。学生、ヒッピー、無政府主義者、社会主義者に、労働者革命党や国際マルキスト・グループのメンバーも参加していた。抗議運動はロンドンの生活の妨げになったが、大半の運動は穏やかで平和的だった。しかし、1968年5月には10万人のベトナム反戦運動家が国際マルキスト・グループのタリク・アリや労働者革命党のバネッサ・レッドグレーブによる革命支持演説を聞こうとトラファルガー・スクエアに集まった。マーチがグロブナー・ストリートのアメリカ大使館に向かって進んでいくと、集まっていた大勢の警官との間に暴力的な衝突が起き、2時間以上にわたって続いた。ロンドンで深刻な抗議運動を招いたもうひとつの問題は、1969年の北アイルランドへのイギリス軍の出兵だった。

トラファルガー・スクエアで核軍縮キャンペーンのマーチに参加した哲学者のバートランド・ラッセル、1961年

1. 1971年1月3日:白人の少年少女がパーティに火炎瓶攻撃(22人が負傷)
2. 1974年6月15日:反ファシスト集会で警察とデモ隊が衝突し、ケビン・ゲートリーが死亡
3. 1976年8月29-30日:警察と地元の黒人の衝突
4. 1976年:グランウィック・ストライキ中の警察とデモ隊の頻繁な抗争場所
5. 1977年8月13日:国民戦線がニュー・クロス、デットフォード、ルイシャムで行進したあと、イギリス本国ではじめて警察が対暴徒用盾を使用
6. 1978年5月4日:人種差別主義者によるアルタブ・アリ殺害現場
7. 1979年4月23日:アジア人労働者に対する暴力に対し、メディアが「パキ・バッシング」と名づける
8. 1979年8月23日:警察と反ファシスト抗議運動家の衝突によって、反ファシスト活動家のブレア・ピーチが死亡
9. 1970年代:国民戦線のスキンヘッドたちと地元のアジア人の若者が頻繁に衝突

**荒れるロンドン、1960-80年**
混乱した20世紀には、暴力的な抗議行動や人種差別事件が立て続けに起こった。上の図は主要な事件の場所を示している。

ンドンのもっとも不安定な地域で公共の秩序を脅かせるかを明らかにした。

### 誇りと解放

新たなふたつの運動が浮上した。1971年、ロンドンで第1回の「ゲイ・デー」マーチが行なわれ、翌年からゲイ・プライドと呼ばれる行事となった。1970年には憤慨したフェミニスト団体がロイヤル・アルバート・ホールで開催されるミス・ワールド・コンテストを妨害しようとした。1970年代初期にはウーマン・リブ運動がロンドンでたびたびパレードを行なって、男性と平等な給与と、家事労働に賃金を要求した。

ゲイ・プライドもウーマン・リブも、どちらの場合も街頭抗議運動が大衆の意見を変えさせるのに役立ち、やがて法律の改正につながった。平等賃金と性差別関連法が成立した。同性愛行為は1968年に非犯罪化され、ゲイは完全な公民権の獲得に向けてゆっくり前進しはじめた。アイデンティティ政治によって、無数の新しい運動がロンドンをばらばらにしているように見える。しかし、すべての運動を貫いているのは、未来は変えられるという信念に基づいた大きな運動である。1978年のトラファルガー・スクエアの抗議行動でプラカードに書かれていた言葉のように、「ゲイのユダヤ人社会主義者はよりよい世界を望む」(左頁上)。

[BC]

**グランウィック・ストライキを支援する行進、1976年**
グランウィック・ストライキはストライキに参加する労働者を支援するために、国中から大勢のピケ隊が集まったことで有名になった。

### ❖ ロンドン大学経済学校:学生の抗議運動の中心

1960年代の学生の不穏な状況は、アメリカやヨーロッパでも広がっていた。イギリスでは、ロンドン・スクール・オブ・エコノミクス(LSE)で学んでいる急進派の学生が、学生の抗議運動とデモ行為の急先鋒に立っていた。LSEの運動は、学長の任命に学生の意見が取り入れられるように、民主的な権利の要求が中心になっていた。1967年、学生は新学長のウォルター・アダムズ博士の任命に激しく反対した。アダムズ博士はローデシアで白人の支配政権に関与していた学者だった。学生は大学の建物を占拠し、学生の指導者だった南アフリカ出身のデービッド・アデルスタインとアメリカ人のマーシャル・ブルームの停学に抗議して5日間のハンガー・ストライキに突入した。アダムズ博士が学長に就任してからも騒動は続いた。1969年、学生は鉄製の防犯ゲートの設置に対し、強制収容所を思わせるという理由で反対した。それに続く急進的な学生によるゲートの破壊は25人の学生の逮捕と大学の3週間の閉鎖につながった。

LSEの外に集まった学生の抗議運動家、1969年

第14章——1960年代と70年代のロンドン 307

# 第15章
# 現代のロンドン

　1970年代の緊張は80年代になっても続いた。警察とブリクストンの黒人コミュニティの間の敵意は暴動に発展した。イギリス政府との対立によって、グレーター・ロンドン市議会は1986年に廃止された。アイルランド共和軍（IRA）は一連の爆弾テロ事件を開始した。

　1980年代には明るい兆しも見えてきた。1983年に最低を記録したロンドンの人口は、ふたたび増加に転じた。銀行・金融業がロンドンの富の牽引役をドックから引き継ぐと、シティを通じて入ってくる収入は急増した。

　また、1980年代には荒廃したドックがドックランドとして開発され、輝くような新しいオフィスと住宅地がテムズ川沿いの土地に並んだ。

　2000年に新しい戦略的な地方行政府としてグレーター・ロンドン・オーソリティ［大ロンドン庁とも呼ばれる］が設置されたことにより、楽観的なムードはいっそう高まった。グレーター・ロンドン全体を統括する初代市長のケン・リヴィングストンは市の成長を支えた。人口は増加し、さらに高いビルが建設され、富を得る機会が増え、ロンドンは急成長した。

　ロンドンは福祉国家の介入を受ける一都市として運営されるべきか、あるいは自由市場の自由を重んじるべきかという激しい議論が持ち上がった。しかし、ひとつだけ確かなことは、ロンドンはもう昔には戻れない国際的な都市であり、文化、信仰、民族性の独特な都会的融合が隅々まで浸透しているということだ。

**歴史画、1994年**
1993年の人頭税暴動を描いた迫力のある絵。ロンドン中心部で起こった歴史的な市民暴動を描いている。画家のジョン・バーネットはこの題材を政治的な理由ではなく、美術的な観点から選択した。

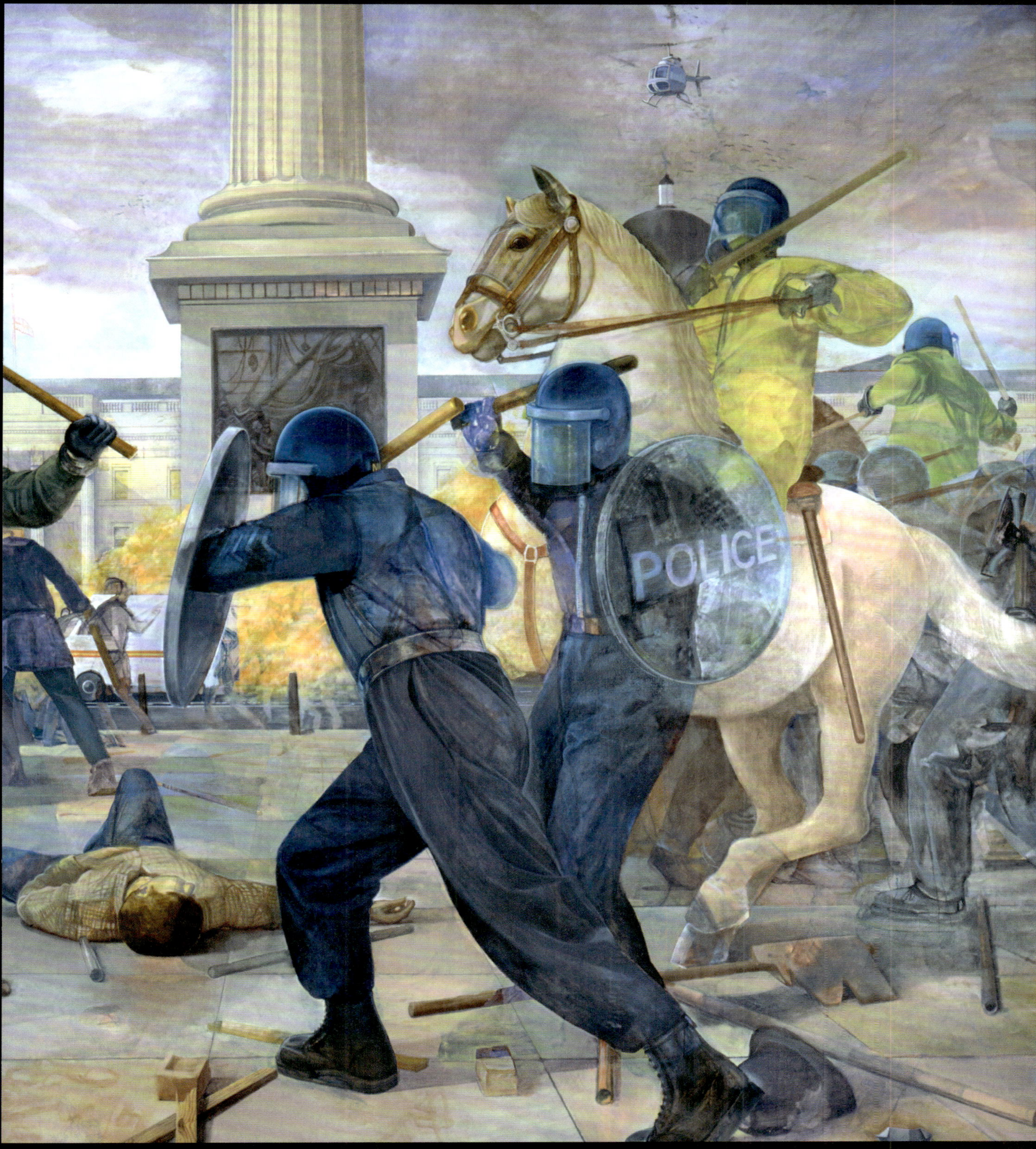
POLICE

# ドックからドックランドへ

テムズ川沿いの荒廃した土地の再開発は驚くべき成果を上げた。ドックランドはロンドンに新しい地域と、都市の再生の新たなモデルを作った。

1968年には、アイル・オブ・ドッグズはドックのためだけに利用されていた。住宅は限られ、ドック関係者以外はこの地域に立ち入るのも難しかった。1960年代末以降、古いドックは閉鎖されはじめ、1975年から1982年にかけて、アイル・オブ・ドッグズの仕事は8000からわずか600まで減少した。ドックの閉鎖は商業的な再開発の可能性がほとんどないまま、広大な荒れた土地を残した。当時環境相だったマイケル・ヘーゼルタインが編み出した解決策は、政府資金による国有化と民間企業による柔軟な開発という大胆なものだった。新しい独立公共機関のロンドン・ドックランド開発公社（LDDC）が設立され、かつてドックだった地域とアイル・オブ・ドッグズの「エンタープライズ・ゾーン」を合わせた22平方キロメートルの開発を監督することになった。LDDCは再開発を促進するために前例のない権限を与えられた。そこには選挙で選出された地元当局のそれぞれの開発計画よりもLDDCの決定が優先するという、大きな論争を呼んだ権限も含まれていた。LDDCは最初から交通網の改善の必要を理解していた。開発地域の中心部まで新しい道路が建設されたが、アイル・オブ・ドッグズへの交通はそれでも不便なままだった。グレーター・ロンドン市議会は、ますます混雑するロンドン東部の広範囲な交通問題を解消するために、アイル・オブ・ドッグズの北のワッピングと旧王立ドックとの間に迂回路を建設する計画を立てた。この道路は1987年に部分的に完成したが、肝心のライムハウス・リンク・トンネルは1993年まで完成しなかった。

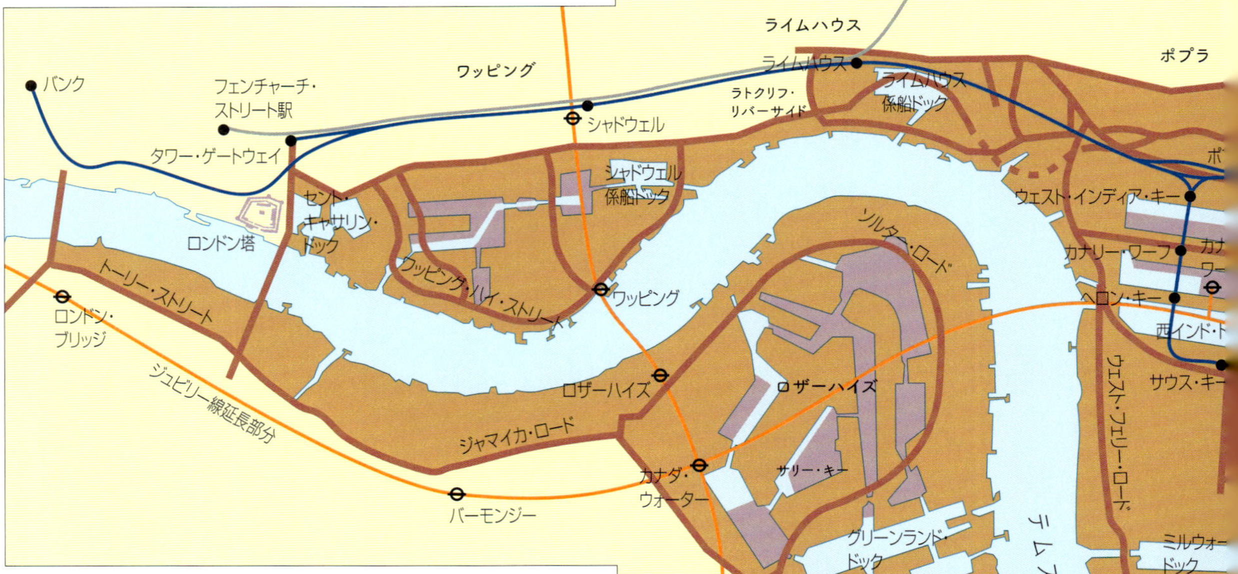

**ドックランド、1998年**
この地図はLDDCが主導した17年間の再開発と126億ポンドの投資を経た新しい地域を示している。

**バレルズ・ワーフ**
これらの絵はミルウォールの同じ場所を示している。上の絵は1937年のミルウォール。下は1997年の姿で、2軒のアパートが建っている。

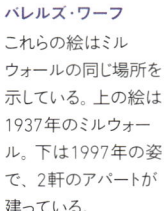

アイル・オブ・ドッグズへの交通は多少改善されたが、交通の不便さが新しい事業の妨げになることは疑いようがなかった。この状況を劇的に改善したのは、最初に1982年に提案されたドックランド軽便鉄道だった。この鉄道の工事は1984年に始まり、1840年に建設されたロンドン＆ブラックウォール鉄道の既存の陸橋を利用して進められた。LDDCはこの新鉄道が既存の地下鉄網にリンクすることが重要だと考え、バンク駅までの延長部分が1991年に開通した。アイル・オブ・ドッグズの再開発は大成功で、ドックランド軽便鉄道の乗客定員は、まだ運行される前から見直す必要があり、プラットフォームも最初の予定より長くしなければならなかった。ロンドン地下鉄のジュビリー線を延長し、カナリー・ワーフに駅を設置する計画も1989年に承認された。地下の深い位置にあるこの駅は、排水後の西インド輸

出ドックの東端に建設された。

　LDDCはまず新しい製造業やサービス業の誘致から始めたため、アイル・オブ・ドッグズの開発は、最初は小規模に進められた。しかし1986年からは、銀行などの企業がシティから移転しはじめて、もっと大きな高層ビルの需要が生まれた。1987年に、旧西インド輸入ドックと輸出ドックの間の埠頭地域が新しいカナリー・ワーフの中心地として開発された。オフィス、商店、駐車場のあるこの区域には、数年

世代が最初に住む安い住宅を開発計画に含めるように開発業者に対する働きかけが行なわれたが、住宅価格は多くの地元住民には手が届かないままだった。カナリー・ワーフで働くオフィス・ワーカーが便利な場所に住みたがり、シティやウェスト・エンドからの交通の便がよくなるにつれて、住宅価格はますます跳ね上がった。地元住民の多くは立ち退かざるを得ず、この時期の保守党政権に永遠につきまとう苦々しい感情が残った。

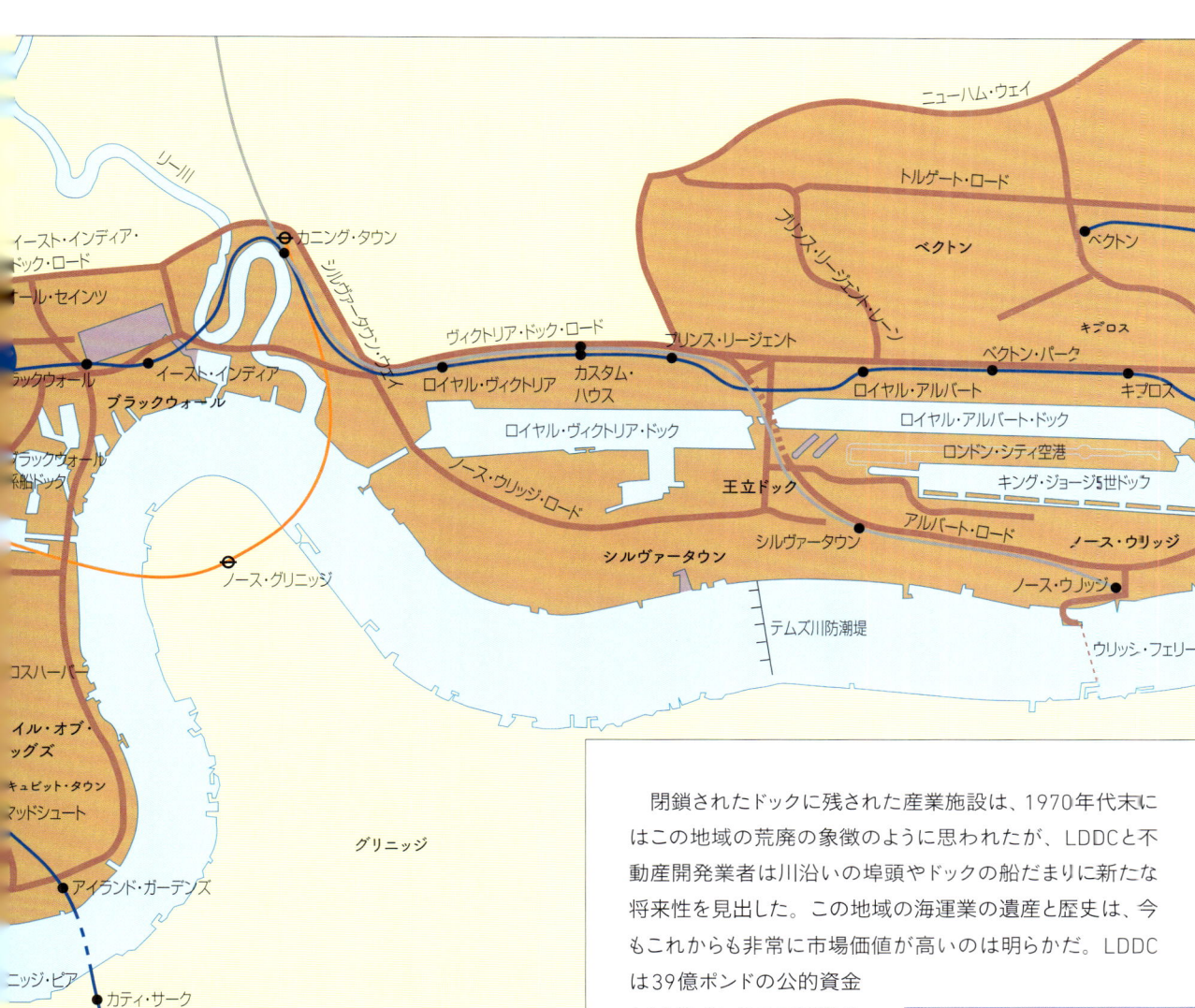

間はカナダ・タワーだけがぽつんと建っていたが、経済が好調になった1990年代末からはその他の高層ビルが加わった。ドックランドの開発をめぐる最大の論争は、おそらく住宅建設に関するものだろう。1980年代以前は、アイル・オブ・ドッグズの住民の大半はミルウォール側かキュビット・タウンの19世紀半ばに建てられた住宅に住んでいた。1930年代にいくつかの低層アパートがロンドン州議会によってミルウォール・ドックの近くに建設された。この地域は第2次世界大戦中に激しい空襲を受け、1960年代と70年代にいくつかの新しい公営住宅が建設された。住民の大半は地方自治体が建設した住宅で暮らし、LDDCが民間の住宅開発を奨励しはじめると、激しい反対意見が噴出した1988年までに、アイル・オブ・ドッグズの公営住宅の割合は83パーセントから40パーセント未満に落ち込んだ。若い

　閉鎖されたドックに残された産業施設は、1970年代末にはこの地域の荒廃の象徴のように思われたが、LDDCと不動産開発業者は川沿いの埠頭やドックの船だまりに新たな将来性を見出した。この地域の海運業の遺産と歴史は、今もこれからも非常に市場価値が高いのは明らかだ。LDDCは39億ポンドの公的資金と87億ポンドの民間資金をつぎこんでロンドンに新しい地域を建設した。エンタープライズ・ゾーンが都市の再生モデルとして広まるにつれて、ドックランドはイギリス各地に遺産を残した。ロンドンではドックランドの成功に刺激されて、1990年代にはさらに野心的なテムズ・ゲートウェイ地域の再生計画が持ち上がった。　　　　　[TW]

**カナダ・タワー、カナリー・ワーフ、1991年**
ヨーロッパでもっとも高いビルの完成間近の姿を描いた絵。カール・ロービン作。

第15章——現代のロンドン　311

# ロンドンの国際金融

1980年代にロンドンは国際金融で活況を呈した。
1986年の金融「ビッグバン」は古い取引習慣を自由化し、
ロンドンに新たな富をもたらした。

**ロイズビル**
リチャード・ロジャーズによって設計されたこのビルは、人目を引く外観がたちまち有名になり、絶好の被写体になった。この写真は1989年にトム・エヴァンズが撮影したもの。

シティの金融市場は1980年代に生まれ変わった。これまでのように証券取引所会員内の制限的取引慣行がまかり通るのではなく、少なくとも評判上は、シティはダイナミックで国際的に開かれた都市になった。ロンドンは間違いなく東京やニューヨークに匹敵する国際金融の中心地になった。

新しい保守党政権は、1979年に証券取引の自由化によって改革に弾みをつけた。ロンドン証券取引所の支配、管理、所有権もまた見直しの対象となり、ロンドン証券取引所の規則集は制限的取引慣行の禁止に抵触することが明らかになった。主要な業界再編の動きが明らかになり、大銀行、マーチャントバンク、株式仲買人の合併ラッシュが起こった。バークレイズ銀行はウェッド・デュラッハーおよびデ・ズーテと合併し、ロスチャイルドはスミス・ブラザーズと、ドイツ銀行はモルガン・グレンフェルと合併した。

1986年10月27日、金融「ビッグバン」が古い規則を廃止し、新しいやり方を導入した。取引所会員の中で、顧客の注文の媒介を行なうブローカーと自己の勘定で売買を行なうジョバーを分けていた制度を廃止して兼業を解禁し、立会所で顔を合わせて取引する旧態依然としたやり方も廃止した。以後、取引はコンピューターのスクリーン上で行なわれるようになった。

ロンドンにとってもっとも重要な結果をもたらしたのは証券取引所会員権の開放によって、外資系銀行が参入できるようになったことである。シティの主要なブローカーとマーチャントバンクの大半は外資系の会社の傘下に入った。1985年にはシティの上位企業はイギリスの会社で、伝統あるモルガン・グレンフェルやハンブロスの名前も含まれていた。2005年までに、シティの上位20企業の中からイギリスの会社は姿を消し、今ではアメリカ企業5社、スイスとドイツの企業がそれぞれ4社、フランス、オランダ、サウス・アフリカ企業がそれぞれ2社、そしてカタール企業1社が上位を占めている。

## 先物取引、金融市場、外国資本

変化はシティの他の分野でも生じていた。1982年に新しい種類の証券取引が誕生した。それはロンドン金融先物オプション取引所(LIFFE)で、複雑な金融商品を未来の価格で取引するものだ。LIFFEは立会による取引を1988年まで続け、立会所のトレーダーの厚かましい強気な「金にものを言わせる」悪名高いライフスタイルは、新世代の若い労働者階級の男性をシティに呼び込んだ。「15万ポンドという収入はゲイリーやトニーのようなトレーダーにとって決して珍しくない」と1988年8月の『インディペンデント』紙は書いている。また、もうひとつの特集記事には年収800万ポンド稼ぐケント出身の元じゅうたん張り業者の話題が取り上げられている。

山高帽子と仲間内だけの取引は国際企業に道を譲った。メディアはシティが「外資の手に落ちた」と批判したが、ここで国家主義を持ち出すのは的外れだ。ロンドン金属取引所の最高経営責任者のサイモン・ヒールは、2004年に次のように述べている。「私は子どもの頃コーン・フレークスをよく食べた。マルミット[イギリスの大衆食品]と同じようにイギリスの食べ物だと思ってね。実際には違ったわけだが、大して気にならなかった。(中略)イギリス製には思

**巨大オフィス、1997年**
新しい不動産開発は、計画中のものも含めて、2万7850平方メートルを超えるオフィス・スペースをシティにもたらした。

い入れがあるけれども、私たちのようなビジネスには、それは問題ではない」。たとえば名前と所在地に関係なく、ロンドン金属取引所は完全に非イギリス企業によって所有され、そのビジネスは世界の金属取引の90パーセントを占めている。

20年後、ビッグバンの遺産は明白だった。金融業の仕事はそれ以前の3分の1を超える増加を見せた。ロンドンを通じて取引される株式の年間取引高は1010億ポンドから2兆4950億ポンドに急増した。また、ビッグバンは5000万ポンドを超える資産を持つおよそ200人のヘッジファンド・マネジャーという新たな富裕層を生んだ。これがロンドン全体の利益につながるかどうかについては意見が分かれた。

## 新しい巨大オフィス

ビッグバンはシティの「スクエア・マイル」[シティの広さが約1マイル四方なことから、シティを指す。]の風景に、目に見える変化を与えた。1986年に完成したロイズビル(左頁)は、広大なフロア・スペースを持ち、国際コミュニケーションに必要なケーブルを入れた導管が圧倒的なスケールで張り巡らされた新世代の巨大オフィスの先駆けだった。1986年から89年にかけて、シティのオフィス・スペースは既存のオフィス・ビルの建て直しや改築によって、74万5000平方メートルからおよそ200万平方メートルに拡大された(上の地図)。

建築家の創意工夫にもかかわらず、これらの新しい巨大なビル群は中世のシティの町並みになかなかなじまなかった。いくつかの企業はシティから東に移転し、アイル・オブ・ドッグズの新しい高層ビル群に落ち着いた。2001年までに、シティの全労働人口は25万人を数える一方で、ドックランドでは4万人だった。しかし、ロンドン東部の新しい金融の中心地は急速に追い上げつつあった。

2001年、バークレイズ銀行は本部をシティからカナリー・ワーフに移転させる計画を発表し、シティを震撼させた。一方、国際的投資銀行の大手3社、メリル・リンチ、ゴールドマン・サックス、そしてJ.P.モルガン・チェースはシティに残った。作家のピーター・アクロイドの言葉を借りれば、イングランド銀行、市長公邸、そしてロンドン証券取引所が三位一体となってかもしだすシティの「神聖な土地」のオーラは健在だった。ロンドン証券取引所は2004年にセント・ポール大聖堂の隣のパターノスター・スクエアの建物に移転し、ふたたびシティとの絆を深めた。

1990年代にロンドンの金融業界は活況にわいた。ドイツの金融都市フランクフルトに脅かされていたヨーロッパの金融の首都の座はゆるぎないものになった。ニューヨークはさらに市場を開放してヘッジファンドなどの新しい財産形成手段を引きよせていたが、2005年までにロンドンはニューヨークとも肩を並べるまでに成長した。「ニューヨークに今も金融の中心地として君臨しているが、ロンドンには勢いがある」と雑誌『ニューヨーク』は2007年に述べている。

シティの国際主義はその建物に表れている。ノーマン・フォスター、ジェームズ・スターリング、サンティアゴ・カラトラヴァといった世界を代表する建築家が、シティを建築上の流行の最先端に位置づけた(下の写真)。ロンドンの労働人口は、金融市場とともに国際性を増した。世界都市としてのロンドンの姿は、ますます多文化化する住民と同様に金融産業にも表れていた。

[McL]

**ビリングスゲート、2000年**
ビリングスゲート魚市場は1982年にシティから移転し、残されたアーチ形装飾のある建物(中央)はオフィス・スペースに変えられた。

第15章——現代のロンドン　313

# 交通──M25環状高速道路、飛行場、英仏海峡

いくつかの開発計画がロンドンの交通網、特に海外との結びつきを変化させた。ロンドン内部では、自動車の数が増加して渋滞がひどくなり、道路計画に対する反対運動も起こった。

20世紀終わりの20年間に、ロンドンの交通の整備のために多額の投資が行なわれた。好景気の後押しと人口増加、そして大規模開発計画の資金調達のための新しいモデルによって、ロンドン市民がロンドンを移動し、国外からの旅行者がロンドンに入ってくる方法に大きな変化が生じた。

開発計画は膨大な数に上った。1980年から2000年にかけて、ロンドンにはふたつの新しい高速道路、M25（1986年開通）とM11（1999年開通）が建設された。また、ふたつの軽便鉄道（ライト・レール）の路線が作られた。ひとつはドックランドへ行き帰りする路線（1987年に運転をはじめ、1991年、94年、99年に延長）で、もうひとつはクロイドンから来る路線（2000年5月開通）である。地下鉄網については、19億ポンドを投じてジュビリー線の東部の延長線（1999年）と、北部のダルストンから南部のクリスタル・パレスまでの東ロンドン線の延長線が建設された。1988年にはテムズリンク線が北部と南部を結ぶ新しい路線をロンドンに通した。1991年にはダートフォードに新しい橋が建設されたが、これはイギリスではじめて完全に民間資金によってまかなわれた主要なインフラ開発計画になった。2001年には国民宝くじミレニアム基金から資金を得て、ロンドン中心部でふたつの歩行者用の橋がテムズ川にかけられた。

再開発されたドックランドでは、仕事上の移動が盛んで、まったく新しい空港が建設された。それが1987年に開設されたシティ空港で、ロンドンの5番目の国際空港である。既存の4つの空港も盛んに利用され、1986年にヒースロー空港に4番目の新ターミナル（下の写真）がオープンしたあと、続いて1988年にガートウィック空港、1991年にスタンステッド空港、1999年にルートン空港で新ターミナルがオープンした。現在ではヒースロー空港は年間5100万人の乗客が利用する、世界でもっとも利用客の多い空港である。5番目のターミナル建設は2006年に始まり、2008年に完成した。パディントンからヒースローまでは新しい高速鉄道で結ばれた。とりわけ重要なのは、ロンドン、パリ、ブリュッセル間を結ぶ「ユーロスター」が1994年に開通したことだ。これによって今や北フランスの自宅からロンドンに通勤することも可能になった。

**ロンドンの高速道路**
ロンドンの新しい環状高速道路M25は1986年に開通した。

**ヒースロー行きの飛行機、2000年**
ヒースロー空港は1986年に4つ目、2008年に5つ目のターミナルを建設した。飛行機の発着が増えるにつれて、地元への影響が深刻な問題となった。

## 論争と計画延期

これらの開発計画の多くはドックランドの再生のために計画され、ロンドン最大の雇用の中心地になりつつあるこの地域の必要性に応えるために実施された。一般的に、開発計画の資金は民間と公共の両方からから調達されるのが普通で、これが論争と計画の延期を招くもとになっていた。ジュビリー線の延長計画は、それぞれの出資者に求められる金銭的貢献の度合いをめぐって論争が続き、数年間も棚上げされた。実現しなかったこの時期の大きな開発計画に、クロスレール鉄道がある。この計画は民間と公共の利害の不一致によって頓挫した。クロスレール計画はロンドン中心部の通勤鉄道が過度に延長されている現状を調査したあとで、1989年に最初に承認された。このとき提案されたのは3つの新しい開発計画だった。ロンドン中心部の新しい地下トンネルを通ってイーリングとストラトフォードを結ぶ東西クロスレール線、ハックニー-ウィンブルドン間の新しい南北地下鉄連結線、そしてジュビリー線の延長だった。工事の開始は先延ばしにされ、2004年に大蔵省が2度目の、あまり気乗りのしないスタートの号令をかけた。2005年にオリンピック誘致に成功したことも、この開発計画の将来に有利に働いた。「ロンドンの長期的な未来のために、クロスレールはオリンピックよりも重要な役割を果たす」と、グレーター・ロンドン市長のケン・リヴィングストンは述べた。「クロスレールはシティとカナリー・ワーフが国際的な優位を保つのを可能にし、ウェスト・エンドの再生を助け、2012年ロンドン・オリンピックの恩恵をストラトフォードに残す力となって、ロンドンでもっとも急速な経済発展を遂げている地域を支えるのに必要な交通システムである」。

## 道路建設への反対

鉄道整備のための投資が進むかたわら、1990年頃から道路建設に対する熱意は冷めてきた。1980年代の間、ロンドンを走る自動車の数は22パーセント増加し、渋滞は首

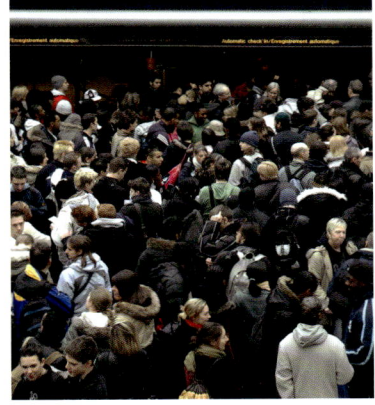

**ウォータールー駅**
（左の写真）
1994年から2008年まで、パリやブリュッセルへの旅行者はナポレオン戦争でフランスとイギリスが戦ったベルギーの土地の名前にちなんだ駅からロンドンを出発していた。ユーロスターの駅は2008年にセント・パンクラスに移転した。

**クレアモント・ロード、レイトンストーン、1994年**
（右の写真）
この家並みはM11高速道路の建設反対派の最後の砦となった。

都の中心部だけでなく、あらゆる地域で悪化していた。1986年にM25高速道路が開通し、ロンドンの交通をスムーズにしたいという戦後の都市計画者の夢をかなえた。2年後、この新しい高速道路は正反対の結果をもたらし、身動きの取れない自動車が35キロの長さで並ぶロンドン最大の交通渋滞を生んだ。

道路の建設に対する反対運動の中でもっとも大規模で長期にわたったのは、1980年代と90年代に行なわれたM11高速道路の建設に対するものだった。抗議運動は1993年に、レイトン、レイトンストーン、ウォンステッドの住宅からの強制立ち退きに抵抗して、反対派が道路の占拠などの非暴力的抵抗の形で直接行動に訴えたときに最高潮に達した。住民はヴィクトリア時代の連続住宅を急ごしらえの壁で囲って侵入を防ぎ、室内を通って家と家の間を行き来できるようにし、屋根の上には近くの木立まで伝い歩けるような通路を作った。1994年1月、彼らは主権国家「ウォンストニア」の独立を宣言した。2月にウォンズトニアが執行官によって撤去させられると、近隣の「レイトンストニア」が独立宣言した。反対派の最後の砦となったクレアモント・ロードでは、1994年12月に最終的な強制立ち退きが行なわれた（上の右の写真）。この頃には抗議運動は世界的なニュースになっており、この強制執行は世界のメディアの注目を浴びた。M11高速道路はようやく1999年10月に開通した。

その間にもロンドン中心部の交通渋滞は我慢できないほどひどい状態になっていた。平均時速は15キロ程度に落ち、車を運転している時間の50パーセントは渋滞に巻き込まれて止まっていると推定された。駐車料金の高騰も、違法駐車した車への車輪止めの採用も、自動車の利用を制限する効果はなかった。2003年にグレーター・ロンドン市長ケン・リヴィングストンは思い切った手段に訴えた。それはロンドン中心部に入ってくる車両の運転手に混雑料を請求することで、ロンドンほどの大都市としては初めての試みだった。渋滞が軽減しただけでなく、ロンドン中心部の空気が改善され、公共交通の充実に回せる資金が調達できたという点で、この作戦は一般的に成功だったとみなされている。

自動車が邪魔者扱いされていく一方で、自転車は正反対の扱いを受けた。自転車通勤者は1980年代に29パーセント下落し、1993年に過去最低の水準に達したが、それから上昇に転じた。もっとも急激に増加したのは2000年以降で、これは混雑料の徴収に対する反応だけではなく、2005年7月にロンドンの地下鉄3か所が同時に爆破されたテロ事件によって、公共交通機関に対する不安が生じた結果でもあった。また、自転車は個人的にも社会的にも健康によいという研究結果が次々に発表されるにつれて、自転車利用者の間に自尊心も生まれた。ロンドンの自転車利用促進キャンペーンのスローガンは、「ロンドンのため、あなたのため」と訴えた。　　　　　　　　　　　　　　　　　　［CR］

**ロンドンの新鉄道網**
1990年代以降、7つの新しい鉄道の路線が開通するか、計画された。

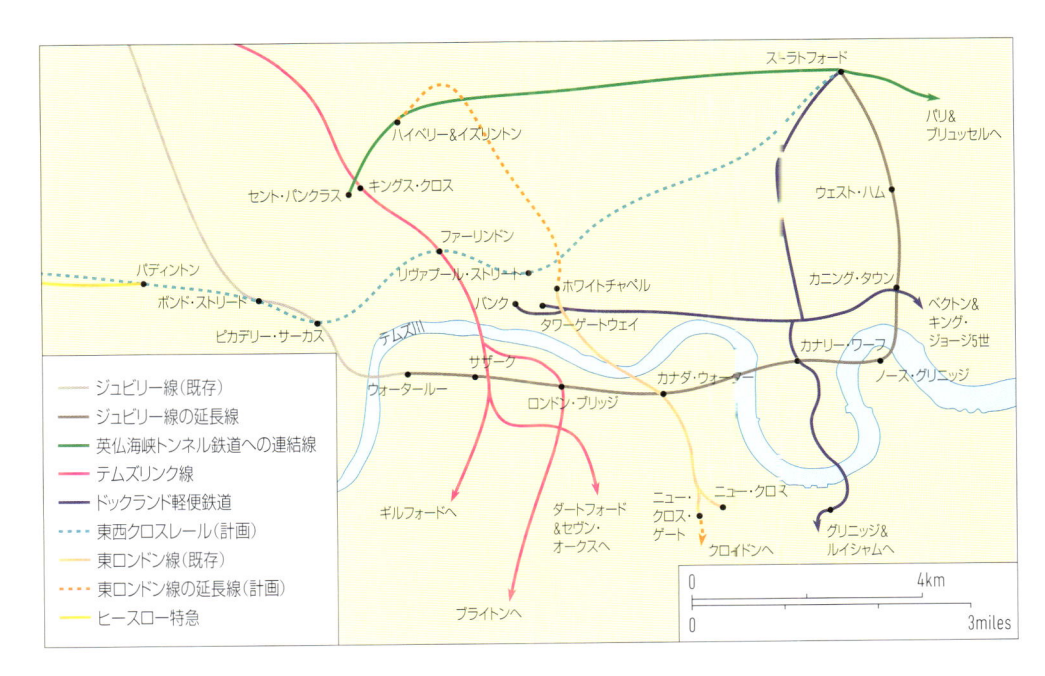

第15章──現代のロンドン　　315

# ロンドン・ブランド

1990年代に、ロンドンはクールな文化の世界的な中心地として新たなイメージを獲得した。世界中の都市の番付で、ロンドンは文化面では高い評価を得たが、生活の質の点では下位にとどまった。

**ロンドン・マルク**
ロンドンの活気を伝えるために、1996年に導入されたロゴ。

　1990年代のロンドン市民は、彼らの都市がふたたび流行の先端に立った喜びにわいていた。1996年の雑誌『デイリー・テレグラフ』で、編集者のエマ・ソームズは次のように述べている。「流行のクラブにしゃれた装い、いかしたアートと最高のレストラン、そして一晩中眠らない信じられないほどクールな人たち(中略)ロンドンはすばらしくシックで、新しい思いつきに満ち、ふたたび流行の台風の目の中にいる」。

　同誌は「ロンドンでもっとも注目されている若手アーティストのひとり」サム・テイラー・ウッドに1990年代のロンドンの生活をイメージした作品を依頼した。ウッドはクラブの常連、芸術家、パーティに入り浸る人、買い物客、レストラン経営者という、当時のロンドン市民を象徴する5人を1枚に収めた合成写真を作成した。この写真は当時を象徴するショアディッチのギャラリーに展示された。

　1960年代のロンドンの華やぎを覚えているソームズは、90年代のロンドンの「盛り上がり」は、かつてない豊かさに支えられているという点で前回とは性質が違うと指摘した。「ロンドンで大量に買い物をする外国からの資金と外国人が大量に流れ込んで、ロンドンがただの地元産のベルベットにすぎなかった頃とは比べものにならないような輝きをこの都市に与えている」。

　ロンドンの新しい「ブランド」は、まず外国で認められた。1996年にアメリカの雑誌『ニューズウィーク』は、ロンドンを「世界でもっともクールな都市」と呼んだ(右頁)。2005年にパリを抑えてロンドンがオリンピック開催地に選ばれたことは、この都市が世界的に高く評価されていることを表わしていた。2007年に雑誌『ニューヨーク』は、ロンドンにはもはや「ヨーロッパのマンハッタン」という説明はいらないと認めた。今日ではイギリスの首都ロンドンは世界でもっともダイナミックで国際的な都市となり、才能のある企業家が世界中から集まってくる。

## クールな都市

　ロンドンはこの新しい自己イメージにすんなりとなじんだ。ロンドン市民はみな、ロンドンが世界のファッション・リーダーであり、ロンドンのクリエイティブ産業が繁栄していることに誇りを感じている。自信と権利意識の高まりによって、お金さえあれば誰でも最新流行のアトランティック・バー・アンド・グリルでシャンパンを飲み、ターンミルズ・クラブで一晩中楽しむこともできる。目抜き通りのチェーン店に行けば誰でもデザイナー・ファッションを買うことができる。統計的に見ても、ロンドン市民は豊かになった。ロンドンの歴史上はじめて、住宅所有者の数が借家人の数を上回った。最新流行のクラブやレストランが、以前はみすぼらしかったクラークンウェルのような地域に出店し、貧しい地域と豊かな地域を分けていた昔の境界線はあいまいになった。

　ロンドンの変化は、観光客に対する宣伝の仕方にも表れた。昔のロンドン観光の象徴だったビーフイーターと呼ばれるロンドン塔の守衛やピカデリー・サーカスは、ノッティン

### ✥ クラブの中心地

　ロンドンの新しいブランドは、地上にある新しい建築物と、地下に隠された目に見えない場所に表れていた。ヨーロッパの若者は、昼はテート・モダン美術館に詰めかけ、夜はロンドンのクラブに集った。

　1980年代と90年代のクラブの流行は、夜のロンドン文化の地図を塗り替えた。これまで目立たなかった地域が夜の歓楽街になった。この新しい地図の目印になる建物は、特に建築上の特徴はなく、入り口はただの普通のドアだった。典型的だったのは、サザークの活気のないオフィス街に開店した、ロンドン最大のクラブ、ミニストリー・オブ・サウンドだった。ホルボーンを中心に、スミスフィールド・マーケット周辺まで広がるクラブ街も誕生した。

　クラブ通いは本来ヨーロッパで生まれた流行で、1994年にはユーロスターの開業とともに、ロンドンのクラブとの相乗効果も発生している。20数名の疲れ切った若者が集団で、日曜夜のパリ行きのユーロスターに乗っているのが定期的に見かけられるようになった。彼らはロンドンで48時間休みなく遊びつくした帰りなのである。

**ロンドンのクラブ、1990年代**
クラブはしばしば住宅地ではないオフィス街に作られた。オフィス・ビルの1階や地下の貯蔵スペース、倉庫を利用した店もあり、そのため、短期間で閉店する店が多かった。

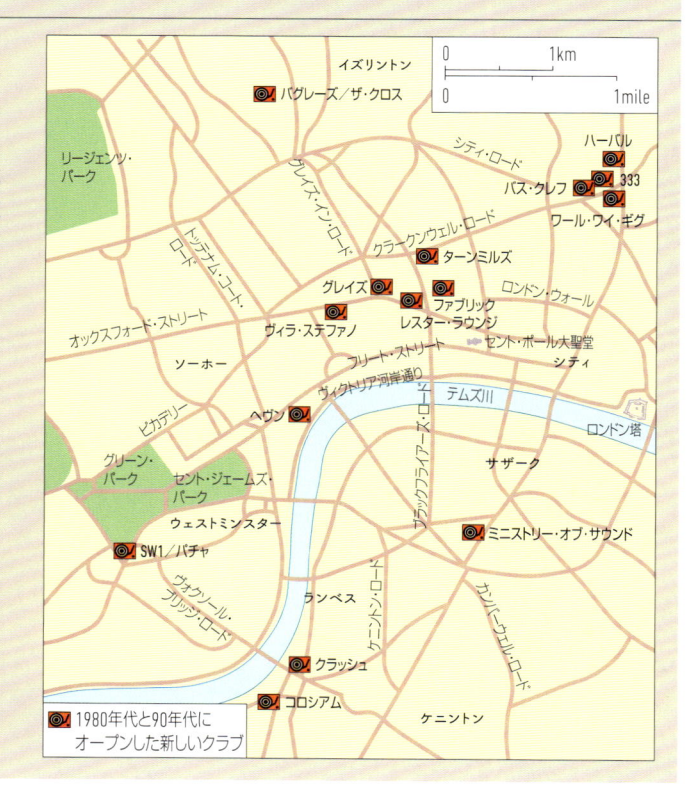

グ・ヒル・カーニバルやカムデン・マーケットのイメージに道を譲った。観光関連省庁はロンドンを多文化のリズムと世界各国の料理で賑わう若者の町として印象づける努力をした。1996年1月、国家遺産省〔1997年より文化・メディア・スポーツ省〕とイギリス観光庁、そしてロンドン観光庁は、海外市場向けに「ロンドンの真の精神と性質」を表現する「ロンドン・マルク」という新ロゴを作った。ロゴの絵柄には手をつなぐ人々がデザインされた〔左頁〕。

ロンドンのシンボルの変化は、旅行者の顔ぶれの変化を反映していた。1996年にはロンドンを訪れるフランス人観光客の半数近くが16歳から24歳までの若者だった。2003年にはロンドンの新しいブランド・マーク「トータリー・ロンドン」が導入された。都市生活に慣れた都会的なイメージをかもしだすこのマークは、若者市場がロンドンの観光業の中心を占めていることを示していた。

若者の間にあるロンドンのクールなイメージは、この都市の道をゆく人々の服装と、新進デザイナーの存在によるところが大きい。パンク・ファッションを代表する天才的デザイナー、ヴィヴィアン・ウェストウッドはサブカルチャーからオートクチュールに進出したはじめての例になった。その後はロンドンの新世代のファッション・デザイナーがウェストウッドのあとに続いた。ウォリントン育ちのジョン・ガリアーノ〔ジバンシィやクリスチャン・ディオールのデザイナーを務めた。〕は、1987年から97年までの間にブリティッシュ・デザイナー・オブ・ザ・イヤーを4度受賞している。タクシー運転手の息子でステップニー育ちのアレクサンダー・マックィーンはナイト・クラブ通いでファッション・センスを磨き、1996年にガリアーノの後を継いでパリのジバンシィの店のチーフ・デザイナーに抜擢された。

街頭ファッションの奇抜さと個人主義を折衷した「ロンドン・ルック」は、当時のトップモデルだったクロイドン出身のケート・モスとストリートハム出身のナオミ・キャンベルとともに世界に広まった。彼女たちが身につける時代を先取りした服のデザイナーと同様に、モデルもまたロンドンの都会的な創造精神を代表するようになった。

| クォリティ・オブ・ライフ

投資の誘致をめぐる世界の都市間の競争に「暮らしやすさ」の問題が考慮されるようになるにつれて、ロンドンのブランドはビジネス界で重要になった。今や多国籍企業は世界のどこにでもオフィスを構えることが可能になったため、経済情勢以外の要素が重視されるようになった。コンサルティング会社は世界の都市を生活の質と生活費の点で順位付けしたランキング表を作成しはじめた。2004年、コンサルティング会社のマーサーが発表したランキングでは、ロンドンは生活費の高さで2位になった。金融機関のUBSが2008年に発表した調査では、ロンドンは賃貸住宅の費用の高さが原因となって、もっとも生活費の高い都市になった。2007年のマーサーの各都市の「生活の質」ランキングでは、ロンドンは39位という低い評価に甘んじた。

こうした都市のランキングは主要なメディアで盛んに取り上げられ、ロンドン市民にはさしたる驚きもなく迎えられた。「暴露:クールな都市のダークサイド」という見出しの記事を掲載した1996年9月の『イヴニング・スタンダード』は、さらに新しい統計値を発表した。それによれば、首都ロンドンはイギリス中でホームレス率がもっとも高く、犯罪の通報件数も最高だった。ロンドンのいくつかの地域は、失業率が60パーセントという驚きの高さに達していた。高騰する住宅価格は「手ごろな住宅」をこの都市の中核となる労働者の手の届かないものにしていた。こうした統計がなくても、ほとんどのロンドン市民はこの都市が富と隣り合わせに貧困を抱えている事実をまのあたりにしていた。ヴィクトリア時代に街にあふれていた路上生活者が通りに戻ってきた。貧乏人の古典的な病である結核が、ふたたび流行しはじめた。

ロンドン・ブランドに対するこの失望は、1999年に画家のマイケル・ジョンソンによって表現された〔左図〕。国家の現状を寓意的に表現したこの絵は、ホルボーン高架橋を舞台にしている。橋の上を行進しているのは芸術評議会の役人で芸術家のダミアン・ハースト、政治家のピーター・マンデルソン、ビジネスマン、科学者、そして狂った牛たちだ。その下には貧しい人々が人目を避けてたたずんでいる。こうした貧乏な人々が買う国営宝くじの収益がスポーツや芸術の振興に使われ、クール・ロンドンを支えている。〔CR〕

ニューズウィーク、1996年
ロンドンに「世界でもっともクールな都市」という称号を与えたアメリカの雑誌。

高架橋、1998年
ホルボーン高架橋を舞台に描いたこの絵は、現代のロンドンの寓意で、クール・ロンドンの主要人物ピーター・マンデルソンやダミアン・ハーストとともに、狂った牛とうらぶれた貧乏人の姿が描かれている。

| 第15章——現代のロンドン

# ロンドンの新しいランドマーク

20世紀末から、新世代の象徴的な建物がロンドンのスカイラインに変化をもたらした。ロンドン市民のランドマークでもあるこれらの建物は、スタイリッシュな建築の新たな流行を表してもいた。

**ミレニアム・ドーム、2000年**
リチャード・ロジャーズが設計したこのドームは、商業的に不成功に終わったミレニアム・フェスティバルの会場として建設された。フェスティバル終了後、数年間使われないままになっていたが、2005年にザO2と呼ばれる新しい娯楽施設としてオープンした。

**テート・モダン美術館、2000年**
21世紀初期のロンドンの象徴的な美術館は、昔のバンクサイド発電所をヘルツォーク&ド・ムーロンが改装し、2000年5月にオープンした。写真は同じように有名なミレニアム歩道橋から眺めた光景。

ロンドンのスカイラインを形作るさまざまな様式がごちゃ混ぜになった建物群の中で、もっとも印象的なものは1980年代につけ加えられた。これらの建物は単に名所を増やしただけではなく、驚くほど短期間に、バッキンガム宮殿やビッグ・ベン、タワーブリッジ、セント・ポール大聖堂と同じくらい重要なロンドンの国際的象徴の一部になった。それらの建物は、エンパイア・ステート・ビルが「ニューヨーク」の象徴であり、エッフェル塔が「パリ」の象徴であるのと同様に、全世界に向けて「ロンドン」を象徴していた。

これらの新しいランドマークの開発は、イギリス各地の多くの都市を変貌させた都市再開発を背景に行なわれた。1980年に、この国は深刻な景気後退のさなかにあった。その後の20年に景気が回復しはじめるにつれて、にわかに楽観的な文化的風潮が生まれた。その文化は、イギリスの作曲家エルガーや建築家のピュージンと並んで、ビートルズやグラフィック・デザイナーのドナルド・マックギルの過去の作品の様式の中から巧みに進むべき道を選んでいた。このポストモダンな、ネオ1960年代の「クールなイギリス」のムードは、1977年の新内閣の成立と、公共と民間資金の新たな流入と時期を同じくしていた。「クール・ロンドンは建築ブームの生みの苦しみの中にある」という見出しで、1997年のある記事はロンドンの風景を完全に生まれ変わらせる32の建物の開発計画について述べている。

これらの野心的な新しい建築や再開発の多くは、1933年に販売が開始された国営宝くじによって実現した。宝くじの販売によって集められた資金は、文化遺産宝くじ基金などの数多くの団体を通じて分配されている。2001年までに、ロンドンは各々が1000万ポンドを超えるいくつかの主要な開発計画に対して、合計13億ポンドの補助金を受け取った。その中でも最高の金額は、グリニッジのミレニアム・ドーム(左の写真)の建設に対して与えられた6億2800万ポンドの補助金である。このドームは娯楽施設として経営難に苦しんでおり、建物の特徴的な外観にもかかわらず、ロンドンの象徴としての役割には影が差している。対照的に、もうひとつのミレニアム記念プロジェクトとして宝くじ基金からの補助金を受けずにサウスバンクに建設されたロンドン・アイ(巨大観覧車)は、1999年の開業以来たちまち観光土産に欠かせないイメージとなった。

宝くじ基金はロンドンの文化施設にも大きな影響を与えた。大英図書館はセント・パンクラスにコリン・セント・ジョン・ウィルソンの設計によって新しく建築された建物に移転した。これは20世紀になって建設された公共の建物の中で最大のものである。それまで大英図書館は、大英博物館の中庭の歴史的な建築物に一般に非公開の閲覧室を設けていたが、セント・パンクラスへの移転の際にこの閲覧室の蔵書もすべて移動したため、大英博物館はこの建物をふたたび利用できるようになった。大英図書館の移転後、大英博物館は使われていなかったこの建物を、誰もが利用できるヨーロッパ最大の屋根つきの中庭とした。この中庭は建築家のノーマン・フォスターによる珍しい円環状の構造を持つ屋根で天候から守られている。その他の開発計画に、ウェンブリー・スタジアムの1億2000万ポンドをかけた改修工事がある。また、シェークスピアのグローブ座が、サザークのテムズ川沿いの16世紀に建てられた場所のすぐ近くに再建された。

## 記念碑的な高層建築

ロンドンの新しい経済力は、新たな高層建築物を生んだ。その初期のものに、タワー42とワン・カナダ・スクエアがある。リチャード・サイファートによって設計され、ナショナル・ウェストミンスター銀行のために建設された(そのため、ナット・ウェスト・タワーの愛称で呼ばれる)タワー42は1970年代

を通じて建設されたが、ようやく開業にこぎつけたのは1980年になってからだった。建設当時はイギリスでもっとも高い建物で、2008年の時点でもシティ内ではもっとも高かった。その大きさにもかかわらず、タワー42は多面体の構造と、狭い間隔で建物の上から下まで通る鋼鉄の縦桟のおかげで、優美な姿に見える。

1980年に、235メートルのワン・カナダ・スクエア(カナリー・ワーフと呼ばれることが多い)が建設され、タワー42を抜いてイギリスでもっとも高い建物になった。この巨大で幅の広い高層ビルの頂点にはピラミッド型の屋根が載り、1980年代の資本主義に捧げた記念碑のように見えるし、当時はやった大きな肩パッド入りのスーツを思い出させて、サッチャリズムの化身のようにも見える。この建物はデザインの壮麗さよりも単純にその大きさによって威圧感を与え、確かに力を誇示しているように感じられる。

ワン・カナダ・スクエアが80年代の象徴だとしたら、ノーマン・フォスターの30セント・メアリ・アクスは2000年代の象徴と言えるだろう。タワー42のすぐ近くにあるこの建物は、1960年代以降にロンドンのスカイラインに加わったビルの中でもっとも目を引く独特な様式の建築物だと考えられている。ガラスと鋼鉄でできたロケット型のこのビルはガーキンの愛称で呼ばれ、ウォータールーの東からならほとんどどこからでも見える。このビルの先端の尖った頂点は、数多くの道路の向こうに不意に現れるのである。フランク・ゲーリーの設計によってスペインのビルバオに建設されたグッゲンハイム美術館と同様に、30セント・メアリ・アクスもまた、火星から舞い降りたかのような奇怪な外観に価値がある象徴的な建築物だ。円錐形に設計されているため、どの場所から見ても見間違えようのない姿が目に入る。前例のない形と、ひし形の窓の渦巻状の網目模様があるこの建物は、最初は荒々しいほどの押しつけがましさを感じるが、機知にとんだ優雅さもあって、1990年代のイギリスの若い芸術家や音楽家によるブリットアートやブリットポップと呼ばれたムーブメントの建築版である。

テート・モダン美術館(左頁)の静かに落ち着いたたたずまいほど、ガーキンの人目を引かずにおかない迫力からほど遠いものはない。その他の現代のランドマークと違って、この巨大な美術館は新しい建物ではなく、バンクサイド発電所として1940年代から存在していた。ヘルツォーク&ド・ムーロンのふたりの建築家によって生まれ変わったこの建物が21世紀の力強いシンボルになったのは、その建築が風変わりで刺激的だからではなく、それがかつて象徴していたもののためである。実際、建物の外観には大きな変化はなく、思い切ったデザインの変更は広大な画廊の内部で集中的に行なわれた。テート・モダン美術館はブリットアート、国際的な創造性、そして現代の視覚芸術の中心としてのロンドンの新しいアイデンティティを体現した。2000年5月のオープン以来、ロンドン市民や観光客はテート・モダン美術館に群れをなして集まり、この場所をロンドンで最高の観光スポットにした。

[FM]

**ガーキン、2003年**
保険会社スイス・リ社の本社ビルとしてノーマン・フォスターが設計した30セント・メアリ・アクスは、ロンドンのスカイラインに新しい息を飲むような形をつけ加えた。この建物は1992年にアイルランド共和軍の爆弾によって破壊されたバルチック海運取引所の跡地に建設された。

| 第15章——現代のロンドン        3 1 9

# ロンドンの多文化の中心地

多文化主義はロンドン市民のアイデンティティの主流になった。
権利をめぐる昔の争いが収まると、価値観をめぐる新しい論争が巻き起こった。

**ブッダパディーパ寺院、ウィンブルドン**
このような種類のタイの仏教寺院がイギリスに建設されるのは初めてで、1982年に完成した。この寺院に集まる会衆は、1960年代からロンドンにコミュニティを築いてきた。

20世紀最後の20年間に、戦後の移民のコミュニティはロンドンの社会的、文化的な光景の中にしっかりと根を下ろした。ロンドンの国際主義もまた、難民や亡命者から、ロンドンで仕事や自由を得ようとしてやってくるヨーロッパからの専門職まで、新しい移民集団の到着によって拡大した。ロンドンは、誰もが異なる民族集団出身の誰かと生活し、買い物をし、仕事をした経験を持つ、本当の国際都市になった。

1991年の国勢調査では、はじめて少数民族出身のロンドン市民の数が公式に数えられ、1990年代を通じて、一連の研究と統計によって、ロンドンがいかに多文化主義の都市になったかが裏づけられた。1997年に、ロンドン・リサーチ・センターはロンドンのコミュニティの「民族地図」を含む、当時の最大規模の調査を実施した。『国際的なロンドン：過去、現在、未来』と題する調査報告書は、ロンドンには無数の「民族的な集落」があるが、世界の他の都市と違って、ロンドンには民族的な強制居住区はないと誇らしげに述べている。

多民族主義の目に見える兆候は、実際にロンドンの多くの地域を変化させた。ギリシャ系やトルコ系のキプロス人が経営する商店やレストラン、店舗がハリンゲイのグリーン・レーンに並んだ。フィンチェリーを中心に、日本人の店舗が作られた。ポーランド人のデリカテッセンはハマースミスに、ポルトガル人のパン屋やモロッコ人のカフェはノッティング・ヒルの周辺に作られた。トルコ、イラン、イラクのクルド人地域から来た難民は、もっと歴史の長いアフリカ系カリブ人のコミュニティのかたわらで、ハックニーにコミュニティを作った。

サウソールはロンドン最大のアジア系の品物がそろう町「チョウタ・パンジャブ」として活気のある郊外になり、1989年にはこの町独自のアジア音楽放送局、サンライズ・ラジオさえ作られた。人口の60-80パーセントをアジア系が占めるパンジャブ人地域であるサウソールは、ヒースロー空港との近さによって、自然に新しい移民が最初に立ちよる場所になった。ロンドン南部のトゥーティングは、グジャラーティ[インドの言語のひとつブジャラート語を話す人々]や、パキスタン人、タミール人コミュニティが暮らす多文化の町になった。ニューハムのグリーン・ストリートはパキスタン人住民によってアジア系の服飾店や宝飾店のある町に変化した。ウェンブリーはインドと東アフリカの両方から移民してくるグジャラーティの住まいとなった。

これらの地域の持つエキゾチックな雰囲気によって、その多くが観光客の集まる街になった。1986年にウェストミンスター・カウンシルはソーホーのチャイナタウンを売り込みはじめた。中国式の仏塔や門がジェラード・ストリートに建設され、中国の新年を祝う行列が、観光客とコミュニティの双方の核となる行事として正式に採用された。1997年にはタワー・ハムレッツ・カウンシルがブリック・レーンのために同じ戦略を採用し、バングラ・タウンをヨーロッパ最大のバングラデシュ人の町としてあらためてブランド化することに成功した。

これらのコミュニティが成長するにつれて、郊外でもインナー・シティでも、新しい礼拝所がロンドンの風景の一部となった。ニーズデンに1995年に建設されたシュリ・スワミナラヤン・マンディール寺院は、ヒンズー教徒のための立派な礼拝の中心地となった。パンジャブ人コミュニティが資金を出してサウソールのパーク・アヴェニューに建設したシュリ・グル・グランス・シング・サバは、インド国外では最大のシーク教の寺院となった。1980年には地元のタイ人や中国人コミュニティの仏教徒のためにウィンブルドンにブッダパディーパ寺院（左の写真）が建設された。もうひとつの重要な建築物は1935年に建設されたホワイトチャペルのイースト・ロンドン・モスクで、このモスクは会衆が増加したために1990年に拡張工事が行なわれた。

2001年の国勢調査によれば、ニューハムとブレントは非白人が多数派を占めるはじめての自治区になった。シティは依然として圧倒的に白人が多数派（74.4パーセント）を占めていたが、少数派の民族グループの中で最大のものは35万人（5.2パーセント）のインド人で、シティは多様な民族、宗教、言語を抱合していた。次に多いのは黒人のカリブ人（4.4パーセント）で、その次が黒人のアフリカ人（2.4パーセント）だった。ロンドンで話される300種類の言語の中で、上位5つのうち4つはベンガル語、パンジャブ語、グジャラーティ語、そしてヒンズー語というアジアの言語だった。

## 人種と価値観の対立

政治やビジネスの指導者がロンドンの多文化主義をますます尊重するようになったにもかかわらず、一般のロンドン市民、そしてとりわけ首都警察にとって、人種関係は扱いにくい問題でありつづけた。1980年代前半には、1970年代にいやというほど見慣れた種類の衝突が頻繁に起こった。警察と黒人やアジア人コミュニティの間の緊張した関係は、1981年4月にブリクストンで沸点に達した。このときは高圧的な警察の態度がきっかけで3日にわたる暴動に発展し、4年後にも同じ事件が規模を小さくして繰り返された。サウソールでも1981年に地元のパブのコンサートで白人のスキンヘッドがもめごとを起こし、路上での騒乱になった。この事件で500人のアジア人と200人のスキンヘッドが争いに巻き込まれ、61人の警官が負傷した。

1990年代の決定的な出来事は、1993年4月22日に起こった10代の黒人少年の殺害事件だった。スティーブン・ローレンスはエルサムのウェル・ホール・ロードとディキンソン・ロードの角で刺殺された。捜査をめぐって警官が調査されたが、責任者を追及しきれなかったことから、一般の不信を招き、このことがのちに人種関係の重大な分かれ目となった。首都警察内部に巣くう「組織的な人種差別」が明るみに出され、スティーブン・ローレンス事件の調査は、イギリスが非白人の市民の扱いに対してどれほど公正だったかという深い反省を引き起こすきっかけとなった。スティーブン・ローレンスの死は人種関係法（修正案）を遺産として残し、ロンドン社会は人種と文化の相違が首都に投げかける問題に対処するために、より真剣で自己批判的な態度をとるようになった。

ロンドンの国際主義的な性質に対する尊重が、1960年代と70年代を悩ませていた人種と市民権にまつわる論争からとげとげしさを取り除いた。しかし、難民、亡命者、あるいはヨーロッパの貧しい国々からの経済移民という新しいグループがロンドンに到着するようになると、今までとは違う移民問題が生じた。新たな論争は、権利を求めるものから、価値観をめぐるものに移行した。1989年、イスラム教徒のグループは、抗議する権利を行使し、パーラメント・スクエアに集まってサルマン・ラシュディの『悪魔の詩』を焼き捨て、神を冒瀆した罪で作者を処刑するように呼びかけた。新聞はこの事件を一種の時代錯誤と考え、半信半疑といった態度で報じた。この事件が将来のある出来事につながるかもしれないと考えたものは誰もいなかった。　　　　　　　　　　　　　　　　　　　　［SC］

**雑誌『ロンドン族』、1998年**
ロンドンの日本人コミュニティのための情報と芸術がテーマの月刊誌。ロンドンの日本人コミュニティは2000年までに2万5000人を数え、イーリングには日本人小学校があって、日本のカリキュラムを教えている。

**都市の中の世界**
非白人と非イギリス系の人々が、この都市の各地に驚くほどの文化的多様性をもたらしている。この地図には2001年の国勢調査で明らかになった「民族的集落」も記入されている。

非白人や非イギリス系の割合、1990年
- 50％以上
- 40-49％
- 25-39％
- 25％以下
- ● 民族的な「集落」

第15章——現代のロンドン

321

# 新しい住宅開発

1970年代の終わりから、ロンドンの古びた住宅ストックの修繕や改良のために公共や民間の資金を使った野心的な再生計画が始まった。しかし、計画の進行にはつねに議論がつきまとった。

**キャットホール・ロード・エステート、レイトンストーン、1999年**
70年代に建設されたキャットホール・ロード・エステートの高層アパートは20年後に取り壊され、低層の伝統的な住宅に建て替えられた。

「ロンドンに課せられた急務は、グレーター・ロンドン市議会と自治区が建設を続けなければならないこと、しかも大急ぎで建設しなければならないことを意味している」と、1976年にグレーター・ロンドン市議会の建築家ケネス・キャンベルは語った。それから10年後、目的は完全に変化した。今やなすべきことは建設ではなく再生だった。ロンドンの放置されてきた公営住宅を修繕し、改築し、持続可能なコミュニティとして生まれ変わらせる仕事が待っていた。再生とは単に古びた住宅ストックを改装するだけにとどまらず、インナー・シティをむしばむ社会的な問題に取り組むことを意味した。

1970年代には「アーバン事業」(1978年)や団地再生事業の「エステート・アクション」(1985年)のような事業を通じて政府資金がロンドンの自治区に投入されるようになった。再生の気運が高まるにつれて、政府資金が流入する速度も速まった。1991年に住宅振興財団「ハウジング・アクション・トラスト」が設立され、続いてすぐに補助金制度「シティ・チャレンジ」(1991年)、「エステート・チャレンジ再生基金」(1993年)が設けられた。1994年にこれらの事業は再開発にかける予算を一本化する単一再生予算制度に統合され、さらに都市再生政策「ニューディール・フォー・コミュニティーズ」(1998年)が立ちあげられた。また、これらと並行して小規模な事業計画も進んだ。

これらの投資は大きな成果を挙げた。ウォルサムストーのキャット・ホール・エステートは、1966年から72年にかけて建設された21階建ての数棟のアパートからなる高層住宅だった。1991年にロンドンでは初の「ハウジング・アクション・トラスト」の対象となり、大がかりな工事が始まった。古いアパートは取り壊され、住宅地の大半は、借家人の希望にしたがって、低層の連続住宅に作りかえられた(上の写真)。ブレントでも、チョークヒル・エステートの再生の最大の手段は取り壊しだった。このマンモス住宅は1960年代にウィルズデンの過密状態を緩和するために、急ごしらえで建設されたコンクリート板仕上げの建物だった。1990年代に、ブルドーザーが取り壊しに入ったとき、残念がる人はひとりもいなかった。「大勢の人々がチョークヒルで家族とともに幸せな時間を過ごしました。しかし、今日はほとんどの人々にとって肩の荷を下ろす日です」と、地元議員のアン・ジョンは2002年に取り壊しの最終段階を記念する式典で述べた。

地方自治体は再生事業に熱心に取り組んだ。ハックニーはヨーロッパのどの自治体よりも数多くの取り壊しを達成した。批評家はこうした「破壊行為」は再利用可能な住宅ストックや建材を無駄にする不必要なジェスチャーだと批判した。ロンドンの中で最大の公営住宅を持つサザークは、イギリス最大の単一再生予算事業を運営した。それは5つの公営住宅を対象に2億9000万ポンドをかけた改造計画で、その中には2700戸の住宅に1万人が暮らすエイルズベリ・エステートも含まれていた。1997年、新首相に選出されたトニー・ブレアは、インナー・シティの劣悪な住環境問題の解決を図り、「忘れられた人々」を救済する政府の取り組みを開始するためにエイルズベリを訪問した。1998年、エイルズベリは「ニューディール・フォー・コミュニティーズ」政策による、イギリスで3番目に規模の大きい改造計画の対象となった。

1990年代を通じて、取り壊しと再建計画は進行したが、速度は遅くなった。2000年にノース・ペッカム・エステートで発生した10歳のダミロラ・テイラー殺人事件が、この事業の難しさを象徴していた。このエステートを訪れた報道陣は、彼らが見た「気のめいるようなコンクリート迷路」を政府資金が生まれ変わらせるのに失敗したと報じた。しかし、再生基金は非常に重要な役割を果たした。ロンドン中で小規模だが重要な改良工事が行なわれ、住宅地を再生させた。アパートに寄せ棟屋根がつけ加えられ、バルコニーが明るい色に塗りなおされ、犯罪が起きやすい「無人地帯」を無くして、こぎれいな環境になった。また、基金によって必要とされた職業訓練や、麻薬と健康に関する教育プログラムの実施が可能になった。

ロンドンの住宅の多くが再生事業によって生まれ変わり、借家人に満足感を与えた。ロンドン北部のブロードウォーター・ファームは成功した事例のひとつである。1985年の激しい暴動で知られるこの場所は、20年後に住民自身と3300万ポンドの再生事業計画によって生まれ変わった。2005年にメディアはこう報じた。「警察とコミュニティの関係はきわめて良好で、アパートの一室に麻薬の踏み込み捜査が入ったときは、住民から歓声が上がったほどだった」。

## 公共住宅の終末

しかし、再生事業に反対意見がなかったわけではない。1990年代末には、地方自治体が住宅を建設し、大家の役割を担い続けるべきかどうかという論争が起こった。公営住宅の資金提供と運営に、地方自治体と非営利民間団体の住宅購入組合、そして民間の開発業者が手を組む新しいモデ

ルが作られた。「持続可能な」住宅地の新しい将来像は、高級住宅と手ごろな住宅が混在する住宅地で、持ち家居住者と借家人が一緒に暮らしている場所だった。1980年の「住宅法」によって公営住宅の借家人に家を買い取る権利が与えられて以来、民営住宅と公営住宅の差はすでにあいまいになっていた。

2000年、イギリス政府は各自治体が住宅ストックを独立運営団体である住宅購入組合に移管することを、再生基金の適用条件とした。批評家は、住宅再生は今や「秘密裏の民営化」を意味すると結論づけ、ロンドンのいくつかの自治体はすでに住宅事業から撤退した（たとえばブロムリー・カウンシルは1991年に1万2000戸の住宅ストックのすべてをいくつかの住宅購入組合に移管した）として遺憾の意を表した。住宅の再生ペースはさらに落ちた。2004年1月、カムデンの借家人は、2億8300万ポンドの再生基金が約束されていたにもかかわらず、投票によって住宅購入組合への移管を拒否することを決めた。

再生事業がもっとも紛糾したのはステップニーのオーシャン・エステートだった（上図）。1940年代にロンドン州議会によって建設されたこの住宅地は、40棟のアパートが建ち並び、遠方にある海と港にちなんでオーシャンと名づけられていた。1990年代までに、住民の大半はバングラデシュ人コミュニティ出身のベンガル語を話す人々で占められていた。老朽化し、疫病が蔓延する建物のせいで、過密と住民の健康状態は深刻な問題と化していた。乳幼児死亡率は恐ろしいほど高かった。80年代末にヘロインがこの住宅地を侵しはじめた。ロンドンで一番安くヘロインが買えるという評判につられて、さらに多くのホームレスのヘロイン中毒がオーシャン・エステートに集まった。2000年には、1100戸の公営賃貸住宅の95パーセントが標準以下の水準にあると判断された。

1998年にオーシャン・エステートは「ニューディール・フォー・コミュニティーズ」政策の代表例になった。2011年までに5600万ポンドの再生資金投資が約束された。住宅地の一部は取り壊されたが、公共資金の大規模な不正利用が指摘されて、改造計画は暗礁に乗り上げた。

2003年、新たに1億9000万ポンドの改造計画が考案された。その計画では、住宅地は完全に建てなおされ、更地となった場所に民間建設業者が高級住宅と手ごろな住宅の両方を建設し、サンクチュアリ住宅購入組合が改装または建てなおされた公営住宅の管理を請け負うことになっていた。この計画もまた、入居者が住宅購入権に基づいて購入した公営住宅が取り壊されることになったため、住宅建設のために割り当てられた資金の大半を投じてカウンシルがその住宅を買い戻さなければならないという事態が発覚して頓挫することになった。2006年には借家人が投票によってサンクチュアリ住宅購入組合の拒否と、改造計画全体の拒否を決定した。オーシャン・エステートの遅々とした進行ぶりは、政府の政策と自治体の財政、借家人の希望、そしてロンドンの異常な住宅市場が引き起こすドミノ効果をうまく調整することの難しさを物語っていた。　　　　　　　　　　　　［CR］

**オーシャン・エステート、ステップニー、1940-2000年**
オーシャン・エステートは21世紀に大規模で複雑な改造計画の対象になった。

**オーシャン・エステートの子どもたち、2004年**
公営住宅の入居者が自宅を買い取れる購入権が法律で認められて、ロンドンのすべての住宅地で所有権に変化が起きた。写真では、エステートの不動産管理人が出した「売り家」看板の前で子どもたちがポーズをとっている。

第15章——現代のロンドン

# ショッピング・センター

ショッピング・センターは規模や商品の種類、上昇志向という点でますます向上した。ショッピング・センターはロンドンの地図を書き換え、ロンドン市民の週末の過ごし方を変えた。

1980年代に、ロンドンのショッピング・センターは買い物をする以上の場所になった。ショッピング・センターはコミュニティの生活の中心になるように設計され、都市の社会的な地図と交通の地図の中でますます重要な位置を占めるようになった。シネマコンプレックスやジム、レストラン、娯楽施設など、これまでばらばらの施設で提供されていたさまざまな活動が、ショッピング・センターの中に組み込まれるようになった。ショッピング・センターの建築家は都会生活の「よそよそしさ」を取り除き、「共通体験を復活させる」と主張した。地方自治体はショッピング・センターが地域の再生に役立つと考えた。ロンドン市民はその便利さを歓迎する一方で、昔ながらの目抜き通りがさびれていくのを心配した。

ロンドン市民は1950年代に都市計画者が伝統的な町並みを作るのをやめ、ショッピング街を作ったときに、はじめて近代的なショッピング・センターを体験した。初期のショッピング・センターは基本的に、ある区域を屋根で覆った場所で、ロンドンではまず1965年にエレファント&キャッスルにオープンした。これは、ロンドン南部のこの地域をピカデリーのような繁華街にしようという構想の一部だった。1970年代に、ロンドンの自治体の多くがこの先例にならって、地元の町の中心(タウン・センター)を近代化しようと試みた。ワンズワースでは、1971年に小店と住宅が融合したアーンデール・センターをオープンした。1970年代に作られたその他のショッピング・センターに、ロンドン東部のストラトフォード・センター(1973年)、ロンドン南部のルイシャム・センター(1975年)、ハマースミスのキングス・モール(1979年)、キングストンのエデン・ウォーク(1979年)がある。1976年には第2世代のショッピング・センターが登場した。ロンドン北部のブレント・クロスは新世代のアメリカ風のショッピング・モールの典型で、町はずれに建設され、自動車で来るお客を想定して設計されていた。ブレント・クロスは7万4322平方メートルの小売スペースがあり、当時はとてつもなく巨大な建物だと考えられた。

## 規模の拡大

1980年代と90年代には、さらに大規模なショッピング・センターが各地に次々と作られた。各自治体からタウン・センターの再生の起爆剤として期待され、これらのショッピング・センターは買い物よりも娯楽目的で作られた。そして1999年に不動産会社チェルズフィールドの取締役社長が述べたように、「人々が使いたいとさえ気づいていないお金」を引きだすようになった。ウッド・グリーンのショッピング・シティは女王臨席の式典でオープンされた。ブロードウェイ・ショッピング・センターは1983年にベクスリーヒースにオープンした。その他に、1985年にイーリング・ブロードウェイに建てられたショッピング・センターや、ハウンズローのトリーティ・センター(1987年)、ハックニーのダルストン・クロス(1989年)などがある。こうした明るくこぎれいな新しいショッピング・センターは、「目抜き通りの死」につながると心配する人もいたが、地域の再生に熱心な地方自治体にとって、ショッピング・センターの人気は死活問題だった。ショッピング・センターのない目抜き通りは、さびれていった。

郊外のショッピング・センターのモデルはウェスト・エンドでも再現され、数々の大きな百貨店は、小さな「ブティック」の集まったモール形式の店に作りかえられた。オックスフォード・ストリートでは、老舗の百貨店のボーン・アンド・ホリングスワースが1983年に閉店して、1986年に1万平方メートルの小売スペースを持つプラザ・センターとして再オープンした。1989年にはベイズウォーターのホワイトリー百貨店が、シネマコンプレックスが付属した上流階級向けのショッピング・モールとして生まれ変わった。1989年には長い歴史を持つケンジントンのバーカー百貨店が、バーカーズ・センターに模様替えした。

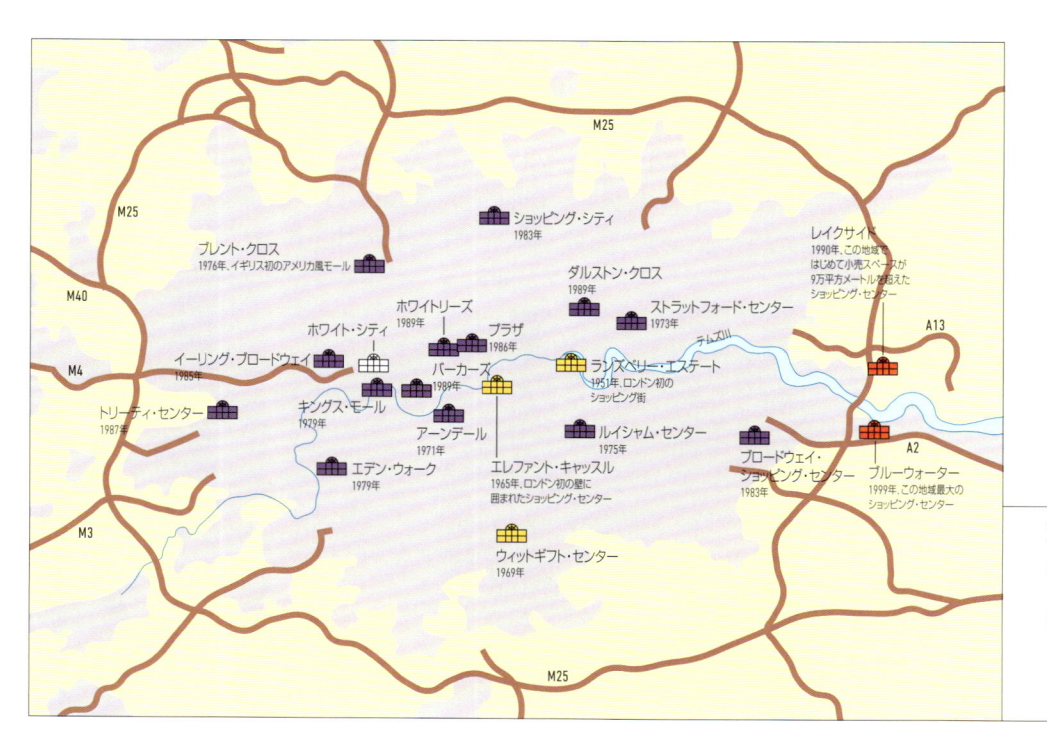

**ロンドンの主要なショッピング・センター、1950-2000年**
いくつかのショッピング・センターは再生された既存のタウン・センターに建設され、町の外に建設されたものは買い物客が訪れる新しい目的地になった。

**ブルーウォーター・センター, 2000年**
ヨーロッパ最大のショッピング・センターとして1999年にオープンしたブルーウォーター・センターには、年間2700万人のお客が訪れる。

## 巨大ショッピング・センター

1990年代には、町というよりも地域全体からお客を呼び込む新しいタイプの巨大ショッピング・センターが郊外に作られた。サロックでは、1990年にレイクサイドがロンドン最大のショッピング・センターとしてオープンした。続いて9年後、ケントのM25環状高速道路を少し外れたところに、ブルーウォーターが開店した。ブルーウォーターはロンドンの一地域どころか「ヨーロッパ最大でもっとも革新的なショッピングと娯楽の目的地」をうたい文句にしていた。ブルーウォーターの3つのモールには320店舗が並び、それぞれのモールは「テムズ・ウォーク」、「ローズ・ガーデン」、「ギルド・ホール」という名前の町のように作られていた。ブルーウォーターは上品な雰囲気が売りものだった。ぜいたくにデザインされた空間は、ショッピングの便利さだけでなく、安全で清潔で、子どもに優しく、かなり理想化された過去に対する「憧れ」という、店全体の価値観を伝えるように考え抜かれていた。

1999年に、イギリスのデザイン振興機関であるデザイン・カウンシルはブルーウォーターに「ミレニアム・プロダクト」賞を贈呈した。一方、ブルーウォーターをたちの悪いカリカチュア、都会の環境の粗悪な代用品と考える人もいた。そうした人々にとって、ブルーウォーターはジョージ・オーウェルの小説『1984』に描かれる超監視社会のように、目抜き通りではありえないレベルでお客を監視しているように感じられた。デザインから店舗の貸し出しまで、ブルーウォーターは対象となる顧客、すなわち自動車を所有し、かなりのお金が自由に使え、生活に余裕のある人々にアピールするように、小売店全体に目を光らせている。

## 型にはまらない体験

ブルーウォーターは、「当社の目標はいたってシンプルで、ショッピングを楽しく快適な経験にすること、お客様をゲストとして扱うことです」と語った。逆説的なことに、1980年代にロンドンに登場してもっとも成功したショッピング街は、ブルーウォーターとは正反対の領域にあった。無政府主義的なカムデン・マーケットには中古品を売る店や有機食品を使ったファスト・フード店が並び、買い物客は理想とはほど遠い体験をした。「お客はマーク・アンド・スペンサーで買い物をしに［カムデン・マーケットに］来るわけじゃない」とジャーナリストで作家のサイモン・ジェンキンズは1999年に語った。「彼らは堅苦しくない感じ、雰囲気、そして正直に言えば、ほんのわずかな危険を求めてくるんだ。カムデン・ロックでは高い値段をふっかけられたり、偽物をつかまされたり、運河に突き落とされたりする危険が味わえる。（中略）毎週末にフランスやドイツ、スカンジナビア半島から来る旅行者は、それが好きなんだ」。

20世紀が終わりに近づいた頃、ショッピング・センターそのものの存続に影が差した。環境の持続可能性の問題がロンドン市民の関心事となり、新しい問いかけがなされるようになった。ショッピング・センターは各地のタウン・センターの再生のために「必要不可欠」だったが、ショッピング・センターがあることによって自動車の使用が増え、既存の道路に渋滞を引き起こした。ショッピング・センターの建設は金に困っていることの多い自治区に民間資金をもたらし、雇用を約束した。しかし、ロンドンの乏しい土地をさらに多くのショッピング・センターのために使うことが、本当に大衆の利益になるのだろうか？

ロンドンのショッピング・センターの役割と意味をめぐる論争は、5億ポンドを費やしてホワイト・シティの土地を開発する計画が持ち上がった2000年頃に頂点に達した。開発業者は150を超える小売店、18スクリーンを有する映画館、40のレストランと食品店、そして公営住宅とバスや電車の駅を備えた歩行者専用の新しい区画をロンドン西部に作ることを約束した。この計画の支持者は、これまでロンドンに建築されたことのないまったく新しい区画が誕生する機会だと考えた。反対派は4500台分の駐車場が予定され、毎日6万4000台の自動車が来場すると予想される点に難色を示した。「インナー・ロンドンに自動車が集まる場所を作るという考えは、われわれがロンドンでやろうとしていることと完全に逆行している」と、グレーター・ロンドン市長のケン・リヴィングストンは2000年に発言した。開発業者が変わったあとで、建設が始まった。将来ふたたびこの規模の小売店の開発が、環境と社会的コストにさらに十分な関心を払わずに承認されるかどうかは今後の問題である。　［CR］

**カムデンの目抜き通りの店**
ゴスやパンク、エモなど、型にはまらないサブカルチャーの中心地として有名なカムデンでは、ショッピング専用に建てられたショッピング・センターとはまったく違った経験ができる。写真は有名な靴の店ドクター・マーチンのオリジナル・ショップ。

第15章——現代のロンドン

# ロンドン万歳！
# 首都の芸術と文化

現代のロンドンでは文化的生活が大いににぎわっている。ロンドン市民は芸術が彼らの都会的なライフスタイルに不可欠なものだと考えるようになり、高尚な芸術と低俗な娯楽の境目はあいまいになった。

2000年には毎晩ロンドンで6万席分のライブ・イベントがあったと推定されている。シティには40を超える劇場、ふたつのオペラ・ハウス、5つの交響楽団に加えて、無数の小劇場、ダンス・グループ、音楽家、スタンダップ・コメディアン、即興詩人がいた。

現代のロンドンの芸術活動は、ふたつの新しい財政的援助の恩恵を受けた。1982年から始まり、1986年に廃止されるまで、グレーター・ロンドン市議会は年間1800万ポンドの予算を持つ芸術の重要な支援者であり、主として小規模な草の根の芸術活動に財政的支援を与えていた。建築家のマーク・フィッシャーは、「わずか2年で、ロンドンは芸術活動が巨大な国家機関によって完全に牛耳られている都市から、(中略)150を超える地域的な新しいアート・プロジェクトが観客の数を競い合う都市へと変化した」と述べている。

その後の10年間に国営宝くじは方向転換を図り、少なくとも最初は補助金を建物に回すことが多く、歴史のある芸術団体が優遇された。宝くじ基金が開始されたのは1994年で、その6年後に過去最大の芸術への補助金が修復と改装工事のために交付された。7400万ポンドがロイヤル・オペラ・ハウスに、3160万ドルがナショナル・シアターに、2020万ポンドがロイヤル・アルバート・ホールに交付された。

## 補助金か、否か？

グレーター・ロンドン市議会時代の遺産のひとつは、ロンドンの黒人や少数民族グループ出身の芸術家に与えられた高い評価である。グレーター・ロンドン市議会の基金は、タラ・アーツのような団体や、ノッティング・ヒルのヤー・アサンテワ・センターのような施設が、しっかりした基盤を築くのを可能にした。1982年にはロンドン初の黒人劇のシーズンがアーツ劇場で開幕した。また、グレーター・ロンドン市議会の基金は、1985年にリヴァーサイド・スタジオで開かれた「黒人芸術家──白人の施設」と題する討論のレベルを上げるためにも役立った。カムデンの円形劇場ラウンド・ハウスを黒人の演劇センターにする計画は途中で挫折したが、グレーター・ロンドン市議会の基金そのものは、1980年代のロンドンで黒人芸術を復興(左の写真)させるために重要な役割を担った。

ロンドンによる芸術への単一の投資の中で最大のものは、グレーター・ロンドン市議会とも国営宝くじとも無関係だった。1982年にオープンしたバービカン・センター(右頁)の1億5300万ポンドに及ぶ建設費は、すべてロンドン市自治体によって負担された。バービカンはヨーロッパ最大の芸術センターで、数世代前に考えられた「芸術の殿堂」という考えを反映して作られた。部分的にバービカンのモデルとなったニューヨークのリンカーン・センターと同様に、バービカンも大小両方のスペースを提供している。2000人が収容できるコンサート・ホール、ふたつの劇場、3つの映画館、ふたつの画廊、彫刻展示室、図書館、そして会議場と音楽学校が備わっている。また、ふたつの歴史ある芸術団体、ロイヤル・シェークスピア劇場とロンドン交響楽団の本拠地でもある。しかし、さまざまな上演スペースがあるため、柔軟性に富んだ演目の上演が可能になっている。

ロンドンのもうひとつの近代的コンサート・ホール、ロイヤル・フェスティバル・ホールもまた、より柔軟な使い方ができるように設計された。1980年代にはグレーター・ロンドン市議会の所有のもとで、ロイヤル・フェスティバル・ホールは一日中開放し、無料のイベントを開くという「オープン・ホワイエ(無料公開ロビー)」と称する取り組みをはじめた。グレーター・ロンドン市議会の廃止後は、支配権は独立した委員会に移った。この委員会はウォータールー地区の川沿いにある芸術施設を「サウス・バンク・センター」というブランド名で統一した。この委員会は、ナショナル・シアター、ナショナル・フィルム・シアター映画館、ロイヤル・フェスティバル・ホール、ヘイワード・ギャラリー、詩の図書館、そして1989年から1999年に映像博物館も含む、巨大な芸術複合体を形成した。

映像博物館の突然の閉鎖に伴う論争は、ビジネス文化が芸術を侵食することに対する議論に火をつけた。国営宝くじ基金の支援はあったが、基金の獲得にはさらに厳しい競争をくぐりぬける必要があった。企業や個人の寄付は、芸術活動から収入を得ることと並んで、今や芸術に欠かせない要素となった。1988年のヴィクトリア・アンド・アルバート博物館の広告の「エース・カフェにかなりいい博物館がついています」というコピーは酷評されたが、このコピーは新

『タイム・アウト』表紙、1981年4月
ロンドンの情報誌『タイム・アウト』がこの号の特集記事で扱ったのは、黒人俳優と古典的な劇場の問題で、ナショナル・シアターが上演する黒人俳優によるシェークスピア劇『尺には尺を』の話題が取り上げられた。

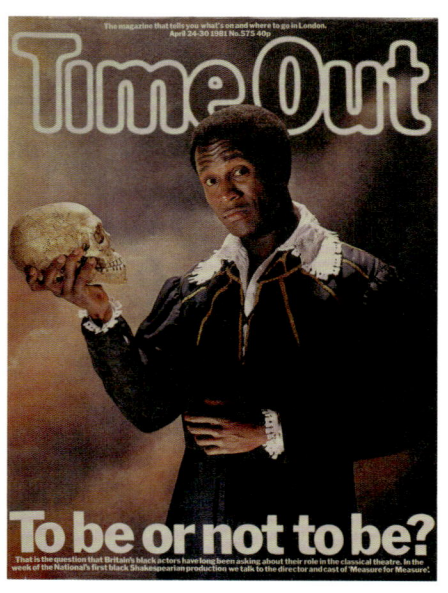

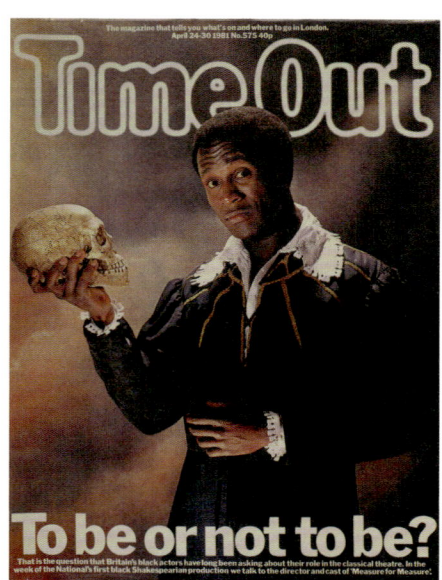

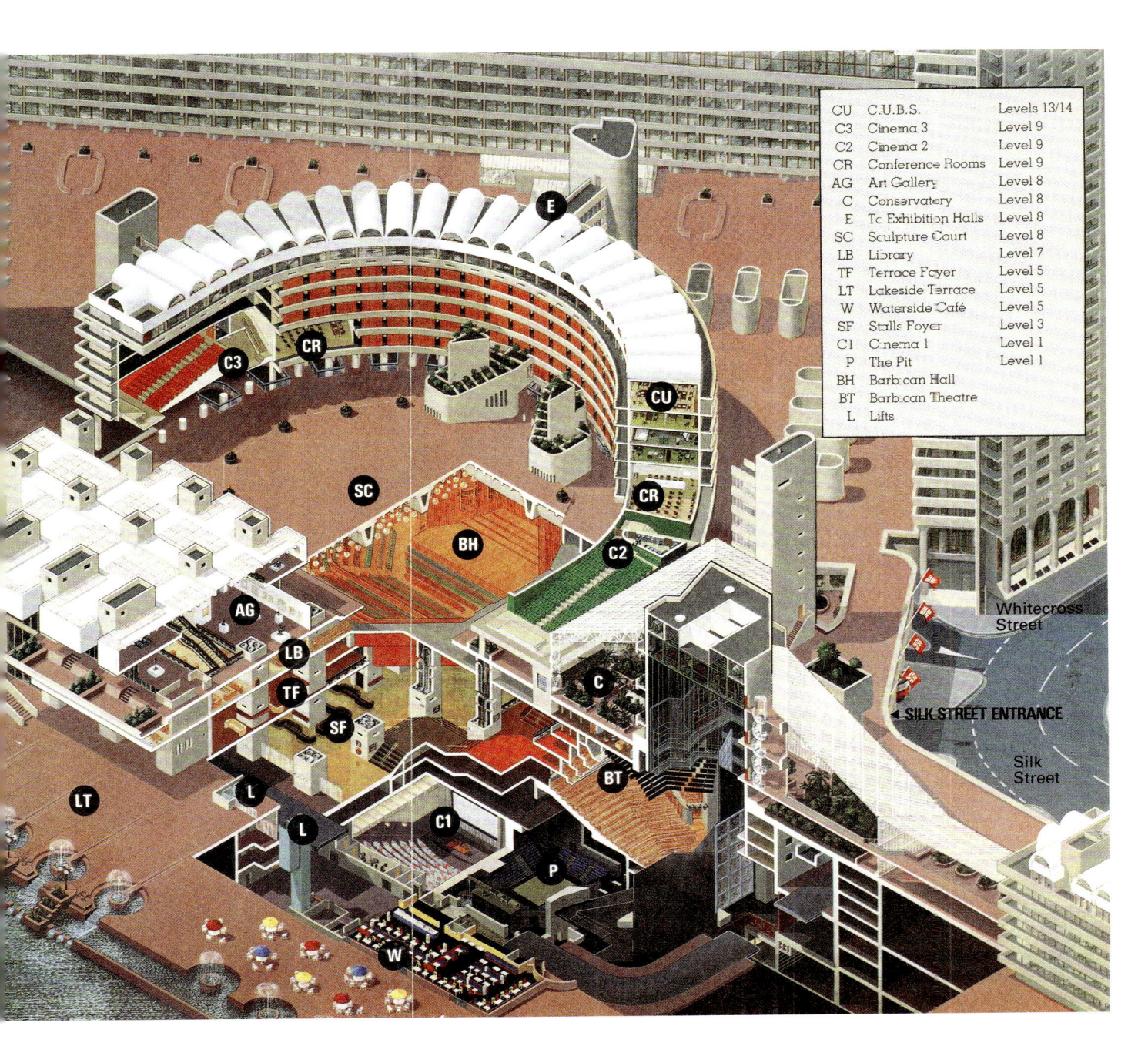

| | | |
|---|---|---|
| CU | C.U.B.S. | Levels 13/14 |
| C3 | Cinema 3 | Level 9 |
| C2 | Cinema 2 | Level 9 |
| CR | Conference Rooms | Level 9 |
| AG | Art Gallery | Level 8 |
| C | Conservatory | |
| E | To Exhibition Halls | Level 8 |
| SC | Sculpture Court | Level 8 |
| LB | Library | Level 7 |
| TF | Terrace Foyer | Level 5 |
| LT | Lakeside Terrace | Level 5 |
| W | Waterside Café | Level 5 |
| SF | Stalls Foyer | Level 3 |
| C1 | Cinema 1 | Level 1 |
| P | The Pit | Level 1 |
| BH | Barbican Hall | |
| BT | Barbican Theatre | |
| L | Lifts | |

バービカン・センター
1982年のオープン時のバービカン芸術センターの等角投影図。ジョン・ロイナン作。

## 芸術と生活

　1990年代を通じて芸術を鑑賞する人の数は増加したが、この人数は補助金を受けている芸術ではなく、商業芸術の分野に偏りがちだった。調査によれば、ロンドン市民の好む芸術鑑賞は映画を見ることだった。新しいクラブや音楽会場の建設は、ロンドンの音楽シーンが活況を呈していることを示していた。しだいに「クリエイティブ産業」と呼ばれはじめた分野、特にデザインやファッションに対する人々の興味は増大した。1989年にオープンしたロンドンの新しいデザイン・ミュージアムは、自治体の補助金を受けず、テレンス・コンラン財団の資金援助を得て独立した慈善事業として運営されている。

　芸術と娯楽の間で賑わっているのがスタンダップ・コメディ［ひとりでステージに立って話芸で笑わせるお笑い芸人］である。スタンダップ・コメディは1980年代の流行で、1979年にアマチュアの芸人がレスター・スクエアのコメディ・ストアで始め、10年以内に100を超える舞台でプロが演じる演目になった。ロンドンの雑誌『タイム・アウト』は、コメディに関する情報を発信してコメディ業界の発展に寄与し、1988年には年に一度のタイム・アウト・コメディ賞を発表するようになった。1970年代に盛んになった小劇場は、やはり『タイム・アウト』誌の情報の恩恵を強く受け、その後も発展を続けてロンドン周辺におよそ50か所の舞台を持つまでになった。最初のパブ・シアターであるイズリントンのキングス・ヘッドは、乏しい予算と熱烈なファンによって生き残ってきた典型的な小劇場である。

　『タイム・アウト』のページをめくってみると、芸術と都会生活の境界線が20世紀末に次第にあいまいになりはじめたのがよくわかる。コンサート、ショッピング、外食、絵画鑑賞、映画はすべて、ロンドンの豊かな可能性の一部だ。2004年に刊行されたグレーター・ロンドン市議会の最初の文化戦略は次のように指摘している。ロンドンの文化的、創造的な資源が与える驚くほど豊かな選択肢は「ここで生活し、働く私たちがもっとも享受しているものである」。　[CR]

| 第15章——現代のロンドン

# 芸術とロンドン

現代芸術はロンドンのもっとも影響力のある文化活動のひとつになった。1990年代の若手芸術家「ヤング・ブリティッシュ・アーティスト」は、経済的な成功も成し遂げながら、ロンドンのイメージを変えた。

**芸術の破壊行為、1999年**
王立美術院で開催されたセンセーション展の光景を描いたデーヴィッド・ビドックスの作品。マーカス・ハーヴェイが描いた児童殺人者マイラ・ヒンドレーの肖像画を観客が汚す様子をとらえている。作品のタイトルは、YBAsが古い芸術界の伝統を破壊したことを指しているのだろう。

ベッド・メーキングをしていないベッド、ホルムアルデヒドに漬けたサメ、凍った血液。これらの人目を引く物体はすべて、1980年代からロンドンで暮らし、仕事をしている若い芸術家グループのものだ。彼らの作品はイギリスのアート・シーンに君臨し、ロンドンを国際的芸術界の前衛に押し上げた。また、彼らは芸術に刺激を与え、幅広い、しばしば若い観衆を引きつけた。このふたつの要素はロンドンの文化地図を書き換え、最先端のクリエーティヴィティが活躍する場所として、ロンドンの自意識を高めるのに貢献した。

この若い芸術家グループの周辺が騒がしくなってきたのは、1988年の夏の終わりにニュー・クロスのゴールドスミス・カレッジで学んだ16人の熱意あふれる芸術家が、最初の展覧会を開いてからだ。これは彼らの最新の作品を見せるための自主的な展覧会だった。2年生のダミアン・ハーストが先頭に立って展覧の手はずを整えたと言われている。仲間の出品者に、フィオナ・レイ、ゲーリー・ヒューム、イアン・ダヴェンポート、サラ・ルーカスらがいた。「フリーズ」と題されたこの展覧会は、サリー・ドックにあった使われなくなったロンドン港務庁の建物で開かれた。ロンドン・ドックランド開発会社と不動産開発会社のオリンピア・アンド・ヨークがスポンサーになり、展覧会の美しいカタログが作られた。こうして、本質的には学生の作品展にすぎない展覧会が、真剣な批評家の注目を浴びる洗練された催しになった。

フリーズ展にはテート美術館の館長のニコラス・セロータや王立美術院のノーマン・ローゼンタールなど、芸術界を代表する面々が訪れた。最初は、関心の一部はゴールドスミスの革新的な教授法に向けられたが、メディアはすぐにこれらの作品そのものが、自信に満ち、挑発的で、斬新な芸術作品であると理解した。おそらく展覧会に訪れた中でもっとも重要な人物は、広告業界の大立者チャールズ・サーチだろう。彼自身が芸術に強い関心を持ち、1985年にセント・ジョンズ・ウッドに自分の画廊を作ったほどの人物だった。マット・コリショウの『ビュレット・ホール』を購入するとともに、サーチはこの若い世代の後援者になった。

フリーズ展は使われなくなった産業施設を利用した倉庫のような形式の展覧会の先鞭をつけた。ハーストは他の芸術家とも協力して、1990年に倉庫を使ったふたつの影響力のある展覧会「モダン・メディシン」と「ギャンブラー」を開いた。『ア・サウザンド・イヤーズ』は、この頃のハーストのインスタレーションのひとつである。これはガラスの陳列ケースの中に腐りかけた子牛の頭が置かれ、そこにハエや蛆がたかって完成する作品だった。この作品もチャールズ・サーチに買い取られた。

1991年、サーペンタイン・ギャラリーで開かれた展覧会「ブロークン・イングリッシュ」は、ゴールドスミスの卒業生が作るフリーズ・グループにとって伝統と格式のある芸術界の中枢に進出することを意味した。彼らの作品は、レイチェル・ホワイトリードの彫刻など、同時代の芸術家の作品と並んで展示された。同時に、ダヴェンポートとレイはターナー賞にノミネートされた。この賞はテート美術館が50歳以下の芸術家を対象に授与するもので、年々論争が高まっている賞だった。1992年にサーチは「ヤング・ブリティッシュ・アーティスト」と題して彼のコレクションの展覧会を開いた。この名称が、急速に頭角を現し、当時のアート・シーンを嵐のように席巻した若い才能を指す言葉になった。それ自体簡潔な言葉だったが、この名前はたちまち頭文字を取ってさらに短く「YBAs」と略されるようになった。相当な資金が流れ込むようになり、現代美術の価値と意味に対するメディア上の論争がひときわ騒がしくなった。

1997年に王立美術院が開いたサーチのコレクションの展覧会は大盛況となった。「センセーション」と銘打ったその展覧会によって、YBAsの芸術家の多くがひんぱんにメディアに登場し、誰でも知っている名前になった。奇抜な素材の使用や、セックスや死といったタブー視された題材につねに目を向けた作品は、多くの観客の神経を逆なでしたが、それらに刺激を受けた人もいた。ハーストの腐っていく子牛からエミンの「テント」、マーカス・ハーヴェイの「マイラ」まで、イギリスのアート・シーンはロンドンを中心に、世界中の話題になった。

## 古い産業用施設の転用

使われなくなった産業用施設を芸術家が利用するのは、ロンドンでは珍しいことではなかった。1960年代や70年代には、ドックランドの空になった倉庫やロンドン東部の廃屋になった連続住宅を芸術家のグループがアトリエや住宅として使っていた。1980年代までに、ロンドン在住の芸術家の多くは芸術家が運営するSPACEかACMEというふたつの組織のどちらかを通じて短期リースの物件を探した。SPACEは1960年代末に芸術家のグループがセント・キャサリン・ドッ

クの空の倉庫に住みついたときから始まり、1980年代に業務を拡張した。20世紀末までに、この組織はストラトフォードのカーペンターズ・ロードにあった古いヤードレー化粧品工場などの廃工場群に複数のアトリエのある70の物件を運営し、数百人の芸術家が利用できる作業スペースを提供した。ACMEはアトリエのあっせんと同様に住宅購入組合の役割も果たし、ブルドーザーにつぶされる運命の連続住宅を低コストの短期リースを通じて芸術家に住宅として提供した。

ACMEの住宅はハックニーのベック・ロードを丸ごと占めていたことで有名で、1980年代のある時期にはこの通りに42人の芸術家とその家族が住んでいた。ベック・ロードには画家だけでなくミュージシャンも集まった。かつてそこで暮らしていたフィリップ・ホアは、次のように回想している。その場所は「まるでポスト・パンク・コロニーか（中略）TVドラマのコロネーション・ロードのようで」、そこで暮らす人々にはパフォーマンス・アーティストやバンドのスロッビング・グリッスルの歌手のジェネシス・P・オリッジがいた。「ジェネシスは宗教的秘密結社のような新しいセクトのテンプル・オヴ・サイキック・ユースを立ち上げたばかりで、仏教徒みたいなヘアスタイルをして軍の放出品を着ていた。そして異教徒の祭日にはベック・ロードのつきあたりにある死にかけた人たちのためのホスピスまでロウソクを持って行列したものだよ」。

芸術家、ミュージシャン、クラブの常連、それにファッション・デザイナーは、1990年代になると、特にショアディッチやホクストンで、アトリエでのパーティや社交のある独特な「アート・シーン」を形成した。芸術家はこの若者たちの起こす騒動の中心にいた。そして彼らの活動は、「クールなイギリス」の伝説のひとつになった。サラ・ルーカスとトレーシー・エミンは1993年にベスナル・グリーン・ロードの空き家に店を開き、そこで作品の展示と販売を行なった。独立したギャラリーと展覧会場が次々にこの地域に生まれた。その中には伝統のあるウェスト・エンドのギャラリーの支部もあり、ロンドンの美術市場は次第にロンドン東部に移動しはじめた。

2000年に、現代美術のロンドンに対する重要性を示すふたつの出来事があった。ロンドンを代表する美術商のジェイ・ジョプリンがホクストン・スクエアにホワイト・キューブ2ギャラリーを開いたのは、ロンドン東部が今や豊かな国際美術市場の中心であることを示していた。2000年にテート・モダン美術館が昔のバンクサイド・ガス工場にオープンしたことは、現代美術の人気の高さを証明していた。1980年代と1990年代のロンドンのアート・シーンの遺産は、数百軒の独立したギャラリーや、ロンドン中の数千人の芸術家だけではなく、テート・モダン美術館を訪れる数百万人の観客であり、この人数の多さが、大衆の想像力をとらえて離さない現代美術の力を示している。　　[A=]

**ロンドン東部の芸術界、1980-2000年**
1980年代以降、ロンドンの活気あふれる「ヤング・ブリティッシュ・アーティスト」は、脱産業化したロンドン東部に住居を持った。

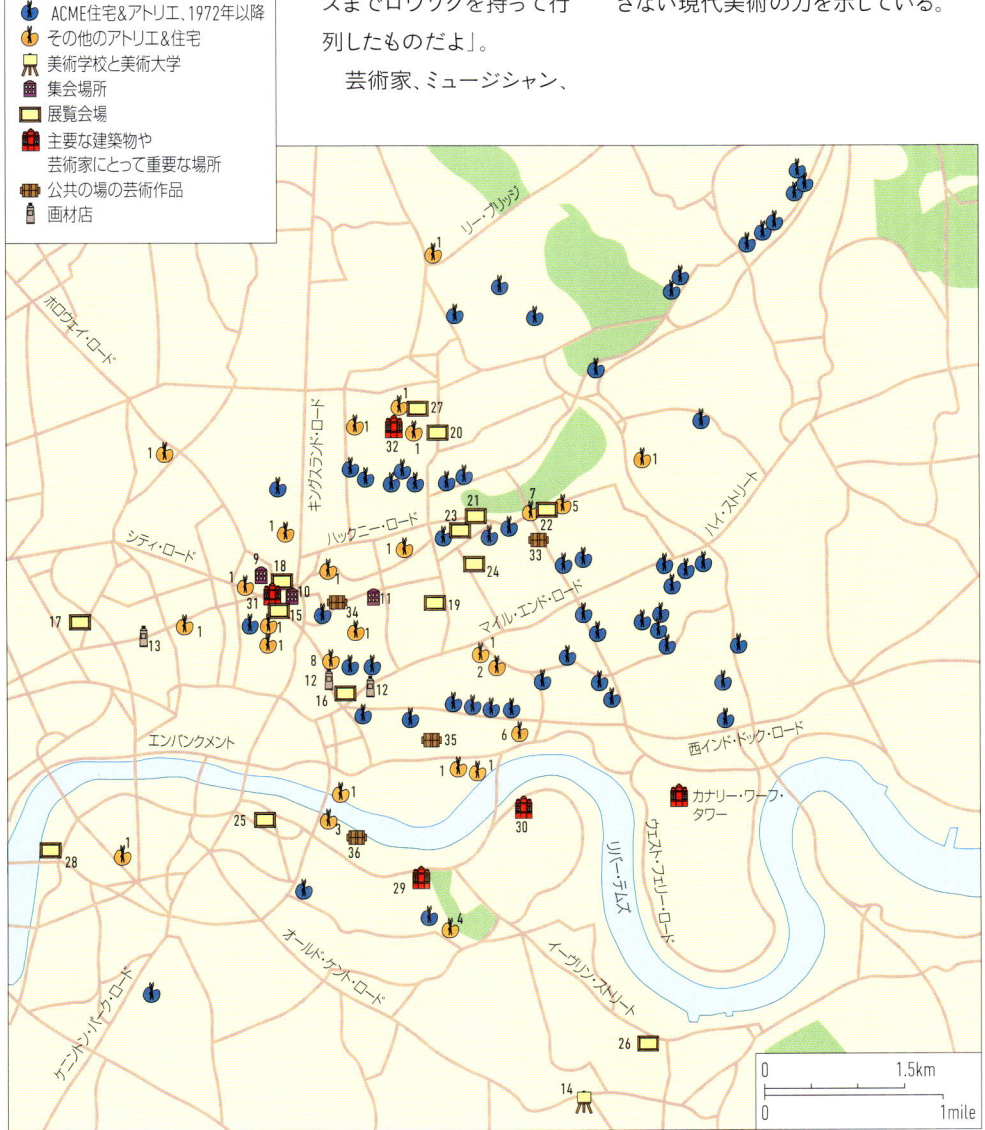

凡例:
- ACME住宅＆アトリエ、1972年以降
- その他のアトリエ＆住宅
- 美術学校と美術大学
- 集会場所
- 展覧会場
- 主要な建築物や芸術家にとって重要な場所
- 公共の場の芸術作品
- 画材店

1. SPACEアトリエ、1968年～
2. オールド・ジューイッシュ・スクール・アトリエ、ステップニー・グリーン、1971年
3. バトラーズ・ワーフ・アトリエ、1973-81年
4. ディルストン・グローヴ・アトリエ、1969年-
5. チゼンヘール、1980年
6. ケーブル・ストリート・アトリエ、566ケーブル・ストリート、1984年-
7. ナイジェル・ヘンダーソン、チゼンヘール・ロード46番地、1984年
8. ギルバート＆ジョージ、フルニエ・ストリート、1967年-
9. ラックス・センター、ホクストン・スクエア2/4番地、1997年-
10. ブリックレイヤーズ・アームズ、シャーロット・ロード
11. ペリシーズ・カフェ、ベスナル・グリーン・ロード103番地
12. アトランティス・ブック・レーン146番地、1993-99年
13. アータンジェル、セント・ジョンズ・レーン36番地、1985年-
14. ゴールドスミス・カレッジ、ニュー・クロス
15. ファクチュアル・ナンセンス・ギャラリー、シャーロット・ロード44番地、1992-94年
16. ホワイトチャペル・アート・ギャラリー、ホワイトチャペル・ハイ・ストリート、1901年
17. エア・ギャラリー、ローズベリー・アヴェニュー、1978-88年
18. ホワイト・キューブ、ホクストン・スクエア48番地、2000年-
19. インターリム・アート、ベック・ロード21番地、1984-99年；ヘラルド・ストリート21番地、1999年-
20. マッツ・ギャラリー、マーテロ・ストリート、1979-92年；カッパーフィールド・ロード42/44番地、1992年-
21. ショールーム、ボナー・ロード44番地、1988年-
22. チゼンヘール・ギャラリー、チゼンヘール・ロード64番地、1986年-
23. アプローチ・ギャラリー、アプローチ・ロード47番地2階、1997年-
24. カメラ・ワーク・ギャラリー、ローマン・ロード121番地、1997-2000年
25. デルフィ、バーモンジー・ストリート50番地、1996年-
26. ヘールズ・ギャラリー、デットフォード・ハイ・ストリート70番地、1992年-
27. フラワーズ・イースト、リッチモンド・ロード199/205番地、1988年
28. サーチ・ギャラリー、カウンティ・ホール、2003-2005年
28. ビルディング・ワン、ドラモンド・ロード、モダン・メディシン展覧会、1990年
29. PLAビル、サリー・ドック、フリーズ展覧会、1988年
30. ショアディッチ・タウン・ホール
31. エリンフート・ロード
32. レイチェル・ホワイトリードによる作品「ハウス」、グローヴ・ロード、1993年
33. トレーシー・エミンとサラ・ルーカスのザ・ショップ、ベスナル・グリーン
34. レイ・ウォーカーによるケーブル・ストリートの壁画
35. エドアルド・パオロッツィによる「インヴェンション」、シャッド・テムズ、1989年

# テロと安全

国際的なテロリズムが全ロンドン市民の生命を脅かした。
IRA（アイルランド共和軍）暫定派が爆弾テロを停止すると、
今度はイスラム過激派が新しい脅威をもたらした。

**破壊されたバス、2005年7月7日**
2005年7月7日にタヴィストック・スクエアでテロリストの爆弾によって破壊されたバスの残骸。この爆発で13人が死亡し、110人が負傷した。

**行方不明者、2005年**
2005年7月7日のロンドン同時爆破事件のあと、キングス・クロス駅に即席の掲示板が作られた。

　2005年7月7日、ロンドンで4つの爆弾が炸裂した。そのうち3つは午前8時50分頃、地下鉄構内で55秒の間に次々と爆発し、4つ目は9時47分にキングス・クロス付近のタヴィストック・スクエアを走行中のバスの車内で爆発した。52名の通勤客と4人の爆弾犯が死亡した。これらの4人は国際的なイスラム・テロ組織アルカイダと関係があるとされた。携帯電話のテクノロジーの発達によって、地下鉄に乗った通勤客が撮った写真がほとんど一瞬のうちに世界中に報道された。それから昼も夜も流れつづけるニュース放送で、いくつかの象徴的なシーンが登場した。もっとも痛ましいのは、惨劇と混乱の間に行方不明になった家族の情報を求めて関係者が地下鉄の駅の外に貼ったビラや写真だった（下の写真）。しかし、おそらく何よりもテロのすさまじさを明らかにした写真は、ロンドンの象徴である赤いバスが破壊された姿だった。この写真は、ロンドンがテロの標的になり、これからも標的とされつづける理由の一部を明確に示していた。ロンドンは一国の首都であり、イギリスの王都、政治の中心地、世界の金融センターであり、そして何よりも観光客が集まる都市なのである。

　しかし、この都市が1999年の2週間にテロの標的となったのは、この都市が持つ別の性質、すなわち多様性と寛容の土地としてのロンドンが原因だった。過激派のデーヴィド・コープランドは単独で、4月17日から30日までの間に3個の釘爆弾を爆発させた。最初の爆弾は、ブリクストンの混雑したスーパーマーケットで、地元の黒人コミュニティを狙って爆発した。2番目はバングラデシュ人のコミュニティの中心でありシンボルでもあるブリック・レーンで爆発し、3番目の爆弾はソーホーで、長年ゲイ・コミュニティとつながりのあった満員のアドミラル・パブで爆発した。コープランドの憎悪に満ちたテロは、彼の身元が割り出され、逮捕されて食い止められた。彼の犯行は、ひとりの人間がどれほどの損害を社会に与えられるかを示した。

## IRAのテロ

　20世紀最後の30年間は、ロンドンの主なテロの脅威はIRA暫定派によってもたらされた。すでに前例はあった。19世紀末にはアイルランド共和国樹立を目指すフェニアン蜂起があり、1939-40年にはIRAによる爆弾攻撃や破壊活動があった。しかし、1970年代のロンドンでの攻撃はこれまでにないレベルに達した。1968年以降、北アイルランドで暴動が活発化し、特に1972年1月30日の「血の日曜日事件」のあと、IRA暫定派のロンドンでの攻撃は、他のどの場所でも達成できないほど大きな影響力を持つようになった。特に北アイルランドに与えた影響は大きかった。IRA暫定派による1973-76年と1978-82年のイギリス本土でのテロ攻撃がロンドンに与えた被害は甚大で、252個の爆弾や爆発物

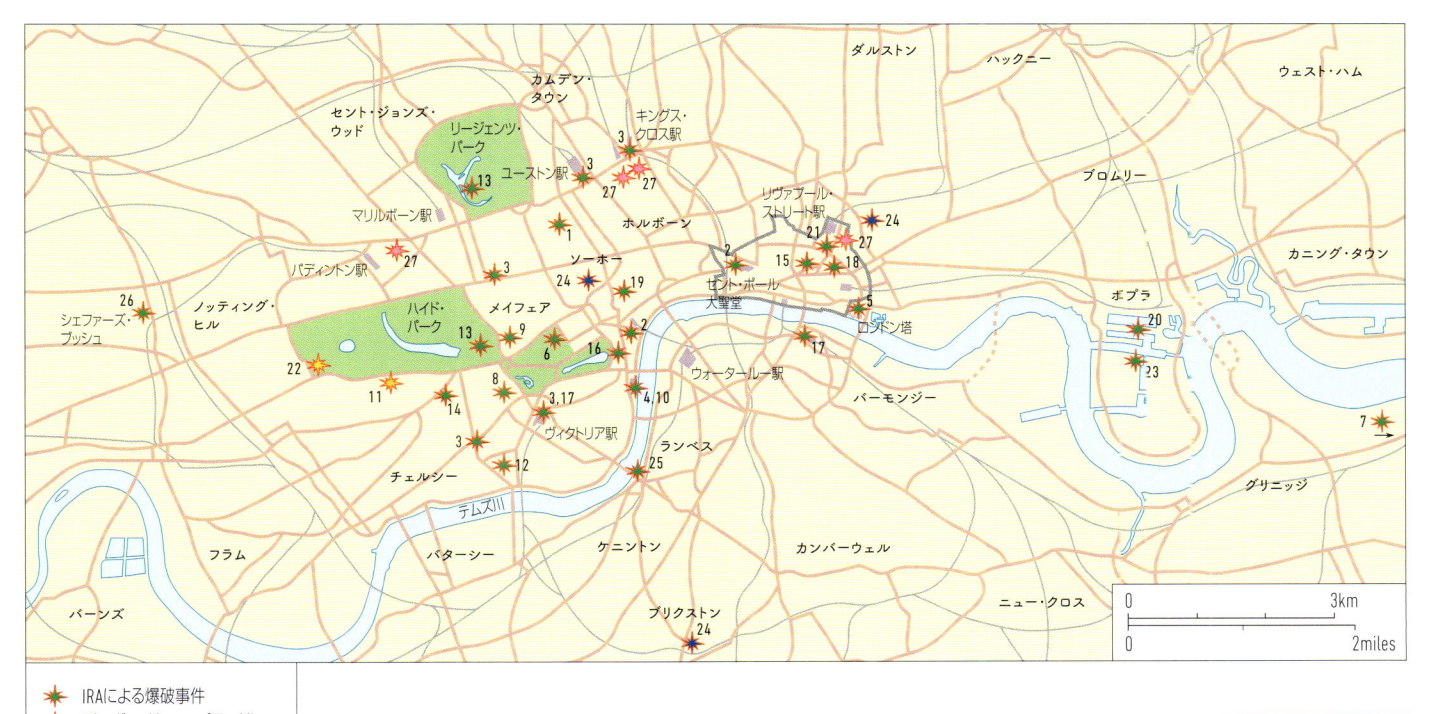

- IRAによる爆破事件
- デーヴィッド・コープランドによる釘爆弾
- 2005年7月7日の爆破事件
- その他の事件
- 1990年代の「鋼鉄の輪」

1. 1971年10月31日：ポスト・オフィス・タワー
2. 1973年3月6日：中央刑事裁判所とロンドン警視庁
3. 1973年9月6、10、12日：ヴィクトリア駅、キングス・クロス駅、ユーストン駅、オックスフォード・ストリート（セルフリジッジ）、スローン・スクエア
4. 1974年6月17日：国会議事堂
5. 1974年7月17日：ロンドン塔
6. 1974年10月22日：ブルックス・クラブ、セント・ジェームズ・ストリート
7. 1974年9月5日：キングス・アームズ・パブ、ウリッジ
8. 1974年12月22日：エドワード・ヒースの家、ウィルソン・ストリート
9. 1975年9月5日：ヒルトン・ホテル
10. 1979年3月30日：国会議事堂（北アイルランド相エアリー・ニーヴ暗殺）
11. 1980年4月30日：イラン大使館占拠事件
12. 1981年10月10日：チェルシー・バラックス
13. 1982年7月20日：ハイド・パークとリージェンツ・パーク
14. 1983年12月17日：ハロッズ
15. 1990年7月20日：ロンドン証券取引所、スレッドニードル・ストリート
16. 1991年2月7日：首相官邸に3発の迫撃砲が撃ち込まれる。
17. 1991年2月8日と2月7日：ヴィクトリア駅とロンドン・ブリッジ駅
18. 1992年4月10日：セント・メアリ・アックス
19. 1992年10月12日：セセックス・アームズ・パブ、コヴェント・ガーデン
20. 1992年11月16日：カナリー・ワーフ（爆発前に処理）
21. 1993年4月24日：ビショップスゲート
22. 1994年7月26日：イスラエル大使館前で自動車爆弾
23. 1996年2月9日：サウス・キー、カナリー・ワーフ近辺
24. 1999年4月：ブリクストン、ブリック・レーン、ソーホー（アドミラル・ダンカン・パブ）
25. 2000年9月20日：諜報機関MI6本部にロケット弾攻撃
26. 2001年3月：BBCテレビジョン・センター
27. 2005年7月7日：リヴァプール・ストリート、エッジウェア・ロード、ラッセル・スクエア付近の地下鉄およびタヴィストック・スクエアで、バス

の小包と19回の銃撃によって、56人の死者と800人を超える負傷者を出した。これらのテロ攻撃はロンドン内に存在する独立した小さな暫定派の「部隊」によって組織された。その中には1976年にマリルボーンのバルクーム・ストリートで立てこもり事件を起こして逮捕され、「バルクーム・ストリート・ギャング」と呼ばれるようになった一団もいた。

IRA暫定派による攻撃でもっとも強い印象を残した事件は、1982年7月20日に発生した。ハイド・パークで爆発した爆弾によって4人の兵士と7頭の馬が殺され、2時間後、2度目の爆発でリージェンツ・パークにいた陸軍部隊ロイヤル・グリーン・ジャケットの楽団員7人が死亡した。海外のメディアではハイド・パークで殺された馬の写真が報道され、テロ攻撃のひどさを物語った。注目を浴びたもうひとつの事件は、翌年の1983年12月にクリスマス・ショッピングで賑わう都市で起こった。ハロッズ百貨店で起きた爆発によって6人が死亡し、およそ100人が負傷した。1970年代と80年代初期のテロ攻撃は、有名人や政府要人、国家公務員を狙ったものもあったが、標的となったのは何よりもロンドン市民だった。

1990年代にはシティの金融の中心地が狙われた。1992年4月10日、セント・メアリ・アックスでの大規模な爆発によって3人が死亡、およそ100人が怪我をし、この地域の広範囲な建物に被害が出た。特にバルチック海運取引所の損傷は大きく、この建物はのちに取り壊す必要があった。1年後、1993年4月24日に爆弾を積んだ大きなトラックがビショップスゲートで爆発し、報道カメラマン1名が死亡、44人が負傷し、近代的なシティの建物と、その近くの中世のセント・エセルブルガ教会に数百万ポンド相当の被害を与えた。1996年にはカナリー・ワーフの新しい金融センターで爆弾が炸裂した。1993年の爆弾テロからまもなく、「鋼鉄の輪」と呼ばれるセキュリティ・システムが構築され、道路上のバリケードや警官を配置した検問所（IRA暫定派との和平合意後は削減された）が設けられ、監視カメラによる広範囲な監視網が張り巡らされた。こうしてセキュリティ対策は格段に進歩し、シティはイギリス中でもっとも監視がいきとどいた場所になった。その後、監視カメラが首都ロンドンとその周辺にも普及し、「鋼鉄の輪」の範囲は広がった。

### 危険と隣り合わせの日常

1970年台以降、偽の爆弾予告電話と、それに続く道路や駅からの避難は、ロンドンの生活のよくあるひとこまになった。そのような事件が警戒心と恐怖心を呼びさますのは確かだが、ロンドン市民がへこたれることはないようだ。1990年代末には北アイルランド和平交渉が進み、比較的平穏な日々が続いた。しかし、21世紀の幕開けとともに、イスラム原理主義者のテロという新しい脅威が襲いかかった。2001年9月11日にニューヨークのワールド・トレード・センターをはじめとするいくつかの標的がアルカイダの攻撃を受け、その後のアフガニスタン紛争、イラク戦争、そして2004年にイスラム過激派によってマドリードで列車が爆破された事件を経て、多くの人々が、ロンドンが攻撃されるのは時間の問題だと感じていた。その予感は2005年7月7日のロンドン同時爆破事件となって現実のものとなった。首都へのさらなる攻撃はありうるし、おそらく避けられないと思われている。7月7日のテロ事件のあと、少なくとも表面上は平常の生活に戻ったロンドン市民の冷静さと忍耐は、多くのメディアによってたたえられた。

[AD]

**ロンドンの主要なテロ事件、1970-1990年**

IRAはほとんど30年間にわたってロンドンの主たる脅威だった。イスラム原理主義者のテロリスト・グループは、10年たらずのうちにIRAからその名称を引き継いだ。

| 第15章──現代のロンドン

# インナー・シティの変貌

1980年代以降、インナー・ロンドンの一部は見違えるほど変わった。貧しい地域の高級化、公共の基金を投じた住宅地の再生、そして流行の先端の地域の持つ活気が、さびれかけた地域を生まれ変わらせた。

「高級化（ジェントリフィケーション）」は現代のロンドンを象徴するはやり言葉だ。活気のないクラークンウェルはトレンディに、みすぼらしいホクストンはおしゃれになった。各地で進行する高級化の陰には、再生基金、不動産開発計画、そして土地の価格の急騰がある。

よく話題になる高級化は、中流の自宅所有者が、労働者階級の、それも賃貸住宅住まいの人々が住んでいた地域に移動することである。1950年代には、専門職に就く若者がイズリントンの古い摂政時代の住宅を購入し、手入れをして暮らした。1970年代になると、強硬な建物保存論者が、スピタルフィールズのジョージアン様式のタウンハウスを取り壊しから救うために住みついた。どちらの場合も、関心はロンドンの古い住宅にあった。1980年代になると、新たな形の高級化が起こった。それは、専門職に就く若い都市生活者が脱産業化した地区に移り住む現象だった。「ヤッピー」と呼ばれる裕福な若いエリート層が地元の住宅市場に登場したことで、労働者階級のコミュニティが分断されたと考える人もいる。しかし、高級化は、消費が活発でない地域の価値を上昇させ、異なる階級や文化的背景を持つ人々をまとめる役割を果たしてきた。

ロンドンの中で、スピタルフィールズほどさまざまな高級化の要因が強力に働いた場所はなかった。この地区は17世紀末にシティの郊外工業地域として発達し、のちに巨大なビール醸造所と青果の卸売市場が作られた。その後、スピタルフィールズは衰退し、人口過密と苦汁労働の作業場、売春などの問題を抱えた典型的な貧困地区になった。1970年代の終わりまでに、スピタルフィールズにはロンドンでもっとも新しく、もっとも貧しい移民コミュニティのひとつであるバングラデシュ人のコミュニティがあった。しかし、ディケンズの小説に描写されたような町を覆う貧困と不正は放置されていた。

スピタルフィールズのあるタワー・ハムレッツ自治区は1992年から720万ポンドのシティ・チャレンジ・プログラムを通じ、さらに1997年からは1140万ポンドのシティサイド・プログラムも利用して、再生に取り組んだ。シティサイド・プログラムは、地元の産業に必要な条件を考慮しながら、「再生計画の新しいモデルを創造する」ことを目的とした。目標のひとつはこの地域を文化的な観光地にすることで、その一環として1977年に「バングラ・タウン」としてのイメージ・チェンジが図られた。

不動産開発業者はこの地域で活発に仕事をした。特に、1970年代に「新ジョージアン様式」の住宅を買い取り、それらを「趣旨に賛同する」買い手に売ることによって高級化を図ったグループから派生した「スピタルフィールズ建築信託」はかなり成果を挙げた。1977年に数百ポンドで購入した住宅は、転売されて、1990年代の初めには百万ポンドをわずかに超えるまで値上がりした。

ロンドン市自治体もまた、新しいオフィス・スペース用地としてスピタルフィールズに目をつけた。1986年、青果市場の地主だったロンドン市自治体は市場の商人を別の場所に移転させ、その跡地をオフィスに改造する計画に5億ポンドの予算をつけた。この改造計画はなかなか進展せず、15年の遅れを経て、古い市場の建物はカムデン・ロック・マーケットのように、有機食品や衣類や、珍しいものを売る「型破りな」マーケットとして新しく利用されることになった。この新しいマーケットは時代の潮流に乗り、2000年までに日曜ごとに買い物客でごった返す、無視できない経済的影響力を獲得した。

2000年には、日曜市場を存続させながら、古いマーケットの建物の5分の3を法人化する計画が発表された。この計画は国際的な資本主義と地元のコミュニティの壮大な争いとみなされ、反対派を懐柔することは困難だった。しかし実際には、バングラデシュ人のコミュニティの一部には、巨大開発が新しい仕事をもたらすのを期待する風潮もあった。ブリック・レーン沿いのレストランの数は、1989年の8軒から、2002年には41軒になり、イギリス最大のレストラン密集地となった。

スピタルフィールズの高級化に寄与したもうひとつの要素は、新興分野であるクリエイティブ産業や文化産業だった。廃業したトルーマン醸造所の4.5ヘクタールの用地は1995年に売却され、新しい土地所有者は最初、その場所をデザイナーや芸術家に貸した。1998年には、この建物はいくつかの小さなインターネット会社に貸し出された。2000年には、同様の会社が300社この建物を間借りし、この古い醸造所は「ドット・コム・シティ」と呼ばれるようになった。新しい若い労働力は、有機カフェやデザイナー・ショップ、ナイト・クラブやバーなど、この狭い地域だけの流行を作りだした。日曜になると、旧醸造所と古いスピタルフィールズ・マーケットは数え切れないほどのお客を引き寄せた。芸術家のトレーシー・エミンはジョージアン様式の住宅を誇らしげに所有し、2005年に次のように語った。「日曜日の朝この町を訪れた人は、世界で一番トレンディな場所に立つこと

**新旧のスピタルフィールズ**
スピタルフィールズでは、都市を変化させるさまざまな力がぶつかりあった。

になる」。

　高級化しても、インナー・シティを変化させる他の影響力からスピタルフィールズを守ることはできなかった。1980年代からヘロインの密売が問題になり、1990年代からはギャングの闘争が起こった。1998年に、ジャーナリストのガファル・チョードリーは次のように述べている。「最近の縄張り争いといえば、地域から売春婦を一掃することを求めてプラカードを振る若いイスラム活動家によるものだ」。ブリック・レーンの繁華街も、酔っ払いや廃棄物、反社会的振る舞いなどの問題を生んだ。さびれた町からトレンディな町への高級化は、勝者と同様に敗者も生み出した。　[AD]

### 昔のスピタルフィールズ

1. 旧スピタルフィールズ・マーケットとホーナー・ビルディング
2. ジョージアン様式の商館地区
3. クライスト教会、スピタルフィールズ
4. ブリック・レーン、バングラデシュ人のレストラン経営の中心地

### 現代のスピタルフィールズ

5. ビショップス・スクエア・オフィス・ビルディング、2006年より入居
6. 古い建物の正面の後ろに作られたガラス張りのアーケード内の新しいショップやレストラン。2005年開業
7. 1990年代のアパート群

### トレンディなスピタルフィールズ

8. トルーマン醸造所
9. ドレイ・ウォーク・ショッピング街
10. サンデイ・アップ・マーケット：旧マーケットからあふれた新マーケット

第15章——現代のロンドン　333

# 東に広がるロンドン

テムズ川東の細長い地帯は、ロンドンの「ヨーロッパへの通用口」として21世紀初期に再生計画が立てられた。2012年ロンドン・オリンピックの準備のために、ロンドンの東側の開発計画に一層弾みがついた。

**オリンピック会場のフェンス**
ロワー・リー・ヴァレーの2012年オリンピック会場の全敷地は2007年に青い障壁で隙間なく囲まれ、ロンドン市民は戸惑いと驚きを感じた。

**ロワー・リー・ヴァレー、2000年**
この工業地域は2012年のオリンピック・パークとして選ばれた。遠方に見えるヴィクトリア時代のマッチ工場は1979年に閉鎖され、1988年に住宅になった。

1980年代と90年代のドックランドの再開発は、ロンドンの経済的重心を東に移し、以前は首都の工業化された裏庭にすぎなかったロンドンのイースト・エンドを、魅力的で活気のある生活と労働の場に変えた。ドックランドの再開発で得られた経験を生かして、今度はタワー・ブリッジからテムズ河口までの、ロンドン東部のさらに野心的な再開発が計画された。

都市計画者は、産業や富がロンドン東部よりも、西部に安住している点を批判してきた。1990年代に、英仏海峡トンネルを通って東から首都ロンドンに入る鉄道の開通が現実化すると、東西の発展の不均衡を是正する機会が訪れた。都市計画者と政治家は、ロンドン東部をヨーロッパへのイギリスの通用口として新たに開発する構想を描き、ドックランドで目を見張るような成果を挙げた公共と民間の協力関係と同じ方式で財政をまかなう再開発計画を立てた。1990年代初め、イギリス政府はイースト・テムズ・タスクフォースを組織し、欧州連合の援助地域基金から拠出される資金をロンドン東部の再生戦略にうまく生かす方法を模索した。テムズ川東の細長い地帯はケント州とエセックス州の領域にあるが、この地域の再開発は首都ロンドンの将来にとって不可欠であり、特にますます深刻になる手ごろな住宅の不足という問題を解決する鍵になると期待された。

2000年までに、テムズ川東の細長い地帯の開発計画はテムズ・ゲートウェイ開発計画となり、グレーター・ロンドン・オーソリティがロンドンの開発計画を策定した初めてのロンドン・プランに書きいれられた。ロンドン東部の継続的な再開発はグレーター・ロンドン・オーソリティの最優先事項のひとつになった。テムズ・ゲートウェイは単に住宅を開発するだけではなく、新しい仕事や橋と交通機関を、テムズ川の両岸の貧しいコミュニティのために創出する目的があった。全体として、東部はロンドンに「もっとも不足している場所のもっとも近くで、巨大な開発機会の宝庫を」提供していた。この計画によって、2016年までにこの地域に少なくとも10万4000軒の新しい住宅が建設される予定だった。

テムズ・ゲートウェイの名称のもとで、いくつもの地方自治体や公共／民間の再生計画が生まれた。2005年3月、イギリス副首相はこの計画のためにさらに60億ポンドの予算を拠出することを発表した。典型的な例は、1994年に軍の施設ではなくなったウリッジの歴史ある王立造兵廠の再開発である。マスター・プランによれば、ここに3000戸の新しい住宅とレストラン、小売店、映画館、オフィス・ビルが建設され、12万平方メートルを超える広さを持つこの敷地がまったく生まれ変わることになった。この大規模開発はグリニッジ自治区と、ゲートウェイ地域のほとんどの新築住宅建設を請け負うバークリー・ホームズの共同事業になった。

## ストラトフォード：新しいウェスト・エンド

ロンドン地域では、ふたつの要因がますます資本を東へ誘い込む力に勢いを加えていた。第1の要因は、英仏海峡を通る新しい国際高速鉄道システムのために、ストラトフォードを主要な交通の要にするという計画である。ストラトフォード国際駅の開発は、450億ポンドの民間部門の開発計画を呼び込み、ストラトフォード・シティとなって実を結んだ。その名前が示すとおり、この新しいミニ・シティはおよそ46万5000平方メートルの新しいオフィス・スペース、2000室の新しいホテルの部屋、5000戸の新しい住宅と高層アパート群を生みだした。その目的の一部は、ストラトフォードを「ウェスト・エンドやナイツブリッジに次ぐ第3のショッピング街」にするという野心的な計画だった。

第2の要因は、2005年7月にロンドンが2012年オリンピックの開催地として決定したことだった。オリンピックのメイン会場はテムズ・ゲートウェイ再開発エリア内のロワー・リー・ヴァレーで、ロンドンはオリンピック誘致の演説で、オリンピックがロンドン東部全体の再生計画にもたらす恩恵を最大限に活用すると語った。オリンピック会場はテムズ・ゲートウェイのごく一部を占めているにすぎなかったが、オリンピック・パークの建設計画によって、国内だけでなく国際的な関心もロンドン東部に集まった。オリンピックは恒久的な新しい仕事と新しい住宅を遺産として残し、オリンピック

終了後、オリンピック・パークは魅力的な「水上都市」になると主張された。

## テムズ川と気候変動

気候変動に対する懸念が、テムズ・ゲートウェイに対する期待に影を落としている。海水面が上昇し、テムズ川河口では洪水の危険が高まった。2005年、ロンドン議会の環境委員会は、「ゲートウェイで大きな洪水が起これば、120億ポンドから160億ポンドの損害が予想され、適切な予防措置が講じられなければ、およそ40-50億ポンドの損害が新しく開発された地域で生じるだろう」と指摘した。

これまで洪水対策は物理的な防潮堤に頼ってきた。1960年代に、ロンドン州議会は海抜の低いエリス沼沢地にテムズミード町を建設した。この町の建物はコンクリート製の支柱と板で作られた土台の上に建設され、洪水対策として堤防が設けられた。この堤防は、もしも将来強烈な嵐に見舞われた場合、町を守るには役立たないと推定されている。1986年に完成したテムズ・バリアはロンドンの洪水対策システムの中心である。この巨大な建造物は20年以上にわたってロンドンを高潮から守ってきたが、温暖化によって、洪水の危険はさらにひんぱんになり、驚くほど危険なレベルに達している。

また、テムズ・ゲートウェイについて議論するとき、テムズ川は南北の交通の障害として大きく立ちはだかっている。ダートフォード渡河地点はトンネルと橋でテムズ川の南北を結び（右図）、1991年に完成したが、ダートフォード渡河地点からタワー・ブリッジの間には橋のない区間が広がっている。「イースト・ロンドン渡河地点」は何年もの間議論の対象になっているが、これまでに具体化した計画はひとつもなかった。1986年にはベクトンとテムズミードの間に高くそびえる吊り橋の計画が出され、1999年には総工費6億ポンドのトンネルと2本の橋の計画が検討された。2004年には4億5000万ポンドで6車線の有料の橋を建設する案が出されたが、環境への悪影響が指摘されて進展しなかった。

イースト・ロンドン渡河地点は実現するのだろうか？　おそらくするだろう。しかし、どこにどんな新しい橋が築かれるとしても、環境への影響は十分考慮する必要がある。何世紀もの間、テムズ川はロンドンの発展を形作ってきた。堤防が築かれ、川の上や地下を人が渡ろうと、テムズ川がロンドンの未来を決定する大きな力であることに変わりはないだろう。おそらく、気候変動の時代に、テムズ川は今後のロンドンの物語がつづられる新しい章に、何世紀にもわたってさらに大きな役割を果たしつづけて行くだろう。　　[Mo.]

**ネヴァダ・ボブの店での逮捕、ジュリアン・ベル作、1999年**

ジュリアン・ベルの絵の背景にはダートフォード吊り橋が天から舞い降りるようにテムズ川を越え、高速道路M25を南につなげる様子が描かれている。

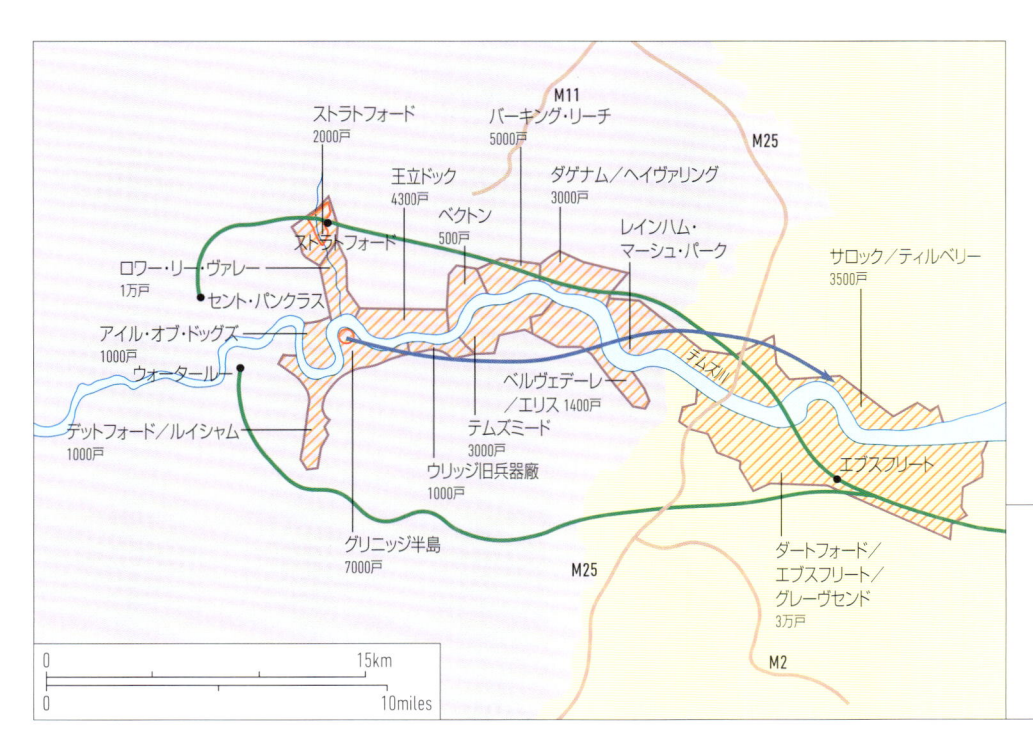

**テムズ・ゲートウェイの開発**

この地図は2000年頃のテムズ・ゲートウェイの開発計画を示している。

凡例：
- 住宅開発地
- グレーター・ロンドン
- 2012年オリンピック会場
- 高速道路
- 英仏海峡への連絡線
- ドック業務のティルベリーへの移管

第15章——現代のロンドン　　335

解説
# ロンドン博物館に幸運を

　イギリスの首都ロンドン、そこのもっとも中枢の部分といってよいシティ地区。セントポール寺院からイングランド銀行、そして金融ビジネスが軒をならべる。その一郭に文化・芸術機能の中核というべきバービカン・センターが。

　劇場から映画館に図書館。ロンドン博物館はその外環にある。世界最大の市立博物館という。1976年に創設された。いったん年月過ぎて、疲労感がただよった時代もあったようだが、近年になって修復がなり、すっかり面目もあらたになった。内外、老若男女、人の出もにぎやかである。ロンドン市内には、ライバルもあまたあるなか、ユニークな博物館として評判のミュージアムである。期待に胸をふくらませて玄関をくぐっていこう。

　歴史博物館、あるいは郷土史資料館といった従来のコンセプトからすると、ずいぶんと違和感を催すことになるだろうか。立体・平面を問わず、パノラマ風の図像やジオラマが、あいついで登場する。むろん、歴史を主題とするには、時間軸が中心。そのうえで、首都ロンドンを彩った市民たちの生活と文化の姿が、おおらかに展開する。躍動感あふれる地図や図像、それに立体物など、歴史を表現する巧みな展示物が観客を魅了する。ことに、改修以降、来場する子どもたちにターゲットをあてるようになったのも、目ざましい成果といってよいだろう。昨今のミュージアム動向の先端を走っているといってよい。この変化を、展示の知的レベルを維持・向上させながら達成するよう注力していることに、なによりも敬意を払わせていただきたい。

　さて、そのロンドン博物館。ミュージアムショップで、横積みになった大判の書籍が目にはいる。その書籍の内容は、博物館の展示と一致しているわけではないが、あらましはそれと並行する。むろん、それよりも高い密度で、深い掘り下げをねらう。いうまでもなく、ここにお届けする日本語版の原著だ。嚙みくだいた展示内容に、じつはこれだけの準備と裏づけがあるのだと、感心するむきもあろうか。書籍のほうがより吟味され、ワイドに制作されているのは当然のことである。

　本書は、歴史時代だけでも2000年におよぶロンドンの過去を主題とし、博物館が所蔵する300万点の資料のなかから精選して図像化する。簡明に記載された解説は、先任と現任の博物館学芸員によって執筆された。現在にあって望みうる最高水準のロンドン市史であることは、疑いない。どうか、読者のかたがたには、制作者の心遣いと識見とを味わっていただきたいと念願する。

　さてところで、ここで話題にされるロンドン。いかに著名な大都市であろうとも、世界に無数にある現代都市のひとつにすぎない。どこかに、わたしたち日本人を魅了する特別な意味がないだろうか。いや、この問いに真正面から答えることが可能だ。

　なにより、ロンドンはごく最近、2012年のオリンピック・パラリンピックを開催した。3度目となったロンドン五輪は、その内実とデザインとをもって新たなスタイルを創造し、先進国家における新事例として注目をあつめることになった。これは、やがて来るべき2020年東京五輪に、絶好のモデルを提供するものと称揚される。ロンドンと東京は、たがいに

通低する都市としての質を共有しているかのようだ。

　それは偶然ではなかろう。というのも、かつて江戸時代の18世紀末、鎖国によって世界から孤立していた徳川日本にあって、ひとりの洋学者がこんな警告を幕府にむけて発した。林子平は『海国兵談』のなかで、日本列島は世界のなかでけっして孤立して安全をはかることはできないのだと、熱心に語った。なぜならば、「江戸日本橋の水は、ロンドンのテームズ川の水とつながっているのだから」と。言いえて妙というべきだろう。18世紀の江戸（東京）とロンドンとは、ともに百万人の人口を擁する、世界最大の都市であるが、直接の関係はもっていない。けれども、海を仲立ちにしてみれば、いつでも交流が可能であり、両首都は密接な関係をむすんでも不思議はないのだ。むろん、海防にも十分の意をもちいなければならないと。

　実際、ロンドンと東京とは、その時代に驚くべき共通性をもっていた。ふたつの百万都市は、テームズ川と隅田川とをいだきながら、成熟した市民生活を楽しんでいた。ときには、両都ともに大火や疫病になやまされたが。1666年のロンドン大火と、1657年の江戸・明暦大火は、由々しき災禍であったが、巨大都市はこの難儀をかえって成長の糧にしたてあげたのだから。

　それあってか、いまでもテームズ川と墨田川とは、世界にもまれな類似した構造の橋、開脚橋であるタワーブリッジと勝鬨橋とを跨がせている。近年ではロンドンのサザークに屹立した超高層のシャードタワーが、東京のスカイツリーにたちむかっている。まさしく、ロンドンと東京とはあい通じあう特徴を共有しているではないか。オリンピックの夢を共有する二都はこうして、世界の巨大都市の歴史街道を、手を携えて疾走しているかのようだ。

　ちょっとジョークがすぎるかもしれないが、その趣旨はご理解いただけるだろう。ロンドンの2000年に比して、東京はたかだか500年ほどの足跡をしるすにすぎないとはいえ、歴史と現在の両方にわたって、二都はゆたかな経験を共有している。そのためにこそ、わたしたちは、ロンドンの都市史と東京の都市史とを、あい並べて比較し吟味することができる。

　ロンドン博物館は、イギリスの首都のまっただなかにある。かたや、東京にあっては隅田川のほとりに、江戸東京博物館がある。1976年に建設された前者にくらべて、後者は1993年創設とやや立ち遅れてはいる。けれども、その設立趣旨は、きわめて近似しており、努力の方向も共通の部分が多い。ともに、世界標準を目指す首都の歴史博物館として、相互の切磋琢磨が求められているといってよかろう。読者ともども、そうした意識の開発と研磨を期待しつつ、ここに世にでる書籍の幸運を祈念したい。

印刷博物館館長・東京大学名誉教授
**樺山紘一**

# 参考文献

## ロンドンの歴史全般

ロンドンの歴史全般に関するすぐれた歴史書が最近何冊か出版されている。その中にRoy PorterのLondon: A Social History（Hamish Hamilton, 1994）、Francis ShepherdのLondon, a History（Oxford University Press, 1998）、Stephen InwoodのA History of London（Macmillan, 1998）などがある。ロンドン博物館のThe Archaeology of Greater London: An Assessment of Archaeological Evidence for Human Presence in the Area Now Covered by Greater London（Museum of London 2000）は、先史時代から最近までのロンドン地域の考古学的形跡を、いくつもの地図、地名辞典、広範囲な参考文献などで詳細に調査している。最近の2世紀については、Jerry WhiteのLondon in the Nineteenth Century: 'A Human Awful Wonder of God'（Jonathan Cape, 2007）およびLondon in the 20th Century: A City and its People（Viking, 2001）の2冊が、きわめて複合的なロンドンという首都について興味深い説明を与えてくれている。

Ben WeinrebとChristopher HibbertのThe London Encyclopaedia（Macmillan, 1983, reprinted 2008）は現在でも不可欠な参考文献で、またThe Buildings of England（Penguin and Yale, 1998-2003）シリーズとして知られるロンドンの建築物についての「美術史家ニコラウス・ペヴズナー」による6部作の改訂版も、同じくとても参考になる。地図がついたもっと簡潔な建築物案内書としてEdward JonesとChristopher WoodwardによるA Guide to the Architecture of London（Weidenfeld & Nicholson, 1983, reprinted 1992）がある。Julian Homer編のLondon Suburbs（Merrell and English Heritage, 1999）は、17世紀から20世紀までの郊外住宅の挿絵つき索引をロンドンの自治区毎に記載している。

こうした本のほとんどには、すぐれた参考文献のリストがつけられているが、ロンドンについてのバイブルというべきものはHeather Creatonによる2冊で、Bibliography of Printed Works on London History to 1939（Library Association, 1994）とSources for the History of London 1939-45: A Guide and Bibliography（British Records Association, 1998）がある。この2冊は現在ではLondon's Past On-line（http://www.history.ac.uk/cmh/lpol/）でオンライン検索ができる。

ロンドンの歴史をテーマにした資料には、ロンドン博物館の展示物に関連した出版物がいくつもある。1945年以前の首都ロンドンへの人口流入を簡潔に概観したNick Merriman編のThe Peopling of London（Museum of London, 1992）やAlex Werner編のLondon Bodies: The Changing Shape of Londoners from Prehistoric Times to the Present Day（Museum of London, 1998）、Edwina Ehrman他によるLondon Eats out: 500 Years of Capital Dining（Philip Wilson, 1999）、Kit Wedd 他によるCreative Quarters: The Art World in London from 1700 to 2000（Merrell, 2001）、Christopher Breward他によるThe London Look: Fashion from Street to Catwalk（Yale, 2004）、さらにMark BillsによるThe Art of Satire: London in Caricature（Philip Wilson, 2006）などがある。

ロンドンの歴史の研究に関する最新情報は、さまざまな定期刊行物や一連の出版物で知ることができ、例えば、London Journal and the London Archaeologistは最近の考古学的発見を簡潔に報告している。The London Topographical Societyは歴史的地図の復刻やロンドンの歴史、発展と地誌についての基本文献を出版している。1997年以来、ロンドン考古学博物館サービス（MoLAS）はロンドンでの調査結果について30編以上の研究論文を発表しており、その中には発掘地点の歴史に関する広範な文献調査とともに、いくつもの発掘調査報告も含まれている。その研究論文シリーズは今も継続発行されていて、特定の地点とテーマについての一連の克明な小報告や一般向け小冊子により補完されている。http://www.museumoflondonarchaeology.org.uk/English/Resources/Publications/を参照してほしい。

## イギリスの歴史

ロンドンは、3巻本のThe Cambridge Urban History of Britain（Cambridge University Press, 2000）の中でも、もちろん大きく扱われている。これはDavid Palliser編の第1巻（600から1540年）、Peter Clark編の第2巻（1540から1840年）、Martin J. Daunton編の第3巻（1840から1950年）で構成されている。F. M. L. Thompson編のThe Cambridge Social History of Britain 1750-1950（Cambridge University Press, 1990）もロンドンを主題にしているが、ロンドンについては上記3巻本の方が詳しい。とくに、第1巻はP. L. Garsideによるロンドンの概観に1章を当てている。イギリスの多文化的歴史を扱う文献はますます増えていて、ロンドンはそれらの中でも中心を占めている――例えばPeter FryerによるStaying Power: The History of Black People in Britain since 1504（Pluto Press, 1984）やRozina VisramによるAsians in Britain: 400 Years of History（Pluto Press, 2002）などがある。

## ウェブ上の資料

近年のデジタル化プロジェクトの爆発的増加は、ロンドンの歴史についても興味をそそる新たな関連情報源を公開している。英国史オンライン（http://www.british-history.ac.uk/）は、中世の定期市のリストからThe Survey of Londonプロジェクトにより出版されたさまざまな文献にいたる膨大な原典資料へのアクセスを可能にしている。The Old Bailey On Lineのウェブサイト（www.oldbaileyonline.org）は1674年から1913年に及ぶロンドンの中央刑事裁判所の訴訟記録へのアクセスを可能にし、きわめて無秩序だった時代のロンドンの途方もない全体像を見せてくれる。ロンドンのほとんどの博物館や公文書館はウェブでヴァーチャル展示やオンライン・カタログの公開を行なっている――例えば、ウェストミンスター・アーカイブでは、「1500年から2000年にいたるウェストミンスターでの黒人の貢献を記念する特別展（http://www.westminster.gov.uk）」を見ることができる。ウェブ上での共同プロジェクトとして、ロンドンの11の博物館の収蔵品を組み合わせて首都ロンドンのさまざまな物語を興味深い万華鏡の中に映し出す「20世紀ロンドンを探る（www.20thcenturylondon.org.uk）」といった企画や、いろいろな博物館の多文化コミュニティに関連した収蔵品を観る「語られなかったロンドン（http://www.untoldlondon.org.uk）」、ロンドン南東部の郊外を研究する「アイデアル・ホームズ（http://www.idealhomes.org.uk）」などもある。また、「フォト・ロンドン（photolondon.org.uk）」はロンドンについての主要な写真コレクションへの入り口に当たるサイトで、映像による記録では「スクリーン・アーカイブズ（www.filmlondon.org.uk/screenarchives/）」が同じような役割を果たしている。グレーター・ロンドン地域の5000を超える場所の考古学的研究は、「ロンドン考古学アーカイブおよび調査センター」（http://www.museumoflondon,org,uk/laarc/catalogue/）のオンライン地名索引にまとめられている。

上記のデータに加え、本書の時代別の章に関連した資料として次のようなものがある。

## 先史時代

ロンドンのごく初期の歴史を扱った文献はあまり多くない。Nick MerrimanのPrehistoric London（HMSO. 1990）は、いくらか古くなっているとは言え、現在でもたいへん参考になる。また、The Archaeology of Greater London: An Assessment of Archaeological Evidence for Human Presence in the Area Now Covered by Greater London（Museum of London 2000）やIan Haynes, Harvey Sheldonおよび Lesley Hannigan編の小論集London Under Ground: The Archaeology of a City（Oxbow, 2000）には、最近の研究成果が各章に編年的にわかりやすくまとめられている。最近の考古学的研究の成果は関係地域の考古学刊行物でも発表されている。例えば、Transactions of the London & Middlesex Archaeological Societyや季刊誌the London Archaeologistなどがある。もっと広範囲のイギリス全体の研究については、Chris StringerのHomo Britannicus: The Incredible Story of Human Life in Britain（Allen Lane, 2006）やRichard BradleyのThe Prehistory of Britain and Ireland（Cambridge University Press, 2007）が詳しく述べている。今では便利なウェブサイトもいくつかある。例えば、National Ice Age Networkによって運営されているhttp://www.iceage.org.ukを参照してほしい。

## ローマ時代のロンドン

Peter SalwayによるRoman Britain（Oxford University Press, 2003）はOxford History of Britainシリーズの1冊で、ローマ時代のイギリス全体の歴史と解説を網羅している。ローマ時代のロンドンについては、最近の30年間にひじょうにたくさんの発掘調査が行われてきているので、そのすべてを1冊で詳細に記述することはできない。もっともわかりやすい必読文献は、考古学的調査が爆発的に活発になる以前

にRalph Merrifieldが発表したThe Roman City of London (Benn, 1965)と、新たな刺激的な発見のいくつかを織り込んだLondon, City of the Romans (Batsford, 1983)だ。Dominic Perring (Seaby, 1991)とGustav Milne (English Heritage, 1995)が、それぞれRoman Londonと題した2冊の中でより新しい知見に触れている。ローマ時代全体を通じてのロンドンの信頼できる考古学的分析についてはThe Archaeology of Greater London (Museum of London, 2000)を参照してほしい。共同墓地、宗教、人口、ローマ帝国内のロンドンの地位といった重要なテーマはすべてJoanna Bird, Mark HassallおよびHarvey Sheldon編Interpreting Roman London (Oxbow, 1996)やIan Haynes, Harvey Sheldon, Lesley Hannigan編London Under Ground: The Archaeology of a City (Oxbow, 2000)、また、John Clark, Jonathan Cotton, Jenny Hall, Roz SherrisおよびHedley Swain編Londinium and Beyond (Council for British Archaeology, 2008)で触れられている。

## 中世初期のロンドン

この時期のロンドンの歴史全体はJohn ClarkによるSaxon and Norman London (HMSO, 1989)にまとめられているが、この小冊子は現在ではやや古くなっている。サクソン時代初期のロンドン地域については、最近ではあまり出版されていないが、The Archaeology of Greater London (Museum of London, 2000)所収のRobert Cowieが記述したSaxon Settlement and Economy from the Dark Ages to Domesdayという章に、考古学的知見が簡潔にまとめられている。サクソン時代のルンデンウィックの発見とコヴェント・ガーデンの発掘についてはAlan VinceのSaxon London' An Archaeological Investigation (Seaby, 1990)やG. Malcolm, D. Bowsher, R. CowieによるMiddle Saxon London, Excavations at the Royal Opera House 1989-99 (Museum of London Archaeology Service Monograph 15, 2003)を参照してほしい。こうした最新の考古学的成果によって、Christopher BrookeのLondon 800-1216; The Shaping of a City (Secker & Warburg, 1975)の内容は書き換える必要が生じたが、このChristopher Brookeの著作は、歴史的証拠、とくにノルマン時代の遺跡や遺物についての研究に関しては今でも十分な価値がある。さらに、Christopher ThomasのThe Archaeology of Medieval London (Sutton, 2003)、Gustav MilneのThe Port of Medieval London (Tempus, 2003)、John SchofieldのThe Building of London from the Conquest to the Great Fire (Sutton, 1999)などの初めの方の章も参照してほしい。

## 中世後期のロンドン

Caroline BarronのLondon in the Later Middle Ages: Government and People 1200-1500 (Oxford University Press, 2004)は、この時代のロンドンに関する最新の研究である。考古学的証拠に関しては、Christopher ThomasのThe Archaeology of Medieval London (Sutton, 2003)を参照されたい。Mary D. Lobel編のThe British Atlas of Historic Towns Vol 111: The City of London from Prehistoric Times to c. 1520 (Oxford University Press, 1989)に、中世ロンドンをきわめて詳しく再現した地図が掲載されている。Bruce Watson, Trevor Brigham, Tony DysonはLondon Bridge: 2000 Years of a River Crossing (Museum of London Archaeology Service Monograph 8, 2001)で、中世のロンドンで最大の重要性を持った建造物の歴史を詳述している。John SchofieldはThe Building of London from the Conquest to the Great Fire (Sutton, 1999)で、ローマ人およびサクソン人によるロンドンの起源から1666年の大火で壊滅するまでの建造物(家屋、教会、公共建築、宮殿、要塞)の発達について記述している。同じ著者のMedieval London Houses (Yale University Press, 1995, reprinted 2003)は、記録、現存する建物、考古学による証拠のきわめて詳細な研究で、ロンドンのあらゆる種類の家屋の設計図、構造、外見を明らかにしている。

## テューダー朝とステュアート朝前期のロンドン

John Morrill編Oxford Illustrated History of Tudor and Stuart Britain (Oxford University Press, 1996)は、この時代の概観を知るための卓越した著作であり、広汎な参考文献が項目とテーマごとに分類されていて便利だ。テューダー朝のロンドンについてより詳しく知りたい読者にとって最良の資料がJohn StowのA Survey of Londonで、初版の刊行は1598年、現在はペーパーバックで復刊され、Antonia Fraserが序文を寄せている(Sutton, 1994)。より早い時代についてはJohn SchofieldのThe Building of London from the Conquest to the Great Fire (Sutton, 1999)が、ロンドンの建築史について有用な洞察を与えてくれる。Simon ThurleyのThe Royal Palaces of Tudor England, Architecture and Court Life 1460-1547 (Yale University Press, 1993)は、ロンドン地域に建造されたヘンリー8世の宮殿について記述している。Julian BowsherのThe Rose Theatre: An Archaeological Discovery (Museum of London, 1998)はエリザベス朝のロンドンの劇場に関する最新の記述だ。ロンドンの書籍販売業に関するもっとも優れた資料が、Peter BlayneyのThe Bookshops in Paul's Cross Churchyard (The Bibliographical Society London, Occasional Paper 5, 1990)である。飲食に関しては、Edwina Ehrman他によるLondon Eats Out: 500 Years of Capital Dining (Museum of London/Philip Wilson 1996)を参照してほしい。

## ステュアート朝後期のロンドン

Stephen Porter編London and the Civil War (Macmillan, 1996)では、17世紀前半の動乱とロンドンの関係がわかりやすく述べられている。Walter BellはThe Great Plague in London in 1665 (revised edition, Bodley Head, 1951)で、1665年の大疫病について検証している。ロンドン大火とその余波について考察したのが、Gustav MilneのThe Great Fire of London (Historical Publications, 1986)、Stephen PorterのThe Great Fire of London (Sutton, 1996)、T. F. ReddawayのThe Rebuilding of London after the Great Fire (Jonathan Cape, 1940)である。サミュエル・ピープスの1660-1669年の日記により、当時の出来事と特色がかなり明らかにされている。最良の版はRobert LathamとWilliam Matthews編、全11巻のThe Diary of Samuel Pepys (G. Bell and Sons 1970-1983, reprinted by HarperCollins, 1995-2000)(『サミュエル・ピープスの日記』臼田昭、海保眞夫、岡照雄訳、国文社、1987-2012年[全10巻])である。A. R. HallのThe Revolution in Science 1500-1700 (Longman, 1983)は当時の科学の影響力について記述し、Paul M. KennedyのThe Rise and Fall of British Naval Mastery (Macmillan. 1983)は、海軍の発展について検証している。

## ジョージ王朝時代のロンドン

Roy PorterのEnglish Society in the 18th Century (Penguin, 1982)には、ロンドンの出来事と人物が鮮明に描かれている。Dorothy GeorgeのLondon Life in the 18th Century (1925, reprinted Penguin 1966)は、初版の刊行から80年を経てもなお、詳細で豊富な記述の価値を失っていない。Sheila O'ConnellのLondon 1753 (British Museum, 2003)は大英博物館の版画のコレクションを利用し、ロンドン中心部の5地域に焦点を当てている。Peter GuilleryのThe Small House in Eighteenth-Century London (Yale, 2004)では、ロンドンの比較的質素なジョージ王朝様式の建物に関し、鋭く新鮮な洞察が示されている。当時の建築に関する必読書は、依然としてJohn SummersonのGeorgian London (Pimlico, 1988; new edition Yale, 2003)だ。近年、社会の主流から外れた貧しい人々の生活を伝える新たな情報源により、18世紀のロンドンに関する理解は変容している。Rictor NortonのMother Clap's Molly House: The Gay Subculture in England 1700-1830 (Heretic Books, 1992)は、同性愛者の活動に関する近年の研究のひとつである。Tim HitchcockのDown and Out in Eighteenth-Century London (London, 2004)、L. D. SchwarzのLondon in the Age of Industrialisation: Entrepreneurs, Labour Force and Living Conditions, 1700-1850 (Cambridge, 1992)、Robert ShoemakerのThe London Mob: Violence and Disorder in Eighteenth-Century England (London, 2004)は皆、かつては憂鬱な時代とされたこの時期に関する新たな見識を示している。18世紀の首都ロンドンに関する同時代の優れた記述も、もちろん存在する。James BoswellのLondon Journal, 1762-3 (new edition Edinburgh University Press, 2004)は古典としての地位を保っている。知名度では劣るが、Daniel DefoeのColonel Jack (1722, new edition Pickering & Chatto, 2008)は、ロンドンの街路から始まる、ある孤児の活気に満ちた冒険譚だ。

## 摂政時代のロンドン

Celina Fox編のLondon-World City. 1800-1840 (Yale, 1992)は、この過渡期における首都ロンドンの包括的かつ具体的な概説だ。Peter Jackson編George Scharf's London: Sketches and Watercolours of a Changing City, 1820-1850 (John Murray, 1987)は、この都市の驚異的に詳しい地誌を活写している。James HamiltonのLondon Lights (John Murray, 2007)は、ロンドンの生活に財政、起業、知性の面で貢献した人々について検証している。首都ロンドンの政治と労働の世界を知るには、The Autobiography of Francis Place 1771-1854 (Cambridge University Press, 1972)とともに、Iorweth J. ProtheroのArtisans and Politics in Early Nineteenth-Century London (Dawson, 1979)、Ian McCalmanのRadical London (Cambridge University Press, 1987)、David GreenのFrom Artisans to Paupers: Economic Change and Poverty in London 1790-1870 (Scolar Press, 1995)を併読してほしい。John PudneyのLondon Docks (Thames and Hudson, 1975)は依然として、当時のロンドン港に関する最良の総合的入門書だ。テムズ川については、Bill LuckinのPollution and Control: A Social History of the Thames in the Nineteenth Century (Hilger, 1986)も参考になるだろう。金融都市の生活の優れた記録として、David KynastonのThe City of London: A World of its Own, 1815-1890 (Chatto & Windus, 1994)がある。ロンドンの娯楽については、R・D・オールティックのThe Shows of London (Belknap Press, 1978)(『ロンドンの見世物[全3巻]』浜名恵美他訳、国書刊行会、1989-1990年)が最も包括的な概説である。

## ヴィクトリア朝前期のロンドン

Francis ShepherdのLondon, 1808- 1870: The Infernal Wen (Secker & Warburg, 1971)は、ヴィクトリア朝前期の大都市ロンドンの多彩な面に関する総合的な概説である。Jerry WhiteのLondon in the Nineteenth Century (Penguin, 2007)も同様だ。ロンドンの生活を描いたチャールズ・ディケンズの小説を、Peter

Ackroydによる秀逸な伝記Dickens (Sinclair Stevenson, 1990)と併せて読むのもいいだろう。ヘンリー・メイヒューの著作は必読で、London Labour and the London Poor (Penguin, 2005)(『ロンドン貧乏物語：ヴィクトリア時代呼売商人の生活誌』植松靖夫訳、悠書館、2013年)などに優れた作品が集められている。James Winterの London's Teeming Streets 1830-1914 (Routledge, 1993)は、この首都の混雑した道路と、この世紀に達成された改善を検証している。19世紀ロンドン郊外の最良のケーススタディが、H. I. DyosのVictorian Suburb: A Study of the Growth of Camberwell (Leicester University Press, 1961 and 1973)である。オムニバス、地下鉄、市街電車を含むロンドンの交通網に関する親しみやすく優れた入門書に、Sheila TaylorとOliver Green編のThe Moving Metropolis: A History of London's Transport since 1800 (Laurence King, 2001)がある。首都ロンドンの外観を初めて写真に収めたのが、Gavin StampのThe Changing Metropolis: Earliest Photographs of London, 1839-79 (Viking, 1984)である。

### ヴィクトリア朝後期のロンドン

ロンドンの行政の発達については、Ken YoungとPatricia L. GarsideのMetropolitan London: Politics and Urban Change, 1837-1981 (Edward Arnold, 1982)が取り上げている。Gavin WeightmanとSteve HumphriesのThe Making of Modern London 1815-1914 (Sidgwick & Jackson, 1983)は、聞き書きを利用した、具体例に富んだ著作だ。19世紀後半のロンドンについて理解するための鍵となるのは貧困と困窮層であり、そうしたテーマに関する優れた研究として、Anthony S. WohlのThe Eternal Slum: Housing and Social Policy in Victorian London (Edward Arnold, 1977)、E. RossのLove and Toil: Motherhood in Outcast London. 1870-1918 (Oxford University Press, 1993)、Anna DavinのGrowing up Poor: Home. School and Street in London 1870-1914 (Paul and Company, 1997)、G Stedman JonesのOutcast London: A Study in the Relationship between Classes in Victorian Society (Clarendon Press, 1971)などがある。イースト・エンドについて考察したのが、W. J. FishmanのEast End 1888: A Year in a London Borough among the Labouring Poor (Duckworth, 1988)と、Alex Werner編Jack the Ripper and the East End (Chatto & Windus, 2008)である。Lynda NeadのVictorian Babylon: People, Streets and Images in Nineteenth-century London (Yale, 2000)は大都市ロンドンの近代性に、ことに女性の観点から焦点を絞っている。Stephen InwoodのCity of Cities: The Birth of Modern London (Macmillan, 2005)は、1870年代から第一次世界大戦までの首都ロンドンの主要な変化を時系列に沿って記録している。

### エドワード朝時代のロンドン

20世紀初頭のロンドンのイギリス最大の都市としての特徴は、Jonathan SchneerのLondon 1900: The Imperial Metropolis (Yale, 1999)で詳述されている。建築学的特徴は、Michael Portが権威ある著作Imperial London: Civil Government Building in London 1850-1915 (Yale, 1995)で論じている。大衆文化については、Andrew HorrallのPopular Culture in London c. 1890-1918: The Transformation of Entertainment (Manchester University Press, 2001)、および、具体例の豊富なGavin WeightmanのBright Lights, Big City: London Entertained 1830-1950 (Collins & Brown. 1992)を参照してほしい。Diane AtkinsonのThe Suffragettes in Pictures (Sutton, 1996)は、女性による婦人参政権運動に関する優れた入門書で、ロンドン博物館に所蔵されている婦人参政権論者の女性たちの写真の数々を活用している。エドワード朝時代の異なる社会的階級の暮らしに関する興味溢れる著作に、ランベスの労働者階級の暮らしを概説したMaud Pember ReeveのRound about a Pound a Week (1913, republished Virago, 1990)、ならびに、警察官の家庭での少年時代を描いたC. H. RolphのLondon Particulars: Memories of an Edwardian Boyhood (Oxford University Press, 1982)の2冊がある。

### 両大戦間のロンドン

Cathy RossのTwenties London: A City in the Jazz Age (Philip Wilson and Museum of London, 2004)は、ロンドンがもっとも活気に満ちていた時代のなかの10年を概観している。国家的背景については、Robert GravesとAlan Hodgeの共著によるThe Long Weekend: A Social History of Great Britain, 1918-39 (1941, new paperback edition Abacus, 1995)、および新たな民主的時代における変化についての洞察に満ちた、Ross McKibbinのClasses and Cultures: England 1918-1951 (Oxford University Press, 1998)を参照してほしい。ロンドンの拡大に関しては、Alan A. JacksonがSemi-Detached London: Suburban Development, Life and Transport, 1900-1939 (Allen & Unwin, 1973)のなかで論じている。大戦間のロンドンの退廃的な側面は、Matt HoulbrookのQueer London: Perils and Pleasures in the Sexual Metropolis, 1918-1957 (University of Chicago Press, 2005)、および、D. J. TaylorのBright Young People: The Rise and Fall of a Generation 1918-1940 (Chatto and Windus, 2007)に述べられており、後者は、破滅が待ち受ける上流階級の若者たちを描いたイーヴリン・ウォーの名作、Vile Bodies (1930, reprinted by Penguin, 2000)(『卑しい肉体〈20世紀イギリス小説個性派セレクション5〉』、大久保譲／訳、横山茂雄・佐々木徹／責任編集、新人物往来社、2012年)からヒントを得ている。当時の記録として、Hubert Llewellyn Smithによる調査をまとめたThe New Survey of London Life and Labour (P. S. King & Son, 1930-5)全9巻のほか、素晴らしいエッセイや記事の数々、たとえば、Thomas BurkeのLondon in My Time (Rich & Cowan, 1934)、H. V. MortonのH. V. Morton's London (Methuen, 1941)、C. L. R. JamesのLetters from London (1935, reprinted by Hurst, 2003)がある。Louis Herenの傑作、Growing Up Poor in London (Hamish Hamilton, 1973)には、大戦間のポプラでの子ども時代の思い出が綴られている。

### 第二次大戦時と大戦後のロンドン

Gavin WeightmanとSteve Humphriesの共著、The Making of Modern London: a People's History of the Capital from 1815 to the Present Day (1983-6, reprinted Ebury Press, 2007)は、第二次大戦とその余波に関する特に優れた著作で、ロンドン市民自身の声で語らせている。ほかに「一般市民の歴史」が詳しく記されているものに、Philip ZieglerのLondon at War, 1939-1945 (Pimlico, 2002)、Maureen WallerのLondon 1945 (John Murray, 2004)、および、世論調査記録をもとにしたTom HarrissonのLiving through the Blitz (Collins, 1976)がある。近年、1950年代を扱った2点の権威ある著作、Peter HennessyのHaving It So Good: Britain in the Fifties (Penguin, 2007)と、David KynastonのAusterity Britain: A World to Build (Bloomsbury, 2008)が出版されている。英国祭については、Elain HarwoodとAlan Powersの編集によるTwentieth Century Architecture No. 5, Festival of Britain (Twentieth Century Society, 2001)のなかのエッセイを参照されたい。Michael YoungとPeter Willmottの共著、Family and Kinship in East London (1957, reprinted Penguin, 1969)は、戦後のベスナル・グリーンでの労働者階級の暮らしを見事に描いている。Harry HopkinsのThe New Look: A Social History of the Forties and Fifties in Britain (Secker & Warburg, 1963)は、『『大戦後』の波乱万丈の年月に人々が体験した異例の出来事のいくつか」を回想している。

### 1960年代と70年代のロンドン

ロンドンの戦後の高層住宅の歴史については、Stefan MuthesiusとMiles Glendinningの共著、Tower Block: Modern Public Housing in England, Scotland, Wales and Northern Ireland (Yale, 1994)に総合的に記されており、ロンドンの高層住宅を網羅した便利な区ごとの地名索引も付いている。1960年代の都市計画は、ピーター・ホールのLondon 2000 (Faber & Faber, 1963)(『ロンドン2000(抄訳)』〈調査研究資料No.13〉、小倉庫次／抄訳、東京市政調査会首都研究所、1964年)に述べられている。1970年代の政治問題は、David WilcoxとDavid RichardsのLondon: The Heartless City (Thames Television, 1977)に詳しい。クリストファー・ブリュワード、デヴィッド・ギルバート、ジェニー・リスターの監修によるSwinging Sixties: Fashion in London and Beyond 1955-1970 (V&A, 2006)(『スウィンギン・シックスティーズ ファッション・イン・ロンドン 1955-1970』、古谷直子訳、ブルース・インターアクションズ、2006年)では、ロンドンにおける革新的な若者文化の優れた概観が素晴らしい図版とともに示されている。Jonathon GreenのAll Dressed Up: The Sixties and the Counterculture (Jonathan Cape, 1998)は、カウンターカルチャー革命を回顧している。文／Mike Phillips、写真／Charlie PhillipsによるNotting Hill in the Sixties (Lawrence & Wishart, 1991)、および、Charlie Phillips、Armet Francis、Neil KenlockによるRoots to Reckoning (Seed Publications, 2005)はともに、ロンドンのアフリカ系カリブ人社会の苦闘の時代を雄弁に伝える写真記録である。

### 現代のロンドン

Joe Kerr、Andrew Gibson編のLondon from Punk to Blair (Reaktion Books, 2003)には、近年のロンドンに関する幅広いエッセイや写真の数々が収められている。Michael HebbertのLondon: More by Fortune than Design (John Wiley & Sons, 1998)は都市計画立案者の視点からロンドンの沿革を考察しており、グレーター・ロンドン市議会廃止後のロンドンと、その壮大な再開発計画に関する考察は、とりわけ洞察力に優れている。ドックランドの新たな建築物については、Alan CoxのDocklands in the Making: The Redevelopment of the Isle of Dogs, 1981-1995 (Athlone, 1995)に述べられており、ドックランドの社会的変化については、Janet FosterのDocklands: Cultures in Conflict, Worlds in Collision (University College London Press, 1999)を参照してほしい。ロンドンの多文化的特徴は、Mike PhillipsのLondon Crossings: A Biography of Black Britain (Continuum, 2001)で半自伝的に、そして、Geoff Dench、Kate Gavron、Michael YoungのThe New East End (Profile Books, 2006)ではより社会学的に、掘り下げられている。ジェントリフィケーションをテーマとした著作には、Tim ButlerとGarry Robsonの共著、London Calling: The Middle Classes and the Remaking of Inner London (Berg, 2003)がある。スピタルフィールズにおける変化は、Charlie FormanのSpitalfields: A Battle for Land (Hilary Shipman Ltd, 1989)に詳しく述べられている。

# 索引

19代アランデル伯爵，ヘンリー・フィッツアラン　89
4パーセント住宅会社　223
ABCティー・ショップ　243
ACME（住宅購入組合）　328-9
AEI自動車　296
DORA（戦時国土防衛法）　248, 257
GLC
　▶グレーター・ロンドン市議会をみよ
IRA（アイルランド共和軍）　330-1
J・リヨンズ社　269
　▶リヨンズ・コーナー・ハウス　243, 257
JPモルガン・チェース　313
LDDC
　▶ロンドン・ドックランド開発公社をみよ
M11高速道路　315
M25高速道路　293, 314
SPACE　328
V型兵器　275

## あ

アーケード，ショッピング　174
アーケン，ジョゼフとアレクサンダー・ファン　149
アーケンワルド，セント　73
アーセナル・フットボールクラブ　302, 303
アーチャー・ストリート，ソーホー　285
アーチャー，トマス　185
アーツ劇場　285, 326
アーノルド，リチャード　95
　▶アーノルドの年代記　95
アイアンモンガー・レーン　63
アイソコン社　267
アイソバー・クラブ　266
アイル・オブ・ドッグス　121, 171, 310
　▶運河　177
アイルズベリー・エステート，サザーク　322
アイルランド人　134, 135, 270, 301
　▶襲撃　162
アイルワース　132, 296
アウグスタ［ロンディニウムの別名］　49
アウグスティヌス修道会　72
アカデミー・シネマ　285
空き地　278, 279
　▶庭園　100, 142-3
　▶ハイド・パーク　100
　▶フィンズベリー・フィールズ　100
アクアスキュータム　256
アクトン　269, 287
　▶パーク・ロイヤル　258, 296
アクロイド，ピーター　313
アシュケナジのユダヤ人　135, 151
アスギル，サー・チャールズ　132
アスク，ロバート　93

アステア，フレッドとアデル　257
アダム・アンド・イヴ・ティー・ガーデン　142, 143
アダム，ジェームズ　127
アダム，ロバート　127, 184
アダムズ，ウォルター　307
アッカーマン，ルドルフ　175
アックスブリッジ　18-19, 82
アッテンボロー，リチャード　303
アディソン，ジョゼフ　145
アテナエウム・クラブ　218
アデルスタイン，デービッド　307
アデルフィ　127
アドミラル・ダンカン・パブ　330
アトランティック・バー・アンド・グリル　316
アトリー，クレメント　280
アバクランビー，パトリック　258
　▶アバクランビー・プラン　278-9, 302
アプスリー・ハウス　126
アプチャーチ・レーン　102
アポロニコン，セント・マーチンズ・レーン　179
アマルガメーティッド・プレス　241
アムステルダム・コーヒー・ハウス　129
アメリカ企業　235
アメリカ大使館，グロヴナー・スクエア　306
アメリカ独立戦争　135
アメリカの新聞　240
アメリカ文化　217
アラポフ，シリル　271
アランデル・ストリート　122
アランデル・ハウス　123
アリ，アルタブ　301, 307
アリ，タリク　306
アルカイダ　330, 331
アルガン灯　175
アルサティア　152
アルスター・テラス　166
アルバート記念塔　191
アルバート殿下　190, 195
アルハンブラ劇場　218, 242, 243
アルビオン醸造所　296
アルフレッド王　50, 55-6
アルヘンホルツ，バロン・フォン　142
アルマ・タデマ，ローレンス　221
アルマックス社交クラブ　179
アレクサンダー・マックィーン　317
アレクサンダー，ダニエル・アッシャー　176
アレン，チェズニー　257
アワーバック，フランク　285
アンウィン，レイモンド　237
アンカー醸造所，サザーク　170
安全　330-1
アンダーソン，エリザベス・ギャレット　224

アンダートンズ・ホテル　218, 219
アンドリース，ギード　91
アンドリュース，マイケル　285

## い

イーヴリン，ジョン　106, 109, 113, 123, 143
　▶ロンドン再建計画　114
イーガン，ピアース，ジェリーとトム　178
イースタン・アヴェニュー　260
イースタン・カウンティ鉄道　200
イースト・エンド　210-11, 216
　▶アイルランド人　270
　▶空襲　249, 274-5
　▶再生計画　334-5
　▶伝道　228-9
　▶ミュージック・ホール　217
　▶ユダヤ人　134-5, 222-3, 235, 236, 248, 270
　▶ロシア人　248
イースト・ダリッジ　208
イースト・テムズ・コリドール　334-5
イースト・ロンドン・テクニカル・カレッジ　225
イーストマン，ジョージ　302
イームズ，ジョン　144
イームス，ウィリアム・フレデリック　221
イーリー・ハウス病院　121
イーリング　236, 321
イーリング・ブロードウェイ　213, 324
イヴニング・スタンダード　241, 317
イェーベル，ヘンリー　73
家を失った　229, 295, 317
イギリス・ファシスト連合　265, 271
イギリス連邦　252, 296, 300
イクイアノ，オラウダ　135, 137
異国風の浴場　157
居酒屋　58, 102-3, 141
　▶集会所として　109, 148
医者　122, 281
イスラム　321, 331, 333
　▶モスク　320
イズリントン　130, 172, 295, 300, 332
　▶オーウェンズ・スクール　93
　▶キングス・ヘッド劇場　327
　▶食品　100, 103
　▶スパ　143
　▶農産物展示場　228
　▶料金所　130
イタリア人　77, 80, 270, 271
　▶芸術家と手工業者　89, 91, 132
　▶地区　270, 284
イタリアン・オペラ・ハウス（キングス・シアター）　179
市場　64, 71, 140-1, 332
　▶規制　66
『イッツ・ザット・マン・アゲイン』　277
一方通行システム　260

イディッシュ語　222
　▶劇場　217, 222, 223
異邦人
　▶移民をみよ
　▶移民　223, 300, 320
移民　76-7, 134-5, 300-1
　▶黒人　134, 135, 179, 286-7, 301
　▶サクソン人　55
　▶地区ごとの外国人　77
　▶テューダー朝とスチュアート朝　87, 91
　▶難民　267, 270-1, 300
　▶ユダヤ人　214, 222-3
　▶ローマ人　38-9
イムレ・キラルフィ　233
『イラストレーテッド・ポリス・ニュース』　227
『イラストレーテッド・ロンドン・ニュース』　190
医療サービス　160-1, 281
イルフォード　271
イングランド銀行　128, 163, 172-3, 313
印刷業　149
印刷業者　86, 94-5, 144-5, 149
　▶新聞　240-1
印象派　244
インクス・コー，ヴィントリー　102
飲食店　102-3, 141, 243, 332
　▶戦時中　277
『インディペンデント』　312
インド自由協会　271
インド省　206, 230
インナー・シティ　322, 332-3
インナー・テンプル　92
インペリアル・カレッジ　191, 225
インペリアル・ケミカル・インダストリーズ　259
インペリアル航空　261

## う

ヴァージニア会社　90
ヴァイキング　50, 55
『ヴァニティ・フェア』　218
ヴァラエティ　243, 257
ヴァンブラ，ジョン　146
ヴィア・ストリートの仲間たち　155
ヴィクトリア・アンド・アルバート博物館　326
ヴィクトリア・ストリート　194
ヴィクトリア・ホテル　218
ヴィクトリア駅　212
ヴィクトリア河岸道路　194, 230, 238
ヴィクトリア女王　191
　▶記念塔　234
　▶在位50周年記念典　205, 207, 217
ウィグモア・ホール　231

ウィッチ・ストリート　226
ウィッティントン・カレッジ　74
ウィッティントン，リチャード　69, 76
ウィットブレッド，サミュエル　161
ウィットブレッド醸造所　132, 150
ウィットワース，ジョゼフ　171
ウィラ　127
ウィリアム・ステュークリー　10, 11
ウィリアム4世　168
ウィリアムズ，オーウェン　288
ウィリス，トマス　123
ウィルクス，ジョン　162, 163
ウィルズデン　294
▶グランウィック闘争　306, 307
▶グリーン　213
ウィルソン，コリン・セント・ジョン　318
ウィルソン，ハロルド　281
ウィルソン，リチャード　148, 149
ウィルトン・プレース　304, 305
ウィルトンズ・ミュージック・ホール　217
ウィルバーフォース，ウィリアム　136-7
ウィロー・ロード，ハムステッド　267
ウィンガエルデ，ヴァン・デン・アントニス　88
ヴィンセント・スクエア
▶トットヒル・フィールズをみよ
ウィンチェスター・ストリート　123
ウィンドミル劇場　257
ヴィントリー　78, 80
ウィンフィールド，デーヴィッド・ウィルキー　221
ウィンブルドン　213, 236
▶テニス・クラブ　302
▶仏教寺院　320
ウィンポール・ストリート　126
ウェア，サミュエル　174
ウェアリング＆ギローズ百貨店　256
ウェーツ，ジョージ　254
ウェスカー，アーノルド　223
ウェスタン・アヴェニュー，ペリヴェール　258
ウェスタン・エクスチェンジ　174-5
ウェスト・エンド　106, 164-5, 218-19, 242-3, 256-7
▶住宅　279
▶戦時中　277
ウェスト・ハム　208
▶シルバータウンもみよ
ウェスト・ハム・フットボール・クラブ　303
ウェスト・ハムステッド　213
ウェスト・フェリー・ロード　171
ウェストウッド，ヴィヴィアン　299, 317
ウェストフィールド・カレッジ　225
ウェストミンスター　58-9, 130, 134, 164-5, 211
▶観光業　101
▶救貧院　158
▶政府　68, 206-7
▶創立　50, 54
▶ニュー・パレス・ヤード　122
ウェストミンスター・ゲート　102
ウェストミンスター・ホール　58, 104
ウェストミンスター・ロード　201
ウェストミンスター寺院　51, 58, 73, 92, 105, 207
▶黒死病　75
ウェストミンスター診療所　150-1
ウェストミンスター橋　130, 235
ウェストランド・ヘリコプターズ　296
ウェスリー，ジョン　137, 150, 151
ヴェネツィア　81, 90

ヴェネツィア　79
ヴェネツィア・ガラス　81, 90
ウェブ，サー・アストン　234
ウェブ，ビリー　305
ウェリントン・アーチ　157
ウェリントン公　167, 183
▶肖像画　305
ヴェルゼリーニ，ヤコボ　91
ウェルチ，ブルース　285
ヴェン，ヘンリー牧師とジョン　136
ウェントワース・ストリート　222, 223
ウェントワース，ヴェラ　247
ウェンブレー　320
ウェンブレー・スタジアム　252-3, 269, 303, 319
▶エンパイア・スイミング・プール　268
▶大英帝国博覧会　252-3
ウォーウィック・レーン　122
ウォーカー，ジェームズ　168
ウォーカー，ヘンリー　228-9
ウォーカー，ラルフ　177
ウォーカー，リチャード　291
ウォーカー，レイ　329
ウォーター・レーン　120, 123
ウォーターハウス，アルフレッド　231
ウォータールー・ロード　232-3
ウォータールー駅　235, 286
ウォータールー橋　167, 168-9
ウォード，ウィンキン・ド　95
ウォード，ジョシュア　161
ウォードー・ストリート　284
ウォーバートンズ保護施設　160
ヴォクソール　131, 141, 142-3
ヴォクソール　132
ヴォクソール橋　168, 169, 235
ヴォクソール遊園　131, 141, 142-3
ヴォクソールをみよ
ウォッピング　90, 119, 158
ウォフィントン，ペグ　146
魚屋組合貧民救済院　160
ウォリス，ギルバード＆パートナーズ　289
ウォルサム　82
ウォルサム・アベイ　248
ウォルサムストー　127
ヴォルテール　150
ウォルドルフ・ホテル　235, 243
ウォルブルック　31
ウォルポール，ホラス　143
ウォルワース　130
ウォンステッド　315
ウォンストニア　315
ウォンズワース　324
▶刑務所　219
ウォンドル川　82
ウガンダ系アジア人　300
渦巻派　245
ウッド・グリーン　300
▶ショッピング・シティ　324
ウッド，サム・テイラー　316
ウッドロー，テイラー　297
馬　69, 198
ウリッジ　300
▶王立武器庫　248, 334
▶監獄船　153
ウルジー枢機卿　89
ウルフ・ゴム工場　300
ウルフ，ヴァージニア　244
ウルマン，ダイアナとフレッド　266, 267
運河　177, 279
▶リージェント運河　166
運送業者　69, 102

運輸省　260

## え

エア・アームズ亭　178
エア，サイモン　76
エイガー，アイリーン　266, 267
映画館　217, 242, 243, 257, 326-7
映画産業　277, 284
英国国教会　136
英国祭（1951年）　281, 282-3
英国籍法（1948年）　286
英国放送協会　259, 277, 287
▶ブロードキャスティング・ハウス　289
▶ラジオによる里親募集　271
衛生　192-3
映像博物館　326
英仏海峡トンネル鉄道への連結線　315, 334, 335
エヴリマン映画館　266
エールハウス　102, 141
▶パブ，居酒屋もみよ
疫病（黒死病）　75, 84, 110-11
▶薬　122
エクスチェンジ・アリー　128, 129
エクセター　69
エスピナス，F　288
エスメラルダズ・バーン　304, 305
エセックス　52, 53
エセルレッドハイズ（クイーンハイズ）　56
エッジウェア　254, 271
エドウィン・ベイル　248
エドワード・モッグス　131
エドワード6世　88
エドワード7世　234, 235
エドワード懺悔王　50
エプスタイン，ジェイコブ　244, 245
エマーソン，ジョージ・ローズ　208
エミン，トレーシー　328-9, 332
エメット，ローランド　283
エリオット，T・S　245
エリザベス1世，女王　88
エリザベス2世，女王　324
エリス・クラーク＆アトキンス　288
エル・ヴィーノ　241
エルサム，キッドブルック・スクール　281
エルシー・ホーウェイ　247
エルシング・スピタル（小修道院）　72, 74
エルシング，ウィリアム・ド　74
エルスツリー　254
エレファント＆キャッスル　213, 324
円形娯楽場（ロトンダ），ラネラ遊園　143
エンゲルス，フリードリヒ　195
エンジェル亭（セント・クレメンツ教会近く）　102
エンパイア・ウィンドラッシュ号　286
エンパイア座，レスター・スクエア　217, 243, 257
エンフィールド　248, 260

## お

王家　69, 207
▶劇場　146
▶遊園　143
王妃の衣装部屋　69
王立医師会　122
王立海軍病院　120
王立海軍病院，グリニッジ　120
王立技芸協会　184

王立協会　123
王立軍需工場　248
王立芸術大学　220, 266
王立造船所
▶ウーリッジ　121
▶デットフォード　120-1
▶王立造兵廠　91
王立造兵廠　91
▶王立天文台　123
王立天文台，グリニッジ　123
王立取引所　93, 95, 100, 101, 109
▶1669年建設　116, 128, 129
▶1838年建設　240
▶客引きの場所　154
王立美術院（ロイヤル・アカデミー）　135, 148, 149, 179, 221, 328
▶学校　149, 220, 266
王立武器庫，ウーリッジ　334
オーヴァートン，ジョン　149
オーヴァル　261
オーヴァレンド・ガーニー商会　172
オーウェンズ・スクール，イズリントン　93
オーウェンズ・スクール参照
オーシャン・エステート，ステップニー　323
オースティン・リード　256
オースティン修道会　72, 77
▶ダッチ教会　87
オーストラリア・ハウス　234-5, 252
オオツノジカ　14, 16-17
オール・セインツ教会，メリルボーン　230
オール・ハロウズ・バイ・ザ・タワー教会　61
オールダーズゲート　47, 65
オールド・オーク，ハマースミス　136
オールド・コンプトン・ストリート，ソーホー　285
オールド・ストリート　111, 217
オールド・スローターズ・コーヒーハウス　149
オールド・ニコル・ストリート，ショアディッチ　227
オールド・フィッシュ・ストリート　102
オールド・フォード　82
オールド・ベイリー，中央刑事裁判所　154, 155, 156
オールド・ボンド・ストリート　175
▶バザール　174-5
オールドウィッチ　55, 234, 135, 252
▶オールドゲート　90, 91
オールドゲート　156, 296
▶城門　46, 65
▶製陶所　90, 91
▶釣鐘鋳造師　80, 81
▶病院　160
▶ホーリー・トリニティ小修道院　57, 72, 73, 91
オーロック　14, 16-17
オギルビーとモーガンの地図　115, 116
屋外プール　269
桶類製造業者組合　93
オコーナー，ジョン　205
オックスフォード・ストリート（旧オックスフォード・ロード）　118, 126, 194, 243, 256
▶映画館　242
▶商店　174, 239, 242-3, 324
▶ニュー　226
▶バザール　175
オデオン座　268

▶レスター・スクエア 257
オデッシアン（ギャング） 227
『オブザーバー』 241, 306
オマイ 135
オメガ・ワークショップ 245
オランダ人 77, 135
▶設計技師 108
オリヴァー, ジョン 115
オリッジ, ジェネシス・P 329
織物 90, 175
織物商 90
オリンピア円形劇場 217, 265, 268
オリンピック 314, 316, 334-5
音楽 326-7
▶音楽家 43, 248, 270, 271, 285
▶ポピュラー 284-5

## か

ガーキン（スイス・リ・タワー） 319
ガーゴイル, ミアド・ストリート 285
ガースウェイト, アンナ・マリア 133
カーゾン・エステート 126
カーテン座, ショアディッチ 99
ガートラー, マーク 223
カーナビー・ストリート, ソーホー 285, 299
カーペンターズ・ロード, ストラトフォード 328
カーメライト・ストリート 241
カールトン・ハウス 167
カーロフスカ, スタニスラワ・デ 245
ガイ, トマス 160
海員 121
改革主義者 136-7, 182-3
▶選挙法改正 182-3, 189, 264
海軍委員会 120
海軍門 207, 234, 288
外国企業による買収 312-13
外国人制限法 270
会衆派 228
街娼 156-7
街灯 158
▶ガス灯 175, 180
街頭政治 265
海抜 15, 32, 37, 49
ガイ病院 160-1
外務省 206
カウンティ・ホール 235, 289
科学 87, 123
『鏡のヴィーナス』 247
家具 133, 171, 277
核軍縮キャンペーン（CND） 306
家具職人 133
カクストン, ウィリアム 94, 95
学生の抗議運動 307
拡大
▶18世紀 130-1
▶工業地域 258-9
「核兵器廃絶」マーチ 306
鍛冶 91
菓子職人の店 141
火事調停裁判所 115
▶計画 114-15, 139
▶再建 116-17
河岸通り 194, 230, 238
ガス工場 215, 241
ガス灯 175, 238
刀 55, 57
学校 61, 92-3, 224-5, 280-1, 301
▶出席 224
▶卒業年齢 224-5

カディントン, サリー 89
ガトウィック空港 314
カトー・ストリートの陰謀 182
カドガン・ホテル 19
カトリック 150, 151
▶攻撃 162-3
▶入隊制限 161
▶非難 113
カナダ・タワー 311
カナダ・ハウス 252
金物商組合貧民救済院 150
カナリー・ワーフ 263
▶再生 310-11, 313
▶爆弾 331
▶ワン・カナダ・スクエア 319
ガニメデ（サミュエル・ドライバター） 154
カニング・タウン 274
カヌート, デンマーク王 57, 58
カフェ・ロワイヤル 218-19, 256
カフェバー 285
株式市場 128-9, 173
株式取引所 173, 312-13
▶株価情報 202
▶タワー 297
ガボ, ナウム 266
カムデン 323
▶エンジン施設 201
▶ラウンド・ハウス 326
カムデン・タウン・グループ 244
カムデン・ロック・マーケット 317, 325
カムデン, ウィリアム 10, 11, 92
カラウシウスの反乱 46
ガラス切り職人 175
ガラス製造業 91, 132, 258
ガラス製品 175, 255
ガリアーノ, ジョン 317
カリビアン・ヴォイス 287
カルヴァート醸造所 170
カルトジオ会修道院
▶チャーターハウスをみよ
カルペパー, ニコラス 122
カルメル修道会
カレ, ジャン 91
カレーラス・ビルディング 289
カレッジ・オブ・フィジシャンズ 92
カレッジ・ヒル 69
カレドニアン・ロード 217
画廊 179, 184, 244-5, 329
監獄船 153
環状線 213
カンバーウェル 130, 172, 213, 261, 295
カンバーランド・テラス 166
観覧車 233, 318

## き

議会の改革 182-3, 188-9
気球 43, 164-5, 207
偽造 153
▶貨幣鋳造所
『北ブリトン』（週刊誌） 162
ギッシング, ジョージ 170
キッチナー, ロード（カリプソ歌手） 286
キット・キャット・クラブ 257
キッドブルック校, エルサム 281
絹 300, 320
絹織物業者 133, 170
ギネス
▶からくり時計 283
▶醸造所 258

ギブス, ジェームズ 185
ギブソン・ホール 230
ギブソン, ジョン 230
希望団 228
ギボン, エドワード 145
キャヴェンディッシュ・スクエア 118
客引きの場所 154, 156, 179, 217-19
▶ソーホー 284
『キャシーの帰宅』 295
キャッスル・ホテル, トゥーティング 233
キャットフォード 236, 304, 305
キャットホール・ロード・エステート, レイトンストーン 322
キャノン・ストリート駅 212
キャノンベリー 130
キャバレー 245
キャブ 199
ギャラウェイ・コーヒーハウス 129
キャラハン, ジェームズ 300
ギャラリー・ワン 285
ギャリック・ストリート 194
ギャリック, デーヴィッド 146
キャロライン, プリンセス 143
ギャング（犯罪） 227, 304-5, 333
ギャンブル 43, 178, 268
キャンベル・ロード, フィンズベリー・パーク 208
キャンベル, ケネス 322
キャンベル, ナオミ 317
旧王室厩舎（オールド・ロイヤル・ミューズ） 167
急進主義者 182-3
救世軍 229
宮殿 64, 88-9, 167
宮殿, ウェストミンスター 58
救貧院 158-9, 196
救貧法 192, 196
キュビット・タウン 311
教育 224-5
▶技術 225, 281
▶高等 281
▶中等 61
教会 60-1, 116-17
▶初期の 49, 54, 55
▶新興の 151, 185
教会建築学上の運動 230
教会, 非国教徒 87, 134
▶教区 134-5, 158-9, 192
▶黒人の物乞い 159
▶犯罪 159, 226
行商人 103, 141, 196-7, 223
共和制 99, 109, 121
霧 175, 238, 260
切り裂きジャック 226, 227
ギリシャ系キプロス人 270, 300, 320
キリスト教知識普及協会 93
ギル, エリック 245
ギルツプール・ストリート 102
ギルド 66
ギルドホール 70, 71, 101, 105, 116
▶ローマ時代の遺跡 43
ギルドホール博物館 11
ギルバート・ベイズ 289
ギルバート＆ジョージ 329
ギルマン, ハロルド 245
キングズ・アームズ, ニュー・ボンド・ストリート 149
キングズ・グラマースクール・アット・ウェストミンスター 92
キングス・クロス駅 254
キングス・シアター（イタリアン・オペラ・ハウス） 179

キングス・スクエア
キングス・ストリート, セント・ジェームズ 89, 179
キングス・ストリート, ワッピング 103
キングス・ヘッド劇場, イズリントン 327
キングス・ベンチ監獄 163
キングス・コード, チェルシー 299
キングスウェイ 234
キングストン・オン・テムズ 81, 261
▶エデン ウォーク 324
▶橋 82
キングリー・ストリート 284
銀行 172-3, 311
▶ナショナル・プロヴィンシャル 230
金細工師 101
金細工師技術・娯楽協会 225
金細工師貧民救済院 160
禁酒 216, 228-9
金属加工業 80-1
キンダートランスポート 271
金融 106, 172-3, 297, 312-13

## く

クイーン・ヴィクトリア・ストリート 11, 229
クイーンズ・ストリート, ドルリー・レーンはずれ 86
▶クイーンズ・ハウス 104
クイーンズ・ハウス, グリニッジ 104
クイーンズランド・アヴェニュー, マートン 254
クイーンハイズ（エセルレッドハイズ） 56-7, 78
▶市場 54
空襲 249, 274-5, 311
グード, コーリッジ 277
クーパー, サー・エドウィン 288
クーパーズ遊園 143
グーピル画廊 244
クエーカー教徒 87, 150, 151
▶埋葬地 150
クオドラント（四分円形街路）, リージェント・ストリート 165, 174
クゴアーノ オトバ 135
苦汁労働 214-15, 222
薬, 処方 122-3
靴 39, 69
クラークソン, トマス 137
クラークンウェル 133, 170, 270, 296, 316, 332
▶グリーン 189
▶コールド・バース・フィールズ 181
▶サフラン・ヒル 270
▶犯罪 226
▶ボーン・エステート 216
▶ユニオン・ビルディングス 236
クラークンウェル・ロード 194
クライスツ・ホスピタル（学校） 92, 93, 114
▶王立数学校 93, 120
クライスト教会, スピタルフィールズ 151, 333
クライテリアン, シャフツベリー・アヴェニュー 218, 243
グライムズ, W・F 11
グラヴェル・ピット集会所 151
グラヴロ, ユベール・フランソワ 149
クラクトン・ホリデー・キャンプ 268
グラス, ノース 295
クラップ, マーガレット 154
クラパム 136, 286

| 索引

343

▶クラパムの絆　136-7
グラハム，ジョージ　133
　▶クラブ　178, 218-19
クラブ　178, 218
　▶飲酒　284-5
　▶ギャンブル　302
　▶娯楽　178-9
　▶スクエア　118
　▶ナイト・クラブ　257, 315
グラブ・ストリート　144
クラブ41, ソーホー　285
グラフトン画廊　244, 245
クラン，ハロルド　254, 258
グランウィック争議　306, 307
グランド・ユニオン運河　279
グラント，ダンカン　245
グラント，チャールズ　136, 137
グラント，ヘンリー　299, 300, 301
クランブルック・エステート，ベスナル・グリーン　294
グリーヴズ，ウォルター　221
グリーク・ストリート　285
クリーチャーチ・レーン　134
クリーブランド・ストリート　218
クリーブランド公爵夫人，バーバラ・パーマー　89
グリーン・ストリート　320
　▶ニューイントン・バッツ　130, 225
グリーン・ストリート，ニューハム　320
グリーン・レーン，ハーリンゲイ　320
グリーンコート・スクール　93
グリーンランド・ドック　177
クリスティー，アガサ　266
クリップルゲート　65
　▶地区　144
　▶フォーチュン座　99
グリニッジ　255, 334
グリニッジ・ハイ・ロード　93
グリニッジ宮殿　88, 104
クリブ，トム　179
クリフ，リチャード　235
クリフォード男爵，エドワード・サウスウェル　261
クリフォード法学予備院　92
クリュイックシャンク，ジョージとロバート　178
　▶風刺画　127, 179, 190
クリンク監獄　163
クレア・マーケット　155
クレアモント・ロード，レイトンストーン　315
グレアン・アリー，サザーク　93
グレイ・フライアーズ（フランシスコ修道会）　72, 86, 92
クレイ兄弟　304-5
グレイハウンド犬のレース　268
グレイ伯　183
クレイフィールド　111
グレイ法学院　92
グレーヴゼンド・ドック　217
「クレージー・ギャング」ショー　257
グレースチャーチ・ストリート　123, 141
グレーター・ロンドン市議会（GLC）　292-3
　▶芸術　326
　▶住宅　295
　▶都市計画　297, 334
グレーター・ロンドン市長
グレート・イースタン・ストリート　194
グレート・イースタン鉄道　208, 209
グレート・ウェスタン鉄道　200
グレート・ウェスト・ロード　258, 260

グレート・オーモンド小児病院　193
グレート・クイーン・ストリート・アカデミー　149
グレート・ケンブリッジ・ロード，エンフィールド　260
グレート・ジョージ・ストリート　206
グレート・ニューポート・ストリート　131
グレート・ポートランド・ストリート　243
グレートブリテン共産党（CPGP）　265, 280
クレオパトラの針　230
グレシャム・カレッジ　93, 123
グレシャム・ストリート（キャトル・ストリート）　40, 62, 63
グレシャム，サー・トマス　93
クレッセント　127
クレメント法学予備院　92
クレモーン遊園，チェルシー　218, 221
クロア，チャールズ　223
クロイドン　297, 300, 317
　▶空港　251
グロヴナー・エステート　126
グロヴナー・ギャラリー　220, 221
グロヴナー・スクエア　118, 306
グローブ座　98, 99, 319
グローラー　199
黒シャツ隊（ファシスト）　265
クロス・キー・イン　99
クロス，アーサー　274
クロスレール鉄道　314
クロックフォーズ・クラブ　178
クロックフォーズ，ジョン　70-1
グロピウス，ヴァルター　266
クロムウェル・タワー，眺望　290-1
クロムウェル，オリヴァー　87, 88, 109
黒鷲（ブラック・イーグル）亭，ホルボーン　102
クロンビー，トニー　277
クワント，マリー　298
群衆　125, 135, 162-3
　▶暴徒　135, 162-3
軍需品局　120
軍人協会，ホクストン　152
群衆を解散させる軍隊　162, 163

け

ゲイ・プライド　306
ゲイエティー劇場，ニュー　235
景気後退　267, 290, 318
警察　152-3, 180-1
　▶抗議行動　246, 247, 306, 320
　▶首都警察　155
　▶人種関連　320-1
　▶ドック　176
　▶芸術家　220, 221, 267
　▶田園郊外住宅　236-7
芸術家国際協会　266, 267, 285
芸術家難民協会　266, 267
芸術協会　149
芸術センター　326, 327
ゲイツキル，ヒュー　281
ケイト・グリーナウェイ　221
刑罰　152-3, 180-1
　▶性犯罪　154
刑務所　152-3, 163
ゲートリー，ケビン　307
ケーブ・オブ・ザ・ゴールデン・カーフ　245
ケーブ・オブ・ハーモニー　257
ケーブル・ストリート　265
ケーブル・ストリートの戦い　265

ゲーリー・ヒューム　328
外科医　122, 160-1
　▶劇場　146
劇場　98-9, 147, 179, 242, 243, 257, 327
　▶オペラ・ハウス　146-7, 326-7
　▶客引きの場所　156
　▶犯罪　226
下水　71, 192-3
ケトナーズ・シャンペン・ルーム　219
ケニア系アジア人　300
ケニー，アニー　247
ケニントン　130, 177, 213, 295
　▶コモン　189
　▶パーク　195
ケン・ローチ　295
ケンウッド（ハウス）　127
ケンサル・グリーン　298
ケンサル・ニュー・タウン　287
懸賞をかけたプロボクシング　179
ケンジントン　118, 127, 324
　▶芸術家　220-1
ケンジントン・ガーデン　277
ケンジントン宮殿　235
現代芸術協会　285
建築規制　71, 117
『建築ニュース』　209
ケンティッシュ・タウン　131
ケント・ストリート，サザーク　102
ケンブリッジ・テラス　166

こ

ゴア，スペンサー　244, 245
公園
コヴェント・ガーデン　86, 118, 293
　▶市場　140-1, 196
　▶客引き　154, 156, 179
　▶芸術家　148-9
　▶劇場　146-7, 179
　▶犯罪　159
コヴェント・ガーデン・コミュニティ協会　293
コヴェントリー・コート，ヘイマーケットのはずれ　137
コヴェントリー・ストリート　243
硬貨　24, 48, 55, 56, 57
郊外　130, 208-9, 254-5
高架橋　200, 201, 210, 310
抗議行動　265, 293, 300, 306-7
工業　90-1, 170-1, 275, 296-7
　▶苦汁労働　214-15
工業地域　296
考古学協会　11
耕作地　277
公衆トイレ　218
絞首刑　109, 152-3
工場
洪水　335
高層アパート　312-13, 319
　▶住宅　294-5
高速道路　293, 314
皇太子妃アレクサンドラ　207
交通　153, 170, 278, 314-15
　▶規制　117, 198-9
　▶交通信号　260
　▶渋滞の変化　315
　▶電化　238-9
　▶ドックランド　310-11
　▶バス，鉄道，蒸気船，交通，市街鉄道，旅行もみよ

交通安全　260-1
高等専門学校　266
合法的な埠頭　90, 138-9
ゴウワー・ストリート　257
コーツ，ウェルズ　267
ゴードン，トム　257
ゴードンきょう，ジョージ　162, 163
ゴードンぼうどう　134, 146, 162
コーネル，ジョージ　305
コーヒーハウス　95, 123, 128, 129
　▶食品　140-1
　▶出会いの場　148
コープランド，デーヴィッド　330
コーラム，トマス　159
コーラムズ・フィールズ　159
コール，ヘンリー　190, 202
ゴールデン・スクエア，ソーホー　111, 118
コールド・バース・フィールズ，クラークンウェル　181
コールドストリーム，ウィリアム　267
ゴールドスミス・カレッジ　328
ゴールドフィンガー，アーノ　266, 267
ゴールドマン・サックス　313
ゴーワン・アヴェニュー，フラム　237
コーンウォール・テラス　118, 166
コーン渓谷　18, 11
コーンヒル　10, 71, 128
小切手　173
国王の衣装部屋　69
国際マルキスト・グループ　306
黒死病　67, 75
黒人移民　134, 135, 179, 286-7, 301
　▶音楽家　270
　▶児童奴隷　129, 135
　▶物乞い　159
黒人救貧院委員会　159
黒人ロンドン市民　306, 326
国民戦線　300, 301, 303, 306-7
コクラン，チャールズ・B　257, 268
コクレーン，ケルソ　287
護国卿　109
孤児　159
孤児院　86
　▶クライスツ・ホスピタル　92
ゴスウェル・ストリート　111
コスティン，F&C　254
コズモラマ，リージェント・ストリート　179
国会議事堂　68, i88, 231
　▶焼失と再建　188
　▶ロビー活動　162, 189, 215 246
国会議事堂をみよ
国家遺産省　317
コック・レーン　102
コックニー　197, 216
コットン・ガーデンズ住宅地，ランベス　294
古典様式の建築　126-7
近衛騎兵連隊　207
ゴフ・マップ
コマーシャル・ストリート，スピタルフィールド　195
コマーシャル・ロード　177
小間物商　175
小間物商組合　93
小間物商病院　160
ごみ　158
　▶収集　66, 71
コメディ・ストア　327
娯楽　100-1, 178-9, 197, 326-7
娯楽　178-9, 197, 218-19, 242-3,

268-9
- ウェンブリー万国博覧会　252-3
- 蒸気船　199
- 小旅行　199, 201
- 大道芸　197
- 庭園　142-3
- パブ　216-17
- パブ　216-17
- バラエティ　243
- ローマ時代の　42-3, 43
- 若者　285, 298-9

コリー・シバー　145, 146
コリショウ，マット　328
コリン・マキネス　284, 285
コリンズ，C・H　244
コリンズ，M・E，およびコリンズ，O・H　289
コルカット，T・E　231
コルト・レーン，ライムハウス　175
ゴルフ　269
コレット，ジョン（学者）　92, 93
コレット，ジョン（芸術家）　134, 157
コレラ　192, 193
コロセウム　243
コロニー・ルーム（ミュリエルズ）　284-5
コンヤーズ，ジョン　10

## さ

ザ・O2（ドーム）　318
ザ・ニコル　227
ザ・マル　165, 234
サーカス　127
サーチ，チャールズ　328
在位50周年記念式典　206-7, 217
再建（1945年以降）　272, 278-9
再生　275, 290-1, 294
再生　322, 324
- イースト・ロンドン　334
採石場　35, 36
再洗礼派　150
裁判所
- ウェストミンスター　68
- 王座裁判所　68
- 海軍本部　120
- 人民間訴訟裁判所　68
財務府　68-9
サヴォイ・ホスピタル　75, 121
サヴォイ・ホテル　218, 219, 235, 238
サヴォイ劇場　238
サヴォイ伯爵，ピーター　235
サウジー，ロバート　127, 165
サウス・バンク　279
- センター　326
- 博覧会　282-3
- ローマ時代の居住地　31
サウス・ロンドン・ギャラリー　220
サウスエンド・ロード　260
サウソール　293, 296
- 移民　300, 301, 320
- パーク・アヴェニュー　320
- 暴動　320
サクソン時代　10-11, 50, 52-3, 53, 54-5
- 定住　49, 52
- ローマ時代の来襲　47
サクラトヴァラ，シャプルジ　265
サザーク　119, 132, 172, 209, 294
- アリスバーリー・エステート　322
- エールハウス　102
- 王立造兵廠　91

- オランダ人　77
- 学校　93
- 工業　81, 91, 171
- サクソン人　56
- セント・ジョージズ・フィールズ　143, 162, 189
- セント・セイヴィヤーズ教会
- セント・マーガレッツ・ヒル　120
- 大聖堂
- タバード亭　102
- 犯罪　152
- 宿屋と居酒屋　103
サザーク・ストリート　194
サザーク・ブリッジ　169
サザークの火事　119
- トゥーリー・ストリート　195
サザン・エレクトリック鉄道　254
サシスキー，ウォルフ　260
サセックス・プレース　166
『サタデー・レヴュー』　244
サックヴィル画廊　244
サッカー　268, 269, 302-3
サッチャー，マーガレット　295
砂糖取引　136
サドベリー・ヒル　269
サドラーズ・ウェルズ庭園　142
サフォーク・プレース　166
サフラン・ヒル，クラークンウェル　270
サマーズ・タウン　130
- 露店　197
サマーセット・ハウス，展覧会　148, 179, 220
サマーセット，ジェームズ　136
サラセン人の頭（サラセンズ・ヘッド），イズリントン　102
サリー　52-3
サリー・コマーシャル・ドック　177, 263, 328
サリー運河　177, 279
サリー劇場　218
猿と犬の闘い　178
サルとトリンゴ亭　102
サロック　296
- レイクサイド・ショッピング・センター　324
産院　160, 161, 193
三角貿易　136
サン火災保険　172
サンキ，アイラ　228
産業　132-3, 170-1, 258, 259
- 移転　296-7
- 衣料　222
参事会員　66
サンダーランド・ロード　307
サンチョ，イグナティウス　135
サンティアゴ・カラトラヴァ　313
サンドビー，ポール　149
桟橋
サンライズ・ラジオ　320

## し

死　74, 84, 110-11
- 救貧院　159
- 交通事故　260
- 児童　159, 323
- 戦争　274-5
- 乳児　161, 192
- 病気　74, 84, 110-11
シアター・ロイヤル，ドルリー・レーン　146-7, 184
シーザーズ・キャンプ，ヒースロー　25

シージング・レーン　120
シーメンス社，チャールトン　202
寺院
- シーク教　300, 320
- ディアナ神殿　11
- ヒンズー教　320
- 仏教　320
- モスク　320
- ローマ　34-5, 44-5
ジェイコム・フッド，G・P　221
シェーヴァー亭　102
シェークスピア・タワー，バービカン　294
シェークスピア，ウィリアム　95, 98
- レパートリー　146, 326
シェーファー，スザンヌ　271
ジェームズ・パウエル＆サンズ　258
ジェニングズ，ハンフリー　267
シェパーズ・マーケット，メイフェア　304
シェパード，ジャック　153
ジェラード・ストリート，ソーホー　284, 320
ジェンキンズ，サイモン　325
ジェントルマン・ジャクソン・トレーニングルーム　179
ジオラマ，リージェンツ・パーク　179
市街鉄道　209, 213, 236, 257
- クロイドン　314
- 電気　234, 239
歯科治療　281
地所　118-19, 126
- 住宅地　322-3
シストルウッド，アーサー　182
慈善学校　93
自然史博物館　231
持続可能性　322, 325
自治区　204, 235, 292-3
シッカート，ウォルター　244, 245, 266
失業　260, 270, 296, 317
シットウェル，オスバート　245
シップ（船）亭，オールドフィッシュ・ストリート　102
シティ・オブ・ロンドン　274-5
- 金融の中心としての　106, 172-3, 297, 312-13
- 警察　181
- シティ・オブ・ロンドンをみよ
シティ・タバーン　141
シティ・チャレンジ　322, 332
シティ・チャレンジ・エリア　322
シティ空港　314
シティサイド・プログラム　322, 332
シデナム　191
自転車　284, 315
児童
- 疎開　276
- 奴隷　129, 135
- ホームレス　225
- 物乞い　74
自動車輸送　260-1
シドンズ，サラ　146
シナゴーグ　63, 87, 134, 150, 151, 222-3
芝居小屋　98-9
市壁　56-7, 64-5, 108
死亡者報告書　110, 111
市民議会　66
ジムノールズ製パン工場　300
ジャーナリスト　145

ジャーナリストと雑誌　145, 175
シャープ，グランヴィル　136-7
ジャーマン，エドワード　116
ジャーミン・ストリート　123
シャーロット・ストリート　248
シャーロット・ド・ロスチャイルド住宅　223
ジャイルズ，ジェームズ　132
ジャクソン，スタンリー　284
ジャコバイトの反乱　162
ジャズ・クラブ　285
ジャック・「ザ・ハット」・マクヴィティー　304, 305
ジャック・カマー　305
シャッドウェル　48, 90
シャフツベリー・アヴェニュー　243
ジャマイカ・コーヒーハウス　129
しゃれ者　154-5
シャンブルズ　141
集会　189
集会所
- アメリカへ　235
- 客引き場所　154, 156, 179, 217-19
- コーヒーハウス　148
宗教　150-
- 大衆的な　228-9
十字架（クラッチ）修道会　72, 91
渋滞　278, 314-15
- 混雑料　315
- 船舶　138, 139
- ロンドン橋　117
住宅　208-9, 237, 278, 317
- アイル・オブ・ドッグズ　311
- 家を失った　229, 295, 298, 317
- エステート　322-3
- ケンジントン　118
- 郊外　130, 208-9, 254-5
- 高層アパート　294-5
- 初期の　40-1, 70, 86, 96-7
- 大火後の　117
- タウンハウス　126-7
- 貧民窟の取り壊し　194-5, 236, 294-5
- 持家居住者　295, 316
- 労働者の　194-5
- ロンドン州議会　236-7
住宅購入組合　295, 323
住宅ローン　254, 295
修道院　72-3
- 解散　84, 86-7
修道会　72-3
シューレアリスト　266-7
縮絨工組合貧民救済院　160
首都警察　155, 181, 261
首都建設局　193, 194
- 首都下水道委員会　194
首都交通法　199
ジュビリー線　310, 314
寿命　192
酒類
- エールハウス，醸造所，コーヒーハウス，宿屋と酒場もみよ
- ジン　158-9
- ランベス・エール　100
酒類販売免許を持つ飲食店主協会　178
ショアディッチ　192, 301, 316
- 芸術家　329
- 劇場　99
- 犯罪　227
- 埋葬地　111

ジョイ，ジョージ・ウィリアム 220
ジョイント・ストック・カンパニー 173
蒸気機関 171
蒸気船 198, 199
商業 80-1, 90-1, 170-1, 176
肖像画の作成 127, 148-9
醸造業者組合 93
醸造所 132, 170-1
商店とショッピング 174-5, 185, 256, 320
▸アーケード 174
▸巨大ショッピング・センター 324-5
▸ショッピング・センター 324-5, 334
▸百貨店 175, 235, 242-3
▸ブティック 298
消防活動 163, 195
蒸留酒製造業者 158, 170-1
小旅行 199, 201
ジョージ・ダーンス（父） 127, 184
ジョージ・レプトン 174
ジョージ3世 163, 166
ジョージ4世 166
ジョージ5世 246, 256
ジョージ亭，ホルボーン・ブリッジ 102
ジョーンズ，イニゴー 86, 104, 118, 140
ジョーンズ，オーウェン 230
ジョーンズ，ホレス 230, 231
初期 29, 36, 55, 79, 90
食品 37, 66, 90, 140-1
▸イズリントン・チーズケーキ 100
▸配給制度 248, 277
▸ユダヤ人の（コーシャー） 62, 222
食料局 120
食料雑貨商組合 122
処刑 109, 152-3
▸火あぶり 153
女子修道会
女性解放運動 307
女性の日曜日 246-7
書籍出版商組合 144
初代サマーズ卿，チャールズ・サマーズ 130
織工組合 133
ショッピング・センター 325
書店 86 94-5, 144-5, 149
ジョナサンズ・コーヒーハウス 129
ジョプリン，ジェイ 329
ジョプリング，ルイーズ 221
処方料 281
ジョン・ヴァンダーバンク 149
ジョン・スノウ医師 192
ジョン，アン 322
ジョンソン，サミュエル 144, 145, 158
ジョンソン，マイケル 317
ジリアン・エアーズ 285
シリビア，ジョージ 198
シルバータウン 202, 249, 258
シレット 301
ジン 158-9
▸酒瓶 182
人口 66, 84, 106, 114
▸19世紀 186, 204, 210
▸20世紀 232, 250, 272, 290, 309
▸人種の混合 134, 310
人種関係 320-1
人種関係法 300, 321
人頭税暴動 308-9
新取引所，ストランド 90
シンプソンズ百貨店，ストランド 243
新聞 144-5, 240-1, 321
▸新聞少年 240

森林委員会 194

## す

水泳プール
▸エンパイア・スイミング・プール 268
▸屋外プール 269
水晶宮 190-1, 302
スイス・コテージ 213, 302
スイス・リ・タワー（ガーキン） 19
水門（河川交通） 82
スウィフト，ジョナサン 145
スウィンギング・ロンドン 284-5, 298-9, 302, 316-17
数学校，クライスト・ホスピタル 93, 120
スーパーマーケット 300
スープ接待所 229
スカーギル，アーサー 306
スカイロン（英国祭） 283
スキーピング，ジョン 267
スキッフル 285
スキンヘッズ 303, 320
スクールハウス・レーン，ラトクリフ 93
スクエア 117, 115-19
宴会場，ホワイトホール 104, 109
スコット，サミュエル 149
スコット，ジョージ・ギルバート 206, 230
スコット，ロニー 285
スコットランド・ヤード，グレート 181, 207
酢製造業 171
スターリング，ジェームズ 313
『スタジオ』 220
スタンステッド空港 314
スタンプ，テレンス 298
スタンフィールド，クラークソン 221
スタンフォード橋 223, 268, 302
スティア，フィリップ・ウィルソン 221
スティーブン，ジェームズ 136
スティーブンソン，セシル 266
スティール，トミー 285
スティール，リチャード 145
スティールズ・ロード，ハムステッド 266, 267
スティールヤード 76, 78
ステインズ・ロード・ファーム（先史時代の遺跡） 20
ステインズ橋 32, 82
ステープル法学予備院，ホルボーン 92, 104
ステッドマン，ラルフ 293
ステップニー 171, 280, 317
▸オーシャン・エステート 323
▸都市計画 278, 279
▸ペスト・ハウス 111
▸埋葬地 111
ステント，ピーター 149
ストー，ジョン 10
▸『ロンドン地誌』 95
ストーク・ニューイントン 249
▸移民 223, 300
▸非国教徒の学校 150
ストーモント，ハワード・ガル 209
ストーンウェア 132
ストックス・マーケット 71, 141
ストライキ 306-7
▸ゼネラルストライキ 264-5
ストライプ，ジョン 118, 119
ストラトフォード 134, 213, 324
▸再生 334

▸ミッドランド冷蔵倉庫 306
▸ヤードレー化粧品工場 328
ストラトフォード国際駅 334
ストランド 55, 58, 156, 252
▸劇場 242
▸書籍販売業 95
▸新取引所 90
▸シンプソンズ 243
▸売春宿 157
ストランド・イン 92
▸ストリート 197
ストリンドベリ，フリーダ 245
ストレサム 254, 317
スパ 142, 143
スパークス，ルビー 261
スパージョン，チャールズ・ハドン 228
スクエア・マイル
スピード，ジョン
スピタルフィールズ 119, 133, 332-3
▸移民 133, 134, 222, 301
▸ホーナー・ビルディング 333
『スフィア』 249
スプリモン，ニコラス 132
スプリング・ガーデンズ，ウェストミンスター 101
▸ヴォクソールもみよ
▸ニュー・スプリング・ガーデンズ
スプロール現象 278
スペイン会社 90
『スペクテーター』 145
スポーツ 252, 268-9, 302-3
▸運動場 168
▸女性のスポーツウェア 269
▸プロスポーツ 302-3
スポーツ・センター 302, 303
スマーク，サー・，ロバート・ 184
スミス・ブラザーズ 312
スミス，W・H 241
スミス，ウィリアム 136
スミス，チャールズ・ローチ 11
スミスフィールド 61, 102, 158, 189, 316
▸疫病の犠牲者の墓地 75
▸説教 150
▸肉市場 141
▸バーソロミュー・フェア，セント・バーソロミュー教会をみよ
スモーレット，トビアス 130
スリー・タバコ・ロールズ 154
スレールズ醸造所 150
スレッドニードル・ストリート 123, 128
スワン・アンド・エドガー 242, 256
スワン座 99
「スワン」製電灯 238

## せ

税関と税 78
▸合法的な埠頭 90, 138
政治同盟（NPU） 182
「聖人（セインツ）」 136
精神病院 160
製鉄業 171
青銅器時代 21-5
▸歩道 314
▸ローマ時代の 30, 32
製陶業 81, 91, 132, 171
聖パウロの説教壇 87
▸セント・ポール大聖堂チャーチヤードもみよ
政府出版物刊行局 207
政府の役所 68, 206-7

製粉所 81
セイヤー，ロバート 157
聖ヨハネ騎士団 73
セインティ，ラス 298
セヴン・ダイアルズ 154
▸犯罪 159
石炭 90, 106
▸石炭税 151, 185
石油危機 296
セックス・ピストルズ 299
摂政皇太子 166-7
摂政皇太子として 166-7
セッジリー，ピーター 297
ゼネラル・エレクトリック（GEC） 258
ゼネラルストライキ 264-5
セファルディ・ユダヤ人 135
セラー・クラブ 285
セルヴォン，サム 286, 287
セルフリッジ百貨店 235, 242-3, 289
セロータ，ニコラス 325
選挙 182-3, 264
選挙法改正 182-3, 189, 264
戦後の（国民保健サービス） 281
▸ハウンズロー 91, 260
戦時国土防衛法 248, 257
染色工組合貧民救済院 160
戦争
▸再建 278-9
▸第1次 248-9
▸第2次 272, 274-7
センターポイント・ビルディング 247, 293, 297
セント・アン教会，ライムハウス 151
セント・アンソニーズ・ホスピタル 72
セント・アンドリューズ・プレース 166
セント・エセルブーガ教会，ビショップスゲート 104, 331
セント・オーガスティン・パペイ（病院） 75
セント・オレーヴ教会，トゥーリー・ストリート 77
▸学校 93
セント・キャサリン・ドック 131, 176, 177
セント・キャサリン・バイ・ザ・タワー病院 72, l77
セント・キャサリンズ・ドック 131, 176, 177, 297, 328
セント・キャサリンズ・レーン 156
セント・クレメント・デーンズ 234
▸境内 154
セント・ジェームズ 211
セント・ジェームズ・パーク 166
▸客引きの場所 155, 157
セント・ジェームズ・ホスピタル（ハンセン病患者の女性のための） 59, 74
セント・ジャイルズ・イン・ザ・フィールズ教会 151
セント・ジャイルズ・クリップルゲート教会教区 144
セント・ジョージ・イン・ザ・イースト 153
セント・ジョージ・サーカス，サザーク 131
セント・ジョージ・フィールズ，ランベス 143, 162, 189
セント・ジョージ教会，ステップニー 151
セント・ジョージ病院 160-1
セント・ジョン・オブ・エルサレム小修道院，クラーケンウェル 61, 72, 72
セント・ジョンズ・ウッド 178

▶芸術家　220, 221, 328
セント・ジョンズ・ウッド派　221
セント・セイヴィヤーズ教会（現サザーク大聖堂）　132
　▶グラマースクール　92
セント・ダンスタン・イン・ザ・ウェスト教区　94
セント・ダンスタン・インザ・フィールズ　94
セント・ダンスタン教会，ステップニー　278
セント・トマス・オブ・エーコン（小修道院）　72, 92
セント・トマス・ホスピタル　72, 74, 121, 122
セント・ノリス，ヘイマーケット　140
セント・バーソロミュー・ザ・グレート教会，スミスフィールド　60, 61, 72
　▶教区教会　86
　▶再建　87
　▶病院　74, 121, 122, 123, 185
セント・パンクラス　195, 212
　▶駅　205, 315
　▶大英図書館　318
セント・ピーターズ・アリー　122
セント・ピーターズ教会，コーンヒル　10
セント・ブライド・ファウンデーション・インスティテュート　241
セント・ベネッツ・ヒル　120
セント・ヘレン・ビショップスゲート教会（女子修道院）　72, 86
　▶教区教会　105
セント・ポール教会，コヴェント・ガーデン　182
　▶演台　182-3
セント・ポール教会，デットフォード　185
セント・ポールズ・スクール　61, 92-3, 93
セント・ポールズ・チャーチヤード　86, 94, 95, 149
　▶客引きの場所　154
セント・ポール大聖堂　54, 60-1, 73, 86-7, 86, 101, 207
　▶以前の建物　49, 53
　▶焼失　112-13
　▶書籍販売　86, 94
　▶月の女神ディアナに捧げられた寺院　11
　▶レンの教会　117, 185
セント・マーガレッツ・ヒル，サザーク　120
セント・マーガレット，ウェストミンスター　58, 137
セント・マーガレット，ロスベリー　81
セント・マーティン・イン・ザ・フィールズ　58, 151
セント・マーティン・ヴィントリー　77
セント・マーティン・ル・グラン
　▶グラマースクール　94
　▶修道院　57, 61, 72
セント・マーティンズ・レーン　122, 127, 141
　▶アカデミー　149
　▶アポロニコン　179
　▶商店　127, 133
セント・マーティンズ芸術大学　266, 285
セント・マグナス・ザ・マーター教会　116
セント・メアリ・アクス　319, 331
セント・メアリ・アンド・セント・レナード（ロック・ホスピタル）　74

セント・メアリ・イン・ザ・ストランド　151
セント・メアリ・ウルチャーチ　141
セント・メアリ・エルシングスピタル
セント・メアリ・オーヴァリー小修道院　72
セント・メアリ・クラークンウェル　72
セント・メアリ・グレース修道院　72, 86
セント・メアリ・ベツレヘム（小修道院）　72, 74
　▶エルシング・スピタルをみよ
　▶ホスピタル（ベドラム）　123, 144, 161
セント・メアリ・ホスピタル（ウィズアウト・ビショップスゲート）（小修道院）　72, 74
セント・メアリ・ラウンシヴォール病院　59, 75
セント・メアリ・ル・ボウ，グラマースクール　94
セント・メアリ病院，パディントン　193
セント・ルーク病院（精神病院）　144, 161
セント・ローレンス・レーン　69
セントラル・スクール・オブ・アーツ・アンド・クラフツ　266, 285
戦略的計画　292
全ルイシャム・キャンペーン　306

## そ
騒擾法　162, 163
造船所　90, 120-1, 171
ソーシャリスト・リアリズム　267
ソーシャル・クレジット運動（緑シャツ隊）　265
ソーニークロフト造船所，チジック　248-9
ソーホー　174, 216, 243, 284-5, 304
　▶アドミラル・ダンカン　330
　▶移民　134, 135, 248, 270
　▶小売店　132, 133
　▶コレラ　192
　▶スクエア　118
　▶チャイナタウン　320
　▶バザール　174
　▶フィールズ　111
『ソーホー・アニュアル』　284
ソーホー・フェア　284
ソームズ，エマ　316
ソーン，ウィル　215
ソーン，サー・ジョン　172-3, 184
ソーンEMI工場　296
ソーントン，ジョン　136
ソーントン，ヘンリー　136, 137
ソーンヒル，ジェームズ　149
疎開　276
ゾファニー，ヨハン　148, 149
空の旅　261
　▶空港　261, 314-15

## た
ダーデン，ハロルド　286
ターナー，J・M・W　221
ターナー賞　328
ターナム・グリーン　108
ターンミルズ　316
第4代サウサンプトン伯，トマス・ライアススリー　126
第4代ベッドフォード伯，フランシス・ラッセル　118, 140

第5代ベッドフォード伯および初代公爵，ウィリアム・ラッセル　140
第8代クィンズベリー侯爵，ジョン・ショルト・ダグラス　179, 219
タイアーズ，ジョナサン　143
大悪臭　192, 193
大英帝国　235
大英帝国競技大会（1934年）　268
大英帝国博覧会　252-3
大英図書館　318
大英博物館　167, 184, 318
大火　7, 10, 30, 41, 60, 61, 62, 73, 79, 86, 106, 107, 112 113, 114, 115, 116, 117, 274
大火記念塔　115
賃借権　126
大聖堂　49, 53
　▶セント・ポール大聖堂をみよ
ダイソン，ウィル　241
大道芸人　197
タイバーン・フェア　153
タイバーン（川）　71
　▶絞首台　109, 152
『タイム』　298, 299
『タイム・アウト』　298-9, 326, 327
『タイムズ』　241, 304
大理石のアーチ　166
タイル　35, 91
タヴィストック・スクエア　330
タヴィストック・ロー　141
ダヴェンポート，イアン　328
ダウゲート　76, 7B, 80, 94
ダウンシャー・ヒル　266, 267
ダウニング・ストリート　126, 207, 301, 331
宝くじ　314, 317, 318, 326
ダグラス，ロード・アルフレッド　219
ダゲナム　254-5
　▶フォード自動車工場　255, 258, 296
ダゲナム工場　255, 258, 296
だて男　175, 178
『タトラー』　145
タバード・ストリート，サザーク　77
タバード亭，サザーク　102
タバコ・ドック　176
タバナクル，ボー　228-9
タバナクル，ムアフィールズ　151
ダリッジ・カレッジ　184
ダリッジ，イースト　208
　▶美術館　184
タワー・ガーデンズ，トッテナム　236
タワー・ハムレッツ　236, 320, 332
タワー・ヒル　120, 121
タワー・ブリッジ
タワー・ホテル　297
タワー42（ナット・ウェスト・タワー）　297, 319
単一再生予算事業　322
男娼館　154-5
男色　154-5
ダンテ・ゲイブリエル・ロセッティ　221
探偵　181
ダンフォード・ロード橋　314, 335

## ち
治安維持法　265
治安判事　152, 163
チープサイド　57, 69, 70, 81, 101
　▶コンデュット　71
　▶焼失　112

チーロ　257
チェイニー・ウォーク　221
チェスター・テラス　166
チェルシー　127, 132
　▶クレモーン遊園　218
　▶芸術家　220, 221
チェルシー・フットボール・クラブ　302-3
チェルシー・ホスピタル　160
チェルシー芸術学校　221
チェルシー芸術クラブ　221, 244
チェルズフィールド（不動産会社）　324
地下鉄　212-13, 233, 238-9, 256, 275
地下鉄バンク駅　275, 310
チジック　248-9
地図　131
　▶貧民　211
チズウェル・ストリート　132
チック・レーン　102
チッペンデール，トマス　133
チプリアーニ，ジョヴァンニ　132
地方議会　204, 235, 292-3
　▶グレーター・ロンドン市議会，ロンドン州議会もみよ
　▶公営住宅　236-7
地方自治に関する王立委員会　292
チャーターハウス　72-3
チャーチル，サー・ウィンストン　281
チャーツィー　82
チャーティスト　188-9
チャーリー　179
チャールズ・ゴウイン　132
チャールズ・ストリート，ウェストミンスター　135
チャールズ1世　86, 104, 106, 10~
チャールズ2世　89, 93, 109, 120
　▶大火　112, 113
チャールトン　202, 258
チャイルド，ジョサイア　138
チャリング・クロス　132
　▶駅　7, 212, 213, 235
チャリング・クロス・ロード　194, 260
チャンセリー・レーン　94
『チュウ・チン・チョウ』　257
中央郵便本局　129, 203, 203
中華街，ソーホー　320
中国人　300
　▶地区　270, 254
駐車場　315
中世　58-9, 65-7, 68-9, 76-9, 82-3
　▶サクソン時代　52-7
　▶宗教施設と病院　72-5
　▶富と市民の誇り　70-1
鋳造所　49
　▶王立造幣局　123
彫像　70
　▶彫刻もみよ
　▶ローマ時代の青銅像　29, 30
チョウドリー，ガファー　333
長老派　150
　▶教会　87, 134, 171
チョーク・ヒル住宅地，ブレント　294, 322
チョップハウス　141
賃借人の権利団体　295

## つ
通勤　100, 208-9, 211-3, 236
通信，国際的な　202-3
通信社　240

索引

347

ツェッペリン号　248, 249

# て

ディーン・ストリート　223, 284, 285
ティヴォリ, ストランド　218
庭園, 客引き　156
庭園と空き地　100-1, 142-3
ディケンズ, チャールズ　180, 186, 201, 202
ディケンズ&ジョーンズ百貨店　256
ディストリクト鉄道　213
ティソ, ジャック・ジョゼフ(ジェームズ)　221
ティッチボーン・ストリート　235
ティブス, フレッド　274
デイム・スクール　224
テイラー, アルフレッド　219
テイラー, サー・ロバート　132
テイラー, ダミオラ　322
デイリー・エクスプレス　240, 266
　▶デイリー・エクスプレス・ビルディング　288
デイリー・グラフィック　240
デイリー・クロニクル　246
デイリー・テレグラフ　241
デイリー・ニュース　256
デイリー・ヘラルド　241
デイリー・ミラー　240-1, 244
デイリー・メール　240-1, 264
ティルバリー・ドック　262, 297
ティレット, ベン　215
テインマス卿, ジョン・ショア　136
デヴォンシャー・ハウス　126
デヴォンシャー・プレース　126
テート・モダン美術館　319, 329
テート&ライル製糖社　258, 296
デーンゲルド　57
デーン人　135
デザイン・カウンシル　325
デザイン・ミュージアム　327
鉄橋　168, 169
鉄道　200-1, 208, 212, 213, 315
　▶ウェンブリー万国博覧会　252-3
　▶英仏海峡トンネル鉄道への連結線　315, 334, 335
　▶階級　200-1, 209
　▶軽便鉄道　310, 314
　▶地下鉄　212-13, 233, 238-9, 256, 275
　▶テムズリンク線　314
　▶ユーロスター　314, 315, 316
　▶陸橋　200, 201, 210, 310
鉄道会社　173, 191
デットフォード　103, 121, 139, 306
　▶王立造船所　120-1
デットフォード教会　121
テニス　269
デフォー, ダニエル　135, 144-5, 150
　▶モル・フランダーズ　156
テムズ・ゲートウェイ　311, 334-5
テムズ・ストリート　10, 36, 64, 115, 170
テムズ・トンネル　169
テムズ・ハウス, ミルバンク　259
テムズ・バリア　335
テムズ川　100, 194, 262, 335
　▶汚染　192
　▶河口　253
　▶川岸　78-9, 138-9, 170, 283
　▶砂州　139, 262
　▶神聖な　11, 21, 25

　▶ロンドン港もみよ
テムズ川流域　335
　▶先史時代　13, 14-15
　▶ローマ時代　32-3
テムズミード　294, 335
テムズリンク線　314
デモ　265, 293, 300, 306-7
デュークス・プレース, オールドゲート　134, 151
デュークス病院　160
テューダー・ストリート　241
デュラッハー, ウェッド　312
テルフォード, トーマス　177
デルフト陶器　90, 91
テレビ　303
テレンス・コンラン財団　327
テロ　315, 330-1
テロリスト　330-1
　▶ボンド・ストリート　174, 179
田園住宅　236
田園都市　236-7
電気照明　238
電気製品　255, 258
天国と地獄　285
電信システム　202, 238
　▶国際的　235
　▶世界の神経　251
テンター・アリー, サザーク　93
天然痘病院　160
テンプル　58, 240
テンプル・ハウス　241
テンプル騎士団　73
電話　238

# と

ドイツ銀行　312
ドイツ人　76, 91, 135, 248, 270
　▶子ども　271
　▶「ドイツ人」　77
ドイッチュ, オスカー　257, 268
ドイリー・カルテ, リチャード　231, 238
トゥーティング　209, 320
　▶キャッスル・ホテル　233
　▶トッターダウン・フィールズ　209, 236
陶器　132
闘鶏　178
闘犬　178
刀剣商組合　128
投資　128-9, 173
道徳改革協会　154, 155
銅板彫刻の地図　84-5, 86
動物虐待防止協会　178
道路　82, 130, 260, 314-15
　▶新しい幹線道路　254, 260, 293
　▶ローマ時代の　32, 32-3
道路計画　114-15
　▶サクソン時代　55, 56
　▶建物のはみ出し　71
　▶ローマ時代　34
道路工事　260
トータリー・ロンドン　317
ドーム(O2)　318
ドームス・コンヴェルソールム(病院)　75
トーリー・ストリート, 火事　195
篤志病院　160-1
ドクターズ・コモンズ　94
独立運営団体　322
独立派の非信従者　150
時計師　122, 123, 133, 171

時計製造業者
　▶時計師
都市農村計画省　278
　▶ドック　202, 262
ドック　176-7, 262-3, 297, 310-11
　▶ヴィクトリア　252
　▶王立ドック　262-3
　▶空襲　249, 263, 274
　▶サリー・コマーシャル　177, 263, 328
　▶ジョージ5世　252, 262, 263
　▶セント・キャサリン　131, 176, 177, 297, 328
　▶ティルベリー　262, 297
　▶西インド　139, 176-7, 262-3, 310-11
　▶東インド(ブラックウェル)　90, 297
　▶ミルウォール　202, 262
　▶ライムハウス　176
　▶ロイヤル・アルバート　238, 262
　労働者　210, 215
　▶ロンドン・ドック　176-7, 263
ドッグ・アンド・ダック・パブ, ベートマン・ストリート　285
ドック・ストライキ　215
ドックランド　310-11, 314
ドックランド軽便鉄道　310, 314
トッターダウン・フィールズ, トゥーティング　209, 236
トッテナム・コート・ロード　142, 239, 242
トッテナム・ホットスパー・フットボールクラブ　303
トッテナム, テディ・ボーイ　287
トットヒル・フィールズ　111
　▶ブライドウェル　88
　▶ペスト・ハウス　111
富　68, 70, 118, 211
ドミニコ修道会
トムズ・コーヒーハウス　149
トムとジェリー　178, 179
ドライバーグ, トム　304
ドライバター, サミュエル(ガニメデ)　154, 155
トラファルガー・スクエア　167, 187, 260, 306
トリーティ・センター　324
ドリーの店, パターノスター・ロー　141
砦　46, 48
トリニダード人　286-7
トリニティ・ハウス　90, 120-1
　▶デットフォード　120
　▶ホスピタル　121
　▶養老院　160
トリニティ・ハウス, オックスフォード・ストリート　239
トリニティ・レーン, ラトクリフ　120
トリンダー, トミー　302
ドルアリー・レーン　123
　▶王立劇場　146-7
　▶客引き　156
　▶ミドルセックス・ミュージック・ホール　217
ドルトン&ワッツ社, ランベス　182
トルマーズ・スクエア　295
ドレ, ギュスターヴ　210, 226
奴隷　38, 135, 136-7, 159
　▶奴隷制度廃止　137
　▶販売　129
ドレイ・ウォーク, スピタルフィールズ　333
トレイン, ジョージ・フランシス　213

トレインド・バンズ(在郷軍人部隊)　108
　▶列車もみよ
ドレ画廊　145
トレスウェル, ラルフ　96
トロッター, ジョン　174
トロロープ, アンソニー　202
トンネル　169, 310, 335
　▶市街電車　234
トンビオン, トマス　123
トンプソン, J.ウォルター　267
内科医　110, 122-3
内戦　106, 108-9
ナイツブリッジ　127
ナイト・クラブ　257
ナイト, ヴァレンタイン　114
ナイポール, V・S　287
内務省　207
内乱　108
ナサニエル住宅　223
ナショナル・ギャラリー　167, 179, 247, 305
ナショナル・プロヴィンシャル銀行　230
ナスミス, ジェームズ　171
ナッシュ, ジョン　166-7, 174, 185
ナッシュ, ポール　266
ナット・ウェスト・タワー(タワー42)　297, 319
縄製造業　171

# な

南海会社　128, 136, 160
難民　270-1, 300
　▶ナチスからの　267, 271
難民児童保護団体　271

# に

ニーヴ, エアリー　331
ニーズデン　239, 320
ニコルズ, H.J.　256
ニコルソン, ベン　266, 267
西インド・ドック　139, 176-7, 262, 263, 310-11
　▶レッジャー・ビルディング　185
西インド学生連合(WISU)　287
西インド諸島出身者(アフロ・カリビアン)　270, 286-7
　▶地区　301, 320
にせ医者　122-3
日曜日の商売　175
二度目の大火(125年頃)　30
日本人　320, 321
ニュー・イン　92
ニュー・イングランド　129
ニュー・イングランド・コーヒーハウス　129
ニュー・イングリッシュ・アート・クラブ(NEAC)　244
ニュー・ヴィジョン・グループ　285
『ニュー・エイジ』　244
ニュー・カントン　132
ニュー・クロス　200, 213, 306
　▶V-1号爆弾　275
ニュー・パーク・ストリート　228
ニュー・ブリッジ・ストリート　115
ニュー・ベッドフォード・ミュージック・ホール　244
ニュー・ヨーク　313, 316
ニュー・ロード(現ユーストン・ロード)　130
ニューゲート　46, 47, 65

▶監獄 152, 153, 163
ニューゲート・ストリート, シャンブルズ 141
ニューコート, リチャード
ニュージーランド・ハウス 252
『ニュース・オブ・ザ・ワールド』 141
『ニューズウィーク』 316
ニュースペーパー・ハウス 241
ニューディール・フォー・コミュニティーズ 322
ニュートン, サー・アイザック 123
ニューハム 294, 301
ニューマーケット 154
ニューマンズ・コーヒーハウス 123

## ね

ネアンデルタール人 16-18
ネイピア, デーヴィッド 171
ネヴィンソン, C・R・W 244, 250, 266
ネヴィンソン, H・G・W 264
ネオ・プリミティヴ 245
ネッキンガー・ミルズ 171
ネラー, サー・ゴッドフリー 149
ネルソン記念柱 167

## の

農産物展示場, イズリントン 228
ノウルズ, ジェームズ・シェリダン 228
ノーザンバーランド・アヴェニュー 218
ノース・ウリッジ 262-3
ノース・ケンジントン 286
ノース・サーキュラー・ロード 260, 293
ノース・ペッカム・エステート 322
ノースウッド 300
ノースクリフ・ハウス 241
ノースクリフ卿, アルフレッド・ハームズワース 240
ノーフォーク・ハウス 126
ノーベリー 236
ノーランド邸, イースト・ダリッジ 208
ノッティング・デール 286, 298
ノッティング・ヒル 287, 294, 295, 320, 326
▶カーニバル 301, 317
▶暴動 287
ノット, ラルフ 289
ノリッジ 69
ノンサッチ宮殿 89

## は

バークレイズ銀行 150, 312, 313
ハーヴェイ, ウィリアム 123
ハーヴェイ, マーカス 328
バーカーズ, ケンジントン 324
バーキング 325
パーク・アヴェニュー, サウソール 320
パーク・ヴィレッジ 165
パーク・クレセント 166, 167
パーク・ストリート, サザーク 99
パーク・ロイヤル工業地域 255, 296
ハーグ, カール 221
パークサイド, ウィンブルドン 236
パークヒル・ロード, ハムステッド 267
バークリー・ホームズ 334
バークリー家の地所 126
バークレー・パーキンス醸造所 170
バージェス, ウィリアム 220
ハースト, ジェフ 303
ハースト, ダミアン 317, 328, 329

バーソロミュー・フェア 87, 102, 141
バーチン・レーン 128, 129
ハーディ, W 206
ハーディング＆ハウエル株式会社 174, 175
バーデット・ロード 228
バート, ウィリアム 209
バートン, ディシマス 167
バーナーズ・ストリート 224
バーナード法学予備院 92
バーナム・アンド・ベイリー 217
バーニー・シルバー 304
バーネット, ヘンリエッタ 236
バービカン 144
ハームズワース兄弟 240-1
バーモンジー 171
バーモンジー修道院 72
パーラメント・スクエア 321
バーリントン・アーケード 174, 218
バーリントン邸 220
ハーレー＝キャヴェンディッシュ・エステート 118
▶ハーレー・ストリート 118
ハーロー 255, 258, 296
バーンズ, ジョン 215
バーント・オーク, ヘンドン 254
パイ・コーナー 102, 113
ハイアム, ハリー 297
配給制 248, 277
売春婦 156-7, 217, 226, 333
▶殺人事件 227
売春宿 154-5, 217
ハイデルベルグ人 16
ハイド・パーク 100, 207
▶集会 189, 246-7
▶爆弾 331
▶万国博覧会 190-1
▶豚小屋 277
▶ロッジ亭 103
ハイド・パーク・コーナー 161, 167, 194, 260
▶料金所 130
ハイベリー 130, 268
バイレーン消火器会社 258
バイロン・ハウス, フリート・ストリート 240
ハインツ工場 258
パヴィリオン劇場 222
パウエル, イノック 300
ハウジング・アクション・トラスト 322
バウンダリー・エステート, ショアディッチ 227
パウンド, エズラ 245
パオロッチ, エドゥアルド 329
墓
▶墓地, 墓石をみよ
バガーニズ 243
パキスタン人 301, 307, 320
ハギン・ヒル浴場 34, 42, 48
パクストン, ジョゼフ 190
馬具製造業 132-3, 171
白鳥(スワン)亭, ストランド 102
バグニッジ・ウェルズ 157
博覧会 179, 239
▶英国祭 281, 282-3
▶現代美術 244-5, 328
▶大英帝国博覧会 252-3
▶万国博覧会 190-1
バザール 174
バザルジェット, ジョゼフ 192, 193
橋 82, 130, 168-9, 335
橋監視官 79

バス 198, 249, 260
▶馬 198-9, 205 220
▶パーク・ロイヤル・ビークル社 258, 296, 297
バスク人難民 271
パタースン, ウィリアム 128
パターノスター・スクエア 313
パターノスター・ロー 141, 145
バターフィールド, ウィリアム 230
バタシー 81
▶発電所 259
▶フェスティバル遊園 282, 283
バタシーの盾 25
バッキンガム宮殿(以前のバッキンガム・ハウス) 167
ハックニー 103, 127, 150, 151, 208, 322
▶ダルストン・クロス 324
▶ハックニー・エンパイア 217
▶ベック・ロード 329
ハックニー・コーチ 198, 199
バックラーズベリー, ローマ時代の家 11
発見ドーム(英国祭) 282, 283
ハッチ・エンド 254
発電所 239
▶発電所 239
発電所 238-9, 259
バッファロー・ビル 217
パッラーディオ様式 126
パディントン 300
▶駅 212 230 314
ハドソン, トマス 149
パトニ, セント・メアリー教会 109
バトリン, ビリー 268
バトルブリッジ(現キングス・クロス) 11
ハノーヴァー・ギャラリー 285
ハノーヴァー・スクエア 118, 166
パノラマ 179
パブ 216-17, 248
バブル
▶鉄道 173
▶南海会社 136, 160
ハマースミス 213, 248, 296, 320
▶キングス・モール 324
ハムステッド 213
ハムステッド・ヒース 127, 267
パラディウム劇場 256, 257
バラム 275
バリー, チャールズ 188, 231
パリス・ガーデン, バンクサイド 100
ハリス, スタン 274
ハリンゲイ 268, 320
▶ブロードウォーター・ファーム 294, 322
バルクーム・ストリート・ギャング 331
バルチック・ドック 177
バルチック海運取引所 331
ハレー, エドマンド 123
パレス・ゲート 221
パレス劇場 231
バレルズ・ワーフ, ミルウォール 310
ハロー 213
▶ガラス製造業 255, 258, 2-6
▶爆弾 331
ハロッズ百貨店 235 242
ハワード, ジョン 153
ハンウェイ, ヨナス 156, 159
ハンガーフォード橋 235
バンク 299, 317

バンクサイド 100, 101
▶劇場 99
▶酢工場 71
▶発電所 319
▶グラマースクール 92
パンクハースト, エメリン 246-7
▶娘のクリスタベル, シルヴィア, アデラ 247
バンクヘッド, タルラー 257
バングラ・タウン 320, 332
バンクラス・レーン, チープサイド 97
バングラデシュ人 300, 301, 323, 332
バンクロフト病院 160
万国博覧会 190-1
犯罪 152-3, 159, 226
▶ギャング 227, 304-5
▶性的な 218-19
▶報告された 226
ハンザ同盟 76, 78, 80, 90
ハンサム・キャブ 199
パンジャブ人 320
『パンチ』 190, 192
パンテオン(バザール) 175
ハント, ホールマン 220, 221
パントン・ストリート 179
バントン, ケンプトン 305
反ナチス同盟 303, 306
バンヒル・フィールズ埋葬地 150
反ファシスト 265
ハンプトン・コート, 劇場 146
ハンプトン・コート宮殿 89
ハンブロス 312
ハンベリー・ストリート, スピタルフィールド 223, 271
反ユダヤ主義 62, 222-3, 265, 269, 271

## ひ

ピアーズ石鹸工場 296
ビアズリー, オーブリー 219
ピアソン, アーサー 240
ピーコック亭, オールダーゲート・ストリート 102
ヒースロー空港 314, 320
ピーター, マーティン 303
ピーチ, ブレア 301, 307
ピープス, サミュエル 113, 115, 120-1, 123
ピーボディ・スクエア, ウェストミンスター 195
ピーボディ, ジョージ 195
ビーユヴァン ミルウォール・ドック 202
ピーラーズ 181
ヒール, サイモン 312-13
ビール, ロバート 155, 180
皮革産業 171
東アフリカ系アジア人 300, 306, 320
東インド(ブラックウォール)ドック 90, 297
東インド会社 90, 206
東ロンドン線の延長線 314
ピカデリー 126, 174, 236, 293
▶サーカス 238, 257, 260, 317
▶地下道現金輸送車強奪事件 305
『ピクチャー・ポスト』 271
非国教徒 228-9
▶教会 87, 134, 171
美術学校 266
ビショップス・スクエア, スピタルフィールズ 333
ビショップスゲート 84-5, 90

▶城門 46, 65
▶爆発 331
▶埋葬地 111
ビショップスゲート・ストリート 141
▶グレシャム・カレッジ 93
非信従者 150-1
ビッグ・バン（金融） 312-13
ビッグ・ベン 188
ヒックス，ジョージ 203
羊 127
ピット，デーヴィッド 287
ヒッポドローム 243
ピドック，デーヴィッド 328
被服 175, 284, 300
▶産業 296
▶配給制 277
▶パンツ 38
▶流行 69, 298, 299
▶ローマ時代の 39
ピムリコ 103, 127, 171
百貨店 175, 235, 242-3
ビューイック，トマス 151, 155
ヒューイット，セシル・ロルフ 237
ピュージン，アウグスタス・W・N 188
ヒューム，T・H 245
ピュックラー＝ムスカウ，ヘルマン・フォン 179
病院 161-1, 193, 280
▶中世以降の 86, 87, 120-1, 123, 160-1
▶中世の 72, 74-5
氷河 14-18
病気 74-5, 192
▶結核 17
▶死 74, 84, 110-11
ピラー・ボックス（柱状の箱） 202, 205
平底の荷船 82, 170
ビリングズゲート 48
▶市場 64, 141
▶埠頭 78, 80
ヒル，ビリー 305
ヒル，ローランド 202
品位向上 295, 296, 332-3
貧救院 159, 226
貧民救済院 86, 87
貧困 158-9, 161, 210-11, 226-7
ヒンズー教徒 320
▶ニーズデン寺院 320
貧民窟，郊外の 208
貧民窟の取り壊し 194-5, 200, 236, 294-5
▶ザ・ニコル 227
▶ノッティング・ヒル 287

## ふ

ファージング・パイ・ハウス 103
ファーニヴァル法学予備院 92
ファーム・コロニー 229
ファーレー，ジョン 141
ファイアストーン・タイヤ・アンド・ラバー社 258
ファイナンシャル・タイムズ 241
ファイン・アーツ協会 221
ファウンダーズ・コート 81
ファウンドリング・ホスピタル，コーラムズ・フィールズ 159
ファエド，トマス 221
ファシスト（黒シャツ隊） 265, 271, 287
ファニー・ヒル 155
ファリンドン・ストリート 241
▶駅 212

▶フリート・マーケット 141
ファリンドン（市壁外区） 156
ファルコナー，ポール・プール 221
フィールディング，ヘンリー 152, 158
フィールド・レーン，ホルボーン 154
フィッシャー，エドワード 149
フィッシャー，マーク 326
フィッツジョン・アヴェニュー，ハムステッド 221
フィッツロイ・スクエア 245
フィッツロイ・ストリート・グループ 244
フィッツロイ・タバーン，シャーロット・ストリート 245
フィッツロヴィア 266, 270
フィットン，ジェームズ 272
フィリップ・カルデロン 221
フィリップ・ホア 329
フィリップ・レーンの宿屋の看板 102
フィリップ，ジョン・バーニー 221
フィルポット・レーン 90
フィングリー，ヘンリー・ド 74
フィンズベリー 127, 172, 224, 288
▶サーカス 259
▶スクエア 144
▶パーク 208
フィンズベリー・フィールズ 100, 111
フィンチリー 271, 320
▶ガーデン・ヴィレッジ 236
ブース，ウィリアム 229
ブース，チャールズ 209, 210-11, 217, 222, 226
ブースビー，ロバート，ロード 304
ブードルズ・クラブ 178
フーバー工場 258, 259
フーリガン 303
プール・オブ・ロンドン 138-9, 164-5, 199
フェアバーン，ウィリアム 171
フェイス，アダム 285
フェニックス保険会社 172
フェンチャーチ・ストリート，シナゴーグ 134
フォーチュン座，クリップルゲート 99
フォード自動車会社 256, 259
フォスター，ノーマン 313, 318-19
フォルム・バシリカ 30, 34, 48, 49
福祉国家 280-1
服地商組合 93
▶貧民救済院 160
不景気 267, 290, 318
婦人参政権運動 246-7
婦人社会政治連合（WSPU） 246-7
『婦人に投票権を』 247
仏教 320
フック，ロバート 87, 116, 122, 123
▶ロンドン再建計画 114-15
プッシュ，ハリー 254
プティ，ジョン 221
プディング・レーン 112
船積み 79, 80, 138
▶海上封鎖 248
▶混雑 138, 139
▶船舶情報 129
▶ローマ時代の 36
フライ，トマス 132
フライ，ロジャー 245
ブライアント・アンド・メイズ，ボー 215
プライス，リチャード 150
ブライドウェル 88, 163
ブライドン，J・M 206
ブラインド・ベガー，ホワイトチャペル 304, 305

プラウ・レーン，クロイドン 261
ブラウンカー，ウィリアム 123
ブラック・パンサー党 306
ブラック・フライデー 246
ブラックウェル・ホール，ベーシングホール・ストリート 90
ブラックウェル，ウルスラ 267
ブラックウォール 177
▶造船所 90, 121
▶ドック 90, 177
ブラックヒース 127, 213
ブラックフライアーズ 229, 269
▶ドミニコ会修道院 64, 65, 72, 74, 88
▶薬剤師名誉協会 122
ブラックフライアーズ駅 212, 213
ブラックフライアーズ橋 124-5, 130, 16~, 213
フラナガン，バッド 223, 257
プラネタリウム 282
フラム 132, 237, 296
▶ロッツ・ロード発電所 239
フラム・パレス・ロード 248
フラム・フットボール・クラブ 302
フラムスティード，ジョン 123
フラワー・ストリート 223
フランク・ミフスド 304
フランシス，ジョシュア 306
フランシスコ女子修道会 72
フランス会社 90
フランス人の 77, 89, 135, 270, 284
▶食品 140
▶来訪者 317
フランス病院 160, 161
ブランド，ビル 275
フリー・キャンサー病院（現王立マースデン病院） 193
プリーストリー，J・B 264
フリート・ストリート 71, 122, 218, 240, 264
▶印刷業者 94, 95
▶新聞 240-1
▶プリンス・ヘンリーズ・ルーム 105
フリート・マーケット 141
フリートウェイ・ハウス 241
フリート運河 117
フリート川 31, 115
フリート監獄 163
フリート橋 103
ブリクストン 86, 306, 320, 330
フリス・ストリート 285
▶戦い 5
フリス・ストリートの戦い 305
フリス，ウィリアム・パウエル 196
ブリック・レーン 301, 307, 320, 330, 332
▶トルーマン醸造所 170, 332, 333
ブリックレイヤーズ・アームズ 329
プリッチャード，ジャックとモリー 266
ブリッツ 274-5
ブリティッシュ・アメリカン・タバコ 259
ブリティッシュ・ティー・テーブル・カンパニー 243
ブリティッシュ・ペトロリアム 259
ブリティッシュ・ホーム・ストア 300
ブリティッシュ・レイランド自動車会社 297
ブリトルウェル，エセックス 52, 53
ブランスウィック・ドック 177
ブリル・ストリート市場 197
ブリルクリーム 302
プリンス・ヘンリーズ・ルーム 105

プリンセプ，ヴァル 220
プリンティング・ハウス・スクエア 241
ブルアー，マーセル 266
ブルー・プラーク 235
ブルーウォーター・ショッピング・センター 324-5
ブルーム，マーシャル 307
ブルームズベリ・グループ 245
ブルームズベリー 195
▶救貧院 159
▶ブルームズベリー・スクエア 118, 119, 126
ブルックスズ・クラブ 178
ブルネル，イザムバード・キングダム 169, 230
ブルネル，マーク・イザムバード 169
ブレア，トニー 322
ブレイク，ウィリアム 149, 163
フレイザー，ヘンリー 213
プレイストー 296
ブレイディ・ストリート 223
▶少年クラブ 222
ブレイドウッド，ジェームズ 195
プレイ牧師，トマス 154
プレース，フランシス 156, 182, 188
ブレードのラドゲート・ヒル 175
フレストン自由独立共和国 298
ブレッド・ストリート 102
フレデリック・レイトン 220, 221
フレデリック，ドクター 161
プレハブ生産 190
ブレンサム・ガーデン・サバーブ 236
フレンチ・ハウス・パブ 285
ブレント 300
▶チョークヒル・エステート 294, 322
ブレント・クロス・ショッピング・センター 324
フロイド，ルシアン 285
ブローガム，ヘンリー 182, 183
ブロード・ストリート，反乱 162
ブロードウィック・ストリート 284
ブロードウォーター・ファーム・エステート，ハーリンゲイ 294, 322
ブロック，サー・トマス 234
プロテスタント 87
プロテスタント協会 162
プロビデンス島会社 90
ブロムリー 321
ブロンプトン病院 193
文通 203

## へ

ベア・ガーデンズ 100
ベアリングス 172
兵士，ローマ時代の 46, 47
ヘイズ 293, 296
ベイズウォーター 286, 287, 324
ベイズウォーター・ロード 213
ベイナード城 64
ヘイマーケット 140
▶劇場 146, 242
ヘイマン，フランシス 149
ヘイリン，エドワード 132
ヘイワード・ギャラリー 326
平和運動 306
ベインウォント・ブラザーズ 300
ヘインズ，ジョニー 302
ベヴァリッジ，ウィリアム 280
ベヴァン，アナイリン 281
ベヴァン，ロバート 245
ベヴィントンの皮革産業 171

ベーコン, フランシス　285
ベーシングホール・ストリート　90
ヘーゼルタイン, マイケル　310
ベクスリーヒース, ブロードウェイ・ショッピング・センター　324
ベクトン　296
ベコンツリー, ダゲナム　254-5
ベザー, ヘンリー　187
ベサント, アニー　215, 224
ペスト・ハウス　111
ベスト, クライド　303
ベスト, ジョージ　302
ペスト(黒死病)　75
ペストリー・ショップ　141
ベスナル・グリーン　192, 211, 301
　▶クランブルック・エステート　294
　▶精神病院　161
　▶犯罪　304-5
ベスナル・グリーン・ロード　329
ペッカム　248
　▶ノース・ペッカム・エステート　322
ベック・ロード, ハックニー　329
ベッサラビアン(ギャング)　227
ペット, フィニアスとピーター　121
ベッドフォード・パーク　203, 209
ベッドフォード家所領　119, 126
　▶ベッドフォード・スクエア　119
ベドラム　161
ペニー・フィールズ　270
ヘプワース, バーバラ　266, 267
ベリー, ジョゼフ　132
ペリーシャ交通標識　260
ペリヴェール, ウェスタン・アヴェニュー　258
ペリグリーニ, カーロ　218
ベリッシズ・カフェ　329
ベリン, ニコラス　89
ベリング, チャールズ　239
ベル・サヴェジ・イン　99
ペル・メル　149, 175, 215
　▶街灯　180
ベル, ヴァネッサ　245
ベル, クライヴ　245
ベル, ジュリアン　335
ベルギー人　248, 270
ベルチャー, ミュリエル　284-5
ヘルツォーク&ド・ムーロン　319
ベル亭, ホルボーン　99, 102
弁護士　92, 93
ベンサム, サミュエル　168
ベンサム, ジェレミー　153
ヘンショール, ジョン・ヘンリー　217
ヘンデル, ジョージ・フレデリック　146
ヘンドン　254, 271, 293
　▶バローズ・ロッジ　209
ペントン, ヘンリー　130
ペントンヴィル　130, 195
　▶ロード　205
ヘンリー7世　88
ヘンリー8世　86, 90, 91
　▶宮殿　88-9
ヘンリーズ, シルヴァタウン　202
ペンローズ, ローランド　266, 267

## ほ

ボアズ・ヘッド座　99
ボアディケア　235
　▶反乱　29, 46
ホイッスラー, ジェームズ・A・M　219, 221
ホイットフィールド, ジョージ　151

ボイル, ロバート　123
防衛　108
貿易商人組合　90
法学院　92, 93, 94
法学予備院　92, 93
宝石職人　69
　▶サクソン人の　53, 55
　▶ローマ人の　38, 39
砲台(砦)　108
暴動　181, 301, 320, 322
　▶人頭税　308-9
　▶政治的　182, 307
ボー　132, 215
ボー・ストリート騎馬巡視隊　180
ホークスムア, ニコラス　120, 151
ホーソーン, ナサニエル　169
ボードウィン, クリストファー　133
ポートマン地所　126
ポートランド・エステート　126
ポートランド・プレース　156, 259
ポープ, アレクサンダー　145
ホープ座　99
ボームズ・ハウス　160
ホームズ, シャーロック　224
ポーランド・ストリート　284
ホーリー・トリニティ教会, クラパム　136
ホーリー・トリニティ小修道院, オールドゲート　57, 72, 73, 91
ホール・イン・ザ・ウォール亭, パール・ストリート　103
ホール, フランク　221
ホール(建築家), E・T&E・S　289
ボールズ・ウォーク　101
ボールズ家　149
ボーン・エステート, クラーケンウェル　236
ボーン&ホリングズワース　256, 324
ホガース, ウィリアム　127, 145, 149, 156
　▶ジン横丁　158
ボクシング　179, 269
ホクストン　329, 332
　▶アスク・スクール　93
　▶軍人協会　152
　▶精神病院　161
　▶犯罪　226
　▶貧民救済院　161
ホクストン・スクエア　329
保険　172
　▶海運　139
　▶火災　195
ボズウェル, ジェームズ　125, 126, 135, 147, 157
墓石　47, 57, 63
舗装道路　158, 164
ポタージュ・アイランド　141
墓地　150
　▶疫病　75, 111
　▶クエーカー教徒　87
　▶サクソン人　52, 53
　▶ホスピタル　74
　▶ユダヤ人　62, 135
　▶ローマ人　45, 49
ポッツ酢工場　171
ボトルフ埠頭　138
ボビーズ　181
ホブハウス, ジョン・カム　182
ポプラ　271, 280
募兵事務所　248
ほほえむ尼僧　72
ホモセクシュアル　154-5, 218-19 306-7

▶売春婦　284
ホラー, ウェンスロース　58, 73, 76, 100
　▶大火の地図　112
ホランド・パーク　220-1
ホランド, ヘンリー　147
ホリアー, トマス　122
ホリウェル(女子修道院)　72
ホリデー, ヘンリー　221
ボルト・コート・スクール　241
ポルトリー　41
ポルノ　226, 304
ホルボーン　94, 158-9, 270, 316
　▶居酒屋　102
　▶書籍販売業　95
　▶ステープル法学予備院　104
ホルボーン高架橋　194, 317
ホルボーン橋　115
ホロウェイ, G・H　231
ホロウェイ, 食事　103
ホロウェー刑務所　247
ホワイツ・クラブ　178
ホワイト・キューブ・ギャラリー　329
ホワイト・シティ　233, 268, 287
　▶英仏博覧会　239
ホワイト・スワン亭, ヴィア・ストリート　155
ホワイト・チャペル　156, 213
　▶移民　22, 301
　▶釣鐘鋳造所　188
　▶ブラインド・ベガー・パブ　304
　▶ホワイトチャペル・アート・ギャラリー　329
ホワイト・ハート・レーン　236
ホワイトチャペル・ロード　216, 235
　▶モスク　320
ホワイトフライアーズ・ガラス工房　255, 296
ホワイトフライアーズ(カルメル修道会)　72
ホワイトホール　206, 207
ホワイトホール宮殿　89, 101, 181
　▶バンケッティング・ハウス　104, 109
ホワイトリーズ百貨店　242, 324
ホワイトリード, レイチェル　328-9
ポンタックス亭　102
ポンテス(ステインズ)　32
ボンバーグ, デーヴィッド　266

## ま

マーク&スペンサー　256
マークス, ベヴィス　134
マーサーズ・チャペル・グラマースクール, チープサイド　92, 93
マーチャント・テイラーズ・スクール, サフォーク・レーン　92-3
マーチャント, ヒルデ　276
マーティン, サー・レスリー・　302
マートン小修道院, サリー　89
マイノリーズ(セント・クレア女子修道院)　127
マイヤーズ, ヴァル　289
マイル・エンド　135
　▶病院　160
　▶マイル・エンド・ウェスト　229
　▶料金所　130
マイル・エンド・ロード　121
マウント・プレザント　212
マグダレン・ホスピタル　156
マクラーレン, マルコム　299
マコーリ, ザカリー　136, 137
マザー・ニーダム　156

マス・オブザヴェーション　277
マセイ・ショー大尉　195
マッカーシー, トム　215
マッカーデル, ジェームズ　149
マックス亭　179
マッチボックス　297, 298
マティルダ王妃(ヘンリー1世の妃), ラザロ・ハウス　74
マトン・フィールズ　111
麻薬中毒　305, 322, 333
マリーン・コーヒーハウス　129
マリネッティ, フィリッポ・トンマーゾ　244
マリルボーン・クリケット・クラブ　302
マルクス, カール　194
マロケッティ, カーロ　221
マン, トム　215
マンション・ハウス　127, 184, 313
　▶湯所　71
マンスフィールド伯　127
マンデル, ヘンリー　285
マンデルソン, ピーター　317

## み

ミーン, アンドリュー　226
ミシュラン・ビルディング　288
ミス・ワールド・コンテスト　306-7
ミスター・スミス・クラブ　304, 305
水の供給　31, 66, 71, 158
　▶路上の給水栓　192
ミッドランド鉄道　212
　▶グランド・ホテル　205, 231
ミトラ神殿(ローマ時代の神殿)　11
「緑シャツ隊」(ソーシャル・クレジット運動)　265
ミドル・テンプル法学院　92
ミドルセックス・ミュージック・ホール　217
ミドルセックス診療所　160-1
ミドルトン, ジョン　149
ミドルトン一家　127
南アジア人　301, 320
南アフリカ・ハウス　252
南環状線　293
ミュージック・ホール　216, 217, 226, 233
ミュリエルズ(コロニー・ルーム)　234-5
未来派　244-5
ミルウォール　171, 202, 311
　▶バレルズ・ワーフ　310
　▶ブッシュワッカー　303
ミルズ, ピーター　114, 116
ミルトン・ロード　144
ミルナー・ホランドの報告書　294
ミルバンク　188, 259
ミレー, サー・ジョン・エヴェレット　221
ミレニアム・ドーム(ザ・O2)　318
ミレニアム基金　314

## む

ムア, サー・ジョナス　123
ムア, ヘンリー　266, 267
ムア, ボビー　303
ムアゲート　65
ムアフィールズ　111, 150, 154
　▶ムアフィールズ・アカデミー　144
ムーディ, ドゥワイト　228, 229
ムーディー, ハロルド　270-1

## め

メアリ1世　89
メイヒュー, ヘンリー　196, 199
メイフェア　174
メイン, リチャード　181
メイン, ロジャー　302
メソジスト　151, 228
メドランド・ホール, ライムハウス　229
メトロポリタン・タバナクル教会　225
メトロポリタン・タバナクル教会, ニューイントン・バッツ　228
メトロポリタン・ディストリクト鉄道　213
メトロポリタン鉄道　212-13
▸メトロランド　254-5
メトロランド　254-5
メリー, ジョージ　284
メリル・リンチ　313
メルベリー・ロード, ケンジントン　221
メンペス, モーティマー　221

## も

もうひとつのロンドン　299
モーガン, ウィリアム・ド　221
モーザー, ジョージ・マイケル　149
モーズリーとフィールドの工場, ランベス　171
モートン, H・V　255
『モーニング・ポスト』　241
モーニントン・クレッセント駅　244
モカ, カフェバー　285
木材　35, 171
モザイク　48, 49
モス, ケイト　317
モスク, ホワイトチャペル・ロード　320
モスクワ会社　90
モズレー, オズワルド　265
モダニズム　267
モデル住宅　194-5
モデルハウス, 芸術家　220
物乞い　74, 135, 144
モホリー・ナギ, ラズロ　266
モラヴィア兄弟団　151
モランディス・チョコレート・ハウス　123
モリスン, アーサー　227
モリソン, ハーバード　282
モルガン・グレンウェル　312
紋章　58
▸シティ・オブ・ロンドン　58
▸ロンドン市長　68
モンターギュ, サミュエル　236
モンド・ブルナー化学品会社　249
モンドリアン, ピエト　266, 267
モンフィシェ城　64

## や

ヤーキーズ, チャールズ　233
夜間避難所　229
薬剤師　122, 160
薬剤師名誉協会　122
夜警　152, 180
▸警察署　181
▸チャーリー　179, 180
安売り店　175
薬局　122, 134, 160
宿屋と居酒屋　102-3, 119
ヤング・ブリティッシュ・アーティスト（YBA）　328
ヤング, ウィリアム　206
ヤンセン, ヤコブ　91

## ゆ

遊園
有色人種差別　270-1
有色人種同盟　270
ユーストン・ロード　293, 297
ユーストン・ロード・スクール　245, 267
ユーストン駅　201
郵便受け　202, 205
郵便事業　202-3
郵便配達区域　202
ユーロスター鉄道　314, 315, 316
行方不明人　229, 330
ユグノー　91, 119, 133, 134
▸フレンチ病院　150, 161
輸出入　68
ユダヤ・フリー・スクール　222
ユダヤ人　62-3, 77, 135, 214, 271
▸イースト・エンド　87, 134-5, 222-3, 235, 236
▸イディッシュ語の劇場　17, 222, 223
▸商業の　129, 151
▸政治的立場　150
▸ソーホー　254
▸反ユダヤ主義　62, 222-3, 265, 269, 271
▸ボクサー　269
▸ユダヤ人地区　270
▸若い夫婦　223, 257
ユダヤ人貧民のための一時保護施設　223
ユダヤ人保護委員会　223
ユダヤ博物館　271
ユナイテッド・ガラス瓶製造会社　258
ユニオン・ジャック　295
ユニオン・ビルディングス, クラークンウェル　236
ユニリーバ　259

## よ

ヨーヴニー・ロッジ, ステインズ　20
ヨーク・テラス　166, 167
ヨーク・プレイス　89
ヨーク門　165
ヨーロッパ経済共同体　297
浴場, ユダヤ人の儀式用の（ミクワー）　62, 63
浴場, ローマ時代の　34, 42, 48
呼売り商人　196-7, 216

## ら

ラ・トゥール・エッフェル　245
ラーキン, ウィリアム　267
ライス, ジム　303
ライムハウス　90, 158, 175, 270
▸工業　132
ライムハウス・ドック　176
ライムハウス・リンク・トンネル　310
ラインベックの俯瞰図　164-5
ラヴェット, ウィリアム　188
ラザロ・ハウス　74
ラシュディ, サルマン　321
ラスカー　135, 159, 270
ラスボーン・ストリート　274
ラッキントン, ジェームズ　144
ラックマン, ピーター　294
ラッセル, バートランド　306
ラッチェンズ, エドウィン　259
ラテン語による出版　94
ラトクリフ　90

▸桶類製造業者組合学校　93
ラドゲート　46, 65
▸ストリート　123
▸ヒル　175
ラドブローク・グローヴ　320
ラネラ遊園　141, 143
ラファエル前派　221
ラフトン　236
ラム酒　139
ランズベリー・エステート, ポプラ　280
ランチェスター, エルザ　257
ランドシーア, サー・エドウィン　221
ランベス　103, 172, 273, 286, 300
▸工業　32, 171
▸コットン・ガーデンズ住宅地　294
▸製陶業　91, 182
ランベス・マーシュ　130
ランベス宮殿　105

## り

リーガル映画館, マーブル・アーチ　257
リー渓谷　82, 296, 334, 335
▸交通　82
リージェンツ・パーク　166-7, 185
▸ジオラマ　179
▸爆弾　331
リージェンツ運河　165
リージェント・ストリート　166-7, 174, 256
▸コスモラマ　179
リード, ニコラス
リード, ハーバート　266, 267
リーマン・ストリート, オールドゲート　223, 248
リーマン, ジェームズ　133
リヴィエール, ブリトン　221
リヴィングストン, ケン　309, 314, 315, 325
陸軍省　206
リチャード・サイファート　319
リチャードソン兄弟　304-5
リッチ, ジョン　146
リッチモンド　146, 213
リッチモンド宮殿, シーン　88
リッチモンド宮殿（旧シーン）　88
リッツ・ホテル　218, 243
リトル・ダブリン　134
リトル・ブリテン　121
リトル, ロバート　221
理髪外科医同業者組合　122
リバティ百貨店　256, 289
流行　175, 298-9, 316
▸服装　69, 298, 299
料金所　130
旅行　82-3, 190-1
▸観光庁　317
▸所要時間　69, 200-1
▸速度　315
▸飛行機　254, 260, 261, 314-15
▸旅行者　100, 154, 297, 325
旅行案内書　100, 191
リヨン法学予備院　92
リンカーンズ・イン・フィールズ　118, 146
リンカーン法学院　92

## る

ルイーズ・ジョブリングの芸術学校　221
ルイシャム　306, 307, 324
ルイス, パーシー・ウィンダム　245

ルーカス, サラ　328, 329
ルーカス, ジョン・シーモア　221
ルーカリー　226
ルーク・フィールズ　220
ルートン空港　314
ルシタニア号　248
ルナルディ, ヴィンチェンツォ　143
ルベトキン＆テクトン　288
ルンデンウィック（サクソン時代）　10-11, 50, 53, 54-5
ルンデンブルグ（アルフレッド王時代）　50, 56-7
ルンドゥンの大火（1087年）　50

## れ

レイ, フィオナ　328
レイクサイド・ショッピング・センター　324
レイトン　315
レイトンストーン　315, 322
レイトンストニア　315
レイノルズ, サー・ジョシュア　149
レイフィールド・パネル　293
レヴァント会社　90
レヴィ, ジョー　297
レヴィ, ベンジャミン　151
『レヴュー』　145
レーリー, サー・ピーター　149
レザー・レーン, ホルボーン　132
レスター・スクエア（前レスター・フィールズ）　118, 242-3, 304
▸芸術家　148-9
▸コメディ・ストア　327
レズニー工場　297
レスリー, ジョージ・ダンロップ　221
レッド・ライオン・スクエア　118
レッドブル座　99
レッドライオン座　99
レディ・ラムリー貧民救済院　160
レドンホール・ストリート　90, 102, 134, 215
レドンホール・マーケット　71, 76, 141, 231
レニー, ジョン　168, 176, 185
レノ, ダン　217, 233
レフト・ブック・クラブ　266
レベル・アート・センター　245
レン, サー・クリストファー　120, 123
▸教区教会　116-17
▸セント・ポール大聖堂　87
▸ロンドン再建計画　114-15
レンガ, ローマ時代の　35, 61
連続住宅　166, 167

## ろ

ロイズ・コーヒーハウス　129
ロイズ・ビル　312, 313
ロイズ銀行　150
ロイター　202-3, 240
ロイター男爵, ジュリアス　202
ロイド, マリー　217, 233
ロイナン, ジョン　327
ロイヤル・アルバート・ホール　191, 306, 326
ロイヤル・オーク　154
ロイヤル・オペラ・ハウス　326
ロイヤル・オペラ・ハウス・アーケード　174
ロイヤル・カレッジ・オブ・サイエンス　225

ロイヤル・シェークスピア劇場　326
ロイヤル・ドック　262-3
　▶アルバート　238, 262
　▶ヴィクトリア　262
　▶ジョージ5世　252, 262, 263
ロイヤル・ナショナル・シアター　326
ロイヤル・フェスティバル・ホール　283, 326
ロイヤル・フリー・ホスピタル　193
ロイヤル・ホロウェイ・カレッジ　225
ロイヤル・マースデン病院　193
労働組合会議　264-5
労働組合主義　214-15
労働者階級同盟（NUWC）　182
労働者革命党　306
労働争議　214-15
ローズ・クリケット・グラウンド　302
ローズ座　98, 99
ローズマリー・レーン　103
ローゼンタール，ノーマン　328
ロード・キッチナー（カリプソ歌手）　286
ロード・キッチナーズ・ヴァレー（ブティック）　298
ロード・メイヤーの馬車　132-3
ロービン，カール　311
ローマ時代　10-11, 24-5, 26, 27, 30-32, 34, 36-37, 38-9, 41-46, 48-9
　▶遺跡　10, 11, 34-5, 54
　▶円形闘技場　42-3, 43, 57
　▶娯楽　42-3
　▶住宅　40-1, 48
　▶信仰　44-5
　▶衰退　Sep-48
　▶道路　32-3
　▶破壊と再建　28-31
　▶ラドゲン・ヒル　34, 42, 48
　▶防衛　46-7
　▶港　36-7
　▶浴場　34, 42, 48
ローナン・ポイント，ニューハム　294
ローマの属州　49
ローマ時代　11, 35, 44-5, 47
ローマ時代のアーチ　May-34
ローマ人の侵入　28
ローランドソン・ハウス　245
ローランドソン，トマス　180
ローレンス，ガブリエル　154
ローレンス，ゴーム　234
ローレンス，スティーブン　321
ローワン，チャールズ　181
ローン・ロード・フラット，ハムステッド　266, 267
ローンデス，メアリー　221
ロケット亭　102
ロココ様式　133
ロザハイズ　177
ロザミア子爵，ハロルド・ハームズワース　240
ロザリー，サザーク　77
ロシア会社　90
ロジャーズ，リチャード　312
ロシュ，ゾフィー・フォン・ラ　141, 175
ロスチャイルド　172, 312
　▶ロスチャイルド家　223
ロック・ホスピタル（セント・メアリ・アンド・セント・レナード）　74
ロック，ジョン　139, 150, 151
ロック帽子店　185
ロックンロール　285
ロッツ・ロード発電所　238-9
露店　279

ロバーツ，グリン　257, 269
ロバーツ，デーヴィッド　188
ロビリアック，フランソワ　149
ロビンソン，ピーター　256
ロビンソン&クレバー　256
路幅拡張　194, 260
ロルフ，シリル　248
露店商　175
ロング，エドウィン　221
ロンディニウムの焼失　28, 29
『ロンディノポリス』　101
ロンドン-サウス・ウェスタン鉄道　200
ロンドン-バーミンガム鉄道　200, 201
ロンドン-ブラックウォール鉄道　200, 310
ロンドン・アイ　318
ロンドン・ガスライト・アンド・コークス社　269
ロンドン・クラブ，ベーカー・ストリートはずれ　257
ロンドン・クロイドン鉄道　200
ロンドン・シティ・ギルド協会　225
ロンドン・スクール・オブ・エコノミクス・アンド・ポリティカル・サイエンス（LSE）　225, 307
ロンドン・ドック　176-7, 263
ロンドン・ドックランド開発公社（LDDC）　310-1l, 328
ロンドン・パヴィリオン座　219
ロンドン・マルク　316-17
ロンドン・ユナイテッド・トラムウェイ　239
ロンドン・ロック病院　156, 160, 161
ロンドン，名前の由来　32
ロンドン一般乗合馬車会社　199, 249
ロンドン海事学校　281
ロンドン会衆派連盟　229
ロンドン学務委員会　210, 224-5
ロンドン協会　260
ロンドン金属取引所　312-13
ロンドン金融先物オプション取引所（LIFFE）　312
ロンドン勤労男性協会　188
ロンドン港　78-9, 119, 138-9, 176-7, 262-3
　▶カスタム・ハウス埠頭　138
　▶公認　138
　▶合法的な埠頭　90, 138-9
　▶埠頭　29, 30, 36, 37, 78-9
ロンドン港務庁　252, 262, 288
ロンドン交響楽団　326
ロンドン司教　53
ロンドン市自治体　130, 326
　▶シティ・オブ・ロンドンをみよ
ロンドン市長　66
　▶ジョン王の勅許状　69
　▶大火　112, 113
ロンドン州議会　204, 232, 234, 270, 292
　▶カウンティ・ホール　235, 289
　▶救急車サービス　280
　▶教育　225, 266, 280-1
　▶公園と運動場　268-9, 279
　▶市街電車　213, 239, 257
　▶住宅　209, 227
　▶戦後の再建計画　278-9
　▶戦時中の給食サービス　277
『ロンドン巡礼』　210
ロンドン焼失（1940年）　274
『ロンドン族』　321
ロンドン大火（1666年）　87, 107, 112-13
ロンドン大学　225

ロンドン大学スレード美術学校　245, 266
ロンドン伝道協会　137
ロンドン塔　64, 101, 120
ロンドン塔守衛　317
ロンドンの区　70
　▶外国人　77
ロンドンのジャズ・クラブ　285
ロンドンの人々の生活と労働　211
ロンドンの病院　160-1
ロンドンの村の構造　278
ロンドンのユダヤ病院　271
ロンドンの労働と貧民　196
ロンドン肺結核・肺病病院　193
ロンドン博物館　11, 235
ロンドン橋　54, 79, 117
　▶1831年の再建　168
　▶中世の　50, 56-7, 100, 168
　▶門　65, 77
　▶ローマ時代の　30, 36
ロンドン橋近くのフレッシュ・ワーフ　116, 199
ロンドン旅客運輸公社　269
ロンバード・ストリート　129, 150
ロンバルディア人　77

## わ

ワーズワース，エドワード　245
ワーフ　78-9, 138-9
　▶合法的な埠頭　90, 138
　▶収容能力　138
　▶ニュー・キー　116
　▶フレッシュ・ワーフ　116, 199
　▶ローマ時代の　29, 30, 36, 37
ワイアット，ベンジャミン　184
ワイアット，マシュー・ディグビー　206, 230
ワイルド，オスカー　218-19
ワイルド，ジョナサン　152
若く熱い血　247
若者文化　285, 298-9
枠編み業者組合貧民救済院　150
ワッツ，アーサー　267
ワットニー・ストリート市場　279
ワットニー・マン醸造所　296
ワン・カナダ・スクエア（カナリー・ワーフ）　319

# 図版クレジット

本書に地図を使用させていただいた以下の文献に謝意を表したい。
p14-15の地図1-4と6、P.Gibbard著History of the Northwest European Rivers during the last Three Million Years. 地図5、R.L JonesとD.H. Keenの共著によるPleistocene Environment in the British Isles (1993年)。p44、W.Rodwell著Temples, Churches and Religion: Recent Research in Roman Britain. p48(上)、B.JonesとD.Mattinglyの共著によるAn Atlas of Roman Britain(1980年)。 p94、P.Blayney著The Bookshops in Paul's Cross Churchyard (1990年)、p103、M.Carlin著Medieval Southwark (1996年)。

本書の写真や挿絵の大半はロンドン博物館の収蔵品から複製した。それらに関する詳細はロンドン博物館のウェブサイトwww.museumoflondon.org.ukで見ることができる。

The following list provides details of the artists, photographers or other sources for the paintings, prints and photographs we have used, where these are known. Copyright details and other acknowledgements are given where copyright is not owned by the Museum. Images provided by the Museum of London Archaeology Service (MoLAS) are also listed. Penguin Books and the Museum of London are grateful to all lenders and copyright holders who have allowed their works to be reproduced here. Every effort has been made to trace copyright holders; the publishers apologize for any errors or omissions in the list below and would welcome these being brought to their attention.

トビラ London, woodcut from William Caxton's The Chronicles of England (1497 edition); トビラ Canary Wharf (detail), oil painting by Carl Laubin, 1991 © the artist; Page 9 London from Southwark (detail), oil painting, anonymous (Dutch School), c. 1630

## 序章

10 top Map of 'Londinium Augusta', engraving in William Stukeley, Itinerarium Curiosum, 1724; 10 bottom Roman house and bath house, engraving from Illustrated London News, 1848; 11 bottom Bucklersbury Roman mosaic, chromolithograph from J. E. Price, A Description of the Roman Tessellated Pavement Found in Bucklersbury, 1870

## 第1章

12-13 Central London in the Second Millennium BC, reconstruction by Frank Gardiner; 19 Uxbridge Camps, reconstruction by Frank Gardiner; 20 Yeoveney Lodge Causewayed Enclosure, reconstruction by Alan Sorrell; 21 Bronze Dagger from Teddington, engraving, from Surrey Archaeological Collections, 1858; 23 Ploughing Scene, illustration by Derek Lucas

## 第2章

26-7 Londinium c. AD 120 (detail), reconstruction by Peter Froste; 29 top Londinium c. AD 60, reconstruction by Peter Froste; 29 bottom Roman bronze arm, photograph by Andy Chopping/MoLAS; 31 top Londinium c. AD 120, reconstruction by Peter Froste; 38 top Roman Couple, illustration by Derek Lucas; 39 bottom right Reconstruction of a Roman woman's head, commissioned for the BBC television programme 'Meet the Ancestors'; 46-7 Roman Newgate, reconstruction by Alan Sorrell; 49 top Londinium in the 4th century, reconstruction by Peter Froste

## 第3章

50-1 Westminster Abbey, detail from a Victorian copy of the Bayeux Tapestry © Reading Museum Service; 52 Glass vessels from Prittlewell, photograph by Andy Chopping/MoLAS; 55 bottom Gold pendant, photograph by Andy Chopping/MoLAS; 58 bottom Westminster from the River, engraving by Wenceslaus Hollar, 1647; 58 top Impression of City of London Common Seal, City of London Records Office; 60 St Bartholomew the Great, photograph by Mike Seaborne; 63 bottom left Excavation of Jewish mikveh, photograph by Andy Chopping/MoLAS; 63 bottom right Jewish tombstone, redrawn after an engraving in Gentleman's Magazine, 1753; 64 London Bridge, detail from panorama by Anthonis van den Wyngaerde, c. 1544, © Ashmolean Museum; 65 Tower on London Wall, photograph by Mike Seaborne

## 第4章

66-7 London in about 1400, reconstruction by Amédée Forestier, 1912; 69 top Charter of King John, City of London Records Office; 70 Goldsmiths' Row, detail from an engraving after a painting of the coronation procession of Edward VI, © Society of Antiquaries; 71 Guildhall in the late 15th century, reconstruction by Terry Ball (private collection), © the artist; 73 top Holy Trinity Priory in about 1500, digital reconstruction by Richard Lea; 73 bottom Choir of St Paul's Cathedral, engraving by Wenceslaus Hollar from William Dugdale The History of St Paul's Cathedral in London, 1658; 74 top St Mary Spital, reconstruction by Faith Vardy/MoLAS; 76 The Steelyard, detail of an engraved panorama by Wenceslaus Hollar, 1647; 78 Excavated revetment at Billingsgate, 1982-3, photograph by Jon Bailey/MoLAS; 79 London Bridge, engraving by John Norden, about 1600

## 第5章

84-5 Copperplate map, detail of the south-western plate, drawn by Tracy Wellman, after the original in the Anhaltische Gemäldegalerie Dessau, Germany; 88 Richmond Palace, drawing by Anthonis Van Den Wyngaerde, 1562; 89 Nonsuch Palace, detail from John Norden's map of Surrey, in John Speed Theatrum Imperii Magnae Brittaniae, 1616; 93 St Paul's School, engraving in William Maitland The History and Survey of London, 1756; 94 Old St Paul's (Sermon at St Paul's Cross) by John Gipkyn, 1616, © Society of Antiquaries; 96 Plan of property in Giltspur Street by Ralph Treswell, before 1611, by kind permission of Christ's Hospital; 96-7 House in Pancras Lane, illustration by Roger Hutchins, 2008 © Penguin Books Ltd.; 98 The Rose Theatre, 1587-92, reconstruction by C. Walter Hodges, © Estate of C. Walter Hodges; 99 London from Southwark (detail), oil painting, anonymous (Dutch School), c. 1630; 100 The Royal Exchange, engraving by Wenceslaus Hollar, c. 1660; 101 top A table of the Chiefest Cities and Townes in England, c. 1600 © Society of Antiquaries; 101 bottom Map of London attributed to Ralph Agas (details), c. 1561, © Guildhall Library, City of London; 102 bottom The Old Tabard Inn, watercolour by Louise Rayner, 1870; 103 bottom 'Hot Bak'd Wardens', etching by Marcellus Lauron from The Cryes of the City of London, c. 1688 104-5 Survivals: Medieval & Tudor, all photographs by Mike Seaborne (except Lambeth Palace gateway)

## 第6章

106-7 The Great Fire of London, oil painting, Dutch School, 17th century; 109 bottom Charles II's cavalcade through the City of London, 22 April 1661, oil painting by Dirck Stoop, 1662; 112 A plan of the City and Liberties of London after the dreadful conflagration in the year 1666, engraving after Wenceslaus Hollar; 114 John Evelyn's plan for the rebuilding of the City of London after the Great Fire in 1666, engraving by Benjamin Cole © Guildhall Library, City of London; 115 Christopher Wren's plan for the rebuilding of the City of London after the Great Fire in 1666, engraving by Henry Hulsbergh © Guildhall Library, City of London; 116 top The Royal Exchange of London, engraving by R. White and T. Cartwright, 1671; 116 bottom Fresh Wharf, London Bridge, oil painting by William Marlow, 1762; 118 Covent Garden, detail from an engraving by Sutton Nicholls, c. 1731; 119 top A New Plan of the City of London, Westminster and Southwark, from John Strype's edition of John Stow A Survey of the Cities of London and Westminster, 1720; 119 bottom Bloomsbury Square, detail from John Rocque's Plan of London, Westminster and Southwark, 1746; 120 The Hospitall at Greenwich, engraving from John Strype's edition of John Stow A Survey of the Cities of London and Westminster, 6th edition, 1755; 120–1 Prospect of London and the Thames from above Greenwich, oil painting, Flemish School, 1620–30; 121 Samuel Pepys, oil painting by John Hayls, 1666, National Portrait Gallery, London; 122 Portrait believed to represent Robert Hooke, oil painting, anonymous, © Natural History Museum

## 第7章

124–5 Blackfriars Bridge, watercolour by Nathaniel Black and Thomas Rowlandson, 1798; 126 Devonshire Place and Wimpole Street from the New Road, St Mary le Bone, engraved by G. Barrett, from a drawing by C. H. Riley, 1799; 127 top The Middleton Family, oil painting, British School c. 1796–7; 127 bottom London going out of town, or The March of Bricks and Mortar 1, etching by George Cruikshank, 1829; 128 Exchange Alley, surveyed by Thomas Jeffries, 1748; 129 The Inside of the Royal Exchange, engraved by F. Bartolozzi from a drawing by Philllipe J. de Loutherbourg, 1788; 131 London in Miniature, published by Edward Mogg, 1809; 133 bottom The Lord Mayor's Coach, designed by Sir Robert Taylor, 1757, on loan to the Museum of London from the Corporation of London; 134 May Morning, oil painting by John Collett, 1761–70; 135 Omai, a native of Ulaietea, engraved from a portrait by Nathanial Dance, c.1774; 136 King Ancheigo, inscribed 'King Ancheigo Reigo Gabon River', watercolour, anonymous, date unknown; 137 The Rev.d Mr. Kicherer, Mary, John and Martha, engraving by T. Williams, 1804; 138 The imports of Great Britain from France, engraving by Louis-Phillippe Boitard, 1757; 139 Detail from An Exact Survey... Cities of London & Westminster, John Rocque, 1746; 140–1 Covent Garden Piazza and Market, oil painting by John Collett, 1771–80; 142 A General Prospect of Vaux Hall Gardens shewing at one View the disposition of the whole Gardens, Samuel Wale, I. S.Muller, Bowles and Carver, Robert Wilkinson, 1745–51; 143 top An Inside View of the Rotunda in Ranelagh Gardens, engraved by N. Parr from a view by Canaletto, 1742–50; 143 bottom The Ascent of Lunardi's Balloon from St George's Fields, oil painting by J. C. Ibbetson, 1788–90; 144 An Englishman's Delight or News of All Sorts, published by W. Richardson, 1780; 145 top The Distressed Poet, engraving by William Hogarth, 1741 (1822 edition); 146 A peep behind the scenes: Covent Garden Theatre, watercolour by John Nixon, 1802; 146–7 The Theatre Royal, Drury Lane, illustration by Roger Hutchens, 2008 © Penguin Books Ltd. This illustration is based on the research of Richard Leacroft, published in The Development of the English Playhouse (1973); 148 The Exhibition of the Royal Academy, 1787, engraving by Henry Ramberg, Pietro Antonio Martini and A. C. de Poggi; 151 top Interior of Duke's Place Synagogue, 1809, aquatint by Rudolph Ackermann, Thomas Rowlandson and A. C. Pugin, from The Microcosm of London; 151 bottom The Gravel Pit Meeting House, Hackney, erected 1810, watercolour by Edmund Atkin; 152 An Execution outside Newgate Prison, drawing by Thomas Rowlandson, 1805–10; 153 Jack Sheppard seated in his cell, Newgate, drawing by James Thornhill, 1724; 154 Ganymede & Jack Catch, etching by M. Darly and John Wilkes, 1769–71; 155 'How d'ye like Me?' mezzotint by Carrington Bowles, c. 1772; 156 top 'Light your Honour?', mezzotint by James Wilson, published by W. Humphrey, 1772; 156 bottom A Harlot's Progress, engraving by William Hogarth, 1732 (1822 edition); 157 top The Female Bruisers, oil painting by John Collett, 1768; 157 bottom The Beauties of Bagnigge Wells, published by Sayer and Bennett, 1778; 158 top Workhouse in St James' Parish, aquatint by Rudolph Ackermann, Thomas Rowlandson and A. C. Pugin, from The Microcosm of London, 1809; 158 bottom Gin Lane, engraving by William Hogarth, 1750–1 (1822 edition); 161 top A Ward in the Middlesex Hospital, aquatint by Rudolph Ackermann, Thomas Rowlandson and A. C. Pugin, from The Microcosm of London, 1809; 161 bottom St George's Hospital, engraving, anonymous, after 1733; 162–3 'The devastation occasioned by the rioters of London firing the new goal of Newgate', engraving published by Alexander Hogg, June 1780

## 第8章

164–5 The Rhinebeck Panorama, watercolour probably by Robert Havell Jr, c. 1806; 166 The Quadrant, Regent Street, aquatint by Rudolph Ackermann after Thomas Hosmer Shepherd and J. Bluck, 1822; 167 Hyde Park Corner and Constitution Arch, oil painting by James Holland, c.1833; 168 His Royal Highness the Prince Regent and Duke of Wellington etc First Visit to Waterloo Bridge on the 18th June 1817, aquatint by Rudolph Ackermann; 169 The Vauxhall Cast Iron Bridge, engraving, anonymous, 1818; 170 Calvert's Brewery, watercolour by Robert B Schnebbelie, 1820; 170–1 Messrs. Potts' Vinegar Manufactory, Bankside, watercolour, anonymous, 1840–9; 172–3 The Bank of England c. 1830, illustration by Roger Hutchins, 2008 © Penguin Books Ltd.; 174 Burlington Arcade, engraving by Thomas Hosmer Shepherd and W. Tombleson, 1828; 174–5 Messrs Harding Howell & Co, 89 Pall Mall, aquatint from Rudolph Ackermann's Repository of Arts, 1809; 175 top Mr. Blade's Upper Showroom, aquatint by J. Gendall from Rudolph Ackermann's Repository of Arts, 1823; 175 bottom The Haberdasher Dandy, etching by C. Williams, published by Thomas Tegg, 1818; 176 The Opening of St Katharine's Docks, painting by William John Huggins, 1828, © PLA Collection/Museum of London; 178 The Annual Fete of the Licensed Victuallers' School, oil painting by E. F. Lambert, 1831; 179 top Tom, Jerry and Logic ... at 'All Max' in the East, aquatint by George and Robert Cruikshank, published in Peirce Egan's Life in London, 1820–1; 179 bottom A shilling well laid out: Tom and Jerry at the Exhibition of Pictures at the Royal Academy, aquatint by George and Robert Cruikshank, published in Peirce Egan's Life in London, 1820–1; 180 top Sir Robert Peel, mezzotint after Sir Thomas Lawrence, 1828; 180 bottom A Watchman Making his Rounds, watercolour by Thomas Rowlandson, 1795–1800; 181 top Dashall Objects to the Restraints of the Charleys, etching by William Heath and William Sams, 1822; 182–3 Representation of the Election of Members of Parliament for Westminster in 1818 (detail), aquatint by Robert Havell after George Scharf, published by Colnaghi and Co.; 183 An Eclipse as seen over London in 1332, lithograph by John Doyle, 1832 184–5 Survivals: Georgian and Regency, all photographs by Mike Seaborne, 2007–8

## 第9章

186–7 Trafalgar Square by Moonlight, oil painting by Henry Pether, 1861–7; 188 The Houses of Parliament from Millbank, oil painting by David Roberts, 1861; 189 T. Duncombe Esq presenting the Petition in the House of Commons, detail from an anonymous engraving, 1842; 190–1 The Crystal Palace, 1851, illustration by Roger Hutchins, 2008 © Penguin Books Ltd.; 190 All the World going to see the Great Exhibition of 1851, etching by George Cruickshank; 191 The Great Exhibition, chromolithograph by Joseph Nash, 1851; 192 The 'Silent Highway'-man: your money or your life, by John Tenniel from Punch, 10 July 1858; 194 The Thames Embankment Works between Waterloo and Blackfriars Bridges, watercolour by E. Hull, 1865; 194–5 New Oxford Street, watercolour, anonymous, 1875–80; 195 top Peabody Square, Westminster, wood engraving, anonymous, 1869; 195 centre The Great Fire in Tooley Street from Nicholson's Wharf, lithograph by J. Bell, 1861; 196 top The Crossing Sweeper, oil painting by William Powell Frith, 1858; 196 bottom Covent Garden Market (detail), oil painting by Phoebus Levin, 1864; 198 Shillibeer's Omnibus, lithograph by S. Gans, 1829–35; 198–9 A Street Scene with Two Omnibuses, oil painting by James Pollard, 1845; 199 View of the Pool of London, watercolour by W. Fenoulet, 1840; 200 View of the London and Croydon Railway, Edward Duncan, 1838; 201 top Railway Bridge over Westminster Road, watercolour, anonymous, c.1850; 201 bottom Building the Stationary Engine House, Camden Town, 28 April 1837, John Cooke Bourne, 1839; 202–3 The General Post Office: One Minute to Six, oil painting by G. E. Hicks, 1860

## 第10章

204–5 From Fentonville Road looking West: Evening, oil painting by John O'Connor, 1884; 206 top Queen Victoria's Golden Jubilee, watercolour by W. Hardy, 1837; 206 bottom Whitehall, photograph, anonymous, c. 1880; 208–9 Bedford Park, chromolithograph by S. M. Trowtschild, 1882; 209 centre Totterdown Fields Estate, an advertisement in Workmen's Trains and Trams timetable booklet, 1914; 209 bottom A Tennis Party at Burroughs Lodge, Hendon, watercolour by Howard Gull Storment, 1887; 210 Over London by Rail, wood engraving by Gustave Doré, from Blanchard Jerrold and Gustave Doré, London, a Pilgrimage, 1872 211 Little Collingwood Street, Bethnal Green, photograph by John Galt, 1900–7; 213 top Charing Cross Station, lithograph, anonymous, 1864; 213 bottom Constructing the

Underground Railways, photograph by Henry Flather, c. 1869; 214 top The Sweater's Furnace; or the real 'curse' of Labour, by Edward Linley Sambourne, from Punch, 17 March 1888; 216 Albert Chevalier, photograph, anonymous, c. 1910; 217 Behind the Bar, watercolour by John Henry Henshall, 1882; 218 top Inside The Athenaeum, drawn by J. Walter Wilson for the Illustrated London News, 11 March 1893; 218 bottom Portrait of Oscar Wilde, printed cartoon by Carlo Pellegrini ('Ape'), from Vanity Fair, 24 May 1884; 220 The Bayswater Omnibus, oil painting by George William Joy, 1895; 221 Portrait of Frederic Leighton, watercolour by Jacques Joseph Tissot, reproduced in Vanity Fair, 29 June 1872; 223 top left The Fiszers, photograph, anonymous, c. 1907; 223 top right A Jewish couple celebrating the Jewish New Year, photograph, anonymous., c.1900; 223 bottom The Pavilion Theatre, lantern slide from the Whitechapel Mission donation, c. 1900; 225 top A London School Board Capture, from the Illustrated London News, 9 September 1871; 226 A Poor House, oil painting by Gustave Doré, 1869; 227 Outside a Newsagent's window, photograph, anonymous, c. 1910; 229 top Night meeting at the Blackfriars Shelter, photograph, anonymous, from the Salvation Army donation, c. 1910 230–1 Survivals: Victorian, all photographs by Mike Seaborne, 2007–8

## 第11章

232–3 Popularity: the Stars of the Edwardian Music Hall, oil painting by Walter H. Lambert, 1901–3; 234 Coronation Street Scene, June 1902, watercolour by C. E. Flower; 235 Aldwych, photograph, anonymous, c. 1915; 236 right Bourne Estate, Clerkenwell, photograph by Mike Seaborne, 2005; 237 Map of LCC housing, taken from an insert in London Housing, London County Council (1937); 238 Regent Street Quadrant by Night, watercolour by William T. Wood, 1914; 240 top London News Boy, poster designed by Elijah Cox, c.1919; 240 bottom Fleet Street, photograph by George Reid, 1920s; 243 Lyons Corner House, photograph, anonymous, c. 1915; 244 top Gallery Box at the New Bedford Music Hall, oil painting by Walter Sickert, c. 1906-7 © DACS; 244 bottom Mornington Crescent, oil painting by Spencer Gore, 1911; 246 Suffragettes battle with police, photograph by 'Barrett', 1910; 247 top Women's Sunday, 21 June 1908, photograph, anonymous; 247 bottom Vera Wentworth and Elsie Howey, photograph by World's Graphic Press Ltd, 1908; 248 top Gun Week in Trafalgar Square, watercolour by G. Bron, 1918; 248 bottom Zeppelin, drawing by Edwin Bale, 1915

## 第12章

250–1 Amongst the Nerves of the World, oil painting by C. R. W. Nevinson, 1929 © Bridgeman Art Library; 251 London, Winter, oil painting by C. R. W. Nevinson, 1928, © Bridgeman Art Library; 252–3 British Empire Exhibition poster designed by C. R. W. Nevinson, 1924 © Bridgeman Art Library; 254 Laggard Leaves, oil painting by Harry Bush, 1925 © the artist; 255 bottom Housing Bonds poster, produced by Greenwich Borough Council, 1922; 257 To the Theatres poster, produced for LCC Tramways by Leigh Breton Studios, 1927; 260 Charing Cross Road, photograph by Wolf Suschitzky, 1935 © the photographer; 261 bottom Croydon Aerodrome, photograph, anonymous, 1930s; 262–3 Map of the Port of London, 1966, © PLA Collection/Museum of London; 263 left Opening of the King George V Docks, photograph, anonymous, © PLA Collection/Museum of London; 263 right Canary Wharf, photograph, anonymous, 1938 © PLA Collection/Museum of London; 264 Election Poster, produced by the Municipal Reform Party, 1925; 267 top Hampstead Heath Roundabout, watercolour by Arthur Watts, 1933 © the artist; 267 bottom London in the 17th century, oil painting by Humphrey Jennings, 1936 © the artist's estate; 268 Map of London's Sportsgrounds (detail), reproduced from Bacon's Large Scale Atlas of London and Suburbs, 1930s; 269 top Women's sportswear, photographs by the Bassano studio, 1925 and 1933, © NPG/Museum of London; 269 bottom Rugby League Cup Final poster, designed by Herry Perry for London Transport, 1933 © London Transport Museum; 270 Italian children, photograph by Margaret Monck, 1935 © the photographer's estate; 271 top Mr Mix, photograph by Cyril Arapoff, 1938 © the photographer; 271 bottom Suzanne Schaefer, photograph, anonymous, c. 1937

## 第13章

272–3 London Landscape, oil painting by James Fitton, 1948 © the artist's estate; 274 Bomb damage in Queen Street Place, 11 May 1941, photograph by Arthur Cross & Fred Tibbs, reproduced by kind permission of the Commissioner of the City of London Police; 275 top detail from The London County Council Bomb Damage Maps 1939–45, published by the London Topographical Society and London Metropolitan Archives, 2004 © London Metropolitan Archive; 275 bottom Underground Shelter in South East London, 11 November 1940, photograph by Bill Brandt, © Imperial War Museum; 276 top A Young East-Ender, photograph by George Rodger, 1939–40 © Magnum; 278 Stepney Reconstruction Area, drawn by Eileen Sherwell, published in the County of London Plan, by J. H. Forshaw and P. Abercrombie, 1943; 279 Social and Functional Analysis, drawn by Arthur Ling and D. K. Johnson, published in the County of London Plan, by J. H. Forshaw and P. Abercrombie, 1943; 280 Kidbrooke School, photograph by Henry Grant, 1958; 281 The LCC Ambulance Service, photograph by Henry Grant, 1951; 282 Building the Dome of Discovery, photographs by Henry Grant, 1951; 282–3 The South Bank Site, 1951, illustration by Roger Hutchins, 2008 © Penguin Books Ltd; 284 top The Soho Fair, photograph by Roger Mayne, 1958, © the photographer; 285 In the Cellar Club, photograph by Bob Collins, c. 1960 © the photographer's estate; 286 Caribbean Family in Trafalgar Square, oil painting by Harold Dearden, c. 1959 © the artist; 287 Man in Notting Hill, photograph by Henry Grant, 1961 288–9 Survivals: Early 20th Century, all photographs by Mike Seaborne, 2007–8

## 第14章

290–1 London from Cromwell Tower, oil painting by Richard B. Walker, 1978 © the artist; 292 Metropolitan Structure Map, reproduced from the Greater London Development Plan, 1969; 293 bottom Protest at Centrepoint, photograph by Henry Grant, 1974; 294 Cotton Garden estate, photograph by Henry Grant, 1968; 295 Tolmers Square, photograph by Henry Grant, 1979; 297 top The Lesney Factory, Hackney, photograph by Barry Gray, 1982; 297 bottom The City, photograph by Henry Grant, 1976; 299 top 'The Scene', from Time, 15 April 1966 © Time, Inc./Time-Life Pictures/Getty Images; 299 centre Cover of Time, 15 April 1966 © Time, Inc./Time-Life Pictures/Getty Images; 299 bottom left Punks in Hyde Park, photograph by Henry Grant, 1981; 300 Supermarket in Southall, photograph by Henry Grant, 1978; 300-1 Class at a Southall school, photograph by Henry Grant, 1978; 302 top Football spectators, photograph by Roger Mayne, 1963 © the photographer; 303 top Football fans, photograph by Jim Rice, 1976 © the photographer; 303 bottom Crystal Palace Athletics Stadium, photograph by Henry Grant, 1964; 304 In the West End, photograph by Bob Collins, 1962 © the photographer's estate; 305 Untitled, oil painting by Ronnie Kray, 1972 © the artist's estate; 306 top Anti Nazi League Rally, photograph by Henry Grant, 1978; 306 bottom Bertrand Russell at a CND protest, photograph by Henry Grant, 1961; 307 centre Supporters of the Grunwick strike, photograph by Henry Grant, 1976; 307 bottom London School of Economics student protest, photograph by Henry Grant, 1969

## 第15章

308–9 History Painting, oil painting by John Bartlett, 1994 © the artist; 310 centre Burrell's Wharf, photograph, anonymous, 1937, © PLA Collection/ Museum of London; 310 bottom Burrell's Wharf, photograph, 1997 © London's Found Riverscape Partnership; 311 Canary Wharf, oil painting by Carl Laubin, 1991 © the artist; 312 Lloyd's Building, Leadenhall St, photograph by Tom Evans, 1989 © the photographer; 313 Billingsgate, photograph by Mike Seaborne, 2000; 314 House near Heathrow, photograph by John Chase, 2000 © the photographer; 315 left Eurostar, photograph by Anna Wright, c. 2000 © the photographer; 315 right Claremont Road, Leytonstone, photograph by John Chase, 1994; 317 top Cover of Newsweek, 4 November 1996 © Newsweek, Inc.; 317 bottom Viaduct, oil painting by Michael Johnson, 1998 © the artist; 318 centre The Millennium Dome, photograph by Mike Seaborne, 2003 © the photographer; 318 bottom Tate Modern, 2008, photograph by John Chase, 2008 © the photographer; 319 The 'Gherkin', photograph by Mike Seaborne, 2003 © the photographer; 320 Buddhapadipa Temple Wimbledon, photograph by Mike Seaborne, 2007 © the photographer; 322 The Cathall Rd Estate, photograph by Mike Seaborne, 1999; 323 On the Ocean Estate, photograph by Mike Seaborne, 2004; 325 top Bluewater shopping centre, photograph by Mike Seaborne, 2000; 325 bottom Shops in Camden High Street © Hemis/Corbis; 326 Cover of Time Out, April 1981 © Time Out; 327 Barbican Centre, drawing by John Ronayne for a visitor leaflet, 1982, © the artist/City of London; 328 Art Sabotage, oil painting by David Piddock, 1999 © the artist; 330 bottom Missing persons posters at King's Cross, photograph by Mike Seaborne, 2005; 330 top Destroyed bus, 7 July 2005, © Dylan Martinez/AFP/Getty Images; 332–3 Spitalfields old and new, illustration by Roger Hutchins, 2008 © Penguin Books Ltd; 334 top Olympic site fence, © Rex Features Ltd; 334 bottom The Lower Lea Valley, photograph by Mike Seaborne, 2000; 335 Arrest at Nevada Bob's, oil painting by Julian Bell, 1999 © the artist

LONDON: THE ILLUSTRATED HISTORY
by CATHY ROSS & JOHN CLARK

Text and illustrations copyright © Museum of London, 2008
Design, new maps and new artwork © Penguin Books Ltd., 2008
First published in Great Britain in the English language by Penguin Books Ltd.
The moral rights of the author have been asserted.
Japanese translation rights arranged with Penguin Books Ltd., London through Tuttle-Mori Agency, Inc., Tokyo

✢著者

## キャシー・ロス
Cathy Ross

1976年に開館した都市の歴史博物館であるロンドン博物館の収集部門と教育部門のディレクターを経て、現在は名誉研究員。

## ジョン・クラーク
John Clark

ケンブリッジ大学卒業。ロンドン博物館名誉学芸員。ユニヴァーシティ・カレッジ・ロンドン(UCL)考古学研究所名誉研究員。

✢日本版解説

## 樺山紘一
Koichi Kabayama

1941年東京都生まれ。東京大学文学部卒業、同大学院修士課程修了。東京大学教授、国立西洋美術館館長をへて、現在、印刷博物館館長。東京大学名誉教授。専攻は西洋中世史。『世界史への扉』(講談社学術文庫)、『世界の歴史〈16〉ルネサンスと地中海』(中央公論社)ほか、多数の編著書がある。

✢訳者

## 大間知 知子
Tomoko Omachi

翻訳家。お茶の水女子大学文教育学部英文英語学科卒業。訳書に『新訳 文明の中の建築——ウィリアム・モリス芸術講演集』(バベルプレス・電子版、共訳)、『世界の哲学50の名著——エッセンスを究める』(ディスカヴァー・トゥエンティワン)、『ビールの歴史』、『鮭の歴史』(以上、原書房)などがある。

# ロンドン歴史図鑑

2015年10月30日　初版第1刷発行

著者　　　　　　　キャシー・ロス＋ジョン・クラーク
日本版解説　　　　樺山紘一
訳者　　　　　　　大間知 知子
発行者　　　　　　成瀬雅人
発行所　　　　　　株式会社原書房

〒160-0022 東京都新宿区新宿1-25-13
電話・代表 03(3354)0685
http://www.harashobo.co.jp
振替・00150-6-151594

ブックデザイン　　小沼宏之
印刷　　　　　　　新灯印刷株式会社
製本　　　　　　　東京美術紙工協業組合

©Koichi Kabayama, Office Suzuki, 2015
ISBN978-4-562-05249-3
Printed in Japan